LES AMBITIONS DE L'HISTOIRE

Paru dans Le Livre de Poche :

LA MÉDITERRANÉE ET LE MONDE MÉDITERRANÉEN
À L'ÉPOQUE DE PHILIPPE II :
1. La Part du milieu
2. Destins collectifs et mouvements d'ensemble
3. Les Événements, la politique et les hommes

CIVILISATION MATÉRIELLE, ÉCONOMIE ET CAPITALISME,
XVe-XVIIIe SIÈCLE :
1. Les Structures du quotidien
2. Les Jeux de l'échange
3. Le Temps du monde

AUTOUR DE LA MÉDITERRANÉE

FERNAND BRAUDEL

LES AMBITIONS DE L'HISTOIRE

ÉDITION ÉTABLIE ET PRÉSENTÉE
PAR
ROSELYNE DE AYALA ET PAULE BRAUDEL

Préface de Maurice Aymard

ÉDITIONS DE FALLOIS

Certains textes de la deuxième partie de cet ouvrage ont été précédemment publiés dans Écrits sur l'Histoire, *1969. Ils sont reproduits ici avec l'aimable autorisation de la Librairie Flammarion.*

Il faut voir grand, sinon à quoi bon l'Histoire ?

Lettre de Fernand Braudel,
Mayence, 15 février 1941

SOMMAIRE

TROISIÈME PARTIE

L'ÉLABORATION D'UNE ŒUVRE

PRÉFACE DE MAURICE AYMARD

Ce recueil, qui mêle l'inédit au connu, surprendra plus d'un lecteur. Familier de l'œuvre et de la pensée de Fernand Braudel, celui-ci y retrouvera, bien sûr, tous les textes les plus célèbres et les plus régulièrement cités en France comme à l'étranger. Notamment, à commencer par « La longue durée », tous les grands articles publiés à la fin des années cinquante et au début des années soixante quand, à la mort de Lucien Febvre, Braudel prend à la fois la direction des *Annales* et la présidence de la VIe Section, et saisit l'occasion pour fixer les orientations et les objectifs de son « règne » : le dialogue nécessaire et difficile entre les sciences de l'homme, la place privilégiée qui revient selon lui à l'histoire, la proposition de la longue durée comme langue commune pour un tel dialogue. Ce programme est volontairement simplifié, réduit à quelques propositions essentielles, destinées à être régulièrement reprises et reformulées dans de nombreux contextes : le propos de l'auteur est de fixer une ligne. Il va guider toute son action à la tête des institutions dont il recueille la direction ou qu'il crée — la Maison des Sciences de l'Homme —, et pour lequel il ne cessera de lutter contre toutes les résistances individuelles et collectives, personnelles, scientifiques ou institutionnelles, qu'il rencontrera sur sa route.

Le même lecteur se sentira toujours en pays de connaissance en relisant, avec la préface de la première édition de *La Méditerranée*, une première version, publiée dans les *Annales* dès 1946 — et donc avant la soutenance, en mars 1947 — du chapitre sur l'or du Soudan et l'argent d'Amérique, version qui sera complètement remaniée dans le livre.

Cette concession faite à la tradition, fixée à la fin des années soixante par les *Écrits sur l'Histoire*, tout le reste est passé inaperçu au moment de sa publication, ou bien est à ce jour inédit, au moins en français.

C'est le cas du groupe de cinq textes, dont trois inédits, qui scandent les étapes successives de la rédaction de *Civilisation matérielle, Économie et Capitalisme*, de sa conception initiale à sa publication. Le premier d'entre eux marque sans doute la première percée de F. Braudel en langue anglaise sur le marché américain (*La Méditerranée* ne sera traduite qu'en 1973), et qui plus est au cœur du système d'enseignement universitaire de l'histoire aux États-Unis : le manuel de *Western Civilization* de l'Université de Columbia, où, en 1961, prenant de nombreuses libertés avec les lois du genre en vigueur à l'époque pour ce type d'ouvrages dont la lecture fait partie du cursus obligé de tout étudiant d'histoire, il se livre à une opération de pesée globale systématique de l'économie européenne, dans le cadre de l'économie mondiale, entre mi-XVe et mi-XVIIe siècle. Ce qui lui permet de mettre en cause tour à tour le nombre et la densité des hommes, la géographie et la composition des échanges commerciaux à longue distance, les prix et les métaux précieux, les productions agricoles et industrielles, les budgets des États, les hiérarchies, les rythmes et la chronologie du capitalisme, et enfin la périodisation de ce « long XVIe siècle » qui en fait deux, marqué de tant « de crises et de catastrophes ».

Dans le troisième texte, publié en 1972 en hommage à Émile James, la réflexion sur « État et économie » annonce l'un des thèmes majeurs de la conclusion finale de la trilogie achevée en 1979. Celle qui enchaîne presque aussitôt, sur « État et culture » — la seconde étant « toujours une voix du temps jadis, c'est le Père morigénant le Fils », et l'un et l'autre contribuant « au maintien de l'ordre social en place » — éclaire en revanche sa réaction à la grande crise de 1968. Une crise dont il avait vite perçu que, par-delà ses agitations de surface vite calmées, elle était à la fois profonde et durable, et que ses conséquences ne se laisseraient saisir clairement qu'à très long terme : « Une révolution culturelle ne réussit jamais du jour au lendemain ! »

Le quatrième enfin, une conférence à Leyde en 1975, montre comment le troisième volume, *Le Temps du Monde* (qui n'existait dans le schéma initial de l'entreprise que comme un point d'arrivée du second tome), a pu constituer la vraie réponse de F. Braudel à la crise économique commencée l'année précédente : sans hésiter à faire sourire les économistes, désormais sceptiques devant des références comme les Kondratieff et les mouvements séculaires qui leur apparaissaient dater d'un autre âge, il avait tout de suite affirmé, dans ses termes à lui, qu'elle marquait un changement de signe durable de l'économie mondiale. Par-delà la « crise », ce qui est en cause à ses yeux, c'est la hiérarchie interne et la géographie mondiale du capitalisme.

Les textes du dernier groupe enfin, en majorité non seulement inédits, mais inachevés, appartiennent au dernier grand projet braudélien, celui de *L'Identité de la France*. Par sa date, 1972, celui sur Coligny, comme celui sur la Réforme destiné aux *Mélanges Trevor Roper*, vient confirmer ce que montraient déjà les résumés de ses deux dernières années de cours (1970-1972) au Collège de France : ce projet d'une *Histoire de France* est un projet longuement mûri, même s'il attendra d'avoir achevé en 1979 la trilogie du capitalisme pour s'y jeter à corps perdu, et il est conçu dès l'origine comme devant mettre en cause tout un ensemble de réalités, l'État, la religion populaire et savante, la haute culture, qui n'apparaissaient pas alors, ou plus, comme des thèmes braudéliens par excellence, même s'ils les avaient tous abordés, d'une façon ou d'une autre, au début de son parcours d'historien. Des quatre parties annoncées, le destin a voulu que seule la rédaction des deux premières ait été menée à son terme. D'où l'intérêt des fragments et des « premiers jets » de la troisième partie, *État, Culture, Société*. On y retrouvera à la fois un écho des thèmes déjà développés, trois ans plus tôt, dans le chapitre final du volume sur *L'Europe* (1982), et une réaffirmation de la méthode braudélienne : l'ambition globalisante de tout saisir, quitte à jouer sur les échelles d'analyse et sur la hiérarchie des niveaux, afin d'embrasser tour à tour, mais d'un même regard, la culture dite « populaire » ou la sorcellerie, et l'humanisme ou la Réforme ; l'acceptation ou le refus de cette dernière comme l'un des grands défis posés par la modernité aux différentes régions de l'Europe occidentale ; le refus de se limiter à des explications monocausales — du religieux par le religieux, du culturel par le culturel, etc. — ; la définition de la société comme « l'ensemble des ensembles »... Aucune concession à aucune des modes de l'époque, ce qui décevra sans doute plus d'un esprit chagrin, toujours prêt à regretter que F. Braudel ait osé venir chasser sur des terres qui n'étaient pas les siennes : F. Braudel suit résolument sa route, sans se soucier du qu'en dira-t-on ni du jugement d'autrui. Mais cette fois le temps lui aura été compté : et nous nous trouvons, définitivement, face à *L'Identité de la France*, dans la situation où nous sommes restés pendant douze ans face au premier volume de *Civilisation matérielle*, et où nous aurions pu nous trouver face à une *Méditerranée* que les hasards de la guerre auraient laissée inachevée.

Mais la surprise principale, le lecteur la trouvera dès les premières pages de ce livre, dans les trois premières sections de la première partie, avec ce seul des cahiers rédigés en captivité et régulièrement envoyés à L. Febvre qui ait été conservé par l'auteur. On en connaissait le contenu par la photocopie partielle que F. Braudel lui-même en avait donnée au début des années quatre-vingt à Giuliana Gemelli et que celle-ci avait pu utiliser dans son ouvrage. La redécouverte toute récente de l'original par Mme Braudel lève les derniers doutes que pouvait soulever la lecture surprenante des quelques pages d'avant-propos : F. Braudel, à la fin de 1944, s'y projette dans le futur, parle de sa captivité au passé et de ses camarades d'infortune comme ses « auditeurs d'hier », et d'un ouvrage qu'il n'a sans doute jamais terminé et qu'il renoncera d'ailleurs à publier, comme sur le point de l'être, achevé et même doté par lui « d'assez longues notes bibliographiques ». Il s'agit en fait d'une vingtaine de conférences prononcées une première fois au camp de Mayence en 1941, une seconde à celui de Lübeck en 1943-1944, et dont le texte, rédigé d'après les notes de deux de ses auditeurs, a été partiellement corrigé par F. Braudel entre les lignes et sur la page de gauche laissée blanche.

L'intérêt de ces pages, où F. Braudel précise les différents aspects de sa conception de l'histoire, est évident. Premier texte conçu par lui de façon à présenter à ses auditeurs et à ses lecteurs une vision aussi cohérente, elles se situent à un tout autre niveau que les anticipations identifiables dans tel ou tel de ses articles et comptes rendus des années trente. Jalon essentiel dans l'histoire de la formation, ou du moins de la formulation de la pensée et de la théorie braudéliennes, elles viennent modifier la représentation la plus communément acceptée de cette histoire. Toujours appuyée sur des exemples et des détails concrets, sa réflexion sur les méthodes et les ambitions de l'histoire n'est pas, ou pas seulement, un dérivé de *La Méditerranée*, une théorisation ex post, à partir d'un livre achevé, par un homme qui n'oubliait jamais de dire qu'il se méfiait des théories et qu'aucune théorie n'avait jamais donné un bon livre d'histoire. Elle lui est en fait parallèle, et la réunion, dans ce même cahier de captivité, du texte de ces conférences et de « Notes additives à introduire dans le texte », alors quasi achevé, de *La Méditerranée*, prend, de ce point de vue, valeur de symbole : les deux démarches se sont nourries l'une l'autre, tout au long de ces cinq années si mal connues, puisque F. Braudel avait pris grand soin de faire disparaître (à l'exception bien entendu de sa correspondance avec L. Febvre dont on veut espérer qu'elle pourra être enfin publiée) toutes les traces qui auraient permis de reconstruire les étapes de son itinéraire intellectuel, pour se contenter de dire que « sans sa captivité, il aurait sans doute écrit un tout autre livre »... Du Braudel des années vingt et trente, nous continuons à savoir bien peu de choses, et la majorité d'entre elles réinterprétées et remises en perspective par lui avec le recul du temps. Ces quelque quatre-vingts pages nous permettent d'accéder au Braudel des années décisives de la captivité.

On ne sera pas surpris d'y voir développés bien des thèmes qui ne seront repris que quinze ans plus tard, dans les articles de méthode de la fin des années cinquante : la critique de l'histoire événementielle — une expression dont il attribue encore la paternité à François Simiand (et non, avant lui, à Paul Lacombe, comme il le découvrira plus tard) ; l'exigence d'une « *grande*, d'une *profonde* histoire... une histoire des hommes, vue dans ses réalités collectives, dans l'évolution *lente* des *structures* selon les mots à la mode aujourd'hui : structures des États, des économies, des sociétés, des civilisations... » : une référence aux structures que l'on rapprochera des réticences de L. Febvre devant l'utilisation trop fréquente du terme « jusque dans les *Annales* »... ; la conception de cette histoire profonde comme histoire sociale collective, et dialoguant à ce titre sur un pied d'égalité avec les autres « sciences sociales » ou « sciences du social », « plus scientifiques que l'histoire, mieux articulées qu'elle par rapport à la masse des faits sociaux..., délibérément centrées sur l'actuel, c'est-à-dire sur la vie, ... et [travaillant] toutes... sur ce qui peut se voir, se mesurer, se toucher du doigt ». Face aux géographes, ethnologues et ethnographes, statisticiens, économistes et juristes, l'historien a pour lui de se poser les mêmes questions, mais à propos du passé. « D'où la nécessité d'aboutir à leur *présent*, comme ils plongent, eux, dans *notre* passé ; de tenir compte de leurs analyses et de leurs recherches, de leurs explications et, le cas échéant, de leurs lois... »

Nous pourrions multiplier les citations : même si le mot n'est pas prononcé, le cadre de référence est déjà celui du grand article à venir sur la longue durée. Et l'on retrouve au cours des pages suivantes ce qui sera l'attitude récurrente de F. Braudel quinze ou vingt ans plus tard : l'association étroite entre l'affirmation de la nécessité du dialogue et la critique systématique des erreurs et insuffisances de ceux-là mêmes avec qui il faudrait pouvoir discuter, géographes, économistes, juristes ou autres... Comme si le dialogue était à la fois nécessaire et impossible, et qu'il ne pouvait se développer qu'aux conditions imposées par les historiens... : « l'impérialisme de l'histoire » serait-il inévitable ?

Reste l'essentiel : lorsqu'à la fin des années cinquante F. Braudel se trouve promu aux responsabilités institutionnelles qui vont rester les siennes pendant plus de quinze ans, il pourra s'appuyer, pour fixer le cap, sur une réflexion mûrie de longue date, entre Mayence et Lübeck, dans l'isolement de la captivité. Un isolement peuplé d'amitiés, de rêves, d'attentes, et de volonté tout à la fois de comprendre et de survivre, et de comprendre pour survivre. Pas d'autre voie, décidément, que de prendre l'histoire au sérieux, au sens le plus fort de ce terme. Mais impossible aussi de ne pas nous interroger : la captivité n'aurait-elle pas été le lieu où ont mûri à la fois l'œuvre et l'historien ? Sans elle, non seulement la première, mais aussi le second, auraient sans doute été différents.

M.A.

PREMIÈRE PARTIE *

L'HISTOIRE, MESURE DU MONDE

Pendant sa captivité (juin 1940-mai 1945), Fernand Braudel a expédié à Lucien Febvre des dizaines et des dizaines de cahiers d'écolier (seule ressource en papier des camps allemands). Il s'agissait pour l'essentiel des trois ou quatre versions successives de La Méditerranée *— toutes détruites par l'auteur selon l'habituel traitement de ses manuscrits — et de surabondantes notes de lecture qu'il fit découper en fiches à son retour.*

Il n'est donc rien resté de cette masse de papiers, sauf un cahier conservé par le fils de Lucien Febvre, et celui que nous publions ci-dessous dont on ne possédait jusqu'ici qu'une photocopie incomplète. Il vient d'être retrouvé inopinément. Expédié de l'Oflag XC de Lübeck, où il avait été sommairement relié et dont il porte le cachet sur plusieurs pages, il a été rédigé en 1944, sans doute à la fin de l'année, peut-être pour tromper l'attente impatiente des derniers mois de guerre, les plus difficiles de toute sa captivité écrivait alors Braudel.

C'est d'ailleurs un texte où ses camarades ont eu leur part, suggérant eux-mêmes que soient écrites et publiées la série de conférences sur l'Histoire données par Braudel dans leur camp ; et comme celui-ci n'en avait gardé que les canevas, n'écrivant jamais ni cours

---

* Manuscrit inédit. Archives Fernand Braudel.

ni conférences, ce sont les notes de certains auditeurs qu'il a utilisées. Deux d'entre eux en ont recopié le texte.

Seules les pages de droite du cahier sont utilisées, les pages blanches en vis-à-vis portant, de la main de Braudel cette fois, de nombreux ajouts et corrections — sauf pour les dernières pages de toute évidence non revues car les hésitations de lecture traduites souvent par des blancs n'ont pas été rectifiées. La préface explique clairement le plan de l'ouvrage, en deux parties, dont seule la première a été rédigée. L'entreprise a été évidemment abandonnée puisque, interrompue au feuillet 195 (le cahier est numéroté de bout en bout), elle cède la place dès la page suivante à une série de « Notes additives » concernant La Méditerranée.

Le texte rassemble donc, en les abrégeant, une vingtaine de conférences prononcées d'août à octobre 1941 au camp de Mayence (que Braudel quitta au printemps 1942), reprises à l'Oflag XC de Lübeck en 1943-1944. Elles correspondent donc, et c'est leur principal intérêt, à la période de la première écriture de La Méditerranée *où Braudel s'était jeté dès son arrivée au camp : « Je travaille d'arrache-pied à mon* XVIe *siècle, écrit-il en juillet 1940, chose absurde en de tels moments mais si douces. » Et, le 25 janvier 1941 : « Mon livre est achevé (1 600 pages écrites). Ouf ! » Mais, à peine a-t-il envoyé cette première rédaction à Lucien Febvre qu'il en rédige une deuxième, précisément entre juillet et décembre 1941, la période même des conférences.*

Celles-ci ont ainsi leur place dans la genèse de La Méditerranée *dont Braudel dira lui-même : « Sans ma captivité, j'aurais sûrement écrit un tout autre livre. » Dans ce très long « tête-à-tête, des années durant, ... ma vision de l'histoire a pris... sa forme définitive sans que je m'en rende compte aussitôt, en partie comme la seule réponse intellectuelle à un spectacle — la Méditerranée — qu'aucun récit historique traditionnel ne me semblait capable de saisir, en partie comme la seule réponse existentielle aux temps tragiques que je traversais. Tous ces événements que déversaient sur nous la radio et les journaux..., il me fallait les dépasser, les rejeter, les nier..., croire que l'histoire, le destin, s'écrivaient à une bien plus grande profondeur, choisir l'observatoire du temps long*[1] *».*

Les pages consacrées à l'histoire événementielle sont un reflet direct de la réponse « existentielle », un message de consolation admirablement compris par les auditeurs puisque, raconte l'un d'eux, c'était devenu un jeu défoulant de crier, dans les couloirs de la citadelle de Mayence, à propos d'une nouvelle victoire allemande : « C'est de l'événement, rien que de l'événement ! » Quant à la « réponse intellectuelle », elle tourne autour de la « grande histoire », celle qui doit s'adjoindre les conquêtes de toutes les autres sciences sociales.

AVANT-PROPOS[2]

C'est la peur de la grande Histoire
qui a tué la Grande Histoire.
Edmond FARAL

Les vingt et quelques conférences de ce volume ont été faites d'août à octobre 1941, à l'Oflag XIIB de Mayence.

Je les ai recommencées, deux ans plus tard, à l'Oflag XC de Lübeck en 1943-1944 ; c'est ensuite seulement, après avoir longuement hésité, que j'ai commencé à les rédiger d'après mes canevas et les notes incomplètes d'un de mes auditeurs, en leur conservant d'ailleurs, dans la mesure du possible, leur forme parlée originelle. Mais il y a loin de la parole à l'écriture, comme je l'ai remarqué une fois de plus, je dirais presque, à mes dépens.

Cette révision m'a donné l'occasion évidemment de nombreuses retouches : ici et là, j'ai vérifié, complété ou rectifié ma pensée, j'ai modifié aussi l'ordre des chapitres et des paragraphes, glissé une note explicative, ajouté au texte d'une conférence des explications complémentaires, assez souvent fournies au début de la séance suivante. J'ai même entièrement écrit trois chapitres nouveaux[3], l'un sur l'histoire démographique (chapitre V), l'autre sur l'histoire ethnique (chapitre VI. « Y a-t-il une histoire du sang ? »), le dernier sur l'art et la pensée. J'ai donné aussi, dans d'assez longues notes bibliographiques, en fin de chaque chapitre, l'essentiel des références utilisées, spécialement en ce qui concerne la littérature des années 1940-1944. Mais, en règle générale, j'ai plutôt élagué mes explications et diminué le nombre des exemples. À plusieurs reprises, deux conférences ont été réunies en un seul chapitre, mon désir constant ayant été de faire court. Le texte de cette « troisième édition » n'est donc pas le texte exact de mes conférences.

Mais je ne crois pas, pour autant, en avoir modifié l'esprit ou déplacé les conclusions...

Cela dit pour expliquer au lecteur le ton si particulier du livre et l'origine d'une entreprise assez imprudente en elle-même. Mais hier[4] il fallait tout expliquer ou réexpliquer. Il fallait défendre, justifier toutes les positions attaquées ou, plus souvent encore, oubliées en ces années d'inquiétude et d'indifférence intellectuelles, années dont mes conférences tirent leur justification et leur plus solide excuse. Et il fallait défendre en premier lieu les vraies positions trop méconnues de l'histoire. Que ne faisait-on au nom de l'histoire ? Or, est-il possible de comprendre et d'agir, voire de se libérer sur le plan politique et sur les autres, sans tenir compte de ses leçons, de ses avertissements et de sa mesure ? Je ne le pensais pas. Ici ou là, avec trop de confiance, peut-être... Mais est-il interdit d'avoir trop de confiance, trop d'optimisme, de croire à la raison qui cherche, à la sagesse de l'esprit et à l'émouvante beauté de la vie, quelles que soient les circonstances où elle vous ait placé ?

Cela dit aussi, au cas où ils liraient ce livre, pour mes auditeurs d'hier. Ils ne m'ont marchandé ni leur attention ni leur sympathie, et même mieux que leur sympathie. Je leur dois des remarques et des critiques enrichissantes, et c'est eux en définitive qui m'ont entraîné, tout autant que mon propre désir, à faire ce long voyage à travers le monde et le temps perdu, puis l'ayant fait, à l'écrire de bout en bout. Je leur exprime ici tous mes remerciements et les assure de mon souvenir très reconnaissant. J'espère même qu'ils me retrouveront, exactement, au fil de leur lecture. Comme eux, quoi qu'il arrive, j'évoquerai longtemps encore les locaux de nos réunions, les discussions, les figures amies et nos années perdues.

Ai-je besoin de dire que j'ai tenu, en des années et en des circonstances difficiles, à garder mon sang-froid et à juger toujours en historien, non pas en partisan ? Je n'ai pas voulu être constructif selon les modes trop faciles du moment, qui consistaient à refaire la France, l'Europe et le monde, sur le papier, bien entendu. Mon ambition a été de voir et de montrer les choses et les êtres aussi objectivement que possible. *Id est quod est.* Je n'ai pas éprouvé le besoin d'être tendancieux ou haineux ou vindicatif ou louangeur, ni de modifier une façon de penser et de parler qui, j'en ai la ferme volonté, restera toujours la mienne. J'entends juger les personnes et les États — amis ou ennemis — et mon pays lui-même d'un cœur qui soit malgré tout sans irritation et sans amertume... Voir aussi clair que possible, rien de plus, mais c'est beaucoup. Mon métier d'historien m'a été, autant qu'un refuge, un poste d'observation sur le temps actuel mais j'ai tenu à parler de ces brûlantes questions présentes sur un ton calme, et non sans sourire assez souvent. Car le dramatique de mauvais goût n'est pas dans notre tradition française. Car il y a une façon *française* — je souligne le mot — de dire sa peine et sa colère sans avoir besoin de forcer la voix. Bien au contraire !

Dernier détail, *the last but not the least*, je dois l'ambitieux mais beau titre de ce livre à mon ami de captivité, le « bâtonnier » Charles-André Vidal, merveilleux auditeur, merveilleux contrôleur d'idées.

*

Le présent livre est divisé en deux parties à peu près d'égale importance [5]. La première est un long plaidoyer en faveur d'une forme d'histoire, la recherche d'une méthode que j'ai peut-être, par souci de clarté et de logique, dessinée de façon trop nette, à angles vifs.

Rien de plus difficile que de définir une méthode. Et la mienne, je le sais, est loin d'être parfaite... La seconde partie, que j'ai voulue proche de la vie, est l'étude d'une série de questions prises à l'expérience et aux discussions quotidiennes. Bien entendu, comme toute division, celle-ci est sur plus d'un point artificielle et discutable. Je le sais aussi. La vie est *une*, terriblement une, au-delà de sa diversité et de ses oppositions. Aussi bien, du mieux que j'ai pu, ai-je par des notes et des renvois établi les liaisons utiles entre les deux volets de mon livre. L'indulgence et la bonne volonté du lecteur feront le reste.

Chapitre I

TROIS DÉFINITIONS : L'ÉVÉNEMENT, LE HASARD, LE SOCIAL

L'historien n'est pas celui qui sait, il est celui qui cherche.

Lucien Febvre,
La Religion de Rabelais [6]

J'ai la prétention de vous expliquer le temps présent, au-delà des circonstances que nous vivons, au-delà des remous qu'elles entraînent... Et même de vous expliquer, dans une certaine mesure, ces circonstances et ces remous eux-mêmes. Grosse prétention, penserez-vous, et manque de modestie de ma part. Grosse prétention car je suis mal placé, vous en conviendrez, pour apercevoir le monde. Si encore j'étais libre, si, au moins j'occupais une place d'importance ! Grosse prétention aussi parce que le monde est vaste et passablement compliqué et, qu'à parler franc, il n'est pas toujours très explicable. Au mieux c'est à une très longue entreprise que je vous convie.

Mais cette prétention, en fait, s'appuie sur une très grande confiance, et le voyage auquel je vous invite n'est pas absolument neuf, ce qui diminue son charme mais aussi ses risques, car bien des étapes en ont été exactement reconnues. Une très grande confiance ?

Quelle confiance ? Celle que je mets dans l'histoire, outil de connaissance, instrument de mesure. Non pas peut-être l'histoire de vos souvenirs scolaires car tout a changé depuis lors, vous tout d'abord et elle aussi, bien plus que vous ne le supposez. L'histoire que j'invoque est une histoire neuve, impérialiste et même révolutionnaire, capable pour se renouveler et s'achever de mettre à sac les richesses des autres sciences sociales ses voisines, une histoire, je le répète, qui a beaucoup changé, qui s'est singulièrement avancée, quoi qu'on dise, dans la connaissance des hommes et du monde, en un mot dans l'intelligence même de la vie. Je dirais une *grande*, une *profonde* histoire. Une *grande* histoire cela signifie une histoire qui vise au général, capable d'extrapoler les détails, de dépasser l'érudition et de saisir le vivant, à ses risques et périls et dans ses plus grandes lignes de vérité. Chaque époque a peut-être l'histoire qu'elle mérite, la lampe historique qui convient exactement à sa vue et à sa marche. Les époques heureuses et trop paisibles se contentent de lampes minuscules. Il faut les grands cataclysmes, les malheurs où l'homme et les peuples ressentent d'instinct le tragique du destin, pour que la grande histoire puisse jeter ses lumières, devenues nécessaires et sans doute bienfaisantes. *Grande* histoire, mais aussi histoire *profonde*, cette dernière expression vous deviendra vite familière à suivre mes raisonnements. J'entends par là, avec quelques autres historiens d'aujourd'hui et d'hier, une histoire des hommes vue dans ses réalités collectives, dans l'évolution *lente* des *structures* selon le mot à la mode aujourd'hui : structures des États, des économies, des sociétés et des civilisations [7]...

Donc confiance dans l'histoire. Me voilà obligé ainsi, avant d'aller plus loin, sinon de vous définir très exactement l'histoire, au moins de vous la présenter de façon aussi nette que possible, sans me perdre pour autant dans des discussions stériles, sans me jeter dans des chemins philosophiques ou d'érudition où je risquerais d'être seul — petit malheur — mais aussi de ne rien éclaircir du tout. Je procéderai autrement et le plus simplement possible. Je ne définirai vraiment l'histoire que tout à fait au terme du voyage. Pour l'instant je montrerai, à titre de long préambule, trois réalités qui touchent à l'histoire. Qu'est-ce qu'un événement ? Qu'est-ce que le hasard ? Qu'est-ce que le social ? Répondre à ces questions me permettra d'éclairer suffisamment notre route.

L'histoire événementielle [8]

Les rouges événements nous assaillent, ils nous enveloppent de toutes parts et, apparemment, ils tissent sur-le-champ, vaille que vaille, l'histoire qui est en train de s'accomplir. Jamais ils n'ont été si proches de nous, ni si menaçants : les années heureuses sont sans histoire, c'est-à-dire sans événements insistants, mais nous ne vivons plus des années heureuses. Nous avons retrouvé, pour longtemps, le sentiment tragique de l'histoire.

Pourtant la pire des politiques, vous le savez, ce serait ou d'ignorer tout à fait ces événements, ou de les accepter tels qu'ils se présentent à nous, de céder à leurs poussées répétées, et surtout de croire à leur menace et à leur importance régulière. La bonne politique, l'attitude virile, c'est de réagir contre eux, de les supporter patiemment tout d'abord et surtout de les juger à leur valeur, parfois si dérisoire, car les grands événements s'effacent avec rapidité, sans laisser toujours après eux les importantes conséquences annoncées. Que l'on songe aux destins de tant de victoires éclatantes ou de tant de grands discours politiques ! Qu'en restait-il deux ou trois mois plus tard ? Et que retiendra l'histoire dans cinquante ans, en bloc, de notre temps si inquiet, monstrueusement préoccupé de lui-même ?

Un événement est un fait historique ; pauvre définition, me direz-vous. Est-ce un fait quelconque ? « Non pas, c'est un fait notable », du moins Anatole France nous l'affirme. Je dirais plutôt, quant à moi, que c'est un fait *noté*, signalé à notre attention, enregistré, d'une façon ou d'une autre rendu visible à nos yeux, par une lumière qui peut être fortuite, au milieu de la masse de ces faits innombrables qui, à chaque instant, sont l'histoire idéale et complète du monde. Ne croyons pas ainsi à la pureté du fait, matériau d'histoire, hier, aujourd'hui encore considéré avec une sorte d'idolâtrie. « Ces gens ne s'aperçoivent pas, écrit Lucien Febvre, que leur fameux fait est déjà le résultat de toute une élaboration, une abstraction où le subjectif a déjà agi. » Et c'est ce que je voudrais bien établir, à ma façon, sur le plan de l'actualité. Cette origine du fait, de l'événement disons-nous plutôt dans l'actuel (l'événement d'aujourd'hui c'est le fait historique de demain), cette origine n'implique pas forcément que ce soit toujours un fait considérable. Le saurait-on d'ailleurs à l'instant même où il se produit ? Ce qui décidera de son importance, ce n'est pas le bruit qu'il fait sur le moment ou que l'on fait autour de lui, mais les conséquences qu'il aura ou n'aura pas par la suite. Or ces conséquences sont filles du temps. Les faits actuels signalés comme importants le sont donc à titre provisoire, sous bénéfice de révision. Nous le savions... Mais voilà une bonne raison de ne pas les surestimer tous, de ne pas croire aveuglément à leur importance obligatoire.

Remarquons aussi que les événements nous abordent au galop. Futiles ou non, ils sont des drames extrêmement brefs, des drames éclair, comme nous pouvons en juger sur quelques événements types pris à titre d'exemples, au hasard, parmi nos informations présentes et nos souvenirs d'hier. Poignée d'événements qui, demain, sembleront tellement dénués d'intérêt, ce qui confirme ainsi notre point de vue. Insistons cependant. Le détail vaut ici la peine qu'on y regarde d'un peu près. Événements ? Winston Churchill vient de prononcer un discours à la Chambre des Communes ; Roosevelt, une fois de plus, aura parlé au coin de sa cheminée à la Maison Blanche ; Goebbels vient d'écrire un long article objectif, bourré de précisions et d'aveux, dans le *Reich* qui est le grand hebdomadaire allemand. Un journal récent annonce l'arrivée à Alger du général américain Doolittle, qui avait conduit en 1942 le premier raid aérien contre Tokyo. À Alger arrive aussi, nous dit-on, l'archevêque de New York, Mgr Spellman, qui nous a été signalé successivement au cours de mystérieux voyages, à Londres, à Rome, à Ankara... Incidents à noter si l'on veut, des bruits venus précisément d'Ankara et qui posent une fois de plus, mais sans l'éclairer vraiment, l'urgente et languissante question turque. Événement aussi, ce reportage d'un correspondant de guerre allemand, ce *P.K. Bericht* animé que publie la *Frankfurter Zeitung* d'hier sur un combat en Ukraine — incident anonyme au vrai, perdu au long de l'immensité du front de l'Est et d'autant plus significatif peut-être. Événements encore, et grands événements, événements types, dirions-nous volontiers, placés au cœur de la vie du monde, ces entrevues sensationnelles d'hier, celle-ci dans l'estuaire du Potomac, celle-là dans la gare « historique » du Brenner, ces autres à Florence, à Casablanca, au Caire, à Adana, en attendant les conférences et entrevues à venir.

Tout le faisceau des nouvelles éclaire, comme à plaisir, ces instants émouvants et reste fixé en plein, l'espace d'une seconde, sur les maîtres du monde. Il nous les montrera encore à intervalles réguliers, rassurons-nous, et c'est un jeu, chaque fois, de nous proposer leurs conversations comme des énigmes et de signaler imperturbablement que ces entrevues sont les drames par lesquels s'élabore le destin du monde et le nôtre. Aurions-nous le cœur d'en douter ? D'ailleurs, sans ces maîtres, sans ces éclairs au magnésium, y aurait-il encore de grands événements ? Y aurait-il seulement des journaux ? Je sais bien que la semaine qui vient de s'écouler n'est pas très riche en péripéties militaires, que la guerre à l'Est s'immobilise dans la boue et les eaux du dégel. Mais n'est-il pas curieux de voir la place que prennent les événements éloignés des lignes de feu ? Quand la guerre s'apaise, ne faut-il pas tout de même que parlent les journaux ? Le voit-on toujours, c'est la presse qui nous fait ces nouvelles hachées, découpées en instants brefs. Le jour est l'unité de mesure obligée de l'information, cette fabricante d'événements. Les opérations militaires elles-mêmes obéissent très souvent, malgré leur continuité, à cette nécessité de l'article quotidien. Elles sont morcelées en épisodes, découpées en batailles locales, décrites en phrases de communiqués quotidiens. Car le lecteur réclame sa pitance de chaque jour.

Mais est-il besoin d'allonger la liste de nos exemples, d'en trouver dans les différentes catégories d'événements ? Ou de se demander si l'événement, instant d'histoire, correspondrait à la brièveté organique de nos souvenirs, au travail en pointillé de notre mémoire ? En tout cas la preuve me semble faite, ou facile à faire, quant à leur *durée*. Chronométrez tels événements que vous voudrez, vous serez toujours frappés de leur brièveté ! Tous ils donnent assez exactement l'impression de *trailers*, de ces coupures de films nouveaux que l'on projette dans les salles de cinéma pour annoncer le programme de la semaine à venir. Si saisissants qu'ils soient, ces *trailers* ne nous racontent jamais un film dans son entier, *toute* une histoire. Ils l'annoncent, ils la suggèrent ; mais à nous d'y rêver.

Un événement, dans le temps, c'est bien souvent donc assez peu de chose, même les très grands : cent ou deux cents mètres de pellicule ; quelques décors plutôt devinés que vus ; la gare du Brenner, deux trains officiels, quelques personnages et les grands personnages eux-mêmes aperçus l'instant d'une poignée de main, l'essentiel nous étant dérobé d'ailleurs comme dans les bons romans.

Mais « l'essentiel » est-il toujours si important ?

Autre histoire, autre grosse question que nous retrouverons. Ces grands hommes tiennent-ils, en leurs mains, le destin du monde et leur *propre* destin ? Oui et non. Très souvent non car, au mieux, leur rôle consiste à déplacer le destin un instant de sa route normale, un petit instant à l'échelle de l'histoire, non pas de nos impatiences, bien sûr.

Je me souviens, en Amérique, d'avoir vu un film qu'on disait sensationnel, sur la guerre de 1914-1918 et qui n'était qu'un découpage de vieilles actualités, sur pellicules usées, d'une époque où les opérateurs ne savaient pas filmer les mouvements sans les déformer de façon disgracieuse. On se bousculait, on s'écrasait cependant aux guichets. Étrange film au total sur le long drame de la première guerre mondiale. Pas un seul vrai soldat ne s'y voyait et les quelques rares explosions avaient été organisées après coup, dans des studios. Pas un seul combat non plus. Mais les officiels y jouaient leur rôle au naturel avec application et componction, seuls cette fois, sans les rumeurs et les illusions d'hier : le roi George V faisait cinq ou six apparitions, si je ne me trompe ; Poincaré s'apercevait en landau ; Guillaume II passait trois ou quatre fois sur le front de compagnies d'honneur ; des généraux décoraient, défilaient. Et le reste à l'avenant. L'actualité vue de loin, n'est-ce pas, très souvent, une caricature plus triste que risible de l'histoire ?

C'est donc par abus, très souvent, trop souvent, que de soi-disant grands hommes incarnent le destin et semblent lui commander. Leur grandeur proche, leur puissance sociale nous en imposent de leur vivant. Combien sont *grands* réellement ? Évidemment, n'allons pas croire réglé par ces quelques mots le problème de l'individu en histoire. Non certes, et nous le retrouverons en son temps avec ses difficultés... Mais, pour l'instant, faites-moi provisoirement confiance. Les événements, ce sont des hommes, tels ou tels hommes, l'un qui parle, l'autre qui arrive, un autre qui écrit, etc. Des hommes que nous séparons des autres alors que, sans ces *autres* hommes, ils ne sont souvent pas grand-chose. Le caractère humain, ou plus justement individuel, de l'événement n'en alourdit pas régulièrement l'importance. Et c'est tout ce que je veux retenir pour l'instant.

N'empêche que ces événements, ces *trailers* pittoresques, attachants, accablants aussi à l'occasion, tels quels, composent les premières images cohérentes de l'histoire de notre temps (de tous les temps d'ailleurs). Images instantanées, imparfaites — faut-il le dire ? —, trop vite dessinées, boursouflées les unes, mal assemblées les autres, et toutes par surcroît éclairées selon les fantaisies des propagandes ou des reportages. Quand le monde est libre (mais alors son histoire est moins dramatique), des séries opposées d'images se rencontrent et s'assemblent, comme elles le peuvent. Tant pis si le spectateur ne les comprend plus très bien. Il a ses images : qu'il tourne les pages de l'album ou de la revue !

Certes, cette première histoire est pleine d'erreurs ; certes elle est fallacieuse ; certes elle s'offre comme la surface, phosphorescente, *discontinue* de la vie du monde, et seulement comme sa surface ; certes elle mêle les gros événements aux menus faits divers sans les distinguer, comme il conviendrait, mais c'est une première histoire tout de même, résistante déjà, avec la force et la puissance du premier occupant. Mensonge sans doute mais mensonge chargé de vérités et de sortilèges. L'homme — et c'est le secret du charme de cette histoire — s'y trouve à l'aise de prime abord, il s'y reconnaît car cette histoire, écrite au jour le jour, est à la mesure de ses passions et de ses illusions : de ce fait, chargée d'humanité et de poésie, et y a-t-il illusion plus tenace, chez ceux qui vivent une histoire, que de s'en croire les auteurs responsables ? Et pas seulement les victimes ?

Une des forces de cette victoire de l'événementiel est justement là : elle laisse à penser que le destin dépend de nos volontés, que modeste ou illustre, nous faisons notre propre histoire. Elle le laisse à penser, ne serait-ce qu'en exaltant les maîtres de l'heure, héros hégéliens, surhommes nietzschéens, démiurges, grandioses réussites de l'homme, mais qui sont tous faits à notre image, pétris de notre argile. Beau sujet d'orgueil et de confiance ! De là, sans aucun doute, je le répète, le charme certain de cette première histoire en gros titres, riche toujours en incidents, en péripéties et en émotions. La vie d'ordinaire si grise y prend des allures de roman vécu, cruelles et tendres. Comment le public ne se laisserait-il pas prendre à tant de récits émouvants, à tant d'existences humaines qu'il nous est donné de revivre à loisir ? Et cela aussi bien qu'il s'agisse du temps actuel ou du temps passé. Croyez-vous qu'un événement de la vie de Napoléon par exemple, raconté avec précision, ne vaudra pas toujours bien plus en intérêt humain, pour un auditoire ordinaire, que les considérations les plus fines sur l'histoire profonde du Premier Empire ? Voyez la vogue des vies romancées et par comparaison songez au tirage et à l'audience des vrais livres d'histoire.

Puissance donc, magie des événements. Pourtant si saisissants qu'ils soient, ils ne représentent pas l'histoire entière du temps qui passe mais sa surface seulement. L'histoire n'est pas le récit d'événements sans plus. Elle n'est pas seulement la mesure de l'homme, de l'individu, mais bien des hommes, de *tous* les hommes et des réalités de leur vie collective. J'y reviendrai tout au long de ce livre.

Tous les historiens ne le savent pas.

Songez que dans n'importe quel travail d'histoire nous avons à notre disposition une documentation événementielle, anecdotique et vivante. C'est par elle, par son inventaire et sa critique, que le premier travail commence. Il est vrai que notre recherche porte sur des événements dépouillés du halo de l'actualité, disposés selon des perspectives assez souvent changées, mais sur des événements tout de même. Le second travail, ce serait de chercher, à côté d'eux, des événements, des faits mineurs qui ne concernent pas les actions extraordinaires ou les personnages illustres, mais les actes de la vie journalière. À cet effet, « le prix des fers ou le taux de la rente, le niveau des salaires ou le prix du pain, instruisent mieux que le récit d'une bataille ou l'entrevue de deux souverains », remarquait Anatole France dans un feuilleton de *La Vie littéraire*. Par ces petits faits, la possibilité est offerte de rejoindre les réalités de l'histoire collective, de l'histoire profonde. Mais tous les historiens, je le répète, ne s'astreignent pas à ces recherches supplémentaires et décisives. L'histoire événementielle, que je ne veux pas considérer comme négligeable (je pense seulement qu'elle est une catégorie de l'histoire et non pas toute l'histoire), exerce son charme exclusif sur eux comme sur les contemporains. Au-delà de son décor, comme les contemporains eux-mêmes, ils ne se demandent pas si d'autres histoires se jouent ou se sont jouées, drames à demi enfouis mais drames réels. Ils ne se demandent pas si, au-delà des surfaces, il n'y a pas les profondeurs de l'histoire.

Aventure de tous les jours : un historien enregistre telle histoire événementielle, toute faite, à portée de main, et nous la livre, sans plus, comme une marchandise loyale. Il la trouve dans les journaux hier, avant-hier chez les chroniqueurs et les mémorialistes, ces journalistes avant la lettre. Tel est le cas du gros livre de Pierre de la Gorce sur le Second Empire, dont les lecteurs sont nombreux parmi vous. Voici un livre analogue et qui circule ici, le *François Ier* de Charles Terrasse. Il porte en sous-titre *Le roi et le règne*. Ce livre n'est pas sans intérêt, je le concède, ni sans mérite, mais c'est bien un livre d'événements mis bout à bout, alignés en un récit agréable, vivant, c'est entendu. Au vrai, transposé dans le passé, il est une série de reportages : l'un sur les enfances du roi, l'autre sur sa jeunesse, un autre sur Marignan et ainsi de suite. Le premier paragraphe sur la rivalité de François Ier et de Charles Quint s'intitule en grosses lettres, dirai-je,

« L'étincelle et la traînée de feu », ni plus ni moins. Quant à la France sur qui s'appuie ce règne, la France cette réalité collective, cette « personne », quant à l'Europe qui l'entoure, quant à la civilisation de la Renaissance et de la Réforme qui la traverse comme une vie infuse, tumultueuse, décisive, quant à l'économie *mondiale* de l'époque déjà tyrannique, ne demandons pas à l'auteur de nous en entretenir vraiment, malgré quelques efforts. Il va à ce qui brille, à ce qui étonne et amuse. Soyez-en sûrs, il ne manquera pas de s'arrêter à l'entrevue du Camp du Drap d'or. Une si belle entrevue ! elle mérite bien et elle aura tout un chapitre...

Et pourtant l'histoire n'est pas seulement un récit, même de grands événements, elle est une *explication* — et les grands événements eux-mêmes sont à expliquer, si petite science conjecturale que soit l'histoire. En fait, ils signalent, hors de leur propre histoire, des réalités, des lignes de force souvent décisives, et ce sont ces lignes, ce sont ces réalités qui comptent le plus peut-être. Il m'est arrivé, un soir, à l'intérieur de l'État de Bahia, d'être pris brusquement au milieu d'une montée prodigieuse de lucioles phosphorescentes. Elles éclataient partout sans arrêt, plus ou moins hautes, innombrables, en gerbes au sortir des taillis et des fossés de la route, comme autant de fusées, trop brèves, pourtant, pour éclairer le paysage avec netteté. Ainsi des événements, ces points de lumière. Au-delà de leur éclat plus ou moins vif, au-delà de leur propre histoire, tout le paysage environnant est à reconstituer : la route, les broussailles, le haut-bois, la latérite rougeâtre du Nord brésilien, pulvérulente, les déclivités du terrain, les rares véhicules qui passent et les bourricots, bien plus nombreux, avec leurs grosses charges de charbon de bois, enfin les maisons proches et les cultures. D'où la nécessité, voyez-vous, de dépasser la frange lumineuse des événements qui n'est qu'une première frontière, souvent, à elle seule, une bien petite histoire.

Vous-mêmes comprendrez aisément cette nécessité

que j'analyse plus ou moins bien, et vous la comprendrez mieux que d'autres. Ne passez-vous pas votre temps à critiquer les nouvelles, à lire entre les lignes, à chercher, au-delà de ce que l'on nous offre, ce que l'on nous cache ? L'événement ne vous suffit pas. Vous êtes à la recherche, à votre façon, d'une vérité, d'une histoire autre, d'une histoire réelle et profonde. Ceci pour un simple désir d'information personnelle, pour le besoin de savoir où l'on en est. Gros souci, je le sais... Imaginez cependant votre ardeur s'il s'agissait, par ce travail, non pas de modeler vos réflexions de l'instant, mais d'écrire un livre, d'engager votre pensée entière dans ce jeu et, plus encore, s'il s'agissait pour vous de poursuivre une œuvre vivante, d'élaborer une politique réelle et qui comptât pour les hommes nos contemporains, une politique à dégager de la poussière des nouvelles et des incidents quotidiens, comme le sont toutes les politiques. Politiques ? Je veux dire, ces choix répétés, pas toujours heureux ou lucides, entre l'accessoire et le principal, entre l'histoire événementielle, trop souvent sans lendemain, et l'histoire profonde à qui appartient l'avenir. Mais comment les distinguer l'une de l'autre ? C'est presque tout le problème de ce livre.

La part du hasard

Expliquer. Je ne crois pas que le mot dominait les études historiques à la Sorbonne, vers 1920, au temps de ma jeunesse : on s'y méfiait trop de la grande histoire. La philosophie dominante était celle du manuel de Ch.-V. Langlois et de Ch. Seignobos, cette *Introduction à la méthode des sciences historiques*, toute de prudence scientifique et bien plus un livre de critique des documents qu'un ouvrage de vraie méthodologie. Oh ! certes, on y apprenait admirablement à lire et à critiquer un texte, mais sans soupçonner toujours que les documents écrits n'étaient pas les seuls matériaux de l'histoire. N'en va-t-il pas ainsi, aujourd'hui encore, pour bien des historiens ? Mais alors le temps était à peine passé où l'auteur d'une thèse remarquable et neuve sur les marchands dans l'Italie méridionale du XIIIe siècle se faisait dire, *ex cathedra*, qu'il aurait mieux fait encore s'il s'était limité à la seule publication de ses documents. À quoi bon les commenter, je vous le demande ? L'idéal, n'était-ce pas de livrer de beaux, de bons matériaux et de ne pas les altérer par des gloses inutiles, de saisir l'histoire à l'état pur, de préférence à l'état naissant ? Alors pas le moindre impérialisme. Pas de recherches véhémentes de l'histoire profonde, non certes. On collectionnait des faits, des événements... Tel jour, à tel endroit, tel personnage... etc. On s'essayait bien, de temps à autre, à les expliquer, ces faits, mais la curiosité dans ces tentatives n'allait guère au-delà de l'histoire biographique, politique et institutionnelle. On se limitait le plus souvent au cadre des biographies de grands personnages, cadre idéal de recherche...

Oui, mais comment voir le monde dans ces conditions ? Le monde ? Mais existait-il ? Pour Charles Seignobos, il était incohérence, succession de hasards, de fantaisies, d'absurdes mouvements browniens, dirions-nous en termes actuels, absurdes, insaisissables, parce que trop nombreux et terriblement complexes... Prudence, nous répétait-on, prudence, tout est si compliqué... et si grande la part du hasard ! Mais lisez à ce sujet les conclusions de la précieuse *Histoire politique de l'Europe contemporaine*, de Seignobos.

Cette façon de voir, à vrai dire, aura été celle de toute une époque, l'époque d'Anatole France alors dans tout son rayonnement. Mais plus que le maître de la villa Saïd, l'helléniste Maurice Holleaux en aura été le représentant le plus achevé, le plus brillant et le plus significatif sur le plan de l'historiographie française, le plus conscient à coup sûr. On ne pouvait le connaître d'ailleurs sans être subjugué par lui...

Toute la défiance de Maurice Holleaux s'animait

quand il fallait *expliquer* des événements. Les historiens, disait-il, passent leur temps à inventer des causes. Plus les événements sont importants, plus les causes qu'ils découvrent sont importantes, nombreuses et subtiles. Simple question d'imagination... Hélas ! Que ne prêtent-ils pas aux maîtres du monde, ces historiens à explications : des projets, des politiques cohérentes, des calculs à longue échéance et tant de noires pensées ! Quelle hâte aussi à rattacher les événements entre eux, à les souder, à trouver de bonnes raisons à ce qui est arrivé et qui ne devait pas forcément arriver. Un événement est un fait connu, alors a-t-on toujours le droit de l'expliquer par un autre fait connu, un autre fait historique ? Et si la cause était un petit fait non historique celui-là, resté bien enfoui dans la nuit du temps ? Qu'en savons-nous ? Voulez-vous qu'on vous raconte une fois de plus l'histoire classique de Walter Raleigh, prisonnier à la Tour de Londres où il écrivait une histoire générale du monde, ni plus ni moins, pour charmer ses loisirs forcés, et qui ne réussit pas à savoir le fin mot d'une querelle éclatée sous ses yeux entre ses domestiques ? « Voyez Mommsen, nous disait un jour Maurice Holleaux, il a versé l'économie politique dans l'histoire ancienne et Dieu sait ce qu'il en adviendra. »

Pour lui le vrai maître du monde était le Hasard, disons, en nous amusant, le Père Hasard... Son intervention était visible partout. Malheur aux maîtres calculateurs du temps passé. Le Père Hasard les tenait à l'œil ; d'un bond souple, il les rejoignait au moment psychologique et leur cassait proprement les reins. Car le Hasard c'était souvent, pour Maurice Holleaux, l'implacable destin antique. Quelle tendresse, par contre, le Père Hasard ne manifestait-il pas à l'égard des faibles, des indolents, des aveugles, de tous ceux que le destin dépasse régulièrement, que la vie déconcerte de bout en bout... À chaque malheur, le Père Hasard les dorlotait, les prenait dans ses bras de laine quand il ne les conduisait pas tout bonnement au succès, d'une main secourable et ferme. Mais voyez la merveilleuse thèse de Holleaux, *Rome et les monarchies hellénistiques au* *III*e *siècle*, je ne connais guère d'ouvrage plus passionnant, plus admirablement écrit... À la veille de conquérir l'Orient, les Romains, comme il se complaît à nous le dire, sont, y compris leurs sénateurs, de gros paysans ignorant la géographie des pays de l'Est et leurs subtiles intrigues. Donc, ne leur prêtons pas, de grâce, des vues à trop longue échéance... Ils agissent au jour le jour, sans trop savoir ce qu'ils font, où vont leurs actes, et le Hasard les conduit avec bienveillance. Ces ignorants ne sont-ils pas selon le cœur du Père Hasard ?

Telle était la vue du monde très simplifiée, trop simplifiée par moi, de Maurice Holleaux. Il l'exposait toujours avec une intelligence éclatante et un sens aigu de la mise en scène. Sa recherche était dirigée obstinément vers les conjonctures du hasard, de préférence vers les surprises et les catastrophes imprévisibles. C'était le plan de guerre de Périclès — voyez le texte de Thucydide — et, en travers de ses calculs, l'imprévisible peste d'Athènes, survenue tout d'un coup en 429. C'était l'expédition de Sicile de 415, imaginée, conseillée par Alcibiade et voulue d'une ardeur passionnée par le peuple athénien tout entier ; en travers de la grande entreprise survenait la mutilation des hermès, le jour même du départ de la flotte, avec l'obligation, bientôt, pour Alcibiade qui se trouve compromis, de se dérober et d'abandonner l'armée que, seul peut-être, il eût été capable de conduire au succès. Et ainsi de suite...

Je me suis surpris longtemps, par la suite, à pratiquer ce jeu de l'histoire et du hasard : ainsi l'Algérie n'a-t-elle pas été conquise sous Louis-Philippe autant par les erreurs que par les calculs exacts des militaires ? Ces derniers n'ont-ils pas créé assez gratuitement la puissance d'Abd el-Kader, dans l'Ouest puis dans le Centre algériens ? Mais sans elle ne risquions-nous pas de rester collés à la côte ? Ou du moins d'y rester assez longtemps ? C'est l'émir qui a rendu la conquête nécessaire, disons, sans rire, qu'il nous l'a *imposée*... Ou encore, autre exemple, Napoléon, calculant tout dans sa campagne de Russie (« Je comptais rester dans Moscou comme dans un vaisseau bloqué par les glaces », dira-t-il dans le *Mémorial*) : il avait tout prévu, certes, tout sauf l'incendie de la ville sainte et la précocité d'un hiver exceptionnellement dur.

Étonnante et dangereuse philosophie francienne au total ! Sous prétexte de couper court aux explications abusives des historiens et de les critiquer au plus juste (ce fut même là son très grand service), elle leur en substituait une autre, d'un seul coup, et applicable à tous les cas. Un mot, un signe, une difficulté et le Père Hasard était aux côtés de l'historien, bousculant, arrêtant tout, justicier ou complice à ses heures et constamment aux ordres. C'était bien commode.

Vraiment le monde des hommes, est-il l'exclusif domaine du hasard, est-il d'une fantaisie inépuisable ? Oui, sans doute, si l'on considère à part chaque événement, chaque petit destin individuel. Un nombre invraisemblable de dés, et toujours en mouvement, commandent chacune de nos existences. Nous le savons et nous n'y pouvons pas grand-chose. Nous croyons à la chance et au Hasard ou bien à la Providence, ce qui revient à peu près au même. Irai-je, ou n'irai-je pas, ce dimanche, passer la journée sur les bords de l'Oise ? La minuscule question est en suspens, liée à tant de petits détails de ma vie, allez donc les peser tous ! Mais aux guichets de la gare du Nord le nombre des billets à destination de l'Isle-Adam est très exactement prévisible à quelques unités près. Incertitude d'un côté, celle de l'histoire individuelle, mais de l'autre cohérence presque et simplicité, celles de l'histoire collective. L'histoire est bien une « pauvre petite science conjecturale » quand il s'agit des individus isolés du groupe, quand il s'agit d'événements, mais elle est bien moins conjecturale et plus rationnelle, dans ses démarches comme dans ses résultats, quand elle met en cause les groupes et les répétitions d'événements. L'histoire profonde, l'histoire sur laquelle on peut construire c'est l'*histoire sociale*.

C'est par un abus certain que l'on veut résumer tout un mouvement ou toute une zone d'histoire dans une personne exceptionnelle : on substitue ainsi une histoire hésitante, parce que centrée sur l'individu, à une histoire beaucoup plus simple et beaucoup plus claire si on l'examinait dans ses assises et réalités sociales.

Au matin de Sadowa, la partie semble perdue pour les Prussiens tant que la IIe Armée, attardée dans les Sudètes, ne sera pas arrivée à pied d'œuvre sur le champ de bataille. Bismarck, qui assiste à la journée, désespéré, a décidé de trouver la mort avec la dernière charge de cavalerie. Comme il l'a dit, il n'est pas de ceux qui se chauffent au coin de leur cheminée, quand ruisselle le sang du soldat. Peut-il ne pas être désespéré, ne pas peser ses responsabilités écrasantes ? Il fume un cigare et se promet à lui-même, quand il sera achevé, de pousser son cheval en avant. Seule solution, mourir en chargeant... Car si des hommes sont en train de s'entre-tuer, n'est-ce pas par sa faute, à lui, n'est-ce pas son œuvre ? Que non pas, dit Julien Benda, qui lui aussi a médité sur l'anecdote. S'il est là sur le champ de bataille c'est que, depuis un siècle au moins, et peut-être davantage, des Allemands, des millions d'Allemands ont rêvé de l'unité allemande en choquant leurs chopes de bière sur leurs *Stammtische*, ou en bavardant sous les tilleuls, ou en faisant l'ascension du Brocken... Tout un mouvement romantique d'espoir et de rêve est pris au vent de l'action de cet âge brusquement réaliste, l'âge des féodaux des Marches, celui des industriels de la Ruhr... Bien avant Bismarck, l'Allemagne existe déjà, comme groupe d'intérêts économiques dès qu'a été réalisé le Zollverein (1832), et depuis des siècles comme être historique. Si Bismarck est à Sadowa, rongé d'inquiétudes mortelles tant que n'a pas débouché l'armée salvatrice de Frédéric-Charles, c'est bien par la force des choses allemandes, par la volonté des hommes allemands. Il est leur délégué, rien de plus. N'étudions donc pas Bismarck en dehors du peuple qu'il conduit et qui le conduit... Non certes, il n'est pas le seul personnage à saisir du drame de l'unité allemande. Pas même le plus important ni le plus simple. Le plus important, c'est le peuple allemand. Il est le personnage qui dure, la substance vivante de l'histoire allemande.

Voulez-vous un exemple qui soit sous nos yeux, cette fois, et plus didactique ? L'histoire d'un camp de prisonniers est un faisceau d'histoires particulières sans gros intérêt, les histoires de chacun d'entre nous, minces filets d'eau, successions d'actes, de pensées difficiles à reconstituer, même si vous tenez un journal de bord. Elle est aussi l'histoire d'incidents « publics » : une évasion, une querelle, un racontar. Là encore il sera bien difficile de faire l'exacte lumière, autant de témoins, autant de versions, n'est-il pas vrai ? Imaginez les difficultés pour préciser le jour, l'heure, le lieu, les responsabilités exactes. Par contre rien n'est plus aisé que de reconstituer notre histoire collective, les conditions de notre vie matérielle, les périodes successives de notre vie morale collective : elles se suivent et ne se ressemblent pas, comme vous le savez. Avec une douzaine de témoignages, une visite sur les lieux, deux ou trois bonnes correspondances, de bonnes statistiques, la reconstitution pourrait être parfaite. Au-delà de l'événementiel, au-delà de l'individuel, l'histoire des groupes offre son terrain solide. C'est de ce côté que doit porter notre effort. Et le reste de l'histoire s'en trouvera éclairé, dans le récit de ses événements tout comme dans ses habituels détails biographiques.

L'histoire et les sciences sociales

> *J'ai vécu avec des gens de lettres qui ont écrit l'histoire sans se mêler aux affaires et avec des hommes politiques qui ne se sont jamais occupés qu'à produire les événements sans songer à les*

décrire. J'ai toujours remarqué que les premiers voyaient partout des causes générales, tandis que les autres, vivant au milieu du décousu des faits journaliers, se figurent volontiers que tout devrait être attribué à des incidents particuliers, et que les petits ressorts qu'ils faisaient sans cesse jouer dans leurs mains étaient les mêmes que ceux qui font remuer le monde.

Alexis de TOCQUEVILLE.
Souvenirs, 1850

Nous n'achèverons, nous ne constituerons l'histoire qu'en saisissant les *faits sociaux* dans toute leur épaisseur, en mettant en cause les phénomènes humains de masse, en cherchant *les* hommes là où, obstinément, l'on ne voulait voir que l'homme, surtout en utilisant les résultats et les moyens des autres sciences du social, voisines des chantiers de l'histoire. C'est même le récent développement de ces sciences du social qui a conduit, par contrecoup, à l'actuelle crise de l'histoire, si grave, au moins en France où les efforts de la *Revue de synthèse* groupée autour de son doyen, Henri Berr, et des *Annales d'histoire économique et sociale*, avec Marc Bloch et Lucien Febvre, tendent à créer une forme révolutionnaire et neuve de l'histoire.

Pour étudier les faits sociaux si complexes dans leur totalité, de grâce, ne nous servons pas d'un seul projecteur, si intéressante que soit sa lumière : ainsi le projecteur de l'histoire politique, manœuvré si longtemps à l'exclusion des autres ; il n'éclaire qu'un secteur du passé et pas toujours le plus important... Politique d'abord ! le principe n'est pas toujours vrai, hélas, sinon comme notre besogne s'en trouverait simplifiée ! Il en serait de même si l'on voulait, historien, se limiter à tels autres ordres de faits du passé, intellectuels, économiques ou culturels. Ce sont autant de vues partielles, pour significatives qu'elles soient. Nous voulons pour notre part allumer toutes les lampes à la fois. Le programme est ambitieux, pas raisonnable, mais y aurait-il un impérialisme historique suffisamment dynamique sans de très grands espoirs ?

Surtout, n'oublions pas que nous ne sommes pas seuls dans cette recherche : les sciences du social nous tiennent compagnie, constituées hier, mais impérialistes elles aussi, vigoureuses, désireuses de se donner de l'air et tendues — de façon plus scientifique et plus claire que nous — vers les buts qu'elles se sont assignés. Plus scientifiques que l'histoire, mieux articulées qu'elle par rapport à la masse des faits sociaux, elles sont, autre différence, délibérément centrées sur l'actuel, c'est-à-dire sur la vie, et toutes elles travaillent sur ce qui peut se voir, se mesurer, se toucher du doigt. Immense supériorité ! Les géographes étudient la société dans ses rapports avec l'espace. L'étudier dans ses formes vivantes, primitives ou balbutiantes, telle est la tâche des ethnologues et des ethnographes, ceux-ci préoccupés du détail des descriptions, ceux-là attentifs aux lois générales en la matière. Le statisticien étudie la société sous l'angle du nombre. Le lot des économistes est de la considérer sous l'angle du doit et avoir, au travers, comme dit l'un d'eux, de « l'acte à titre onéreux » (François Perroux). Aux juristes revient l'étude des idéaux du droit et des lois pratiques sans quoi il n'y a pas de société. Reste aux sociologues la reconnaissance des mécanismes sociaux considérés en eux-mêmes, donc les plus profondes et les plus incertaines prospections.

Je ne crois pas avoir défini ainsi avec toute l'exactitude désirable ces sciences si complexes de l'homme vivant en société. Mais là n'est pas notre objet. Nous voulons seulement dire assez vite ce qu'elles apportent à l'histoire. Elles travaillent sur l'actuel, avons-nous dit, tout en ayant chacune leurs sections anciennes. Or, dans notre travail, centré sur le passé, n'avons-nous pas des tâches analogues aux leurs ? Historiens, nous devons être par surcroît géographes, économistes, juristes à notre propre compte. Pour les sociétés d'hier, nous avons aussi à nous préoccuper de ce qui a duré, du permanent, donc en partie de l'actuel, de ce qui dure au-delà des changements si multiples ou si graves qu'ils soient, de ce qui dure au-delà d'un incident, d'une période et au-delà de cette toute petite chose — si révélatrice pourtant — qu'est une existence à l'échelle du monde et du temps. Avec un décalage chronologique qui complique tout, il est vrai, mais qui n'altère pas entièrement la nature des choses, nous avons, répétons-le, les mêmes tâches que nos voisins. Nos méthodes ne sont pas les leurs, mais nos problèmes, oui bien.

D'où la nécessité d'aboutir à *leur* présent, comme ils plongent, eux, dans *notre* passé ; de tenir compte de leurs analyses et de leurs recherches, de leurs explications et, le cas échéant, de leurs *lois*. Nous avons à chaque instant l'occasion d'utiliser et d'éprouver leurs outils. Lescure, dans son beau livre sur les crises économiques, attire l'attention sur le rôle régulier d'une industrie leader dans les reprises économiques. Cette industrie n'est jamais la même — une fois l'automobile, une autre fois les constructions navales, etc. Mais Lescure n'est pas le seul à signaler le fait. Voici justement un cas d'histoire : dans les deux dernières décennies du XVIe siècle, en Italie, se marque une reprise économique assez nette, avec, très remarquable, une prospérité soutenue de l'industrie de la soie. Est-ce là une industrie leader ? L'historien doit pour le moins poser le problème, avouons-le ! Petit exemple, bien sûr, mais on en imagine des milliers d'autres.

Autant dire que nous sommes chez nous, sur les chantiers et dans les livres des sciences sociales, nos voisines. C'est seulement par suite de nos insuffisances intellectuelles, par suite du triomphe utile mais dangereux des spécialistes, que cette étude *une* de la société est morcelée en tant de branches différentes, y compris celle, vénérable, de l'histoire. Le gros mérite de quelques historiens français a été de reconstituer ce tout, d'abattre les cloisons inutiles et, du même coup, de rendre à l'histoire sa dignité, de refaire de l'histoire, jamais oubliée certes, mais pas toujours mise à sa vraie place, une des mesures essentielles du monde — l'une des plus efficaces puisqu'elle met en cause, plus qu'une autre, cette coordonnée essentielle, subtile, omniprésente : le temps, et le temps sous toutes ses formes réelles. Le temps, étoffe, réalité de base de tous les phénomènes sociaux. J'y reviendrai assez longuement.

Sans doute, tout n'est pas à comprendre dans le monde à la lumière de l'histoire, à l'aide des précédents (n'y a-t-il pas à côté des « recommencements de l'histoire » d'étonnantes et puissantes novations ?), mais cette pesée sur les balances de l'histoire reste d'une importance indéniable. Elle nous permet de replacer les grands faits dans leurs justes perspectives. L'histoire est assurément une des grandes explications du monde et de la vie. Et s'il y a dépendance, et dépendance enrichissante, de l'historien vis-à-vis des sciences sociales, il garde une position à part.

En marge de l'actuel, donc beaucoup plus aisément que les autres, l'historien peut et doit se dépouiller de ses passions, de ses partis pris, être délivré des espérances et des antipathies qui nous alourdissent le cœur. Il est mieux informé que nous aussi. Nous avons les nouvelles qui nous atteignent, et elles seules. Il peut, quant à lui, en créer là où elles lui sont nécessaires. Historien, j'ai besoin de savoir ce qui se passe à Livourne en 1580 : j'ouvre les excellentes *Annales* de Vivoli, je consulte les archives locales, les dossiers manuscrits de l'Archivio Mediceo, à Florence, et à Florence encore les papiers des grandes familles marchandes qui, comme les Capponi et quelques autres, ont des succursales à Livourne. Bien entendu, je ne crée pas les événements à ma guise mais je les multiplie très souvent et je les vois mieux que les contemporains : tous les papiers décisifs ne sont-ils pas à ma disposition ?

Surtout, bien mieux qu'un journaliste (et le plus averti de tous), je sais quels sont les grands et les petits événements. Qu'est-ce qu'un grand événement en effet ? Non pas celui qui fait le plus de bruit sur le moment, comme je vous le disais il y a un instant, mais celui qui entraîne les plus nombreuses et les plus importantes conséquences. Les conséquences ne se produisent pas sur-le-champ, elles sont filles du temps. D'où les multiples avantages qu'il y a à observer une époque avec un large recul. C'est tout de même un avantage de saisir ainsi des alignements de faits, non pas des points mais des lignes de lumière. C'est quelque chose, étudiant un drame, que d'en connaître le dernier mot. Henri Pirenne, en écrivant le dernier tome de son *Histoire de Belgique*, s'est plaint d'avoir dû travailler sur une histoire trop proche de lui, pas encore décantée, de s'être trouvé noyé dans une poussière de faits où rien ne se distinguait avec sûreté. Émile Bourgeois me confiait sa longue hésitation à écrire le dernier tome de son *Manuel de politique étrangère*, longtemps arrêté à la date fatidique de 1878, et ne s'y être décidé, enfin, qu'après la guerre de 1914-1918. Elle éclairait, par contrecoup, les années, si confuses jusque-là, écoulées depuis les fastes et les coups de théâtre du congrès de Berlin. Il faut sans doute qu'une époque se soit suffisamment détachée de nous et de tous les liens d'actualité vivante, qu'elle ait basculé et séjourné le temps voulu dans le pourrissoir, tout comme certaines préparations anatomiques, pour révéler sa structure profonde. En lisant les *Mémoires* de Caillaux (surtout le tome II) n'a-t-on pas l'impression que l'heure vient où une histoire sera possible, enfin, pour la IIIe République, au moins jusqu'en 1914 ? Raymond Poincaré, Briand, Clemenceau, Caillaux lui-même s'acheminent à petits pas, sans bruit, vers les places que l'histoire leur réserve.

Tels sont les gros avantages de l'éloignement, ce privilège de l'historien, qui lui permet d'atteindre l'essentiel avec moins d'erreur qu'un autre.

Regrettons que dans ce combat pour une histoire plus large, engagé au moins depuis une vingtaine d'années, aucune aide ne nous soit venue des philosophes, pas même des philosophes des sciences. En fait, ceux-ci négligent les sciences sociales — ces mineures — pour les sciences exactes. C'est celles-ci qu'ils défendent, occasion de batailles sans danger car elles sont gagnées d'avance, occasion de refaire en style actuel, plus ou moins heureux, le vieux *Discours sur la méthode*. Dans ces conditions, que les sciences sociales se défendent toutes seules dans leur lutte pour la vie ! Quand elles seront bourgeoisement installées chez elles, l'heure des philosophes protecteurs viendra peut-être. Mais nous n'en sommes pas tout à fait sûrs. Cette carence des philosophes, des spécialistes de la non-spécialité, en gros, n'est-ce pas la preuve d'une crise de l'humanisme contemporain, de l'impossibilité où l'esprit se trouve aujourd'hui d'embrasser le domaine entier de la pensée ? L'époque de la Renaissance n'est plus, ne peut plus être la nôtre. Nous succombons sous le poids des connaissances précises et particulières. Et n'est-ce pas la preuve aussi que, dans ce combat pour la pensée, les philosophes ont pris la queue de la colonne sans qu'on s'en aperçoive toujours ? Sans qu'ils le sachent toujours eux-mêmes ? Notre siècle manque de vrais philosophes, libérés des leçons et des jeux d'école, penchés sur la vie, mêlés à elle, heureux de se risquer au milieu de ses vrais problèmes.

CHAPITRE II

L'HISTOIRE À LA RECHERCHE DU MONDE

L'histoire est et ne saurait être qu'une science.

Louis BOURDEAU,
L'Histoire et les historiens, 1888

Position de l'histoire et de l'historien

Si nous acceptons les courants nouveaux de l'histoire, nous n'avons pas à nous définir, à l'ancienne mode, comme si nous étions seuls, mais bien à nous définir au milieu des sciences qui nous entourent, qui nous touchent et nous relaient, à charge de revanche d'ailleurs.

En face de nous, voici le monde social, tout le monde social, présent et passé ; en fait, des chantiers, des enquêtes, toute une énorme littérature dont une bonne centaine d'excellents livres, un très gros outillage assez divers, des règles pragmatiques, des sciences jeunes, impérialistes, avec leurs ambitions et leurs illusions, celles-ci aussi nécessaires que celles-là, l'espérance en somme que le social, comme le physique, doit découvrir un jour des alignements de faits, offrir de larges possibilités d'explication. Ce qui nous entraîne à penser que ce monde social est cohérent, au moins dans une large mesure, comme toute physique suppose une cohérence du monde matériel. Y avez-vous pensé ? Voyez Paul Valéry : son interlocuteur, dans *L'Idée fixe*, lui demande : « Mais qu'est-ce qui me prouve qu'il y a de l'unité dans la nature ? — C'est précisément la question que j'ai posée à Einstein. Il m'a répondu : c'est un acte de foi. »

Grosse hypothèse, sans doute, encore que cette cohérence de notre objet admette, à mon avis, des preuves éclatantes. Je ne crois pas que nous prenions là notre désir, notre nécessité à nous, pour une réalité, nous ne pouvons pas travailler sur un monde social qui manquerait d'esprit de suite. « Où irait l'histoire, disait à peu près Pirenne dans une de ses conférences, si l'homme changeait sans cesse les mobiles de son action, renonçait un beau jour à considérer sa vie comme un bien précieux et préférait l'intérêt du voisin au sien propre ? » Oui, où irait l'histoire sans un certain nombre d'indispensables constantes sociales, sans un certain nombre de correspondances, sans ces styles de vie dont parle Lucien Febvre, sans tant d'harmonies évidentes qui sont le fait de l'homme et de la société ? On ne peut expliquer le monde, bien sûr, que s'il est explicable, réductible à nos normes, perméable à nos lumières raisonnables, que s'il répond à une finalité quelle qu'elle soit, bien proche à sa façon, je le reconnais, de la Providence de Bossuet. C'est ce que dit pour son propre compte Gaston Roupnel. Il est vrai que, pour lui, tout a été écrit d'avance de la première à la dernière ligne : le destin, d'après lui, attend notre histoire, toutes les histoires, à des rendez-vous fixés depuis toujours. Nous n'allons pas aussi loin, ni aussi vite. Mais ces cohérences de la vie nous sont suggérées tout aussi bien au nom de la science, du finalisme, qu'au nom de la foi. Ou alors, c'est le retour à la liberté francienne : là rien n'est écrit, là règne le hasard et nous attend le viatique d'Anatole France : « Le doute sera notre certitude » (*Vie littéraire*, II). Il est curieux tout de même qu'une préoccupation identique à la nôtre se retrouve tout dernièrement, à l'autre bout du social, sous la plume d'un géographe, André Cholley. Il n'y a de géographie concevable, nous dit-il, qu'incorporée dans une organisation finaliste et rationnelle du monde. Nous voilà revenant au problème de la cohérence.

Mais laissons cette trop vaste question. Ce monde des hommes sur lequel travaille l'histoire est à étudier (toutes choses égales d'ailleurs) comme les réalités physiques. Nous avons à l'observer, à déduire, à lier nos résultats par des *hypothèses* provisoires, à tenter des expériences, à expérimenter, à chercher des lois. Et une attitude scientifique s'impose à nous, historiens, comme aux physiciens : observer sans passion, conclure sans parti pris préalable, faire abstraction de nos passions, de nos calculs, de nos positions morales et sociales. L'historien n'a pas à juger, mais à expliquer et à comprendre. Nous ne voulons plus entendre parler d'un Tribunal de l'histoire, avec un T majuscule. « Presque toutes les discussions historiques, écrit Aldous Huxley [9], il faut le remarquer, sont des discussions de faits personnels. C'est ainsi que Flinders Petrie aussi bien que Spengler croient à la récurrence cyclique de l'histoire [et nous y croyons aussi pour notre part]. Mais leurs cycles ne sont pas les mêmes, parce que leurs normes de civilisation et de barbarie, ou en d'autres termes, leurs goûts en littérature ne sont pas les mêmes. » Et reprenant plus loin la même idée, « hélas, écrit-il, il n'y a pas de vérité historique — il n'y a que des opinions plus ou moins probables sur le passé, opinions qui varient de génération en génération. L'histoire est une fonction, au sens mathématique, de l'ignorance et des préjugés personnels des historiens ».

Je ne crois pas que tout soit juste dans cette apostrophe, si certainement tout n'y est pas inexact. Mais je mettrais en cause volontiers, outre l'ignorance et les préjugés, ce que j'appellerai (autre façon d'expliciter ce mot de préjugés) la position de vie des historiens, la somme de leurs calculs intéressés, de leurs partis pris politiques, religieux et sociaux. Tous préjugés dont il faut se débarrasser. Il y a urgence pour l'historien à se dépouiller de soi-même, à se surveiller étroitement, à signaler sa position personnelle, au début de ses livres ou de ses discours. Les calculs des physiciens tiennent compte de la position de l'observateur. Cette position détermine *sa* vérité. Ainsi de l'historien, ainsi du spécialiste des sciences sociales.

Telles sont les conditions très générales d'une science historique du social. Je passe sur les autres qui concerneraient la technicité de notre métier.

Mais ces conditions pourrons-nous les remplir ? Se dépouiller de ses préjugés ? L'ambition n'est-elle pas enfantine ? Georges Duhamel de nous dire : « L'impartialité historique est une duperie. L'historien véritable n'est point greffier, mais poète. Il se prend d'amour pour Anne Boleyn, de haine pour Jane Seymour. S'il ressuscite Philippe II, c'est dans l'âpre dessein de le châtier. Peindre n'est-ce pas s'assouvir ? » À ce compte, où irait une histoire raisonnable ? On a beau se dire que l'histoire mise en cause, ici, ne touche qu'à l'individuel et à l'événementiel : individuel et événementiel ont par avance trouvé de zélés défenseurs. Anatole France lui-même disait déjà à L. Bourdeau (1888) : « Créez la science de l'histoire : nous y applaudirons. Mais laissez-nous l'art charmant et magnifique des Thucydide et des Augustin Thierry. L'histoire narrative est inexacte par essence. Je l'ai dit et je ne m'en dédis pas, mais elle est encore, avec la poésie, la plus fidèle image que l'homme ait tracée de lui-même. Elle est un portrait. Votre histoire statistique [celle de Bourdeau] n'est jamais qu'une autopsie. » Montaigne n'a-t-il pas dit la même chose en parlant de l'histoire telle qu'elle existait de son temps, narrative et uniquement narrative : « Les historiens sont le vrai gibier de mon étude... Ils sont... plaisans et aysez... ; l'homme en général, de qui je cherche la connaissance, y paraît plus vif et plus entier qu'en nul autre lieu. »

Je ne me laisse pas convaincre par ces arguments

littéraires. Mais vous voyez le danger. Et ce n'est pas le seul. Notre impérialisme d'historien n'est pas du goût de tout le monde. Le philosophe Émile Bréhier me disait en 1935 : « Le rôle de l'historien est de recueillir les faits singuliers, ceux qui ne se reproduiront jamais plus. » Nous voilà exclus du permanent, de ce recommencement éternel de l'histoire, comme on dit. Hier, en 1941, c'est un historien, Karl Brandi, l'érudit connaisseur de la *Reformation* et de la *Gegenreformation*, qui affirmait encore : « L'histoire est un récit », reprenant à son compte un mot que Leopold von Ranke a pu prononcer aux environs de 1850. Mais surtout, c'est notre physique sociale, notre physique historique, notre cohérence du social que l'on critiquera avec des mines pincées. Les puristes nous diront ainsi : « Y pensez-vous ? En matière sociale le mot de loi est franchement abusif. » D'autres puristes nous dénieront le droit de parler d'expériences, ou d'expérimentations, d'hypothèses de travail. Si nous les écoutions, aurions-nous même le droit de parler de sciences sociales ? Non, bien entendu, et nous ne connaissons que trop l'exclusivisme des sciences et des gens en place, leur réactionnarisme spontané. Tenons donc nos positions et rassurons les inquiets. Nous n'employons ces mots de loi, expérience et expérimentation que dans notre domaine à nous, à nos risques et périls, pour nos usages, selon nos possibilités. À ces usages de fixer le vrai contenu de ces mots en nos domaines. S'ils résistent trop, s'ils s'avèrent gênants, nous en chercherons d'autres.

J'entends par expérience la possibilité, à propos d'une question sociale donnée, de réunir une série de dossiers sur des cas analogues, présents ou passés. D'où l'occasion de décomposer la question en ses éléments et d'en observer les variations, compte tenu du milieu. Pas aussi simple évidemment que de faire une injection dans l'oreille d'un cobaye... Par expérimentation j'entendrais volontiers l'expérience dans l'actualité, *in vivo* dirigée. Évidemment cela ne met pas en œuvre les commodités des sciences exactes. Mais la science, au sens étymologique, c'est une connaissance, une enquête rationnelle, rien de plus. Je n'aurais pas peur davantage d'employer le mot de loi. Déjà l'économie politique n'hésite pas à formuler ses observations sous forme de lois. Vous connaissez la loi de Gresham, la loi de l'utilité marginale, vous connaissez aussi la loi de l'offre et de la demande... Dans le domaine du social, ne peut-on pas dire qu'il y a une loi des trois états d'Auguste Comte ? Plus précisément, voici l'étude lumineuse de Pirenne sur les *Étapes sociales du capitalisme* : qu'est-ce si ce n'est une loi sociale approximative ? La règle qu'à chaque âge corresponde une classe particulière de riches, aventuriers audacieux à la porte du risque ? Mais, à l'âge suivant, la « conjoncture » favorise l'enrichissement d'autres téméraires et les anciens riches se rejettent bourgeoisement sur les valeurs sûres. Lois encore, les phases de Simiand, lois toutes ces modulations du passé signalées avec insistance, ces flux, ces reflux, ces cycles, au rythme des générations et des hommes qui passent. Jacob Burckhardt, dans ses *Weltgeschichtliche Betrachtungen*[10], n'hésitait pas à parler (et vers 1870) de sa *loi* des compensations. Peut-être serait-il temps, en histoire, de renoncer tout à fait aux hésitations et aux incertitudes de la pensée courante des années 1880-1900, de ces années de « présociologie ». L'heure des experts sociaux n'est-elle pas venue ? N'y a-t-il pas de gros efforts pour prévoir ? Voyez à ce sujet les instituts créés dès avant 1939 pour l'étude de la conjoncture économique.

Bien entendu ce ne sont jamais là des lois de Mariotte. Mais dès maintenant les enquêtes ont largement mordu sur le social, elles l'ont dégrossi, elles y ont ouvert des routes. Les sciences sociales aboutissent à des règles multiples, à des constatations importantes, théoriques et pratiques. Elles ont un énorme acquis scientifique, de quelque nom que l'on décore leurs procédés ou leurs résultats. Tout cet acquis, nous essaierons de le mettre en œuvre. L'histoire ne peut y être indifférente. Il sera donc autant question, dans nos conférences, d'économistes, de sociologues ou de géographes, que d'historiens véritables, de Durckheim, de Lévy-Bruhl, de Marcel Mauss ou de François Simiand ou de Vidal de la Blache ou de Jules Sion autant que de Michelet, de Henri Pirenne, ou de mon maître Henri Hauser.

Ainsi quand nous parlons d'histoire profonde, l'idée et l'expression ne nous viennent pas tellement d'historiens historisants, mais d'un ethnographe, Leo Frobenius, de qui est le conseil : « Ne pas s'en tenir à la surface des faits » ; ou d'un économiste, Ferdinand Fried, qui recommande « de chercher le sens profond des événements » ; ou d'un sociologue, François Simiand, de qui me semble bien être, si je ne me trompe, la formule même de « l'histoire événementielle ». Rares les historiens qui nous donneraient pareils conseils. Si, un Gaston Roupnel, préoccupé d'opposer à l'histoire historisante, cette surface, le destin cette profondeur, un Lucien Febvre, un Marc Bloch. Ou alors il faudrait remonter loin de notre temps jusqu'aux époques où il y eut une grande histoire. Elle est de Jules Michelet cette phrase, si souvent citée et régulièrement tronquée, de son *Introduction à l'Histoire de France*. Lisons-la une fois de plus : « Plus compliqué encore, plus effrayant, expliquait-il, était mon problème historique posé comme résurrection de la vie intégrale, non pas dans ses surfaces, mais dans ses organismes intérieurs et profonds. » C'est ce que Bossuet aura dit à sa manière dans son *Discours sur l'Histoire universelle* : « La vraie science de l'histoire est de remarquer, dans chaque temps, ces secrètes dispositions qui ont préparé les grands changements et les conjonctures importantes qui les ont fait arriver. » L'accord de ces formules et de mes préoccupations m'est un grand encouragement. C'est avec cette histoire-là que nous essaierons de mesurer le monde et la vie.

Divisions de l'histoire, divisions du monde ?

Les nombres ne sont pas une qualité des choses.

Alain

Au point de départ on demandera à l'histoire un service : celui de nous fournir une image préalable du monde qui nous serve de premier croquis, de projet d'itinéraire pour notre voyage. L'histoire a dû se modeler sur son objet, adapter ses divisions aux catégories mêmes de la vie. Elle est ainsi une image de la vie.

Nous avons distingué jusqu'ici deux couches horizontales d'histoire, une histoire événementielle (pour en signaler la fragilité) et, au-delà de cette surface, une masse puissante, autrement épaisse, l'histoire profonde, l'une portant l'autre, un peu comme les marées peuvent porter sur leur propre mouvement le mouvement des vagues. Mais cette différence de niveau n'est pas la seule à retenir et il y a longtemps que les historiens ont appris à distinguer des catégories de faits sociaux, des secteurs différents, sortes de sectionnements à la verticale de l'histoire, et qui sont d'un usage courant : les faits géographiques tout d'abord, c'est-à-dire les liaisons du social et de l'espace ; les faits culturels relatifs à la civilisation ; les faits ethniques ; les faits de structure sociale ; les faits économiques ; les faits politiques enfin. Autant de sectionnements à la *verticale* de l'histoire, je le répète, non pas superposés, mais juxtaposés. On imagine d'autres divisions et d'innombrables subdivisions. Celles que nous avons indiquées nous suffiront pour dessiner une image du monde.

Première section : les faits géographiques, je dirais volontiers pour les désigner la *géopolitique*, ou mieux encore la *géohistoire*.

Ces mots soulignent un dynamisme (comme freinage ou complicité) des facteurs physiques et biologiques sur la vie sociale et cela tout au long des âges. Le défaut de la géopolitique à nos yeux, c'est qu'elle n'étudie cette action extérieure que sur le plan des réalités politiques : son objet est l'État, non pas la Société vue sous ses différentes formes actives. De là l'utilité du mot plus large de géohistoire. On dirait bien géographie historique sans plus, mais le mot a pris dans nos manuels scolaires un sens vraiment trop étroit, en fait celui d'étude des frontières politiques et des divisions administratives. Je ne vois dans ce domaine qu'une exception, celle du beau livre de Wilhelm Goetz, *Historische Geographie. Beispiele und Grundlinien*, paru en 1904, dont je ne crois pas que l'on a toujours vu la nouveauté et la valeur. L'exception confirme la règle.

Le mot géohistoire a des défauts : il est absolument neuf et je le donne sous ma seule responsabilité, il n'est pas non plus très harmonieux. Son mérite cependant est de signaler avec force un point de vue assez peu reconnu. Trop d'historiens considèrent qu'une introduction géographique suffit au seuil de leurs livres. Ensuite on ne parlera plus du milieu naturel, de cet *environnement* de l'homme, comme disent les géographes américains ; plus exactement on dissertera comme si cet environnement cessait de commander et de régir (dès lors avec monotonie) toute une part de notre histoire, de notre vie. « L'Irlande, a écrit Vidal de la Blache, trop proche de l'Angleterre pour lui échapper, trop vaste pour être assimilée, est victime de sa situation géographique. » Admirable formule, mais c'est à chaque instant de son destin que l'Irlande est cette victime. De même c'est à chaque instant de sa vie que la France subit sa géohistoire, cette somme d'avantages et de risques que chacun pourrait à peu près énumérer. Karl Haushofer a donné de ce que j'appelle la géohistoire une excellente définition : « L'espace, a-t-il écrit, est plus important que le temps. » Peut-on mieux dire ? Les années et les siècles passent, explique-t-il, mais la scène demeure identique à elle-même sur laquelle l'humanité joue son interminable mais recommençante comédie.

On pense bien que cette histoire ne va pas s'y jouer en pleine liberté. La scène est possibilités, elle est aussi constantes impérieuses : le climat, les saisons, le relief, autant de facteurs d'histoire. On a parlé durant cette guerre du général Hiver, du général Printemps. Tout un état-major de facteurs physiques commande notre vie, ou du moins s'y essaie. Dans son livre si vivant et si lucide (où s'évoque pour le lecteur le souvenir d'Émile-Félix Gautier), ce livre au titre amusant *Méharées*, Théodore Monod retrouve, dans le cadre de la vie saharienne actuelle, l'ambiance exacte d'innombrables passages de la Bible. Admirable lecture de texte. C'est qu'un désert est un désert, avec ses exigences toujours les mêmes, au temps d'Abraham ou de David comme à notre époque. Au moins tant que le Sahara ne sera pas trop ouvert aux autos et aux avions.

La géohistoire est ainsi riche de permanences, d'immobilités, disons de répétitions. Elle est l'histoire qui ne bouge pas ou qui bouge assez peu. Les historiens attentifs aux variations, au film de la vie des hommes, ne l'apercevront pas d'ordinaire. Ne croyez pas cependant que les recherches ici soient extrêmement neuves. Le mot oui, la chose non pas. Reportez-vous à ce beau livre d'Auguste Jardé trop peu connu, *Les Céréales dans l'Antiquité grecque*. Tout le monde ne connaît-il pas les recherches de Victor Bérard sur les paysages de l'*Odyssée* et, dans ce même ordre d'idées, les beaux travaux de Hennig ? Je pense aussi à des études comme celles de Hettner ou de Philippson, l'un et l'autre géographes, ou à des articles de *Kulturgeographie*...

Mais dans cet ordre d'idées les livres les plus suggestifs sont encore ceux qu'Émile-Félix Gautier aura consacrés à l'Islam et, plus spécialement, aux *Siècles obscurs du Maghreb médiéval*. À l'arrière-plan de ces siècles sans histoire nette, cachés à nos yeux par la grisaille des chroniques arabes, son habileté a été d'évoquer les cadres naturels, la vie opposée des nomades et des sédentaires, leurs luttes autour des pâturages et des villes. Il a réinstallé la géographie au centre du débat. *Geographia oculus historiae*, comme il l'écrivait dans une de ses dernières études. Nous sommes loin ici de ces introductions géographiques au seuil des livres d'histoire, porte que l'on poussait et refermait une fois pour toutes. Songez, pour illustrer cette image, aux tableaux géographiques des histoires classiques de l'Antiquité. On a le droit de voir fleurir les anémones et les oliviers au seuil du volume. Mais ensuite plus d'anémones et presque plus d'oliviers. C'est ce que disait Lucien Febvre à sa façon en parlant du Moyen Âge tel qu'il était étudié dans nos universités : « On ne labourait que dans les cartulaires, avec des chartes comme outils [11]. »

Seconde section, *les faits culturels*, l'histoire de ces États plus résistants et plus complexes que les vrais, en un mot les civilisations. C'est à ce propos que nous aurons à rompre avec les habitudes d'historisants : la civilisation n'est pas à chercher, pour sa définition pratique, dans les œuvres d'A. Jardé qui eut pour le mot une affection particulière. C'est aux sociologues, aux ethnographes et aux ethnologues que nous demanderons des définitions et des façons d'aborder ces problèmes. Sait-on toujours quand il s'agit de la France (mais aussi quand elle n'est pas en cause) l'énorme différence qu'il y a entre la civilisation et les entités politiques ? La France-civilisation n'est pas la France-État. Ce qu'il faut à l'une ne convient pas à l'autre. Les États disent oui, les civilisations disent non et réciproquement, au long d'un passé que nous méconnaîtrions si nous n'avions soin de souligner et de préciser les valeurs culturelles.

E.-F. Gautier nous expliquait le Maghreb du Moyen Âge par le conflit, sans cesse repris, des nomades et des sédentaires — explication géohistorique. Georges Marçais nous l'expliquait différemment au IIe Congrès national des Sciences historiques à Alger (1930).

D'après lui, le Maghreb bascule au cours de ces siècles tantôt vers l'Orient, tantôt vers l'Espagne et, au gré de ces mouvements, l'Afrique du Nord s'ouvre à une civilisation ou à une autre. Peu créateur, le Maghreb est l'éternel emprunteur. Penche-t-il du VIIe au XIe siècle vers l'Est ? Cela lui vaudra d'être ouvert aux hommes, aux choses et aux civilisations de l'Ouest égyptien, syriaque et persan, sans compter les influences toujours si vives du monde byzantin (au moins dans l'ordre architectural). Ouvert à l'Orient, le Maghreb, comme l'Espagne proche, est envahi par des aventuriers politiques venus de Syrie, chefs religieux à l'occasion, par des médecins mésopotamiens, sans compter des poètes persans ou des danseuses égyptiennes vêtues de rouge. Mais, avec le XIe siècle, le bloc maghrébin penche vers l'Ouest et l'Espagne. C'est une révolution complète. L'Afrique du Nord, surtout dans sa partie occidentale, s'ouvre à l'art et à la pensée ibériques, et des villes y poussent et s'y épanouissent. Aux vergers et villes andalous s'ajoute, au sud du détroit, le verger des villes sœurs marocaines, Rabat et Salé, Ceuta, Tétouan, Tanger et tant d'autres, au-dessus desquelles s'affirmeront Fez et plus encore la Marrakech des Almoravides. Admirable explication synthétique de Georges Marçais, historien de l'art musulman, attentif, plus qu'un autre, aux grands courants de civilisation — explication culturelle.

Troisième section : *les faits ethniques*. Mais ici la distinction est-elle exacte ? Y a-t-il des races et à cause d'elles peut-on parler d'une histoire du sang, de notre sang ? Toute une école de penseurs et d'écrivains allemands s'est attachée à l'idée de race et croit à sa réalité. En France, malgré Gobineau, notre tendance est de répondre par la négative, un peu vite peut-être. C'est là un gros problème et sur lequel il nous faudra revenir assez longuement. En tout cas, on serait bien embarrassé, aujourd'hui, avec les études des anthropologues, d'écrire une histoire du sang de l'Afrique Mineure. Que pouvons-nous dire ainsi du problème clef, de l'histoire des Berbères, de ces autochtones pressés aujourd'hui dans leurs cantons perchés, îles montagnardes surpeuplées, débordantes ?

Les quatrième, cinquième, sixième sections ne nous demanderont pas autant d'explications, elles mettraient en cause les faits de structure sociale, les faits économiques, les faits politiques, dont il n'est pas nécessaire par avance de vous dire l'originalité. Vous êtes au courant des vastes ensembles ainsi désignés. Nos existences sont toutes encloses dans une société, une économie, un système politique. Ce sont là autant de faisceaux de forces, contraignants, dynamiques, créateurs. Ramener tout à une réalité sociale, économique ou politique : nous connaissons ces simplifications utiles. Société ou économie ou politique d'abord : nous connaissons ces puissances ennemies. Mais des trois c'est le matérialisme économique qui s'est le plus souvent proposé comme une explication régulière.

Voici encore l'Afrique du Nord des siècles obscurs. À l'explication géohistorique de Gautier, à l'explication culturelle de Georges Marçais, ajoutons à titre d'exemple une explication économique. Le Maghreb est une île, a-t-on répété, entre la mer et le désert — l'image est assez juste —, c'est une île entre deux mouvements économiques, celui du Sahara, celui de la mer, des caravanes d'un côté, des rares marchands de l'autre. Dès le VIIIe siècle, la Méditerranée occidentale est devenue musulmane. Elle le reste jusqu'au XIe siècle. C'est la mer sarrasine qui amène la poussée de ces grandes villes, Tripoli de Barbarie, Tunis, Bougie, Alger et Oran, ces deux villes neuves du Xe siècle, Ceuta, Tanger. La mer les lie à l'Orient et, avec elles, tout le pays, histoire que j'ai déjà signalée. Au XIe siècle poussée hostile et victorieuse des villes italiennes et bientôt fin du lac sarrasin : la Méditerranée redevient la chose des Roumis. La Sicile est occupée par les Normands ; l'Afrique du Nord et l'Espagne, ces far-west musulmans, sont coupés de l'Est ; force leur est de faire bloc, de vivre ensemble, de se défendre ensemble. D'où ces Empires hispano-maghrébins hâtivement construits par les Almoravides, puis les Almohades, constructions d'autodéfense comme l'Empire carolingien et fragiles comme lui. Voilà qui nous explique le renversement dont parle Georges Marçais : premier âge, celui de la Méditerranée libre, second âge, celui de la Méditerranée fermée (pour les musulmans).

Resterait à dire (mais l'exemple n'est pas à saisir dans son ensemble) ce que l'Afrique du Nord a toujours dû au Sahara et, par-delà le désert, aux esclaves et à la poudre d'or du Soudan. Histoire obscure et, plus encore, histoire négligée. C'est cependant avec l'or soudanais que l'Ouest musulman aura vécu prospère, avec cet or qu'ont été frappés les dinars d'Espagne et d'Afrique. Sans eux, pas de splendeur andalouse, pas de résistance africaine. Ce sera un sensible coup (je le dirai une autre fois) quand, avec les découvertes portugaises, l'or soudanais sera détourné vers le sud, vers le golfe de Guinée, à la fin du XVe siècle. Il s'ensuivra un craquement de l'ensemble nord-africain, pas toujours saisi par les historiens.

Ainsi différentes histoires, vous le voyez, différentes routes. Je les utiliserai successivement au cours de nos explications à venir, sans mettre en cause, dans ces différents secteurs, la couche événementielle que l'on y rencontre en surface. Sans vouloir méconnaître la valeur relative de cette dernière (je pense même qu'une histoire complète doit saisir l'événementiel et je l'ai montré dans un livre sur la Méditerranée du XVIe siècle dont la dernière partie s'intitule « Les événements et les hommes »), nous ne retiendrons dans notre étude que les faits de profondeur et non pas les événements — événements géographiques (une éruption volcanique, un raz de marée, un hiver trop rigoureux pendant lequel, comme en 1590, gèlent les oliviers de Provence et de Toscane), ou événements culturels, ethniques, économiques, politiques. Nous irons à ce qui évolue lentement, aux couches d'histoire peu rapide, au-delà de nos actes. L'histoire profonde nous dépasse en effet, nous les vivants. Nous ne faisons que transmettre les destins que, par elle, nous recevons du passé ; à peine avons-nous le temps de les modifier au passage. Tout un élan venu d'autrefois nous entraîne, nous roule dans ses eaux. Un essayiste, Benedetto Croce, prétend que des siècles s'incorporent au plus petit instant de vie que nous puissions déceler et qu'ils continuent à y vivre. La part des morts et des années révolues est immense. À Venise, au XVIe siècle encore, les Cinque Savii faisaient recopier leurs décisions sur de gros registres dont les premiers feuillets remontaient au XIIe et au XIIIe siècle. Aucune décision n'était prise sans que fussent évoqués et pesés les vénérables précédents. Nous n'accusons pas Venise. Nous disons que la vie s'y arrête plus encore qu'ailleurs et s'y ankylose au XVIe siècle. Mais c'est à toutes les époques, dans toutes les régions, partout et toujours, que le passé impose ses formes dures à la vie actuelle. Dans ces conditions, on mesure le danger, je pense, de saisir l'histoire à la mesure ethnologique de nos existences ou de nos actes. Ces mesures sont dérisoirement trop petites.

Vous aurez remarqué l'ordre du classement : géographie, civilisation, race, structure sociale, économie et politique. Il se fonde sur la vitesse plus ou moins grande de ces histoires : tout d'abord, à leur maximum de profondeur, les plus lentes, les plus hors de portée de l'homme ; en dernier lieu, celles qui sont à portée de sa main, je veux dire l'économie et la politique. Classement en gros, bien entendu, et qui appellerait des commentaires assez détaillés. Notons au passage que c'est sur les plus mobiles des histoires profondes, que l'homme intervient avec le plus d'aisance et que ce sont elles, justement, qu'il considère comme les plus importantes parce que plus flexibles : politique d'abord, disent les uns, économie d'abord, disent les autres. Question de vitesse et de proximité, question d'humanité de ces histoires marquées de remous, d'eaux vives, et où notre intervention entraîne tant de modifications sensibles. Peut-être est-ce là, dans une distinction entre deux couches d'histoire profonde — d'un côté la géohistoire, l'histoire culturelle et l'histoire ethnique, l'histoire des structures sociales, de l'autre l'histoire économique et l'histoire politique (deux couches n'ayant ni les mêmes rythmes, ni les mêmes longueurs d'onde) — peut-être est-ce là que se trouve l'une des vues les plus intéressantes de l'histoire.

Peut-être. Méfions-nous cependant d'images, de comparaisons trop claires, trop explicatives. Reconnaissons que la vie est faite de courants aux vitesses différentes qui coulent au jour le jour les uns (les événements, nos existences), année par année tels autres, et siècle par siècle tels autres encore.

Mais n'allons pas trop loin dans cette simplification. Nos « plans » d'histoire, au vrai, n'ont pas l'allure de plans géométriques et la vie n'est pas un volume dont ils seraient chacun une section. Non certes, elle est tellement complexe. À chaque instant, quand nous voulons expliquer, méfions-nous de la trop grande simplicité de nos divisions. N'oublions pas que la vie est une, que l'histoire doit être une, et qu'il faut considérer à chaque instant, à propos de chaque question, l'enchevêtrement indéfini des causes et des conséquences. N'oublions pas surtout que c'est nous qui créons nos divisions, nous les historiens et quelques autres. Le social, le passé, la vie, nous les éclairons avec des projecteurs de couleurs diverses : géohistoire, histoire culturelle, etc. Mais comme dit Alain, « les nombres ne sont pas une qualité des choses mais de notre esprit » ; de même pour nos divisions constructives : le calque que nous offre l'histoire, si poussé, si exact qu'il paraisse, si utile qu'il soit — et nous pensons qu'il l'est — reste cependant un calque. Répétons-le, par loyauté et par prudence.

*

Toute discussion de plan implique une façon de voir et de résoudre les problèmes que l'on veut aborder, rien n'est donc plus difficile que de fixer un programme et d'en bien montrer les grandes lignes à l'avance. Y ai-je réussi ? Deux ou trois mots suffisent pour présenter une conférence. Est-elle autre chose qu'une promenade ? Mais un train de conférences — un livre aujourd'hui —, l'entreprise est plus malaisée : expliquer l'histoire, expliquer le monde n'est pas une petite affaire. Il me fallait vous montrer l'ampleur, la richesse d'une histoire assez neuve, révolutionnaire, impérialiste, vous donner confiance dans ses moyens. Première tâche, première lumière à allumer sur notre route. C'est ce que j'ai essayé de faire. L'histoire n'est pas seulement un récit, elle n'est pas davantage une simple collection de faits exceptionnels destinés à ne plus jamais se reproduire. Elle est en prise sur la vie et à sa limite elle est, elle doit être la vie même. Elle met en cause la réalité sociale, non seulement dans ce qu'elle a de fugitif, mais dans ce qu'elle a de permanent, de toujours vivant, d'actuel. J'y insiste. Le vrai but de l'histoire ce n'est peut-être pas le passé — ce moyen — mais la connaissance des hommes, cette tâche collective qui est le rendez-vous des sciences sociales, leur point de convergence, le nôtre aussi. Nous n'expliquerons l'histoire qu'en expliquant le monde.

Le mérite de cette histoire sociologique, diront quelques-uns, est qu'elle rejoint la vie, l'utile, selon une des formules les plus pleines de Nietzsche, au début de ses considérations un peu aigres sur l'histoire.

Vouloir faire de l'histoire une « science » — périlleuse entreprise nous le savons — c'est diminuer la place de l'homme, c'est augmenter nos risques d'erreur, nous le savons encore, certains disent même — pourtant je n'en suis pas très sûr — que c'est diminuer la place de la poésie. Mais alors qu'est-ce que la poésie ? En tout cas je crois bien que ce n'est pas oublier la vie, ni se priver de la forte joie de la comprendre, et mieux que d'ordinaire.

CHAPITRE III

GÉOHISTOIRE : LA SOCIÉTÉ, L'ESPACE ET LE TEMPS

... l'espace est plus important que le temps.

Karl HAUSHOFER

... sous la superficielle agitation des événements circule en profondeur le grand courant tiède qui nous meut sans alarme et sans indifférence. Nous sommes bien plutôt les flots de ce mouvement, les instants de cet impossible parcours que nous ne sommes l'argile de la terre...

Gaston ROUPNEL, *Histoire et destin*, 1943

La géographie, science inachevée

La géographie ne se limite pas à l'étude de la terre, elle s'étend à tout ce qui vit sur la terre, notamment à l'homme, à la vie économique, sociale, politique de l'homme.

André SIEGFRIED, *Cours de géographie humaine*, 1941

Renonçons à considérer les hommes comme des individus.

Albert DEMANGEON,
Problèmes de géographie humaine, 1942

Les géographes le savent bien : la géographie est une science inachevée. Malgré le dynamisme de son enseignement, cette révolution d'hier ; malgré la quantité et la qualité des travaux réalisés, thèses, ouvrages, revues, collections, atlas, manuels scolaires ; malgré l'excellence des méthodes qu'elle a suivies ; malgré toutes ses richesses, elle est même terriblement inachevée, la géographie. Comme toutes les sciences de l'homme ? Oui, bien sûr... mais plus encore que ces autres sciences parce qu'elle est plus compliquée et bien plus ancienne qu'elles toutes, si l'on en excepte l'histoire : elle est, en vérité, une très vieille aventure intellectuelle qui se confond par ses origines avec les premiers pas décidés de la pensée et de la réflexion des hommes. Elle ne commence pas, quoi qu'on dise, à Humboldt ou à Ritter ou à Ratzel, ou chez nous à Vidal de la Blache. Hérodote n'est pas seulement le père de l'histoire, il est aussi le père de la géographie, de cette géographie si changée depuis lors et si pareille à elle-même, riche d'expériences et de tâches passionnantes mais nombreuses, embarrassée très souvent dans ses traditions, engagée dans de multiples faux problèmes, compliquée encore par ses puissantes acquisitions récentes car, au cours de ce dernier demi-siècle, elle a étendu très loin et vite le domaine de son travail horizontal, aux dépens des territoires des autres sciences, celles de la nature plus encore que celles de l'homme. Et tout impérialisme alourdit, comme on le sait. Y a-t-il même, dans les sciences de l'homme, domaine aux réalités plus vastes et plus hétéroclites que le sien ?

Voilà pourquoi, aujourd'hui, la géographie ne semble pas toujours assez libre de ses mouvements, assez souple pour se tourner délibérément vers le réel ou, ce qui revient à peu près au même, pour se définir avec fermeté, pour choisir entre ses tâches possibles et les classer selon leur degré d'importance par rapport à l'homme. Il y a une crise de la géographie. La percevoir c'est éclairer notre propre crise de l'histoire.

Il en est de la géographie comme de l'histoire : au lieu de la servir toujours, son passé l'accable ou pour le moins la gêne. Elle se présente encore, en 1942 (voyez le précieux *Guide* d'André Cholley [12]), comme une description de la terre : étymologie d'abord, n'est-il pas vrai ? De même que l'histoire en 1942, elle aussi, nous l'avons dit, se présente toujours comme un récit, comme une science de l'événementiel, mais sans en être toujours consciente, ce qui aggrave son cas. Et les résultats sont les mêmes : d'un côté, les événements, les péripéties, les gestes des grands ou prétendus grands hommes, toute une histoire de surface, de l'autre côté, symétriquement, les descriptions, les voyages, toute une géographie elle aussi de surface. D'une part l'art du conteur, de l'autre obligatoirement les notes, les souvenirs du voyageur et hier ceux, plus prestigieux encore, de l'explorateur.

Reconnaissons qu'on est loin, très souvent, en ces domaines, de la Science avec un S majuscule. Décrire c'est voir le particulier, saisir la vie et, en vérité, c'est bien ce que demande le public. Car l'histoire et la géographie restent pour lui des moyens connus et éprouvés d'aventure et d'évasion hors des grisailles de la vie courante, des chemins de dépaysement et de rêve. Rien de plus souvent, mais c'est beaucoup. Voici, mis à portée de sa main pour qui ne bouge pas (et chacun aimerait bouger), des pays qu'il ne visitera pas et où il voyagera en esprit s'il le veut. Songez au désir du lecteur : voir d'aussi près que possible, avoir l'impression d'y être. Quelle tentation d'appareiller, toutes voiles dehors, pour gagner les pays étrangers et exotiques dont tout un chacun a la nostalgie. Question de littérature et de réclame, question d'époque ! De même, toutes voiles dehors, on peut aborder par un autre voyage aux pays du passé... Première ligne : la littérature de la route, des gares, des sleepings et des steamers. Seconde ligne : les vies romancées et les chroniques du temps passé. La situation est la même pour l'historien et le géographe : au seuil de leurs métiers respectifs, la tentation est grande, pour chacun d'eux, de s'arrêter à ces tâches premières, traditionnelles, faciles et lourdes d'intérêt humain. Être lu, se faire lire, n'est-ce pas agir ?

D'ailleurs, décrire, c'est un moyen de connaître : voir et bien voir, c'est la première tâche du géographe. Et c'est une inépuisable matière (que de régions du monde nous sont géographiquement mal connues). Outre que, lorsqu'il est achevé, presque toujours, le travail est à recommencer, un peu plus tôt, un peu plus tard, car les mots dont nous nous servons pour peindre vieillissent très vite — comme nos images elles-mêmes, comme tout notre attirail de voyage et de peinture. Il faut les changer, les remettre à neuf, à échéances très rapprochées, d'autant plus que la terre elle-même se transforme, que les peuples évoluent, auxquels il faut faire sans fin de nouvelles visites. Le tour du monde en quatre-vingts jours de Phileas Fogg est de 1872. Comme il est démodé ! Je doute qu'il amuse encore nos enfants, demain et même aujourd'hui. Tenez, le Maroc dont vous me parlez, c'est celui de 1935, mais il n'est pas, je vous assure, il n'est plus le Maroc de 1942. L'Amérique du Sud que j'ai visitée en 1935-1937, j'ai bien peur qu'elle ne se soit évanouie entre-temps, modifiée terriblement dans son être avec les années de la grande épreuve. Je suis sûr aussi que la Picardie d'Albert Demangeon (vue en 1905), cette Picardie solide, puissante, bien enfoncée dans ses vallées, attachée à ses plaines d'argile et à ses vastes champs de limon, ce monde riche de valeurs sûres, ne cadre déjà plus avec son portrait ancien. Pauvre et fragile esquisse que celle du monde vivant ! À peine la peinture est-elle sèche que le modèle cesse de ressembler à son portrait. Découvrir, redécouvrir, décrire, redécrire, la tâche est interminable.

« L'école géographique française », issue du vigoureux enseignement de Vidal de la Blache, n'aura pas reculé devant l'entreprise, elle a voulu voir et elle a su bien voir, elle aura même atteint à une sorte de perfection dans cet art de décrire la terre, perfection jamais égalée à l'étranger à ma connaissance, et pas toujours signalée chez nous comme il conviendrait. Et pourtant, c'est une de nos vraies réussites littéraires ! « L'école française » a su faire de la description un art précis, sobre, évocateur, d'une incontestable beauté, un art de peindre selon les meilleures traditions de chez nous. Du même coup elle a fait du métier de géographe un métier de plein vent, de voyageur, d'observateur du réel, de demi-paysan. Et ce n'est pas là son moindre mérite.

Vidal de la Blache a donné l'exemple, non pas le premier exemple bien sûr dans son admirable *Tableau de la géographie de la France*. Le sol, le relief, les plans d'eau, le ciel, la végétation (dans ses lignes comme dans ses masses), l'émouvant visage humain de la France ont été saisis par lui avec une merveilleuse intelligence, avec une tendresse moins romantique mais qui évoque Michelet, dans une description dense, en notations courtes, nerveuse, en traits nets, incisifs et en couleurs franches, avec un sens aigu de l'harmonie des plans. Le tout avec la sobriété d'un classique : pas de fioritures dans cette écriture serrée et peut-être trop serrée du maître ! Tous les élèves de Vidal ont repris à leur compte cet art suggestif de la description, chacun l'adaptant à son tempérament propre et créant son écriture, son style : par plans rapidement traités, aux larges teintes, d'une manière simple, c'est le style de Demangeon dans sa plaine picarde ; par taches précises, par traits de plume, avec d'énormes blancs, c'est la manière si différente et si personnelle de Jules Sion, écrivain de grande classe ; par taches de couleur multipliées, menues mais pressées, envahissant les pages, couleurs de la terre, couleurs des plantes, des massifs forestiers, des prairies, des groupes de maisons, des versants ensoleillés, c'est la peinture de Maximilien Sorre, dans ses Pyrénées orientales où seules les taches d'ombre me semblent un peu rares ; par croquis rapidement crayonnés, expressifs, rarement rehaussés de couleurs crues, c'est le style d'Emmanuel de Martonne ; par peintures « drôles », dirais-je, caricaturales assez souvent, mais toujours exubérantes de vie, c'est le style étonnant d'Émile-Félix Gautier, le plus grand (probablement) des géographes et des historiens d'expression française, à la veille de cette dernière guerre. Au total, je ne crois pas que la vraie littérature offre souvent l'équivalent de ces écritures ajustées, intelligentes. C'est bien là tout un art exact et fin du paysage. Une grande réussite, en somme, que soulignent parfois, mais de façon un peu cruelle, les essais de géographes moins doués que les chefs de file. Chaque école de peinture n'a-t-elle pas ses artistes de seconde zone ?

C'est encore une façon de décrire, et de mieux décrire, que de recourir au cadre de la région naturelle. Cela revient à décomposer un espace, bigarré par lui-même, en petits espaces qui, eux, sont à peu près de même teinte et où les caractères géographiques sont sensiblement les mêmes. C'est casser le vitrail pour le décomposer en ses fragments de verre monochromes, casser la difficulté pour la mieux comprendre. Et, là encore, à la suite de Vidal de la Blache et d'Albert Demangeon, l'école française a multiplié ses ouvrages de qualité. Elle a fait des merveilles, principalement en ce qui concerne notre pays, depuis le travail classique d'Albert Demangeon, consacré à la plaine picarde (1905) jusqu'à cette thèse, récente encore et remarquable, de Roger Dion sur le Val de Loire (1933), autre travail classique.

Faut-il nous répéter ? Il n'y a rien de comparable dans la littérature géographique internationale à ces livres denses où vivent et s'éclairent les images de nos provinces géographiques. Disons-le sans fierté inutile : y a-t-il, en effet, au monde, un pays se prêtant aussi bien que la France, avec ses provinces et ses « pays », à une aussi riche étude régionale ? Dans des pays neufs ou moins vieux que le nôtre, où il n'y a pas d'hommes attachés à la terre, fixés, depuis des millénaires, à leur travail, à leurs champs et à leurs villages, où n'abondent pas comme chez nous ces « réalités » que sont les « pays », ces terroirs individualisés, riches d'un long passé et d'une puissante expérience humaine, y a-t-il une aussi belle, une aussi puissante matière à géographie régionale ? Non, assurément. Nous avons donc d'admirables images de France et sur leur modèle, dessinées par nos géographes, d'admirables images du monde. Toutes à reprendre d'ailleurs, un peu plus tôt, un peu plus tard, puisque c'est la loi inévitable du genre.

Décrire. Mais reste à expliquer. La géographie est une « description rationnelle », elle s'est affirmée au cours de ces cinquante dernières années, et même plus tôt, une science du paysage, disons plus précisément une étude scientifique du milieu naturel ou géographique, ou, avec plus d'exactitude encore, du milieu physique et biologique, ces formules se valant en gros pour désigner « l'environnement » de la vie des hommes dont parlent les géographes américains. C'est d'ailleurs dans cette étude de l'environnement que les progrès les plus sensibles auront été réalisés et Dieu sait avec quel dynamisme ! Ce ne sont certes pas les géographes de la Sorbonne, d'après 1920, à qui l'on pourrait reprocher les pusillanimités et les critiques stérilisantes de leurs collègues d'histoire. Quelle différence ! Ici Sylvestre Bonnard, là, au contraire, la vie, le plein air, de larges problèmes humains... Ce sont les géographes qui ont été les vrais maîtres de notre jeunesse. Le seul reproche à leur faire, c'est peut-être d'avoir été, à notre gré, plus près du physique et de ses certitudes que de l'humain et de ses complexités déroutantes.

Il n'y a pas de manuels parfaits, écrits une fois pour toutes, nous le savons, mais il y a des manuels précieux et qui, à condition d'être mis régulièrement à jour, résument toutes nos connaissances utiles. Ainsi, pour la géographie physique, le beau manuel allemand d'Alfred Philippson. Ainsi, en français, l'admirable *Traité de géographie physique* d'E. de Martonne. Heureux étudiants, trop heureux étudiants de géographie, me direz-vous. Aucun problème de tectonique, de climatologie ou d'hydrographie ne leur paraîtra compliqué. Étudiants trop heureux peut-être car trop enclins à mettre leurs pas dans la trace des pas de leurs devanciers. La vraie vie de l'esprit est au prix de difficultés neuves et de risques. Malheur aux intellectuels sans inquiétude ! Malheur aux disciples moutonniers !

Heureusement, mais à condition qu'on veuille y être attentif, les vraies, les enrichissantes difficultés commencent dès qu'il s'agit de mettre l'homme en scène et en cause. Soit indirectement quand on traitera de la géographie économique, soit directement cette fois, quand on abordera les vastes et difficiles problèmes de la géographie humaine, cette science à constituer, à délimiter, à affirmer. En ce qui concerne l'économie, nous disposons de bons travaux, d'outils excellents et des vues théoriques et pratiques de l'économie politique que le géographe ignore assez souvent, je le sais, mais qui sont à sa disposition. C'est quand on aborde directement l'homme, quand on essaie de le saisir que les vrais guides nous font défaut. Vidal de la Blache n'a pas eu le temps d'achever son *Traité de géographie humaine* dont on a publié après sa mort, survenue en 1918, les pages inachevées : ce sont ses *Principes de géographie humaine* (1922), d'admirables notes, non pas un livre. La même navrante aventure s'est répétée avec Albert Demangeon (mort en 1940) : de ses *Problèmes de géographie humaine*, publiés deux ans après sa mort, seules les dix premières pages, hélas, sont neuves. Elles sont une introduction parfaite, mais rien de plus, à un ouvrage didactique que nous attendrons longtemps encore. Puisse au moins cette double aventure servir d'avertissement. C'est trop tard que ces deux « découvreurs » seront arrivés en ces terres si neuves des problèmes directs de l'homme.

Cela ne veut pas dire que rien n'ait été fait, chez nous ou à l'étranger, en ces domaines passionnants. Que d'études au contraire sur le peuplement, sur l'habitat, sur les villes, sur les mouvements de la population ! Que d'ouvrages excellents sur telles ou telles questions de détail ! Que de riches acquis, que de méthodes heureuses ou de points de vue ingénieux, pour cartographier ou expliquer la mouvante et complexe substance de la géographie des hommes. Tout n'est pas inutile, non plus, dans le livre trop descriptif, je le veux bien, trop simpliste, trop à la surface des problèmes, de Jean Brunhes, *La Géographie humaine*, que son disciple Pierre Deffontaines vient de résumer dans une quatrième édition vivante, alerte, bien mise à jour. Que de mots étonnants et profonds en ce livre passionné où tant de problèmes ont été pressentis et souvent exactement formulés ! N'oublions pas, pour être justes à son égard, qu'il date dans sa première formule de 1910, qu'il est le livre d'un pionnier avec ses mérites et ses imperfections, même s'il n'est pas toujours valable, il faut le dire aussi, en 1942.

Mais que l'objet de la géographie humaine est donc complexe ! Répétons-le après tant d'autres, ne seraitce que pour ne pas être injustes à l'égard de ces autres-là. Au début de la science géographique, vers 1890, à l'époque de Ratzel, ce vrai fondateur de l'école géographique allemande, et même avant, à l'époque de Taine, on pouvait supposer l'existence d'un lien étroit entre l'homme et son milieu, croire aux câbles solides d'un déterminisme géographique, d'autant plus aisés à saisir qu'ils étaient plus gros. Mais il a fallu assez vite déchanter. L'école française, formée un peu plus tard, n'a jamais cru très fort à ce déterminisme-là. Un milieu géographique pour Vidal est un ensemble de possibilités. À l'homme de choisir entre elles, comme entre des graines qu'il aurait la faculté de semer ou de ne pas semer ; à l'homme de « prendre parti » : tel est en deux mots le *possibilisme* vidalien. Telle est aussi la thèse du livre brillant de Lucien Febvre, *La Terre et l'évolution humaine* (1924). Un peu trop porté (à mon gré) à mettre l'accent, par réaction, sur la volonté et la liberté de l'homme, il est par ailleurs le seul livre de méthode dont nous disposions en ces difficiles questions. Mais a-t-on donné à cet ouvrage, dans les milieux géographiques, toute sa lourde signification ? On semble ne l'avoir compris que comme une mise en garde, comme un appel à la prudence, aux « peut-être », aux « toutes choses égales d'ailleurs », aux « sans doute » des esprits qui résistent. Et pourtant ! Que ne l'a-t-on poussé avec violence jusqu'aux conséquences de ses négations !

Les géographes allemands, de leur côté, n'ont jamais cru à ce « possibilisme », à ces prudences, ils sont restés tous assez fortement « ratzéliens ». Toute l'école de géopolitique de Munich dérive de la pensée de Ratzel. Et son effort, quoi qu'on ait dit, mérite notre considération. Persistance de Ratzel ! D'où la solidité, la simplicité des livres et des affirmations des géographes allemands. La complexité humaine les frappe, ou plutôt les décourage beaucoup moins que nous. La vérité serait peut-être à mi-chemin entre nos doutes et leurs hardiesses. Les géographes allemands me semblent plus « risqueurs » que nous, plus attachés à développer les conséquences d'une idée ou d'une thèse, à montrer celle-ci sous tous ses aspects, à épuiser les possibilités de celle-là. Mais, au-delà de leur cas, c'est tout un art de pensée différent du nôtre qui se trouve en cause. Vaste, trop vaste sujet !

Autres dangers pour la géographie humaine : la tendance à tout expliquer par le milieu géographique et biologique, alors qu'ainsi on n'explique forcément qu'une partie des réalités. Cette redoutable habitude aussi de toujours parler de l'homme : l'homme et la forêt, l'homme et les îles, l'homme et la montagne, etc. Ce sont *les* hommes qu'il faut dire. Je sais bien que le mot est pris, dans ces formules habituelles, comme signifiant l'humanité, les hommes et je l'emploierai moi aussi dans ce sens. Mais le doute peut subsister et il subsiste. « Renonçons, écrivait Albert Demangeon, à considérer les hommes comme des individus. » « Vous le voyez, disait un jour Jean Brunhes, l'individualisme doit être proscrit même de la géographie. » Grandes paroles. L'objet, le centre de la géographie humaine, et peut-être de la géographie tout court, de la géographie « profonde » à laquelle nous avons le droit de songer, ce n'est pas l'homme, mais la *société*, vrai milieu de l'homme, où ce dernier se meut comme un poisson dans l'eau. Elle est l'étude de la société dans l'espace, je dirais même *par* l'espace, comme je définissais dans ma précédente conférence l'histoire comme l'étude de la société grâce au passé, ce « moyen ». L'espace aussi est un moyen, un cadre moins solide que ne le pensent ceux-ci, bien plus important que ne le pensent ceux-là. J'ajoute que c'est de la société qu'il faudrait souvent partir (et non pas seulement de son environnement).

En tout cas, c'est à la société qu'il faut aboutir. Il est bien étrange que la géographie, spécialement chez nous, oublie si souvent l'homme et ainsi s'arrête en route. Et ce n'est pas de ma part une attaque gratuite. Voyez comme peu de livres de géographie nous indiquent ce que l'homme peut manger, la façon dont il s'habille, ou ce qu'il chante, ou la langue qu'il parle, ou ce qu'il pense, ou ce qu'il croit. Il y a, au hasard de bien des pages, un étrange *homo geographicus*. Il est frère de l'*homo oeconomicus*, de bonne mémoire, et comme lui tout à fait en dehors de la vie. Oubli fréquent de l'homme, disons-nous, mais oubli régulier de la société chez nos géographes français. Un philosophe étranger y verra un jour, avec amusement et jubilation, la preuve de notre individualisme. Nous voulons être seuls devant l'État, seuls devant la Nature, ce qui est une façon comme une autre de résister à ce grand mouvement de la pensée contemporaine. Nous découvrions l'homme, hier, l'homme centre du monde. Nous découvrons aujourd'hui la société, ce nouveau Dieu... Découverte pas encore consciente dans tous les domaines de la pensée.

Voici, de Pierre Monbeig[13], une excellente étude, vivante, directe, sur la zone du cacao des Ilhéos, dans l'État brésilien de Bahia. Tout y est déduit avec exactitude et précision. Excellent travail. Mais il ne nous dit pas — ou à peine — quelle est la société de cette zone pionnière, d'où elle est venue, comment elle s'est formée. Dès 1840, dans cette forêt littorale des Ilhéos, cette forêt en bordure de la mer, des colons suisses et allemands ont établi les premières clairières, les premières plantations de cacao. Otto Quelle nous a raconté leur médiocre et héroïque histoire. Seconde occupation, une vague de fond à vrai dire, vers 1890 : des chercheurs d'or, race d'aventuriers, de fauves, qui se trouvaient, dans l'arrière-pays de l'État de Bahia, ruinés par la concurrence lointaine des mines du Transvaal, refluèrent alors vers la côte et, poursuivis, se jetèrent sur les terres à peine déboisées des Ilhéos. Le reste du pays va flamber dès après leur arrivée, il bouillonnera de querelles et la zone pionnière va vivre, grâce à eux et malgré eux aussi, ses premières grandes heures. Les aventuriers ont repris, complété la première œuvre des Nordiques, créé le royaume du cacao et de la sueur, de la peine des hommes, *cacau e suor* comme le dit si bien le beau roman populiste de Jorge Amado. Or c'est toute cette histoire violente qui nous est dérobée et, derrière elle, le rôle des marchands portugais de Bahia, amateurs de lourde vaisselle d'argent, marchands d'esclaves, de tonneaux de morue, de viande séchée au soleil, seigneurs des hautes maisons, du marché, du port et des voiliers de la ville basse, enfin prêteurs d'argent sans qui rien n'eût été possible dans le Sud... Étrange lacune, n'est-il pas vrai ?

C'est bien souvent que le géographe de chez nous néglige ainsi, je ne dis pas l'homme, mais le social, dans l'espace de son étude. Sans doute parce qu'il étudie de trop près le milieu géographique et le milieu biologique, qu'il s'épuise à ces tâches faciles mais nombreuses, au sujet du sol, du relief, du climat, des plantes et des animaux. Tâches faciles, je veux dire rendues faciles par tant de travaux types, éclairants et qu'il suffit de transposer. Trop de géographie physique, en tout cas, dirons-nous volontiers, trop de niveaux d'érosion, de plates-formes littorales, trop de géologies. Tout cela rejette l'homme et le social à l'arrière-plan. Quel géographe apprenti ou confirmé n'a-t-il pas entendu parler de la « boutonnière du pays de Bray » ?

— lequel ne saurait rien dire par contre de la paysannerie ou des villes de cette région d'eaux vives ? Que les spécialistes tentent cette épreuve !

Songeons à l'homme, aux hommes, « au milieu humain », comme dit André Cholley. N'oublions pas les réalités des groupes, des communautés, la fraternité des liens sociaux, tout ce qui lie l'homme à l'homme et fait de la société étalée dans l'espace un tissu vivant, aux mailles plus ou moins serrées... C'est elles, ces réalités sociales, que la géographie doit nous expliquer ou du moins aider à expliquer, la géographie étant, à nos yeux, tout autant une méthode qu'une science...

*

En fait, il n'y a pas de problème social qui ne soit à replacer dans son cadre géographique, c'est-à-dire à étaler dans l'espace, à confronter avec cet espace ; pas de réalité sociale qui n'occupe une place sur la terre, celle-ci et non pas celle-là, et c'est déjà tout un problème ! Situer les faits à étudier, voilà même la première démarche de toute recherche sociale sérieuse. Faut-il citer à ce sujet les études de géographie politique, classiques et si connues, d'André Siegfried à propos du Massif armoricain (et sa curieuse frontière politique à l'est), à propos de la France en général, de l'Angleterre ou des États-Unis ? Faut-il citer les études récentes, d'un puissant intérêt, de Gabriel Le Bras sur le catholicisme français, établies d'après les documents diocésains ? L'auteur a reporté sur la carte les régions de ferveur religieuse et celles d'indifférence parfois totale ; nous avons là une géographie du catholicisme français, son ébauche du moins. À nous de suivre à la trace, mais l'auteur s'en chargera, ces problèmes maintenant projetés sur le sol, de voir les faits que signale leur localisation si importante. Les géomètres parleraient ici d'une trace de faits sociaux sur le plan géographique. On ne saurait dire à quel point pareilles traces sont, en général, riches d'indications. Cela vaut, toutes choses égales d'ailleurs, l'enregistrement, voire la photographie d'un mouvement dans une recherche de physique mécanique, la géographie nous offrant en l'occurrence bien plus qu'un instantané.

Et pour l'histoire, quelle aide que la géographie ! Je ne reviens pas sur l'exemple déjà donné des études d'Émile-Félix Gautier. Vous les connaissez toutes et elles font recette dans nos bibliothèques de camp. Étaler les faits historiques dans l'espace, c'est du coup les mieux comprendre et poser plus exactement les vrais problèmes.

Voici la Lorraine et le Barrois à la veille de la Révolution française, peu après leur réunion officielle à la France qui s'est produite en 1766, à la mort de Stanislas Leczinsky. En fait l'annexion réelle remontait à 1738, à la paix de Vienne. N'oublions pas, en plus, que la Lorraine avait toujours été à la merci des armées françaises, dès le XVIe siècle au moins, et, enfin et surtout, que tout le pays était de langue et de civilisation françaises jusqu'à la frontière germanique au-delà de Metz. Cette Lorraine ? Pauvre et maigre pays boisé, marécageux, graveleux, avec en ses points les plus heureux des vendanges toujours incertaines, des « cultivateurs » souvent misérables. Ailleurs de pauvres « manants », des vendangeurs de raisins verts (oh ! nos grands crus de Bar-le-Duc ou du pays messin !).

Au XVIIIe siècle, la Lorraine va connaître de multiples changements et presque un éveil. Si l'on est attentif à ses villages, on s'aperçoit que tous ou presque tous ont alors augmenté la superficie de leurs terres labourables, élargi le périmètre de leur finage. Vous connaissez ces classiques villages de Lorraine : au centre les maisons ramassées les unes sur les autres, pressées en une double rangée au long de la route transformée en cour de ferme, tout autour les labours, c'est-à-dire un large disque avec ses trois « saisons » : les blés, les avoines, les « versaines », aux teintes différentes ; enfin, en bordure du cercle, coiffant les buttes calcaires et recouvrant les terres trop lointaines, la forêt et sa longue ligne bleue dessinant l'horizon. Village, champs, bois, trois zones, trois genres de vie : la soupe, le travail journalier, les occupations exceptionnelles du bûcheronnage. Ici dans le creux des maisons, l'on vit et l'on aime et l'on discute avec les siens sa chienne de vie durant — tant pis si le voisin entend, c'est même pour lui que l'on crie si fort. Plus loin, dans la campagne découverte, on travaille : fenaisons, regains, moissons (avec les marmites de soupe chaude à midi), épuisants travaux de la faux et du liage des gerbes. Les désespérés, s'il y en a — et il y en a —, se retrouvent dans la forêt, ce monde des pauvres et des réprouvés, hostile à l'homme, zone refuge (encore en 1870 devant l'ennemi), zone toujours redoutée.

Au XVIIIe siècle, la ligne des bois, demeurée inchangée depuis le XIIIe siècle, est attaquée en des points multiples et c'est alors que sont fondées ces grosses fermes isolées, sur les sols pas très fertiles, en général, de ces nouveaux écarts. Au XIIIe siècle, des villages nouveaux, Laneville ou Neufville ou Neuveville avaient occupé le terrain conquis et ils continuent à monter la garde face à leurs bois, souvent dans des défilés forestiers menaçants, ou entre forêt et vallée. Cette fois, ce sont des fermes seulement qui sont construites par de gros propriétaires, bourgeois ou nobles, très à l'écart des villages. Elles sont engagées dans les forêts hostiles, situées sur des sols couverts souvent de bruyères et de fougères. Toutes ces fermes ont subsisté, vivoté jusqu'à nos jours. Dès avant 1914, elles ne se maintenaient que grâce à la main-d'œuvre d'ouvriers étrangers à la province, luxembourgeois, alsaciens ou allemands. Elles étaient, elles sont restées l'objet d'envies et de soupçons et de commérages malveillants, vous le devinez.

Cet agrandissement des terroirs, au XVIIIe siècle, a été lié à une augmentation de la population lorraine, à l'emploi devenu nécessaire de nouvelles méthodes agraires. Littéralement la Lorraine regorge de paysans. Innombrables sont les pauvres et les itinérants ; ces derniers, ouvriers à la recherche de travail, rétameurs, chaudronniers, vanniers, cordonniers (ceux de Condé-en-Barrois), charretiers (ceux de Rembercourt-aux-Pots ont été célèbres dès le XVIe siècle). Un chaînon continu amène les arbres abattus des Vosges jusqu'à Bar-le-Duc, alors port du bois, où les chênes et les sapins de la montagne sont jetés dans l'Ornain et de là, par voie d'eau, acheminés jusqu'à la Seine. Montée démographique : il a fallu augmenter les terres pour nourrir ces populations plus nombreuses et, toujours pour les faire subsister, à son tour l'industrie s'est développée : tissage dans les Vosges, fonderies et forges dans les vallées de la Meuse, de l'Ornain, brasseries, enfin, dans les futurs départements de la Meuse et de la Meurthe.

Voilà qui nous aide à comprendre dans ses grandes lignes le drame que sera la Révolution pour la Lorraine. On le devine : tout son prolétariat agraire a trouvé un débouché dans les armées de la République et de l'Empire. Ç'a été pour nos paysans de l'Est la grande aventure. Songez qu'en 1793, lors de la folle insurrection girondine, si la Lorraine avait suivi les « fédéralistes », c'en était fait, par suite de sa position sur les lignes arrière des armées combattantes, de la défense nationale et de la Révolution tout à la fois. Mais la Lorraine n'a pas bougé. Sans doute, elle n'a pas été la seule province à sauver alors le pays et la République, mais notez qu'elle y a bien contribué et que sa participation à l'aventure militaire l'a vraiment alors soudée à la France, cette patrie nouvelle. Pas de ville, pas de village presque, chez nous, qui n'ait eu alors ses soldats, ses officiers (bien entendu) mais aussi ses généraux, depuis Ney [né à Sarrelouis] jusqu'à Exelmans et Oudinot, enfants de Bar-le-Duc (à l'autre bout de la terre lorraine) sans compter... Mais allons-nous arracher les pages du *Dictionnaire des généraux de la Révolution et de l'Empire*, de Six ? On dit que la Lorraine est une région frontière et l'on explique par là toute sa psychologie ; disons, plus exactement, qu'elle a été, à partir de 1792, une zone de région militaire, de véritables Cantons Suisses. Elle a été, elle reste un pays de soldats et c'est ce qui l'explique. Ajoutons que l'on peut être zone frontière sans être un pays de soldats. C'est avec la Révolution que commence la grande geste militaire de notre Lorraine.

Je ne dis pas que cette histoire de l'Est soit à déduire de l'augmentation de l'espace des terres labourées, de ce petit signe géographique. Non, bien sûr. Mais cet exemple, choisi à dessein, nous montre assez bien un aspect géographique d'un large mouvement d'histoire ; le fait géographique est ici une des mailles de la chaîne, rien de plus, mais c'est considérable, car il y a toujours une maille géographique, et quelquefois plus d'une, dans la chaîne des faits sociaux. Que les historiens et les autres ne l'oublient pas ! Ici, comme ailleurs, la géographie ne nous aide pas à tout voir, mais à mieux voir.

Je sais bien que certains géographes n'aimeraient pas cette position seconde. Chaque science de l'homme rêve de se suffire à elle-même ; mais n'est-ce pas un rêve dangereux et illusoire ? Notre étude — la société — dépasse les moyens de chacune de ces sciences prise séparément. À nous de joindre nos efforts et de réunir nos résultats. Je crois même que la géographie dite humaine ferait des progrès décisifs si elle avait une nette conscience des limites de sa méthode, si elle se persuadait de la nécessité où elle se trouve de se lier aux autres sciences de l'homme, comme elle s'est liée, pour s'en enrichir, aux sciences de la nature, en ce qui concerne ses assises physiques et biologiques. Elle ferait des progrès aussi en partant non pas toujours de la terre, répétons-le, mais aussi de la société elle-même, une société à replacer, elle et ses problèmes, dans l'espace. Quelle tâche ! C'est des besoins, des réalités, des problèmes du social que, géographes, nous aimerions partir, même dans un exposé systématique. La nature ne prévoit pas l'homme. Partir d'elle, c'est souvent s'égarer, aller à l'aveuglette, mal délimiter les vraies questions.

Si Lucien Febvre bat en brèche le déterminisme géographique, le soi-disant lien du physique à l'homme, si je le comprends bien, c'est que dans notre recherche des causes et des effets, en partant de la Nature pour arriver à la société, notre fil se casse en route et que nous expliquons mal, et que nous n'expliquons rien. Quand Gaston Roupnel, à l'inverse de Karl Haushofer, nous affirme la primauté du temps, réalité des réalités sociales et de la vie, et qu'il nous dit : « Nous sommes bien plutôt les flots de ce mouvement [celui de la durée], les instants de cet impossible parcours, que nous ne sommes l'argile de la terre », lui aussi nous conseille de renverser les termes du problème géographique. Ne pas partir de l'argile, mais de l'homme. De même quand Jean Brunhes écrit sa thèse sur l'irrigation dans la péninsule Ibérique et dans l'Afrique du Nord (1902), il échappe au cadre régional strict, il dépasse l'exemple, le particulier et met l'accent sur le travail de l'homme... Belle nouveauté en son temps et aujourd'hui encore. Dans *Les Éléments biologiques de la géographie humaine. Essai d'une écologie humaine* (1942), Maximilien Sorre me semble avoir achevé la géographie biologique d'une part (achevé pour quelques années, s'entend), d'autre part il insiste avec force sur la nécessité de voir le milieu physique non plus en lui-même, mais — et c'est une révolution à accomplir — à la mesure de l'homme. Voilà un progrès certain, une renaissance utile de l'habituel problème géographique, si à la mesure de l'homme, on substituait, une fois pour toutes, la mesure des hommes, des groupes, des sociétés. Je souhaiterais accrocher ainsi la géographie à une sociologie largement comprise, celle, chez nous, d'un Marcel Mauss ou d'un Maurice Halbwachs ; ou celle de ce livre si discuté en Allemagne, mais si curieux et riche par son dessein, de Robert[14]... sur les Alpes occidentales de Styrie. J'irais chercher, dans cette sociologie, des cadres, de vrais problèmes humains, sans oublier que l'autre chemin, tant critiqué, si glissant, qui va du milieu physique au social, reste un utile chemin.

Deux pôles en somme, le social, l'espace ; aller de l'un à l'autre, puis faire la route en sens inverse. La société se projette dans l'espace, elle y adhère : la société, dans ses cas concrets, c'est quelques hommes et un peu de terre. Saisir cette adhérence comme un moulage et, par lui, expliquer la société, voilà ce que je demande aux vieilles et neuves puissances de la géographie. Et je ne suis pas le seul à le demander. C'est toujours aux limites des champs scientifiques que se posent les grands problèmes : en ce qui concerne la géographie, entre ses recherches, concepts et méthodes et les vastes [chantiers] des sciences de l'homme.

Tel est, mal et rapidement esquissé, le problème géographique tel que je le vois, l'un des plus grands problèmes « sociologiques » peut-être — et, forcément, un gros problème d'histoire : celui des liens entre le milieu humain et l'espace (en entendant ce mot espace dans le sens si riche de l'environnement des géographes américains).

Si l'on ajoute maintenant à ces éléments (l'espace, le social) la puissante coordonnée du temps, on aura une formulation rapide, mais nette de la géohistoire et du sujet même de cette conférence.

Le trinôme des géographes allemands : Raum, Wirtschaft, Gesellschaft

> *À côté des facteurs géographiques il y a donc un facteur temps.*
>
> André SIEGFRIED, *Cours de géographie économique*, 1941

Le géographe travaille donc sur l'actuel — c'est sa faiblesse et sa force —, sur le monde tel qu'il est, et s'il met le passé en cause, comme il lui arrive fréquemment de le faire, c'est, non pas pour lui-même, mais comme une explication du temps présent. Essayer de transposer ce travail dans le passé, nous demander, par exemple, quelle fut la géographie humaine sociale de la France au temps de Louis XIII, ou de telle ou telle partie de l'Amérique précolombienne, voilà le programme de la géohistoire. Ces questions ne sont pas moins riches, d'ailleurs, pour la connaissance du social que des exemples strictement actuels, au contraire, bien souvent. Et je ne parle pas de leur intérêt direct pour l'histoire. Ne pas voir seulement les grandeurs de la politique de Richelieu, mais montrer comment cette chienne de guerre que fut la guerre de Trente Ans a ravagé toute notre France de l'Est comme un vulgaire compartiment de l'Allemagne, vidant d'hommes la Bourgogne et la Lorraine, nous coupant de l'Europe centrale : tâche de géographe, tâche d'historien aussi.

Mais expliquons-nous autrement : la vie d'une société est dans la dépendance de facteurs physiques et biologiques ; elle est en contact, en symbiose avec eux, ils modèlent, aident ou gênent sa vie, donc son histoire... Non pas toute cette histoire mais une partie : celle pour laquelle nous proposons le mot de géohistoire.

J'ai eu à m'occuper dans un livre récent de l'histoire de la Méditerranée au XVIe siècle [15]. Je n'ai pas entendu saisir sous ce titre la seule histoire des gouvernements et des flottes de guerre, des économies, des sociétés et des civilisations, tous ces passés somptueux, mais aussi l'histoire monotone, toutefois puissante et riche, de ces contraintes permanentes que sont des reliefs, des sols, des climats, des milieux de vie. J'ai essayé de retrouver l'importance constante, organique de la répartition des terres et des mers, le rôle historique régulier des saisons. Car, au XVIe siècle, les saisons, avec leurs contraintes, leurs effets, leurs créations, sont des facteurs d'histoire (comme aujourd'hui). Est-il si raisonnable de l'oublier dans la « résurrection intégrale » du passé ? Et si ces simples mouvements du temps, les poussées du printemps, les retours à l'hiver, rythmaient, comme je le pense, outre la vie des mondes paysans, ce qui va de soi, le commerce et la « grande histoire » elle-même, celle des princes et des diplomates ? Se bat-on en hiver au XVIe siècle ? Non, en général. Navigue-t-on en hiver ? Non, en général. L'hiver est une période de vie au ralenti, de travaux souvent domestiques. Seuls s'affairent alors les grands états-majors politiques, l'hiver est leur saison, celle des projets et des négociations, et ceci nous explique bien des choses.

Voilà qui m'a poussé, pour enrichir les habituels concepts si étroits de la géographie historique, à étendre l'entreprise des géopoliticiens allemands à l'étude entière du passé et non pas, comme ils le font, au seul passé des États. Cette « politique seule » des géopoliticiens de Munich, leur désir de tourner le matérialisme économique par un déterminisme géographique, mais limité au plan politique, me semble une position beaucoup trop étroite, si originale soit-elle. Introduire ainsi, dans le problème géographique, la coordonnée du temps, c'est envisager la géographie humaine en historien, dans toute la masse vivante de ses problèmes, de ses liaisons de cause à effet ; c'est en voir *varier* les éléments — occasion de mieux saisir ces problèmes car le temps est une mesure, une des réalités du monde et de la vie, une des plus grandes. Trop vaste expérience à résumer, il est vrai, et sur laquelle nous ne pouvons donner ici que quelques aperçus [...] des vues d'ensemble.

Pour simplifier, reportons-nous, au départ, aux larges et habituelles divisions des géographes allemands. Leurs études se partagent en trois masses régulières : *Raum*, l'espace, *Wirtschaft*, l'économie, *Gesellschaft*, la société. Seul le premier terme *Raum* appelle des explications. *Raum*, c'est en gros l'environnement des géographes américains, c'est plus exactement encore le milieu géographique (à la fois physique et biologique) des géographes de chez nous, l'espace en somme avec tous ses caractères physiques (je veux dire l'espace terrestre, liquide et aérien, ces trois dimensions de l'homme, avec toutes leurs possibilités et toutes leurs richesses et toutes leurs contraintes). On voit l'avantage de ce mot, si à la mode dans les études allemandes : il résume tout un complexe de facteurs et d'agents géographiques ; il permet de désigner, d'un seul mot, toutes ces forces innombrables qui font le déterminisme géographique et donne l'habitude de les lier en un seul faisceau. On n'a que trop tendance dans nos discussions à briser ce tout, à le fragmenter, pour en examiner les parties et en minimiser l'influence. C'est la pesée totale qu'il importe peut-être de voir. Par rapport à l'espace, l'économie (*Wirtschaft*) sera l'ensemble des prises de l'homme, disons plutôt du groupe, sa manière plus ou moins active de le conquérir ou de le posséder (ne pas oublier le coincement de l'économique entre le social et la nature). Dernier terme du trinôme, *Gesellschaft*, la société : le mot me semble excellent, bien plus riche que le terme de géographie sociale, essayé à plusieurs reprises.

Acceptons cette terminologie, sans trop la discuter : espace, économie, société. Notre propos est de montrer (à larges traits) comment vont varier ces réalités les unes par rapport aux autres, au fil du temps, comment l'action va, avec les années et les siècles, de l'un à l'autre de ces facteurs, puis retourne sur ses pas, pour revenir encore et ainsi de suite... Ai-je besoin de vous dire que l'économie modèle le social et l'espace, que l'espace commande l'économie et le social, que le social à son tour commande les deux autres réalités. Nous sommes là dans un monde d'actions, de réactions, d'interactions, « la société dont le géographe, a-t-on dit [16], devrait étudier l'action sur le sol, ayant déjà subi l'action de ce sol ». Comme on l'a souvent dit, l'homme est tout à la fois cause et effet. Imaginez une pierre qui ricocherait sur l'eau indéfiniment...

Cela dit, prenons des exemples simples, vus en gros pour une mise au clair sommaire des problèmes.

Une société grandit en nombre, du coup l'économie

se modifie et l'espace aussi, au moins celui qui est occupé, travaillé par l'homme ; nous le disions à propos de la Lorraine en 1789, on pourrait le dire a fortiori, et l'exemple serait plus convaincant, pour l'Europe des XIIe et XIIIe siècles, surpeuplée et alors fiévreusement à la recherche de terres nouvelles à gagner sur les forêts, les marécages ou la mer. Mais cette montée démographique, d'où vient-elle ? demandera-t-on. Ne peut-elle pas avoir, en dehors de raisons encore mystérieuses (Marc Bloch), des causes économiques ? Ainsi se fermerait, doit se fermer dans la réalité, la chaîne des causes, des conséquences et des concomitances dont les faits sociaux ne représentent pas tous les chaînons. Épreuve inverse : une société décline, un pays se dépeuple, les terres moins fertiles, ici ou là, sont peu à peu abandonnées. C'est le cas de la France rurale en 1936. D'après Gaston Roupnel, bon observateur en ces matières, le recul y est visible en bordure des mauvais champs, aux lisières des forêts — un recul trop visible pour être nié. C'est là un signe révélateur sur la société nationale.

Autres variations, celles de l'économie maintenant. Les conséquences en sont immédiates et nettes dans toutes les directions, elles se marquent par des changements de l'espace d'un côté, et, de l'autre, par des altérations de la société : voyez l'Angleterre au XVIIIe et au XIXe siècles, bouleversée par sa Révolution industrielle, se contractant, sc réduisant à ses pays noirs et laissant à peu près vide le reste de son espace, l'abandonnant à la poussée des arbres, aux prairies, aux marais et aux landes de bruyère peuplées de renards. Voyez par ailleurs, à cette même époque, tous les bouleversements sociaux de cette même époque, tous les bouleversements sociaux de cette même Angleterre dont il est inutile de parler ici.

Vers 1890, en Algérie, dans le Haut Atlas, la charrue permit, avec le mulet alors substitué au bœuf, la mise en place d'une zone de blé et la multiplication des fermes européennes, et aussi, en conséquence, la réduction des espaces réservés jusque-là à la vie pastorale des indigènes. Là aussi, comme partout ailleurs, une révolution économique a donc eu des conséquences dans les deux sens, côté espace, côté social, comme on pouvait le prévoir aisément.

Beaucoup d'écrivains allemands pensent même que la vie économique s'organise d'elle-même en espaces plus ou moins vastes, en économies-mondes (*Weltwirtschaften*), ainsi autrefois, ce monde antique que fut la Méditerranée. L'économie mondiale actuelle serait la somme, plus ou moins bien faite et plus ou moins soudée, de ces économies-mondes. Spécificité spatiale de l'économie !

Tous ces remous se traduisent sur la carte. La société utilise l'espace, elle en vit, elle l'aménage, elle l'use aussi. Dans cette symbiose, imaginons des avancées mais aussi des reculs, des gaspillages mais aussi des mises en réserve, des repos nécessaires peut-être, selon des rythmes que nous apercevons à peine, avec des équilibres : ainsi le puissant équilibre, au cœur continental de l'Europe de l'Ouest, de la paysannerie (*cf.* à ce sujet le beau livre de Gaston Roupnel, *Histoire de la campagne française*, dont il sera longuement parlé) ; ainsi l'équilibre antique sur les bords de la mer Intérieure ; puis de grosses ruptures en Occident avec le XIIIe, le XVIe et le XVIIIe siècle ; puis d'autres équilibres et ainsi de suite... L'espace a été dominé, mangé, digéré par tranches. Au cours de cette évolution, il y a eu entre l'espace et la société divers équilibres économiques. Ainsi certains paysages agraires sont des paysages d'équilibre. D'autres, dans les pays américains, sont des paysages instables, anarchiques, incohérents, des paysages en révolution. Dans un espace encore illimité, la société américaine, sans commune mesure avec nos humanités d'Europe, est une gaspilleuse de sols et de richesses. Comme pour les cours d'eau qui ont, dans leurs cycles d'érosion, des phases de jeunesse, de maturité et de sénilité, certains paysages sont jeunes, adultes puis vieillis, et alors l'homme ne sait plus les animer et vivre de leur aide...

Peut-être n'y a-t-il de vraie prospérité que dans la mesure où l'espace utile ne cesse de grandir devant les hommes. Voyez la Crète orientale qui nous offre un exemple assez précis. Un géographe archéologue, A. Lehman, s'est attaché à localiser ses rares plaques de sol fertile, petits îlots à l'intérieur de massifs calcaires ou gréseux. Mais toute l'île est à imaginer selon cette texture : elle est un semis d'oasis et c'est un jeu de montrer que, depuis les origines jusqu'à l'âge actuel, la vie a été prisonnière de ces îles minuscules de terre meuble. Les gîtes préhistoriques, les restes classiques, les ruines de villages à l'époque vénitienne, les villages d'aujourd'hui, tout se retrouve à l'intérieur de ces cercles étroits, tantôt vers la mer, tantôt vers les collines ou sur les premières pentes escarpées, mais jamais hors de la vue des oliviers et des champs à céréales ; bel exemple de déterminisme de paysages, d'espaces agricoles fixés au sol. Mais la Crète n'est prospère — ainsi à l'époque [minoenne], ainsi plus tard au XVIe siècle de notre ère, que lorsqu'elle ajoute à ces richesses de base les richesses de l'espace marin. Elle dépend des voyages, de l'aventure, du vaste monde d'au-delà de la mer, d'augmentations d'espaces. Sans de telles augmentations, pas de prospérité. Mais que l'île peuple les mers de ses barques, ou de ses voiliers de charge et la richesse apparaît dans ses villes. Genèse, réalité de mille impérialismes du passé lointain qui ne sont que la recherche d'un peu de pain ou d'huile, ou de poisson séché.

L'histoire générale le montre pareillement sur un plan autrement vaste et pour des enjeux terriblement grossis. À l'Antiquité enclose dans le bassin méditerranéen, s'ajoute au Moyen Âge l'espace d'une Europe barbare, vrai pays colonial aux portes de l'Empire romain, vrai pays « américain » avec ses zones pionnières, ses labours instables, ses paysans semi-nomades, ses villes neuves et ses « latifundia ». Henri

Hauser aimait cette dernière comparaison. Alors l'Europe centrale a eu vingt ans... Nouveau lancement au XVIe siècle quand le domaine des Européens va s'étendre au monde entier et à de vastes espaces, jusque-là mal tenus par l'homme, en tout cas mal exploités par lui. À toute prospérité correspond ainsi un gonflement de l'espace.

Mais aujourd'hui, en 1942, la prospérité est menacée, l'économiste Ferdinand Fried nous le dit après quelques autres. C'est que le globe est entièrement connu, que ce monde est *fini* au sens des mathématiciens et comme aime le dire Paul Valéry à leur suite, il cesse d'être élastique et déformable. On déclarerait volontiers, dans le sens de ces constatations pessimistes : rien à faire si ce n'est coloniser une planète et augmenter une fois de plus l'espace de l'humanité. En fait, la situation est d'autant plus grave qu'une exploitation inconsidérée est faite au nom du seul profit — de l'inhumain profit — par un capitalisme impitoyable qui a usé l'espace nourricier du monde et compromis son avenir. La grande histoire à nous mettre sous les yeux est peut-être celle des déboisements forestiers. Une très vieille histoire ? Oui sans doute. Mais voici qu'aux États-Unis l'exploitation du Middle West, de la Prairie, domaine hier encore de Bas-de-Cuir et des héros de Fenimore Cooper, aujourd'hui zone du blé, du maïs, du coton vers le Sud, est compromise par les crues dévastatrices du Mississippi, conséquences du déboisement des zones de ses sources : en supprimant les forêts, tout se passe comme si l'on avait rompu les digues de réservoirs naturels. Par ailleurs la disparition de la couverture herbacée de la plaine a eu comme conséquence d'en livrer les éléments meubles au vent. Les crues d'un côté, les tempêtes de sable de l'autre, se développent comme de vastes calamités. Toute la richesse de l'Est moyen en est compromise. Pour Ferdinand Fried, le résultat inéluctable c'est, sous le poids des hommes, la transformation du bassin du Mississippi en [un vaste espace, ruiné tant par les inondations que par l'envasement des champs. D'où la nécessité de confier finalement à la Tennessee Valley Authority la charge de régulariser tout l'ensemble du système hydrologique, pour une exploitation efficace] [17].

Mais ailleurs, l'homme n'a-t-il pas tout pareillement déchaîné contre lui des forces contraires : ainsi, en déboisant, il ouvre au désert nigérien le chemin du golfe de Guinée, vers lequel le désert s'avance à raison d'un kilomètre par an. Même drame de la sécheresse encore dans l'Afrique du Sud, cette fois au bénéfice du Kalahari. Autre drame en Australie où l'homme perd le terrain que gagnent deux nouveaux venus, le figuier de Barbarie (un Mexicain malgré son nom) et le lapin, fléau qu'on ne sait plus maîtriser ; les forces biologiques se dressent ici contre l'homme.

Ces exemples nous suffisent. Tant d'autres pourraient être fournis. Je donne d'ailleurs les exemples précédents sous la responsabilité de F. Fried. Tels quels, vrais ou inexacts, je crois qu'ils ont l'avantage de poser de façon vivante les problèmes qui nous préoccupent. Mais Fried a-t-il raison ? C'est là une autre question. Tels de ces exemples sont à admettre sous bénéfice d'inventaire. Je n'accepte pas sans plus que le monde soit « fini » (le monde espace vivant) : tant de terres encore inutilisées sont à saisir. Je songe aux remarques de Saint-Exupéry sur l'effroyable vide de la terre, vue du haut du ciel, sur la localisation étroite de l'homme au long de rubans, de lignes de sources et de taches fertiles. Tant de terres sont à mieux exploiter, tant de colonisations intérieures à tenter, tant de découvertes restent encore à faire et certaines à développer, dans le décisif domaine de la biologie agricole. Certains géographes pensent que la terre pourrait encore supporter de cinq à sept milliards d'habitants de plus qu'aujourd'hui. Voilà qui nous rassure ! Je me méfie aussi d'un économiste qui, comme Fried, pseudo-médecin, a sa solution, ses solutions prêtes. Écoutons-le : que le monde renonce au capitalisme inhumain ; qu'il se résolve en espaces économiques particuliers — espace européen, espace russe, espace britannique, espace grand-asiatique, espace américain ; que la planète, en somme, se morcelle en planètes particulières ; que le monde se mette à la mesure de l'homme et non pas, à l'inverse, l'homme à l'échelle du monde, ce qui est contre le bon sens. On voit d'où vient cette médication et je ne crois pas à son efficacité. Son origine nous met en garde contre ses prémisses et contre sa conclusion.

L'espace varie-t-il de lui-même ?

Et puis, vraiment, est-ce l'homme seul qui modifie, au gré de ses appétits, de ses méthodes et de son organisation, cet espace une fois donné par la nature ? Non assurément, si l'on regarde le passé des hommes dans toute son ampleur, c'est-à-dire si l'on ajoute aux siècles d'histoire les millénaires de la Préhistoire (de 20 à 500 millénaires et plutôt 500 que 20). Le temps des hommes est assez long pour avoir été marqué par de vastes révolutions géographiques dont nous saisissons au moins quelques-unes, ne serait-ce que de grandes mutations de climat. L'homme de Mauer a été découvert sur les bords de la Weser. Je n'ai pas besoin de vous dire le climat, ni l'aspect actuels de ces bords fluviaux. Mais, au musée proche d'ici, voici des témoignages irrécusables d'un climat très différent. Imaginons la Weser[18] d'alors sur le modèle du Niger actuel. Faut-il insister ? On connaît ces drames climatiques de la Préhistoire : des poussées de froid intense, avec de vastes progressions de glaciers et des descentes vers le sud de faunes et d'humanités nordiques, et les contre-offensives méridionales que l'on devine, poussant en avant leurs plantes, animaux, hommes ; puis des périodes sèches et chaudes. L'Europe actuelle a été l'enjeu d'une lutte lente, mais puissante et sans arrêt, entre le Nord et le Midi : un drame de la latitude. Le monde des plantes et celui des animaux en portent toujours la trace, et peut-être aussi celui des hommes. Au vrai, nous sortons d'un long passé où il a fallu lutter avec la nature et, de plus, contre les changements de cette nature.

Aujourd'hui — voyez chez nous Camille Jullian et Gaston Roupnel —, le grand âge des Néolithiques, pour ne parler que de lui, ne nous paraît plus aussi éloigné de la vie actuelle qu'il l'était autrefois dans nos spéculations. Ne retrouve-t-on pas leurs chemins creux, à ces paysans néolithiques, dans la France de l'Est, avec leurs caractéristiques buissons d'épines, les fossés dont ils entouraient leurs bois et tant de leurs vestiges : outils, ossements, gravures. Il y a longtemps aussi que Robert Gottmann a signalé l'existence de villages néolithiques, établis dans les clairières naturelles de la forêt européenne du Centre et de l'Ouest, ces villages de vieille terre (*Altland*) par opposition aux villages de terre neuve (*Neuland*), établis grâce aux défrichements médiévaux. Sinon entièrement, du moins sur ses vastes espaces de l'Est, un pays comme le nôtre est néolithique par ses assises paysannes. C'est Marc Bloch qui nous rappelait que le mot blé (et sans doute la chose) est un cadeau de ces millénaires obscurs. Tout cela dit pour que cette Préhistoire cesse d'apparaître comme une ridicule occupation de savants plus ou moins raisonnables. Elle touche aux racines, aux fibres les plus profondes de notre être, cette longue gestation de la Préhistoire, et l'âge néolithique en est la splendeur, avec son outillage et ses civilisations éveillées. À force de psychanalyser nos âmes à doubles, triples ou quadruples fonds, n'y retrouvera-t-on pas un beau jour toutes les angoisses mal raisonnées de l'homme primitif, et ses colères, et ses besoins sauvages !

Quelle admirable géohistoire que celle de ces millénaires, coupée de grands drames, ici glaciers qui s'avancent, puis battent en retraite, reviennent et s'éloignent encore, tandis qu'ailleurs il y a eu, par exemple, un Sahara successivement semé de lacs (de lacs Tchad, dit Théodore Monod), désert, puis recouvert de nouveau par des lacs, et désert encore. Deux fois, une humanité, noire probablement, s'est avancée, a campé, s'est incrustée dans l'espace saharien, et deux fois elle en a été chassée par le cataclysme, laissant derrière elle, dans sa retraite monstrueuse, des humanités résiduelles et un énorme matériel culturel dont la récolte a commencé seulement : outils, hameçons, haches, scies, grattoirs, meules pour écraser les graines...

En fait, ces drames géographiques ont demandé des épaisseurs invraisemblables de temps pour s'accomplir.

Le temps historique, par contre, est si bref (de 4 à 5 millénaires pour des régions privilégiées, mais rares, comme l'Égypte ; de 1 à 2 millénaires pour telles autres), il est si bref que les drames géographiques n'ont pas eu la possibilité de s'y loger. L'espace, quant à ses caractères physiques, n'a-t-il pas été reconnu comme un [invariable], un mobilier, dans le cadre de l'histoire ? Mais n'est-ce pas un peu trop vite dit ?

Nos mesures plus exactement repérées nous révèlent des changements minimes, mais assez constants. Évidemment, on ne saurait se porter garant de toutes les observations faites au cours de ces vingt dernières années sur ce gros problème. Elles ne manquent pas d'être assez troublantes. Je le sais bien, tous les historiens de l'Antiquité nous apprennent que le climat de la Méditerranée était alors le même qu'aujourd'hui dans le Sud tunisien, dans les îles de l'Égée (A. Jardé), dans la vallée du Nil (Fritz Jaeger, lequel a d'ailleurs étendu à toute l'Afrique ses importantes constatations), à Palmyre (Émile-Félix Gautier). Ces affirmations concordantes et d'autres ne résolvent cependant pas le problème. Nous avons sous les yeux la preuve de variations des éléments naturels. Variations des longitudes et des latitudes (mises en lumière à la suite des théories d'Alfred Wegener ; New York s'éloigne de l'Europe à la minuscule vitesse de 1 cm par an, mais s'en éloigne tout de même ; de même la Corse s'éloigne de la côte française vers le sud à une vitesse annuelle de quelques millimètres [19] ; une récente étude sur les Alpes orientales nous indique pareillement un mouvement général de la masse montagneuse en direction de la Bavière, à raison de 2 cm par an, provoquant, en des points névralgiques, des éboulements et des glissements de terrain que l'histoire mentionne à intervalles plus ou moins réguliers, quand ils intéressent la vie de certains villages. Variations des littoraux aussi, ainsi en Méditerranée, entre les temps antiques et l'époque actuelle (Philippson). Et non pas seulement des variations locales qui seraient dues à des perturbations locales elles aussi (séismes ou éruptions volcaniques) : des auteurs, comme Dina Albani, pensent à des phases successives de creusement généralisé ou de colmatage généralisé, à une sorte de modulation de l'érosion marine qui, si elle est exacte, poserait de singuliers problèmes de physique. À partir de 1900, nous serions entrés, pour la Méditerranée, dans une phase de creusement, les côtes reculeraient en Afrique du Nord et dans le delta du Nil, de même sur certaines plages. L'intérêt de ce mouvement, s'il existe, serait de souligner des modulations par rapport à un état moyen qui, lui, resterait sensiblement fixe. Variations, enfin, du climat, sur lesquelles nous voudrions insister. Ce sont d'ailleurs, et de beaucoup, les plus importantes, en ceci qu'elles semblent avoir une action assez directe (je ne dis pas rapide) sur les hommes.

Que les éléments du climat varient, nous le savons par l'expérience, par les séries de nos chiffres d'observation. Resterait à fixer le sens de ces variations et leur période, si période il y a. N'a-t-on pas parlé à leur sujet de cycles de douze années, en liaison, hypothèse encore, avec les taches solaires ? Variations du climat, minces variations, nous les connaissons aussi au travers des merveilleuses études des savants américains sur la chronologie des *pueblos*, ces villages indiens du sud et de l'ouest des États-Unis. On sait que les arbres, suivant la pluviosité variable de l'année, poussent des couches concentriques de bois, d'épaisseur variable elles aussi. Ils sont ainsi des hygromètres enregistreurs. Que l'on ait pu distinguer les années, avec ces documents grossiers, et reconstituer des chaînes, dater finalement les pueblos (dont certains furent au plus contemporains de Charlemagne) d'après les arbres employés dans leurs constructions, représente un joli succès de l'ingéniosité scientifique. Mais est-ce là une simple curiosité ? Ce serait une façon de compléter les maigres observations de nos documents écrits sur le « *temps* », au sens climatique, des années écoulées, peut-être un moyen, par exemple, de résoudre les problèmes si curieux de l'histoire climatique des Alpes. Les Alpes, comme les autres montagnes, sont en effet des amplificateurs des variations du climat ; que l'on songe aux avancées et aux reculs des glaciers, événements dont l'histoire a conservé le souvenir et souvent la mesure. Aujourd'hui, le recul est général, la glace vient de découvrir, dans les Alpes orientales, des grottes préhistoriques d'un intérêt exceptionnel et des mines d'or qui furent exploitées au Moyen Âge. Autre région sensible aux variations du climat, le bord de la banquise arctique nous offre des remarques analogues. D'après les observations russes, elle a, sur le méridien d'Arkhangelsk, reculé depuis 1880 de 85 à 90 km.

Objectera-t-on à ce sujet des observations discutables, une exploration insuffisante ? C'est un fait, en tout cas, que toute la politique de peuplement et d'équipement du Nord soviétique a été fondée, et pas à la légère, sur l'hypothèse du réchauffement de l'Arctique. L'aventure est à suivre, bien entendu ; elle est d'ailleurs assez importante pour nous apporter plus d'une leçon et faire parler d'elle.

Mais, dans ce vaste domaine des modulations climatiques, la prudence est de s'avancer à petits pas. Ne pas se compromettre. Et attendre, attendre de nouveaux bilans des manuels scientifiques, cette seule nourriture pourtant d'esprits à la remorque. Ce n'est pas ce qu'a pensé un géographe italien (V. Monterin) dans une bonne étude sur les Alpes[20]. D'après lui, le climat varierait par larges périodes de trois cents ans, successivement froides et pluvieuses, puis chaudes et sèches. En 1300 commencerait une période sèche, destinée à durer jusqu'en 1600 ; en 1600, une période pluvieuse la remplacerait qui irait jusqu'en 1900 ; nous serions entrés depuis presque un demi-siècle dans une période sèche. Je ne sais si cette loi est exacte. Elle vaut comme hypothèse. Resterait à la vérifier de très près. En tout cas, nous savons qu'en 1300 des colons allemands ont gagné les hautes pentes du Monte Rosa, profitant du réchauffement et du recul de la limite forestière. N'est-il pas curieux de constater, sous nos yeux cette fois, avec la période sèche qui aurait commencé en 1900, une colonisation italienne des régions hautes des Alpes, des Apennins et particulièrement des Alpes apuanes ? Vers 1600, à l'inverse, on est frappé de la multiplication des hivers rigoureux dans la péninsule et des inondations dévastatrices pour les bas pays, producteurs de grains. Le XVIIe et le XVIIIe siècle sont en Italie des siècles d'intensité croissante de la malaria. N'y a-t-il pas là, au vrai, le progrès naturel d'une maladie géographique qui s'étendrait avec la simple montée des eaux stagnantes ? Au voisinage de 1600, il y a — et ce n'est pas historiquement la première fois — une sorte de progression des eaux malsaines dans le Val di Chiana, en Toscane. Gaston Roupnel se demande, sa curiosité en éveil, si les transformations climatiques ne sont pas à l'origine des changements de l'Europe occidentale des XIVe et XVe siècles.

Simples hypothèses que tout cela, et fragiles, il est vrai. Nous sommes trop mal informés pour conclure, même pour poser correctement les problèmes. Mais chaque fois que l'on nous proposera d'accuser l'homme des changements de l'*espace*, méfions-nous ! Il n'est pas question de l'absoudre. Il est question très exactement d'accuser la nature, en même temps que lui. Ainsi, au IXe siècle, d'après Goetz, les sources superficielles se tarissent en Sicile. Dirons-nous que la faute en est aux déboisements, donc à l'homme, ou bien qu'elle est à inscrire au compte de modifications possibles du climat ? Grosse question. C'est le musulman d'Afrique qui apportera la solution à cette disette de l'eau sicilienne, avec ses politiques d'irrigation et de dry-farming. On peut penser, rêver que c'est le dessèchement du climat qui l'avait poussé au-delà du détroit de Sicile en 827. De même, quand Ferdinand Fried accuse l'homme et le capitalisme des vastes méfaits dont il signale les conséquences, hier pour le Middle West, aujourd'hui pour la vallée du Mississippi, les régions bordières du Kalahari ou du Sahara, nous avons bien l'impression, rapide, fugitive, que la nature est peut-être aussi à mettre en cause.

Cette grande chose, la nature, n'est peut-être pas aussi immuable que nous l'imaginons sur la foi de nos expériences trop brèves. Y a-t-il, au vrai, au regard de la science, une seule stabilité dans le monde qui nous entoure ? À un rythme d'une lenteur difficilement imaginable, les coordonnées de ce monde se modifient sous nos pas. Songeons aux roses de Fontenelle, à ces roses qu'il dotait d'intelligence et pour qui le jardinier était immortel, invariable réalité.

Les deux sens de la géohistoire

La discussion n'est pas close et surtout notre recherche n'est pas achevée. Nous ne voulons pas, en effet, voir uniquement ce que Jean Brunhes appelle d'une formule expressive « les responsabilités du milieu ». Ce serait ne voir qu'une face, qu'un pôle du problème : la nature. Mais l'homme, je veux dire, la société ? Jean Brunhes le signale aimablement, à sa façon : « Le vigneron doit tout de même être regardé comme plus important que la vigne, le berger que le troupeau... » Puis de se reprendre, car il faut toujours se reprendre en ces domaines : « Mais, sans la vigne, il n'y aurait pas de vigneron, sans le troupeau il n'y aurait pas de berger... » La géohistoire, c'est bien l'histoire que le milieu impose aux hommes par ses constantes, cas le plus fréquent, ou par ses légères variations, quand celles-ci arrivent à entraîner des conséquences humaines — tant de modifications, en effet, restant inaperçues et négligeables même, à la faible et courte mesure de l'homme ! Oui certes, mais la géohistoire est aussi l'histoire de l'homme aux prises avec son espace, luttant contre lui au long de sa dure vie de peines et d'efforts, réussissant à le vaincre, à le supporter plutôt, au prix de travaux qu'il faut toujours renouveler. La géohistoire est l'étude d'une double liaison, de la nature à l'homme et de l'homme à la nature, l'étude d'une action et d'une réaction, mêlées, confondues, recommencées sans fin, dans la réalité de chaque jour. C'est même la qualité, la puissance de cet effort qui nous oblige à renverser l'approche habituelle du géographe.

Nous vivons une époque — pas encore achevée — commencée avec le milieu du XIXe siècle et qui est sous le signe de la science et de la technique : c'est l'époque de l'ingénieur et de la machine, marquée par l'affranchissement progressif (pas encore complet, il s'en faut) de l'homme par rapport à la nature. Ne chantons pas trop haut sa victoire, sa royauté sur terre. Mais aujourd'hui, bien plus qu'hier, la volonté de l'homme, quel grand facteur géographique, n'est-il pas vrai ? De tout temps d'ailleurs, elle fut un facteur considérable, cette volonté opiniâtre, et pas seulement celle du paysan.

Au XVe siècle, comme aux temps anciens de la loi Rhodienne, comme au temps du voyage de l'apôtre Paul de Césarée à Rome, la Méditerranée est fermée chaque année aux navigations, depuis le mois d'octobre jusqu'au mois d'avril. Alors les dépressions d'origine atlantique y maintiennent de façon continue une valse désordonnée, souvent rageuse des vagues. Imaginez par mistral la mer raboteuse, toute blanche d'écume, vaste plaine de neige houleuse. Certaines fois, encore actuellement, [on s'emploie] un jour, deux jours de suite à rameuter tous les navires qui la sillonnent dans des ports mal protégés contre le vent, des ports alors tout bruissants des sirènes des remorqueurs attelés aux amarres des navires en danger. Donc jadis, avant le XVe siècle, au temps de la voile, de la rame et des coques de bois, force était aux cargos et aux navires de guerre d'hiverner dans un port apte au stationnement, apte *ad hiemandum*. Cette barrière de gros temps et de houle, de vagues fumeuses, voilà une défense des éléments qui a joué pendant des siècles, barrière si insistante et si régulière que l'historien doit en tenir compte. C'est un des traits majeurs de la mer Intérieure. C'est donc un fait géohistorique de la première catégorie (de la nature à l'homme). Mais, vers 1450, un nouveau type de bateau venu du Nord, la coque (la « Kogge »), s'introduit en Méditerranée. C'est un gros bateau rond et solide, la « nave » des documents italiens ; ses planches, fortement clouées, se recouvrent les unes les autres à la façon des ardoises d'un toit. C'est ce navire robuste qui va « vaincre » l'hiver méditerranéen, non sans peine, ni sans accident ou « hasard de mer », et augmenter ainsi — au moment même de la Renaissance qu'il explique à sa façon — le trafic des routes liquides de la mer Intérieure. Victoire de l'homme sur la nature ? Oui, sur l'espace, sur la mer démontée, fait géohistorique de la seconde catégorie. On voit d'ailleurs comment les deux catégories se rejoignent ici et se mêlent dans le réel.

Nous n'allons pas évidemment suivre dans son détail, avec des exemples ou des essais de classification, cette seconde catégorie de faits. Ce combat contre la nature, si divers, si complexe, porte toujours la marque de l'homme, de sa mesure, de ses moyens, marque, mesure et moyens qui varient avec les époques. Au début, l'homme a lutté avec des armes médiocres, pendant des millénaires, grâce au coude à coude de ses tribus [de chasseurs], et ses moyens ont à peine changé du Néolithique à la Renaissance et même plus tard. En fait, on vient de seulement passer

« de l'outil à la machine », pour parler le langage si direct d'André Siegfried. Ou pour reprendre une de ses phrases exactes : « César et Napoléon se déplacent de la même façon. Napoléon ne va pas beaucoup plus vite que César. » Georges Duhamel avait dit : « Le monde a beaucoup plus changé de Pascal au temps présent, que des Pyramides à Pascal », ce qui revient à la même et importante constatation. Si bien que dans nos études de géohistoire, le gros problème c'est de prendre avec soin la mesure des moyens des hommes, de fixer une échelle. Sans quoi, allez comprendre l'action de l'homme sur le milieu physique et biologique et même celle de ce milieu sur l'homme, car tout se tient !

Je songe à la France des guerres de Religion. Voyez tout ce que l'on gagnera, dans l'intelligence de ses réalités, à fixer ce que peut être son espace matériel, vu sous l'angle des distances. Quel est le temps nécessaire aux voyageurs ou aux lettres pour franchir telle ou telle distance, de Rennes à Rouen ou de Paris à Bordeaux ? En moyenne, par rapport au temps actuel, de huit à dix fois plus de temps sur une même distance. Soit un énorme grossissement — non pas des richesses de cet espace, bien au contraire — mais de l'obstacle, du poids lourd, de la paralysie de la distance. Ici chercher une proportion exacte entre le passé et le présent serait un leurre. Mais enfin, quand nous parlons de la France de Charles IX ou de Henri III, imaginons un pays aussi vaste (je ne dis pas aussi peuplé) que la Chine actuelle, exemple d'autant plus éclairant que la Chine a ses guerres civiles, ses guerres étrangères, toute la séquelle de misères et d'atrocités que traînent ces fléaux ; qu'elle a, comme la France écartelée du XVIe siècle, ses généraux commandants d'armées — ces princes —, ses bandes de mercenaires pillards, ses prolétaires paysans, ses campagnes détruites, ensauvagées et ses villes apeurées, vigilantes, autant sur leurs gardes que telle ville ceinte de murailles et de fossés bien remplis d'eau de la Picardie de Condé, de la Bretagne de Mercœur ou de la Bourgogne de Mayenne. Des récits de reporters sur cette guerre de Chine ont un air commun avec nos chroniques de la France du XVIe siècle.

Immensité de cette France du XVIe siècle, et plus généralement de la France de l'Ancien Régime : en 1619, le duc d'Épernon quitte Metz dont il est le gouverneur, sous une assez faible escorte ; il gagnera à petites étapes Blois où l'attendait la reine mère Marie de Médicis. Est-il étonnant qu'il passe inaperçu, car il passe inaperçu, dans cet énorme pays et qu'il se glisse entre les vigilances ? Autant suivre une aiguille qui s'enfoncerait dans une meule de foin, ou une compagnie chinoise se déplaçant aujourd'hui, quelque part dans le bassin du Wei-ho.

Diversité de la France monarchique, multiplicité donc de ses libertés locales, de ses privilèges de provinces ou de villes, tout cela ne s'explique-t-il pas par la lenteur des chaises de poste ou des diligences et bien d'autres choses encore ? Des historiens historisants se demandent si le but de Henri IV a été de faire ceci ou de faire cela — des historiens qui ne sont pas au courant de ces délais de route, des retards des lettres et des réponses, de la difficulté de commander plus loin qu'à portée de voix, qui ne tiennent pas compte des chevauchées épuisantes, des hâtes du Béarnais, ce nomade à qui la distance ne fait jamais grâce, qu'il coure à ses ennemis ou se précipite à ses rendez-vous !

Cette lutte contre la distance a été un des grands drames du passé des hommes, l'un des plus importants, sinon le plus important. Aujourd'hui, le drame continue.

Mais vérité constante : de grandes révolutions géographiques, filles des œuvres de l'homme celles-là, auront marqué des étapes décisives de l'Histoire : apparition du cheval, vers l'an 2000 avant le Christ, dans le Proche-Orient dont il bouleverse le calme heureux ; apparition du chameau avec le IIIe siècle de notre ère dans le Sahara occidental, en deçà des relais tripolitains ; apparition de la « nave » (je racontais son histoire il y a un instant) ; apparition sur l'Atlantique

Nord tout d'abord, vers 1850, du steamer en fer, mû à la vapeur, battant pavillon anglais et qui évincera de l'Océan son rival, le clipper en bois, marchant à la voile, ce champion de l'époque. Inutile de vous parler du moteur à explosion et de ses applications diverses et successives, l'auto, le camion, la chenille, l'avion enfin, c'est évoquer l'époque actuelle dont le caractère révolutionnaire, encore en action, ne vous échappe pas.

Évidemment, ne voir que la lutte contre la distance, c'est réduire le combat de l'homme contre les forces de la nature et faire une sorte de contresens implicite sur le mot *Raum*. Telle n'est pas mon intention. Je n'ai garde d'omettre les autres combats de l'homme pour établir ses champs, ses forêts, son cheptel, ses villes, ses maisons... Sa lutte pour les champs et les jardins, je l'aborderai par la suite en utilisant les beaux travaux de Gaston Roupnel : une campagne est une création de l'homme, des outils et de la peine de l'homme, de ses communautés. En ce qui concerne les maisons, je ferai une place considérable aux travaux du sociologue historien Gilberto Freyre. Mais il ne m'est pas possible, vous le comprenez, de suivre dès maintenant, un à un, tous ces importants problèmes. Si j'insiste ici sur la lutte contre la distance, c'est simplement que je veux mettre en évidence un des secteurs les plus importants et les plus directement accessibles de l'action de l'homme sur les choses : cet espace marin dont Karl Haushofer, dans son introduction géopolitique à l'histoire, affirme qu'il est et a été le plus décisif des espaces de l'histoire. C'est qu'il est la grande route, le grand moyen de cheminer, de transporter hommes et marchandises. Jamais la voie ferrée ou fluviale (et difficilement la voie aérienne) n'auront son débit décisif. L'espace maritime, c'est l'espace de la grande, de la très grande histoire. Pas de routes à construire sur ce monde liquide idéal, ouvert à toutes les étraves ; pas de bêtes à atteler, l'homme y suffit et surtout le vent, en attendant la vapeur et le mazout. Que l'essentiel de la vie des hommes se soit construit sur les mers, quelle puissante réalité ! Quelle conquête aussi, car c'est le terrestre, non le liquide, qui est l'espace donné, la coordonnée de base. Le liquide a été conquis avec plus de peine que le monde aérien dont nous jouissons aujourd'hui. Les historiens l'ont remarqué, mais ils n'ont pas toujours bien mis en lumière cette vérité de base. On ne sait pas à quel point, en effet, les sciences historiques restent attachées aux sols fermes, à des espaces bien solides, riches en terre... Pas de villages, pas de clochers, pas d'Histoire pour beaucoup d'esprits !

Or que n'y aurait-il à dire de la puissante histoire de la navigation ! Tant de récits sur les voyages maritimes de jadis nous permettent de mesurer ici le temps écoulé. Au XVIe siècle, lisez le voyage si vif de ton de Jean de Léry[21], ce Genevois de Bourgogne, colon du Fort Coligny dans la baie où poussera plus tard Rio de Janeiro et qui nous raconte ses deux traversées, de France au Brésil et du Brésil en France, naviguant au ras de l'eau, au contact avec les réalités de l'Océan qu'il touche presque de la main et que nous, nous n'apercevons plus que de loin, du pont du plus modeste de nos cargos, question de hauteur et de vitesse... Les bancs de poissons, les énormes radeaux d'œufs de poisson, écume roussâtre que dévore la faune marine — avons-nous vu cette vie de surface du haut de nos confortables voyages ? Avons-nous risqué de crever de faim, comme c'était la règle fréquemment, pendant la traversée, ou quelques jours après l'arrivée ?

*

Ainsi deux géohistoires : le côté hommes, le côté nature. En fait, deux courants de vitesse différente.

Côté nature : l'influence du milieu en gros est immuable, elle se pose en termes naturels, toujours les mêmes ou presque, l'exception, si elle existe *historiquement*, confirmant la règle. Cette histoire est immobile ou quasi immobile, je veux dire indéfiniment répétée dans les mêmes conditions, aux mêmes instants : c'est la descente des troupeaux vers les plaines l'hiver et leur montée vers les hauts pâturages l'été ; c'est, dans l'hémisphère Nord, les récoltes et les vendanges aux mêmes dates de l'année ; c'est la boue, ce cinquième élément des terres polonaises et russes après les dégels de printemps, boue victorieuse de la volonté des armées allemandes et russes puisqu'elle les aura immobilisées deux fois déjà, de mars à juin ! Théodore Monod peut s'expliquer certains traits de la Bible d'après ses souvenirs du Sahara, puisque, dans la zone où il observe, l'histoire n'a pas bougé. « Le pillage a été de tous les temps, écrit-il, une florissante industrie dans les pays désertiques et il n'est que naturel de retrouver dans l'Ancien Testament tant de ces histoires qui sont non celles d'une époque, mais d'un milieu, et qui sont hors du temps et qui, traduites en langage moderne, seraient l'exacte narration de tel épisode saharien. »

Côté des hommes maintenant : leur action contre les choses varie avec les époques. Mais elle s'exerce lentement, bien plus lentement qu'on ne saurait le supposer. Il y a bien du *côté des hommes* des révolutions géographiques, et même nous sommes en train d'en vivre une, mais elles demandent beaucoup, beaucoup de temps pour s'accomplir. Les premières coques apparaissent en Méditerranée vers 1450, la dernière « galée » méditerranéenne (c'est le vieux type de bateau à grande distance) abordera en Angleterre en 1587. De même, ne croyez pas que l'automobile ait aujourd'hui conquis toute la planète, ce qui s'appelle conquis. Il a fallu la guerre de 1939-1943 pour qu'elle se saisisse enfin du désert, pour que soient substituées, aux prouesses des pistes de Bidon V[22] ou des chasses à la gazelle, au Sahara ou en Syrie et ailleurs, les réussites massives et répétées de la guerre de Tripolitaine. En 1932, la conclusion d'une expérience d'attaque simulée de l'oasis de Koufra, avait été l'impossibilité reconnue de l'utilisation d'unités motorisées. Les méharistes avaient triomphé.

Tout compte fait, en forçant les termes, deux histoires : l'une immobile, l'autre très, très lente malgré la poussée insistante du progrès...

L'unité du monde, aspect géographique de la Révolution industrielle

Une des victoires de l'homme sur la distance et sur la nature, c'est bien le rétrécissement du monde et, par conséquence naturelle, son unité. On faisait en quinze jours hier le chemin de Caracas à Bogota, trois heures suffisent aujourd'hui avec l'avion. On raconte, au Brésil, qu'hier les urnes de vote de [tels villages du sertão] n'arrivaient à Rio que six mois après la date des élections. Quelques jours suffisent aujourd'hui. On sait comment l'Atlantique est maîtrisé par la ligne aérienne de New York à Lisbonne, via les Açores (elle relie New York à Lisbonne en vingt-quatre heures), ou de Natal à Dakar par les « Courriers sud ». Tout cela ne peut pas aller sans de graves conséquences, plus ou moins rapides à jaillir mais qui jailliront. Admirable sujet de réflexion au terme de cette conférence.

Unité du monde ? Ne croyez pas que ce soit là une simple image, un artifice, un cliché de discours politique. C'est une lourde, lourde, impressionnante réalité.

L'humanité aura vécu pendant des millénaires cantonnée, parquée dans ses continents comme en autant d'espaces clos, dispersée en autant de planètes, a-t-on dit. Mais de planète à planète, d'aire de civilisation à aire de civilisation voisine, on a jeté des amarres (avec les siècles), établi des ponts, multiplié les liaisons utiles, échangé des biens, tout d'abord goutte à goutte : une balle de soie, des pièces d'argent à l'effigie de Néron... Peu à peu, les humanités se sont découvertes les unes les autres. Vieille histoire. Le monde ayant vécu si vite depuis lors, aujourd'hui elles se télescopent, elles échangent leurs habits et leurs civilisations. Des « contacts éruptifs », note André Siegfried, s'établissent entre « civilisations à outils » et « civilisations à machines », vrais chocs électriques. Tant pis pour les plus faibles ! Sur une terre chaque jour plus petite, plus surchargée d'hommes (1 milliard et demi en 1914, 2 milliards en 1939 !), la place manque progressivement et le coude à coude devient la règle. « Le monde est une bourgade », nous dit Gaston Roupnel. Nous ne vivons plus sur l'Europe mais sur le monde. L'étape Europe a été brûlée voilà déjà quelques lunes et ratée, par surcroît, trois ou quatre fois. Nous vivons donc sur le monde et, que nous le voulions ou non, au-delà des intermèdes qui nous cachent l'horizon provisoirement, nous sommes des citoyens du monde. Cela n'est ni un bien, ni un mal. Qu'en savons-nous ? Mais c'est un fait. *Id est quod est*, comme dit l'Ecclésiaste.

L'internationale de la culture est déjà une réalité, rien n'étant plus mobile que les éléments culturels. La science est internationale : voyez vos manuels. Et l'art tout autant, il s'y efforce du moins. L'architecture Le Corbusier, nue, géométrique, cubique, ce triple triomphe du fer, du ciment et du verre, cette architecture ouverte toute grande à la lumière, mais elle s'implante partout, même là où le très grand froid et la trop grande lumière apparaissent a priori comme des obstacles raisonnables. Un type de littérature (de roman et de théâtre) se dessine d'un bout à l'autre du monde, entièrement dominé par la même peine des hommes : une longue mélopée sur une revendication véhémente, vaste, monotone, angoissée. Qu'on mesure la foule de ceux qui nient leurs misères, le nombre de ces cœurs qui veulent être eux-mêmes, vivre de leur vie malgré tout, comme si notre vie était à nous, hélas ! à notre disposition... Ne pas choisir, conseillait *L'Immoraliste* de Gide, réserver ses possibilités, les sauvegarder comme un bien précieux, retenu du bout de nos mains dans le naufrage qui nous menace à chaque instant. Vivre à la pointe de son expérience d'homme, dit un autre, le grand Saint-Exupéry, vivre dangereusement, conseille un troisième... Mais sommes-nous libres de ce choix et de ce choix qui n'en serait pas un ? Le monde se coagule autour de nous, se solidifie comme un cristal, avec une indifférence étonnante à notre sort et au sort de tout ce que nous aimons, selon des lois à lui que la technique a provoquées mais dont nous ne sommes pas les maîtres. Le jour où les folklores locaux — ces richesses originales — auront été épuisés par les littératures à grand rendement, l'uniformité sera menaçante, sur le plan terrestre, de la pensée et la littérature — cette plainte et ce rêve des hommes —, partout pareille, monocorde.

Internationale aussi l'économie : le capitalisme des grandes entreprises a largement commencé la conquête du globe, il fait à sa façon l'unité du monde. Même le peuplement microbien tend à s'équilibrer d'un continent à l'autre, nous disent les biologistes. Il faut que chacun vive... Internationale donc des maladies et des prophylaxies.

C'est aussi sur le plan mondial, sous le poids de cette unité, que se jouent les guerres. Nous disons couramment de la grande guerre 1914-1918 qu'elle a été la première guerre mondiale. Voici la seconde qui n'est pas moins mondiale que la précédente. Mais la guerre de 1914-1918 a-t-elle été la première guerre mondiale ? L'engrenage a fonctionné bien plus tôt. Les guerres révolutionnaires et napoléoniennes ont eu leur théâtre le plus spectaculaire en Europe. Mais au même instant, l'Angleterre occupait les routes du monde et s'emparait de l'Inde. Ceci, somme toute, est aussi important que cela. Guerre mondiale aussi cette lutte que nos manuels divisent en chapitres successifs : guerre de Succession d'Espagne, guerre de Succession d'Autriche, guerre de Sept Ans. Guerres mondiales encore, celles si diverses qui, dès le XVIe siècle, furent engagées contre l'énorme Empire espagnol. Entre Pavie et Rocroi, de grâce, ne voyons pas seulement l'Europe. Il y avait déjà le monde. Dès qu'il fut, non pas saisi et conquis, mais aperçu seulement, les hommes se le sont disputé. Et il y eut un monde, lié dans ses parties, contraignant — et de ce fait il y eut une *Weltgeschichte* — depuis qu'a été renversée, avec le XVIe siècle, la grande barrière de l'Atlantique qui aura si longtemps et absurdement divisé en deux l'œkoumène. Le Pacifique, autrement vaste, n'a pas joué ce rôle de cloison étanche entre l'Asie et l'Amérique (que l'on songe aux arrivées de Malais dans l'île de Pâques et aux migrations des Jaunes vers l'Amérique, des siècles avant Colomb). Avec la conquête définitive de l'Atlantique par les Blancs, le monde s'est fermé sur lui-même.

Comme tant d'autres forces qui font l'histoire et brassent le monde, cette unité grandissante n'est pas un courant continu, mais un courant modulé, alternatif. Elle connaît des reculs et des avancées et c'est avec des retours en arrière qu'elle progresse finalement. Reculs ? Avancées ? Songeons à deux époques, proches de nous. 1914 tout d'abord : un monde ouvert aux marchandises, aux idées, aux hommes, à tous les échanges. Un vrai monde. On en faisait le tour avec, sur soi, sa seule carte de visite... 1939 : avouons qu'alors, depuis vingt ans, le monde s'était barricadé et fractionné de façon absurde. Ceux qui n'ont pas vécu ce recul insensé en trouveront l'exposé dans l'admirable petit livre de Henri Hauser, intitulé par euphémisme sans doute, *La Paix économique* (1935). Certes, entre les deux guerres, le voyage de Phileas Fogg eût soulevé, non pas comme au temps de Jules Verne, en 1872, des accidents techniques, mais d'inextricables difficultés de visas et de passeports...

Oscillation entre un monde ouvert et un monde barricadé : le problème de la guerre actuelle n'est-il pas cette oscillation même ? De quel avenir s'agira-t-il ? Ou du morcellement de la terre en espaces autonomes — en planètes (espace grand-allemand, espace grand-asiatique, espaces anglais, américain, russe) ou du maintien — ou de la sauvegarde — de l'unité du monde ?

Que cette dernière l'emporte, voilà qui me semble

probable. Bâtisse qui voudra, en esprit, pour demain, des frontières verrouillées, des économies planifiées, des autarcies monstrueuses ! On a pu s'opposer au monde, de 1919 à 1939, par une épuisante action. Honneur en soit rendu à l'égoïsme américain (la loi de 1924 sur l'immigration). L'Europe, coupable elle aussi, a eu l'excuse de ses folies et de sa faiblesse. On ne se transforme pas impunément en champ de bataille, pas plus hier qu'aujourd'hui. Au-delà de cette guerre, je ne pense pas que l'on puisse encore endiguer et contraindre le monde. Je pense qu'il va se contracter sur lui-même, mais en même temps s'ouvrir sur lui-même, de tous ses pores à la fois. Il en est peut-être grand temps.

Les problèmes de demain, les grands problèmes, ne les sentons-nous pas avec netteté ? Ce sont les problèmes de ces portes ouvertes, des vastes courants d'air qui vont secouer nos maisons. Gare aux vieux papiers, je veux dire aux vieilles méthodes, aux idées surannées, aux sociétés surannées, aux civilisations et aux États d'hier.

Collaboration avec tous les hommes de bonne volonté : comment ne pas s'abandonner un instant à ce rêve de Noël ? Collaboration, entraide, fraternité, croyance en une humanité apaisée et meilleure. Rêves, non pas réalités immédiates, nous le savons tous. Entraide oui, mais luttes aussi, luttes féroces, avec les vastes pays du monde entier, avec les races du monde entier, avec les idées, les économies et les folies du monde entier, avec les haines, avec les égoïsmes, avec les cannibalismes du monde entier, avec les déterminismes et les fatalismes du monde entier. Et toutes ces luttes apparaissent avec leurs longues et monstrueuses liaisons dans l'espace. Qui nous dit que le destin de notre monde à nous, la France, une des îles de l'Occident, ne s'élabore pas aujourd'hui même dans telle profondeur de la Chine, ou de tel autre monde ? Tous les pays de l'univers se touchent et se mêlent dans un corps à corps tumultueux.

*

Voyez-vous au travers de mes explications et de mes exemples et surtout de ce gros exemple de l'unité du monde, trop rapidement abordé, hélas ! ce que peut être cette large couche d'histoire — et de vie —, cet ensemble de fonds et de réalités perceptibles sur le plan des liaisons géographiques entre les hommes et la terre qui les porte ? Reconnaissons-le : la géographie projette une lumière étonnante sur les complications, les millions de fils de la vie des hommes. Dans toute étude sur le passé, dans tout problème actuel, on retrouvera toujours à la base, exigeante, constante, lumineuse aussi pour qui veut bien l'observer, cette zone que nous avons désignée sous le mauvais mot de géohistoire. La négliger comme le font les historiens, du moins presque tous les historiens, comme le font tant de spécialistes du social et de l'actuel, vous devinez l'erreur et ses conséquences inévitables : tours d'horizon incomplets, problèmes posés à faux, réalités trompeuses, absurdité accrue des politiques. Répétons-le : notre sort est toujours lié à la terre. Si lente que soit cette histoire de base, elle est une histoire, une réalité de la vie.

Le danger, car il y a encore un danger, ce serait à l'opposé de ceux qui ne la reconnaissent pas, de ne plus apercevoir qu'elle. La géohistoire n'est pas, alors disons-le avec force, ne peut pas être toute l'histoire. Une des faiblesses des admirables ouvrages d'Émile-Félix Gautier est justement de n'avoir vu l'histoire, très souvent, qu'avec les yeux perçants et neufs d'un géographe. En vérité, il nous faut d'autres yeux pour tout voir ou du moins pour essayer de tout voir et comprendre[23].

DEUXIÈME PARTIE

VERS LA PLUS GRANDE HISTOIRE

Cet ensemble, qui réunit des textes désormais classiques ou inédits, retrace chronologiquement (1950-1975) le cheminement de la réflexion de Fernand Braudel sur une histoire aussi « globale » que possible, largement inscrite dans l'espace et dans la durée et ouverte à toutes les sciences sociales.

Programme sur lequel il est revenu à maintes reprises sous une forme de plus en plus précise, jusqu'à ce texte de 1958 : « L'historien s'est voulu attentif à toutes les sciences de l'homme. Voilà qui donne à notre métier d'étranges frontières et d'étranges curiosités. Aussi bien, n'imaginons pas entre l'historien et l'observateur des sciences sociales les barrières et différences d'hier. Toutes les sciences de l'homme, y compris l'histoire, sont contaminées les unes par les autres. Elles parlent le même langage ou peuvent le parler. »

I

POUR UNE ÉCONOMIE HISTORIQUE *

Publié en 1950 dans le premier numéro de la Revue économique, *cet article s'adresse directement aux économistes. Il s'inscrit dans les projets de la toute récente VI*^e^ *Section des Hautes Études : créations de Centres de recherches, dialogues entre toutes les sciences sociales, ici histoire et économie.*

Les résultats acquis par les recherches d'histoire économique sont-ils assez denses déjà pour qu'il soit licite de les dépasser, en pensée du moins, et de dégager, au-delà des cas particuliers, des règles tendancielles ? En d'autres termes, l'ébauche d'une économie historique attentive aux vastes ensembles, au général, au permanent, peut-elle être utile aux recherches d'économie, aux solutions de larges problèmes actuels, ou, qui plus est, à la formulation de ces problèmes ? Les physiciens, de temps à autre, rencontrent des difficultés dont les mathématiciens, seuls, avec leurs règles particulières, peuvent trouver la solution. Aurions-nous, historiens, à faire une démarche analogue auprès de nos collègues économistes ? La comparaison est trop avantageuse sans doute. J'imagine que si l'on voulait une image plus modeste et peut-être plus juste, on

---

* *Revue économique*, 1950, I, pp. 37-44. Repris dans *Écrits sur l'Histoire*, 1969.

pourrait nous comparer, historiens, à ces voyageurs qui notent les accidents de la route, les couleurs du paysage, et que des ressemblances, des rapprochements conduiraient, pour sortir de leurs doutes, chez des amis géographes. Nous avons le sentiment, en effet, au cours de nos voyages à travers le temps des hommes, d'avoir deviné des réalités économiques, stables celles-ci, fluctuantes celles-là, rythmées ou non... Illusions, reconnaissances inutiles, ou bien travail déjà valable ? Nous ne pouvons en juger seuls.

J'ai donc l'impression qu'un dialogue peut et doit s'engager entre les diverses sciences humaines, sociologie, histoire, économie. Pour chacune d'elles, des bouleversements peuvent s'ensuivre. Je suis prêt, par avance, à accueillir ces bouleversements en ce qui concerne l'histoire et, par conséquent, ce n'est pas une méthode que je serais désireux ou capable de définir dans ces quelques lignes que j'ai accepté, non sans appréhension, de donner à la *Revue économique.* Tout au plus voudrais-je signaler quelques questions que je souhaiterais voir repenser par des économistes, pour qu'elles reviennent à l'histoire transformées, éclaircies, élargies, ou peut-être à l'inverse, ramenées au néant — mais, même dans ce cas, il s'agirait d'un progrès, d'un pas en avant. Il va sans dire que je n'ai pas la prétention de poser tous les problèmes, ni même les problèmes essentiels qui auraient avantage à subir l'examen confronté des deux méthodes, l'historique et l'économique. Il y en aurait mille autres. J'en livrerai ici, simplement, quelques-uns qui me préoccupent personnellement, auxquels j'ai eu l'occasion de rêver, tout en pratiquant le métier d'historien. Peut-être rejoindront-ils les préoccupations de quelques économistes, bien que nos points de vue me paraissent très éloignés encore les uns des autres.

I

On pense toujours aux difficultés du métier d'historien. Sans vouloir les nier, n'est-il pas possible de signaler pour une fois ses irremplaçables commodités ? Au premier examen, ne pouvons-nous pas dégager l'essentiel d'une situation historique quant à son devenir ? Des forces aux prises, nous savons celles qui l'emporteront. Nous discernons à l'avance les événements importants, ceux qui auront des conséquences, à qui l'avenir finalement sera livré. Privilège immense ! Qui saurait, dans les faits mêlés de la vie actuelle, distinguer aussi sûrement le durable et l'éphémère ? Pour les contemporains, les faits se présentent trop souvent, hélas, sur un même plan d'importance, et les très grands événements, constructeurs de l'avenir, font si peu de bruit — ils arrivent sur des pattes de tourterelles, disait Nietzsche — qu'on en devine rarement la présence. D'où l'effort d'un Colin Clark ajoutant aux données actuelles de l'économie des prolongements prophétiques vers l'avenir, façon de distinguer, à l'avance, les coulées essentielles d'événements qui fabriquent et emportent notre vie. Toutes choses renversées, une rêverie d'historien !...

C'est donc la troupe des événements vainqueurs dans la rivalité de la vie que l'historien aperçoit du premier coup d'œil ; mais ces événements, ils se replacent, ils s'ordonnent dans le cadre des possibilités multiples, contradictoires, entre lesquelles la vie finalement a fait son choix : pour une possibilité qui s'est accomplie, dix, cent, mille se sont évanouies et certaines, innombrables, ne nous apparaissent même pas, trop humbles, trop dérobées pour s'imposer d'emblée à l'histoire. Il faut pourtant tenter de les y réintroduire, car ces mouvements perdants sont les forces multiples, matérielles et immatérielles, qui à chaque instant ont freiné les grands élans de l'évolution, retardé leur épanouissement, parfois mis un terme prématuré à leur course. Il est indispensable de les connaître.

Nous dirons donc qu'il est nécessaire aux historiens d'aller à contre-pente, de réagir contre les facilités de leur métier, de ne pas étudier seulement le progrès, le mouvement vainqueur, mais aussi son opposé, ce foisonnement d'expériences contraires qui ne furent pas brisées sans peine — dirons-nous *l'inertie*, sans donner au mot telle ou telle valeur péjorative ? C'est, en un sens, un problème de cette sorte qu'étudie Lucien Febvre dans son *Rabelais*, lorsqu'il se demande si l'incroyance à qui un grand avenir est réservé — je dirais, pour préciser l'exemple, l'incroyance réfléchie, à racines intellectuelles —, si l'incroyance est une spéculation possible dans la première moitié du XVIe siècle, si l'outillage mental du siècle (entendez son inertie face à l'incroyance) en autorise la naissance et la formulation claire.

Ces problèmes d'inertie, de freinage, nous les retrouvons dans le domaine économique, et, d'ordinaire, plus clairement posés sinon plus aisés à résoudre. Sous les noms de capitalisme, d'économie internationale, de *Weltwirtschaft* (avec tout ce que le mot comporte de trouble et de riche dans la pensée allemande), n'a-t-on pas décrit des évolutions de pointe, des superlatifs, des exceptions souvent ? Dans sa magnifique histoire des céréales dans la Grèce antique, A. Jardé, après avoir songé aux formes « modernes » du commerce des grains, aux négociants d'Alexandrie, maîtres des trafics nourriciers, imagine tel berger du Péloponnèse ou de l'Épire, qui vit de son champ, de ses oliviers, qui, les jours de fête, tue un cochon de lait de son propre troupeau... Exemple de milliers et milliers d'économies closes ou à demi closes, hors de l'économie internationale de leur temps et qui, à leur façon, en contraignent l'expansion et les rythmes. Inerties ? Il y a encore celles qu'à chaque âge imposent ses moyens, sa puissance, ses rapidités, ou mieux ses lenteurs relatives. Toute étude du passé doit nécessairement comporter une mesure minutieuse de ce qui, à telle époque précise, pèse exactement sur sa vie, obstacles géographiques, obstacles techniques, obstacles sociaux, administratifs... Pour préciser ma pensée, puis-je confier que si j'entreprenais l'étude — qui me tente — de la France des guerres de Religion, je partirais d'une impression qui paraîtra peut-être, au premier abord, arbitraire, et dont je suis sûr qu'elle ne l'est pas. Les quelques courses que j'ai pu faire à travers cette France-là me l'ont fait imaginer comme la Chine entre les deux guerres mondiales : un immense pays où les hommes se perdent d'autant mieux que la France du XVIe siècle n'a pas la surabondance démographique du monde chinois, mais l'image est bonne d'un grand espace disloqué par la guerre, nationale et étrangère. Tout s'y retrouve : villes assiégées, apeurées, tueries, dilution des armées flottantes entre provinces, dislocations régionales, reconstructions, miracles, surprises... Je ne dis pas que la comparaison se maintiendrait longtemps, jusqu'au bout de mon étude. Mais que c'est de là qu'il faudrait partir, d'une étude de ce climat de vie, de cette immensité, des freinages innombrables qu'ils entraînent, pour comprendre tout le reste, y compris l'économie et la politique.

Ces exemples ne posent pas le problème. Ils le font apparaître cependant dans quelques-unes de ses lignes maîtresses. Toutes les existences, toutes les expériences sont prisonnières d'une enveloppe trop épaisse pour être brisée d'un coup, limite de puissance de l'outillage qui ne permet que certains mouvements, voire certaines attitudes et novations idéologiques. Limite épaisse, désespérante et raisonnable à la fois, bonne et mauvaise, empêchant le meilleur ou le pire, pour parler un instant en moraliste. Presque toujours, elle joue contre le progrès social le plus indispensable, mais il arrive aussi qu'elle freine la guerre — je songe au XVIe siècle avec ses luttes essoufflées, coupées de pauses — ou qu'elle interdise le chômage en ce même XVIe siècle, où les activités de production sont émiettées en organismes minuscules et nombreux, d'une étonnante résistance aux crises.

Cette étude des limites, des inerties — recherche indispensable ou qui devrait l'être pour l'historien obligé de compter avec des réalités d'autrefois auxquelles il convient de rendre leur mesure véritable —, cette étude n'est-elle pas aussi du ressort de l'économiste dans ses tâches les plus actuelles ? La civilisation économique d'aujourd'hui a ses limites, ses moments d'inertie. Sans doute est-il difficile à l'économiste d'extraire ces problèmes de leur contexte ou historique, ou social. À lui de nous dire, cependant, comment il faudrait les formuler au mieux, ou alors qu'il nous démontre en quoi ce sont là de faux problèmes, sans intérêt. Un économiste que j'interrogeais récemment me répondait que pour l'étude de ces freinages, de ces viscosités, de ces résistances, il comptait surtout sur les historiens. Est-ce bien sûr ? N'y a-t-il pas là, au contraire, des éléments économiquement discernables et mesurables souvent, ne serait-ce que dans la durée ?

II

L'historien traditionnel est attentif au temps bref de l'histoire, celui des biographies et des événements. Ce temps-là n'est guère celui qui intéresse les historiens économistes ou sociaux. Sociétés, civilisations, économies, institutions politiques vivent à un rythme moins précipité. On n'étonnera pas les économistes qui, ici, nous ont fourni nos méthodes, si à notre tour nous parlons de cycles, d'intercycles, de mouvements périodiques dont la phase va de cinq à dix, vingt, trente, voire cinquante années. Mais là encore, de notre point de vue, ne s'agit-il pas toujours d'une histoire à ondes courtes ?

Au-dessous de ces ondes, dans le domaine des phénomènes de tendance (la tendance séculaire des économistes), s'étale, avec des pentes imperceptibles, une histoire lente à se déformer et, par suite, à se révéler à l'observation. C'est elle que nous désignons dans notre langage imparfait sous le nom d'histoire structurale, celle-ci s'opposant moins à une histoire événementielle qu'à une histoire conjoncturale, à ondes relativement courtes. On imagine les discussions [1] et les mises en demeure que pourraient réclamer ces quelques lignes.

Mais supposons ces discussions dépassées et, sinon définie, du moins suffisamment appréhendée cette histoire de profondeur. Elle est aussi une histoire économique (la démographie avec, à travers le temps, ses télé-commandements, en serait une bonne, voire trop bonne démonstration). Mais on ne saurait enregistrer valablement les larges oscillations structurales de l'économie que si nous disposions d'une très longue série rétrospective de documentation — et statistique, de préférence. On sait bien que ce n'est pas le cas et que nous travaillons et spéculons sur des séries relativement brèves et particulières, comme les séries de prix et de salaires. Cependant n'y aurait-il pas intérêt à envisager systématiquement le passé bien ou peu connu par larges unités de temps, non plus par années ou dizaines d'années, mais par siècles entiers ? Occasion de rêver ou de penser utilement ?

À supposer qu'il y ait des entités, des zones économiques à limites relativement fixes, une méthode géographique d'observation ne serait-elle pas efficace ? Plus que les étapes sociales du capitalisme, par exemple, pour paraphraser le beau titre d'une lumineuse communication d'Henri Pirenne, n'y aurait-il pas intérêt à décrire les étapes géographiques du capitalisme, ou, plus largement encore, à promouvoir systématiquement, dans nos études d'histoire, des recherches de géographie économique — en un mot, à voir comment s'enregistrent, dans des espaces économiques donnés, les ondes et les péripéties de l'histoire ? J'ai essayé, sans y réussir à moi seul, de montrer ce que pouvait être, à la fin du XVIe siècle, la vie de la Méditerranée. Un de nos bons chercheurs, A. Rémond, est sur le point de conclure des études sur la France du XVIIIe siècle et de montrer comment l'économie française se détache alors de la Méditerranée, malgré la montée des trafics, pour se tourner vers l'Océan : ce mouvement de torsion entraînant, à travers routes, marchés et villes, d'importantes transformations. Je pense aussi qu'au début du XIXe siècle encore [2], la France est une série de France provinciales, avec leurs cercles de vie bien organisés, et qui, liées ensemble par la politique et les échanges, se comportent l'une par rapport à l'autre comme des nations économiques, avec règlements selon les leçons de nos manuels, et donc déplacements de numéraire pour rééquilibrer la balance des comptes. Cette géographie, avec les modifications que lui apporte un siècle fertile en novations, n'est-ce pas, pour le cas français, un plan valable de recherches et une façon d'atteindre, en attendant mieux, ces nappes d'histoire lente dont les modifications spectaculaires et les crises nous dérobent la vue ?

D'autre part, les perspectives longues de l'histoire suggèrent, de façon peut-être fallacieuse, que la vie économique obéit à de grands rythmes. Les villes glorieuses de l'Italie médiévale dont le XVIe siècle ne marquera pas brutalement le déclin établirent très souvent leur fortune, à l'origine, grâce aux profits des transports routiers ou maritimes. Ainsi Asti, ainsi Venise, ainsi Gênes. L'activité marchande suivit, puis l'activité industrielle. Enfin, couronnement tardif, l'activité bancaire. Épreuve inverse, le déclin toucha successivement, à de très longs intervalles quelquefois — et non sans retours —, les transports, le commerce, l'industrie, laissant subsister, longtemps encore, les fonctions bancaires. Au XVIIIe siècle, Venise et Gênes sont toujours des places d'argent.

Le schéma est trop simplifié, je n'affirme pas qu'il soit parfaitement exact, mais je tiens à suggérer ici plus qu'à démontrer. Pour le compliquer et le rapprocher du réel, il faudrait montrer que chaque activité nouvelle correspond au renversement d'une barrière, à une gêne surmontée. Il faudrait indiquer aussi que ces montées et ces descentes ne sont pas des lignes trop simples, qu'elles sont brouillées, comme il se doit, par mille interférences parasitaires. Il faudrait montrer aussi que ces phases successives, des transports à la banque, ne surgissent pas par rupture brusque. Au point de départ, comme une graine qui contient une plante virtuelle, chaque économie urbaine implique à des stades divers toutes les activités, certaines encore à l'état embryonnaire. Enfin, il y aurait danger évident à vouloir tirer une loi d'un exemple et, à supposer que l'on arrive à des conclusions au sujet de ces États en miniature que furent les villes italiennes du Moyen Âge (une micro-économie ?), à s'en servir pour expliquer, a priori, les expériences d'aujourd'hui. Le saut est trop périlleux pour que l'on n'y regarde pas à deux fois.

Cependant, les économistes ne pourraient-ils pas nous aider, une fois de plus ? Avons-nous raison de voir dans les transports et ce qui s'y rattache (les prix, les routes, les techniques) une sorte de moteur décisif *à la longue*, et y a-t-il, pour voler un mot aux astronomes, une *précession* de certains mouvements économiques sur les autres, non pas dans la seule et étroite durée des cycles et intercycles, mais sur de très larges périodes ?

III

Autre problème qui nous paraît capital : celui du *continu* et du *discontinu*, pour parler le langage des sociologues. La querelle qu'il soulève vient peut-être de ce que l'on tient rarement compte de la pluralité du temps historique. Le temps qui nous entraîne, entraîne aussi, bien que d'une façon différente, sociétés et civilisations dont la réalité nous dépasse, parce que la durée de leur vie est bien plus longue que la nôtre, et que les jalons, les étapes vers la décrépitude ne sont jamais les mêmes, pour elles et pour nous. Le temps qui est le nôtre, celui de notre expérience, de notre vie, le temps qui ramène les saisons et fait fleurir les roses, qui marque l'écoulement de notre âge, compte aussi les heures d'existence des diverses structures sociales, mais sur un tout autre rythme. Pourtant, si lentes qu'elles soient à vieillir, celles-ci changent, elles aussi ; elles finissent par mourir.

Or, qu'est-ce qu'une *discontinuité* sociale, si ce n'est, en langage historique, l'une de ces ruptures structurales, cassures de profondeur, silencieuses, indolores, nous dit-on. On naît avec un état du social (c'est-à-dire, tout à la fois, une mentalité, des cadres, une civilisation et notamment une civilisation économique) que plusieurs générations ont connu avant nous, mais tout peut s'écrouler avant que ne se termine notre vie. D'où des interférences et des surprises.

Ce passage d'un monde à un autre est le très grand drame humain sur lequel nous voudrions des lumières. Quand Sombart et Sayous se querellent pour savoir quand naît le capitalisme moderne, c'est une rupture de cet ordre qu'ils recherchent, sans en prononcer le nom et sans en trouver la date péremptoire. Je ne souhaite pas que l'on nous donne une philosophie de ces catastrophes (ou de la catastrophe faussement typique qu'est la chute du monde romain, qu'on pourrait étudier comme les militaires allemands ont étudié la bataille de Cannes), mais une étude à éclairage multiple de la discontinuité. Les sociologues en discutent déjà, les historiens la découvrent ; les économistes y peuvent-ils songer ? Ont-ils eu l'occasion, comme nous, de rencontrer la pensée aiguë d'Ignace Meyerson ? Ces ruptures en profondeur tronçonnent un des grands destins de l'humanité, son destin essentiel. Tout ce qu'il porte sur son élan s'effondre ou du moins se transforme. Si, comme il est possible, nous venons de traverser une de ces zones décisives, rien ne vaut plus pour demain de nos outils, de nos pensées ou de nos concepts d'hier, tout enseignement fondé sur un retour illusoire à des valeurs anciennes est périmé. L'économie politique que nous avons, tant bien que mal, assimilée aux leçons de nos bons maîtres, ne servira pas à nos vieux jours. Mais justement, de ces discontinuités structurales, même au prix d'hypothèses, les économistes n'ont-ils rien à dire ? à *nous* dire ?

Comme on le voit, ce qui nous paraît indispensable pour un rebondissement des sciences humaines, c'est moins telle ou telle démarche particulière que l'institution d'un immense débat général — un débat qui ne sera jamais clos, évidemment, puisque l'histoire des idées, y compris l'histoire de l'histoire, est elle aussi un être vivant, qui vit de sa vie propre, indépendante de celle des êtres mêmes qui l'animent. Rien de plus tentant, mais de plus radicalement impossible, que l'illusion de ramener le social si complexe et si déroutant à une seule ligne d'explication. Historiens, nous qui, avec les sociologues, sommes *les seuls* à avoir un droit de regard sur *tout* ce qui relève de l'homme, c'est notre métier, notre tourment aussi, de reconstituer, avec des temps différents et des ordres de faits différents, l'unité de la vie. « L'histoire, c'est l'homme », selon la formule de Lucien Febvre. Encore faut-il, quand nous tentons de reconstituer l'homme, que nous remettions ensemble les réalités qui s'apparentent et se joignent et vivent au même rythme. Sinon le puzzle sera déformé. Mettre face à face une histoire structurale et une histoire conjoncturale, c'est gauchir une explication, ou, si l'on se retourne vers l'événementiel, tailler une explication en pointe. C'est entre masses semblables qu'il faut chercher les corrélations, à chaque étage : premier soin, premières recherches, premières spéculations. Ensuite, d'étage en étage, comme nous pourrons, nous reconstituerons la maison.

II

LES RESPONSABILITÉS DE L'HISTOIRE *

Fernand Braudel, candidat à la chaire d'Histoire de la civilisation moderne que quittait Lucien Febvre, avait été défendu au Collège de France par Marcel Bataillon qui le présentait ainsi, sans le nommer, selon l'usage, lors de la séance du 27 novembre 1949 : « Il faudrait vraiment un maître tout court, et un maître de la parole et de la plume, qui fût en même temps un connaisseur d'hommes, pratiquant la générosité intellectuelle, sachant donner confiance et faire confiance. Je ne proposerais pas le maintien de la chaire d'Histoire de la civilisation moderne si je n'étais persuadé que nous avons pour l'occuper un tel maître, en pleine force, et de rayonnement éprouvé. »

La leçon inaugurale ci-dessous reproduite, largement diffusée en France et à l'étranger, plus qu'un programme d'enseignement, est une prise de position déjà militante sur l'histoire « fille de son temps ».

---

* Leçon inaugurale au Collège de France, vendredi 1er décembre 1950. Publiée par le Collège de France, puis par les *Cahiers internationaux de sociologie*, 1951, pp. 3-18. Repris dans *Écrits sur l'Histoire*, 1969.

Monsieur l'Administrateur,
Mes chers Collègues,
Mesdames, Messieurs,

L'histoire se trouve, aujourd'hui, devant des responsabilités redoutables, mais aussi exaltantes. Sans doute parce qu'elle n'a jamais cessé, dans son être et dans ses changements, dc dépendre de conditions sociales concrètes. « L'histoire est fille de son temps. » Son inquiétude est donc l'inquiétude même qui pèse sur nos cœurs et nos esprits. Et si ses méthodes, ses programmes, ses réponses les plus serrées et les plus sûres hier, si ses concepts craquent tous à la fois, c'est sous le poids de nos réflexions, de notre travail et, plus encore, de nos expériences vécues. Or ces expériences, durant ces quarante dernières années, ont été particulièrement cruelles pour tous les hommes ; elles nous ont rejetés, avec violence, vers le plus profond de nous-mêmes et, par-delà, vers le destin d'ensemble des hommes, c'est-à-dire vers les problèmes cruciaux de l'histoire. Occasion de nous apitoyer, de souffrir, de penser, de remettre forcément tout en question. D'ailleurs, pourquoi l'art fragile d'écrire l'histoire échapperait-il à la crise générale de notre époque ? Nous abandonnons un monde sans avoir toujours eu le temps de connaître ou même d'apprécier ses bienfaits, ses erreurs, ses certitudes et ses rêves — dirons-nous le monde du premier XXe siècle ? Nous le quittons, ou, plutôt, il se dérobe, inexorablement, devant nous.

I

Les grandes catastrophes ne sont pas forcément les ouvrières, elles sont assurément les annonciatrices infaillibles des révolutions réelles, et toujours une mise en demeure d'avoir à penser, ou mieux à repenser l'univers. De la tourmente de la grande Révolution française qui, pendant des années, a été toute l'histoire dramatique du monde, naît la méditation du comte de Saint-Simon, puis celles de ses disciples ennemis, Auguste Comte, Proudhon, Karl Marx, qui n'ont pas cessé, depuis lors, de tourmenter les esprits et les raisonnements des hommes... Petit exemple plus proche de nous : durant l'hiver qui suit la guerre franco-allemande de 1870-1871, quel témoin mieux à l'abri que Jacob Burckhardt en sa chère Université de Bâle ! Et, cependant, l'inquiétude lui rend visite, un besoin de grande histoire le presse. Son cours porte, ce semestre-là, sur la Révolution française. Elle n'est, déclare-t-il dans une trop juste prophétie, qu'un premier acte, un lever de rideau, l'instant initial d'un cycle, d'un siècle de révolutions, appelé à durer... Siècle interminable, en vérité, et qui marquera de ses traits rouges l'étroite Europe et le monde entier. Un long répit, cependant, allait courir pour l'Occident, de 1871 à 1914. Mais qui dira combien ces années, relativement paisibles, presque heureuses, allaient progressivement rétrécir l'ambition de l'histoire, comme si notre métier pour être en alerte avait besoin, sans fin, de la souffrance et de l'insécurité flagrante des hommes.

Puis-je dire avec quelle émotion j'ai lu, en 1943, le dernier ouvrage de Gaston Roupnel, *Histoire et Destin*, livre prophétique, halluciné, à demi perdu dans le rêve, mais soulevé par tant de pitié pour la « peine des humains ». Il devait m'écrire plus tard : « J'ai commencé (ce livre) dans les tout premiers jours de juillet 1940. Je venais de voir passer, dans mon village de Gevrey-Chambertin, sur la grande route nationale, les flots de l'exode, du douloureux exode, les pauvres gens, les voitures, les charrettes, les gens à pied, une lamentable humanité, toute la misère des routes, et cela pêle-mêle avec des troupes, des soldats sans armes... Cette immense panique, c'était cela la France !... Sur mes vieux jours, aux infortunes irrémédiables de la vie privée allait s'ajouter le sentiment de l'infortune publique, nationale... » Mais, au vent du malheur, des dernières méditations de Gaston Roupnel, l'histoire, la grande, l'aventureuse histoire repartait, toutes voiles gonflées. Michelet redevenait son Dieu : « Il me semble, m'écrivait-il encore, le génie qui remplit l'histoire. »

Notre époque n'est que trop riche en catastrophes, en révolutions, en coups de théâtre, en surprises. La réalité du social, la réalité foncière de l'homme se découvre nouvelle à nos yeux et, qu'on le veuille ou non, notre vieux métier d'historien ne cesse de bourgeonner et de refleurir dans nos mains... Oui, que de changements ! Tous les symboles sociaux, ou presque tous — et certains pour lesquels nous serions morts hier sans trop discuter —, se sont vidés de leur contenu. La question est de savoir s'il nous sera possible, non pas de vivre, mais de vivre et de penser paisiblement sans leurs repères et la lumière de leurs phares. Tous les concepts intellectuels se sont infléchis ou rompus. La science sur laquelle, profanes, nous nous appuyions même sans le savoir, la science, ce refuge et cette nouvelle raison de vivre du XIXe siècle, s'est transformée, du jour au lendemain, brutalement, pour renaître à une vie différente, prestigieuse, mais instable, toujours en mouvement, mais inaccessible, et nous n'aurons sans doute jamais plus le temps ni la possibilité de rétablir avec elle un dialogue convenable. Toutes les sciences sociales, y compris l'histoire, ont pareillement évolué, de façon moins spectaculaire, mais non moins décisive. Un nouveau monde, pourquoi pas une nouvelle histoire ?

Aussi bien évoquerons-nous avec tendresse et un peu d'irrévérence nos maîtres d'hier et d'avant-hier. Que l'on nous pardonne ! Voici le mince livre de Charles-Victor Langlois et de Charles Seignobos, cette *Introduction aux études historiques* parue en 1897, aujourd'hui sans portée, mais, hier et pendant de longues années, ouvrage décisif. Étonnant point d'arrêt. De ce livre lointain, bourré de principes et de recommandations menues, un portrait de l'historien, au début de ce siècle, se dégagerait sans trop de peine. Imaginez un peintre, un paysagiste. Devant lui, des arbres, des maisons, des collines, des routes, tout un paysage tranquille. Telle, en face de l'historien, la réalité du passé — une réalité vérifiée, époussetée, reconstruite. De ce paysage, rien ne devait échapper au peintre, ni ces buissons ni cette fumée... Ne rien omettre : si pourtant, le peintre oubliera sa propre personne, car l'idéal serait de supprimer l'observateur, comme s'il fallait surprendre la réalité sans l'effaroucher, comme si l'histoire, hors de nos reconstructions, était à saisir à l'état naissant, donc à l'état de matériaux bruts, de faits purs. L'observateur est source d'erreurs, contre lui la critique doit rester vigilante. « L'instinct naturel d'un homme à l'eau, écrivait sans sourire Charles-Victor Langlois, est de faire tout ce qu'il faut pour se noyer ; apprendre à nager, c'est acquérir l'habitude de réprimer les mouvements spontanés et d'en exécuter d'autres. De même, l'habitude de la critique n'est pas naturelle ; il faut qu'elle soit inculquée, et elle ne devient organique que par des exercices répétés. Ainsi, le travail historique est un travail critique par excellence ; lorsqu'on s'y livre sans s'être préalablement mis en défense contre l'instinct, on s'y noie. »

Nous n'avons rien à dire contre la critique des documents et matériaux de l'histoire. L'esprit historique est critique à sa base. Mais il est aussi, au-delà de prudences qui vont de soi, il est reconstruction, ce que Charles Seignobos a su dire, avec son intelligence aiguë, à deux ou trois reprises. Mais, après tant de précautions, était-ce suffisant pour préserver l'élan nécessaire à l'histoire ?

Certes, si nous allions plus loin pour ce retour en arrière, si nous nous adressions, cette fois, à de très grands esprits, un Cournot, un Paul Lacombe, ces précurseurs — ou à de très grands historiens, un Michelet surtout, un Ranke, un Jacob Burckhardt, un Fustel de Coulanges, leur génie nous interdirait de sourire. Cependant — si l'on excepte peut-être Michelet, lui encore, le plus grand de tous, chez qui il y a tant d'éclairs et de prémonitions géniales —, cependant, il n'en est pas moins vrai que leurs réponses ne s'accorderaient guère à nos questions : historiens d'aujourd'hui, nous avons le sentiment d'appartenir à un autre âge, à une autre aventure de l'esprit. Surtout notre métier ne nous paraît plus cette entreprise calme, assurée, avec de justes primes données au seul travail et à la seule patience. Il ne nous laisse pas cette certitude d'avoir cerné la matière entière de l'histoire qui, pour se rendre à nous, n'attendrait plus que notre courage appliqué. À coup sûr, rien n'est plus étranger à notre pensée que cette remarque de Ranke tout jeune, en 1817, qui, dans une apostrophe enthousiaste à Goethe, parlait avec ferveur « du terrain solide de l'histoire ».

II

C'est une tâche difficile — condamnée à l'avance — que de dire en quelques mots ce qui a vraiment changé dans le domaine de nos études, et surtout comment et pourquoi le changement s'est opéré. Mille détails nous sollicitent. Albert Thibaudet prétendait que les vrais bouleversements sont toujours simples sur le plan de l'intelligence. Alors, où se situe cette petite chose simple, cette novation efficace ? Certainement pas dans cette faillite de la philosophie de l'histoire, préparée longtemps à l'avance et dont personne, avant même le début de ce siècle, n'acceptait plus les ambitions et les conclusions hâtives. Pas davantage dans la banqueroute d'une histoire-science, à peine esquissée d'ailleurs. Il n'y avait de science, disait-on hier, que capable de prévoir : elle devait être prophétique ou ne pas être... Nous penserions aujourd'hui qu'aucune science sociale, y compris l'histoire, n'est prophétique, et par suite, selon les règles anciennes du jeu, aucune d'entre elles n'aurait droit au beau nom de science. Il n'y aurait de prophétie, d'ailleurs, remarquez-le bien, que s'il y avait continuité de l'histoire, ce que les sociologues, non pas tous les historiens, mettent violemment en doute. Mais à quoi bon discuter sur ce mot trouble de science, et sur tous les faux problèmes qui en dérivent ? Autant s'engager dans le débat, plus classique, mais plus stérile encore, de l'objectivité et de la subjectivité en histoire dont nous ne nous délivrerons pas tant que des philosophes, par habitude peut-être, s'y attarderont, tant qu'ils n'oseront pas se demander si les sciences les plus glorieuses du réel ne sont pas, elles aussi, objectives et subjectives à la fois. Pour nous qui nous résignerions sans peine à ne pas croire à l'obligation de l'antithèse, nous allégerions volontiers de ce débat nos habituelles discussions de méthode. Ce n'est pas entre peintre et tableau, ou même, audace qu'on eût trouvée excessive, entre tableau et paysage que se situe le problème de l'histoire, mais bien dans le paysage lui-même, au cœur de la vie.

Comme la vie elle-même, l'histoire nous apparaît un spectacle fuyant, mouvant, fait de l'entrelacement de problèmes inextricablement mêlés et qui peut prendre, tour à tour, cent visages divers et contradictoires. Cette vie complexe, comment l'aborder et la morceler pour pouvoir la saisir ou du moins en saisir quelque chose ? De nombreuses tentatives pourraient nous décourager à l'avance.

Nous ne croyons plus ainsi à l'explication de l'histoire par tel ou tel facteur dominant. Il n'y a pas d'histoire unilatérale. Ne la dominent exclusivement, ni le conflit des races dont les chocs ou l'accord auraient déterminé tout le passé des hommes ; ni les puissants rythmes économiques, facteurs de progrès ou de débâcle ; ni les constantes tensions sociales ; ni ce spiritualisme diffus d'un Ranke par quoi se sublimisent, pour lui, l'individu et la vaste histoire générale ; ni le règne de la technique ; ni la poussée démographique, cette poussée végétale avec ses conséquences à retardement sur la vie des collectivités... L'homme est autrement complexe.

Pourtant ces tentatives pour réduire le multiple au simple, ou au presque simple, ont signifié un enrichissement sans précédent, depuis plus d'un siècle, de nos études historiques. Elles nous ont mis progressivement sur le chemin du dépassement de l'individu et de l'événement, dépassement prévu longtemps à l'avance, pressenti, entrevu, mais qui, dans sa plénitude, vient de s'accomplir seulement devant nous. Là est peut-être le pas décisif qui implique et résume toutes les transformations. Nous ne nions pas, pour autant, la réalité des événements ou le rôle des individus, ce qui serait puéril. Encore faudrait-il remarquer que l'individu est, trop souvent, dans l'histoire, une abstraction. Il n'y a jamais dans la réalité vivante d'individu enfermé en lui-même ; toutes les aventures individuelles se fondent dans une réalité plus complexe, celle du social, une réalité « entrecroisée », comme dit la sociologie. Le problème ne consiste pas à nier l'individuel sous prétexte qu'il est frappé de contingences, mais bien à le dépasser, à le distinguer des forces différentes de lui, à réagir contre une histoire arbitrairement réduite au rôle des héros quintessenciés : nous ne croyons pas au culte de tous ces demi-dieux, ou, plus simplement, nous sommes contre l'orgueilleuse parole unilatérale de Treitschke : « Les hommes font l'histoire. » Non, l'histoire fait aussi les hommes et façonne leur destin — l'histoire anonyme, profonde et souvent silencieuse, dont il faut maintenant aborder l'incertain mais immense domaine.

La vie, l'histoire du monde, toutes les histoires particulières se présentent à nous sous la forme d'une série d'événements : entendez d'actes toujours dramatiques et brefs. Une bataille, une rencontre d'hommes d'État, un discours important, une lettre capitale, sont des instantanés d'histoire. J'ai gardé le souvenir, une nuit, près de Bahia, d'avoir été enveloppé par un feu d'artifice de lucioles phosphorescentes ; leurs lumières pâles éclataient, s'éteignaient, brillaient à nouveau, sans trouer la nuit de vraies clartés. Ainsi les événements : au-delà de leur lueur, l'obscurité reste victorieuse. Un autre souvenir me permettra d'abréger encore mon raisonnement. Il y a une vingtaine d'années, en Amérique, un film, annoncé longtemps à l'avance, produisait une sensation sans pareille. Ni plus ni moins que le premier film authentique, disait-on, sur la Grande Guerre, devenue depuis lors, assez tristement, la première guerre mondiale. Pendant plus d'une heure, il nous fut donné de revivre les heures officielles du conflit, d'assister à cinquante revues militaires, passées les unes par le roi George V d'Angleterre, les autres par le roi des Belges ou par le roi d'Italie, ou par l'empereur d'Allemagne, ou par notre président Raymond Poincaré. Il nous fut donné d'assister à la sortie des grandes conférences diplomatiques et militaires, à tout un défilé de personnes illustres, mais oubliées, que rendait plus fantomatiques encore et irréelles la démarche saccadée du cinéma de ces années lointaines. Quant à la vraie guerre, elle était représentée par trois ou quatre truquages et explosions factices : un décor.

L'exemple est sans doute excessif, comme tous les exemples que l'on veut chargés d'enseignement. Avouez, cependant, que souvent ce sont ces minces images que nous offre, du passé et de la sueur des hommes, la chronique, l'histoire traditionnelle, l'histoire-récit chère à Ranke... Des lueurs, mais sans clarté ; des faits, mais sans humanité. Notez que cette histoire-récit a toujours la prétention de dire « les choses comme elles se sont réellement passées ». Ranke a cru profondément à ce mot lorsqu'il l'a prononcé. En réalité, elle se présente comme une interprétation, à sa manière sournoise, comme une authentique philosophie de l'histoire. Pour elle, la vie des hommes est dominée par des accidents dramatiques ; par le jeu des êtres exceptionnels qui y surgissent, maîtres souvent de leur destin et plus encore du nôtre. Et, lorsqu'elle parle d'« histoire générale », c'est finalement à l'entrecroisement de ces destins exceptionnels qu'elle pense, car il faut bien que chaque héros compte avec un autre héros. Fallacieuse illusion, nous le savons tous. Ou disons, plus équitablement, vision d'un monde trop étroit, familier à force d'avoir été prospecté et mis en cause, où l'historien se plaît à faire une fortune princière — un monde, par surcroît, arraché de son contexte, où l'on pourrait croire en toute bonne foi que l'histoire est un jeu monotone, toujours différent, mais toujours semblable, comme les mille combinaisons des figures d'échecs, un jeu qui met en cause des situations sans fin analogues, des sentiments toujours les mêmes, sous le signe d'un éternel et impitoyable retour des choses.

La tâche est justement de dépasser cette marge première de l'histoire. Il faut aborder, *en elles-mêmes et pour elles-mêmes*, les réalités sociales. J'entends par là toutes les formes larges de la vie collective, les économies, les institutions, les architectures sociales, les civilisations enfin, elles surtout — toutes réalités que les historiens d'hier, certes, n'ont pas ignorées, mais que, sauf d'étonnants précurseurs, ils ont trop souvent vues comme une toile de fond, disposée seulement pour expliquer, ou comme si l'on voulait expliquer les actions d'individus exceptionnels autour desquels l'historien tourne avec complaisance.

Immenses erreurs de perspective et de raisonnement, car ce que l'on cherche ainsi à accorder, à inscrire dans le même cadre, ce sont des mouvements qui n'ont ni la même durée ni la même direction, les uns qui s'intègrent dans le temps des hommes, celui de notre vie brève et fugitive, les autres dans ce temps des sociétés pour qui une journée, une année ne signifient pas grand-chose, pour qui, parfois, un siècle entier n'est qu'un instant de la durée. Entendons-nous : il n'y a pas un temps social d'une seule et simple coulée, mais un temps social à mille vitesses, à mille lenteurs qui n'ont presque rien à voir avec le temps journalistique de la chronique et de l'histoire traditionnelle. Je crois ainsi à la réalité d'une histoire particulièrement lente des civilisations, dans leurs profondeurs abyssales, dans leurs traits structuraux et géographiques. Certes, les civilisations sont mortelles, dans leurs floraisons les plus précieuses ; certes, elles brillent, puis elles s'éteignent, pour refleurir sous d'autres formes. Mais ces ruptures sont plus rares, plus espacées qu'on ne le pense. Et surtout, elles ne détruisent pas tout également. Je veux dire que, dans telle ou telle aire de civilisation, le contenu social peut se renouveler deux ou trois fois presque entièrement sans atteindre certains traits profonds de structure qui continueront à la distinguer fortement des civilisations voisines. Il y a, si l'on veut, plus lente encore que l'histoire des civilisations, presque immobile, une histoire des hommes dans leurs rapports serrés avec la terre qui les porte et les nourrit ; c'est un dialogue qui ne cesse de se répéter, qui se répète pour durer, qui peut changer et change en surface, mais se poursuit, tenace, comme s'il était hors de l'atteinte et de la morsure du temps.

III

Si je ne me trompe, les historiens commencent à prendre conscience, aujourd'hui, d'une histoire nouvelle, d'une histoire lourde dont le temps ne s'accorde plus à nos anciennes mesures. Cette histoire ne s'offre pas à eux comme une découverte facile. Chaque forme d'histoire implique, en effet, une érudition qui lui corresponde. Puis-je dire que tous ceux qui s'occupent des destins économiques, des structures sociales et des multiples problèmes, souvent d'intérêt menu, des civilisations, se trouvent en face de recherches auprès desquelles les travaux des érudits les plus connus du XVIIIe et même du XIXe siècle nous semblent d'une étonnante facilité ? Une histoire neuve n'est possible que par l'énorme mise à jour d'une documentation qui réponde à ces questions neuves. Je doute même que l'habituel travail artisanal de l'historien soit à la mesure de nos ambitions actuelles. Avec le danger que cela peut représenter et les difficultés que la solution implique, il n'y a pas de salut hors des méthodes du travail par équipes.

Donc tout un passé à reconstruire. Des tâches interminables se proposent et s'imposent à nous, même pour les réalités les plus simples de ces vies collectives : je veux dire les rythmes économiques à brève durée de la conjoncture. Voici, bien identifiée à Florence, une crise assez vive de recul, entre 1580 et 1585, appelée à se creuser vite, puis à se combler d'un coup. Des recherches à Florence, et autour de Florence, l'indiquent par des signes aussi clairs que ces rapatriements de marchands florentins qui quittent alors la France et la haute Allemagne et parfois, plus encore, abandonnent leurs boutiques pour acheter des terres en Toscane. Cette crise, si nette à première auscultation, il faudrait la mieux diagnostiquer, l'établir scientifiquement par des séries cohérentes de prix, travail local encore — mais la question se pose aussitôt de savoir si la crise est toscane ou générale. Nous la rencontrons vite à Venise, nous la rencontrons aisément à Ferrare... Mais jusqu'où a-t-elle fait sentir sa brusque morsure ? Sans connaître son aire exacte, nous ne saurions préciser sa nature... Alors, faut-il que l'historien se mette en route vers tous les dépôts d'archives d'Europe, où il prospectera des séries ordinairement ignorées de l'érudition ? Interminable voyage ! car tout lui reste à faire. Pour comble d'embarras, cet historien qui se préoccupe de l'Inde et de la Chine et pense que l'Extrême-Orient a commandé la circulation des métaux précieux au XVIe siècle et, par-delà, le rythme de la vie économique entière du monde — cet historien note qu'à ces années de gêne florentines correspondent, décalées à peine dans le temps, des années de troubles en Extrême-Orient pour le commerce des épices et du poivre. Des faibles mains portugaises, celui-ci est alors ressaisi par les habiles marchands maures et au-delà de ces vieux habitués de l'océan Indien et de la Sonde, par les caravaniers de l'Inde, tout étant finalement englouti par la haute Asie et la Chine... D'elle-même la recherche, en ces domaines si simples, vient de faire le tour du monde.

Je suis préoccupé, justement, avec quelques jeunes historiens, d'étudier la conjoncture générale du XVIe siècle et j'espère vous en entretenir un jour prochain. Est-il besoin de vous dire, à ce propos, que c'est encore le monde entier qui s'impose à notre attention ? La conjoncture du XVIe siècle, ce n'est pas seulement Venise ou Lisbonne, Anvers ou Séville, Lyon ou Milan, c'est encore la complexe économie de la Baltique, les vieux rythmes de la Méditerranée, les importants courants de l'Atlantique et ceux du Pacifique, des Ibériques, des jonques chinoises, et j'oublie bien des éléments à dessein. Mais il faut dire encore que la conjoncture du XVIe siècle, c'est également d'un côté le XVe et de l'autre le XVIIe siècle ; ce n'est pas seulement le mouvement d'ensemble des prix, mais bien la gerbe diverse de ces prix et leur comparaison, ceux-ci s'accélérant plus ou moins que ceux-là. Sans doute est-il vraisemblable que les prix du vin et des biens-fonds précédèrent alors tous les autres dans leur course régulière. Ainsi s'expliquerait, à nos yeux, de quelle façon la terre a épongé, si l'on peut dire, attiré, immobilisé, la fortune des nouveaux riches. Tout un drame social. Par là s'expliquerait aussi cette civilisation envahissante, obstinée de la vigne et du vin : les prix le veulent, alors grossissent ces flottes de navires chargés de futaille, en direction du nord, à partir de Séville, des côtes portugaises ou de la Gironde ; alors grossissent pareillement ces fleuves de carrioles, ces *carretoni*, qui, par le Brenner, apportent chaque année à l'Allemagne les vins nouveaux du Frioul et des Vénéties, ces vins troubles que Montaigne lui-même aura dégustés sur place, avec plaisir...

L'histoire des techniques, la simple histoire des techniques, au-delà de recherches incertaines, minutieuses, sans cesse interrompues — car le fil ne casse que trop souvent entre nos doigts, ou, si vous le voulez, les documents à interroger font brusquement défaut —, cette histoire des techniques découvre, elle aussi, de trop vastes paysages, pose de trop larges problèmes... Au XVIe siècle, la Méditerranée, la Méditerranée prise en bloc, a connu toute une série de drames techniques. Alors s'installe l'artillerie sur le pont étroit des bateaux, avec quelle lenteur, d'ailleurs. Alors se transmettent ses secrets vers les hauts pays du Nil ou l'intérieur du Proche-Orient. Chaque fois, de rudes conséquences en découlent... Alors, autre drame et plus silencieux, se produit une lente et curieuse diminution des tonnages marins. Les coques deviennent de plus en plus mesurées et légères. Venise et Raguse sont les patries des gros cargos : leurs voiliers de charge jaugent jusqu'à mille tonnes et au-delà. Ce sont les grands corps flottants de la mer. Mais un tel luxe est bientôt hors des moyens de Venise. Contre les géants de la mer se marque partout la fortune des petits voiliers, grecs, provençaux, marseillais ou nordiques. À Marseille, c'est l'heure victorieuse des tartanes, des saètes, des naves minuscules. On tiendrait ces esquifs au creux de la main ; rarement ils dépassent cent tonnes. Mais, à la besogne, ces navires de poche font leurs preuves. Le moindre vent les pousse ; ils entrent dans tous les ports ; ils chargent en quelques jours, en quelques heures, alors que les navires de Raguse mettent des semaines et des mois à avaler leurs cargaisons.

Qu'un de ces gros cargos ragusains se saisisse par fortune d'un léger navire marseillais, s'adjuge sa cargaison et, jetant à l'eau l'équipage, fasse tout disparaître en un instant du navire rival, le fait divers illustre, un instant, la lutte des gros contre les petits esquifs de la mer. Mais nous aurions tort de croire le conflit circonscrit à la mer Intérieure. Gros et petits se heurtent et se dévorent sur les sept mers du monde. En Atlantique, leur lutte est la plus grande lutte du siècle. Les Ibériques envahiront-ils l'Angleterre ? C'est le problème posé avant, pendant et après l'Invincible Armada. Les Nordiques mordront-ils sur la Péninsule, et c'est l'expédition contre Cadix ; ou mordront-ils sur l'Empire des Ibériques, et c'est Drake et Cavendish et bien d'autres... Les Anglais tiennent la Manche. Les Ibériques, Gibraltar. Laquelle de ces suprématies est la plus avantageuse ? Mais surtout qui triomphera, des lourdes caraques portugaises, des pesants galions espagnols ou des fins voiliers du Nord, 1 000 tonnes d'un côté, 200, 100, 50 parfois de l'autre ? Lutte souvent inégale, illustrée par ces gravures de l'époque qui montrent un des géants ibériques encerclé par une nuée de coques lilliputiennes. Les petits harcèlent les gros, les criblent de coups. Quand ils s'en emparent, ils prennent l'or, les pierres précieuses, quelques colis d'épices, puis ils brûlent l'énorme et inutile carcasse... Mais le fin mot de l'histoire est-il seulement dans ce résumé trop clair ? Si la résistance ibérique continue, c'est tout de même que passent, à peu près indemnes, guidés par la main de Dieu, disent les Génois, les convois de galions qui vont vers les Antilles et en reviennent chargés d'argent ; c'est que les mines du Nouveau Monde restent au service des maîtres ibériques... L'histoire des navires n'est pas une histoire en soi. Elle est à resituer entre les autres histoires qui l'entourent et la soutiennent. Ainsi la vérité, sans se refuser, se dérobe une fois de plus devant nous.

Tout problème à pied d'œuvre, je le répète, ne cesse de se compliquer, de s'étendre en surface et en épaisseur, d'ouvrir sans fin de nouveaux horizons de labeur... J'aurai l'occasion de vous le dire à propos de cette vocation impériale du XVIe siècle dont je dois vous entretenir cette année et qui n'est pas, comme vous vous en doutiez, à inscrire au seul crédit du XVIe siècle lui-même. Aucun problème, jamais, ne se laisse enfermer dans un seul cadre.

Si l'on quitte le domaine de l'économique, de la technique, pour celui des civilisations, si l'on rêve à ces insidieuses, presque invisibles fêlures qui, en un siècle ou deux, deviennent de profondes cassures au-delà desquelles tout change de la vie et de la morale des hommes, si l'on rêve à ces prestigieuses révolutions intérieures, alors l'horizon, lent à se dégager, s'élargit et se complique avec plus d'intensité encore. Un jeune historien italien, à la suite de patientes prospections, a le sentiment que l'idée de la mort et la représentation de la mort changent du tout au tout vers le milieu du XIVe siècle. Un profond fossé se creuse alors : à une mort céleste, tournée vers l'au-delà — et calme —, porte largement ouverte où tout l'homme (son âme et son corps presque entier) passe sans trop se crisper à l'avance, à cette mort sereine se substitue une mort humaine, déjà sous le premier signe de la raison. Je résume mal le passionnant débat. Mais que cette mort nouvelle, lente à montrer son vrai visage, naisse, ou semble naître longtemps à l'avance dans les complexes pays rhénans, voilà qui oriente l'enquête et nous met au contact de cette histoire silencieuse, mais impérieuse, des civilisations. Alors nous naviguerons au-delà de l'habituel décor de la Réforme, non sans tâtonner, d'ailleurs, à force de précautions et de patientes recherches. Il faudra lire les livres de dévotion et les testaments, collectionner les documents iconographiques, ou dans les villes, bonnes gardiennes de leurs chartriers, comme à Venise, consulter les papiers des *Inquisitori contra Bestemmie*, ces « archives noires » du contrôle des mœurs, d'imprescriptible valeur.

Mais il ne suffit pas, vous le savez, de se réfugier dans cette nécessaire et interminable prospection de matériaux neufs. Ces matériaux, il faut les soumettre à des méthodes. Sans doute celles-ci, certaines au moins, varient-elles d'un jour à l'autre. Dans dix ou vingt ans, nos méthodes en économie, en statistique ont des chances d'avoir perdu de leur valeur, en même temps que nos résultats, qui seront contestés, jetés à terre : le sort d'études relativement récentes est là pour nous le dire. Ces informations, ces matériaux, il faut aussi les soulever, les repenser à la mesure de l'homme et, au-delà de leurs précisions, il s'agit, si possible, de retrouver la vie : montrer comment ses forces se lient, se coudoient ou se heurtent, comment aussi, bien souvent, elles mêlent leurs eaux furieuses. Tout ressaisir, pour tout resituer dans le cadre général de l'histoire, pour que soit respectée, malgré les difficultés, les antinomies et les contradictions foncières, l'unité de l'histoire qui est l'unité de la vie.

Trop lourdes tâches, direz-vous. On pense toujours aux difficultés de notre métier ; sans vouloir les nier, n'est-il pas possible de signaler, pour une fois, ses irremplaçables commodités ? Au premier examen, ne pouvons-nous pas dégager l'essentiel d'une situation historique, quant à son devenir ? Des forces aux prises, nous savons celles qui l'emporteront, nous discernons à l'avance les événements importants, « ceux qui auront des conséquences », à qui l'avenir sera finalement livré. Privilège immense ! Qui saurait, dans les faits mêlés de la vie actuelle, distinguer aussi sûrement le durable de l'éphémère ? Or, cette distinction se situe au cœur de la recherche des sciences sociales, au cœur de la connaissance, au cœur des destins de l'homme, dans la zone de ses problèmes capitaux... Historiens, nous sommes sans peine introduits dans ce débat. Qui niera, par exemple, que l'immense question de la continuité et de la discontinuité du destin social, que les sociologues discutent, ne soit, au premier chef, un problème d'histoire ? Si de grandes coupures tronçonnent les destins de l'humanité, si, au lendemain de leur déchirure, tout se repose en termes nouveaux et que rien ne vaille plus de nos outils ou de nos pensées d'hier — la réalité de ces coupures relève de l'histoire. Y a-t-il, ou n'y a-t-il pas, exceptionnelle et brève coïncidence entre tous les temps variés de la vie des hommes ? Immense question qui est nôtre. Toute progression lente s'achève un jour, le temps des vraies révolutions est aussi le temps qui voit fleurir les roses.

IV

Mesdames, Messieurs,

L'histoire a été amenée sur ces bords peut-être périlleux par la vie elle-même. Je l'ai dit, la vie est notre école. Mais, ses leçons, l'histoire n'a pas été seule à les entendre et, les ayant comprises, à en tirer des conséquences. En fait, elle a profité, avant tout, de la poussée victorieuse des jeunes sciences humaines, plus sensibles encore qu'elle-même aux conjonctures du présent. Nous avons vu naître, renaître ou s'épanouir, depuis cinquante ans, une série de sciences humaines, impérialistes et, chaque fois, leur développement a signifié pour nous, historiens, des chocs, des complications, puis d'immenses enrichissements. L'histoire est peut-être la plus grande bénéficiaire de ces progrès récents.

Est-il besoin de dire longuement sa dette à l'égard de la géographie, ou de l'économie politique, ou encore de la sociologie ? Une des œuvres les plus fécondes pour l'histoire, peut-être même la plus féconde de toutes, aura été celle de Vidal de la Blache, historien d'origine, géographe par vocation. Je dirais volontiers que le *Tableau de la géographie de la France*, paru en 1903, au seuil de la grande histoire de France d'Ernest Lavisse, est l'une des œuvres majeures non seulement de l'école géographique, mais aussi de l'école historique française. Il suffira d'un mot, pareillement, pour signaler ce dont l'histoire est redevable à l'œuvre capitale de François Simiand, philosophe devenu économiste, et dont la voix, ici au Collège, s'est malheureusement fait entendre pendant trop peu d'années. Ce qu'il a découvert des crises et des rythmes de la vie matérielle des hommes a rendu possible l'œuvre éclatante d'Ernest Labrousse, la plus neuve contribution à l'histoire de ces vingt dernières années. Voyez aussi ce que l'histoire des civilisations a pu retenir de l'enseignement prestigieux de Marcel

Mauss, qui a été l'une des gloires authentiques du Collège de France. Qui mieux que lui nous a appris, à nous historiens, l'art d'étudier les civilisations dans leurs échanges et leurs côtés friables, à les suivre dans leurs réalités rudimentaires, hors de cette zone d'excellence et de qualité où l'histoire d'hier, au service de toutes les vedettes du jour, s'est trop longtemps et trop exclusivement complue ? Dirai-je, enfin, personnellement, ce que la sociologie de Georges Gurvitch, ses livres et plus encore ses entretiens éblouissants, ont pu m'apporter d'incitations à penser et de nouvelles orientations ?

Il n'est pas nécessaire de multiplier les exemples pour expliquer comment l'histoire, durant ces dernières années, s'est enrichie des acquisitions et des nourritures de ses voisines. Elle s'en est véritablement bâti un corps nouveau.

Encore fallait-il en convaincre les historiens eux-mêmes, gênés par leur formation, quelquefois par leurs admirations. Il arrive souvent que, sous l'influence de fortes et riches traditions, une génération entière traverse, sans y participer, le temps utile d'une révolution intellectuelle. Il arrive aussi, heureusement, il arrive presque toujours que quelques hommes soient plus sensibles, mieux aptes que d'autres à percevoir ces coulées neuves de la pensée de leur temps. Il est évident que ce fut un moment décisif, pour l'histoire française, que la fondation, en 1929, à Strasbourg, par Lucien Fcbvre et Marc Bloch, des *Annales d'histoire économique et sociale*. On me permettra de parler d'elles avec admiration et reconnaissance, puisqu'il s'agit d'une œuvre, riche de plus de vingt années d'efforts et de réussite, où je ne suis qu'un ouvrier de la seconde heure.

Aujourd'hui rien de plus simple que de souligner et faire comprendre l'originalité vigoureuse du mouvement à son origine. Lucien Febvre écrivait en tête de sa jeune revue : « Tandis qu'aux documents du passé les historiens appliquent leurs bonnes vieilles méthodes éprouvées, des hommes de plus en plus nombreux consacrent, non sans fièvre parfois, leur activité à l'étude des sociétés et des économies contemporaines... Rien de mieux, bien entendu, si chacun, pratiquant une spécialisation légitime, cultivant laborieusement son jardin, s'efforçait néanmoins de suivre l'œuvre du voisin. Mais les murs sont si hauts que bien souvent ils bouchent la vue. Que de suggestions précieuses, cependant, sur la méthode et sur l'interprétation des faits, quels gains de culture, quel progrès dans l'intuition naîtraient, entre ces divers groupes, d'échanges intellectuels plus fréquents ! L'avenir de l'histoire... est à ce prix, et aussi la juste intelligence des faits qui demain seront l'histoire. C'est contre ces schismes redoutables que nous entendons nous élever... »

Nous répéterions volontiers, aujourd'hui, ces mots qui n'ont pas encore convaincu tous les historiens individuellement, mais qui ont pourtant, qu'elle le veuille ou non, marqué toute la jeune génération. Qu'elle le veuille ou non, car les *Annales* ont été accueillies, comme tout ce qui est fort, par de vigoureux enthousiasmes et des hostilités obstinées, mais elles ont eu, elles ont toujours pour elles, la logique de notre métier et l'évidence des faits et l'incomparable privilège d'être à la pointe de la recherche, même si cette recherche est aventureuse...

Je n'ai pas besoin de parler, ici, devant un public d'historiens, de ce long et multiple combat. Je n'ai pas davantage à vous dire l'ampleur et la diversité et la richesse de l'œuvre de mon illustre prédécesseur : chacun connaît, de Lucien Febvre, son *Philippe II et la Franche-Comté, La Terre et l'Évolution humaine, Le Rhin, Luther*, son livre magnifique sur *Rabelais et l'incroyance religieuse au XVIe siècle*, et, dernière en date, cette fine étude sur *Marguerite de Navarre*. J'insisterai, par contre, sur les innombrables articles et les innombrables lettres qui sont, je le dis sans hésiter, sa plus large contribution intellectuelle et humaine à la pensée et aux discussions de son temps. C'est là qu'il a abordé librement tous les sujets, toutes les thèses, tous les points de vue, avec cette joie de découvrir et de faire découvrir à laquelle n'a pu rester insensible aucun de ceux qui l'ont vraiment approché. Personne ne pourrait établir le compte exact de toutes les idées ainsi prodiguées, diffusées par lui et nous ne l'avons pas toujours rejoint dans ses alertes voyages.

Nul en dehors de lui n'eût été capable, assurément, de fixer notre route au milieu des conflits et des ententes de l'histoire avec les sciences sociales voisines. Nul mieux que lui n'a été en mesure de nous redonner confiance dans notre métier, dans son efficacité... « Vivre l'histoire » : tel est le titre d'un de ses articles, un beau titre et un programme. L'histoire, pour lui, n'a jamais été un jeu d'érudition stérile, une sorte d'art pour l'art, d'érudition qui se suffirait à elle-même. Elle lui est toujours apparue comme une explication de l'homme et du social à partir de cette coordonnée précieuse, subtile et complexe — le temps — que seuls, historiens, nous savons manier, et sans quoi ni les sociétés ni les individus du passé ou du présent ne reprennent l'allure et la chaleur de la vie.

Il a sans doute été providentiel, pour l'histoire française, que Lucien Febvre, tout en étant particulièrement sensible aux ensembles, à l'histoire totale de l'homme, vu sous tous ses aspects, tout en ayant compris avec lucidité les possibilités nouvelles de l'histoire, n'en soit pas moins demeuré, en même temps, capable de sentir, avec la culture raffinée d'un humaniste, et d'exprimer fortement ce qu'il y a eu de particulier et d'unique dans chaque aventure individuelle de l'esprit.

Le danger d'une histoire sociale, nous l'apercevons tous : oublier, dans la contemplation des mouvements profonds de la vie des hommes, chaque homme aux prises avec sa propre vie, son propre destin ; oublier, nier peut-être, ce que chaque individu a toujours d'irremplaçable. Car contester le rôle considérable qu'on a voulu donner à quelques hommes abusifs dans la genèse de l'histoire, ce n'est certes pas nier la grandeur de l'individu, en tant qu'individu, et l'intérêt pour un homme de se pencher sur le destin d'un autre homme.

Je le disais tout à l'heure, les hommes, même les plus grands, ne nous semblent pas aussi libres qu'à nos devanciers en histoire, mais l'intérêt de leur vie ne s'en trouve pas amoindri, au contraire. Et la difficulté n'est pas de concilier, sur le plan des principes, la nécessité de l'histoire individuelle et de l'histoire sociale ; la difficulté est d'être capable de sentir l'une et l'autre à la fois, et, se passionnant pour l'une, de ne pas dédaigner l'autre. C'est un fait que l'histoire française, engagée par Lucien Febvre sur le chemin des destins collectifs, ne s'est jamais désintéressée, un instant, des sommets de l'esprit. Lucien Febvre a vécu avec passion et obstination auprès de Luther, de Rabelais, de Michelet, de Proudhon, de Stendhal ; c'est l'une de ses originalités de ne jamais avoir renoncé à la compagnie de ces princes authentiques. Je pense tout particulièrement au plus brillant de ses livres, à son *Luther*, où je le soupçonne d'avoir voulu se donner un instant le spectacle d'un homme vraiment libre dominant son destin et le destin de l'histoire. Aussi l'aura-t-il suivi seulement pendant les premières années de sa vie révoltée et créatrice jusqu'au jour où se referment sur lui, de façon implacable, le destin de l'Allemagne et celui de son siècle.

Je ne crois pas que cette vive passion de l'esprit ait entraîné chez Lucien Febvre une quelconque contradiction. L'histoire, pour lui, reste une entreprise prodigieusement ouverte. Il a toujours résisté au désir, cependant naturel, de lier le faisceau de ses richesses nouvelles. Construire, n'est-ce pas toujours restreindre ? Et voilà pourquoi, si je ne me trompe, tous les grands historiens de notre génération, les plus grands et donc les plus fortement individualisés, se sont sentis à l'aise dans l'éclairage et l'élan de sa pensée. Je n'ai pas besoin de souligner ce qui oppose les œuvres capitales, chacune à sa façon, de Marc Bloch, de Georges Lefebvre, de Marcel Bataillon, d'Ernest Labrousse, d'André Piganiol, d'Augustin Renaudet. N'est-il pas étrange qu'elles puissent, sans effort, se concilier avec cette histoire entrevue, puis consciemment proposée, voilà plus de vingt ans ?

Peut-être est-ce ce faisceau de possibilités qui donne sa force à l'école historique française d'aujourd'hui. École française ? un Français ose à peine prononcer ce mot et, le prononce-t-il, il sent, tout de suite, tant de divergences internes, qu'il hésite à le répéter. Et cependant, de l'étranger, notre situation n'apparaît pas aussi complexe. Un jeune professeur anglais écrivait dernièrement : « Si une nouvelle inspiration doit pénétrer notre travail historique, c'est de France que très vraisemblablement elle peut nous venir : la France semble devoir remplir dans le présent siècle le rôle qu'a tenu l'Allemagne dans le précédent... » Est-il besoin de dire que des jugements de cette sorte ne peuvent que nous apporter encouragement et fierté ? Ils nous donnent aussi le sentiment d'un fardeau exceptionnel de responsabilité, l'inquiétude de ne pas en être digne.

Monsieur l'Administrateur, mes chers Collègues, cette inquiétude que j'ai l'air de rencontrer, un peu par hasard, aux derniers instants de ma conférence, vous savez bien qu'elle m'accompagnait avant même d'en avoir prononcé le premier mot. Qui ne s'inquiéterait, en lui-même, d'avoir à prendre place parmi vous ? Heureusement, la tradition est bonne conseillère ; elle offre au moins trois refuges. Lire sa conférence, et c'est, je l'avoue, la première fois de ma vie que je m'y résigne : est-ce assez dire mon trouble ? Se dérober derrière un programme, à l'abri de ses idées les plus chères : certes, l'écran nous cache mal. Ensuite, évoquer ses amitiés et ses sympathies pour se sentir moins seul. Ces sympathies et ces amitiés, elles sont toutes présentes à mon souvenir reconnaissant : sympathies actives de mes collègues des Hautes Études, où j'ai été appelé voilà presque quinze ans ; sympathies actives de mes collègues en histoire, mes aînés ou mes contemporains, qui ne m'ont pas manqué, à la Sorbonne notamment, où j'ai eu tant de plaisir à connaître, grâce à elles, la jeunesse de nos étudiants. D'autres, ici, et très chères, veillent sur moi.

J'ai été conduit dans cette maison par la trop grande bienveillance d'Augustin Renaudet et de Marcel Bataillon. Sans doute parce que, malgré mes défauts, j'appartiens à la patrie étroite du XVIe siècle et que j'ai beaucoup aimé et que j'aime, d'un cœur sans mélange, l'Italie d'Augustin Renaudet et l'Espagne de Marcel Bataillon. Ils ne m'ont pas tenu rigueur d'être, par rapport à eux, un visiteur du soir : l'Espagne de Philippe II n'est plus celle d'Érasme, l'Italie du Titien ou du Caravage n'a plus, pour l'éclairer, les inoubliables lumières de la Florence de Laurent le Magnifique et de Michel-Ange... Le soir du XVIe siècle ! Lucien Febvre a l'habitude de parler des tristes hommes d'après 1560. Tristes hommes, oui, sans doute, ces hommes exposés à tous les coups, à toutes les surprises, à toutes les trahisons des autres hommes et du sort, à toutes les amertumes, à toutes les révoltes inutiles... Autour d'eux et en eux-mêmes, tant de guerres inexpiables... Hélas ! ces tristes hommes nous ressemblent comme des frères.

Grâce à vous, mes chers Collègues, la chaire d'Histoire de la civilisation moderne, restaurée en 1933, aura été préservée et l'honneur m'incombe d'en assurer la continuité. C'est un honneur très lourd. Amitiés, sympathies, bonne volonté, ardeur à la tâche que l'on sent au fond de soi-même, ne peuvent empêcher que l'on ne redoute, en toute conscience et sans fausse humilité, de succéder à un homme sur qui repose, aujourd'hui encore, la tâche immense que j'ai définie, en marge de ses livres, dans le sillon même de sa pensée inlassable, à notre grand et cher Lucien Febvre par qui, pendant des années, pour la gloire de cette Maison, s'est fait entendre à nouveau la voix de Jules Michelet, que l'on aurait pu croire à jamais silencieuse.

III

HISTOIRE ET ÉCONOMIE : LE PROBLÈME DE LA DISCONTINUITÉ *

Cette conférence a été prononcée en espagnol, le 15 octobre 1953, à la Escuela de Economía de la Universidad Nacional Autónoma de Mexico. Son intérêt est sans doute qu'elle s'adresse non à des historiens mais à des économistes, vis-à-vis desquels Fernand Braudel esquisse sa conception du rôle de la durée dans les sciences sociales de l'actuel. Le texte français n'en a pas été conservé mais il est assez lisible, à travers l'espagnol « particulier » dont s'excuse l'auteur lui-même, pour qu'on n'ait pas hésité à le traduire.

Chers amis et collègues,

C'est la première fois que j'ai l'honneur de parler dans une université mexicaine, la première fois aussi que j'ai la témérité de parler publiquement dans votre langue et, qui plus est, sur un sujet difficile, choisi précisément pour ses difficultés. La facilité serait de montrer ici ce que l'histoire, cette vieille et prudente expérience de l'esprit, doit à ces sciences économiques en développement si rapide : la statistique, la démographie, l'économie politique. Elles nous ont donné, à

---

* Conférence inédite, prononcée en espagnol (traduction Paule Braudel). Archives Fernand Braudel.

nous historiens, leur vocabulaire, leur problématique, je veux dire leur art de poser les problèmes et d'expliquer la complexité de la vie matérielle des hommes. Elles nous ont donné aussi beaucoup de leur force, de leur dynamisme. L'économie politique a créé l'histoire économique et celle-ci, à son tour, transforme l'historiographie actuelle.

La difficulté, en revanche, c'est de montrer que l'histoire, attentive au passé des hommes, peut apporter de l'eau aux vieux moulins et aux constructions modernes de l'économie politique, préoccupée exclusivement par l'actuel, calculant à partir des données d'aujourd'hui, ou seulement d'hier, l'avenir immédiat qui nous attend, quasi à portée de main. Pour nous, historiens, prendre part à cette énorme entreprise, je veux dire participer aux travaux des experts, des techniciens, semble une prétention sans véritable fondement.

Mais qu'on me permette d'abord quelques remarques. Il est hors de discussion que l'économie politique, d'un certain point de vue, est un ensemble de règles, systèmes et idées, qu'elle est aussi un vocabulaire. Or idées et vocabulaire ont leur propre histoire. La pensée économique actuelle, pour révolutionnaire qu'elle paraisse, s'est construite avec les idées, les découvertes et les efforts d'hier. Il n'est pas nécessaire de dire ici, dans cette Escuela de Economía, l'importance des doctrines économiques. Elles sont l'initiation indispensable pour qui aspire à une maîtrise dans le domaine économique.

Tout cela n'est que trop connu. Mais ce que vous, économistes, ne faites pas toujours selon nos souhaits, c'est de replacer chacune de ces doctrines dans son cadre historique. Parfois l'explication historique générale est nécessaire à l'histoire des doctrines économiques, car les idées, y compris les idées économiques, ne vivent pas d'elles-mêmes, elles vivent avec leur temps, dans un milieu hors duquel elles n'auraient ni corps, ni réalité. L'histoire des idées n'est pas un monde en soi, elle doit s'ouvrir sur le monde global de l'histoire.

Mais tout cela va sans discussion. De même, l'importance de l'historique dans le vocabulaire économique. Les mots vivent, se détériorent, se transforment et souvent nous trompent. Je n'en donnerai qu'un exemple. On parle beaucoup de capitalisme, en général on dit à tort que l'expression est fille de la pensée de Marx. La vérité est que, chez Marx, on trouve capital, non capitalisme, mot qui naît pendant la dernière décennie du XIXe siècle dans les milieux socialistes de l'Allemagne et y surgit comme un mot nécessaire, un mot de combat. Or cette naissance relativement récente signale son importance cruciale. Pour nous, historiens et hommes de bonne volonté, le mot aurait une valeur de superlatif. Dans l'organisation économique d'une époque, nous appelons toujours capitalisme ce qui est le plus haut et le plus compliqué, aujourd'hui comme hier. Au XVIe siècle, nous parlons de capitalisme commercial parce que la tâche essentielle alors, dans un monde à peine uni, était de transporter à travers d'énormes distances les biens précieux, c'est-à-dire convoités. Les grands marchands incarnent ce premier capitalisme moderne. Au XVIIIe siècle, nous connaîtrons le capitalisme industriel, la tâche essentielle de l'économie étant alors la fabrication à grande échelle de produits industriels. Au siècle suivant, ce sera le capitalisme bancaire. Il s'agit cette fois d'assumer la vie et la prospérité de l'Europe industrielle, et le rôle essentiel est de prêter de l'argent aux pays extra-européens, principalement ceux du Nouveau Monde — prêter, non donner, vous le savez bien. Prêter pour que soient achetés les produits industriels de Birmingham ou Manchester. Aujourd'hui, comment appellerons-nous le capitalisme si particulier que nous connaissons dans les pays d'Occident, inégal selon les lieux ? Peut-être capitalisme social car le problème, pour le capitalisme de n'importe quel pays, est d'abord de vivre du pays lui-même. Augmenter la capacité économique des

Français ou des Mexicains est l'unique solution pour que la machine capitaliste dispose de ces acheteurs sans lesquels son moteur, qui est aussi celui de la vie économique, ne peut fonctionner.

Vous me direz que ces petites lumières apportées par l'histoire sont mineures, c'est certain. Les services plus importants que peut rendre l'histoire sont deux à mon sens, mais liés de telle sorte qu'ils se présentent à nous comme un seul problème. Les économistes aujourd'hui s'occupent tous exclusivement de la conjoncture actuelle ou, pour mieux dire, du court terme. Un Léontieff, par exemple, calcule l'économie globale de 1947 ou 1948 et déduit de ses équations l'économie future de 1954 ou 1955. Vous travaillez, économistes, dans l'instant, dans l'actuel. Les historiens sont spécialistes du long terme, des mouvements de longue durée. Ceux-ci impliquent de temps en temps une discontinuité structurelle. Long terme et discontinuité, tels sont les deux problèmes que j'étudierai maintenant, l'un brièvement, l'autre, qui est quasi le sujet de ma conférence, avec plus de détails.

*

Quant au long terme, excusez-moi de commencer ici par des explications générales connues des spécialistes. La découverte la plus importante des vingt ou trente dernières années dans le domaine de l'économie est celle de la coordonnée du temps, de la périodicité de la vie économique, nous disons en français : les « pulsations de la vie matérielle ». En d'autres termes, la vie économique est mouvement, en entendant par mouvement tous les mouvements, rapide, lent, quasi immobile. La vie économique tout entière est mouvement, comme le démontre le cas particulier de l'histoire des prix. Je dis « cas particulier », parce que certains jeunes historiens croient trop légèrement que les prix sont toute la vie économique. C'est comme si l'on confondait thermomètre et chaleur. Cependant les mouvements des prix témoignent des oscillations générales de la vie économique. Il est facile, techniquement, d'éliminer des courbes de prix les mouvements saisonniers — par exemple entre hiver et été. De même peuvent s'éliminer les mouvements cycliques de sept à huit ans. Après quoi ne restent plus sur les graphiques que les mouvements de longue durée, dits de Juglar, ou de Kondratieff ou les mouvements intercycliques d'Ernest Labrousse.

Le grand François Simiand, pour distinguer, entre les pulsations de la vie économique, les mouvements cycliques de court terme et les intercycliques qui normalement durent un demi-siècle, les comparait aux mouvements de la mer ; la marée porte sur elle-même les mouvements propres des vagues. En adoptant cette comparaison, nous dirons que les historiens sont spécialistes de la marée et les économistes des vagues. Si bien que chanter la gloire de l'histoire revient à souligner l'importance, y compris dans la vie actuelle, des marées intercycliques.

Quelques exemples nous permettront d'être plus clair. En profondeur les prix ont commencé à baisser de 1817 jusqu'à 1851. De 1851 à 1872 ou 1873, la hausse est générale. De 1873 à 1896, baisse à nouveau. De 1896 à 1929, nouvelle hausse. De 1929 à aujourd'hui [1953], baisse ou mieux contraction. Faites l'effort de mémoriser ces dates qui ont dirigé le rythme de la vie matérielle, de la chute de Napoléon III à nos jours : 1817, 1851, 1872, 1896, 1929. Elles résument et éclairent une longue histoire. Si les gouvernements de notre Restauration et ceux postérieurs à Louis-Philippe ont eu tant de difficultés et de tourments entre 1817 et 1851, ils le doivent à cette chute continue et insidieuse des prix, à cette contraction de la vie économique. Après 1851, le succès de Napoléon III ne tient pas à sa personne, mais à la marée montante des prix et de l'économie.

Soyez sûrs que ces dates ont aussi une pleine signification dans votre pays et dans toute l'Amérique. Je pense que la dépression qui surgit en Europe en 1817, par exemple, a commencé en Amérique en 1812, avec la guerre, mal connue de la grande histoire, entre les États-Unis et l'Angleterre, de 1812 à 1814. Naturellement, dans une histoire de type nouveau et sous le signe de l'économie, il faudrait distinguer, pendant l'Indépendance mexicaine, entre les premières années, de beau temps économique, et les dernières, tragiques, de mauvais temps, après 1812. L'économie a ses responsabilités dans la tragédie de votre Indépendance.

*

Donc ces longs mouvements sont des réalités de base de l'histoire, sinon toute l'histoire, et sûrement l'un de ses déterminismes, incomplet comme tous les déterminismes. Le plus important dans ces mouvements est le passage de la marée montante à la marée basse, de la prospérité à la dépression. Et donc les dates clefs, pour la période dont je parlais il y a un instant, sont 1817, 1872, 1929. Chacune inaugure des discontinuités, des ruptures, des cassures.

Discontinuité, rupture, cassure, par exemple celle de 1929. La prospérité antérieure avait conservé ou détérioré les structures matérielles, quasi sans les modifier, depuis 1896. Tout s'est passé comme si, en 1929, naissait un monde nouveau, matériel et aussi politique, social, intellectuel, un monde que nous avons connu, nous les hommes de la cinquantaine, sans y prendre garde immédiatement. Nous avons beaucoup tardé à reconnaître son visage, le visage de notre monde d'aujourd'hui, déjà en place avant la seconde guerre mondiale (la première avait été de prospérité, la seconde de dépression) et qui reste pour nous un monde étranger, différent de celui de notre jeunesse. Les changements les plus énormes et les plus visibles sont ceux du Nouveau Monde. Pour parler de ce que je connais, je peux dire que le Brésil d'avant 1929 n'a rien à voir avec le

Brésil de 1953. Il en va de même sûrement du Mexique et, probablement, de tous les pays, y compris les vieux.

J'ai participé récemment à une sensationnelle soutenance de thèse, à la faculté de Strasbourg. Un de mes vieux amis, Paul Combe, disciple de Simiand, présentait un travail auquel il avait consacré trente ans de sa vie [publié en 1955, sous le titre : *Niveau de vie et progrès technique en France (1860-1939)*], sur l'évolution de la France de 1886 à 1939. Mon principal argument fut que, la France ayant subi deux ruptures structurelles, en 1872 et en 1929, il aurait fallu parler non pas d'une mais de trois France différentes. On sait que le paradoxe, l'exagération sont nécessaires à l'enseignement.

En exagérant un peu, je dirais que, tous les cinquante ans, le monde naît à nouveau, se refait dans tous ses aspects et même ses profondeurs. Naturellement, il n'est pas facile d'analyser cette discontinuité dans ses racines. Pour les marxistes, la discontinuité serait un problème capitaliste. À moitié seulement, dirai-je, car si je ne me trompe, la grande rupture de la vie russe s'est produite vers 1928-1929, à la même heure que dans l'économie mondiale. Quant aux théories semi-mathématiques de Johan Akerman et de René Clemens, elles n'éclairent pas tout. En gros, ils disent tous deux qu'il y a une détérioration conjoncturelle des structures, ou, plus simplement, que la vie économique, à la longue, détériore ses moyens de production essentiels. D'où la nécessité d'une régression, de démolitions et de reconstructions. Mais les années de régression, à ce que dit Simiand, sont de grandes périodes, au moins pour l'esprit et la vie intellectuelle. À notre époque de régression, on peut parler d'une renaissance des sciences, de la médecine, de la philosophie. Pour la lointaine époque de 1817 à 1851, la misère de la politique ne saurait être la rançon des fastes du romantisme.

Mais, puisque le monde actuel est un monde nouveau, la sociologie, qu'a-t-elle donc à faire de l'histoire ? Le neuf est d'une autre essence que le passé. C'est vrai et ça ne l'est pas, dirons-nous, car si l'histoire est discontinuité et non évolution, le problème majeur de *toutes* les sciences sociales est bien celui de la discontinuité, ou plutôt des discontinuités, politiques, économiques, intellectuelles et autres, comme le furent celles de 1929, de 1872, de 1817. Pour ne pas parler de ruptures plus anciennes que les historiens connaissent ou commencent à connaître, comme celle de 1770 qui brisa l'évolution du XVIIIe siècle. Labrousse l'a établi dans un livre que je tiens (sans préjugé de nationalisme ou d'amitié) pour le premier livre d'histoire du XIXe siècle. Pourquoi ? Parce qu'il a démontré que la Révolution française n'est pas seulement celle que nous connaissons, avec ses causes classiques, mais celle que déchaîne une rupture brutale, suivie d'une puissante régression. Ainsi la Révolution française est aussi la rupture des années 1770, laquelle n'est pas particulière à notre pays, mais largement mondiale. Un jeune historien mexicain devrait se demander ce qui est arrivé en Nouvelle-Espagne en ces années 1770. Les XVIe et XVIIe siècles sont également coupés par des discontinuités, vers 1530-1540 et vers 1620.

Mais l'économie dans son actualité, qu'a-t-elle à voir avec ces idées et ces rêves ? Disons que la réalité est l'addition du conjoncturel et du structurel, du court et du long terme. Ainsi en 1953, si une régularité quelconque existe bien, nous sommes à la veille de la marée montante, d'une période politique paisible, de conformité sociale, de bien-être, mais d'intelligence privée des éclairs du mauvais temps économique.

Autre chemin de réflexion, nous avons déjà noté que les discontinuités ne sont pas purement et simplement économiques. Elles mettent en jeu la vie sociale dans toute sa complexité, toute son épaisseur et densité. Il y a des ruptures de tout genre, politiques, intellectuelles, institutionnelles, et même de psychologie collective. Quand change la vie matérielle, changent, un peu plus tôt, un peu plus tard, les autres secteurs de la vie. Il y a donc toujours nécessité de dépasser le purement économique pour appréhender le social, passer comme disent nos économistes en France, de l'« économie politique à l'économie sociale ». Ces ruptures au-delà de l'économie, nous avons le droit de les regarder un instant, de penser ainsi aux ruptures de la vie littéraire, aux « aiguillages » d'André Gide, aux écoles artistiques successives, ou au passage de la physique classique d'hier à la physique nucléaire d'aujourd'hui. Gaston Bachelard, philosophe et historien des sciences physiques, le dit bien quand il parle de « ruptures historiques », ou de « seuils différentiels ». Mais celui qui, parmi les philosophes, a le mieux vu cette discontinuité de l'esprit humain, c'est le peu, ou mal connu Ignace Meyerson (trop et mal connu parce que confondu avec son oncle, Émile Meyerson, le magnifique philosophe des sciences). Ignace Meyerson pense que l'homme est ce qu'il fait et que les hommes, au vrai, sont sous le signe de la pluralité : ils « sont autant tournants brusques que continuité ». Gaston Bachelard dit de même : « Le destin de l'homme est d'être un agent de transformation. » On pourrait parler sans fin de la transformation de l'homme par lui-même. Bref, au contraire de ce qu'ont écrit tant de penseurs, l'homme à travers l'histoire n'est pas le même homme, il n'est pas non plus une évolution, mais une mutation, une série de mutations.

*

Nous ne sommes qu'en apparence loin de notre sujet. Car l'important est de noyer, sans mauvaises intentions, non les économistes, mais l'économie, dans la mer des réalités sociales.

Mais vous voyez que cette discontinuité, ainsi élargie, prend les proportions d'une philosophie de l'histoire, ou mieux de la vie. Or les philosophies de l'histoire sont une chose du XIXe siècle, de vieux meubles dont il faut user avec précaution. Trois questions doivent en fait nous préoccuper. Premièrement, ces difficultés, ces explosions, il faudrait savoir pourquoi elles se produisent, pourquoi sautent brusquement aux yeux leurs flammes vives. En deuxième lieu, qui peut dire si elles n'ont pas entre elles, à travers le temps et l'histoire, une certaine cohérence, si elles constituent ou non une évolution complexe, créatrice d'un ordre supérieur ? Mais surtout, en troisième lieu, nous dirons de la philosophie de la discontinuité qu'elle ne peut pas expliquer le passé tout entier. Ce serait là une hérésie, c'est-à-dire, disait le père Congar, le péché de ceux qui regardent une vérité de trop près. La vie n'est jamais unilatérale, elle est confusion, opposition, dialectique. Le noir ne va pas sans le blanc, la nuit sans le jour, la vie sans la mort, la vie et la mort sont une même chose, la discontinuité ne va pas non plus sans la continuité. Mais de quelle façon ? Je pense en fait que, en admettant des mouvements intercycliques d'une cinquantaine d'années, nous nous sommes contentés d'ouvrir une petite fenêtre, alors qu'il faut aussi penser par siècles. Je suis en faveur d'une téléhistoire qui parle de siècles et même de millénaires. En d'autres termes, y a-t-il ou non, dans le flux de l'histoire, des mouvements d'une lenteur telle qu'ils semblent immobiles, quasi hors du temps, au moins du temps historique ?

La réponse, ici, est sans ambiguïté : il y a pour le moins deux réalités sociales qui sont de cette sorte, le culturel et le géographique. Pour ce qui est du culturel, de la civilisation, vous penserez tout de suite à Arnold Toynbee, à ses images de civilisations qui traversent des siècles et des siècles, donnant l'impression, moitié juste, moitié fausse, de l'éternité. En Europe, la pensée de Toynbee a été très mal reçue, tant par l'*Historische Zeitschrift* que par les *Annales* de Lucien Febvre. Je suis un des moins hostiles à son entreprise, car Toynbee a découvert la longévité, la permanence des civilisations. Des exemples de cette histoire *sub specie aeternitatis* se rencontrent dans la littérature allemande d'aujourd'hui : dans l'article de Rodolf Bultmann, « Humanismus und Christentum », plus encore dans le beau livre d'Ernst Curtius, *Europäische Literatur und lateinisches Mittelalter* et dans les études d'Otto Brunner. Pour ma part, j'ai voulu démontrer une autre réalité de la téléhistoire, l'imbrication vivante de l'histoire et du géographique, cette réalité non pas immobile, mais quasi immobile, qui ne cesse de se répéter. J'ai essayé de démontrer, et peut-être ai-je un peu démontré, cette permanence, ce poids du géographique, dans l'histoire aux mille couleurs de la Méditerranée.

Toutes ces réalités évoquées rapidement, je les ai bien mal présentées, dans un espagnol particulier qui donne à mes raisonnements un ton de simplification excessive. Pardonnez-le-moi. Pourtant, si j'ai raison dans mes raisonnements, si, au-delà de l'économique, il y a le culturel et le géographique qui sont à mon sens les structures les plus profondes, si vous acceptez avec moi que l'économique se trouve lui-même à une certaine profondeur, au-delà du court terme de l'histoire politique traditionnelle et de la société en voie de transformation, alors que serait le Mexique ? Une géographie en premier lieu, puis une civilisation, ou plutôt des civilisations en lentes, très lentes confrontations ; un peu plus haut, une économie, une nation, un gouvernement et, tout en haut en surface, votre vie, votre jeunesse de peuple en train de se faire. Mais cette jeunesse, ce printemps, cette flamme, sans tout ce qui se trouve au-dessous, ne seraient que des fleurs sans le sol d'un jardin.

IV

L'IMPÉRIALISME DE L'HISTOIRE *

Cette conférence a été prononcée par Fernand Braudel, le 14 février 1955, au Collège philosophique à l'invitation de Jean Wahl.

Ce Collège était fait pour plaire à la jeune VIe Section des Hautes Études. Créé par Jean Wahl tout à fait en marge de l'Université, au lendemain de la guerre, il accueillait des intellectuels d'horizons très divers qui se sentaient plus ou moins à l'aise dans leurs propres institutions, dont Roger Caillois, Gilles Deleuze, Jean Wahl, Wladimir Jankélévitch, etc.

La revue Diogène *et* Les Cahiers internationaux de sociologie *demandèrent par la suite à l'auteur un article tiré de sa conférence. Mais il semble bien que Fernand Braudel, qui, dans une lettre à R. Caillois, renvoie à l'été 1955 la mise au point du manuscrit définitif, n'y ait jamais donné suite.*

Nous reproduisons ici simplement le texte de la conférence retrouvé dans les papiers de l'auteur, qui paraît bien être le dactylogramme d'une sténotypie... Il avait l'habitude, en effet, de ne pas écrire ses conférences, sinon après coup, ou parfois à l'étranger, parce qu'on lui en avait fait d'avance la demande expresse.

---

* Manuscrit inédit. Archives Braudel.

Je voudrais vous parler en toute franchise, comme à des amis, voire avec un peu de vivacité. Les amis ont à notre endroit une belle réserve de bonne humeur, de gentillesse, d'indulgence, ils peuvent toujours nous apporter l'acquiescement et la complicité intellectuelle dont a besoin n'importe quelle discussion — et même n'importe quelle explication unilatérale. Certes, il y a toujours avantage à parler sans ménager ses mots et j'y suis encouragé par l'invitation même du Collège de philosophie : vous savez bien que les philosophes — d'où qu'ils viennent, où qu'ils aillent, quels qu'ils soient — et les vrais historiens s'entendent comme chiens et chats. La sagesse consisterait à séparer les deux races, les chats d'un côté, les chiens de l'autre, les philosophes ici, les historiens dehors. Mais vous m'avez ouvert vos portes, et désigné la meilleure et la pire des places, celle du conférencier. Vous m'avez même prié de parler de moi-même, et, vous entretenant de mon métier, de vous montrer dans quelle mesure il y avait un impérialisme de l'histoire, entendez une sorte de gloutonnerie, pas toujours satisfaite d'ailleurs, de la part de l'histoire à l'égard des autres sciences sociales ses voisines... Ainsi, toutes les conditions sont réunies pour qu'il y ait un scandale, petit scandale, mais scandale tout de même. Je ne ferai rien pour vous en priver.

J'ai parlé, il y a un instant de *vrais* historiens, sans prendre aucune précaution, peut-être simplement en m'abandonnant à un petit mouvement de bonne humeur et de satisfaction personnelle — mais comment dire ? les historiens passionnés, les historiens impérialistes, les historiens qui auraient la gentillesse d'être dans la ligne de mes préférences ? Pour simplifier, je les appelle à titre provisoire les *vrais* historiens. Cela ne veut pas dire qu'ils soient les meilleurs, les plus intelligents, les plus brillants ou les mieux arrivés des historiens. Les mieux arrivés, ce sont ceux qui ont gravi l'échelle de la Sorbonne, du Collège de France, des différents instituts, et même de l'Académie française. Les plus brillants, il n'y a pas de doute, ce sont les disciples des bons maîtres, ou même cette catégorie plus fine encore, les disciples des disciples des bons maîtres. Ils n'ont pas à se poser de graves problèmes intellectuels, ils ont à mettre au point une pensée brillante dont ils ont hérité, et qu'à coups de brosse ils rendent encore plus reluisante, si possible. Le monde des historiens est peuplé de petits Taine, de petits Fustel, de microscopiques Charles-Victor Langlois, de très petits Seignobos, de faux Sorel, qui ne peuvent être aperçus généralement qu'à travers des verres grossissants... Mais n'allez pas les écouter ! Ils connaissent leurs notes et leurs plaidoiries. Certains parlent admirablement, ils risqueraient de vous séduire, et si, par chance, vous êtes jeunes, ils s'imposeront à vous, sinon en raison d'une philosophie quelconque de notre métier d'historien, du moins en raison des programmes. Toute une histoire n'est que la préparation aux examens, aux concours, celle des programmes universitaires, bien sûr, et ces programmes ont pour eux la complicité de soixante ou cent années de vie universitaire. Ce retard considérable, c'est leur intangible force d'inertie.

Les vrais historiens n'acceptent pas que l'histoire s'explique ainsi pour de petites raisons, ou même simplement pour elle-même. Notre métier a ses austérités et ses très lourdes richesses. Mais nos efforts ne nous justifient pas pour autant. Abrégeons. L'histoire, à mes yeux, ne peut guère avoir de justification que dans la mesure où elle se rattache à un humanisme actuel. Non pas l'humanisme au sens classique du mot, cet humanisme dont nous avons tous connu les séductions et qui continue à se proposer comme modèle, quelle que soit la vétusté charmante de certains de ses aspects ou de ses réalités, et l'impossibilité de le maintenir sous le premier choc de la vie contemporaine. Je ne voudrais pas dire du mal de ce personnage très cher, omniprésent dans l'histoire occidentale et qui se dissimule sous une infinité de masques. Avez-vous lu l'énorme livre d'Ernst Curtius, consacré au Moyen Âge latin, qui, entre autres bilans, dresse la liste complète des images littéraires dont la pensée d'Occident s'est servie, depuis les origines lointaines de l'histoire ancienne jusqu'aux XIIIe-XVe siècles et même, si l'on était attentif, jusqu'à aujourd'hui ? On a l'impression de répétitions qui, accumulées les unes à côté des autres, constituent une sorte de manifestation assez grotesque, d'un burlesque qui touche à la perfection. Je sais bien que l'un des spécialistes peu connus de l'histoire de la culture, je veux parler d'Egon Friedell — cet Autrichien que peu de gens, parmi mon auditoire, doivent avoir lu —, dit qu'on n'est vraiment en avance, au point de vue intellectuel, dans le monde occidental que lorsque le plagiat se multiplie ; copiez tant que vous voudrez, plus vous copierez, plus il y aura de progrès. Le malheur, c'est qu'on copie toujours le même modèle qui remonte à la Méditerranée antique, qui a coloré de son parfum, de ses couleurs et de ses affirmations toute la vie du monde occidental. Or ce plancton intellectuel extrêmement usé, trop souvent employé, je ne crois pas qu'on puisse le régénérer.

Il n'y a aucune mesure commune entre cet humanisme classique, que notre université défend malgré elle au nom de ses programmes, et l'humanisme essentiel qui est en train de s'élaborer comme une immense révolution, sous les coups répétés des différentes sciences sociales. Cette révolution commencée, c'est à elle que nous voulons participer pour ne pas laisser en quelque sorte le soin de bâtir la connaissance d'un homme nouveau, qui d'ailleurs serait terriblement multiple, aux autres sciences sociales, toutes en pleine jeunesse et en pleine force, de l'ethnologie à la démographie, de l'économie politique à l'anthropologie, de la géographie humaine à la sociologie. L'histoire a sa place parmi ces sciences humaines. L'histoire et la sociologie sont même les seules disciplines qui essaient de reconstituer l'ensemble du spectacle de l'homme, les seules qui soient vraiment totalitaires, l'histoire plutôt dirigée vers le pays des morts, et la sociologie vers le monde des vivants. Mais vous savez bien que la limite entre le monde des morts et le monde des vivants se déplace à chaque instant, qu'il n'y a pas de limite entre passé et présent, si bien que l'histoire et la sociologie devraient toujours collaborer, alors qu'elles se heurtent quelquefois comme des visions différentes du monde.

Or, si mon raisonnement précédent est exact, si j'ai raison — et je vous demande provisoirement de me donner raison, vous pourrez ensuite, et d'autant plus vivement, vous déprendre de vos concessions, de vos complicités à mon endroit —, si j'ai raison, il faut absolument que l'histoire participe à cette connaissance actuelle. Il faut donner sa pleine signification à la très forte remarque de Lucien Febvre : l'histoire n'est pas seulement l'étude du passé, mais aussi l'étude du temps présent. Affirmation et prétention que je voudrais essayer de justifier.

Il n'y a pas d'historien qui ne cherche dans le temps présent les éléments essentiels et vivants de sa problématique. Un homme comme Henri Pirenne, passionné d'histoire médiévale et remarquable historien, avait l'habitude, quand il visitait une ville, de ne pas voir seulement les lieux du passé ; il se précipitait vers les quartiers neufs, là où l'on sentait la vie nouvelle car la vie véritable, c'est tout de même un des buts de l'histoire. Bref, dans la mesure où ce qui se fait sur le chantier des sciences sociales nous intéresse, nous sommes prêts à y participer, à en assimiler les méthodes et les résultats, à les transporter chez nous. Mais je crois que notre prétention peut se soutenir de façon beaucoup plus efficace. Permettez-moi de m'expliquer un instant sur ce point essentiel.

Je ne considère pas un seul instant que le rôle de l'histoire, ce soit la connaissance du passé, ni même la connaissance du présent. C'est plus exactement une certaine connaissance de l'homme, en prenant « homme » au sens le plus large, une certaine connaissance de l'homme grâce à des moyens particuliers :

l'utilisation de cette variante complexe qu'est le temps. L'historien est le spécialiste, si vous voulez, des changements que les différents temps font intervenir dans la masse des relations humaines. Chaque fois que le temps disloque, transforme un paysage, nous avons l'occasion d'apercevoir certaines textures et certaines architectures, certaines complexités du monde social. Si nous nous plaçons très loin dans le passé, et que nous avons la chance d'avoir devant nous un champ d'observation suffisamment large, nous remarquerons toujours que le spectacle est un spectacle en mouvement, avec des mouvements plus ou moins rapides, des zones d'immobilité relative, ou au contraire des éléments animés d'une vitesse exceptionnelle. Les événements les plus vifs, les plus personnels de notre vie, sont d'une rapidité étrange, tandis qu'il y a des mouvements de conjoncture et de structure d'une relative lenteur. Ces différences de vitesse sont le piège par excellence où l'historien saisit les hommes, essaie de comprendre le mécanisme de leur organisation.

Vous sentez bien qu'une telle conception peut s'appliquer aussi bien au temps présent qu'au temps passé. Le temps passé offre un énorme avantage, dont on ne dit pas toujours quel peut être le privilège. Nous sommes en présence d'une réalité humaine dont nous connaissons ce qu'a été l'avenir. Nous savons donc très sûrement quels sont les événements qui ont été importants, nous les distinguons à première vue. Pourquoi ? Parce que les événements importants, Pirenne aimait à le dire, sont ceux qui ont des conséquences, des enfants, toute une progéniture, et le recul du temps nous favorise de façon exceptionnelle. Mais quand nous abordons le temps présent, que nous soyons historiens ou non historiens, les événements nous assaillent, et Dieu sait que les événements d'actualité sont considérables, les très importants, les minuscules, les abusifs. Nous avons, historiens, une sorte d'entraînement pour distinguer ceux qui sont importants, auxquels on peut prédire une descendance ; nous nous trompons peut-être, mais tout jugement sur le passé ou sur le présent peut être entaché d'erreur. Il y a un risque à courir.

Il est donc possible d'accepter tous les calculs faits par des historiens, ou des sociologues, des démographes, plus encore des économistes, sur le temps présent. Il y a des économistes qui essayent de dégager les lignes profondes de l'actualité et de calculer pour les deux ou trois années à venir. D'autres économistes refusent ces calculs à la Léontieff et se contentent de projeter vers l'avenir une sorte de temps prophétique, où les mouvements structurels qu'ils ont dégagés se continuent en une sorte d'avancée vers l'avenir. Les calculs des démographes sont tous d'une relative sûreté, car le mouvement démographique est beaucoup plus lent, plus facile à prévoir que le mouvement économique. Il y a donc dans l'actualité une position qui peut ressembler à celle de l'historien, et qui consiste à passer de l'événement qu'on juge très important aux mouvements en profondeur, mouvements de conjoncture ou mouvements de structure. Il n'y a pas un grand journaliste qui ne procède ainsi, qui, ayant devant lui un événement, n'essaie en quelque sorte de changer de vitesse, de le rattacher, si vous voulez, à des évolutions beaucoup plus lentes que celles que l'observation superficielle pourrait mettre en lumière.

Je pourrais m'amuser, si je n'avais peur de prendre votre temps, à quelques digressions qui pourraient vous faire sourire sur les événements politiques contemporains, par exemple la chute de Mendès France ; vous indiquer qu'il y a, au-delà des événements politiques qui sont vraiment purement événementiels, tout un jeu de conjonctures et de structures qui se trouvent impliquées. Il y a des gens qui comme moi, à tort ou à raison, pensent que, derrière les novations du ministère Mendès France, il y avait la mise en place possible de structures nouvelles, je dirais presque des premières structures de la IVe République, et que cette possibilité a été détruite par une série de fautes de conjoncture, dont je n'exclus pas d'ailleurs les fautes d'un homme comme Mendès France.

Je ne connais pas très bien la lointaine Russie. Mais supposez que l'avènement du maréchal Joukov à une position clef du régime soviétique soit vraiment un très grand événement. A-t-il la possibilité d'éclairer l'évolution de la Russie jusque dans ses profondeurs ? Est-ce qu'il y a un lien entre l'accès au pouvoir d'un homme immensément populaire et l'armée ? C'est évident. Est-ce que l'évolution de l'armée a vraiment lieu en sa personne, ou y a-t-il, au-delà de lui, l'évolution entière de la classe paysanne, comme on peut le penser ? Vous voyez la nécessité constante, quand on veut préciser un événement du passé ou du présent, d'aller vers les structures en profondeur. Je crois m'être suffisamment expliqué pour que vous compreniez ce que toute une série d'historiens appellent la nécessité de dépasser l'événement, d'échapper à une histoire qui serait purement événementielle.

L'actualité se présente à nous, passant par les journaux, sous une forme très serrée d'événements. Un événement, c'est un fait quelconque, mais que l'on a jugé important, ou prétendu tel. Nous sommes bombardés par des milliers d'événements, tous les jours, si bien qu'au soir de notre vie nous avons subi, sans nous en rendre compte, des milliards et des milliards de chocs. De toute évidence, des événements qu'on nous propose, très peu sont extrêmement importants, mais beaucoup d'historiens pensent que réduire l'histoire à un choix, et un choix quelquefois très arbitraire, entre ces différents événements, c'est se tromper sur les possibilités de l'histoire.

J'ai quelquefois, pour mieux faire comprendre ma pensée, raisonné par un exemple. Un exemple, c'est toujours fallacieux, une comparaison, cela ne vaut pas cher, nous n'avons pas besoin des philosophes pour le savoir. Il m'est arrivé un soir, en 1937, de me trouver pris dans ce qu'on peut appeler la forêt brésilienne, mais c'était la forêt de la région de Bahia, c'est-à-dire des arbres rabougris d'un mètre ou un mètre cinquante de hauteur, tout à fait à l'intérieur, dans ce qu'on appelle le sertão, la brousse. En panne sur une route, nous avons été enveloppés dans une montée de lucioles, vers luisants aériens. C'était un spectacle d'une extraordinaire beauté dont j'ai plusieurs fois parlé, une série d'éclatements de lumières, éclatements d'ailleurs silencieux, mais ces lumières ne permettaient pas de voir très loin, ni le paysage, ni la route. Je pense que l'histoire événementielle, c'est un peu l'histoire de ces points lumineux, considérés de trop près et de façon abusive, comme si leur nuage représentait l'ensemble de la vie des hommes. Je le répète, c'est une image, pas un raisonnement. Mais voulez-vous que nous prenions un autre exemple ? Les historiens, quand les philosophes les pourchassent, se réfugient derrière les exemples. Comme si j'étais pourchassé par les philosophes de cette assemblée, je chercherai un très gros exemple.

L'histoire de la Révolution française, déchiffrée avec tant d'attention et d'érudition par les historiens français, a été mesurée jour par jour, homme célèbre par homme célèbre. Je trouve qu'on aboutit, dans la vulgate et l'enseignement universitaire de la Révolution française, à une monstruosité. Tout y est présent, sauf la Révolution française elle-même, où l'on aurait le désir de chercher une histoire d'un sens beaucoup plus large. Étudier les journées révolutionnaires les unes à côté des autres et en faire la somme, cela ne représente pas la Révolution. Ainsi, on laisse de côté les explications majeures, presque toujours les plus faciles et les plus sûres, les plus scientifiques, parce qu'il nous est beaucoup plus facile de connaître le mouvement des prix à l'époque de la Révolution française, de la situer économiquement dans ce qui a précédé et ce qui a suivi, que de savoir exactement quelle a pu être la pensée intime de Robespierre, vers le 7 ou 8 Thermidor. Pour prendre un autre exemple, au lieu de suivre François Ier de forêt en forêt à travers son immense domaine propre et les forêts des autres seigneurs, ecclésiastiques ou laïcs, il nous est beaucoup plus facile de connaître les forêts elles-mêmes. Nous disposons depuis deux ans d'un ouvrage absolument remarquable sur les forêts françaises [Michel Devèze] ; nous en connaissons les limites, la composition, nous voyons comment elles se mêlent à la vie générale du pays ; et je suis sûr que c'est une conquête, une conquête presque définitive, de l'histoire économique.

Cette histoire que je suis en train d'esquisser, avec ses prétentions, avec ses légitimes revendications, avec ses erreurs éventuelles, elle n'est possible que si nous nous appuyons de façon serrée sur l'ensemble des résultats des sciences sociales. Si l'histoire était vraiment cette discipline vigoureuse et cette science formelle, elle dévorerait les autres sciences sociales. Ce n'est certainement pas le cas actuellement. Mais elle a absolument besoin de se nourrir de leur substance, de trouver le meilleur de sa problématique, le meilleur de ses thèmes, de ses résultats, de ses méthodes dans les sciences humaines qui travaillent sur l'actualité, sur la vie. Je voudrais essayer de vous faire comprendre mon point de vue non par une série de discussions assez théoriques où certainement je n'excellerais pas, mais une fois de plus en me réfugiant derrière des exemples concrets.

J'avais pensé primitivement à mettre en cause l'école des *Annales*, j'hésite à le faire, parce qu'il y a un mouvement des *Annales*, pas une école. Ce mouvement a été fondé en 1929 à Strasbourg par Marc Bloch et Lucien Febvre ; et, depuis 1945, auprès de Lucien Febvre, j'ai remplacé Marc Bloch, disparu dans les circonstances que vous connaissez. Je n'ai personnellement été l'élève ni de Marc Bloch, ni de Lucien Febvre, qui sont eux-mêmes des esprits très différents. Lucien Febvre a eu l'avantage de survivre, il a sa forte originalité, il ne peut être réduit à aucun autre esprit. Et si je ne mets pas en cause le mouvement des *Annales*, c'est d'une part parce que je ne voudrais pas en faire l'éloge, ce qui serait une façon de faire mon propre éloge, et d'autre part parce que je vous donnerais peut-être l'impression de me mettre à couvert, ce qui n'est pas dans mon tempérament. Je m'efforce moi-même de réaliser une œuvre, qu'elle soit bonne ou mauvaise, dans la mesure de mes moyens, et surtout selon mes passions et mes goûts. Or si l'on part non pas de l'exemple des *Annales*, mais de mon propre exemple, quels sont les livres maîtres, les livres qui comptent, sur lesquels je m'appuie, quels sont mes esprits tutélaires ?

Il y a quelques historiens : je les cite plutôt par politesse que pour reconnaître des dettes qui soient très lourdes. Henri Pirenne, dont j'ai été non pas l'élève mais l'auditeur. Henri Hauser, qui, lui, a été mon maître, mon bon maître. Je dirais que par une cruauté du sort, dans la mesure où les œuvres d'histoire ne sont jamais des œuvres de longue durée, je passe le meilleur de mon temps à retrouver les faiblesses de Henri Hauser. Ce qui m'éblouissait au temps de ma jeunesse, je m'aperçois que c'était comme des légèretés, des compréhensions trop rapides. Je lui dois beaucoup, surtout un plaisir de formation, mais je me sens très éloigné de lui. Mes autres dettes sont des dettes à l'égard de non-historiens. Une des caractéristiques de tous les gens qui tournent autour des *Annales*, c'est que leur intérêt est beaucoup plus extra-historique, étranger à une formation traditionnelle historique, qu'intérieur à l'histoire. L'auteur que j'ai le plus lu, celui qui m'a le plus inspiré, c'est Vidal de la Blache. Avec lui, j'ai pris la passion d'une certaine géographie. Vidal de la Blache, un historien de l'Antiquité grecque passé avec armes et bagage à la géographie, a été le fondateur de l'École géographique française, car le mot *école*, ici, est celui qui convient, et jamais le fondateur n'a été dépassé par ses disciples. J'ai lu aussi de très près et avec passion des livres qui ne sont pas d'une lecture facile, qui sont même d'une lecture accablante, irritante, car l'art de bien penser n'est pas toujours l'art de bien s'exprimer. Il s'agit des livres de François Simiand, un philosophe passé à la sociologie, puis à l'économie politique, et qui a mis son amour-propre à mal écrire, parce qu'un savant, vers 1910-1912, s'il écrivait bien, donnait l'impression d'être un littéraire, de sacrifier au bien-parler. Un véritable savant prenait toutes les précautions pour être illisible, et François Simiand est presque illisible. Or il a donné le meilleur de sa vie, il l'a brûlée prématurément à la tâche surhumaine de l'histoire statistique, à des travaux aujourd'hui possibles grâce à des machines, à des recherches en équipe, et qui lui ont ravi sa santé. Je dois aussi beaucoup à l'influence de Maurice Halbwachs. On s'est amusé à retrouver dans un livre que j'ai publié sur la Méditerranée toutes les expressions et raisonnements que j'ai pu prendre à un de ses petits livres, *La Morphologie sociale*, un livre plein de promesses pour un historien au contact des choses, comme il disait. Mais si je choisissais quelques livres maîtres de l'actualité, je dirais que les esprits qui me sont fraternels, parce qu'il s'agit de gens à peu près de mon âge, ce sont surtout Georges Gurvitch, François Perroux et Alfred Sauvy. Georges Gurvitch a rendu, beaucoup plus qu'il ne le pense, des services éminents à la cause des historiens, dans la mesure où il a fait, en arrière de nous, un magnifique barrage d'artillerie, d'explosifs. Non seulement il a mis à mal toute la sociologie du XIXe siècle, mais comme l'explosion n'a pas été très bien dirigée (peut-être, j'en ai peur, intentionnellement), toute la pensée du début du XXe siècle a été dynamitée en même temps. Et nous, historiens, sommes particulièrement heureux qu'on ne vienne plus nous embêter avec la subjectivité et l'objectivité. Nous ne voulions déjà plus en discuter hier, et maintenant, quand on essaie de nous attirer sur ce terrain dangereux, nous renvoyons à la *Vocation actuelle de la sociologie*. Je dois à François Perroux le plaisir de voir s'élaborer en France le plan théorique, et celui de la théorie économique est un plan majeur. L'acharnement des gens qui ne sont pas des économistes, c'est de croire seulement à l'économie appliquée, de croire qu'à force de mesures et d'études statistiques, on finira par créer une sorte d'économie extrêmement intelligente. Or je suis sûr que le concept préalable est indispensable dans le domaine de l'économie. Je pourrais vous parler pendant des heures des théories de François Perroux, sur l'unité dominante, sur la dynamique de la domination, sur l'espace banal économique, sur le prix de revient de l'homme, sur la théorie générale de la croissance. J'y trouve quant à moi un immense plaisir intellectuel. Quant à Alfred Sauvy, pourquoi ne pas en dire beaucoup de bien et un petit peu de mal ? Beaucoup de bien, parce que *La Théorie générale de la population et la biologie de la population* représente un effort magnifique de mise au point. Nous arrivons pour le piller et nous sommes obligés de nous mettre à son école. Et nous protestons cependant avec violence, parce que toute la partie historique de ce livre est extrêmement faible. L'histoire, qui dispose de tout l'éventail du temps, dispose surtout de la très longue durée, que les économistes et démographes ne possèdent pas en principe. Les problèmes de très longue durée, dans l'ouvrage de Sauvy, ne sont pas saisis dans un éclairage suffisant, dans la mesure où il croit trop que faire de l'histoire, c'est s'occuper des doctrines, alors que c'est s'occuper de la réalité historique. Je crois avoir terriblement raison contre lui, mais sur des points de détail.

Mais plutôt que de mettre des noms et des œuvres en cause, je voudrais choisir dans les apports possibles des sciences sociales deux exemples qui réunissent une assez grosse somme d'expérience. Nous avons tous, nous historiens français, une habitude en commun. Si notre formation économique et démographique est très mauvaise, notre formation géographique est excellente : nous sommes ambivalents, historiens et géographes à la fois, ce qui n'arrive nulle part ailleurs dans le monde. Nous avons donc pris l'habitude, quel que soit le problème, de le cartographier, de le projeter sur une carte, de lui rendre son étendue, sa chair géographique. Prenons un exemple. Je suppose que nous avons sous les yeux une carte du monde du XVIe siècle au sens le plus large, disons 1450-1650. Sur cette carte, j'essaie de montrer la répartition de la population du monde. Naturellement mes calculs ne donnent qu'un ordre de grandeur, mais c'est beaucoup, et vous verrez que dès que le schéma est mis en place, les conséquences s'en dégagent avec une force étonnante.

Nous savons qu'en Méditerranée, en Europe au sens le plus large, la population globale est à peu près de 60 millions d'habitants ; la Russie est à peu près vide, la Moscovie a 4 ou 5 millions d'habitants. 60 millions, je suis peut-être un peu pessimiste : de vieux chiffres, comme ceux de Beloch, donnent 70 ou 80 millions. Sur la population du monde chinois, nous avons d'étonnantes précisions. Si l'on veut faire de l'histoire statistique, mieux vaut travailler sur la Chine des Ming que sur la France des Valois. Il y a exactement, dans la Chine des Ming, 60 millions d'habitants, à très peu près. Si l'on veut évaluer la population de l'Extrême-Orient en totalité, il faut, en général, doubler ce chiffre. On a donc en Europe 60 millions d'habitants et en Extrême-Orient 120 millions. Si vous ajoutez les 20 millions qui existent peut-être en Afrique et ne sont pas associés à la vie du vieux continent (sauf par les routes sahariennes qui lient le monde des Noirs à celui de la Méditerranée, avec quelques liaisons par la haute vallée du Nil, plus importantes mais tout de même superficielles, en direction de l'océan Indien), et 20 millions dans l'Amérique récemment découverte, faites le total. Vous avez à peu près 220 millions d'habitants dans le monde entier. Dix fois moins qu'aujourd'hui, et l'espace français compte à peu près alors 20 millions d'habitants. Vous vous rendez compte brusquement que la France est terriblement surpeuplée pour l'époque. Mais l'essentiel n'est pas là. L'essentiel, c'est que toute l'histoire du monde, c'est l'histoire des échanges entre l'Europe et l'Extrême-Orient, parce qu'il y a là presque une raison de physique humaine, contre laquelle on ne peut rien. Si vous étudiez les origines du capitalisme, il n'y a capitalisme que lorsqu'il y a contact entre l'Europe et l'Extrême-Orient. Et je dirai même, dans une formule qui vous paraîtra peut-être paradoxale, mais qui est juste en profondeur, qu'en réalité c'est la double économie de l'Europe et de l'Asie qui, lorsque l'Europe découvre l'Amérique, se sert des trésors du Nouveau Monde. Car ces trésors, arrivant à Séville, seront diffusés à travers l'Europe entière, puis au-delà de la Méditerranée et, par le cap de Bonne-Espérance, prendront le chemin de l'Inde et de la Chine.

Voulez-vous me permettre un autre exemple qui, cette fois, met directement en cause la pensée de Georges Gurvitch ? Les discussions sur la continuité et la discontinuité sont presque aussi vieilles que l'histoire, et je ne veux pas attribuer à mon collègue et ami le mérite d'avoir découvert une aussi vieille querelle. D'ailleurs, beaucoup trop prudent, il n'est ni pour la continuité ni pour la discontinuité. Mais il faut bien dire que, quels que soient les événements humains mis en cause, même enfoncés dans le plus lointain des passés, il y a en eux un contenu dont on retrouvera l'analogue, et quelquefois la matière identique, dans des événements plus ou moins récents.

Continuité de l'histoire : ne trouvez-vous pas singulier par exemple que le service de renseignements anglais, qui naturellement depuis la fin de la guerre travaille un peu moins qu'avant, s'étant attaqué au déchiffrage de l'écriture de la Crète minoenne et y ayant réussi, cela ait entraîné un bouleversement sans nom des positions anciennes de l'histoire grecque ? Découvrir brusquement que ces civilisations préhelléniques baignent déjà dans le vocabulaire et la langue grecs, s'apercevoir que Dionysos vient de faire un bond, non pas en avant, mais en arrière de quatre siècles — ce qui est tout de même assez gênant pour un certain nombre de thèses, sorbonniques ou non —, vous ne trouvez pas qu'il faut tout de même pour cela une matière qui soit restée la même à travers une épaisseur de siècles considérable ?

Vous avez peut-être connu mieux que moi un financier qui, dans les années vingt, abandonnant la banque où il avait d'ailleurs fait très honorable figure, il s'agit d'André Sayous, s'est brusquement passionné pour l'étude des origines du capitalisme, de l'assurance maritime, de la lettre de change ; et il a passé une vieillesse merveilleuse à ne pas être d'accord avec tous ses prédécesseurs, et même avec ses successeurs. Ce qui m'enchante chez lui, c'est qu'un jour, travaillant sur les vieux notaires de Santa Margarita, près de Gênes, il a dit brusquement : « Un vrai banquier [il s'agissait d'un document de 1260] n'a pas pu se conduire comme cela. » Il recherchait instinctivement une sorte de cohérence entre les problèmes financiers qu'il avait connus dans sa vie active et ceux de ce si lointain passé.

*

Mais c'est sur la discontinuité que je voudrais surtout attirer votre attention. Qu'il y ait continuité et discontinuité, après tout n'a rien de gênant : quand les physiciens sont obligés d'expliquer la lumière, ils l'expliquent soit par la théorie corpusculaire, soit par la théorie ondulatoire. Nous pouvons nous aussi nous offrir la contradiction de la continuité et de la discontinuité. Autrefois celle-ci semblait sans importance. L'habitude de distinguer des périodes, tellement caractéristique des historiens allemands comme Heinrich von Bülow et bien d'autres, consistait à s'armer d'un sabre et à couper l'histoire en tranches. Pour l'histoire politique — dire qu'à la mort de Louis XIV commençait le règne de Louis XV —, ce n'était pas grave. Mais, à mesure que l'histoire s'est engagée en profondeur, les coups de sabre sont devenus plus profonds. Alors serait-il possible vraiment de trancher, par des crevasses verticales, toute l'épaisseur du glacier, jusqu'au sol lui-même ? C'est une ambition qui ne sera certainement pas réalisée. Il y a cependant de terribles discontinuités. Et ce qui est curieux, c'est que les considérations des sociologues sur la discontinuité sociale, ou la discontinuité du social, ce qui n'est pas la même chose, se rencontrent avec des travaux d'économistes, et notamment les travaux, très difficiles d'ailleurs à suivre dans la traduction française, du Suédois Johann Akerman. Il croit à des cassures de structures (c'est-à-dire une sorte de superlatif de la cassure, il faudrait peut-être trouver un autre mot, des cassures de système), comme si toute l'histoire du monde s'était brusquement brisée, en 1817, en 1872 et en 1929. Vous voyez qu'il y a une coïncidence assez curieuse de ces dates avec la succession des cycles économiques : c'est au moment où il y a passage d'une période de montée à une période de descente, crise donc, au sens étroit de la définition économiste, qu'il y aurait cassure de *toute* l'épaisseur de l'évolution historique. Bref, nous serions engagés dans une France qui, depuis 1929, si les calculs d'Akerman sont exacts, vit beaucoup moins dans un héritage qu'au milieu de créations de structures neuves.

Vous vous rendez bien compte de l'importance des conclusions que j'essaie de vous présenter. Brusquement nous ne manions plus le sabre habituel des historiens : couper en 1872, sans prêter attention à la guerre de 1870-1871, est-ce raisonnable ? Un historien traditionnel, ou traditionaliste, reculerait devant cette horreur.

*

Mais le plus important de ce que j'avais à vous dire, c'est le choc en retour de toutes ces tentatives, de toutes ces visites rendues par les historiens aux sciences sociales voisines. Quand on retourne vers la matière historique, on y revient transformé. On risque, dans le domaine de la problématique et des méthodes, de faire éclater les règles anciennes, je dirais presque les structures du métier d'historien. Je voudrais m'en expliquer assez longuement tant du point de vue de la problématique que de celui des méthodes.

Vous vous rendez bien compte qu'un travail d'histoire doit par sa problématique, son ambition, ses données initiales, dépasser le cadre habituel de l'histoire s'il veut rejoindre les grandes coordonnées de la recherche actuelle de l'homme. Je n'accepterais pas personnellement de consacrer mon temps à la recherche de l'évolution scientifique du XVIe siècle et du début du XVIIe si cela devait me conduire uniquement à présenter une biographie, même très complète, de quelqu'un d'aussi important que Galilée. Si, au-delà de mon travail, je ne mets pas en cause la pensée scientifique elle-même ou au moins un des aspects suffisamment larges de cette pensée, mieux vaut m'occuper d'autre chose. J'espère avoir l'occasion de publier une étude sur l'histoire des maladies au XVIe siècle. Je me suis passionné pour l'étude des épidémies et des maladies associées. Je sais bien que cela ne pourrait qu'intéresser, même sans conclusion. Mais si une pareille étude ne me permet pas de montrer ce que soupçonnent beaucoup de médecins, à savoir qu'il y a des associations de maladies, associations curieuses qu'on ne peut pas toujours expliquer ; qu'il y a surtout une sorte de défense biologique qui fait qu'une maladie, progressivement, est « encaissée » en quelque sorte par une population et alors s'atténue et ne survit que sous une forme bénigne — tels le coryza ou la grippe à l'époque actuelle —, comme le souvenir d'une maladie autrefois virulente ; si je ne réussis pas à dépasser l'accidentel (je ne dis plus maintenant l'événementiel) de l'histoire des maladies, il vaudra mieux que je m'engage dans une autre direction.

Quelques-uns de mes collaborateurs et anciens élèves étudient avec passion, depuis quatre ou cinq ans, au prix d'un gros travail, l'évolution des prix dans la toute petite ville de Chioggia, au sud de Venise. Ils ont réussi à rassembler des millions de prix : les machines d'aujourd'hui permettent ces prouesses qu'un Simiand n'aurait pu mener à bonne fin seul. Mais le problème, ce n'est pas de multiplier les données statistiques. Du point de vue statistique, on pourrait dire : « Qu'importe d'avoir, de la fin du XIVe siècle à 1700, trente ou cinquante cotations de prix par jour ? Il suffit d'en prendre une pour avoir l'allure générale du mouvement. » Et rien ne nous dit d'ailleurs qu'une telle étude microéconomique n'ait pas son importance et sa valeur. Mais le débat est ailleurs. On possède pour cette ville non seulement le mouvement des prix, mais celui des salaires ; on connaît les variations du cadastre, l'évolution démographique, naissances, mariages, décès, et de quelles maladies les gens sont morts (grâce aux autopsies). On a donc pensé qu'on se trouvait devant un cas privilégié, qu'il fallait voir s'il y avait des liaisons entre les différents ordres de faits, et qu'on pourrait se demander ensuite si le cas est significatif pour l'ensemble de l'Italie et permettrait de passer à une généralisation qui ne serait pas trop abusive. Nous gagnerons ou nous perdrons. Mais vous devinez bien que cet effort n'est justifié à nos yeux que par l'espoir de gagner et que le problème n'est pas d'éclairer la ville de Chioggia en elle-même. Je ne dis pas que nous nous en moquons, mais nous n'avons pour elle qu'un intérêt très mesuré.

Autre exemple. Quand Lucien Febvre étudie la religion de Rabelais, ne croyez pas que c'est pour montrer que Rabelais était croyant et non libre penseur, ou déjà franc-maçon, comme l'a pensé Abel Lefranc. C'est un autre problème qu'il vise : il existe à chaque époque une sorte de monde mental, avec son cadre de possibilités ; on ne peut pas construire une pensée libre, par exemple, sans avoir un certain vocabulaire, et il s'agit de démontrer qu'il y avait là, du temps de Rabelais, une limite entre le possible et l'impossible. C'est donc un problème très au-delà du cas particulier qui est étudié, au-delà du problème de l'incroyance, au-delà de Rabelais lui-même.

Je dirais que moi-même, quand j'ai étudié la Méditerranée, je me suis convaincu que j'avais le droit de chercher un sujet dépassant l'histoire traditionnelle et mettant en lumière surtout l'histoire immobile, au contact des cadres géographiques. Cette histoire immobile constitue la première partie de mon livre ; ensuite une histoire lente, rythmée, en constitue le cœur, et enfin j'ouvre la porte à l'histoire événementielle, car dépasser l'événement ne veut pas dire le supprimer. Un seul de mes critiques — j'en ai eu des dizaines — s'est rendu compte que toute la partie événementielle du livre était pondérée, pour parler le langage des économistes, que j'ai suivi certains événements et non pas d'autres, qu'en somme j'ai raconté trois fois la même histoire de la Méditerranée : une histoire statique, une histoire d'évolution, puis l'histoire des hommes qui quelquefois, en se trompant presque toujours, ont cru alors mener le monde.

Mais la problématique est beaucoup moins intéressante que les problèmes de méthode, qui débouchent, je le répète, sur un bouleversement des structures les plus profondes et les plus habituelles de notre métier. J'ai l'intention de vous en donner deux exemples, mais rapidement.

Ce sont surtout les économistes, plus encore que les sociologues, qui nous ont fourni notre pain quotidien pendant ces dix ou quinze dernières années. Ils nous ont montré comment, aux prises avec des difficultés soudaines, impérieuses, il existe des méthodes pour tenter de dominer la réalité, sans encore la bien connaître. Les économistes, et surtout les statisticiens, ne procèdent jamais comme les historiens qui souvent s'exaltent en quelque sorte quand ils ont entre les mains les outils de la statistique : ils finissent par ne plus s'occuper que de la technique, alors que la technique doit servir à quelque chose. Or, en statistique, on commence toujours par penser très en gros. On fait absolument comme un tailleur que j'ai connu dans ma jeunesse algéroise, il y a bien longtemps, qui avait l'habitude, surtout quand on était aussi fluet que je l'étais à cette époque, de commencer par tailler un énorme costume, puis de procéder par retouches successives, pour le mettre à peu près au contact de votre personne. C'est un peu ce que font les économistes quand ils fabriquent ce qu'on appelle des modèles. Définir exactement ce que c'est qu'un modèle, c'est au-dessus de mes forces, je m'en suis fait une idée personnelle. Il y a des modèles calculés et des modèles qualitatifs. Les économistes préfèrent les premiers aux seconds et ils ont raison, mais en histoire on ne peut pas toujours choisir. Raisonner par modèles, c'est relever, dans une question d'histoire qui peut nous passionner, un certain nombre d'observations majeures, les rapprocher les unes des autres, aller jusqu'au bout de leurs conséquences, les réunir quand c'est possible, soit avec des preuves, soit avec des raisonnements. Vous me direz que c'est très dangereux ; bien sûr, mais c'est indispensable avant tout effort d'érudition. On ne doit pas se jeter dans les dépôts d'archives en pensant que les documents, miraculeusement, finiront par poser des problèmes ; ils ne les posent jamais. On va dans les dépôts d'archives pour avoir la confirmation de raisonnements préalables. Si votre problématique n'est pas assez poussée, si vous n'êtes pas partisan de l'histoire problème, vous allez vous perdre dans n'importe quoi. Mais mieux vaut un exemple.

Figurez-vous que je me suis passionné pour la Chine des Ming, pour bien des raisons, pas seulement pour ennuyer mes collègues en histoire que cela en effet ennuie beaucoup. Des gens admirables peuvent vous réciter toute la série des dynasties chinoises. Mais quand on pose à ces mêmes personnages des questions sur la Chine des Ming, ils font la grimace, comme si cela ne faisait pas partie de la culture de l'honnête homme. Notre humanisme classique est un humanisme à base étroite, à base méditerranéenne. Le monde de la Chine n'en fait pas partie. Pourtant rien n'est plus passionnant que la Chine des Ming, ni même plus facile à saisir pour quelqu'un qui ne connaît pas le chinois — je ne dis pas plus facile à comprendre. La première prise de position, l'opération préalable, la fabrication du modèle, est tout à fait à notre portée. Et on s'aperçoit très vite que tout modèle, fabriqué par un historien, sans culture extraordinaire au point de vue économique et démographique, dépasse automatiquement ce que les sinologues peuvent nous raconter de la Chine des Ming, dont les malheurs et les merveilles artistiques vont de 1368 à 1644, jusqu'à cette prise de Pékin que parmi vous peu de personnes doivent connaître. Pourtant 1644, prise de Pékin par les Mandchous, c'est une très grande date, qui vaut bien les très grandes dates de l'histoire occidentale. En 1368, la Chine méridionale s'était libérée de la domination des Mongols, et très rapidement les Ming ont rejeté ceux-ci vers le nord ; puis, obligés de les suivre, ils ont installé bientôt leur capitale à Pékin. Si bien que le désastre de Pékin en 1644 est très grave : il ouvre le Nord non pas aux Mongols cette fois, mais aux Mandchous, qui vont peu à peu occuper l'immense Chine.

Nous disposons sur la Chine des Ming de statistiques. Les sinologues, à leur égard, sont très prudents. Ce sont des statistiques étranges imprimées par blocs de bois et l'on peut imaginer les conséquences d'une erreur, d'une confusion de deux chiffres. Les érudits qui ne connaissent pas la statistique n'y voient donc qu'une série de chiffres fantaisistes. Or récemment un article de Von der Sprenkel a démontré que ces statistiques étaient cohérentes, avec des vérifications doubles ou triples. Nous avons donc à notre disposition un matériel dont on ne peut imaginer l'équivalent dans le monde occidental et cela montre à soi seul qu'il y a une tension politique de la Chine infiniment supérieure à celle qu'on peut trouver, alors, dans l'Europe occidentale.

Or ce que disent ces statistiques, c'est un dépeuplement massif de la Chine méridionale, la Chine du Yang Tsé Kiang, de Nankin, de Fou-kien, de la région de Canton, au bénéfice de la Chine extérieure, la Chine du Nord principalement, depuis le Kiang Son jusqu'au Chan Si, et aussi la région du Sé Tchouen en direction de l'ouest et plus encore le Yunnan, pays de colonisation extraordinaire. Nous pouvons suivre très exactement ce déplacement de population. Nous savons même par quel coefficient — qui nous est connu — nous devons multiplier le nombre des foyers, des maisons pour avoir le chiffre de la population totale. En Europe occidentale, le coefficient courant c'est 4 ou 4,5 ou 5, ce qui indique l'importance de la famille. Dans la Chine méridionale, abandonnée par son surplus de population, ce coefficient occidental se retrouve. Dans toutes les régions périphériques, au contraire, il est beaucoup plus élevé, 7, 8, 10 et jusqu'à 12. Il s'agit donc d'énormes familles qui ne peuvent survivre que par leur coude à coude, dans ces régions qui s'ouvrent, la plupart du temps, à la colonisation, à l'agriculture, au travail des hommes. Voilà déjà des lumières singulières. Si vous y ajoutez tout ce que vous avez appris à propos des pays sous-développés d'aujourd'hui — les pays sous-développés qu'étudient les économistes sont le champ d'expérience par excellence des historiens, car la France du XVIe siècle, la Chine des Ming sont des pays sous-développés —, tout le travail fait dans ce domaine est utilisable pour qui veut prendre la mesure de ces mondes économiques d'autrefois. Vous retrouvez le vagabondage des hommes, les énormes mortalités, la désarticulation de l'économie et mille autres détails ; vous retrouvez même la règle, qui est presque toujours triomphante, des vieux systèmes d'explication économique, cette théorie quantitative de la monnaie dont on a pu suspecter l'exactitude dans le monde actuel moderne, mais qui est presque toujours vraie dans les mondes sous-développés.

On assiste en effet, en Chine, à la disparition de la monnaie d'argent, à partir de 1368. La monnaie d'argent, c'était la monnaie mongole, la monnaie apportée par la route de la soie, par le pompage des réserves en métal blanc du monde occidental. Car le commerce de la soie, commerce terrestre du nord, était un commerce positif pour la Chine. Si on voit disparaître le métal blanc, c'est surtout parce que les Ming n'ont pas confiance dans cette monnaie de l'ancienne dynastie. On revient donc progressivement à la monnaie de cuivre, qui ne cessera de jouer son rôle, et aussi à une sorte de troc généralisé, si bien que les impôts sont perçus en nature, soit en riz, soit en balles de soie. Cependant, vers 1420 ou 1430, on voit réapparaître la monnaie d'argent. Tout petit détail. Mais je m'adresse aux économistes : le phénomène d'une importance considérable est que, en même temps, on voit brusquement monter tous les prix. Alors qu'il y avait eu une dégringolade du prix du riz depuis 1368 jusqu'à 1436, on assiste, avec l'augmentation de la population, avec la nécessité d'expédier vers le Nord, en train de se peupler, des quantités considérables de riz — ne serait-ce qu'en direction de la capitale nouvelle —, on assiste à une montée vertigineuse des prix.

Ceci posé, passons à une petite anecdote d'érudition, l'un des détails les plus connus de l'histoire chinoise, sur lequel les sinologues ont beaucoup épilogué sans être capables de l'expliquer. Je ne dis pas que je l'explique moi-même, mais je propose une explication. Entre 1400 et 1430 (je m'excuse d'ignorer les dates exactes, mais un historien occidental se repère difficilement dans l'histoire de la Chine), s'organisent à partir de Canton d'énormes expéditions de bateaux chinois, de gros bateaux : dans l'océan Indien, chaque fois qu'on voit apparaître une jonque chinoise, n'est-ce pas toujours un monstre, auprès duquel les boutres arabes sont presque insignifiants ? Toutefois la particularité de ces expéditions du XVe siècle, expéditions en force si je ne me trompe, c'est qu'elles ont été conduites au-delà de l'aire normale du commerce extérieur chinois, au-delà de la péninsule de Malacca, dans l'océan Indien, jusqu'à Aden et à l'Afrique, dont on rapportera des animaux sauvages, notamment des girafes. Sur ces expéditions qui n'auront qu'un temps, beaucoup de littérature. On a dit, car les historiens sinologues ont aussi beaucoup d'imagination : « Il suffisait d'un coup de vent, et ils découvraient le cap de Bonne-Espérance », dans l'autre sens bien sûr, pas celui de Vasco de Gama. J'imagine pour ma part l'explication suivante. N'oubliez pas que si le commerce mongol est un commerce positif, avec rentrées d'argent, le commerce par Canton est au contraire toujours déficitaire. C'est-à-dire que la Chine ne peut l'amorcer, pour avoir notamment des épices, du poivre, que par une exportation d'argent. Vous êtes presque sur la voie de l'explication (une explication qu'il faudrait sans doute confirmer). Il faut que l'argent sorte. Or, à partir de 1368, pour bien des raisons, il n'y a plus d'argent, donc plus de commerce par Canton, même si les marins chinois peuvent aller jusqu'à Malacca. Alors, après 1400, c'est par une politique de force que la liaison sera rétablie, par une série d'affirmations de suprématie, par des garnisons, notamment sur l'île de Ceylan, par des menaces — en fait il s'agit d'expéditions militaires ; et puis, au-delà de 1430, avec le retour à la santé du monde chinois et la possibilité d'exporter à nouveau de l'argent, l'intérêt pour ces expéditions maritimes s'arrête, le commerce reprend, je dirais presque normalement.

Je n'ai pas le sentiment de vous avoir fourni sur l'histoire de la Chine des Ming des détails qui soient indiscutables ; mais je vous ai montré comment, de plus en plus, un certain nombre d'historiens — dirai-je de « vrais » historiens ? — construisent par avance non pas toute l'explication à laquelle ils doivent aboutir, mais les prémices de leur recherche, selon une ligne de calcul préalable, à vérifier bien entendu par la recherche.

*

Je voudrais, laissant de côté l'exemple de la France du XVIe siècle dont j'aurais voulu vous entretenir, vous présenter maintenant ma conclusion. Vous vous rendez compte que le dépassement de l'événement n'est pas sa suppression ; il ne s'agit pas d'une histoire non événementielle, mais méta-événementielle, bien que l'expression soit atroce. Je ne me suis pas trop plaint, malgré mes promesses, des philosophes. Pourtant, puis-je dire une méchanceté ? Les philosophes ne s'occupent pour ainsi dire jamais des sciences sociales ; et s'ils s'en occupent, on regrette qu'ils ne soient pas restés chez eux, à parler franchement, car ils mettent en cause une histoire qui n'est plus la nôtre, qui n'a pas plus de rapport avec nos préoccupations actuelles que la physique d'Ampère avec celle d'aujourd'hui. Dieu nous préserve des philosophes qui s'occupent de l'histoire. C'est ce que disait à peu près pour les mathématiques un de mes collègues au Collège de France : « Les mathématiques des inspecteurs généraux, celles que l'on doit enseigner, c'est très compliqué, on ne s'y reconnaît jamais. Les mathématiques des philosophes (il citait le nom d'un collègue philosophe spécialisé dans l'histoire des sciences), c'est tellement savant qu'on n'y comprend plus rien. Mais les mathématiques ordinaires, je m'y débrouille assez bien. » Je dirai pourtant : il y a pire que l'histoire des philosophes, c'est la philosophie de l'histoire des historiens, quelque chose d'absolument monstrueux. On dirait que chaque fois que nous voulons nous élever au général, que nous voulons penser notre métier, c'est comme si nous rédigions notre testament. Lorsqu'un historien se demande comment il faut organiser l'histoire, on peut être sûr que, sur le plan histoire ordinaire, il ne donnera rigoureusement plus rien. Mais j'ai le sentiment que presque toujours, dans ce combat qui est un combat pour la découverte de l'homme, pour la mise au point d'un humanisme neuf, les philosophes les plus illustres s'en vont, à l'époque actuelle, au secours de la victoire, selon une stratégie qui donne d'excellents résultats. On les voit arriver au secours de la physique nucléaire, essayer de l'attirer dans le sens de la philosophie, mais jamais s'aventurer dans le domaine encore incertain, plein de surprises et de désagréments, que peut être le domaine des sciences sociales.

Deux mots et j'en aurai fini de ces réflexions, que je ne voudrais surtout pas amères. Figurez-vous que ce que j'ai fait, ce que fait Lucien Febvre, ce qu'a fait Marc Bloch, intéresse un certain nombre d'historiens. Je n'y vois pas d'inconvénients, mais cela irrite un certain nombre de nos contemporains. De quoi flatter ma vanité : qu'on s'occupe de vous, cela vaut quand même mieux, même si c'est pour dire des choses désagréables, que de ne vous prêter aucune attention. Or, à la réflexion, j'ai le sentiment que ce qui est mis en cause dans une entreprise comme la mienne, c'est autre chose que mes passions et mes erreurs. Il s'agit d'une petite chose, mais d'une importance exceptionnelle, si vraiment nous sommes dans une révolution en train de se faire, en quête d'une sorte d'humanisme nouveau. Ce concept n'est possible en effet que si la recherche est absolument désintéressée, non engagée, que si la pensée qui nous soutient est une pensée indifférente à ses résultats. Nous ne savons pas les conséquences monstrueuses, sur le plan de l'activité ordinaire, qu'on pourra tirer un jour de ces recherches, je ne dis pas celles de l'histoire, mais de l'économie politique ou de la sociologie. Le jour où l'homme, si divers et si multiple, sera beaucoup mieux connu qu'il ne l'est aujourd'hui, ne croyez pas que cette connaissance signifiera la liberté, je suis sûr même du contraire ; il y aura une tentative pour profiter de ce que l'on connaîtra de lui, pour le coincer encore plus qu'il ne l'est à l'heure actuelle. Mais, je le répète, toute recherche scientifique doit être rigoureusement en dehors de tous les engagements sociaux, de tous les engagements religieux, je dirai même de tous les engagements vis-à-vis des patries les plus chères. Nous ne sommes pas en train de travailler, au nom de l'histoire, pour montrer que les Français ont toujours eu raison, que le testament de Richelieu est une chose merveilleuse ; nous ne sommes pas engagés dans ces querelles qui me semblent extrêmement médiocres. Or j'ai le sentiment que, quand il s'agit de l'équipe des *Annales*, du mouvement, ou de la pseudo-école, des *Annales*, ce qu'on lui reproche, ce qu'on nous reproche, c'est d'avoir ce souci particulier d'une liberté indispensable, qui est liberté de l'esprit de recherche, quelle que soit la découverte, si découverte il y a, que nous rencontrerons.

V

LA LONGUE DURÉE *

Cet essai souvent publié en français, traduit et retraduit, est le plus connu des articles de Fernand Braudel qui y a sûrement attaché une réflexion toute particulière. Responsable des Annales *après la mort de Lucien Febvre, il tentait là, à travers le concept de longue durée, de définir un grand thème d'orientation et de recherches, capable d'ouvrir des possibilités de rapprochement entre l'histoire et les autres sciences de l'homme.*

Si le retentissement de ce texte a été immédiatement très vif dans le monde des historiens, Fernand Braudel s'est dit souvent déçu que cet appel n'ait guère provoqué de réponse parmi les sciences sociales « de l'actuel », comme il disait. Alors que, étrangement, le mot, comme le concept, de « longue durée » est passé aujourd'hui dans le langage courant, celui des journalistes et même des hommes politiques.

Il y a crise générale des sciences de l'homme : elles sont toutes accablées sous leurs propres progrès, ne serait-ce qu'en raison de l'accumulation des connaissances nouvelles et de la nécessité d'un travail collectif, dont l'organisation intelligente reste à mettre sur

* *Annales E.S.C.*, octobre-décembre 1958, rubrique : « Débats et Combats », pp. 725-753. Repris dans *Écrits sur l'Histoire*, 1969.

pied ; directement ou indirectement, toutes sont touchées, qu'elles le veuillent ou non, par les progrès des plus agiles d'entre elles, mais restent cependant aux prises avec un humanisme rétrograde, insidieux, qui ne peut plus leur servir de cadre. Toutes, avec plus ou moins de lucidité, se préoccupent de leur place dans l'ensemble monstrueux des recherches anciennes et nouvelles, dont se devine aujourd'hui la convergence nécessaire.

De ces difficultés, les sciences de l'homme sortiront-elles par un effort supplémentaire de définition ou un surcroît de mauvaise humeur ? Peut-être en ont-elles l'illusion, car (au risque de revenir sur de très vieux rabâchages ou de faux problèmes) les voilà préoccupées, aujourd'hui plus encore qu'hier, de définir leurs buts, leurs méthodes, leurs supériorités. Les voilà, à l'envi, engagées dans des chicanes sur les frontières qui les séparent, ou ne les séparent pas, ou les séparent mal des sciences voisines. Car chacune rêve, en fait, de rester ou de retourner chez elle... Quelques savants isolés organisent des rapprochements : Claude Lévi-Strauss[1] pousse l'anthropologie « structurale » vers les procédés de la linguistique, les horizons de l'histoire « inconsciente » et l'impérialisme juvénile des mathématiques « qualitatives ». Il tend vers une science qui lierait, sous le nom de *science de la communication*, l'anthropologie, l'économie politique, la linguistique... Mais qui est prêt à ces franchissements de frontière et à ces regroupements ? Pour un oui, pour un non, la géographie elle-même divorcerait d'avec l'histoire !

Mais ne soyons pas injustes ; il y a un intérêt à ces querelles et à ces refus. Le désir de s'affirmer contre les autres est forcément à l'origine de curiosités nouvelles : nier autrui, c'est déjà le connaître. Bien plus, sans le vouloir explicitement, les sciences sociales s'imposent les unes aux autres, chacune tend à saisir le social en son entier, dans sa « totalité » ; chacune empiète sur ses voisines en croyant demeurer chez elle. L'économie découvre la sociologie qui la cerne, l'histoire — peut-être la moins structurée des sciences de l'homme — accepte toutes les leçons de son multiple voisinage et s'efforce de les répercuter. Ainsi, malgré les réticences, les oppositions, les ignorances tranquilles, la mise en place d'un « marché commun » s'esquisse ; elle vaudrait la peine d'être tentée au cours des années qui viennent, même si, plus tard, chaque science avait avantage, pour un temps, à reprendre une route plus étroitement personnelle.

Mais se rapprocher tout d'abord, l'opération est urgente. Aux États-Unis, cette réunion a pris la forme de recherches collectives sur les aires culturelles du monde actuel, les *area studies* étant, avant tout, l'étude par une équipe de *social scientists*, de ces monstres politiques du temps présent : Chine, Inde, Russie, Amérique latine, États-Unis. Les connaître, question de vie ! Encore faut-il, lors de cette mise en commun de techniques et de connaissances, que chacun des participants ne reste pas enfoncé dans son travail particulier, aveugle ou sourd, comme la veille, à ce que disent, écrivent, ou pensent les autres ! Encore faut-il que le rassemblement des sciences sociales soit complet, que l'on ne néglige pas les plus anciennes au bénéfice des plus jeunes, capables de tant promettre, sinon de toujours tenir. Par exemple, la place faite à la géographie dans ces tentatives américaines est pratiquement nulle, extrêmement mince celle que l'on concède à l'histoire. Et d'ailleurs, de quelle histoire s'agit-il ?

De la crise que notre discipline a traversée au cours de ces vingt ou trente dernières années, les autres sciences sociales sont assez mal informées et leur tendance est de méconnaître, en même temps que les travaux des historiens, un aspect de la réalité sociale dont l'histoire est bonne servante, sinon toujours habile vendeuse : cette durée sociale, ces temps multiples et contradictoires de la vie des hommes, qui ne sont pas seulement la substance du passé, mais aussi l'étoffe de la vie sociale actuelle. Raison de plus pour signaler avec force, dans le débat qui s'instaure entre toutes les sciences de l'homme, l'importance, l'utilité de l'histoire, ou plutôt de la dialectique de la durée, telle qu'elle se dégage du métier, de l'observation répétée de l'historien ; rien n'étant plus important, d'après nous, au centre de la réalité sociale, que cette opposition vive, intime, répétée indéfiniment, entre l'instant et le temps lent à s'écouler. Qu'il s'agisse du passé ou de l'actualité, une conscience nette de cette pluralité du temps social est indispensable à une méthodologie commune des sciences de l'homme.

Je parlerai donc longuement de l'histoire, du temps de l'histoire. Moins pour les lecteurs de cette revue, spécialistes de nos études, que pour nos voisins des sciences de l'homme : économistes, ethnographes, ethnologues (ou anthropologues), sociologues, psychologues, linguistes, démographes, géographes, voire mathématiciens sociaux ou statisticiens — tous voisins que, depuis de longues années, nous avons suivis dans leurs expériences et recherches parce qu'il nous semblait (et il nous semble encore) que, mise à leur remorque ou à leur contact, l'histoire s'éclaire d'un jour nouveau. Peut-être, à notre tour, avons-nous quelque chose à leur rendre. Des expériences et tentatives récentes de l'histoire, se dégage — consciente ou non, acceptée ou non — une notion de plus en plus précise de la multiplicité du temps et de la valeur exceptionnelle du temps long. Cette dernière notion, plus que l'histoire elle-même — l'histoire aux cent visages —, devrait intéresser les sciences sociales, nos voisines.

Histoire et durées

Tout travail historique décompose le temps révolu, choisit entre ses réalités chronologiques, selon des préférences et exclusives plus ou moins conscientes. L'histoire traditionnelle attentive au temps bref, à l'individu, à l'événement, nous a depuis longtemps habitués à son récit précipité, dramatique, de souffle court.

La nouvelle histoire économique et sociale met au premier plan de sa recherche l'oscillation cyclique et elle mise sur sa durée : elle s'est prise au mirage, à la réalité aussi des montées et descentes cycliques des prix. Il y a ainsi, aujourd'hui, à côté du récit (ou du « récitatif » traditionnel), un récitatif de la conjoncture qui met en cause le passé par larges tranches : dizaines, vingtaines ou cinquantaines d'années.

Bien au-delà de ce second récitatif se situe une histoire de souffle plus soutenu encore, d'ampleur séculaire cette fois : l'histoire de longue, même de très longue durée. La formule, bonne ou mauvaise, m'est devenue familière pour désigner l'inverse de ce que François Simiand, l'un des premiers après Paul Lacombe, aura baptisé histoire événementielle. Peu importent ces formules ; en tout cas c'est de l'une à l'autre, d'un pôle à l'autre du temps, de l'instantané à la longue durée que se situera notre discussion.

Non que ces mots soient d'une sûreté absolue. Ainsi le mot *événement*. Pour ma part, je voudrais le cantonner, l'emprisonner dans la courte durée : l'événement est explosif, « nouvelle sonnante », comme l'on disait au XVIe siècle. De sa fumée abusive, il emplit la conscience des contemporains, mais il ne dure guère, à peine voit-on sa flamme.

Les philosophes nous diraient, sans doute, que c'est vider le mot d'une grosse partie de son sens. Un événement, à la rigueur, peut se charger d'une série de significations ou d'accointances. Il porte témoignage parfois sur des mouvements très profonds, et par le jeu factice ou non des « causes » et des « effets », chers aux historiens d'hier, il s'annexe un temps très supérieur à sa propre durée. Extensible à l'infini, il se lie, librement ou non, à toute une chaîne d'événements, de réalités sous-jacentes, et impossibles, semble-t-il, à détacher dès lors les uns des autres. Par ce jeu d'additions, Benedetto Croce pouvait prétendre que, dans tout événement, l'histoire entière, l'homme entier s'incorporent et puis se redécouvrent à volonté. À condition, sans doute, d'ajouter à ce fragment ce qu'il ne contient pas au premier abord et donc de savoir ce qu'il est juste — ou non — de lui adjoindre. C'est ce jeu intelligent et dangereux que proposent des réflexions récentes de Jean-Paul Sartre[2].

Alors, disons plus clairement, au lieu d'événementiel : le temps court, à la mesure des individus, de la vie quotidienne, de nos illusions, de nos prises rapides de conscience — le temps par excellence du chroniqueur, du journaliste. Or, remarquons-le, chronique ou journal donnent, à côté des grands événements, dits historiques, les médiocres accidents de la vie ordinaire : un incendie, une catastrophe ferroviaire, le prix du blé, un crime, une représentation théâtrale, une inondation. Chacun comprendra qu'il y ait, ainsi, un temps court de toutes les formes de la vie, économique, social, littéraire, institutionnel, religieux, géographique même (un coup de vent, une tempête), aussi bien que politique.

À la première appréhension, le passé est cette masse de menus faits, les uns éclatants, les autres obscurs et indéfiniment répétés, ceux mêmes dont la microsociologie ou la sociométrie, dans l'actualité, font leur butin quotidien (il y a aussi une microhistoire). Mais cette masse ne constitue pas toute la réalité, toute l'épaisseur de l'histoire sur quoi peut travailler à l'aise la réflexion scientifique. La science sociale a presque horreur de l'événement. Non sans raison : le temps court est la plus capricieuse, la plus trompeuse des durées.

D'où chez certains d'entre nous, historiens, une méfiance vive à l'égard d'une histoire traditionnelle, dite événementielle, l'étiquette se confondant avec celle d'histoire politique, non sans quelque inexactitude : l'histoire politique n'est pas forcément événementielle, ni condamnée à l'être. C'est un fait cependant que, sauf les tableaux factices, presque sans épaisseur temporelle, dont elle coupait ses récits[3], sauf les explications de longue durée dont il fallait bien l'assortir, c'est un fait que, dans son ensemble, l'histoire des cent dernières années, presque toujours politique, centrée sur le drame des « grands événements », a travaillé dans et sur le temps court. Ce fut peut-être la rançon des progrès accomplis, pendant cette même période, dans la conquête scientifique d'instruments de travail et de méthodes rigoureuses. La découverte massive du document a fait croire à l'historien que dans l'authenticité documentaire était la vérité entière. « Il suffit, écrivait hier encore Louis Halphen, de se laisser en quelque sorte porter par les documents, lus l'un après l'autre, tels qu'ils s'offrent à nous, pour voir la chaîne des faits se reconstituer presque automatiquement[4]. » Cet idéal, « l'histoire à l'état naissant », aboutit vers la fin du XIXe siècle à une chronique d'un nouveau style qui, dans son ambition d'exactitude, suit pas à pas l'histoire événementielle telle qu'elle se dégage de correspondances d'ambassadeurs ou de débats parlementaires. Les historiens du XVIIIe siècle et du début du XIXe avaient été autrement attentifs aux perspectives de la longue durée, que seuls, par la suite, de grands esprits, un Michelet, un Ranke, un Jacob Burckhardt, un Fustel surent redécouvrir. Si l'on accepte que ce dépassement du temps court a été le bien le plus précieux, parce que le plus rare, de l'historiographie des cent dernières années, on comprendra le rôle éminent de l'histoire des institutions, des religions, des civilisations, et, grâce à l'archéologie à qui il faut de vastes espaces chronologiques, le rôle d'avant-garde des études consacrées à l'antiquité classique. Hier, elles ont sauvé notre métier.

La rupture récente avec les formes traditionnelles de l'histoire du XIXe siècle n'a pas été une rupture totale avec le temps court. Elle a joué, on le sait, au bénéfice de l'histoire économique et sociale, au détriment de l'histoire politique. D'où un bouleversement et un indéniable renouveau ; d'où, inévitablement, des changements de méthode, des déplacements de centres d'intérêt avec l'entrée en scène d'une histoire quantitative qui, certainement, n'a pas dit son dernier mot.

Mais surtout, il y a eu altération du temps historique traditionnel. Une journée, une année pouvaient paraître de bonnes mesures à un historien politique, hier. Le temps était une somme de journées. Mais une courbe des prix, une progression démographique, le mouvement des salaires, les variations du taux d'intérêt, l'étude (plus rêvée que réalisée) de la production, une analyse serrée de la circulation réclament des mesures beaucoup plus larges.

Un mode nouveau de récit historique apparaît, disons le « récitatif » de la conjoncture, du cycle, voire de l'« intercycle », qui propose à notre choix une dizaine d'années, un quart de siècle et, à l'extrême limite, le demi-siècle du cycle classique de Kondratieff. Par exemple, compte non tenu des accidents brefs et de surface, les prix montent, en Europe, de 1791 à 1817 ; ils fléchissent de 1817 à 1852 : ce double et lent mouvement de montée et de recul représente un intercycle complet à l'heure de l'Europe et, à peu près, du monde entier. Sans doute, ces périodes chronologiques n'ont-elles pas une valeur absolue. À d'autres baromètres, celui de la croissance économique et du revenu ou du produit national, François Perroux [5] nous offrirait d'autres bornes, plus valables peut-être. Mais peu importent ces discussions en cours ! L'historien dispose sûrement d'un temps nouveau, élevé à la hauteur d'une explication où l'histoire peut tenter de s'inscrire, se découpant suivant des repères inédits, selon ces courbes et leur respiration même.

C'est ainsi qu'Ernest Labrousse et ses élèves ont mis en chantier, depuis leur manifeste du dernier Congrès historique de Rome (1955), une vaste enquête d'histoire sociale, sous le signe de la quantification. Je ne crois pas trahir leur dessein en disant que cette enquête aboutira forcément à la détermination de conjonctures (voire de structures) sociales, rien ne nous assurant, à l'avance, que cette conjoncture aura la même vitesse ou la même lenteur que l'économique. D'ailleurs ces deux gros personnages, conjoncture économique et conjoncture sociale, ne doivent pas nous faire perdre de vue d'autres acteurs, dont la marche sera difficile à déterminer, peut-être indéterminable, faute de mesures précises. Les sciences, les techniques, les institutions politiques, les outillages mentaux, les civilisations (pour employer ce mot commode) ont également leur rythme de vie et de croissance, et la nouvelle histoire conjoncturelle sera seulement au point lorsqu'elle aura complété son orchestre.

En toute logique, ce récitatif aurait dû, par son dépassement même, conduire à la longue durée. Mais, pour mille raisons, le dépassement n'a pas été la règle et un retour au temps court s'accomplit sous nos yeux ; peut-être parce qu'il semble plus nécessaire (ou plus urgent) de coudre ensemble l'histoire « cyclique » et l'histoire courte traditionnelle que d'aller de l'avant, vers l'inconnu. En termes militaires, il s'agirait là de consolider des positions acquises. Le premier grand livre d'Ernest Labrousse, en 1933, étudiait ainsi le mouvement général des prix en France au XVIIIe siècle[6], mouvement séculaire. En 1943, dans le plus grand livre d'histoire paru en France au cours de ces vingt-cinq dernières années, le même Ernest Labrousse cédait à ce besoin de retour à un temps moins encombrant, quand, au creux même de la dépression de 1774 à 1791, il signalait une des sources vigoureuses de la Révolution française, une de ses rampes de lancement. Encore mettait-il en cause un demi-intercycle, mesure large. Sa communication au Congrès international de Paris, en 1948, « Comment naissent les révolutions ? » s'efforce de lier, cette fois, un pathétisme économique de courte durée (nouveau style), à un pathétisme politique (très vieux style), celui des journées révolutionnaires. Nous revoici dans le temps court, et jusqu'au cou. Bien entendu, l'opération est licite, utile, mais comme elle est symptomatique ! L'historien est volontiers metteur en scène. Comment renoncerait-il au drame du temps bref, aux meilleures ficelles d'un très vieux métier ?

Au-delà des cycles et intercycles, il y a ce que les économistes appellent, sans toujours l'étudier, la tendance séculaire. Mais elle n'intéresse encore que de rares économistes et leurs considérations sur les crises structurelles, n'ayant pas subi l'épreuve des vérifications historiques, se présentent comme des ébauches ou des hypothèses, à peine enfoncées dans le passé récent, jusqu'en 1929, au plus jusqu'aux années 1870 [7]. Elles offrent cependant une utile introduction à l'histoire de longue durée. Elles sont une première clef.

La seconde, bien plus utile, est le mot de *structure*. Bon ou mauvais, celui-ci domine les problèmes de la longue durée. Par *structure*, les observateurs du social entendent une organisation, une cohérence, des rapports assez fixes entre réalités et masses sociales. Pour nous, historiens, une structure est sans doute assemblage, architecture, mais plus encore une réalité que le temps use mal et véhicule très longuement. Certaines structures, à vivre longtemps, deviennent des éléments stables d'une infinité de générations : elles encombrent l'histoire, en gênent, donc en commandent l'écoulement. D'autres sont plus promptes à s'effriter. Mais toutes sont à la fois soutiens et obstacles. Obstacles, elles se marquent comme des limites (des *enveloppes*, au sens mathématique) dont l'homme et ses expériences ne peuvent guère s'affranchir. Songez à la difficulté de briser certains cadres géographiques, certaines réalités biologiques, certaines limites de la productivité, voire telles ou telles contraintes spirituelles : les cadres mentaux, aussi, sont prisons de longue durée.

L'exemple le plus accessible semble encore celui de la contrainte géographique. L'homme est prisonnier, des siècles durant, de climats, de végétations, de populations animales, de cultures, d'un équilibre lentement construit, dont il ne peut s'écarter sans risquer de remettre tout en cause. Voyez la place de la transhumance dans la vie montagnarde, la permanence de certains secteurs de vie maritime, enracinés en tels points privilégiés des articulations littorales, voyez la durable implantation des villes, la persistance des routes et des trafics, la fixité surprenante du cadre géographique des civilisations.

Mêmes permanences ou survivances dans l'immense domaine culturel. Le livre magnifique d'Ernst Robert Curtius[8], qui a enfin paru dans une traduction française, est l'étude d'un système culturel qui prolonge, en la déformant par ses choix, la civilisation latine du Bas-Empire, accablée elle-même sous un lourd héritage : jusqu'aux XIIIe et XIVe siècles, jusqu'à la naissance des littératures nationales, la civilisation des élites intellectuelles a vécu des mêmes thèmes, des mêmes comparaisons, des mêmes lieux communs et rengaines. Dans une ligne de pensée analogue, l'étude de Lucien Febvre, *Rabelais et le problème de l'incroyance au XVIe siècle*[9], s'est attachée à préciser l'outillage mental de la pensée française à l'époque de Rabelais, cet ensemble de conceptions qui, bien avant Rabelais et longtemps après lui, a commandé les arts de vivre, de penser et de croire, et a limité durement, à l'avance, l'aventure intellectuelle des esprits les plus libres. Le thème que traite Alphonse Dupront[10] se présente lui aussi comme une des plus neuves recherches de l'école historique française. L'idée de croisade y est considérée, en Occident, au-delà du XIVe siècle, c'est-à-dire bien au-delà de la « vraie » croisade, dans la continuité d'une attitude de longue durée qui, sans fin répétée, traverse les sociétés, les mondes, les psychismes les plus divers et touche d'un dernier reflet les hommes du XIXe siècle. Dans un domaine encore voisin, le livre de Pierre Francastel, *Peinture et Société*[11], signale, à partir des débuts de la Renaissance florentine, la permanence d'un espace pictural « géométrique » que rien n'altérera plus jusqu'au cubisme et à la peinture intellectuelle des débuts de notre siècle. L'histoire des sciences connaît, elle aussi, des univers construits qui sont autant d'explications imparfaites, mais à qui des siècles de durée sont accordés régulièrement. Ils ne sont rejetés qu'après avoir longuement servi. L'univers aristotélicien se maintient sans contestation, ou presque, jusqu'à Galilée, Descartes et Newton ; il s'efface alors devant un univers profondément géométrisé qui, à son tour, s'effondrera, mais beaucoup plus tard, devant les révolutions einsteiniennes [12].

La difficulté, par un paradoxe seulement apparent, est de déceler la longue durée dans le domaine où la recherche historique vient de remporter ses succès indéniables : le domaine économique. Cycles, intercycles, crises structurelles cachent ici les régularités, les permanences de systèmes, certains ont dit de civilisations économiques [13] — c'est-à-dire de vieilles habitudes de penser et d'agir, de cadres résistants, durs à mourir, parfois contre toute logique.

Mais raisonnons sur un exemple, vite analysé. Voici, près de nous, dans le cadre de l'Europe, un système économique qui s'inscrit dans quelques lignes et règles générales assez nettes : il se maintient à peu près en place du XIVe au XVIIIe siècle, disons, pour plus de sécurité, jusque vers 1750. Des siècles durant, l'activité économique dépend de populations démographiquement fragiles, comme le montreront les grands reflux de 1350-1450 et, sans doute, de 1630-1730 [14]. Des siècles durant, la circulation voit le triomphe de l'eau et du navire, toute épaisseur continentale étant obstacle, infériorité. Les essors européens, sauf les exceptions qui confirment la règle (foires de Champagne déjà sur leur déclin au début de la période, ou foires de Leipzig au XVIIIe siècle), tous ces essors se situent au long des franges littorales. Autres caractéristiques de ce système : la primauté des marchands ; le rôle éminent des métaux précieux, or, argent et même cuivre, dont les heurts incessants ne seront amortis, et encore, que par le développement décisif du crédit, avec la fin du XVIe siècle ; les morsures répétées des crises agricoles saisonnières ; la fragilité, dirons-nous, du plancher même de la vie économique ; le rôle enfin, disproportionné à première vue, d'un ou deux grands trafics extérieurs : le commerce du Levant du XIIe au XVIe siècle, le commerce colonial au XVIIIe.

J'ai défini ainsi, ou plutôt évoqué à mon tour après quelques autres, les traits majeurs, pour l'Europe occidentale, du capitalisme marchand, étape de longue durée. Malgré tous les changements évidents qui les traversent, ces quatre ou cinq siècles de vie économique ont eu une *certaine* cohérence, jusqu'au bouleversement du XVIIIe siècle et de la révolution industrielle dont nous ne sommes pas encore sortis. Des traits leur sont communs et demeurent immuables tandis qu'autour d'eux, parmi d'autres continuités, mille ruptures et bouleversements renouvelaient le visage du monde.

Entre les temps différents de l'histoire, la longue durée se présente ainsi comme un personnage encombrant, compliqué, souvent inédit. L'admettre au cœur de notre métier ne sera pas un simple jeu, l'habituel élargissement d'études et de curiosités. Il ne s'agira pas, non plus, d'un choix dont il serait le seul bénéficiaire. Pour l'historien, l'accepter c'est se prêter à un changement de style, d'attitude, à un renversement de pensée, à une nouvelle conception du social. C'est se familiariser avec un temps ralenti, parfois presque à la limite du mouvant. À cet étage, non pas à un autre — j'y reviendrai —, il est licite de se déprendre du temps exigeant de l'histoire, en sortir, puis y revenir, mais avec d'autres yeux, chargés d'autres inquiétudes, d'autres questions. En tout cas, c'est par rapport à ces nappes d'histoire lente que la totalité de l'histoire peut se repenser comme à partir d'une infrastructure. Tous les étages, tous les milliers d'étages, tous les milliers d'éclatements du temps de l'histoire se comprennent à partir de cette profondeur, de cette semi-immobilité ; tout gravite autour d'elle.

Dans les lignes qui précèdent, je ne prétends pas avoir défini le métier d'historien — mais une conception de ce métier. Heureux, et bien naïf, qui penserait, après les orages des dernières années, que nous avons trouvé les vrais principes, les limites claires, la bonne école. En fait, tous les métiers des sciences sociales ne cessent de se transformer en raison de leurs mouvements propres et du mouvement vif de l'ensemble. L'histoire ne fait pas exception. Aucune quiétude n'est donc en vue et l'heure des disciples n'a pas sonné. Il y a loin de Charles-Victor Langlois et Charles Seignobos à Marc Bloch. Mais depuis Marc Bloch, la roue n'a pas cessé de tourner. Pour moi, l'histoire est la somme de toutes les histoires possibles — une collection de métiers et de points de vue, d'hier, d'aujourd'hui, de demain.

La seule erreur, à mon avis, serait de choisir l'une de ces histoires à l'exclusion des autres. Ce fut, ce serait l'erreur historisante. Il ne sera pas commode, on le sait, d'en convaincre tous les historiens et, moins encore, les sciences sociales, acharnées à nous ramener à l'histoire telle qu'elle était hier. Il nous faudra beaucoup de temps et de peine pour faire admettre tous ces changements et nouveautés sous le vieux nom d'histoire. Et pourtant, une « science » historique nouvelle est née, qui continue à s'interroger et à se transformer. Elle s'annonce, chez nous, dès 1900 avec la *Revue de synthèse historique* et avec les *Annales* à partir de 1929. L'historien s'est voulu attentif à *toutes* les sciences de l'homme. Voilà qui donne à notre métier d'étranges frontières et d'étranges curiosités. Aussi bien, n'imaginons pas entre l'historien et l'observateur des sciences sociales les barrières et différences d'hier. Toutes les sciences de l'homme, y compris l'histoire, sont contaminées les unes par les autres. Elles parlent le même langage ou peuvent le parler.

Qu'on se place en 1558 ou en l'an de grâce 1958, il s'agit, pour qui veut saisir le monde, de définir une hiérarchie de forces, de courants, de mouvements particuliers, puis de ressaisir une constellation d'ensemble. À chaque instant de cette recherche, il faudra distinguer entre mouvements longs et poussées brèves, celles-ci prises dès leurs sources immédiates, ceux-là dans la lancée d'un temps lointain. Le monde de 1558, si maussade à l'heure française, n'est pas né au seuil de cette année sans charme. Et pas davantage, toujours à l'heure française, notre difficile année 1958. Chaque « actualité » rassemble des mouvements d'origine, de rythme différents : le temps d'aujourd'hui date à la fois d'hier, d'avant-hier, de jadis.

La querelle du temps court

Ces vérités sont certes banales. Cependant, les sciences sociales ne sont guère tentées par la recherche du temps perdu. Non que l'on puisse dresser contre elles un réquisitoire ferme et les déclarer coupables, toujours, de ne pas accepter l'histoire ou la durée comme dimensions nécessaires de leurs études. Elles nous font même, en apparence, bon accueil ; l'examen « diachronique » qui réintroduit l'histoire n'est jamais absent de leurs préoccupations théoriques.

Pourtant, ces acquiescements écartés, il faut bien convenir que les sciences sociales, par goût, par instinct profond, peut-être par formation, tendent toujours à écarter l'explication historique ; elles lui échappent par deux démarches quasi opposées : l'une « événementialise », ou si l'on veut « actualise » à l'excès les études sociales, grâce à une sociologie empirique, dédaigneuse de toute histoire, limitée aux données du temps court, de l'enquête sur le vif ; l'autre dépasse purement et simplement le temps en imaginant, au terme d'une « science de la communication », une formulation mathématique de structures quasi intemporelles. Cette dernière démarche, la plus neuve de toutes, est évidemment la seule qui puisse nous intéresser profondément. Mais l'événementiel a encore assez de partisans pour que les deux aspects de la question vaillent d'être examinés tour à tour.

Nous avons dit notre méfiance à l'égard d'une histoire purement événementielle. Soyons juste : s'il y a péché *événementialiste*, l'histoire, accusée de choix, n'est pas la seule coupable. Toutes les sciences sociales participent à l'erreur. Économistes, démographes, géographes sont partagés entre hier et aujourd'hui (mais mal partagés) ; il leur faudrait pour être sages maintenir la balance égale, ce qui est facile et obligatoire pour le démographe ; ce qui va presque de soi pour les géographes (particulièrement les nôtres nourris de la tradition vidalienne) ; ce qui n'arrive que rarement, par contre, pour les économistes, prisonniers de l'actualité la plus courte, entre une limite arrière qui ne va guère en deçà de 1945 et un aujourd'hui que les plans et prévisions prolongent dans l'avenir immédiat de quelques mois, au plus de quelques années. Je soutiens que toute la pensée économique est coincée par cette restriction temporelle. Aux historiens, disent les économistes, d'aller en deçà de 1945, à la recherche des économies anciennes ; mais, ce faisant, ils se privent d'un merveilleux champ d'observation, qu'ils ont abandonné d'eux-mêmes, sans en nier pour autant la valeur. L'économiste a pris l'habitude de courir au service de l'actuel, au service des gouvernements.

La position des ethnographes et ethnologues n'est pas aussi nette, ni aussi alarmante. Quelques-uns d'entre eux ont bien souligné l'impossibilité (mais à l'impossible, tout intellectuel est tenu) et l'inutilité de l'histoire à l'intérieur de leur métier. Ce refus autoritaire de l'histoire n'aura guère servi Malinowski et ses disciples. En fait, comment l'anthropologie se désintéresserait-elle de l'histoire ? Elle est la même aventure de l'esprit, comme aime à le dire Claude Lévi-Strauss [15]. Il n'y a pas de société, si fruste soit-elle, qui ne révèle à l'observation « les griffes de l'événement », pas de société non plus dont l'histoire ait fait entièrement naufrage. De ce côté, nous aurions tort de nous plaindre, ou d'insister.

Par contre, notre querelle sera assez vive aux frontières du temps court, à l'égard de la sociologie des enquêtes sur l'actuel, les enquêtes aux mille directions, entre sociologie, psychologie et économie. Elles provignent chez nous, comme à l'étranger. Elles sont, à leur façon, un pari répété sur la valeur irremplaçable du temps présent, sa chaleur « volcanique », sa richesse foisonnante. À quoi bon se retourner vers le temps de l'histoire : appauvri, simplifié, dévasté par le silence, reconstruit — insistons bien : *reconstruit*. En vérité, est-il si mort, si reconstruit qu'on veut bien le dire ? Sans doute, l'historien a-t-il trop de facilité à dégager d'une époque révolue l'essentiel ; pour parler comme Henri Pirenne, il en distingue sans peine les « événements importants », entendez « ceux qui ont eu des conséquences ». Simplification évidente et dangereuse. Mais que ne donnerait le voyageur de l'actuel pour avoir ce recul (ou cette avance dans le temps) qui démasquerait et simplifierait la vie présente, confuse, peu lisible parce que trop encombrée de gestes et signes mineurs ? Claude Lévi-Strauss prétend qu'une heure de conversation avec un contemporain de Platon le renseignerait, plus que nos discours classiques, sur la cohérence ou l'incohérence de la civilisation de la Grèce antique[16]. J'en suis bien d'accord. Mais c'est qu'il a, des années durant, entendu cent voix grecques sauvées du silence. L'historien a préparé le voyage. Une heure dans la Grèce d'aujourd'hui ne lui apprendrait rien, ou presque rien, sur les cohérences ou incohérences actuelles.

Plus encore, l'enquêteur sur le temps présent n'arrive jusqu'aux trames « fines » des structures qu'à condition, lui aussi, de *reconstruire*, d'avancer hypothèses et explications, de refuser le réel tel qu'il se perçoit, de le tronquer, de le dépasser, toutes opérations qui permettent d'échapper au donné pour le mieux dominer, mais qui, toutes, sont reconstructions. Je doute que la photographie sociologique du présent soit plus « vraie » que le tableau historique du passé, et d'autant moins qu'elle se voudra plus éloignée du *reconstruit*.

Philippe Ariès [17] a insisté sur l'importance du dépaysement, de la surprise dans l'explication historique : vous butez, au XVIe siècle, sur une étrangeté, étrangeté pour vous, homme du XXe. Pourquoi cette différence ? Le problème est posé. Mais je dirai que la surprise, le dépaysement, l'éloignement — ces grands moyens de connaissance — ne sont pas moins nécessaires pour comprendre ce qui vous entoure, et de si près que vous ne le voyez plus avec netteté. Vivez à Londres une année, et vous connaîtrez fort mal l'Angleterre. Mais, par comparaison, à la lumière de vos étonnements, vous aurez brusquement compris quelques-uns des traits les plus profonds et originaux de la France, ceux que vous ne connaissiez pas à force de les connaître. Face à l'actuel, le passé, lui aussi, est dépaysement.

Historiens et *social scientists* pourraient donc éternellement se renvoyer la balle sur le document mort et le témoignage trop vivant, le passé lointain, l'actualité trop proche. Je ne crois pas ce problème essentiel. Présent et passé s'éclairent de leur lumière réciproque. Et si l'on observe exclusivement dans l'étroite actualité, l'attention ira vers ce qui bouge vite, brille à tort ou à raison, ou vient de changer, ou fait du bruit, ou se révèle sans peine. Tout un événementiel, aussi fastidieux que celui des sciences historiques, guette l'observateur pressé, ethnographe qui donne rendez-vous pour trois mois à une peuplade polynésienne, sociologue industriel qui livre les clichés de sa dernière enquête, ou qui pense, avec des questionnaires habiles et les combinaisons des fiches perforées, cerner parfaitement un mécanisme social. Le social est un gibier autrement rusé.

En vérité, quel intérêt pouvons-nous prendre, nous, sciences de l'homme, aux déplacements, dont parle une vaste et bonne enquête sur la région parisienne [18], d'une jeune fille entre son domicile, dans le XVIe arrondissement, son professeur de musique et les Sciences-Po ? On en tire une jolie carte. Mais eût-elle fait des études d'agronomie ou pratiqué le ski nautique que tout eût été changé de ses voyages triangulaires. Je me réjouis de voir, sur une carte, la répartition des domiciles des employés d'une grosse entreprise. Mais si je n'ai pas une carte antérieure de la répartition, si la distance chronologique entre les relevés n'est pas suffisante pour permettre de tout inscrire dans un vrai mouvement, où est le problème sans quoi une enquête reste peine perdue ? L'intérêt de ces enquêtes pour l'enquête, c'est, au plus, d'accumuler des renseignements ; encore ne seront-ils pas tous valables *ipso facto* pour des travaux *futurs*. Méfions-nous de l'art pour l'art.

Je doute pareillement qu'une étude de ville, quelle qu'elle soit, puisse être l'objet d'une enquête sociologique comme ce fut le cas pour Auxerre [19], ou Vienne en Dauphiné [20], sans s'inscrire dans la durée historique. Toute ville, société tendue avec ses crises, ses coupures, ses pannes, ses calculs nécessaires, est à replacer dans le complexe des campagnes proches qui l'entourent, et aussi de ces archipels de villes voisines dont, l'un des premiers, aura parlé l'historien Rudolf Häpke ; et donc dans le mouvement, plus ou moins éloigné dans le temps, souvent très éloigné dans le temps, qui anime ce complexe. Est-il indifférent, n'est-il pas essentiel au contraire, si l'on enregistre tel échange campagne-ville, telle rivalité industrielle ou marchande, de savoir qu'il s'agit d'un mouvement jeune en plein élan, ou d'une fin de course, d'une lointaine résurgence, ou d'un monotone recommencement ?

Concluons d'un mot : Lucien Febvre, durant les dix dernières années de sa vie, aura répété : « Histoire science du passé, science du présent. » L'histoire, dialectique de la durée, n'est-elle pas à sa façon explication du social dans toute sa réalité ? et donc de l'actuel ? Sa leçon valant en ce domaine comme une mise en garde contre l'événement : ne pas penser dans le seul temps court, ne pas croire que les seuls acteurs qui font du bruit soient les plus authentiques ; il en est d'autres et silencieux — mais qui ne le savait déjà ?

Communication et mathématiques sociales

Peut-être avons-nous eu tort de nous attarder à la frontière agitée du temps court. Le débat s'y déroule, en vérité, sans gros intérêt, du moins sans utile surprise. Le débat essentiel est ailleurs, chez nos voisins qu'emporte l'expérience la plus neuve des sciences sociales, sous le double signe de la « communication » et de la mathématique.

Mais ici le dossier ne sera pas facile à plaider, je veux dire qu'il sera peu aisé de situer ces tentatives par rapport au temps de l'histoire dont, apparemment du moins, elles s'échappent entièrement. En fait, aucune étude sociale n'échappe au temps de l'histoire.

Dans cette discussion, en tout cas, le lecteur fera bien, s'il veut nous suivre (pour nous approuver ou se séparer de notre point de vue), de peser à son tour, et un à un, les termes d'un vocabulaire, pas entièrement neuf, certes, mais repris, rajeuni dans des discussions nouvelles et qui se poursuivent sous nos yeux. Rien à redire, évidemment, au sujet de l'événement, ou de la longue durée. Pas grand-chose au sujet des *structures*, bien que le mot — et la chose — ne soit pas à l'abri des incertitudes et des discussions [21]. Inutile aussi d'insister beaucoup sur les mots de *synchronie* et *diachronie* ; ils se définissent d'eux-mêmes, bien que leur rôle, dans une étude concrète du social, soit moins facile à cerner qu'il n'y paraît. En effet, dans le langage de l'histoire (tel que je l'imagine), il ne peut guère y avoir de synchronie parfaite : un arrêt instantané, suspendant toutes les durées, est presque absurde en soi, ou, ce qui revient au même, très factice ; de même une descente selon la pente du temps n'est pensable que sous la forme d'une multiplicité de descentes, selon les diverses et innombrables rivières du temps.

Ces brefs rappels et mises en garde suffiront, pour l'instant. Mais il faut être plus explicite en ce qui concerne l'*histoire inconsciente*, les *modèles*, les *mathématiques sociales*. Ces commentaires nécessaires se rejoignent d'ailleurs, ou — je l'espère — ne tarderont pas à se rejoindre, dans une problématique commune aux sciences sociales.

L'histoire inconsciente, c'est, bien entendu, l'histoire des formes inconscientes du social. « Les hommes font l'histoire, mais ils ignorent qu'ils la font[22]. » La formule de Marx éclaire, mais n'explique pas le problème. En fait, sous un nom nouveau, c'est, une fois de plus, tout le problème du temps court, du « microtemps », de l'événementiel qui se repose à nous. Les hommes ont toujours eu l'impression, en vivant leur temps, d'en saisir le déroulement au jour le jour. Cette histoire consciente, claire, est-elle abusive, comme bien des historiens, depuis longtemps déjà, s'accordent à le penser ? La linguistique croyait, hier, tout tirer des mots. L'histoire a eu l'illusion, elle, de tout tirer des événements. Plus d'un de nos contemporains croirait volontiers que tout est venu des accords de Yalta ou de Potsdam, des accidents de Diên Biên Phu ou de Sakhiet-Sidi-Youssef, ou de cet autre événement, autrement important, il est vrai, le lancement des spoutniks. L'histoire inconsciente se déroule au-delà de ces lumières, de leurs flashes. Admettez donc qu'existe, à une certaine distance, un inconscient social. Admettez, par surcroît, en attendant mieux, que cet inconscient soit considéré comme plus riche, scientifiquement, que la surface miroitante à laquelle nos yeux sont habitués ; plus riche scientifiquement, c'est-à-dire plus simple, plus aisé à exploiter — sinon à découvrir. Mais le départ entre surface claire et profondeurs obscures — entre bruit et silence — est difficile, aléatoire. Ajoutons que l'histoire « inconsciente », domaine à moitié du temps conjoncturel et, par excellence, du temps structurel, est souvent plus nettement perçue qu'on ne veut bien le dire. Chacun de nous a le sentiment, au-delà de sa propre vie, d'une histoire de masse dont il reconnaît mieux, il est vrai, la puissance et les poussées que les lois ou la direction. Et cette conscience ne date pas seulement d'hier (ainsi en ce qui concerne l'histoire économique), si elle est, aujourd'hui, de plus en plus vive. La révolution, car c'est une révolution en esprit, a consisté à aborder de front cette demi-obscurité, à lui faire sa place de plus en plus large à côté, voire au détriment, de l'événementiel.

Dans cette prospection où l'histoire n'est pas seule (au contraire elle n'a fait que suivre en ce domaine et adapter à son usage les points de vue des nouvelles sciences sociales), des instruments nouveaux de connaissance et d'investigation ont été construits : ainsi, plus ou moins perfectionnés, parfois artisanaux encore, les *modèles*. Les modèles ne sont que des hypothèses, des systèmes d'explications solidement liées selon la forme de l'équation ou de la fonction : ceci égale cela, ou détermine cela. Telle réalité n'apparaît pas sans que telle autre ne l'accompagne et, de celle-ci à celle-là, des rapports étroits et constants se révèlent. Le modèle établi avec soin permettra donc de mettre en cause, hors du milieu social observé — à partir duquel il a été, en somme, créé — d'autres milieux sociaux de même nature, à travers temps et espace. C'est sa valeur récurrente.

Ces systèmes d'explications varient à l'infini suivant le tempérament, le calcul ou le but des utilisateurs : simples ou complexes, qualitatifs ou quantitatifs, statiques ou dynamiques, mécaniques ou statistiques. Je reprends à C. Lévi-Strauss cette dernière distinction. Mécanique, le modèle serait à la dimension même de la réalité directement observée, réalité de petites dimensions n'intéressant que des groupes minuscules d'hommes (ainsi procèdent les ethnologues à propos des sociétés primitives). Pour les vastes sociétés, où les grands nombres interviennent, le calcul des moyennes s'impose : elles conduisent aux modèles statistiques. Mais peu importent ces définitions, parfois discutables !

L'essentiel, pour ma part, c'est, avant d'établir un programme commun des sciences sociales, de préciser le rôle et les limites du modèle, que certaines initiatives risquent de grossir abusivement. D'où la nécessité de confronter les modèles, eux aussi, avec l'idée de durée ; car de la durée qu'ils impliquent dépendent assez étroitement, à mon sens, leur signification et leur valeur d'explication.

Pour être plus clair, prenons des exemples parmi des modèles historiques[23], j'entends fabriqués par des historiens, modèles assez grossiers, rudimentaires, rarement poussés jusqu'à la rigueur d'une véritable règle scientifique et jamais soucieux de déboucher sur un langage mathématique révolutionnaire — modèles toutefois à leur façon.

Nous avons parlé plus haut du capitalisme marchand entre XIVe et XVIIIe siècle : il s'agit là d'un modèle, entre plusieurs, que l'on peut dégager de l'œuvre de Marx. Il ne s'applique pleinement qu'à une famille donnée de sociétés, pendant un temps donné, s'il laisse la porte ouverte à toutes les extrapolations.

Il en va autrement déjà du modèle que j'ai esquissé, dans un livre ancien[24], d'un cycle de développement économique, à propos des villes italiennes entre XVIe et XVIIIe siècle, tour à tour marchandes, « industrielles », puis spécialisées dans le commerce de la banque ; cette dernière activité, la plus lente à s'épanouir, la plus lente aussi à s'effacer. Plus restreinte, en fait, que la structure du capitalisme marchand, cette esquisse serait, plus facilement que celle-là, extensible dans la durée et dans l'espace. Elle enregistre un phénomène (certains diraient une structure dynamique, mais toutes les structures de l'histoire sont au moins élémentairement dynamiques) apte à se reproduire dans un nombre de circonstances aisées à retrouver. Peut-être en serait-il de même de ce modèle, esquissé par Frank Spooner et par moi-même [25] à propos de l'histoire des métaux précieux, avant, pendant et après le XVIe siècle : or, argent cuivre — et crédit, ce substitut agile du métal — sont, eux aussi, des joueurs ; la « stratégie » de l'un pèse sur la « stratégie » de l'autre. Il ne sera pas difficile de transporter ce modèle hors du siècle privilégié et particulièrement mouvementé, le XVIe, que nous avons choisi pour notre observation. Des économistes n'ont-ils pas essayé, dans le cas particulier des pays sous-développés d'aujourd'hui, de vérifier la vieille théorie quantitative de la monnaie, modèle, elle aussi, à sa façon [26] ?

Mais les possibilités de durée de tous ces modèles sont brèves encore si on les compare à celles du modèle imaginé par un jeune historien sociologue américain, Sigmund Diamond [27]. Frappé du double langage de la classe dominante des grands financiers américains contemporains de Pierpont Morgan, langage intérieur à la classe et langage extérieur (ce dernier, au vrai, plaidoirie vis-à-vis de l'opinion publique à qui l'on représente le succès du financier comme le triomphe typique du *self-made-man*, la condition de la fortune de la nation elle-même), frappé de ce double langage, il y voit la réaction habituelle à toute classe dominante qui sent son prestige atteint et ses privilèges menacés ; il lui faut, pour se masquer, confondre son sort avec celui de la Cité ou de la Nation, son intérêt particulier avec l'intérêt public. S. Diamond cxpliquerait volontiers, de la même manière, l'évolution de l'idée de dynastie ou d'Empire, dynastie anglaise, Empire romain... Le modèle ainsi conçu est évidemment capable de courir les siècles. Il suppose certaines conditions sociales précises, mais dont l'histoire a été prodigue : il est valable par suite pour une durée beaucoup plus longue que les modèles précédents, mais en même temps il met en cause des réalités plus précises, plus étroites.

À la limite, comme diraient les mathématiciens, ce

genre de modèle rejoindrait les modèles favoris, quasi intemporels, des sociologues mathématiciens. Quasi intemporels, c'est-à-dire, en vérité, circulant par les routes obscures et inédites de la très longue durée.

Les explications qui précèdent ne sont qu'une insuffisante introduction à la science et à la théorie des modèles. Et il s'en faut que les historiens occupent là des positions d'avant-garde. Leurs modèles ne sont guère que des faisceaux d'explications. Nos collègues sont autrement ambitieux et avancés dans la recherche, qui essaient de rejoindre les théories et les langages de l'information, de la communication ou des mathématiques qualitatives. Leur mérite — qui est grand — étant d'accueillir dans leur domaine ce langage subtil, les mathématiques, mais qui risque à la moindre inattention d'échapper à notre contrôle et de courir, Dieu sait où ! Information, communication, mathématiques qualitatives, tout se rassemble assez bien sous le vocable autrement large des mathématiques sociales. Encore faut-il, comme nous le pourrons, éclairer notre lanterne.

Les mathématiques sociales [28], ce sont au moins trois langages et qui peuvent encore se mêler et n'excluent pas une suite. Les mathématiciens ne sont pas à bout d'imagination. En tout cas, il n'y a pas *une* mathématique, *la* mathématique (ou alors c'est une revendication). « On ne doit pas dire l'algèbre, la géométrie, mais une algèbre, une géométrie » (Th. Guilbaud), ce qui ne simplifie pas nos problèmes, ni les leurs. Trois langages donc : celui des faits de nécessité (l'un est donné, l'autre suit), c'est le domaine des mathématiques traditionnelles ; le langage des faits aléatoires, depuis Pascal — c'est le domaine du calcul des probabilités ; le langage enfin des faits conditionnés, ni déterminés, ni aléatoires, mais soumis à certaines contraintes, à des règles de jeux, dans l'axe de la « stratégie » des jeux de von Neumann et Morgenstern [29], cette stratégie triomphante, qui n'en est pas restée aux seuls principes et hardiesses de ses fondateurs. La stratégie des jeux, par l'utilisation des ensembles, des groupes, du calcul même des probabilités, ouvre la voie aux mathématiques « qualitatives ». Dès lors le passage de l'observation à la formulation mathématique ne se fait plus obligatoirement par la voie difficile des mesures et des longs calculs statistiques. De l'analyse du social on peut passer directement à une formulation mathématique, à la machine à calculer, dirons-nous.

Évidemment, il faut préparer la besogne de cette machine qui n'avale ni ne triture toutes les nourritures. C'est d'ailleurs en fonction de véritables machines, de leurs règles de fonctionnement, pour les *communications* au sens le plus matériel du mot, que s'est ébauchée et développée une science de l'information. L'auteur de cet article n'est nullement un spécialiste en ces domaines difficiles. Les recherches en vue de la fabrication d'une machine à traduire, qu'il a suivies de loin, mais tout de même suivies, le jettent, comme quelques autres, dans un abîme de réflexions. Cependant un double fait demeure : 1° que de telles machines, de telles possibilités mathématiques existent ; 2° qu'il faut préparer le social aux mathématiques du social, qui ne sont plus seulement nos vieilles mathématiques habituelles : courbes de prix, de salaires, de naissances...

Or, si le mécanisme mathématique nouveau nous échappe très souvent, la préparation de la réalité sociale pour son usage, son taraudage, son découpage, ne peuvent tromper notre attention. Le traitement préalable, jusqu'ici, a presque toujours été le même : choisir une unité restreinte d'observation, ainsi une tribu « primitive », ainsi un « isolat » démographique, où l'on puisse presque tout examiner et toucher directement du doigt ; établir ensuite entre les éléments distingués toutes les relations, tous les jeux possibles. Ces rapports rigoureusement déterminés donnent les équations mêmes dont les mathématiques tireront toutes les conclusions et prolongements possibles, pour aboutir à un *modèle* qui les résume toutes, ou plutôt tienne compte de toutes.

En ces domaines s'ouvrent évidemment mille possibilités de recherches. Mais un exemple vaudra mieux qu'un long discours. Claude Lévi-Strauss s'offre à nous comme un excellent guide, suivons-le. Il nous introduira dans un secteur de ces recherches, disons celui d'une science de la *communication*[30].

« Dans toute société, écrit Cl. Lévi-Strauss, la communication s'opère au moins à trois niveaux : communication des femmes ; communication des biens et des services ; communication des messages[31]. » Admettons que ce soient là, à des niveaux différents, des *langages* différents, mais des langages. Dès lors, n'aurons-nous pas le droit de les traiter comme des langages, ou même comme *le* langage, et de les associer, de façon directe ou indirecte, aux progrès sensationnels de la linguistique ou mieux de la phonologie, qui « ne peut manquer de jouer, vis-à-vis des sciences sociales, le même rôle rénovateur que la physique nucléaire, par exemple, a joué pour l'ensemble des sciences exactes[32] » ? C'est beaucoup dire, mais il faut beaucoup dire, quelquefois. Comme l'histoire prise au piège de l'événement, la linguistique prise au piège des mots (relation des mots à l'objet, évolution historique des mots) s'en est dégagée par la révolution phonologique. En deçà du mot, elle s'est attachée au schéma de son qu'est le phonème, indifférente dès lors à son sens, mais attentive à sa place, aux sons qui l'accompagnent, aux groupements de ces sons, aux structures infra-phonémiques, à toute la réalité sous-jacente, *inconsciente* de la langue. Sur quelques dizaines de phonèmes que l'on retrouve ainsi dans toutes les langues du monde, le nouveau travail mathématique s'est mis en place, et voici la linguistique, au moins une partie de la linguistique qui, au cours de ces vingt dernières années, s'échappe du monde des sciences sociales pour franchir « le col des sciences exactes ».

Étendre le sens du langage aux structures élémentaires de parenté, aux mythes, au cérémonial, aux échanges économiques, c'est rechercher cette route du col difficile mais salutaire, et c'est la prouesse qu'a réalisée Claude Lévi-Strauss, à propos d'abord de l'échange matrimonial, ce langage premier, essentiel aux communications humaines, au point qu'il n'y a pas de sociétés, primitives ou non, où l'inceste, le mariage à l'intérieur de l'étroite cellule familiale, ne soit prohibé. Donc, un langage. Sous ce langage, il a cherché un élément de base correspondant si l'on veut au phonème, cet élément, cet « atome » de parenté dont notre guide a fait état dans sa thèse de 1949[33], sous sa plus simple expression : entendez l'homme, l'épouse, l'enfant, plus l'oncle maternel de l'enfant. À partir de cet élément quadrangulaire et de tous les systèmes de mariages connus en ces mondes primitifs — et ils sont nombreux — les mathématiciens chercheront les combinaisons et solutions possibles. Aidé du mathématicien André Weill, Lévi-Strauss a réussi à traduire en termes mathématiques l'observation de l'anthropologue. Le modèle dégagé doit prouver la validité, la stabilité du système, signaler les solutions que ce dernier implique.

On voit quelle est la démarche de cette recherche : dépasser la surface de l'observation pour atteindre la zone des éléments inconscients ou peu conscients, puis réduire cette réalité en éléments menus, en touches fines, identiques, dont on puisse analyser précisément les rapports. C'est à cet étage « microsociologique (d'un certain genre, c'est moi qui ajoute cette réserve) qu'on espère apercevoir les lois de structure les plus générales, comme le linguiste découvre les siennes à l'étage infraphonémique et le physicien à l'étage inframoléculaire, c'est-à-dire au niveau de l'atome[34] ». Le jeu peut se poursuivre, évidemment, dans bien d'autres directions. Ainsi, quoi de plus didactique que de voir

Lévi-Strauss aux prises, cette fois, avec les mythes et, manière de rire, avec la cuisine (cet autre langage) : il réduira les mythes à une série de cellules élémentaires, les *mythèmes* ; il réduira (sans trop y croire) le langage des livres de cuisine en *gustèmes*. Chaque fois, il est à la recherche de niveaux en profondeur, subconscients : je ne me préoccupe pas, en parlant, des phonèmes de mon discours ; à table, sauf exception, je ne me préoccupe pas davantage, culinairement, de « gustèmes », si gustèmes il y a. Et chaque fois, cependant, le jeu de rapports subtils et précis me tient compagnie. Ces rapports simples et mystérieux, le dernier mot de la recherche sociologique serait-il de les saisir sous tous les langages, pour les traduire en alphabet Morse, je veux dire l'universel langage mathématique ? C'est l'ambition des nouvelles mathématiques sociales. Mais puis-je dire, sans sourire, que c'est là une autre histoire ?

Réintroduisons en effet la durée. J'ai dit que les modèles étaient de durée variable : ils valent le temps que vaut la réalité qu'ils enregistrent. Et ce temps, pour l'observateur du social, est primordial, car plus significatifs encore que les structures profondes de la vie sont leurs points de rupture, leur brusque ou lente détérioration sous l'effet de pressions contradictoires.

J'ai comparé parfois les modèles à des navires. L'intérêt pour moi, le navire construit, est de le mettre à l'eau, de voir s'il flotte, puis de lui faire monter ou descendre, à mon gré, les eaux du temps. Le naufrage est toujours le moment le plus significatif. Ainsi l'explication imaginée par F. Spooner et moi-même pour les jeux entre métaux précieux, ne me semble guère valable avant le XVe siècle. En deçà, les chocs des métaux sont d'une violence que l'observation ultérieure n'avait pas signalée. Alors, à nous d'en chercher la cause. Comme il est nécessaire de voir pourquoi, vers l'aval cette fois, la navigation de notre vaisseau trop simple devient difficile, puis impossible, avec le

XVIIIe siècle et la poussée anormale du crédit. Pour moi, la recherche doit être sans fin conduite de la réalité sociale au modèle, puis de celui-ci à celle-là et ainsi de suite, par une suite de retouches, de voyages patiemment renouvelés. Le modèle est ainsi, tour à tour, essai d'explication de la structure, instrument de contrôle, de comparaison, vérification de la solidité et de la vie même d'une structure donnée. Si je fabriquais un modèle à partir de l'actuel, j'aimerais le replacer aussitôt dans la réalité, puis le faire remonter dans le temps, si possible, jusqu'à sa naissance. Après quoi, je supputerais sa vie probable, jusqu'à la prochaine rupture, d'après le mouvement concomitant d'autres réalités sociales. À moins que, m'en servant comme d'un élément de comparaison, je ne le promène dans le temps ou l'espace, à la recherche d'autres réalités capables de s'éclairer grâce à lui d'un jour nouveau.

Ai-je tort de penser que les modèles des mathématiques qualitatives, tels qu'on nous les a présentés jusqu'ici [35], se prêteraient mal à de tels voyages, avant tout parce qu'ils circulent sur une seule des innombrables routes du temps, celle de la longue, *très longue* durée, à l'abri des accidents, des conjonctures, des ruptures ? Je reviendrai, une fois de plus, à C. Lévi-Strauss parce que sa tentative, en ces domaines, me paraît la plus intelligente, la plus claire, la mieux enracinée aussi dans l'expérience sociale dont tout doit partir, où tout doit revenir. Chaque fois, remarquons-le, il met en cause un phénomène d'une extrême lenteur, comme intemporel. Tous les systèmes de parenté se perpétuent parce qu'il n'y a pas de vie humaine possible au-delà d'un certain taux de consanguinité, qu'il faut qu'un petit groupe d'hommes, pour vivre, s'ouvre sur le monde extérieur : la prohibition de l'inceste est une réalité de longue durée. Les mythes, lents à se développer, correspondent, eux aussi, à des structures d'une extrême longévité. On peut, sans se préoccuper de choisir la plus ancienne, collectionner les versions du mythe d'Œdipe, le problème étant de ranger les diverses variations et de mettre en lumière, au-dessous d'elles, une articulation profonde qui les commande. Mais supposons que notre collègue s'intéresse non pas à un mythe, mais aux images, aux interprétations successives du « machiavélisme », qu'il recherche les éléments de base d'une doctrine assez simple et très répandue, à partir de son lancement réel vers le milieu du XVIe siècle. À chaque instant, ici, que de ruptures, que de renversements, jusque dans la structure même du machiavélisme, car ce système n'a pas la solidité théâtrale, quasi éternelle du mythe ; il est sensible aux incidences et rebondissements, aux intempéries multiples de l'histoire. D'un mot, il n'est pas seulement sur les routes tranquilles et monotones de la longue durée... Ainsi le procédé que recommande Lévi-Strauss dans la recherche des structures mathématisables, ne se situe pas seulement à l'étage microsociologique, mais à la rencontre de l'infiniment petit et de la très longue durée.

Au demeurant, les révolutionnaires mathématiques qualitatives sont-elles condamnées à suivre ces seules routes de la très longue durée ? Auquel cas nous ne retrouverions, après ce jeu serré, que des vérités qui sont un peu trop celles de l'homme éternel. Vérités premières, aphorismes de la sagesse des nations, diront des esprits chagrins. Vérités essentielles, répondrons-nous, et qui peuvent éclairer d'une lumière nouvelle les bases mêmes de toute vie sociale. Mais là n'est pas l'ensemble du débat.

Je ne crois pas, en fait, que ces tentatives — ou des tentatives analogues — ne puissent pas être poursuivies hors de la très longue durée. Ce qu'on fournit aux mathématiques sociales qualitatives, ce ne sont pas des chiffres, mais des rapports, des relations qui doivent être assez rigoureusement définis pour que l'on puisse les affecter d'un signe mathématique à partir duquel seront étudiées toutes les possibilités mathématiques de ces signes, sans plus même se préoccuper de la réalité sociale qu'ils représentent. Toute la valeur des conclusions dépend donc de la valeur de l'observation initiale, du choix qui isole les éléments essentiels de la réalité observée et détermine leurs rapports au sein de cette réalité. On conçoit dès lors la préférence des mathématiques sociales pour les modèles que Cl. Lévi-Strauss appelle mécaniques, c'est-à-dire établis à partir de groupes étroits où chaque individu, pour ainsi dire, est directement observable et où une vie sociale très homogène permet de définir à coup sûr des relations humaines, simples et concrètes, peu variables.

Les modèles dits statistiques s'adressent au contraire aux sociétés larges et complexes où l'observation ne peut être conduite que grâce aux moyennes, c'est-à-dire aux mathématiques traditionnelles. Mais, ces moyennes établies, si l'observateur est capable d'établir, à l'échelle des groupes et non plus des individus, ces rapports de base dont nous parlions et qui sont nécessaires aux élaborations des mathématiques qualitatives, rien n'empêche dès lors d'y recourir. Il n'y a pas eu encore, que je sache, de tentatives de ce genre. Mais nous sommes au début d'expériences. Pour l'instant, qu'il s'agisse de psychologie, d'économie, d'anthropologie, toutes les expériences ont été faites dans le sens que j'ai défini à propos de Lévi-Strauss. Mais les mathématiques sociales qualitatives n'auront fait leur preuve que lorsqu'elles se seront attaquées à une société moderne, à ses problèmes enchevêtrés, à ses vitesses différentes de vie. Gageons que l'aventure tentera un de nos sociologues mathématiciens ; gageons aussi qu'elle provoquera une révision obligatoire des méthodes jusqu'ici observées par les mathématiques nouvelles, car celles-ci ne peuvent se confiner dans ce que j'appellerais cette fois la trop longue durée : elles doivent retrouver le jeu multiple de la vie, tous ses mouvements, toutes ses durées, toutes ses ruptures, toutes ses variations.

Temps de l'historien, temps du sociologue

Au terme d'une incursion au pays des intemporelles mathématiques sociales, me voilà revenu au temps, à la durée. Et, historien incorrigible, je m'étonne, une fois de plus, que les sociologues aient pu s'en échapper. Mais c'est que leur temps n'est pas le nôtre : il est beaucoup moins impérieux, moins concret aussi, jamais au cœur de leurs problèmes et de leurs réflexions.

En fait, l'historien ne sort jamais du temps de l'histoire : le temps colle à sa pensée comme la terre à la bêche du jardinier. Il rêve, bien sûr, de s'en échapper. L'angoisse de 1940 aidant, Gaston Roupnel [36] a écrit à ce propos des mots qui font souffrir tout historien sincère. C'est le sens également d'une réflexion ancienne de Paul Lacombe, historien de grande classe, lui aussi : « le temps n'est rien en soi, objectivement, il n'est rien qu'une idée à nous [37] »... Mais s'agit-il là de vraies évasions ? J'ai personnellement, au cours d'une captivité assez morose, beaucoup lutté pour échapper à la chronique de ces années difficiles (1940-1945). Refuser les événements et le temps des événements, c'était se mettre en marge, à l'abri, pour les regarder d'un peu loin, les mieux juger et n'y point trop croire. Du temps court, passer au temps moins court et au temps très long (s'il existe, ce dernier ne peut être que le temps des sages) ; puis, arrivé à ce terme, s'arrêter, tout considérer à nouveau et reconstruire, voir tout tourner autour de soi : l'opération a de quoi tenter un historien.

Mais ces fuites successives ne le rejettent pas, en définitive, hors du temps du monde, du temps de l'histoire, impérieux parce qu'irréversible et parce qu'il court au rythme même où tourne la Terre. En fait, les durées que nous distinguons sont solidaires les unes des autres : ce n'est pas la durée qui est tellement création de notre esprit, mais les morcellements de cette durée. Or, ces fragments se rejoignent au terme de notre travail. Longue durée, conjoncture, événement s'emboîtent sans difficulté, car tous se mesurent à une même échelle. Aussi bien, participer en esprit à l'un de ces temps, c'est participer à tous. Le philosophe, attentif à l'aspect subjectif, intérieur de la notion du temps, ne sent jamais ce poids du temps de l'histoire, d'un temps concret, universel, tel ce temps de la conjoncture qu'Ernest Labrousse dessine, au seuil de son livre[38], comme un voyageur partout identique à lui-même, qui court le monde, impose les mêmes contraintes, quel que soit le pays où il débarque, le régime politique ou l'ordre social qu'il investit.

Pour l'historien, tout commence, tout finit, par le temps, un temps mathématique et démiurge, dont il serait facile de sourire, temps comme extérieur aux hommes, « exogène », diraient les économistes, qui les pousse, les contraint, emporte leurs temps particuliers aux couleurs diverses : oui, le temps impérieux du monde.

Les sociologues, bien entendu, n'acceptent pas cette notion trop simple. Ils sont beaucoup plus proches de la *Dialectique de la durée*, telle que la présente Gaston Bachelard[39]. Le temps social est simplement une dimension particulière de telle réalité sociale que je contemple. Intérieur à cette réalité comme il peut l'être à tel individu, il est un des signes — entre autres — dont elle s'affecte, une des propriétés qui la marquent comme un être particulier. Le sociologue n'est pas gêné par ce temps complaisant qu'il peut à volonté couper, écluser, remettre en mouvement. Le temps de l'histoire se prêterait moins, je le répète, au double jeu agile de la synchronie et de la diachronie : il ne permet guère d'imaginer la vie comme un mécanisme dont on peut arrêter le mouvement pour en présenter, à loisir, une image immobile.

Ce désaccord est plus profond qu'il n'y paraît : le temps des sociologues ne peut être le nôtre ; la structure profonde de notre métier y répugne. Notre temps est mesure, comme celui des économistes. Quand un sociologue nous dit qu'une structure ne cesse de se détruire que pour se reconstituer, nous acceptons volontiers l'explication que l'observation historique confirme au demeurant. Mais nous voudrions, dans l'axe de nos exigences habituelles, savoir la durée précise de ces mouvements, positifs ou négatifs. Les cycles économiques, flux et reflux de la vie matérielle, se mesurent. Une crise structurelle sociale doit également se repérer dans le temps, à travers le temps, se situer exactement, en elle-même et plus encore par rapport aux mouvements des structures concomitantes. Ce qui intéresse passionnément un historien, c'est l'entrecroisement de ces mouvements, leur interaction et leurs points de rupture : toutes choses qui ne peuvent s'enregistrer que par rapport au temps uniforme des historiens, mesure générale de tous ces phénomènes, et non au temps social multiforme, mesure particulière à chacun de ces phénomènes.

Ces réflexions à contre-pied, un historien les formule, à tort ou à raison, même lorsqu'il pénètre dans la sociologie accueillante, presque fraternelle de Georges Gurvitch. Un philosophe[40] ne le définissait-il pas, hier, comme celui qui « accule la sociologie à l'histoire » ? Or, même chez lui, l'historien ne reconnaît ni ses durées, ni ses temporalités. Le vaste édifice social (dirons-nous le modèle ?) de Georges Gurvitch s'organise selon cinq architectures essentielles[41] : les paliers en profondeur, les sociabilités, les groupes sociaux, les sociétés globales, les temps — ce dernier échafaudage, celui des temporalités, le plus neuf, étant aussi le dernier construit et comme surajouté à l'ensemble.

Les temporalités de Georges Gurvitch sont multiples. Il en distingue toute une série : le temps de longue durée et au ralenti, le temps trompe-l'œil ou le temps surprise, le temps de battement irrégulier, le temps cyclique ou de danse sur place, le temps en retard sur lui-même, le temps d'alternance entre retard et avance, le temps en avance sur lui-même, le temps explosif[42]... Comment l'historien se laisserait-il convaincre ? Avec cette gamme de couleurs, il lui serait impossible de reconstituer la lumière blanche, unitaire, qui lui est indispensable. Il s'aperçoit vite, aussi, que ce temps caméléon marque sans plus, d'un signe supplémentaire, d'une touche de couleur, les catégories antérieurement distinguées. Dans la cité de notre ami, le temps, dernier venu, se loge tout naturellement chez les autres ; il se met à la dimension de ces domiciles et de leurs exigences, selon les « paliers », les sociabilités, les groupes, les sociétés globales. C'est une manière différente de réécrire, sans les modifier, les mêmes équations. Chaque réalité sociale sécrète son temps ou ses échelles de temps, comme de vulgaires coquilles. Mais qu'y gagnons-nous, historiens ? L'immense architecture de cette cité idéale reste immobile. L'histoire en est absente. Le temps du monde, le temps historique s'y trouve, comme le vent chez Éole, mais enfermé dans une peau de bouc. Ce n'est pas à l'histoire qu'en ont, finalement et inconsciemment, les sociologues, mais au temps de l'histoire — cette réalité qui reste violente, même si l'on cherche à l'aménager, à la diversifier. Cette contrainte à laquelle l'historien n'échappe jamais, les sociologues, eux, y échappent presque toujours : ils s'évadent, ou dans l'instant, toujours actuel, comme suspendu au-dessus du temps, ou dans les phénomènes de répétition qui ne sont d'aucun âge ; donc par une démarche opposée de l'esprit, qui les cantonne soit dans l'événementiel le plus strict, soit dans la durée la plus longue. Cette évasion est-elle licite ? Là est le vrai débat entre historiens et sociologues, même entre historiens d'opinions différentes.

Je ne sais si cet article trop clair, trop appuyé, selon l'habitude des historiens, sur des exemples, aura l'accord des sociologues et de nos autres voisins. J'en doute. Il n'est guère utile en tout cas de répéter, en guise de conclusion, son *leitmotiv* exposé avec insistance. Si l'histoire est appelée, par nature, à porter une attention privilégiée à la durée, à *tous* les mouvements entre quoi elle peut se décomposer, la longue durée nous paraît, dans cet éventail, la ligne la plus utile pour une observation et une réflexion communes aux sciences sociales. Est-ce trop demander à nos voisins que de souhaiter qu'à un moment de leurs raisonnements, ils ramènent à cet axe leurs constatations ou leurs recherches ?

Pour les historiens, qui ne seront pas tous de mon avis, il s'ensuivrait un renversement de la vapeur : c'est vers l'histoire courte que va d'instinct leur préférence. Celle-ci a la complicité des sacro-saints programmes de l'Université. Jean-Paul Sartre, dans de récents articles[43], renforce leur point de vue quand, voulant protester contre ce qui, dans le marxisme, est à la fois trop simple et trop pesant, il le fait au nom du biographique, de la réalité foisonnante de l'événementiel. Tout n'est pas dit quand on aura « situé » Flaubert comme un bourgeois, ou Tintoretto comme un petit bourgeois. J'en suis bien d'accord. Mais chaque fois l'étude du cas concret — Flaubert, Valéry, ou la politique extérieure de la Gironde — ramène finalement Jean-Paul Sartre au contexte structural et profond. Cette recherche va de la surface à la profondeur de l'histoire et rejoint mes propres préoccupations. Elle les rejoindrait mieux encore si le sablier était renversé dans les deux sens — de l'événement à la structure, puis des structures et des modèles à l'événement.

Le marxisme est un peuple de modèles. Sartre proteste contre la rigidité, le schématisme, l'insuffisance du modèle, au nom du particulier et de l'individuel. Je protesterai comme lui (à telles ou telles nuances près), non contre le modèle, mais contre l'utilisation que l'on en fait, que l'on s'est cru autorisé à en faire. Le génie de Marx, le secret de son pouvoir prolongé tient à ce qu'il a été le premier à fabriquer de vrais modèles sociaux, et à partir de la longue durée historique. Ces modèles, on les a figés dans leur simplicité en leur donnant valeur de loi, d'explication préalable, automatique, applicable en tous lieux, à toutes les sociétés.

Alors qu'en les ramenant sur les fleuves changeants du temps leur trame serait mise en évidence car elle est solide et bien tissée, elle réapparaîtrait sans cesse, mais nuancée, tour à tour estompée ou avivée par la présence d'autres structures, susceptibles, elles aussi, d'être définies par d'autres règles, et donc d'autres modèles. Ainsi a-t-on limité le pouvoir créateur de la plus puissante analyse sociale du siècle dernier. Elle ne saurait retrouver force et jeunesse que dans la longue durée... Ajouterai-je que le marxisme actuel me paraît l'image même du péril qui guette toute science sociale éprise du modèle à l'état pur, du modèle pour le modèle ?

Ce que je voudrais souligner aussi pour conclure, c'est que la longue durée n'est qu'une des possibilités de langage commun en vue d'une confrontation des sciences sociales. Il en est d'autres. J'ai signalé, bien ou mal, les tentatives des nouvelles mathématiques sociales. Les nouvelles me séduisent, mais les anciennes, dont le triomphe est patent en économie — la plus avancée peut-être des sciences de l'homme —, ne méritent pas telle ou telle réflexion désabusée. D'immenses calculs nous attendent dans ce domaine classique, mais il y a des équipes de calculateurs et des machines à calculer, de jour en jour plus perfectionnées. Je crois à l'utilité des longues statistiques, à la nécessaire remontée de ces calculs et recherches vers un passé chaque jour plus reculé. Le XVIIIᵉ siècle européen, dans son entier, est semé de nos chantiers, mais déjà le XVIIᵉ, et plus encore le XVIᵉ. Des statistiques d'une longueur inouïe nous ouvrent, par leur langage universel, les profondeurs du passé chinois [44]. Sans doute la statistique simplifie-t-elle pour mieux connaître. Mais toute science va ainsi du compliqué au simple.

Cependant, que l'on n'oublie pas un dernier langage, une dernière famille de modèles, à vrai dire : la réduction nécessaire de toute réalité sociale à l'espace qu'elle occupe. Disons la géographie, l'écologie, sans trop nous arrêter à ces formules pour choisir entre elles. La géographie se pense trop souvent comme un monde en soi, et c'est dommage. Elle aurait besoin d'un Vidal de la Blache qui, cette fois, au lieu de penser temps et espace, penserait espace et réalité sociale. C'est aux problèmes d'ensemble des sciences de l'homme que, dès lors, serait donné le pas dans la recherche géographique. Écologie : le mot, pour le sociologue, sans qu'il se l'avoue toujours, est une façon de ne pas dire géographie, et, du coup, d'esquiver les problèmes que pose l'espace et, plus encore, qu'il révèle à l'observation attentive. Les modèles spatiaux, ce sont ces cartes où la réalité sociale se projette et partiellement s'explique, modèles au vrai pour tous les mouvements de la durée (et surtout de la longue durée), pour toutes les catégories du social. Mais la science sociale les ignore de façon étonnante. J'ai souvent pensé qu'une des supériorités françaises dans les sciences sociales était cette école géographique de Vidal de la Blache dont nous ne nous consolerions pas de voir trahis l'esprit et les leçons. Il faut que toutes les sciences sociales de leur côté fassent place à une « conception [de plus en] plus géographique de l'humanité [45] », comme Vidal de La Blache le demandait déjà en 1903.

Pratiquement — car cet article a un but pratique — je souhaiterais que les sciences sociales, provisoirement, cessent de tant discuter sur leurs frontières réciproques, sur ce qui est ou n'est pas science sociale, ce qui est ou n'est pas structure... Qu'elles tâchent plutôt de tracer, à travers nos recherches, les lignes, si lignes il y a, qui orienteraient une recherche collective, les thèmes aussi qui permettraient d'atteindre une première convergence. Ces lignes, je les appelle personnellement : mathématisation, réduction à l'espace, longue durée... Mais je serais curieux de connaître celles que proposeraient d'autres spécialistes. Car cet article, est-il besoin de le dire, n'a pas été par hasard placé sous la rubrique *Débats et Combats*. Il prétend poser, non résoudre des problèmes où malheureusement chacun de nous, pour ce qui ne concerne pas sa spécialité, s'expose à des risques évidents. Ces pages sont un appel à la discussion.

VI

HISTOIRE ET SOCIOLOGIE *

Cet article a été rédigé à la demande de Georges Gurvitch, chargé de la direction du Traité de sociologie. *Contemporain des textes sur la longue durée, il explicite cet appel en direction des autres sciences de l'homme.*

Quelques remarques préalables situeront, je l'espère, le présent chapitre. J'y entends par *sociologie*, assez souvent, presque toujours, cette science globale que voulaient faire d'elle, au début de ce siècle, Émile Durkheim et François Simiand — cette science qu'elle n'est pas encore, mais vers quoi elle ne cessera de tendre, même si elle ne doit jamais pleinement y parvenir. J'entends par *histoire* une recherche scientifiquement conduite, disons à la rigueur une *science*, mais complexe : il n'y a pas *une* histoire, *un* métier d'historien, mais des métiers, des histoires, une somme de curiosités, de points de vue, de possibilités, somme à laquelle demain d'autres curiosités, d'autres points de vue, d'autres possibilités s'ajouteront encore. Me ferai-je mieux comprendre d'un sociologue — qui a tendance, comme les philosophes, à voir dans l'histoire une discipline aux règles et méthodes parfaitement et,

* Chapitre IV de l'Introduction du *Traité de sociologie*, P.U.F., 1958-1960. Repris dans *Écrits sur l'Histoire*, 1969.

une fois pour toutes, définies — en disant qu'il y a autant de façons, discutables et discutées, d'aborder le passé que d'attitudes en face du présent ? Que l'histoire peut même se considérer comme une certaine étude du présent ?

Ceci dit, que l'on ne s'attende pas à trouver ici une réponse, ou même un essai de réponse aux habituelles interrogations sur les rapports entre histoire et sociologie, ou une suite à la polémique, reprise sans fin et jamais la même, entre ces voisins qui ne peuvent ni s'ignorer, ni se connaître parfaitement et qui, dans leurs disputes, quand ils se définissent, le font unilatéralement. Il y a de fausses polémiques, comme il y a de faux problèmes. En tout cas, c'est presque toujours un faux dialogue que celui du sociologue et de l'historien. Quand François Simiand polémique contre Charles Seignobos, il croit parler avec l'histoire, alors qu'il parle avec une certaine histoire, celle qu'on a baptisée, avec Henri Berr, *historisante*[1]. Quand il s'oppose, à la même époque, à Henri Hauser, il a en face de lui le plus brillant historien de sa génération, certes, mais trop brillant, trop habile avocat, enfoncé dans des succès précoces et dans les règles anciennes de son métier. C'est à Paul Lacombe qu'il aurait dû s'adresser pour avoir un adversaire à sa taille. Mais ne risquait-il pas, justement, de s'accorder avec lui ?

Or la polémique n'est possible que si les adversaires s'y prêtent, consentent « à se battre au sabre », pour parler comme un historien[2] irrité et amusé qui ripostait, voilà longtemps, en 1900, à son critique, précisément Paul Lacombe lui-même. Ce passionné d'histoire, dans sa volonté de faire une « histoire-science », pouvait, je l'imagine, s'entendre avec François Simiand sociologue. Un peu d'attention aurait suffi. Paul Lacombe n'allait-il pas, dans son désir de sortir des impasses et difficultés insolubles de notre métier, jusqu'à s'évader du temps : « Le temps ! disait-il, mais il n'est rien en soi objectivement, il n'est rien qu'une idée à nous[3]... » Malheureusement, François Simiand ne mettra en cause Paul Lacombe qu'incidemment et foncera contre d'autres adversaires irréductibles. En vérité, il y a toujours *une* histoire qui peut s'accorder avec *une* sociologie — ou à l'inverse, évidemment, s'entre-dévorer avec elle. Georges Gurvitch[4], dans son article de polémique historico-sociologique, le plus récent en date dans ce genre — à ma connaissance du moins —, refuse de s'entendre avec Henri Marrou, mais s'entendrait plus aisément avec moi... Encore faudrait-il y regarder de près : entre historien et sociologue, peut-être n'y a-t-il ni dispute, ni entente parfaite.

I

Première et essentielle précaution : essayons de présenter rapidement l'histoire, mais dans ses définitions les plus récentes, car toute science ne cesse de se définir à nouveau, de se chercher. Chaque historien est forcément sensible aux changements qu'il apporte, même involontairement, à un métier flexible et qui évolue de lui-même, sous le poids de connaissances, de tâches, d'engouements nouveaux, du fait aussi du mouvement général des sciences de l'homme. Toutes les sciences sociales se contaminent les unes les autres et l'histoire n'échappe pas à ces épidémies. D'où ses changements d'être, ou de manières, ou de visage.

Si notre rétrospective commence avec ce siècle, nous aurons à notre disposition dix analyses au moins, et mille portraits de l'histoire, sans compter les positions qui se dessinent dans les œuvres mêmes des historiens, ceux-ci étant volontiers portés à croire qu'ils marquent mieux leurs interprétations et leurs points de vue dans un ouvrage que dans une discussion précise et formelle de leur pensée (d'où le reproche amusé des philosophes, pour qui les historiens ne savent jamais très exactement l'histoire qu'ils font)...

Au début de la série, plaçons, puisque tout le monde le fait encore, la classique *Introduction aux sciences historiques* de Charles-Victor Langlois et Charles Seignobos [5]. Signalons, à ses côtés, l'article jeune du jeune Paul Mantoux (1903) [6] ; puis, bien plus tard, après le classique Raymond Aron, *Introduction à la philosophie de l'histoire* [7], point de vue d'un philosophe sur l'histoire, arrivons au *Métier d'historien* de Marc Bloch [8], ouvrage posthume et incomplet (sans doute assez éloigné de celui qu'eût fait paraître son auteur, si la mort ne l'avait tragiquement surpris). Arrivons ensuite aux étincelants *Combats pour l'histoire* de Lucien Febvre, recueil d'articles qu'il a réunis lui-même [9]. N'oublions pas, au passage, l'essai très rapide de Louis Halphen [10], ni le livre vif de Philippe Ariès [11], ni la plaidoirie existentialiste d'Éric Dardel [12], ni tel article d'André Piganiol [13], ni le discours d'Henri Marrou [14], intéressant et fin, à mon goût trop attentif, peut-être, aux seuls spectacles d'une histoire de l'Antiquité et trop enfoncé dans la pensée de Max Weber, préoccupé par suite, au-delà de toute mesure, de l'objectivité de l'histoire. Objectivité, subjectivité en matière sociale : ce problème qui a passionné le XIXe siècle, découvreur des méthodes scientifiques, est-il aujourd'hui primordial ? En tout cas il ne nous est pas spécifique. Il y a là une infirmité de l'esprit scientifique que l'on ne peut surmonter, Henri Marrou le dit avec raison, qu'en redoublant de prudence et d'honnêteté. Mais de grâce, ne grossissons pas outre mesure le rôle de l'Historien, même avec un H majuscule !

Abrégée, incomplète, limitée à dessein à la seule littérature française du sujet, cette très courte bibliographie permettrait cependant de faire le point des polémiques révolues : elle les jalonne d'assez près. Mais il s'en faut, par contre, que les livres et articles signalés disent la multiplicité actuelle et foncière de l'histoire — et pourtant c'est l'essentiel. Le mouvement profond de l'histoire d'aujourd'hui, si je ne m'abuse, n'est pas de choisir entre des routes et des points de vue différents, mais d'accepter, d'additionner ces définitions successives dans lesquelles on a tenté, en vain, de l'enfermer. Car toutes les histoires sont nôtres.

Au début de ce siècle, on répétait volontiers, bien après Michelet, que l'histoire était « résurrection du passé ». Beau thème, beau programme ! La « tâche de l'histoire est de commémorer le passé, tout le passé », écrivait Paul Mantoux, en 1908. Voire : de ce passé, en fait, que retenait-on ? Notre jeune historien de 1903 répondait, sans hésiter : « Ce qui est particulier, ce qui n'arrive qu'une fois est du domaine de l'histoire[15]. » Réponse classique, image de l'histoire que proposent volontiers, à l'exclusion de toute autre, philosophes et sociologues. Émile Bréhier, l'historien de la philosophie, sur le bateau qui nous emportait vers le Brésil en 1936, n'en voulait pas démordre, au cours de nos amicales discussions. Ce qui se répétait dans la vie passée était, pour lui, du domaine de la sociologie, de la boutique de nos voisins. Tout le passé n'était donc pas à nous. Mais ne discutons pas. Je me suis, comme tout historien, attaché, moi aussi, aux faits singuliers, à ces fleurs d'un jour, si vite fanées et que l'on ne tient pas deux fois entre ses doigts. Bien plus, je crois qu'il y a toujours, dans une société, vivante ou défunte, des milliers de singularités. Et surtout, si l'on saisit cette société dans son ensemble, on peut affirmer qu'elle ne répétera jamais ce qu'elle est en son entier : elle s'offre comme un *équilibre* provisoire, mais original, unique.

J'approuve donc Philippe Ariès d'axer son histoire sur une reconnaissance des différences entre les âges et les réalités sociales. Mais l'histoire n'est pas seulement la différence, le singulier, l'inédit — ce que l'on ne verra pas deux fois. Et d'ailleurs l'inédit n'est jamais parfaitement inédit. Il cohabite avec le répété ou le régulier. Paul Lacombe disait, au sujet de Pavie (24 février 1525) ou mieux de Rocroi (19 mai 1643), que certains incidents de ces batailles « relèvent d'un système d'armement, de tactique, d'habitudes et de mœurs guerrières qu'on retrouve dans bon nombre d'autres combats de l'époque »[16]. Pavie, c'est, d'une certaine façon, le début de la guerre moderne, un événement, mais dans une famille d'événements. Au vrai, comment croire à cette histoire exclusive des événements uniques ? François Simiand[17], citant Paul Lacombe, en tombait d'accord et reprenait à son compte l'affirmation de l'historien : « Il n'est pas de fait où ne puisse se distinguer une part d'individuel et une part de social, une part de contingence et une part de régularité. » Ainsi, dès le début de ce siècle, une protestation, un doute au moins s'élevait contre une histoire restreinte aux événements singuliers, et de ce fait prestigieux, à cette histoire « linéaire », « éventuelle », *événementielle*, finira par dire Paul Lacombe.

Dépasser l'événement, c'était dépasser le temps court qui le contient, celui de la chronique, ou du journalisme — ces prises de conscience des contemporains, rapides, au jour le jour, dont les traces nous rendent, si vive, la chaleur des événements et des existences passés. Autant se demander si, au-delà des événements, il n'y a pas une histoire inconsciente cette fois, ou mieux, plus ou moins consciente, qui, en grande partie, échappe à la lucidité des acteurs, les responsables ou les victimes : ils font l'histoire, mais l'histoire les emporte.

Cette recherche d'une histoire non événementielle s'est imposée de façon impérieuse au contact des autres sciences de l'homme, contact inévitable (les polémiques en sont la preuve) et qui, en France, s'est organisé, au-delà de 1900, grâce à la merveilleuse *Revue de synthèse historique* d'Henri Berr dont la lecture, rétrospectivement, est si émouvante ; puis, au-delà de 1929, grâce à la vigoureuse et très efficace campagne des *Annales* de Lucien Febvre et Marc Bloch.

L'histoire s'est employée, dès lors, à saisir les faits de répétition aussi bien que les singuliers, les réalités conscientes aussi bien que les inconscientes. L'historien, dès lors, s'est voulu et s'est fait économiste, sociologue, anthropologue, démographe, psychologue, linguiste... Ces nouvelles liaisons d'esprit ont été, en même temps, liaisons d'amitié et de cœur. Les amis de Lucien Febvre et de Marc Bloch, fondateurs, animateurs eux aussi des *Annales*, constituèrent un colloque permanent des sciences de l'homme, d'Albert Demangeon et de Jules Sion, les géographes, à Maurice Halbwachs, le sociologue, de Charles Blondel et d'Henri Wallon, les psychologues, à François Simiand, le philosophe-sociologue-économiste. Avec eux, l'histoire s'est saisie, bien ou mal, mais de façon décidée, de toutes les sciences de l'humain ; elle s'est voulue, avec ses chefs de file, une impossible science globale de l'homme. Ce faisant, elle s'est abandonnée à un impérialisme juvénile, mais au même titre et de la même façon que presque toutes les sciences humaines d'alors, petites nations au vrai qui, chacune pour son compte, rêvaient de tout manger, de tout bousculer, de tout dominer.

Depuis lors, l'histoire a continué dans cette même ligne à se nourrir des autres sciences de l'homme. Le mouvement ne s'est pas arrêté, s'il s'est, comme il fallait s'y attendre, transformé. Le chemin est long [18] du *Métier d'historien*, testament de Marc Bloch, aux *Annales* d'après-guerre, conduites sous la seule direction, en fait, de Lucien Febvre. À peine les historiens, trop peu soucieux de méthode et d'orientation, l'auront-ils remarqué. Cependant, au-delà de 1945, la question à nouveau s'est posée : quels étaient le rôle, l'utilité de l'histoire ? Était-elle, devait-elle être seulement l'étude exclusive du passé ? Si, pour les années écoulées, elle s'acharnait à lier la gerbe de toutes les sciences de l'homme, ne s'ensuivrait-il pas, pour elle, d'inévitables conséquences ? À l'intérieur de son domaine, elle était toutes les sciences de l'homme. Mais où s'arrête le passé ?

Tout est histoire, dit-on pour en sourire. Claude Lévi-Strauss écrivait dernièrement encore : « Car tout est histoire, ce qui a été dit hier est histoire, ce qui a été dit il y a une minute est histoire [19]. » J'ajouterai ce qui a été dit, ou pensé, ou agi, ou seulement vécu. Mais si l'histoire, omniprésente, met en cause le social en son entier, c'est toujours à partir de ce mouvement même du temps qui, sans cesse, entraîne la vie, mais la dérobe à elle-même, éteint et rallume ses flammes. L'histoire est une dialectique de la durée ; par elle, grâce à elle, elle est étude du social, de tout le social, et donc du passé, et donc aussi du présent, l'un et l'autre inséparables. Lucien Febvre l'aura dit et répété pendant les dix dernières années de sa vie : « L'histoire, science du passé, science du présent. »

On comprendra que l'auteur de ce chapitre, héritier des *Annales* de Marc Bloch et de Lucien Febvre, se sente dans une position assez particulière pour rencontrer, « sabre en main », le sociologue qui lui reprocherait ou de ne pas penser comme lui, ou de trop penser comme lui. L'histoire m'apparaît comme une dimension de la science sociale, elle fait corps avec celle-ci. Le temps, la durée, l'histoire s'imposent en fait, ou devraient s'imposer à toutes les sciences de l'homme. Ses tendances ne sont pas d'opposition, mais de convergence.

II

J'ai déjà écrit[20], un peu contre Georges Gurvitch, que sociologie et histoire étaient une seule aventure de l'esprit, non pas l'envers et l'endroit d'une même étoffe, mais cette étoffe même, dans toute l'épaisseur de ses fils. Cette affirmation, bien entendu, reste discutable et ne saurait être poursuivie de bout en bout. Mais elle répond, chez moi, à un désir d'unification, même autoritaire, des diverses sciences de l'homme, pour les soumettre moins à un marché commun qu'à une problématique commune, qui les libérerait de quantité de faux problèmes, de connaissances inutiles et préparerait, après les élagages et mises au point qui s'imposent, une future et nouvelle divergence, capable alors d'être féconde et créatrice. Car un nouveau lancement des sciences de l'homme s'impose.

Il n'est guère niable que, fréquemment, histoire et sociologie se rejoignent, s'identifient, se confondent. Les raisons en sont simples ; d'une part, il y a cet impérialisme, ce gonflement de l'histoire ; de l'autre, cette identité de nature : histoire et sociologie sont les seules sciences *globales*, susceptibles d'étendre leur curiosité à n'importe quel aspect du social. L'histoire, dans la mesure où elle est toutes les sciences de l'homme dans l'immense domaine du passé, l'histoire est synthèse, elle est orchestre. Et si l'étude de la durée *sous toutes ses formes* lui ouvre, comme je le pense, les portes de l'actuel, alors elle est à toutes les places du festin. Et elle s'y trouve régulièrement aux côtés de la sociologie, qui elle aussi est synthèse par vocation et que la dialectique de la durée oblige à se tourner vers le passé — qu'elle le veuille ou non.

Même si, selon la vieille formule, on considère la sociologie comme cette « science des faits dont l'ensemble constitue la vie collective des hommes », même si on la voit, par prédilection, à la recherche des structures nouvelles qui s'élaborent dans la chaleur et la complexité de la vie actuelle — tout, du social, ne va-t-il pas relever de sa curiosité et de son jugement ? Le collectif, mais il faut bien le séparer de l'individuel, ou le retrouver dans l'individuel : la dichotomie est toujours à reprendre. La novation, mais il n'y a de novation que par rapport à ce qui est ancien et ne veut pas toujours mourir dans le feu de l'actuel où tout brûle, le bois nouveau, le bois ancien, celui-ci pas plus vite que celui-là.

Donc, le sociologue, sur les chantiers et dans les travaux de l'histoire, ne peut être dépaysé : il retrouve ses matériaux, ses outils, son vocabulaire, ses problèmes, ses incertitudes mêmes. Évidemment, l'identité n'est pas complète et souvent se dissimule : il y a le jeu des formations, des apprentissages, des carrières, des héritages, la texture du métier, les techniques différentes d'information qu'impose la variété des sources documentaires (mais ceci est vrai à l'intérieur même de l'histoire : l'étude du Moyen Âge, celle du XIXe, exigent une attitude différente en face du document). L'histoire, si l'on peut dire, est l'un des métiers les moins structurés de la science sociale, donc des plus flexibles, des plus ouverts. Les sciences sociales, chez nous, sont peut-être présentes plus souvent encore que dans la sociologie elle-même, dont c'est la vocation cependant de les contenir toutes. Il y a une histoire économique dont la richesse fait honte, j'en suis sûr, à la très maigre et anémique sociologie économique. Il y a une merveilleuse histoire géographique et une vigoureuse géographie historique qui ne peuvent se mettre en balance avec l'écologie pointilliste des sociologues. Il y a une démographie historique (elle est histoire, ou elle n'est pas) au regard de laquelle la morphologie sociale est chose légère. Il y a de même une histoire sociale, médiocre, mais qui ne trouverait guère à s'enrichir au contact des mauvaises études de la sociologie typologique (pour ne pas dire ce qui serait pléonasme : la sociologie sociale). Et il est bien probable que l'histoire quantitative, dans la ligne des programmes d'Ernest Labrousse et de ses élèves (Congrès historique de Rome, 1955), va, dans le domaine de l'étude des classes sociales, prendre une avance décisive sur la sociologie abstraite, trop préoccupée, à mon avis, du concept de classes sociales chez Marx ou ses émules.

Mais arrêtons-nous là. Il serait trop facile de faire correspondre, terme à terme, ce que tentent les sociologues et ce que nous faisons, historiens ; la sociologie de la connaissance et l'histoire des idées ; la microsociologie et la sociométrie d'une part et, de l'autre, l'histoire de surface, dite événementielle, cette microhistoire où voisinent le fait divers et l'événement éclatant, explosif, *sociodrame* à vrai dire et qui peut s'étendre aux dimensions d'une nation ou d'un monde... À un certain moment même, je ne vois plus, avec netteté, la différence qu'il peut y avoir entre ces activités mitoyennes, entre sociologie de l'art et histoire de l'art, entre sociologie du travail et histoire du travail, sociologie littéraire et histoire littéraire, entre histoire religieuse au niveau d'Henri Bremond et sociologie religieuse au niveau exceptionnellement brillant de Gabriel Le Bras et de ses disciples... Et les différences, quand elles existent, ne pourraient-elles être comblées par un alignement du moins brillant sur le plus brillant des partenaires ? Ainsi l'historien n'est pas assez attentif aux signes sociaux, aux symboles, aux rôles sociaux réguliers et sous-jacents. Mais de nombreux exemples le prouvent, un petit effort suffirait pour que l'historien voie ces problèmes apparaître sous ses propres lunettes. Il s'agit là de décalages, d'inattentions, non d'impératifs ou d'exclusives de métier.

Autre signe fraternel de ces correspondances : le vocabulaire tend à s'identifier d'une science à l'autre. Les historiens parlent de crise structurale ; les économistes de crise structurelle, Lévi-Strauss revient à structurale dans son dernier livre, l'*Anthropologie structurale*[21]. Dirons-nous, de même, conjonctural, qui sonne mal, ou conjoncturel ? Événementiel, qu'a créé Paul Lacombe (il hésitait, je l'ai dit, entre éventuel et événementiel), qu'a adopté François Simiand et qui a rebondi chez les historiens, il y a une dizaine d'années, a été lancé, dès lors, sur une orbite commune. Le mot de *palier* est sorti de la pensée de Georges Gurvitch et s'acclimate, tant bien que mal, chez nous. Nous dirons qu'il y a des paliers de la réalité historique, plus encore des paliers de l'explication historique et, par suite, des paliers possibles de l'entente ou de la polémique historico-sociologique : on peut se disputer, ou se réconcilier, en changeant d'étage...

Mais laissons ce jeu qu'il serait facile de poursuivre. Mieux vaut en montrer l'intérêt. Le vocabulaire est le même, ou devient le même, parce que, de plus en plus, la problématique est la même, sous le signe commode de deux mots, victorieux pour l'instant : *modèle* et *structure*. Le modèle a fait son apparition dans les eaux vives de l'histoire, « outil artisanal », mais au service des tâches les plus ambitieuses ; *la*, ou *les* structures nous assiègent : on ne parle que trop de structures, même dans les *Annales*, disait Lucien Febvre[22], au cours d'un de ses derniers écrits. En fait, la science sociale doit, vaille que vaille, construire le modèle, l'explication générale et particulière du social, substituer, à une réalité empirique et déconcertante, une image qui soit plus claire, plus facile à exploiter scientifiquement. Il lui faut choisir, tronquer, reconstruire, doser, accepter les contradictions et presque les rechercher. Le social a-t-il, ou non, cette structure étagée, « feuilletée », pour reprendre le mot du docteur Roumeguère[23] ? La réalité change-t-elle avec chaque étage ou palier ? Alors elle est discontinue « à la verticale ». Est-elle structurée sur toute son épaisseur, ou sur une certaine épaisseur seulement ? Hors des enveloppes dures des structures se situeraient des zones libres, inorganisées de la réalité. Le structuré et le non-structuré, os et chair du social. Mais le mouvement qui entraîne la société est-il lui aussi structuré, si l'on peut dire, selon le schéma d'une structure baptisée « dynamique » ? Ou, si l'on veut, y a-t-il une régularité, des phases nécessairement répétées dans tous les phénomènes d'évolution historique ? Le « mouvement de l'histoire » n'agirait pas à l'aveugle...

En vérité, ces problèmes se rejoignent et s'imbriquent, ou devraient se rejoindre et s'engrener. Par un paradoxe apparent, l'historien, ici, serait plus simplificateur peut-être que le sociologue. Il a beau prétendre, en effet, à la limite, que l'actuel est aussi de son domaine, il l'étudie mal et moins souvent que le social révolu, décanté, simplifié pour mille raisons qu'il est inutile de souligner. Le présent, au contraire, est un rappel au multiple, au compliqué, au « pluridimensionnel ». Ce rappel, peut-être l'entend-il, le perçoit-il moins bien que le sociologue, observateur des effervescences de l'actuel ?

III

De ce tour d'horizon, ressort une impression d'analogie, d'identité assez forte. Les deux métiers, dans leur ensemble, ont mêmes limites, même circonférence. Peu importe si le secteur historique est, ici, mieux labouré, là le secteur sociologique : un peu d'attention ou de travail et les domaines se correspondraient mieux et connaîtraient, sans peine, les mêmes réussites.

Cette analogie ne saurait être récusée — et encore — que si le sociologue ne voulait pas de l'intrusion de l'historien dans l'actuel. Mais serait-il possible, ensuite, de tout ramener, de nos oppositions, à un douteux contraste entre hier et aujourd'hui ? Des deux voisins, l'un s'introduit dans le passé qui, après tout, n'est pas son domaine spécifique, au nom si l'on veut, de la répétition ; l'autre pénètre dans le présent au nom d'une durée créatrice de structurations et destructurations, de permanences aussi. Répétition et comparaison d'un côté, durée et dynamisme de l'autre, sont des prises sur le réel, des outils que chacun peut utiliser. Entre réel vécu et réel qui se vit ou va se vivre, la limite est-elle si nette ? Les premiers sociologues savaient bien que l'actuel ne soutenait qu'une partie de leur construction. Force nous est, disait François Simiand, « de chercher les faits et les cas d'expérience dans la relation du passé de l'humanité [24] ».

Je crois moins encore à une opposition des styles. L'histoire est-elle plus continuiste, la sociologie plus discontinuiste ? On l'a soutenu, mais que voilà une question mal posée ! Il faudrait, pour en avoir le cœur net, mettre face à face les œuvres elles-mêmes, voir si ces oppositions sont internes ou externes à nos métiers respectifs. N'oublions pas, en plus, que la discontinuité, aujourd'hui, ne fait qu'aborder en clair la réflexion historique. Marc Bloch, pour en avoir posé prématurément le grand problème, à la veille de la guerre de 1939, aura déchaîné l'une des discussions les plus vaines qui furent, au pays des historiens.

En vérité, chaque historien a son style, comme chaque sociologue. Georges Gurvitch pousse jusqu'à l'excès et au scrupule son désir d'une sociologie compliquée, hyper-empirique, à l'image d'une réalité qu'il juge, non sans raison, foisonnante. Claude Lévi-Strauss écarte, détruit ce foisonnement pour découvrir la ligne profonde, mais étroite, des permanences humaines. Faut-il à tout prix choisir et décider qui est, des deux, *le* sociologue ? Question de style, je le répète, et de tempérament. Lucien Febvre a eu, lui aussi, le souci du foisonnant, du divers, et son style, comme à deux voix, plus et mieux qu'un autre, s'est prêté à ces dessins compliqués, repris à plaisir. Fustel est autrement simple, soucieux de la ligne tracée d'un seul mouvement de la main. Michelet explose en lignes multiples. Pirenne ou Marc Bloch seraient bien plus continuistes que Lucien Febvre. Mais, autant qu'à leurs tempéraments, ne le doivent-ils pas au spectacle qu'ils contemplent : un Moyen Âge occidental où le document se dérobe ? Avec le XVe siècle et plus encore le XVIe, mille voix s'élèvent qui, plus tôt, ne se faisaient pas entendre. Les grands bavardages de l'époque contemporaine commencent. En bref, pour moi, il n'y a pas un style de l'histoire, dont elle ne saurait sortir. De même pour la sociologie. Durkheim est d'une simplicité autoritaire, linéaire. Halbwachs aussi qui classe, une fois pour toutes. Marcel Mauss est plus divers, mais nous ne le lisons guère — et pour cause : nous entendons sa pensée, répercutée par ses disciples et qui se mêle ainsi, vivante, au droit fil de la recherche actuelle.

Au total, les différences que nous cherchons, dans notre mitoyenneté, ne sont pas selon ces formules ou distinctions faciles. C'est au cœur de l'histoire qu'il faut porter le débat (ou mieux notre enquête, car ce n'est pas une polémique qu'il nous faut ranimer), aux divers paliers de la connaissance et du travail historique tout d'abord — dans la ligne, ensuite, de la durée, des temps et temporalités de l'histoire.

IV

L'histoire se situe à des paliers différents, je dirais volontiers trois paliers, mais c'est façon de parler, en simplifiant beaucoup. C'est dix, cent paliers qu'il faudrait mettre en cause, dix, cent durées diverses. En surface, une histoire événementielle s'inscrit dans le temps court : c'est une microhistoire. À mi-pente, une histoire conjoncturelle suit un rythme plus large et plus lent. On l'a surtout étudiée jusqu'ici sur le plan de la vie matérielle, des cycles ou intercycles économiques. (Le chef-d'œuvre de cette histoire est le livre d'Ernest Labrousse[25] sur la crise, en réalité demi-intercycle — 1774-1791 —, qui sert de rampe de lancement à la Révolution française). Au-delà de ce « récitatif » de la conjoncture, l'histoire structurale, ou de longue durée, met en cause des siècles entiers ; elle est à la limite du mouvant et de l'immobile et, par ses valeurs longtemps fixes, elle fait figure d'invariant vis-à-vis des autres histoires, plus vives à s'écouler et à s'accomplir, et qui, en somme, gravitent autour d'elle.

En résumé, trois séries de niveaux historiques, avec lesquels, malheureusement, la sociologie n'est pas encore en contact. Or, à ces différents niveaux, le dialogue avec l'histoire ne saurait être de même allure ou, pour le moins, de même animation. Il y a, sans doute, une sociologie de l'histoire et de la connaissance historique à chacun de ces trois niveaux, mais cette sociologie reste à construire. Nous ne pouvons, historiens, que l'imaginer.

Une sociologie de l'événementiel serait l'étude de ces mécanismes prompts, toujours en place, nerveux, qui enregistrent, au jour le jour, la soi-disant histoire du monde en train de se faire, cette histoire, en partie abusive, dans laquelle les événements s'accrochent les uns aux autres, se commandent, dans laquelle les grands hommes sont vus régulièrement comme des chefs d'orchestre autoritaires. Cette sociologie de l'événementiel, ce serait, aussi, la reprise du dialogue ancien (le répété, l'inédit) ; ce serait, également, la confrontation de l'histoire traditionnelle d'une part, de la microsociologie et de la sociométrie de l'autre : celles-ci sont-elles, comme je le pense, et pourquoi, plus riches que l'histoire superficielle ? Comment déterminer la place de cette large nappe d'histoire dans le complexe d'une société aux prises avec le temps ?... Tout cela déborde, si je ne me trompe, les querelles anciennes. Le fait divers (sinon l'événement, ce sociodrame) est répétition, régularité, multitude et rien ne dit, de façon absolue, que son niveau soit sans fertilité, ou valeur, scientifique. Il faudrait y regarder de près.

Si, à propos de l'événement, notre imagination sociologique ne chôme guère, par contre, tout est à construire, j'allais dire à inventer, en ce qui concerne la conjoncture, ce personnage ignoré, ou presque, de la sociologie. Est-il assez fort — ou non — pour brouiller les jeux en profondeur, favoriser ou défavoriser les liens collectifs, resserrer ceux-ci, tendre, briser ceux-là ? François Simiand n'a fait qu'ébaucher une sociologie du temps conjoncturel selon les flux et reflux de la vie matérielle. L'essor (la phase A) et la facilité qu'il offre, du moins en certains secteurs, maintiendrait-il, ou non, les jeux sociaux et les structures en place ? Avec le reflux de chaque phase B, la vie matérielle (et pas seulement elle, bien sûr) se restructure, cherche d'autres équilibres, les invente, mobilise des forces d'ingéniosité ou, du moins, leur laisse libre carrière... Mais, en ces domaines, les travaux des historiens et des économistes n'ont pas accumulé encore assez de données, ni dessiné assez de cadres valables, pour que l'on reprenne, ou que l'on prolonge l'esquisse de Simiand. D'ailleurs, l'histoire conjoncturelle ne sera complète que si, à la conjoncture économique, s'ajoute l'étude de la conjoncture sociale et des autres situations concomitantes du repli ou de l'essor. C'est l'entrecroisement des conjonctures simultanées qui sera sociologie efficace...

Sur le plan de l'histoire de longue durée, histoire et sociologie ne se rejoignent pas, ne s'épaulent pas, ce serait trop peu dire : elles se confondent. La longue durée, c'est l'histoire interminable, inusable des structures et groupes de structures. Pour l'historien, unc structure n'est pas seulement architecture, assemblage, elle est permanence et souvent plus que séculaire (le temps est structure) : ce gros personnage traverse d'immenses espaces de temps sans s'altérer ; s'il se détériore à ce long voyage, il se recompose chemin faisant, rétablit sa santé, et finalement, ses traits ne s'altèrent que lentement...

J'ai essayé de montrer[26], je n'ose dire de démontrer que toute la recherche neuve de Claude Lévi-Strauss — communication et mathématiques sociales mêlées — n'est couronnée de succès que lorsque ses *modèles* naviguent sur les eaux de la longue durée. Quelle que soit l'ouverture choisie à son cheminement — la microsociologie ou tel autre étage —, c'est seulement quand il atteint ce rez-de-chaussée du temps, à moitié ensommeillé, que la structure se dégage : liens primitifs de parenté, mythes, cérémonials, institutions relèvent du flux le plus lent de l'histoire. La mode, chez les physiciens, est de parler *d'apesanteur*. Une structure est un corps soustrait à la pesanteur, à l'accélération de l'histoire.

Mais l'historien fidèle à l'enseignement de Lucien Febvre et de Marcel Mauss voudra toujours saisir l'ensemble, la *totalité* du social. Le voici amené à rapprocher étages, durées, temps divers, structures, conjonctures, événements. Cet ensemble reconstitue à ses yeux un équilibre global assez précaire et qui ne peut se maintenir sans de constants ajustements, chocs ou glissements. Dans sa totalité, le social aux prises avec son devenir est idéalement, à chaque coupe *synchronique* de son histoire, une image sans fin différente, bien que cette image répète mille détails et réalités antérieurs. Qui le nierait ? C'est pourquoi l'idée d'une structure globale de la société inquiète et gêne l'historien, même si, entre structure globale et réalité globale, subsiste, comme de juste, un décalage considérable. Ce que, dans le débat, l'historien voudrait sauver, c'est l'incertitude du mouvement de la masse, ses possibilités diverses de glissement, des libertés, certaines explications particulières, « fonctionnelles », filles de l'instant ou du moment. À ce stade de la « totalité » — je n'ose dire de la « totalisation » —, au moment en somme de prononcer le dernier mot, l'historien reviendrait ainsi vers les positions antisociologiques de ses maîtres. Toute société, elle aussi, est unique, même si beaucoup de ses matériaux sont anciens ; elle s'explique hors de son temps, sans doute, mais aussi à l'intérieur de son temps propre ; elle est bien selon l'esprit même d'Henri Hauser et de Lucien Febvre « fille de son temps », le temps bien entendu qui l'englobe ; fonction de ce temps et pas seulement des durées qu'elle partage avec d'autres expériences sociales.

V

Me suis-je laissé prendre à des illusions faciles ? J'ai montré le métier d'historien débordant ses limites anciennes, mettant en cause le champ même, ou peu s'en faut, de la science sociale, poussant sa curiosité dans toutes les directions. Avec le début de ce siècle, vers la psychologie : c'est l'époque où Werner Sombart affirme que le capitalisme est d'abord esprit. (Bien plus tard, toujours dans cette même ligne de conquête, Lucien Febvre parlera d'outillage mental.) Puis, aux environs des années trente, vers l'économie politique conjoncturelle que François Simiand révèle aux historiens français. Et, depuis très longtemps, vers la géographie... On remarquera combien le marxisme aura peu, en ce siècle, assiégé notre métier. Mais ses infiltrations, ses tentations, ses influences auront été multiples et fortes : il a seulement manqué, en ce premier XXe siècle, un chef-d'œuvre d'histoire marxiste qui eût servi de modèle et de ralliement : nous l'attendons encore. Cette énorme influence a pourtant joué son rôle parmi les nombreuses transformations de notre métier qui ont obligé l'historien à se déprendre de ses habitudes, à en contracter de nouvelles, à sortir de lui-même, de ses apprentissages, voire de ses réussites personnelles.

À ces migrations et métamorphoses, il y a cependant une limite secrète, exigeante[27]. L'historien ne sort jamais du temps de l'histoire : ce temps colle à sa pensée, comme la terre à la bêche du jardinier. Il rêve, bien sûr, de s'en échapper. L'angoisse de 1940 aidant, Gaston Roupnel[28] a écrit, à ce propos, des mots qui font souffrir tout historien sincère. J'ai cité aussi la réflexion ancienne de Paul Lacombe, historien : « Le temps n'est rien en soi, objectivement[29]. » Mais s'agit-il là de vraies évasions ? J'ai personnellement, au cours d'une captivité assez morose, beaucoup lutté pour échapper à la chronique de ces années difficiles (1940-1945). Refuser les événements et le temps des événements, c'était se mettre en marge, à l'abri, pour les regarder d'un peu loin, les mieux juger et n'y point trop croire. Du temps court, passer au temps moins court et au temps très long (s'il existe, ce dernier ne peut être que le temps des sages), puis, arrivé à ce terme, s'arrêter, tout considérer à nouveau et reconstruire, voir tout tourner autour de soi : l'opération a de quoi tenter un historien.

Mais ces fuites successives ne le rejettent pas, en définitive, hors du temps du monde, du temps de l'histoire, impérieux parce qu'irréversible et parce qu'il court au rythme même de la rotation de la terre. En fait, les durées que nous distinguons sont solidaires les unes des autres : ce n'est pas la durée qui est tellement création de notre esprit, mais les morcellements de cette durée. Or, ces fragments se rejoignent au terme de notre travail. Longue durée, conjoncture, événement s'emboîtent sans difficulté, car tous se mesurent à une même échelle. Aussi bien, participer en esprit à l'un de ces temps, c'est participer à tous. Le philosophe, attentif à l'aspect subjectif, intérieur de la notion de temps, ne sent jamais ce poids du temps de l'histoire, d'un temps concret, universel, tel ce temps de la conjoncture qu'Ernest Labrousse dessine au seuil de son livre comme un voyageur partout identique à lui-même, qui court le monde, impose ses contraintes identiques, quel que soit le pays où il débarque, le régime politique ou l'ordre social qu'il investit.

Pour l'historien, tout commence, tout finit, par le temps, un temps mathématique et démiurge, dont il serait facile de sourire, temps comme extérieur aux hommes, qui les pousse, les contraint, emporte leurs temps particuliers aux couleurs diverses : le temps impérieux du monde.

Les sociologues, bien entendu, n'acceptent pas cette notion trop simple. Ils sont beaucoup plus proches de la *Dialectique de la durée*, telle que la présente Gaston Bachelard[30]. Le temps social est simplement une dimension particulière de telle réalité sociale que je contemple. Intérieur à cette réalité comme il peut l'être à tel individu, il est un des signes — entre autres — dont elle s'affecte, une des propriétés qui la marquent comme un être particulier. Le sociologue n'est pas gêné par ce temps complaisant qu'il peut à volonté couper, écluser, remettre en mouvement. Le temps de l'histoire se prêterait moins au double jeu agile de la synchronie et de la diachronie : il ne permet guère d'imaginer la vie comme un mécanisme dont on peut arrêter le mouvement pour en présenter, à loisir, une image immobile.

Ce désaccord est plus profond qu'il n'y paraît : le temps des sociologues ne peut être le nôtre ; la structure profonde de notre métier, si je ne me trompe, y répugne. Notre temps est mesure, comme celui des économistes. Quand un sociologue nous dit qu'une structure ne cesse de se détruire pour se reconstituer, nous acceptons volontiers l'explication que l'observation historique confirme d'ailleurs. Mais nous voudrions dans l'axe de nos exigences habituelles, savoir la durée précise de ces mouvements, positifs ou négatifs. Les cycles économiques, flux et reflux de la vie matérielle, se mesurent. Une crise structurelle sociale doit également se repérer dans le temps, à travers le temps, se situer exactement, en elle-même et plus encore par rapport aux mouvements des structures concomitantes. Ce qui intéresse passionnément un historien, c'est l'entrecroisement de ces mouvements, leur interaction, et leurs points de rupture : toutes choses qui ne peuvent s'enregistrer que par rapport au temps uniforme des historiens, mesure générale de tous ces phénomènes, et non au temps social multiforme, mesure particulière à chacun de ces phénomènes.

Ces réflexions à contre-pied, un historien les formulera, à tort ou à raison, même lorsqu'il pénètre dans la sociologie accueillante, presque fraternelle de Georges Gurvitch. Un philosophe [31] ne le définissait-il pas, hier, comme celui qui « accule la sociologie à l'histoire » ? Or, même chez lui, l'historien ne reconnaît ni ses durées, ni ses temporalités. Le vaste édifice social de Georges Gurvitch s'organise selon cinq architectures essentielles : les paliers en profondeur, les sociabilités, les groupes sociaux, les sociétés globales, les temps, ce dernier échafaudage, celui des temporalités, le plus neuf, étant aussi le dernier construit et comme surajouté à l'ensemble.

Les temporalités de Georges Gurvitch sont multiples. Il en distingue toute une série : le temps de longue durée et au ralenti, le temps trompe-l'œil ou le temps surprise, le temps de battement irrégulier, le temps cyclique ou de danse sur place, le temps en retard sur lui-même, le temps d'alternance entre retard et avance, le temps en avance sur lui-même, le temps explosif[32]... Comment l'historien se laisserait-il convaincre ? Avec cette gamme de couleurs, il lui serait impossible de reconstituer la lumière blanche unitaire qui lui est indispensable. Il s'aperçoit vite, aussi, que ce temps caméléon marque sans plus, d'un signe supplémentaire, d'une touche de couleur, les catégories antérieurement distinguées. Dans la cité de notre ami, le temps, dernier venu, se loge tout naturellement chez les autres ; il se met à la dimension de ces domiciles et de leurs exigences, selon les paliers, les sociabilités, les groupes, les sociétés globales. C'est une manière différente de récrire, sans les modifier, les mêmes équations. Chaque réalité sociale sécrète son temps ou ses échelles de temps comme des coquilles. Mais qu'y gagnons-nous, historiens ? L'immense architecturc de cette cité idéale reste immobile. L'histoire en est absente. Le temps du monde, le temps historique s'y trouve, comme le vent chez Éole, enfermé dans une peau de bouc. Ce n'est pas à l'histoire qu'en ont, finalement et inconsciemment, les sociologues, mais au temps de l'histoire — cette réalité qui reste violente, même si l'on cherche à l'aménager, à la diversifier, cette contrainte à laquelle l'historien n'échappe jamais. Les sociologues, eux, y échappent presque toujours : ils s'évadent, ou dans l'instant, toujours actuel, comme suspendu au-dessus du temps, ou dans des phénomènes de répétition qui ne sont d'aucun âge ; donc par une démarche opposée de l'esprit qui les cantonne soit dans l'événementiel le plus strict, soit dans la durée la plus longue. Cette évasion est-elle licite ? Là est le vrai débat entre historiens et sociologues.

VI

Je ne crois pas qu'il soit possible d'esquiver l'histoire. Il faut que le sociologue y prenne garde. La philosophie (d'où il vient et où il reste) ne le prépare que trop bien à ne pas sentir cette nécessité concrète de l'histoire. Les techniques de l'enquête sur l'actuel risquent de consommer cet éloignement. Tous ces enquêteurs sur le vif, un peu pressés et que bousculent encore leurs employeurs, feront bien aussi de se méfier d'une observation rapide, à fleur de peau. Une sociologie événementielle encombre nos bibliothèques, les cartons des gouvernements et des entreprises. Loin de moi l'idée de m'insurger contre cette vogue ou de la déclarer inutile. Mais scientifiquement que peut-elle valoir, si elle n'enregistre pas le sens, la rapidité ou la lenteur, la montée ou la chute du mouvement qui entraîne tout phénomène social, si elle ne se rattache pas au mouvement de l'histoire, à sa dialectique percutante qui court du passé au présent et jusqu'à l'avenir même ?

Je voudrais que les jeunes sociologues prennent, sur leurs années d'apprentissage, le temps nécessaire pour étudier, même dans le plus modeste des dépôts d'archives, la plus simple des questions d'histoire, qu'ils aient, une fois au moins, hors des manuels stérilisants, un contact avec un métier simple, mais que l'on ne comprend qu'à le pratiquer — comme tous les autres métiers sans doute. Il n'y aura de science sociale, à mon sens, que dans une réconciliation, une pratique simultanée de nos divers métiers. Les dresser l'un contre l'autre, chose facile, mais cette dispute se joue sur de bien vieux airs. C'est d'une musique nouvelle que nous avons besoin.

VII

HISTOIRE DES CIVILISATIONS : LE PASSÉ EXPLIQUE LE PRÉSENT *

Élu au Collège de France à la fin de l'année 1932, Lucien Febvre s'apprête à quitter Strasbourg pour Paris. C'est à ce moment-là qu'Anatole de Monzie, alors ministre de l'Éducation nationale, lui confie la responsabilité d'une Encyclopédie française. *L'époque est en effet aux encyclopédies, en Italie comme en Angleterre et en U.R.S.S.*

Lucien Febvre se chargera seul de planifier l'entreprise en s'entourant de tous ses amis, anciens et nouveaux, camarades de l'École normale, collègues de la faculté de Strasbourg, habitués de toutes origines des Semaines de synthèse, *collaborateurs des* Annales, *collègues du Collège de France.*

En 1934, il en présente le programme comme suit : « L'Encyclopédie française *ne sera pas un dictionnaire. Renseigner, œuvre pie ; enseigner, son but propre : elle entend être "une œuvre" et, répétons-le avec force, qui dit œuvre dit esprit. [...] À l'intérieur des volumes, des exposés continus, à la fois positifs et critiques, rédigés dans une langue aussi dépouillée et aussi peu chargée que possible de néologismes professionnels ; pour commencer, un bref historique et des*

---

* *L'Encyclopédie française*, tome XX, *Le Monde en devenir. Histoire, évolution, prospective*, chapitre V, Paris, Larousse, 1959. Repris dans *Écrits sur l'Histoire*, 1969.

définitions précises de termes ; puis l'exposé des diverses hypothèses ou solutions proposées ; une délimitation rigoureuse de nos connaissances par rapport à nos ignorances ou à nos incertitudes ; enfin, bien marquée, la liaison des faits et des idées présentés avec les faits et les idées connus. »

Les vingt et un volumes de l'ouvrage ont été publiés de 1937 à la fin des années cinquante. La contribution demandée à Fernand Braudel : « L'apport de l'histoire des civilisations », fait partie du volume XX.

La question discutée dans le présent chapitre est assez insolite : l'histoire de la civilisation, telle qu'elle s'est développée du XVIIIe siècle, de l'*Essai sur les mœurs* de Voltaire (1756) à nos jours, peut-elle apporter des lumières à la connaissance du temps présent et donc, forcément, de l'avenir — car le temps d'aujourd'hui ne se comprend guère que lié au temps de demain ? L'auteur de ces lignes (historien pour qui l'Histoire est à la fois connaissance du passé et du présent, du « devenu » et du « devenir », distinction dans chaque « temps » historique, qu'il soit d'hier ou d'aujourd'hui, entre ce qui dure, s'est perpétué, se perpétuera vigoureusement — et ce qui n'est que provisoire, voire éphémère), l'auteur de ces lignes répondrait volontiers que c'est toute l'Histoire qu'il faut mobiliser pour l'intelligence du présent. Mais dans cet ensemble de notre métier, que représente au juste l'histoire de la civilisation ? Est-elle même un domaine original ? Rafael Altamira n'hésitait pas à affirmer que « dire civilisation revient au même que dire histoire ». Guizot écrivait déjà (1828) : « ... Cette histoire [de la civilisation] est la plus grande de toutes, ... elle comprend toutes les autres. »

Sans doute s'agit-il là d'un vaste, d'un immense secteur de notre métier, jamais aisé cependant à circonscrire et dont le contenu a varié et continue de varier, suivant les interprétations, d'un siècle à l'autre, d'un pays à l'autre, d'un historien, d'un essayiste à l'autre. Toute définition s'avère difficile, aléatoire.

Et d'abord, il y a *la* civilisation, conception qui met en cause l'humanité entière, et *les* civilisations, celles-ci dispersées dans le temps et dans l'espace. En outre, le mot de civilisation ne voyage jamais seul : il s'accompagne immanquablement du mot de culture qui, pourtant, n'en est pas le simple doublet. Ajoutons qu'il y a aussi *la* et *les* cultures. Quant à l'adjectif *culturel*, il nous prodigue depuis longtemps des services ambigus, tant dans le domaine de la culture (comme le veut l'étymologie) que dans celui de la civilisation, où un adjectif particulier nous manque. Une civilisation, dirons-nous, est un ensemble de traits, de phénomènes culturels.

Voilà déjà un certain nombre de nuances, de confusions possibles. Mais, quel que soit le mot clef, cette histoire particulière, dite de la civilisation ou de la culture, des civilisations ou des cultures, est, à première appréhension, un cortège, ou plutôt un orchestre d'histoires particulières : histoire de la langue, histoire des lettres, histoire des sciences, histoire de l'art, histoire du droit, histoire des institutions, histoire de la sensibilité, histoire des mœurs, histoire des techniques, histoire des superstitions, des croyances, des religions (et même des sentiments religieux), de la vie quotidienne, pour ne pas parler de l'histoire, si rarement abordée, il est vrai, des goûts et recettes culinaires... Chacun de ces sous-secteurs (et j'en passe), plus ou moins développé, a ses règles, ses objectifs, son langage intérieur, son mouvement particulier et qui n'est pas forcément celui de l'histoire générale. La difficulté est de tout accorder. J'ai assez vainement essayé, au Collège de France, une année durant, de chercher les liens, pour le XVIe siècle européen, entre l'histoire des sciences, des techniques et les autres secteurs de l'histoire générale. Cependant, que ces histoires marchent, ou non, au même rythme, ne veut pas dire qu'elles soient indifférentes les unes aux autres. Contre Léon

Brunschwicg et Étienne Gilson, contre une histoire autonome des idées, Lucien Febvre réclamait, à juste titre, les droits de l'histoire générale, attentive à l'ensemble de la vie dont rien ne peut être dissocié, sinon arbitrairement. Mais en reconstituer l'unité, c'est, sans fin, rechercher la quadrature du cercle.

Toutefois, on ne saurait hésiter quand se trouve en cause l'histoire de la civilisation, prise non plus dans un de ses secteurs, mais dans son ensemble ; on voit mal alors comment elle pourrait se dissocier de l'histoire générale ou, comme l'on dit aussi, globale. Car, si l'histoire de la civilisation s'affirme généralement comme un point de vue simplifié, elle reste toujours un essai d'interprétation, de domination de l'Histoire : elle pousse certaines vérités et certains aspects du réel sur le devant de la scène, mais ces vérités et réalités se veulent explications d'ensemble. Chaque fois, il y a ainsi mise en cause, à des plans différents, de l'histoire entière, saisie obligatoirement, si vite que ce soit, dans sa pleine épaisseur et donc sous tous ses aspects, aussi bien l'histoire traditionnelle que l'histoire sociale, ou l'histoire économique. Et même, si l'histoire de la civilisation a eu, si longtemps, une sorte de primauté aujourd'hui contestée, c'est qu'elle offrait alors la seule possibilité de déborder, Henri Berr disait « d'élargir », l'histoire traditionnelle, enfermée dans la stérilité de la chronique politique, « d'y faire entrer d'autres événements que la politique et d'autres acteurs que les personnages officiels ». Bref, d'atteindre, par des chemins nouveaux et plus sûrs, les horizons dc l'Histoire et de l'explication générales. C'est ce qui donne leur sens aux combats si vifs, hier, d'un Karl Lamprecht en faveur de la *Kulturgeschichte*. Depuis que, assez récemment, l'Histoire s'est élargie en direction du social et de l'économique, l'étude des civilisations ne joue plus ce rôle offensif, bien qu'elle reste, de toute évidence, un champ exceptionnel de réflexion.

Cependant, tout compte fait, projeter sur le présent cette histoire complexe, encore indécise, l'amener vers une position qui ne lui est nullement habituelle, une position de « prospective », comme l'on dit aujourd'hui, c'est ouvrir un long, un difficile débat. Le présent chapitre ne prétend ni le résumer, ni le clore, tout au plus en dégager les données essentielles.

Encore faudra-t-il prendre quelques précautions. Deux au moins. La première, recourir (selon la tradition du Centre de synthèse d'Henri Berr) à des recherches de vocabulaire : ces mots qui sollicitent et égarent notre attention doivent être saisis dans leurs origines, replacés sur leurs orbites, nous devons savoir s'ils sont de vrais ou de faux amis. Seconde précaution : sous le vocable de civilisation ou de culture, quel groupement, quelle constellation de forces, de valeurs, d'éléments *liés* doit-on supposer, en toute bonne foi ? Les définitions, ici, s'imposeront impératives, claires... S'il n'y a pas, sur le terrain où nous nous engageons, une certaine cohérence, si une observation préalable et accessible à tous n'est pas « scientifiquement » possible, si nous ne sommes pas résolument hors des prises d'une métaphysique de l'Histoire, alors, évidemment, notre tentative est condamnée à l'avance.

CIVILISATION ET CULTURE

Origine et fortune de ces mots

A priori, étonnons-nous qu'il n'y ait que deux mots, agiles et douteux amis, nous allons le voir, mais deux mots seulement pour dominer et saisir un si vaste domaine, *civilisation* et *culture* (leur passage au pluriel accroît leur signification, non pas leur nombre). Quant à *culturel*, venu chez nous et chez les autres à partir de l'allemand, vers 1900, il ajoute une commodité d'écriture ou de langage, rien de plus. Deux mots, c'est peu, d'autant que, souvent, un seul est en service.

Ainsi, jusqu'en 1800, culture ne compte guère. Au-delà, la concurrence s'engage entre les deux mots. Il arrive encore qu'ils soient confondus, ou que l'un soit préféré à l'autre, ce qui revient à rétablir, si je ne m'abuse, une conception unitaire de l'idée de civilisation ou de culture. Mais ces tendances à l'unité ne sont pas la règle. De plus en plus, la concurrence est vive entre les deux mots et celle-ci régulièrement aboutit à des partages. Alors est brisée l'unité du vaste royaume, morcelée l'intégrité de larges problèmes : d'où des guerres sournoises d'idées et bien des erreurs. Bref, ces querelles de mots qui, au premier abord, peuvent sembler et sont souvent fastidieuses, nous conduisent plus d'une fois au cœur même de la discussion si, bien entendu, elles ne suffisent pas à y apporter toute la lumière.

Culture et civilisation naissent en France à peu près au même moment. Culture, dont la vie antérieure est longue (Cicéron parle déjà de la *cultura mentis*), ne prend vraiment son sens particulier de culture intellectuelle qu'avec le milieu du XVIIIe siècle. À notre connaissance, civilisation apparaît pour la première fois, dans un ouvrage imprimé, en 1766. Sans doute a-t-il été employé plus tôt. En tout cas, il naît bien longtemps après le verbe et le participe, *civiliser* et *civilisé*, qui sont décelables dès le XVIe et le XVIIe siècle. Il a fallu bel et bien inventer, fabriquer le substantif *civilisation*. Dès sa naissance, il désigne un idéal profane de progrès intellectuel, technique, moral, social. La civilisation, ce sont les « lumières ». « Plus la civilisation s'étendra sur la terre, plus on verra disparaître la guerre et les conquêtes, comme l'esclavage et la misère », prophétise Condorcet, en 1787. Dans ces conditions, elle ne peut guère s'imaginer sans qu'il y ait, pour la soutenir, une société de bon ton, fine, « policée ». À son opposé, se place la *barbarie* : sur celle-ci, celle-là s'affirme une victoire difficile, nécessaire. De l'une à l'autre, c'est en tout cas le grand passage. Mably écrit, en 1776, s'adressant à un comte polonais de ses amis : « Dans le siècle dernier, vous fûtes menacés d'un grand danger lorsque la Suède sortit de la barbarie, sous l'administration de Gustave Adolphe... » De même écrit-il encore : « Pierre Ier retira sa nation [la Russie] de l'extrême barbarie où elle était plongée. » Mais remarquez que le mot de civilisation n'arrive pas aussitôt, en contrepoint, sous la plume de l'abbé. La fortune du mot ne fait que commencer.

Elle sera brillante, plus brillante encore qu'utile, c'est du moins l'avis de Joseph Chappey, dans un livre vigoureux et revendicateur (1958). Un demi-siècle durant, « civilisation » va, sans doute, connaître un large succès de langage et d'écriture, mais non pas tout à fait un succès scientifique. « L'homme, écrit Joseph Chappey, n'a pas su prendre alors conscience de l'importance du mot. » Il eût fallu, pour donner satisfaction à notre critique, que toutes les sciences naissantes de l'homme se missent au service du mot nouveau et des acquisitions immenses qu'il signifiait. Il n'en fut rien. Les sciences de l'homme étaient encore dans l'enfance, à la recherche d'elles-mêmes. Et cette société « policée », optimiste, qui avait donné au mot son premier équilibre, allait disparaître assez vite, avec les transformations et révolutions par quoi le XVIIIe siècle, comme l'on sait, se soude dramatiquement au XIXe. Une grande occasion a peut-être été perdue.

En tout cas, vers 1850, après bien des avatars, *civilisation* (et en même temps *culture*) passe du singulier au pluriel. Ce triomphe du particulier sur le général se situe assez bien dans le mouvement du XIXe siècle. En soi, cependant, quel événement considérable, reflet d'autres événements et d'autres transformations ! Civilisations ou cultures au pluriel, c'est le renoncement implicite à une civilisation qui serait définie comme un idéal, ou plutôt l'idéal ; c'est en partie négliger des qualités universelles, sociales, morales, intellectuelles qu'impliquait le mot à sa naissance. C'est déjà tendre à considérer toutes les expériences humaines avec un égal intérêt, celles d'Europe comme celles des autres continents.

À ce morcellement de « l'immense empire de la civilisation en provinces autonomes » (Lucien Febvre), voyageurs, géographes, ethnographes n'ont pas peu contribué, dès avant 1850. L'Europe découvre, redécouvre le monde et doit s'en accommoder : un homme est un homme, une civilisation une civilisation, quel que soit son niveau. Il y a eu multiplication, à ce jeu, des civilisations « de lieu » et, dans le temps de l'histoire fractionné par les spécialistes jusqu'à l'absurde, multiplication de « diaboliques[1] » civilisations d'époque. Il y a ainsi émiettement de la civilisation dans la double direction du temps et de l'espace. Eût-on parlé, au temps de Voltaire et de Condorcet, de la culture des Eskimos ou, plus encore, comme l'a fait dans une thèse magistrale Alfred Métraux, de la civilisation des Tupi-Guaranis, ces Indiens du Brésil ? Et pourtant Voltaire a été le premier, sans prononcer le mot, avec son *Siècle de Louis XIV* (1751), à parler d'une « civilisation d'époque ». Indéniablement, le pluriel triomphant du XIXe siècle est un signe de réflexions, de mentalités, de temps nouveaux.

Ce triomphe, plus ou moins net vers 1850, ne se marque pas seulement en France, mais à travers l'Europe entière. N'oublions pas, en effet, que les mots essentiels, comme bien d'autres choses, voyagent sans arrêt, passent d'un pays à l'autre, d'une langue à l'autre, d'un auteur à l'autre. On échange les mots comme balle, mais au retour, la balle n'est jamais tout à fait la même qu'au départ. C'est ainsi que, retour d'Allemagne — d'une Allemagne admirable et admirée, celle de la première moitié du XIXe siècle —, *culture* arrive en France avec un prestige et un sens nouveaux. Du coup, le modeste second devient, ou essaie de devenir, le mot dominant dans toute la pensée occidentale. Par culture, la langue allemande désigne, dès Herder, le progrès intellectuel et scientifique, qu'elle détache même volontiers de tout contexte social ; elle entend, de préférence, par civilisation, le simple côté matériel de la vie des hommes. Elle déprécie un mot, elle exalte l'autre. Marx et Engels diront, dans le *Manifeste du Parti communiste* (1848) : « La société a aujourd'hui trop de civilisation, [c'est-à-dire] trop de moyens de subsistance, trop de commerce. »

Cette position vis-à-vis de civilisation et de culture se maintiendra dans la pensée allemande de façon tenace. Elle y répond, comme on a dit[2], à la dichotomie, familière à son génie, entre esprit et nature (*Geist* et *Natur*). Dans cette ligne même, Ferdinand Tönnies (1922) ou Alfred Weber (1935) voient encore, sous le nom de civilisation, l'ensemble des connaissances pratiques, ou même intellectuelles, en bref de tous les moyens impersonnels qui permettent à l'homme d'agir sur la nature ; dans la culture, au contraire, ils ne reconnaissent que des valeurs, des idéaux, des principes normatifs. Pour Thomas Mann, « ... culture équivaut à la vraie spiritualité, tandis que civilisation veut dire mécanisation[3] ». Un historien allemand[4] écrit donc, en 1951, de façon caractéristique : « Il est aujourd'hui du devoir de l'homme que la civilisation ne détruise pas la culture, et la technique l'être humain. » Rien de plus clair. Cependant, même en Allemagne, ce langage n'est pas le seul à avoir cours. En 1918-1922, Oswald Spengler modifie un peu le rapport habituel. Il voit dans la culture les débuts, la verve créatrice, le printemps fécond de toute civilisation ; la civilisation, au contraire, c'est l'arrière-saison, la répétition, le mécanisme vide, la grandeur apparente, la sclérose. Il y a pour Spengler « déclin » de l'Occident, non pas à cause de difficultés particulières, de menaces tragiques, qu'il ne nie pas, mais du simple fait de l'arrivée de l'Occident au stade de la civilisation, disons de la mort vivante. Et c'est dans ce sens que s'explique la phrase récente, anodine en soi, venue naturellement sous la plume d'un historien allemand, G. Kühn (1958), quand il montre, à la fin des grandes invasions, la victoire des paysans de Germanie sur la vieille Rome. C'est, dit-il,

« la victoire du paysan sur le guerrier, de la campagne sur la ville, de la culture sur la civilisation ».

Mais cette prédilection allemande de longue durée, à partir de 1848 et du romantisme, en faveur de culture, n'a pas clos un débat ouvert presque dès le principe. En Angleterre et en France d'ailleurs, le mot *civilisation* s'est assez bien défendu et tient toujours la première place. En Espagne aussi où, en 1900-1911, la grande Histoire, en son temps révolutionnaire, de Rafael Altamira s'intitulait *Historia de España y de la Civilización española*. Voyez aussi, en Italie, le rôle éminent du mot, quant à lui très ancien, de *civiltà*. Chez nous, je doute que les auteurs [5] d'une récente *Histoire de la civilisation française* (1958), qui vient de prendre, avec un certain brio, la suite et la relève du manuel classique et ancien d'Alfred Rambaud, jugent que la France soit, ou enfoncée dans la vie matérielle, ennemie de l'esprit, ou prise dans la monotonie de la répétition et de la vieillesse, à l'écart, dès le principe, des fontaines et sources de jouvence, sans quoi aucune création n'est possible. Henri Marrou proposait, il y a déjà vingt ans, de réserver le mot *culture*, en français, à la « forme personnelle de la vie de l'esprit » et civilisation aux réalités sociologiques. Civilisation, à ce partage, conserverait un assez joli lot... En fait, je crois que J. Huizinga a raison quand il voit, à l'échec de Spengler (j'y reviendrai dans un instant), une raison supplémentaire : l'essayiste allemand a sous-estimé le mot de civilisation qu'il attaquait si vivement, je veux dire qu'il a sous-estimé sa puissance « internationale », hors d'Allemagne.

Mais le danger, si danger il y a pour le mot civilisation dont je ne suis ni le défenseur ni l'ennemi, vient beaucoup plus de l'entrée en jeu des anthropologues et ethnographes que de l'obstination, en soi défendable, des penseurs allemands. Depuis le livre décisif d'Edward Burnett Tylor (1871), plus que de civilisations primitives, c'est de cultures primitives qu'ils ont pris l'habitude de parler, ce qui ne gênerait guère les historiens si anthropologues et ethnographes n'étaient à peu près les seuls, aujourd'hui, à parler scientifiquement, « objectivement », des problèmes de civilisation[6]. À lire leurs travaux, leur langage nous devient familier. Il risque de s'imposer à tous, un beau matin.

Qu'en conclure, sinon ceci : plus encore que ne nous le diraient les lexicologues, culture et civilisation ont bourlingué à travers le monde, à travers pensées et goûts contradictoires du monde, d'où mille avatars devant lesquels il convient d'être, pour le moins, prudents. Tous les mots vivants changent et doivent changer, ceux-ci comme tant d'autres. Ne serait-ce qu'en raison des nécessités du vocabulaire scientifique, des progrès insidieux de l'adjectif culturel — les neutres font toujours fortune —, en raison des crises de conscience et de méthode que connaissent toutes les sciences de l'homme. L'enquête récente d'A.L. Kroeber et de Clyde Klukohn, deux des plus célèbres anthropologues américains, l'établit péremptoirement en ce qui concerne le mot de culture : elle énumère les 161 définitions, différentes il va sans dire, qui ont été données du mot, sans compter celles qui viendront par la suite ! Dans son *Manuel de sociologie*, Armand Cuvillier compte au moins une vingtaine de sens différents de civilisation. C'est beaucoup, peut-être beaucoup trop. Arbitrer ces débats, mieux vaut n'y pas songer... Henri Pirenne disait un jour (1931), contre les tentatives et tentations du Centre de synthèse, préoccupé alors de fabriquer un vocabulaire historique, que l'historien avait avantage à se servir, à l'exclusion des autres, des mots vivants du langage courant, et donc à s'écarter résolument d'un vocabulaire immobilisé, sclérosé, comme celui des philosophes (qui d'ailleurs, pas plus que celui des mathématiciens, ne cesse de bouger, lui aussi, quoi qu'on dise). Je serais volontiers de l'avis de Pirenne : utilisons les mots tels qu'ils se présentent à nous, dans leur sens vivant, provisoirement vivant. Mais soyons conscients des autres possibilités qu'ils proposent, qu'ils ont proposées, des trahisons aussi qu'ils nous préparent.

Car ces mots vivants, indisciplinés, chacun peut en faire, ou presque, ce qu'il veut. Un jeune anthropologue américain, Philip Bagby, nous propose, dans un livre sympathique et intelligent (1958), de réserver *civilisation* aux cas où des villes sont en cause et *culture* aux campagnes non urbanisées, la civilisation étant toujours, à ce prix, une culture de qualité, un stade supérieur. La solution est peut-être bonne, dont la paternité ne lui incombe pas au demeurant, mais je ne crois guère possible d'assagir les mots, une fois pour toutes, quelle que soit la valeur de la définition ou de la convention proposée. Des changements se préparent encore sous nos yeux, du simple fait de notre tendance actuelle à assortir nos substantifs équivoques d'adjectifs qui le sont moins et à parler de civilisation (ou de culture) matérielle, morale, scientifique, technique, ou même économique (un livre de René Courtin s'intitule : *La Civilisation économique du Brésil*).

La querelle des mots n'est donc pas achevée. Et peut-être nous faut-il, plus qu'on ne le pense, dans le domaine en ébullition des sciences de l'homme où il y a encore tant d'imprévu, des mots déformables, riches de sens multiples, capables de s'adapter à l'observation (et à ses surprises), non de la gêner. J'avoue que, jusqu'à nouvel ordre, j'emploierai volontiers ces mots clés l'un pour l'autre — le sens viendra du contexte — ou si l'alternance devenait dangereuse, je me rabattrais sur l'adjectif culturel, dont l'usage ne me paraît pas « barbare » (Joseph Chappey), mais commode. Je pourrais remplir une page entière, d'ailleurs, en remontant seulement jusqu'à Hegel, de noms d'auteurs de grande et moins grande taille, qui, sans trop y regarder, et malgré des définitions préalables, ont employé les deux mots l'un pour l'autre. Il y a, je crois, des confusions ou des partis pris autrement graves.

Essais de définition

En tout cas, les mots étant ce qu'ils sont, nous maintiendrons sans peine, à leur endroit, notre liberté de jugement et d'action : ce premier point nous est acquis. Mais nous serons moins à l'aise à l'égard des choses signifiées. Disons-le à regret : comme les autres spécialistes du social, les historiens qui se sont occupés de la civilisation nous laissent, sur ce qu'ils entendent par là, au milieu de grandes incertitudes. La « civilisation » leur est un moyen — licite ou non — de réduire l'Histoire à de grandes perspectives — *leurs* perspectives. D'où des choix, des vues autoritaires, justifiables en soi, mais qui morcellent le domaine de la civilisation, le réduisent chaque fois à un seul de ses secteurs. Que d'un auteur à l'autre, le secteur change, suivant le choix ou l'intention, cela ne simplifie pas la tâche de qui doit décider, en fin de compte, de l'utilité de l'histoire de la civilisation pour l'intelligence du monde actuel. Aucun de nos auteurs — pas même Arnold Toynbee — ne semble éprouver la nécessité de nous donner la définition, la vue d'ensemble de ce qui constitue, pour lui, la civilisation. C'est si clair, n'est-ce pas ? Si clair qu'il nous faudra découvrir pour notre compte, de livre en livre et d'après leur contenu, comment les historiens entendent leur tâche et par suite dessinent la nôtre.

Chez Guizot. — Les beaux livres de François Guizot, que l'on a toujours plaisir à lire, *Histoire de la civilisation en Europe, Histoire de la civilisation en France* (1829-1832) — à quoi il faut au moins ajouter la préface qu'il rédigea pour la réédition du premier de ces volumes en 1855 —, ces beaux livres peuvent nous servir de point de départ. Sans doute ne précisent-ils pas nettement leur objet et c'est bien dommage. Mais pour Guizot, la civilisation est avant tout, au sens du XVIIIe siècle, un progrès. Progrès double en vérité : social et intellectuel. L'idéal serait une harmonie, un équilibre entre ces deux plateaux de la balance. L'Angleterre n'a-t-elle pas plutôt réalisé un progrès social, l'Allemagne un progrès intellectuel, tandis que la France s'engageait, quant à elle, également dans l'une et l'autre voie ? Mais ce n'est guère ce qui nous importe ici. L'intéressant, c'est de voir comment, pour Guizot, la civilisation, avec son double mouvement, s'incorpore dans un peuple — la France — ou dans cet autre « peuple » (Lucien Febvre) qu'est l'Europe, bref dans un corps particulier. Malheureusement, il ne saisit ce jeu que limité au seul cadre de l'histoire politique, ce qui en rétrécit singulièrement l'ouverture. D'autant qu'en dernière analyse, pour Guizot, la politique se place elle-même, comme on le lui a sans doute trop reproché, sous le signe manichéen de la lutte entre deux principes : l'autorité, la liberté — la lutte ne s'apaisant que grâce à des compromis utiles, plus ou moins sages, telle peut-être la monarchie de Juillet. Grande théorie, petit aboutissement, dira-t-on, tant il est vrai que le spectacle du temps présent est rarement vu à l'échelle de l'Histoire par un contemporain, fût-il historien et homme d'action.

« Deux grandes forces, écrit Guizot, dans sa préface de 1855, deux grands droits, l'autorité et la liberté, coexistent et se combattent au sein des sociétés humaines... Je suis de ceux qui, passant de l'étude à une scène plus agitée, ont cherché, dans l'ordre politique, l'harmonie active de l'autorité et de la liberté, leur harmonie au sein de leur lutte, d'une lutte avouée, publique, contenue et réglée dans une arène légale. N'était-cc qu'un rêve ?... »

Chez Burckhardt. — Die Kultur der Renaissance in Italien, le livre de Jacob Burckhardt, « l'esprit le plus sage du XIXe siècle », comme le dit non sans raison J. Huizinga, paraissait en 1860, à tirage restreint. Ouvrons-le : il nous transporte dans un monde bien différent de celui de Guizot. L'Occident, cette fois, n'est mis en cause ni dans tout son espace, ni dans tout son passé. Un instant seulement, très lumineux, est retenu du vaste album de la civilisation d'Occident. La Renaissance, dont Jacob Burckhardt, après Michelet (1855), lance le nom, est saisie à ses sources italiennes, avec un luxe de recherches et de précisions que l'actuelle érudition a dépassées sans doute mais n'a pas fait oublier, tant l'intelligence de ce livre est évidente, rayonnante, toujours au-delà de ce que permettaient les perspectives d'hier. Cependant Jacob Burckhardt, au milieu de sa vie, est-il alors dans la possession entière de sa vision de l'Histoire, cette réduction à la « triade » dont il dira, plus tard, que tout le passé des hommes s'y rapporte : l'État, la Religion, la Culture ? Large place, merveilleuse place est faite à l'État, aux États de l'Italie du XVe et du XVIe siècle ; ensuite, les valeurs artistiques de la culture sont étudiées avec goût et intelligence (pour lui elles dominent tout) ; la religion, par contre, est réduite à la portion congrue. Il y a pis : au-delà de cette « triade », rien n'est dit sur les corps matériels et sociaux de l'Italie de Laurent le Magnifique, rien ou presque rien. La « superstructure » visée et atteinte par ce livre, toujours éblouissant, reste aérienne, suspendue, en dépit du goût du concret qui l'anime... Est-ce raisonnable ? Je veux dire est-ce raisonnable pour nous, historiens, d'en rester, un siècle plus tard, à cette image d'ensemble qu'aucune autre n'a vraiment remplacée depuis lors ?

Il serait utile de voir dans quelle mesure Jacob Burckhardt se situe, ou non, dans le mouvement même de la *Kulturgeschichte* allemande, dessinée dès Herder (1784-1791), vulgarisée par la parution du livre de Gustav Klemm (1843-1852). L'historiographie allemande du milieu du XIXe siècle cède à une bien dangereuse dichotomie, comme le montre en clair, à lui seul, le gros manuel d'*Histoire universelle* de G. Weber (1853), qui, traduit, jouera un si grand rôle en Espagne. Le manuel de Weber distingue une histoire externe (la politique) d'une histoire interne (culture, littérature, religion). Mais une histoire « interne », à elle seule, constitue-t-elle une réalité en soi ?

Chez Spengler. — C'est dans un tel monde, en tout cas, que nous enferme, à double tour, le livre véhément, brûlant encore d'Oswald Spengler, *Le Déclin de l'Occident* (1918-1922), auquel il faut nous arrêter assez longuement. J'ai tenu à le relire attentivement avant d'écrire ces lignes. Il me semble qu'aujourd'hui, à la différence de Lucien Febvre hier, il est possible de le juger hors des circonstances qui ont accompagné et suivi sa naissance. Indéniablement, l'ouvrage a gardé grande allure, par son ton, l'ampleur de ses vues, sa passion de comprendre, son goût des hauteurs.

Pour Spengler, chaque culture est une expérience unique. Même s'il s'agit d'une culture fille d'une autre, elle s'affirme, tôt ou tard, dans sa pleine originalité. Fort tard, parfois. Ainsi, pour notre propre civilisation occidentale : « il a fallu longtemps pour trouver le courage de penser notre propre pensée », c'est-à-dire pour nous affranchir des leçons de l'Antiquité. Mais enfin nous nous en sommes affranchis. Une culture s'affranchit toujours, ou alors elle n'est pas une culture.

Et qu'est-ce qu'une culture ? tout à la fois un art, une philosophie, une mathématique, une manière de penser, toutes réalités jamais valables, jamais compréhensibles, en dehors de l'esprit qui les anime. Il y a autant de morales, dira Spengler, que de cultures, ce que Nietzsche avait deviné ou suggéré ; de même il y a autant de philosophies (dirons-nous, en souriant, autant d'histoires, d'historiographies ?), autant d'arts, autant de mathématiques. L'Occident se distingue ainsi par une originalité mathématique indéniable : sa découverte du nombre-fonction. La mise en place du calcul infinitésimal est donc présentée dans les pages mêmes qui ouvrent l'ouvrage : elles sont d'ailleurs d'une beauté que rien n'a ternie.

Une culture se définissant par ses quelques lignes originales, plus encore par la gerbe particulière de ces originalités, la méthode de l'historien des civilisations sera simple : il dégagera, il étudiera ces originalités. Il lui suffira, ensuite, de les rapprocher, de les comparer pour comparer ces civilisations elles-mêmes. Du coup, nous voilà entraînés dans d'étranges voyages au long du temps, à travers siècles et millénaires. On pense à ces descriptions, à ces anticipations que nous valent, aujourd'hui, les voyages interplanétaires : brusquement hors des lois de la pesanteur, tous les bagages, tous les corps quittent leur place, flottent librement, étrangement côte à côte. Ainsi se heurtent ou se côtoient chez Spengler la musique de contrepoint, la monarchie de Louis XIV, le calcul infinitésimal de Leibniz, la peinture à l'huile et les magies de la perspective, la colonne dorique, la cité grecque... Tous ces bagages ont perdu leur poids historique.

À ce jeu qui ne peut faire illusion, la très critiquable pensée de Spengler, comme la plus ordinaire ou la plus sage des pensées historiques, se heurte sans fin au difficile, à l'irritant problème de la liaison des éléments culturels entre eux et, plus encore (mais ici Spengler sera on ne peut plus discret), à celui de leur liaison avec les éléments non culturels. Ces derniers, notre auteur les néglige, comme il néglige tout ce qui, l'espace d'une seconde, gênerait son raisonnement. L'argent n'est ainsi qu'« une grandeur anorganique » et voilà, ou peu s'en faut, pour toute l'histoire économique. Quant aux événements à sensation, on s'en débarrasse non moins allégrement, dans une phrase assurément curieuse : « Pensez au coup d'éventail du dey d'Alger et autres chinoiseries [*sic*] semblables qui remplissent la scène historique de motifs d'opérette. » Donc pas d'opérettes, la politique a disparu du coup. On procédera non moins vite avec le social. Que reste-t-il ? Les « cultures », et leur faisceau de liaisons, si évidentes qu'il est inutile de les analyser : elles sont, un point c'est tout. N'est-il pas évident, par exemple, que la musique est au cœur du « devenir » occidental au XVIIIe siècle ? Spengler écrira sans sourciller :

« L'Allemagne a produit les grands musiciens, par conséquent aussi les grands architectes de ce siècle : Pöppelmann, Schlüter, Bähr, Neumann, Fischer von Erlach, Dienzenhofer. »

Bref, « chaque culture particulière est un être unitaire d'ordre supérieur » : le plus grand personnage de l'Histoire. Mais personnage serait un mauvais terme, organisme ne serait pas meilleur. Comme on le remarquait récemment[7], les cultures, dans la pensée de Spengler, sont des êtres, mais nullement au sens de la biologie, plutôt, au sens de la pensée médiévale, des corps inertes, si une âme ne les anime pas (la *Kulturseele*). Ce que pourchasse ce livre passionné sous le nom de culture d'Occident, c'est en définitive un être mystique, une âme. D'où ses rituelles affirmations : « Une culture naît au moment où une grande âme se réveille », ou, ce qui revient au même : « Une culture meurt quand l'âme a réalisé la somme entière de ses possibilités. »

Nous voici au centre de la pensée d'Oswald Spengler, face à l'explication qui l'a enfiévré, enflammé. L'histoire — mieux, le « destin » d'une culture est un enchaînement, nous dirions dans notre jargon d'aujourd'hui, une structure dynamique et de longue durée. La vie lente d'une culture lui permet de s'établir, puis de s'affirmer longuement, enfin tardivement de mourir. Car les cultures sont mortelles. Mais chacune développe, doit développer, au préalable, toutes les possibilités d'un programme idéal qui l'accompagne dès ses premiers pas : l'esprit « apollinien » des civilisations antiques, l'esprit « faustien » de l'occidentale... Au-delà d'un certain terme, d'ordinaire lent à venir, toute puissance créatrice s'avère épuisée, la culture mourra de ne plus avoir de programme ; « la culture se fige brusquement, elle meurt, son sang coule, ses forces se brisent : elle devient civilisation ». La civilisation se définit donc comme un aboutissement inéluctable, présenté sous de sombres couleurs. Une civilisation est du « devenu », non plus du « devenir ». Elle est sans destin, car « le destin est toujours jeune ». Elle est l'hiver, la vieillesse, Sancho Pança ! Don Quichotte, bien sûr, c'est la culture.

Ce destin noir est inéluctable ; il s'impose à toutes les cultures, un peu plus tôt, un peu plus tard, comme un cycle de vie dont les phases se répètent, semblables. Tellement semblables que Spengler n'hésite pas à les rapprocher à travers l'espace chronologique ou géographique qui les sépare, mais qu'il faut abolir en pensée pour les voir et les montrer telles qu'elles sont : « contemporaines », jumelles en vérité, assure Spengler. Avec la Révolution française et Napoléon qui, pour plus d'un siècle, vont donner son visage à l'Europe, sonne l'heure de la *civilisation* d'Occident. L'événement est le même que celui qui s'annonce avec les décisives conquêtes d'Alexandre et les grandes heures de l'hellénisme : la Grèce était une « culture » ; Rome, qui bientôt prend la relève, sera une « civilisation ». Admettez donc qu'Alexandre et Napoléon sont « contemporains », qu'ils sont l'un et l'autre « des romantiques au seuil de la *civilisation* ». Ou dites, dans une formule analogue : « Pergame fait pendant à Bayreuth », car Wagner mérite les colères de Nietzsche : il n'est qu'un homme de la *civilisation* occidentale.

Il serait vain de s'acharner, après tant d'autres, sur ces trop grandes et naïves simplifications. À quoi bon ? Comparer *Le Déclin de l'Occident* au *Déclin de l'Europe* (1920), ce livre d'Albert Demangeon, son contemporain raisonnable, c'est opposer, à la poésie, la prose. Laissons à d'autres cette sagesse. Mais résumons-nous : dans la tentative d'Oswald Spengler, deux opérations sont à distinguer. Des soi-disant fatras de l'histoire, de ses faux enchaînements, il a voulu dégager, coûte que coûte, le destin des valeurs spirituelles à quoi, pour lui, se réduisent cultures et civilisations ; ensuite, et c'était le plus difficile et le plus contestable, il a voulu organiser en *un* destin, en une succession cohérente de phases, en *une* histoire, l'épanouissement de ces valeurs spirituelles, lentes à se dégager, mais plus fortes que toute force au monde, et qui, cependant, un beau jour, ne continuent plus à vivre que sur leur lancée ancienne. D'entrée de jeu, cette double opération ne paraît pas licite à un historien raisonnable, j'y reviendrai. Mais il y a, heureusement, des historiens moins raisonnables que d'autres. Je crois qu'Arnold Toynbee, qui n'a pas les imprudences d'Oswald Spengler, est de leur nombre. Son attitude, sur ces deux points précis, ne diffère guère de celle de Spengler.

Chez Toynbee. — J'avoue avoir lu et relu, parfois avec enthousiasme, les livres clairs, les plaidoiries habiles, les évocations intelligentes d'Arnold Toynbee. J'aime ses lenteurs calculées, l'art qu'il met à construire et défendre, coûte que coûte, un système, au demeurant assez capricieux. Plus encore, j'aime ses exemples (tous les historiens raisonnent à partir d'exemples), ses mises au point dont, souvent, les côtés faibles n'apparaissent guère, et encore, qu'à la seconde réflexion. La révolution qu'entraînent les grandes découvertes, vers 1500, est-ce vraiment la victoire du navire d'Europe sur la circulation caravanière du Vieux Monde, cette navigation terrestre sur la « mer sans eau » ? Alors qu'il y a une puissante navigation arabe, une navigation chinoise... Peut-on écrire, même par inadvertance ou avec des arrière-pensées : « Les Albigeois furent écrasés pour reparaître de nouveau comme Huguenots » ? Mais peu importe ! Seules, d'un livre, comptent les réussites et, ici, elles sont nombreuses. Le lecteur d'Arnold Toynbee profite, aux côtés d'un guide averti, d'une richesse inouïe d'information et de réflexion. Près de lui, la contemplation de vastes horizons historiques s'avère salutaire, savoureuse même.

Reconnaissons pourtant qu'Arnold Toynbee ne gaspille guère son talent pour éclairer sa lanterne, ou la nôtre. Qu'entend-il par civilisation, puisqu'il est de ceux qui emploient civilisation pour culture, assez volontiers ? (Le mot de culture, comme les anthropologues le lui reprochent, n'apparaît pas chez lui dans le sens qu'ils donnent à ce mot.) Donc qu'entend-il par civilisation ? Lucien Febvre le lui demandait, voilà vingt ans déjà, dans un article sans aménité. Or, notre auteur, qui depuis a tant écrit, ne répondra guère que par foucade. Il écrira : « La civilisation, telle que nous la connaissons, est un mouvement, non pas une condition ; elle est un voyage, non pas un port », et : « On ne peut pas décrire [son] but parce qu'il n'a jamais été atteint. » Ou bien : « Chaque culture est un tout, dont les parties sont subtilement interdépendantes », un atome, avec ses éléments et son noyau... Nous voilà bien avancés ! Une autre fois, il suggère que les civilisations se laissent appréhender par leurs actes, leur mouvement même, « leurs naissances, leurs croissances, leurs dislocations, leurs déclins, leurs chutes ». Elles *sont* parce qu'elles *agissent*. Oui, bien sûr. Comment mourraient-elles, si elles n'existaient pas au préalable ?

Une fois au moins, pourtant, le problème semble abordé de front. « Avant d'en terminer [*sic*], écrit-il gentiment, je dois dire un mot à propos d'une question que j'ai supposée résolue jusqu'à maintenant (1947) et que voici : qu'entendons-nous par civilisation ? » Ne nous réjouissons pas trop vite, ces bonnes intentions tardives n'iront pas au-delà des maigres explications du tome 1er de son gros livre *A Study of History* (1934) qui vont être reprises imperturbablement : « Nous entendons bien par là quelque chose de clair, argumente A. Toynbee, car avant même d'avoir essayé d'en définir la signification, cette classification humaine [celle des civilisations] — l'occidentale, l'islamique, l'extrême-orientale, l'hindoue, etc. — nous semble effectivement douée de sens. Ces mots évoquent des représentations distinctes dans notre esprit, en matière de religion, d'architecture, de peinture, de mœurs, de coutumes. » Mais voici l'aveu : « J'entends, par civilisation, la plus petite unité d'étude historique à laquelle on arrive quand on essaie de *comprendre* l'histoire de son propre pays. » Suit, en quelques pages rapides, l'analyse du passé de l'Angleterre et des États-Unis. Si l'on ne veut pas mettre en cause, à leur propos, tout le passé de l'Humanité, cette unité trop vague, inaccessible, à quelle limite nous arrêter ? De déduction en déduction, en repoussant chaque fois la limite chronologique décisive, Toynbee en arrive à la situer à la fin du VIIIe siècle, vers les années 770, c'est-à-dire à la naissance de notre civilisation occidentale qui, de toute évidence, se dégage alors ou va se dégager des héritages de l'Antiquité classique. Cette civilisation occidentale vaut donc comme une limite courte (relativement courte) ; elle nous permet, je le veux bien, de dépasser les cadres habituels des histoires nationales, auxquels les historiens dignes de ce nom ne croient plus depuis longtemps ; elle offre un cadre chronologique, un champ opératoire, un moyen d'explication, une classification, mais rien de plus. En tout cas, je ne vois pas en quoi la démarche qui consiste à remonter de la civilisation anglaise à l'occidentale répond à la question posée. La « civilisation » et son contenu pour Toynbee ne s'en trouvent pas, pour autant, définis. Faute de mieux, jugeons l'ouvrier à l'œuvre et suivons son chemin.

À l'épreuve, ce chemin est une série d'explications enchaînées, mais j'y arrive dans un instant. Car aussi importants que les chemins suivis sont ceux qu'on se refuse à suivre, et je voudrais les indiquer tout d'abord : les silences de Toynbee, plus que ses prises de position nettes, dessinent le vrai mouvement de son œuvre. Il suffit souvent d'un mot, d'une réflexion amusée pour se débarrasser de contradictions ou de tentations dangereuses.

Fi des événements ! A. Toynbee ne retiendra que les événements « saillants ». C'est une façon, qui n'est pas pour me déplaire, de noyer à peu près tout ce qui est événement. Mais quels sont, en fait, ceux qui, « saillants », ont le droit de surnager ?

Le géographique, mis en cause, ne sera retenu qu'en seconde ou troisième instance. Vraiment, voudrait-on, oserait-on expliquer les civilisations par le milieu ? Rien d'aussi matériel ne saurait les commander. C'est justement quand le milieu naturel dit oui, prodigue ses faveurs — j'y reviendrai dans un instant — que la civilisation ne répond pas. Mais que la nature s'affirme sauvage, hostile, qu'elle dise non, alors, alors seulement, grâce aux réactions *psychologiques* suscitées, la civilisation entre en scène.

Pour des raisons différentes, mais non moins péremptoires, seront laissés de côté les transferts culturels, « la diffusion », cette « méthode [*sic*], écrit-il, grâce à laquelle beaucoup de techniques, aptitudes, institutions et idées, depuis l'alphabet jusqu'aux machines à coudre Singer, se sont communiquées d'une civilisation à l'autre ». L'alphabet et les machines à coudre sont-ils si importants ? N'y pensons plus ! Seules valent les grandes ondes religieuses d'une civilisation à l'autre. Le reste de leurs échanges, de leurs chocs, de leurs conversations, est secondaire. Au lieu de s'intéresser à ces détails, étudions « l'Histoire grecque et romaine comme une histoire continue, suivant une trame une et indivisible ». Qu'est-ce à dire ? Que deviennent au juste, avec un tel et si clair parti pris, les ruptures, les mutations, les discontinuités ou, comme aime à le dire Claude Lévi-Strauss, les scandales, ces défis aux prévisions, aux calculs, aux normes ? Nous n'aurons droit qu'au continu.

De même dans cette œuvre énorme, prolixe, pas un mot, ou presque, sur les civilisations (ou cultures) primitives, sur le vaste champ de la Préhistoire. Le passage des cultures à la civilisation se fait, nous dit-on, par *mutation*. À nous de mettre, sous cette notion, l'explication qui nous est refusée.

Pas davantage, il ne sera question sérieusement d'États, de sociétés, je veux dire de structures sociales (si l'on excepte certaines réflexions dogmatiques sur les minorités agissantes, qui font les civilisations, et sur les prolétariats, soit à l'intérieur, soit à l'extérieur de ces mêmes civilisations) ; pas question non plus de techniques, ou d'économies. Autant de réalités éphémères, trop éphémères. Les États, par exemple, n'ont qu'une durée dérisoire au regard des civilisations au long souffle. « La civilisation occidentale, écrivait Toynbee en 1947, a, à peu près, treize cents ans derrière elle, alors que le royaume d'Angleterre n'en a que mille, le Royaume-Uni d'Angleterre et d'Écosse moins de deux cent cinquante et les États-Unis pas plus de cent cinquante. » Par surcroît, les États sont susceptibles de « vie courte et de mort subite... ». Donc, ne perdons pas notre temps avec les États, ces petites gens de vie chétive, et moins encore avec l'économie ou la technique. Une ou deux petites phrases, répétées à bon escient : « L'homme ne vit pas seulement de pain » ou : « L'homme ne peut pas vivre seulement de technique » et le tour est joué.

À ce jeu discret, toute la base sociale et économique est escamotée, abandonnée à la médiocrité de son sort. Deux civilisations se heurtent-elles, « ces rencontres sont importantes, non pas par leurs conséquences politiques et économiques *immédiates*, mais par leurs conséquences religieuses, à *longue* échéance ». Je souligne les deux mots habiles, qui rendent la pensée tellement plus acceptable. Il y a, bien entendu, des conséquences religieuses courtes, et des conséquences économiques ou politiques longues. Mais l'admettre risquerait de bousculer un ordre établi une fois pour toutes. Si l'on étudie « l'Histoire comme un tout, devrait être [reléguée] à une place subalterne l'histoire économique et politique, pour donner la primauté à l'histoire religieuse. Car la religion, après tout, est l'affaire sérieuse de la race humaine ». « La pièce centrale, lit-on ailleurs, c'est-à-dire la religion. » Encore faudrait-il être d'accord, dirons-nous, sur ce que l'on entend par religion.

Ainsi, au départ, toute une série de silences voulus, d'exclusives préméditées, d'exécutions en douceur qui dissimulent de radicales prises de position. En quelques pages, peu claires à mon sens, Arnold Toynbee nous dit, ainsi, qu'il n'y a pas pour lui une civilisation *une*, que le progrès est utopie. Il n'y a que *des* civilisations, chacune aux prises avec un destin dont les grandes lignes, toutefois, se répètent et sont, en quelque sorte, fixées à l'avance. Il y a, par suite, le comprenne qui pourra, *des* civilisations mais une seule « nature spirituelle de l'homme » et surtout un seul destin, inexplicablement le même, qui englobe toutes les civilisations, les défuntes et, à l'avance, les vivantes. Cette façon de voir exclut telle réflexion de Marcel Mauss : « La civilisation, c'est tout l'acquis humain » ; et, plus encore, cette affirmation d'Alfred Weber, selon laquelle toutes les civilisations sont prises « dans le mouvement unitaire d'un progrès général et graduel », ou cette remarque sage d'Henri Berr : « Chaque peuple a sa civilisation : il y a donc toujours un grand nombre de civilisations différentes. »

Arnold Toynbee en compte pour sa part un nombre restreint. Seules accèdent à la dignité de ce titre vingt et une, ou vingt-deux civilisations, toutes de longue durée et qui ont mis en cause des aires assez vastes. Sur ce nombre, cinq sont encore vivantes aujourd'hui : Extrême-Orient, Inde, Chrétienté orthodoxe, Islam, Occident. Pour s'en tenir à une si maigre troupe, il a fallu rejeter bien des candidatures possibles : celles-ci pour longévité insuffisante, celles-là pour originalité mitigée, d'autres pour échec évident.

Mais acceptons ce tableau réduit. S'il est exact, son importance est exceptionnelle. Que l'histoire compliquée des hommes se résume ainsi en une vingtaine d'expériences maîtresses, quelle agréable simplification, si elle était légitime ! En tout cas, dès ce premier contact avec la pensée constructrice d'Arnold Toynbee, dès ce problème de comptage, se dessine sa manière de procéder, très proche de celle d'un scientifique à la recherche d'un système du monde, un système avec ses ordres nets, ses liaisons exclusives et qu'il faut, de façon autoritaire, substituer, vaille que vaille, à une réalité foisonnante. Simplifier l'Histoire, premier souci. Ensuite, dégager règles, lois, concordances ; fabriquer, si l'on veut, au sens des économistes et des sociologues, une série de « modèles », liés les uns aux autres. Les civilisations, tels les humains, n'ont qu'un seul destin, inéluctable : elles naissent, se développent et meurent, chaque étape étant d'ailleurs, heureusement pour elles, de très longue durée : elles n'en finissent pas de venir au jour, elles n'en finissent pas de fleurir, elles n'en finissent pas de disparaître...

Arnold Toynbee a donc, très naturellement, construit trois groupes de modèles : ceux de la naissance, ceux de la croissance, ceux de la détérioration, du déclin et de la mort. À ce long travail, il aura dépensé beaucoup de temps, de patience, d'agilité. Car, à chaque instant, ses « systèmes » ont, comme les moteurs, des ratés. La loi, la règle tendancielle sont constamment menacées par les exceptions : il en est toujours de nouvelles, d'inédites, d'importunes. Voyez comme Aristote peine à maîtriser, dans son univers reconstruit, le mouvement aberrant d'un simple caillou que l'on jette. Son système ne le prévoyait pas. Il y a beaucoup de cailloux de ce genre dans le jardin d'Arnold Toynbee.

De ces trois groupes de modèles — naissance, épanouissement, mort — les deux premiers ne semblent pas très originaux ; le dernier est le plus intéressant, même s'il ne doit pas, finalement, nous convaincre, même s'il est le plus fragile de tous.

Une civilisation ne parviendra à la vie, soutient notre auteur, que si elle a, en face d'elle, une contrainte — ou naturelle, ou historique — à surmonter. Historique, elle est de courte durée, mais parfois d'une extrême violence. Géographique, le milieu impose des contraintes, des défis de longue durée. Si le défi est relevé et tenu, la difficulté surmontée anime la civilisation victorieuse, la maintient sur son orbite. L'Attique est pauvre par nature, la voilà condamnée aux efforts, invitée à se surpasser elle-même. De même le Brandebourg doit sa rude vigueur à ses sablières et à ses marécages. Les hauteurs andines sont dures à l'homme, heureusement pour lui : cette hostilité vaincue, c'est la civilisation incasique elle-même.

Tel est le « modèle » du « *challenge and response* » ; les traducteurs disent : « défi et riposte ». Il réduit le rôle du « milieu » à celui qu'attribuaient aux verges certains collèges anglais : un sévère, un efficace éducateur moral... Mais il y a, répondent des géographes comme Pierre Gourou, tant de défis magnifiques que l'homme n'a pas relevés. Et Gerhard Masur de soutenir tout dernièrement que la soi-disant dureté des hauteurs andines est douceur, facilité au regard de la silve amazonienne. Les Incas auraient choisi la facilité... J'ajoute que si Heine Geldern a raison, comme il est bien possible, les civilisations amérindiennes ont profité, avant tout, de contacts répétés et *tardifs* entre Asie et Amérique. Dans cette perspective, comme dans telle explication de Pierre Gourou sur la Chine du Nord, « carrefour typique », la *diffusion* maltraitée par Arnold Toynbee prendrait sur lui une revanche innocente et juste. Je pense, en effet, pour ma part, que les civilisations ne s'allument pas seulement dans la ligne de leur filiation, l'occidentale ou la musulmane, par exemple, aux flammes de l'antique. Entre étrangères, les petites étincelles peuvent allumer de vastes, de durables incendies. Mais Arnold Toynbee a assez surveillé lui-même son « *challenge and response* » pour savoir qu'il y faut, à l'usage, beaucoup de ménagements et d'aménagements. Seuls comptent, a-t-il soin de dire, les défis qui n'excèdent pas les forces de l'homme. Il y aura donc défi et défi, et cette précaution avancée, le modèle sera sauvé. Mais il n'exprime plus, au vrai, que la sagesse des nations.

Second temps : chaque civilisation ne progresse que dans la mesure où l'animent une minorité créatrice ou des individus créateurs. Voilà qui nous ramène près de Nietzsche ou de Pareto... Mais que la masse ne se laisse plus subjuguer par la minorité agissante, que celle-ci perde son « élan vital », sa force créatrice, c'est-à-dire, plus ou moins, la *Kulturseele* d'Oswald

Spengler, alors toutes les détériorations s'affirment. Tout s'écroule, comme d'habitude, par le dedans.

Ainsi atteignons-nous non pas seulement les derniers modèles — ceux du déclin — mais le cœur même du système, car Arnold Toynbee, comme l'a dit en s'amusant P. Sorokin, est grand massacreur de civilisations. Leur mort lui semble l'heure décisive, révélatrice.

Une civilisation, pour Arnold Toynbee, ne meurt qu'après des siècles d'existence, mais cette mort, longtemps à l'avance, se signale par des troubles intérieurs et extérieurs, insistants, dont le narrateur, si narrateur il y a, ne sort plus, des troubles en chaîne, dirons-nous. Ces troubles s'apaisent, un beau jour, par le triomphe du gendarme, je veux dire la mise en place d'un vaste Empire. Mais cet Empire « universel » n'est qu'une solution provisoire, pour deux, trois ou quatre siècles, ce qui, mesuré à l'échelle temporelle des civilisations, n'est qu'un instant sans plus, « un clin d'œil ». Donc bientôt l'Empire s'effondre, au milieu de catastrophes et d'invasions barbares (l'arrivée, comme dit notre auteur, du « prolétariat extérieur »). Mais, en même temps, une Église universelle s'est mise en place, elle sauvera ce qui peut être sauvé. Ainsi, ou à peu près, aura fini la civilisation gréco-latine, que Toynbee, d'autorité, appelle l'hellénique. Nous avons, d'après l'exemple romain, un schéma, le schéma par excellence, le « modèle » de la mort d'une civilisation avec ses quatre temps, les troubles, l'Empire ou mieux l'État universel, l'Église universelle, les Barbares. Les stratèges allemands du début de ce siècle ramenaient tout, nous dit-on, au modèle de la bataille de Cannes ; Arnold Toynbee semble avoir tout ramené à la fin, André Piganiol dirait à « l'assassinat » de l'Empire romain.

Pour chaque civilisation révolue, il a donc recherché et reconnu, un à un, tous les « temps » du modèle (ainsi pour l'Empire des Achéménides, des Incas, des Abbassides, des Gouptas, des Mongols..., au total vingt et un empires), non sans, ici ou là, quelques coups de pouce, ou quelques hardiesses. Qui pensera, parmi les historiens habitués à de petites, mais précises mesures chronologiques, qu'un millénaire entre l'Empire des Achéménides et le khalifat de Bagdad, presque constitué en un jour, n'interrompt pas à jamais une liaison substantielle ? Acceptera-t-on aussi que l'on retranche, sans doute parce que peu durables, de la liste des États universels, l'Empire carolingien, l'Empire de Charles Quint, les conquêtes de Louis XIV, l'Empire de Napoléon Ier ? D'ailleurs tous ceux qui figurent sur la liste dressée par Toynbee, une nouvelle liste des 21, et reconnus ainsi comme éléments essentiels de la vie des civilisations, des « vraies civilisations », n'ont droit à aucune indulgence, quels qu'ils soient. Le préjugé de l'auteur leur est défavorable. De là à noircir leur vrai visage, il n'y a qu'un pas, comme le montre, à lui seul, le sort réservé à l'Empire romain. « La paix romaine, écrit-il, fut une paix d'épuisement. » Voilà un récit qui, pour le moins, commence mal.

Tel est, vite résumé, le schéma de ce vaste ouvrage, schéma susceptible de multiples applications, suivant la valeur récurrente que lui attribue son auteur. Il vaut pour le passé, pour le présent aussi. La civilisation occidentale, encore vivante, « ploie le genou » (Clough), s'épuise depuis plus d'un siècle dans d'évidents troubles en chaîne. Va-t-elle obtenir un sursis, grâce à un Empire universel ? Bien entendu, un Empire à l'échelle du monde, cette fois, ou russe, ou américain, imposé à l'amiable ou par la force. Un jeune historien anthropologue, Philip Bagby, de se demander, dans cette ligne même de pronostics, commune à Spengler et à Toynbee, non seulement si nous sommes à la veille d'une « prose romaine », mais vraiment à la veille d'un Empire américain. Aurons-nous un empereur américain ?

Au lieu de répondre, posons, à notre tour, une assez longue question. Supposons, entre 1519 et 1555, un observateur lucide qui, riche des convictions qui animent les écrits d'Arnold Toynbee, ait médité, à leur lumière, sur son temps et sur la longue expérience du règne de Charles Quint. Combien de fois n'aura-t-il pas reconnu, dans l'Europe qui l'entoure, le retour à l'ordre romain, à l'Empire universel et même la mise en place d'une Église universelle, car l'Église qui finira par se réformer à Trente est de toute évidence conquérante, nouvelle autant que rénovée ? Nos prophètes sont-ils plus lucides et l'empereur américain aura-t-il plus de chance que Charles Quint ?

Mais ne prenons pas ainsi congé, sur un sourire, d'Arnold Toynbee. Les historiens ne lui ont pas réservé très bon accueil, avec quelques raisons, et qui relèvent de leur métier, mais aussi parfois avec un peu d'injustice. Si je ne fais pas exception à la règle, je comprends, pour ma part, qu'Ernst Curtius ait salué son œuvre avec enthousiasme. Elle nous apporte, en vérité, des leçons assez précieuses : certaines explications ont leur vertu, même pour leurs contradicteurs.

Dans un passé qu'il a simplifié, comme doit le faire tout bâtisseur de système, sans hélas échapper toujours aux absurdités de la simplification, Arnold Toynbee a saisi d'instinct les chemins essentiels, mais dangereux, de la longue durée ; il s'est attaché aux « sociétés », aux réalités sociales, du moins à certaines de ces réalités sociales qui n'en finissent plus de vivre ; il s'est attaché à des événements mais qui se répercutent violemment à des siècles de distance et à des hommes bien au-dessus de l'homme, ou Jésus, ou Bouddha, ou Mahomet, hommes de longue durée eux aussi. Sur le millénaire entre Achéménides et khalifes de Bagdad, je serais moins disputeur que Lucien Febvre ou Gerhard Masur. Émile-Félix Gautier prétendait, pour son compte, que la conquête arabe du Maghreb et de l'Espagne (du milieu du VIIe siècle à 711) avait retrouvé, en gros à un millénaire de distance, l'ancienne aire de la domination carthaginoise... Le mérite d'Arnold Toynbee, c'est d'avoir manié, quitte à s'y perdre, ces masses énormes de temps, d'avoir osé comparer ces expériences à des siècles de distance, recherché de vastes routes un peu irréelles et cependant importantes. Ce que j'admets mal, et même ce que je n'admets pas du tout, c'est que ces comparaisons ne mettent en lumière, avec insistance, que les ressemblances et ramènent, obstinément, la diversité des civilisations à un modèle unique, bref à *une* civilisation, idéale au moins, structure nécessaire de tout effort humain capable de s'accomplir dans une civilisation, quelle qu'elle soit. C'est une façon comme une autre — mais je la goûte peu — de réconcilier ce singulier et ce pluriel qui changent tellement le sens du mot de civilisation. « Au-dessus de toute la variété des cultures, écrira Toynbee, il existe une uniformité dans la nature spirituelle de l'homme. »

Chez Alfred Weber. — C'est une affirmation que ne démentira pas l'œuvre compacte, profonde, mais peu connue chez nous d'Alfred Weber : *Kulturgeschichte als Kultursoziologie*. Paru en 1935, à Leyde, le livre, traduit en espagnol sous le titre *Historia de la Cultura*, a déjà connu quatre éditions de 1941 à 1948. C'est un livre solide, puissant. Frère du grand Max Weber (1864-1920), Alfred Weber (1868-1958), sociologue, s'est fait, à cette occasion, historien et historien très attentif. Aussi bien nous heurte-t-il beaucoup moins qu'un Spengler ou un Toynbee. Il n'a pas leur éclat, il n'a pas non plus leurs imprudences ou leurs caprices. Cependant tous les obstacles où ceux-ci se heurtaient lui résistent également, d'autant qu'il ne leur fait guère violence. Il ouvre largement ses explications à la Préhistoire, à l'anthropologie, à la géographie, à la sociologie, à l'économie, à la pensée de Marx. Et c'est bien : son livre en acquiert une solidité qui manque aux autres. Mais s'il montre admirablement, au début de son explication, la mise en place des civilisations de premier jet : l'égyptienne, la babylonienne, l'indienne, la chinoise, il est moins convaincant quand, en cet Occident compliqué (entendez, dans le bloc eurasiatique, l'Occident à l'ouest des cimes et vallées de l'Indoukouch), il montre le développement de civilisations à la seconde ou à la troisième génération, comme si l'explication synthétique, valable très au loin, dans le temps et l'espace, perdait de son efficacité à mesure que l'on se rapproche du temps présent et de notre propre civilisation.

Surtout, je doute qu'Alfred Weber ait formulé, pour lui et pour nous, une définition satisfaisante (à mon sens) d'une civilisation, ou, comme il dit, d'une culture de haut rang. Il y voit, sans plus, un « corps historique », donc qui se définirait dans le courant même de l'Histoire. Mais qu'est-ce au juste qu'un tel courant aux prises avec les destins de l'humanité entière ? Et pourquoi les civilisations formeraient-elles autant de « corps » ? Si Alfred Weber ne veut pas d'un esprit transcendant, « objectif » (comme l'esprit à la Werner Sombart qui, capable d'expliquer, à lui seul, le capitalisme, pourrait, *verbi gratia*, expliquer *la* ou *les* civilisations), il n'en accepte pas moins, à la marge de sa pensée et de ses explications, « un esprit du temps », un esprit de l'homme (sa conscience, son sentiment de liberté, sa possibilité de s'abstraire de lui-même, son aptitude d'ingénieur, d'*homo faber*). Est-ce cet esprit qui anime le corps historique de la civilisation ?

Chez Philip Bagby. — Mais abrégeons cette revue, fort longue déjà et cependant tellement incomplète. Un livre vient de paraître (1958) : il est signé du nom d'un jeune historien, anthropologue par surcroît, élève de Kroeber, Philip Bagby. Il aura l'avantage, qui n'est pas mince, de nous mettre au courant des dernières discussions des anthropologues dont nous avons dit, à l'avance, qu'elles nous paraissaient décisives. Philip Bagby se propose de joindre Histoire et Anthropologie, ce qui lui donne une position originale, certainement proche bien que différente de notre école historique des *Annales*. Aux *Annales*, dans la ligne de Lucien Febvre et de Marc Bloch, une science historique s'édifie lentement, qui essaie de s'appuyer sur l'ensemble des sciences de l'homme, non pas sur l'une d'entre elles, fût-ce l'anthropologie. Or, c'est au seul mariage de l'Histoire et de l'Anthropologie que songe Philip Bagby.

À son avis, pas de science historique si le domaine trop vaste et trop diversifié de l'Histoire n'est pas simplifié, si l'on n'y découpe de façon autoritaire un secteur scientifique, ensuite artificiellement isolé, mais, en raison même de cette opération, plus aisé à dominer. Ainsi ont procédé les physiciens dans leur monde « objectif », avec les principes de masse, de moment, d'inertie, dégageant, puis exploitant un réel transformé et qui, à l'usage, s'est révélé fructueux. Que les historiens se tournent donc vers le champ opératoire privilégié des civilisations ! Privilégié, car il autorise les comparaisons. Comme il n'y a dans le monde des êtres vivants qu'une Histoire, celle de l'homme, il faut que l'homme se compare à l'homme, que notre investigation aille d'une expérience à l'autre, d'une civilisation à l'autre. À condition toutefois de ne désigner sous ce nom que des séries de destins comparables entre eux.

Un choix s'impose donc d'entrée de jeu entre les civilisations ; en tête les très grandes, les *major civilizations* ; ensuite les moins grandes, sous-civilisations ou civilisations secondaires ; enfin les plus petites qui n'ont droit, avec des nuances, qu'au titre de cultures. Il s'agit, à l'intérieur de chaque catégorie, de les peser les unes par rapport aux autres, de savoir si elles obéissent à des destins communs, si elles admettent des pentes analogues, des structures dynamiques régulières qui puissent se rapprocher les unes des autres de façon utile. Avant d'aborder ces grandes confrontations, il sera nécessaire de chasser les vues fantaisistes, les explications métaphysiques préalables. À titre d'exemple, quelques critiques assez vives sont décochées, sans malice mais non sans fermeté, à Arnold Toynbee, accusé — mais quelle belle accusation ! — d'être un historien de formation humaniste, et donc sans culture anthropologique.

Tout ceci pour en revenir aux civilisations majeures. Mais comment comprendre du dedans ces grands personnages ? Philip Bagby, hélas, ne tente pas, lui non plus, de les définir sérieusement. Il ne retiendra, parmi les civilisations corpulentes, que neuf personnages, contre les vingt et un ou vingt-deux élus d'Arnold Toynbee. Je ne sais si c'est là un progrès. J'ai peur que ce ne soit à peu près la même chanson, la même mise en cause idéaliste des destins de l'humanité. D'une étude comparative qu'il esquisse à peine en terminant ce livre qui, certes, promettait mieux, que retenir en effet ? Que les civilisations, dans leur lent développement, passent régulièrement d'une époque religieuse à une époque qui, de plus en plus, se soumet à la rationalité ? Max Weber l'avait déjà dit de l'Europe, et bien d'autres avant lui, songeons à Auguste Comte. Heinrich Freyer[8] affirmait hier « que la rationalité était le *trend* de la pensée d'Occident » : est-ce le *trend* de la pensée du monde ? Je le veux bien, encore que devant ce dualisme plus rigoureux que celui de Guizot (religiosité, rationalité), l'historien s'inquiète volontiers. Raison, religion, l'opposition est-elle toujours celle du jour et de la nuit ? Méditons, pour être plus juste, la réflexion de Heinrich Freyer : « Le royaume de la raison commence dans le royaume de Dieu[9]. » Celui-ci nourrit celui-là au cours d'incessantes sécularisations.

Mais le lecteur voit à quelle hauteur, une fois de plus, si l'on voulait en croire un jeune, un intelligent anthropologue, nous irions porter nos pas. Tant d'ascensions répétées nous donneraient, s'il était nécessaire, le goût des basses altitudes. L'homme ne vit pas seulement de prière et de pensée, il est aussi pratiquement « ce qu'il mange » *(der Mensch ist was er isst)*. Dans une boutade analogue, Charles Seignobos disait un jour : « La civilisation, ce sont des routes, des ports, des quais... » Ne le croyons pas à la lettre. Mais ce prosaïsme nous invite à redescendre, à voir les choses de près, au ras du sol, au risque de remarquer ce qui les divise et les particularise, et non plus les confond.

L'HISTOIRE À LA CROISÉE DES CHEMINS

Le lecteur aura déjà vu où je veux en venir. Je crois, en effet, que l'histoire des civilisations, comme l'Histoire tout court, se trouve à une croisée des chemins. Il lui faut, qu'elle le veuille ou non, s'assimiler toutes les découvertes que les diverses sciences sociales, de naissance plus ou moins récente, viennent de faire dans le domaine inépuisable de la vie des hommes. Tâche difficile mais urgente, car c'est seulement si elle poursuit fermement cette route, où déjà elle chemine, que l'Histoire pourra servir, au premier rang, à l'intelligence du monde actuel.

Dans cette ligne, puis-je indiquer le plan de travail qui me paraîtrait s'imposer si, par le plus grand des hasards, j'avais à écrire, sous ma propre responsabilité, *A Study of History*, ou tel vaste et interminable ouvrage sur *la* et *les* civilisations ?

Première tâche, négative mais nécessaire : rompre aussitôt avec certaines habitudes, au demeurant bonnes ou mauvaises, dont à mon sens il est indispensable de se déprendre au départ, même si c'est pour y revenir. Seconde tâche, rechercher une définition de la civilisation, la moins mauvaise, entendez la plus commode, la plus aisée à manier pour poursuivre au mieux notre travail. Troisième tâche, vérifier l'ampleur du domaine des civilisations en convoquant, à cet effet, outre l'historien, tous les spécialistes des sciences de l'homme. Enfin, en guise de conclusion, proposer des tâches précises.

Sacrifices nécessaires

Renoncer au départ à certains langages : ainsi, ne plus parler d'une civilisation comme d'un être, ou d'un organisme, ou d'un personnage, ou d'un corps, même historique. Ne plus dire qu'elle naît, se développe et meurt, ce qui revient à lui prêter une destinée humaine, linéaire, simple. J'aime mieux, malgré ses imperfections aux yeux d'un historien s'entend, en revenir aux méditations de Georges Gurvitch à propos de la société globale du Moyen Âge occidental, par exemple, ou à propos de notre société actuelle. Il voit l'avenir de l'une ou de l'autre hésitant entre plusieurs destins possibles, fort différents, et c'est là je crois une opinion raisonnable selon la multiplicité même de la vie : l'avenir n'est pas une route unique. Donc, renoncer au linéaire. Ne pas croire non plus qu'une civilisation, parce qu'originale, est un monde fermé, indépendant, comme si chacune d'elle représentait une île au milieu d'un océan, alors que leurs convergences, leurs dialogues sont essentiels, que, de plus en plus, elles partagent toutes ou presque toutes un riche fonds commun. « La civilisation, disait Margaret Mead (dans le sens même du mot de Mauss que j'ai cité), c'est ce que l'homme, désormais, ne pourra plus oublier », le langage, l'alphabet, la numération, la règle de trois, le feu, voire le nombre fonction, la vapeur, etc. ; au total les bases aujourd'hui communes, impersonnelles, de toute culture particulière d'un certain niveau.

Je renoncerais pareillement à utiliser toute explication cyclique du destin des civilisations ou des cultures, au vrai toute traduction de la phrase habituelle, si insistante : elles naissent, elles vivent, elles meurent. Seraient ainsi rejetés aussi bien les trois âges de Vico (âge divin, âge des héros, âge humain) que les trois âges d'Auguste Comte (théologique, métaphysique, positiviste), les deux phases de Spencer (contrainte, puis liberté), les deux solidarités successives de Durkheim (l'extérieure, l'intérieure), les étapes de la coordination croissante de Waxweiller, les étapes économiques d'Hildebrandt, de Frédéric List ou de Bücher, les densités croissantes de Levasseur et de Ratzel, enfin la chaîne de Karl Marx : sociétés primitives, esclavagisme, féodalisme, capitalisme, socialisme... Non sans regrets parfois, et quitte à y revenir, car je ne prétends pas condamner en bloc toutes ces explications, ni même le principe de l'explication, du modèle ou du cycle, fort utile au contraire à mon sens, mais cette exclusion, au départ, vaut comme une précaution nécessaire.

Pour clore le chapitre des exclusions, où bien entendu figurent les schémas de Spengler et de Toynbee, je rejette aussi les listes étroites de civilisations que l'on nous propose. Je crois, en effet, que la recherche, pour être fructueuse, doit tout saisir, aller des cultures les plus modestes aux *major civilizations*, et surtout que ces *major civilizations* sont à diviser en sous-civilisations et celles-ci en éléments plus menus encore. D'un mot ménageons les possibilités d'une microhistoire et d'une histoire d'ouverture traditionnelle. Il serait d'un grand intérêt de savoir jusqu'à quel élément on peut parvenir au bas de l'échelle. À mi-étage, en tout cas, je pense, aujourd'hui surtout, que les États, les peuples, les nations tendent à avoir leur civilisation propre, quelle que soit, par ailleurs, l'uniformisation des techniques. Il y a, qu'on lui donne l'étiquette que l'on voudra, une civilisation française, une allemande, une italienne, une anglaise, chacune avec ses couleurs et contradictions internes. Les étudier toutes sous le vocable général de civilisation occidentale me paraît par trop simple. Nietzsche prétendait que depuis la civilisation grecque il n'y avait eu, de toute évidence, d'autre civilisation que la française. « Cela ne souffre pas d'objection. » Affirmation éminemment discutable, je le veux bien, mais qu'il est amusant de rapprocher du fait que la civilisation française n'existe pas dans la classification de Toynbee.

L'idée de Marc Bloch, que je ne crois pas trahir, était, d'une part, de replacer la civilisation française dans son cadre européen ; de l'autre, de décomposer cette France en Frances particulières, car notre pays, comme tel autre, est une constellation de civilisations vivaces, bien qu'à faible rayon. L'important serait, en dernière analyse, de voir la liaison de ces éléments, du plus petit au plus vaste, de comprendre comment ils s'imbriquent, se commandent, sont commandés, comment ils souffrent ensemble, ou à contretemps, comment ils prospèrent, ou non (à condition qu'il y ait des critères indubitables de pareilles prospérités).

Critères à retenir

Le terrain déblayé, nous poserions la question : qu'est-ce qu'une civilisation ?

Je ne connais qu'une bonne définition, bonne, c'est-à-dire aisément utilisable pour l'observation, suffisamment dégagée de tout jugement de valeur. Elle se trouve, au gré du chercheur, soit dans l'enseignement de tel ou tel anthropologue, soit dans tel rapport de Marcel Mauss, à qui je l'ai empruntée, hier, sans avoir ensuite à m'en repentir.

Les aires culturelles. — Une civilisation, c'est tout d'abord un espace, une « aire culturelle », disent les anthropologues, un logement. À l'intérieur du logement, plus ou moins vaste mais jamais très étroit, imaginez une masse très diverse de « biens », de traits culturels, aussi bien la forme, le matériau des maisons, leur toit, que tel art de la flèche empennée, qu'un dialecte ou un groupe de dialectes, que des goûts culinaires, une technique particulière, une façon de croire, une façon d'aimer, ou bien encore la boussole, le papier, la presse de l'imprimeur. C'est le groupement régulier, la fréquence de certains traits, l'ubiquité de ceux-ci dans une aire précise, qui sont les premiers signes d'une cohérence culturelle. Si à cette cohérence dans l'espace s'ajoute une permanence dans le temps, j'appelle civilisation ou culture l'ensemble, le « total » du répertoire. Ce « total » est la « forme » de la civilisation ainsi reconnue.

Bien entendu, l'aire culturelle relève de la géographie, beaucoup plus que ne le pensent les anthropologues. Cette aire, en outre, aura son centre, son « noyau », ses frontières, ses marges. Et c'est à la marge que l'on trouve, le plus souvent, les traits, phénomènes ou tensions les plus caractéristiques. Parfois ces frontières et l'aire qu'elles enserrent seront immenses. « Ainsi, quant à nous, écrivait Marcel Mauss, nous enseignons depuis longtemps qu'il est possible de croire à l'existence fort ancienne d'une civilisation de toutes les rives et de toutes les îles du Pacifique... En effet, il y a dans ce domaine de nombreuses coïncidences... » De nombreuses variations aussi, d'où la nécessité de diviser ensuite l'énorme région, d'en analyser les oppositions, les nuances, d'en marquer les axes, les « crêtes »... Mais l'exemple du Pacifique ne saurait être analysé de façon convenable, ici, ni tel autre exemple de moindre extension. L'intéressant, c'est qu'une aire groupe toujours plusieurs sociétés ou groupes sociaux. D'où la nécessité, je le répète, d'être attentif, si possible, à la plus petite unité culturelle. Combien, ici ou là, exige-t-elle d'espace, d'hommes, de groupes sociaux différents, quel est son minimum vital ?

Les emprunts. — Tous ces biens culturels, micro-éléments de la civilisation, ne cessent de voyager (par là ils se distinguent des phénomènes sociaux ordinaires) : tour à tour, simultanément, les civilisations les exportent ou les empruntent. Celles-ci sont gloutonnes, celles-là prodigues. Et cette vaste circulation ne s'interrompt jamais. Certains éléments culturels sont même contagieux, ainsi la science moderne, ainsi la technique moderne, bien que toutes les civilisations ne soient pas pareillement ouvertes à des échanges de cet ordre. Reste à savoir si, comme le suggère P. Sorokin, les emprunts de biens spirituels se révèlent plus rapides encore que ceux des techniques. J'en doute.

Les refus. — Mais tous les échanges ne vont pas de soi : il y a, en effet, des refus d'emprunter, soit une forme de penser, ou de croire, ou de vivre, soit un simple instrument de travail. Certains de ces refus s'accompagnent même d'une conscience, d'une lucidité aiguë, si d'autres sont aveugles, comme déterminés par des seuils ou des verrous qui interdisent les passages... Chaque fois, bien entendu, ces refus, et d'autant plus qu'ils sont conscients, répétés, affirmés prennent une valeur singulière. Toute civilisation, en pareil cas, aboutit à son choix décisif ; par ce choix elle s'affirme, se révèle. Les phénomènes de « diffusion », si peu prisés par Toynbee, me paraissent ainsi une des meilleures pierres de touche pour qui veut juger de la vitalité et de l'originalité d'une civilisation.

Bref, dans la définition que nous empruntons, s'affirme un triple jeu : l'aire culturelle, avec ses frontières ; l'emprunt ; le refus. Chacun de ces jeux ouvre des possibilités.

Possibilités ouvertes à la recherche par ce triple jeu. — L'étude des aires culturelles et de leurs frontières se révélera sur un exemple concret, la double frontière du Rhin et du Danube. Rome y arrêta jadis sa conquête. Or, *un millénaire plus tard*, c'est au long de la vieille limite que se déchire à peu près l'unité de l'Église : d'un côté l'hostilité de la Réforme, de l'autre la fidélité à Rome, au-delà des puissantes réactions de la Contre-Réforme. D'ailleurs, qui ne sait que les deux fleuves marquent une frontière spirituelle exceptionnelle ? Goethe le sait, quand allant vers l'Italie, il atteint, pour le franchir, le Danube à Ratisbonne. Mme de Staël le sait, quand elle traverse le Rhin...

Second jeu : les emprunts. Des volumes entiers n'en épuiseraient ni l'intérêt, ni l'énorme dossier. La civilisation d'Occident a gagné la planète, elle est devenue la civilisation « sans rivages », elle a prodigué ses dons, bons ou mauvais, ses contraintes, ses chocs. Cependant, jadis, elle avait emprunté sans compter autour d'elle ou loin de chez elle, à l'Islam, ou à la Chine, voire à l'Inde... Dans la France un peu folle de

Charles VI arrivaient de la Chine lointaine des T'ang les atours « à cornes », les hennins, les corsages décolletés ; modes évanouies depuis longtemps en leur lieu d'origine, ces biens fragiles avaient cheminé, un *demi-millénaire* durant, à travers les routes du Vieux Monde pour gagner, au XIVe siècle, l'île de Chypre et la cour brillante des Lusignan. De là, les trafics vifs de la Méditerranée avaient presque en un instant pris en charge ces voyageurs étranges.

Mais il est des exemples plus proches de nous. Ainsi l'historien sociologue brésilien Gilberto Freyre s'est plu à énumérer tous les emprunts de son pays, entre XVIIIe et XIXe siècle, à l'Europe nourricière. Leur liste est cocasse : la bière anglaise ou hambourgeoise, les vêtements de toile blanche, les dents artificielles, le gaz d'éclairage, le chalet anglais, la vapeur (un bateau à vapeur circule dès 1819 sur les eaux de la baie de San Salvador), plus tard le positivisme, plus tôt les sociétés secrètes (celles-ci, issues de France, avaient transité par l'Espagne et le Portugal, puis par l'habituel relais des îles atlantiques). Cette histoire n'est pas achevée, bien entendu. Dès 1945, et cette fois à travers toute l'Amérique latine, se répand, venu de France, le message de l'existentialisme, de Sartre ou de Merleau-Ponty. Au vrai, une pensée allemande, mais relancée, diffusée par l'intermédiaire de notre pays. Car celui-ci a encore ses privilèges : la France, dans le jeu compliqué des transferts et échanges culturels, reste un carrefour de choix, comme une nécessité du monde. Cette ouverture du carrefour (les géographes disent « l'isthme ») français est sans doute le signe dominant de notre civilisation. Elle fait encore notre importance et notre gloire. Marie Curie est née à Varsovie, dans cette petite maison de la vieille ville que la fidélité polonaise a su reconstruire ; Modigliani est né à Livourne ; Van Gogh en Hollande ; Picasso nous vient d'Espagne ; Paul Valéry compte des ancêtres génois...

Troisième jeu, le plus révélateur, et qui nous situe en des points précis de l'Histoire : le refus. Ainsi pour la Réforme, cette division profonde, décisive de l'Europe. L'Italie, l'Espagne, la France (celle-ci après de terribles hésitations) disent non à la Réforme, aux Réformes. Et c'est un drame d'une ampleur, d'une profondeur immenses. Il touche au tréfonds des cultures de l'Europe. Autre exemple : en 1453, Constantinople ne veut pas être sauvée par les Latins, ces demi-frères détestés : elle leur préfère encore le Turc. Et là aussi c'est le drame, que nous aurions avantage à revoir, ne serait-ce qu'au travers des notes intuitives, « hérétiques » et discutables, mais lumineuses, de l'historien turc Rechid Saffet Atabinen. Si j'avais à choisir un événement pour la bataille spirituelle que réclame une explication nouvelle des civilisations, ce n'est pas l'assassinat de Rome que je retiendrais, mais l'abandon de Constantinople.

Sans vouloir tout construire autour du refus, qui ne pensera que c'est bien de lui qu'il s'agit dans le cas dramatique du marxisme militant, aujourd'hui ? Le monde anglo-saxon lui dit non, à une grande profondeur. L'Italie, l'Espagne, la France ne lui sont pas hostiles, mais disent non elles aussi, et bien plus qu'à moitié. Ici les niveaux économiques, les structures sociales, le passé récent et ses contingences, ne sont pas seuls en cause ; les cultures jouent leur rôle.

On voit jusqu'où me conduirait ma confiance à l'égard de la « diffusion ». Sans doute, une fois de plus, aux côtés de Claude Lévi-Strauss. N'explique-t-il pas, au hasard d'une polémique, que les civilisations sont, pour lui, autant de joueurs autour d'une table immense, qu'elles relèvent ainsi, d'une certaine façon, de la théorie générale des jeux ? Supposez que les joueurs s'aident, se communiquent leurs cartes ou leurs intentions : plus ils seront de connivence, plus facilement l'un d'entre eux aura chance de gagner. L'Occident a profité, entre autres, de sa position au croisement d'innombrables courants culturels. Il a reçu à longueur de siècles et de toutes directions, même de civilisations défuntes, avant d'être capable, à son tour, de donner, de rayonner.

Pour un dialogue entre l'histoire et les sciences de l'homme

Reconnaître au « culturel » toute son étendue, telle serait notre troisième démarche. L'historien n'y peut suffire. Une « consultation » s'imposerait, qui grouperait l'ensemble des sciences de l'homme, les traditionnelles comme les nouvelles, du philosophe au démographe et au statisticien. Il est, en effet, illusoire de vouloir, à l'allemande, isoler la *culture* de sa base, qui serait la *civilisation*. S'il est absurde de négliger la superstructure, il ne l'est pas moins de négliger, comme si souvent, l'infrastructure. Les civilisations reposent sur terre. Pour risquer une formule rapide, il nous faut, vaille que vaille, obliger à aller d'un même pas aussi bien Toynbee, ou Lucien Febvre d'une part, et, de l'autre, les sociologues, les anthropologues, les économistes, les marxistes eux-mêmes. Le dédain à l'égard de Karl Marx, dans toute cette débauche idéaliste que nous vaut, quasi régulièrement, l'étude des civilisations, quel enfantillage ! En fait, c'est une série de dialogues que nous devons, historiens, engager avec chacun des grands secteurs des sciences de l'homme.

Avec la géographie tout d'abord. Le logement des civilisations, c'est bien autre chose qu'un accident ; s'il comporte un défi, c'est un défi répété, de longue durée. Un soir, aux *Annales*, en 1950, au cours d'une amicale discussion sur le vaste thème de la civilisation, entre Federico Chabod, Pierre Renouvin, John U. Nef et Lucien Febvre, la géographie fut mise en cause. Au fond de chaque civilisation, Lucien Febvre insistait pour marquer ces liaisons vitales, sans fin répétées, avec le milieu qu'elle crée, ou mieux qu'elle doit recréer au long de son destin, ces rapports élémentaires et comme primitifs encore avec les sols, les végétaux, les populations animales, les endémies...

Un même dialogue s'impose avec les démographes : la civilisation est fille du nombre. Comment se peut-il que Toynbee ne s'en inquiète qu'incidemment ? Une poussée démographique peut entraîner, elle entraîne des cassures, des mutations. Une civilisation est au-dessous, ou au-dessus de sa charge normale d'hommes. Tout dépassement tend à produire ces vastes, ces insistantes migrations qui, comme l'ont expliqué les frères Kulischer, courent sans fin sous la peau de l'Histoire.

Dialogue aussi avec la sociologie, avec l'économie, avec la statistique. Contre Lucien Febvre, qu'il me le pardonne, je suis en faveur d'Alfredo Niceforo, même si ses indices sont de mauvaises mesures des civilisations : il n'est guère de mesures parfaites. Je suis en faveur également des « approches » de Georges Gurvitch à l'égard des « sociétés globales », ce *corps* (mais ai-je le droit d'employer ce mot à mon tour ?) des civilisations. Même si ces approches restent encore trop timides à mon gré, comme elles paraissent cerner le réel, si on les compare à l'idéalisme allègre de P. Sorokin ! Tout un débat, en outre, est à reprendre pour décider des rapports entre civilisations et structures ou classes sociales. Je soutiens enfin qu'il n'y a pas de civilisation sans une forte armature politique, sociale et économique qui d'ailleurs infléchit sa vie morale, intellectuelle, dans le bon ou le mauvais sens, et même sa vie religieuse. Au lendemain de 1945, des Français ont répété que nous demeurait, au-delà de la vigueur perdue, le rayonnement intellectuel. Je ne suis pas le seul à être d'un avis contraire. La force ne suffit pas à assurer le rayonnement. Mais tout se tient. Une civilisation réclame aussi force, santé, puissance. Voilà pourquoi, malgré l'admiration que je conserve au livre de Jacob Burckhardt, je pense qu'il est à récrire, au moins pour une raison essentielle : il faut redonner son, ou ses corps *matériels* à la Renaissance italienne. Une culture ne vit pas d'idées pures. Shepard Bancroft

Clough a raison : il faut à toute culture un excédent, un surplus économique. La culture est consommation, voire gaspillage.

Briser les frontières entre spécialistes

Mais à quels programmes pratiques pourrions-nous songer, par quoi mettre à l'épreuve cet ensemble contestable de précautions, d'exclusives, d'adhésions ? par quoi accéder aussi à des vues plus larges et surtout plus solides ?

Est-il besoin de le dire, en premier lieu c'est à des programmes sages que je m'attarderais, à des phases courtes de la vie culturelle, à des « conjonctures » culturelles, si l'on peut étendre à ce domaine, comme je le ferais volontiers, l'expression qui, jusqu'ici, ne vaut que pour la vie économique. Je verrais un gros avantage à choisir, pour ces prises de contact, des périodes disposant d'un éclairage minutieux, d'un piquetage chronologique précis. N'ouvrons pas tout de suite, de grâce, le compas des siècles ou des millénaires, même s'il a son utilité ! L'espace chronologique une fois choisi, voir, sans parti pris, comment jouent les uns par rapport aux autres ces secteurs culturels au sens étroit (l'art, la littérature, les sciences, les sentiments religieux...) et les autres, qu'on leur accorde ou non, peu m'importe, la dignité de la « culture » : je veux dire l'économie, la géographie, l'histoire du travail, la technique, les mœurs, etc. Tous ces secteurs de la vie humaine sont étudiés par des spécialistes, ce qui est un bien, mais presque exclusivement par des spécialistes, comme autant de patries particulières à l'abri de solides frontières, ce qui est un mal. Briser ces frontières, il est plus facile de le souhaiter que de le réaliser.

Henri Brunschwig en a donné un bon exemple dans sa thèse sur les origines sociales du romantisme allemand. Il y montre comment la civilisation allemande se renverse, entre XVIIIe et XIXe siècle, tel un énorme sablier. La voici au début « raisonnable », sous le signe de l'*Aufklärung*, de l'intelligence à la française ; puis, la voilà préférant à ce qui a été jusque-là sa règle, préférant l'instinct, l'imagination, le romantisme. L'important est de voir alors, à travers tous les comportements, à travers toutes les structures sociales et tous les enchaînements économiques, ce qui, à la base, accompagne ce large renversement des valeurs. Ce n'est pas exactement ce qu'a fait, dans un livre célèbre et assurément magnifique, J. Huizinga, lorsqu'il a étudié la fin, l'« automne » du Moyen Âge occidental, une « agonie » de civilisation, dira-t-il plus tard. En fait, l'agonie, si agonie il y eut, ne sera pas irrémédiable : elle m'apparaît personnellement comme une étape, un moment de la civilisation occidentale. Mais ce que je reproche le plus à J. Huizinga, c'est d'avoir gardé les yeux si haut levés qu'il n'a considéré, obstinément, que le dernier étage du spectacle, le haut du bûcher. Quel malheur qu'il n'ait pas eu à sa disposition ces études démographiques et économiques, aujourd'hui classiques, sur le recul puissant de l'Occident au XVe siècle : elles lui auraient donné la base qui manque à son livre. Car, faut-il le redire, les grands sentiments, les plus hauts et les plus bas d'ailleurs, ne mènent jamais une vie pleinement indépendante.

C'est pourquoi je salue l'admirable troisième partie du dernier grand ouvrage de Lucien Febvre : *La Religion de Rabelais*, où il s'efforce de marquer ce qu'a été l'« outillage mental » de l'époque même de Rabelais, le répertoire des mots, des concepts, des raisonnements, des sensibilités à sa portée. Il s'agit là d'une coupe à l'horizontale. Mais la leçon n'a été donnée qu'au soir d'une longue vie de travail (1942) et Lucien Febvre a toujours pensé qu'il la compléterait un jour, lui donnerait « sa pleine dignité ». Il lui restait, en effet, à détacher cette coupe, cette mise au point, du cas intéressant, mais en soi restreint, de Rabelais, à voir si, en somme, plus tôt ou plus tard, le même niveau avait été, ou non, la règle, enfin, quand, pourquoi, où, dans quelle mesure, il y avait eu modification... Ce niveau intellectuel de la première moitié du XVIe siècle nous paraît, en effet, coincé, si l'on peut dire. Pourquoi en est-il ainsi ? L'intelligence, sans doute, porte en elle ses propres explications, ses propres enchaînements, j'en suis bien d'accord, mais peut-être s'éclaire-t-elle aussi, comme le suggère l'œuvre entière de Lucien Febvre, par les inerties de la vie sociale, de la vie économique ou ces inerties particulières de longue durée, si caractéristiques des civilisations elles-mêmes où tant d'éléments anciens pèsent d'un poids énorme, inconcevable a priori.

La quête systématique des structures. — Voilà comment je procéderais, et avec prudence. Ensuite ? Ensuite, viendraient les risques décisifs, nécessaires, avec la recherche systématique des structures, de ce qui se maintient, en fait, au-delà des tempêtes du temps court, si l'on veut, au-delà des « bonds et des replis » dont parle A. Toynbee. Logiquement, à propos de cette quête nécessaire des structures, je songerais à construire des modèles, c'est-à-dire des systèmes d'explications liées les unes aux autres. Tout d'abord pour telle civilisation ; ensuite pour telle autre. Rien ne nous assurant, à l'avance, qu'elles admettent toutes des structures semblables, ou suivent, au long de l'histoire, ce qui reviendrait presque au même, des enchaînements identiques. C'est plutôt le contraire qui serait logique. Georges Gurvitch parle de « l'illusion de la continuité et de la comparabilité entre les types de structure globale (c'est-à-dire, en bref, les civilisations) qui restent, en réalité, irréductibles ». Mais tous les historiens, à ma différence, ne lui donneront pas volontiers raison ou à peu près raison sur ce point.

L'HISTOIRE FACE AU PRÉSENT

Au terme de ces analyses nécessaires, de ces prudences et, pourquoi ne pas l'avouer, au terme de ces hésitations, je ne me sens pas le droit de conclure avec beaucoup d'entrain. D'autant qu'il ne s'agit pas de reprendre ce qui vient d'être dit plus ou moins bien. Il nous faut, bel et bien, en ces dernières pages, au risque de contredire des raisonnements déjà difficiles, il nous faut répondre à l'insidieuse question qui oriente non seulement le présent chapitre, mais encore le volume tout entier. L'Histoire est sommée de montrer ses vertus, son utilité face à l'actuel, donc un peu hors de chez elle. Je dis l'Histoire, car la civilisation, c'est à peu près l'Histoire. C'est à peu près aussi, ou peu s'en faut, cette « société globale », sommet de la sociologie efficace de Georges Gurvitch.

Voilà qui ne simplifie pas une réponse difficile et que je n'ai pas patiemment préparée. Un historien, en effet, a une façon singulière de s'intéresser au présent. En règle générale, c'est pour s'en déprendre. Mais comment nier qu'il est utile aussi, et combien, de faire parfois demi-tour et de rebrousser chemin ? L'expérience, en tout cas, vaut la peine d'être tentée. Nous voici donc face au temps présent.

Longévité des civilisations

Ce que nous connaissons, mieux peut-être que tout observateur du social, c'est la diversité foncière du monde. Chacun d'entre nous sait que toute société, tout groupe social, à rapports proches ou lointains, participent fortement à une civilisation, ou, plus exactement, à une série de civilisations superposées, liées entre elles et parfois fort différentes. Chacune d'elles et leur ensemble nous insèrent dans un mouvement historique immense, de très longue durée, qui est, pour chaque société, la source d'une logique interne, qui lui est propre, et d'innombrables contradictions. Utiliser ainsi la langue française comme un outil précis, essayer de se rendre maître de ses mots, c'est les connaître, chacun en fait l'expérience, à partir de leurs racines, de leurs origines, à des centaines, à des milliers d'années de distance. Mais cet exemple de la langue vaut entre une centaine d'autres. Aussi bien, ce que l'historien des civilisations peut affirmer, mieux qu'aucun autre, c'est que les civilisations sont des réalités de très longue durée. Elles ne sont pas « mortelles », à l'échelle de notre vie individuelle surtout, malgré la phrase trop célèbre de Paul Valéry. Je veux dire que les accidents mortels, s'ils existent — et ils existent, bien entendu, et peuvent disloquer leurs constellations fondamentales — les frappent infiniment moins souvent qu'on ne le pense. Dans bien des cas, il ne s'agit que de mises en sommeil. D'ordinaire, ne sont périssables que leurs fleurs les plus exquises, leurs réussites les plus rares, mais les racines profondes subsistent au-delà de bien des ruptures, de bien des hivers.

Réalités de longue, d'inépuisable durée, les civilisations, sans fin réadaptées à leur destin, dépassent donc en longévité toutes les autres réalités collectives ; elles leur survivent. De même que, dans l'espace, elles transgressent les limites des sociétés précises (qui baignent ainsi dans un monde régulièrement plus vaste qu'elles-mêmes et en reçoivent, sans toujours en être conscientes, une impulsion, des impulsions particulières), de même s'affirme dans le temps, à leur bénéfice, un dépassement que Toynbee a bien noté et qui leur transmet d'étranges héritages, incompréhensibles pour qui se contente d'observer, de connaître « le présent » au sens le plus étroit. Autrement dit, les civilisations survivent aux bouleversements politiques, sociaux, économiques, même idéologiques que, d'ailleurs, elles commandent insidieusement, puissamment parfois. La Révolution française n'est pas une coupure totale dans le destin de la civilisation française, ni la révolution de 1917 dans celui de la civilisation russe, que certains intitulent, pour l'élargir encore, la civilisation orthodoxe orientale.

Je ne crois pas davantage, pour les civilisations s'entend, à des ruptures ou à des catastrophes sociales qui seraient irrémédiables. Donc, ne disons pas trop vite, ou trop catégoriquement, comme Charles Seignobos le soutenait un jour (1938) dans une discussion amicale avec l'auteur de ces lignes, qu'il n'y a pas de civilisation française sans une bourgeoisie, ce que Jean Cocteau[10] traduit à sa façon : « ... La bourgeoisie est la plus grande souche de France... Il y a une maison, une lampe, une soupe, du feu, du vin, des pipes, derrière toute œuvre importante de chez nous. » Et cependant, comme les autres, la civilisation française peut, à la rigueur, changer de support social, ou s'en créer un nouveau. En perdant telle bourgeoisie, elle peut même en voir pousser une autre. Tout au plus changerait-elle, à cette épreuve, de couleur par rapport à elle-même, mais elle conserverait presque toutes ses nuances ou originalités par rapport à d'autres civilisations ; elle persisterait, en somme, dans la plupart de ses « vertus » et de ses « erreurs ». Du moins, je l'imagine...

Aussi bien, pour qui prétend à l'intelligence du monde actuel, à plus forte raison pour qui prétend y insérer une action, c'est une tâche « payante » que de savoir discerner, sur la carte du monde, les civilisations aujourd'hui en place, en fixer les limites, en déterminer les centres et périphéries, les provinces et l'air qu'on y respire, les « formes » particulières et générales qui y vivent et s'y associent. Sinon, que de désastres ou de bévues en perspective ! Dans cinquante, dans cent ans, voire dans deux ou trois siècles, ces civilisations seront encore, selon toute vraisemblance, à peu près à la même place sur la carte du monde, que les hasards de l'Histoire les aient, ou non, favorisées, toutes choses égales d'ailleurs, comme dit la sagesse des économistes, et sauf évidemment si l'humanité, entre-temps, ne s'est pas suicidée, comme malheureusement elle en a, dès aujourd'hui, les moyens.

Ainsi notre premier geste est de croire à l'hétérogénéité, à la diversité des civilisations du monde, à la permanence, à la survie de leurs personnages, ce qui revient à placer au premier rang de l'actuel cette étude de réflexes acquis, d'attitudes sans grande souplesse, d'habitudes fermes, de goûts profonds qu'explique seule une histoire lente, ancienne, peu consciente (tels ces antécédents que la psychanalyse place au plus profond des comportements de l'adulte). Il faudrait qu'on nous y intéresse dès l'école [11], mais chaque peuple prend trop de plaisir à se considérer dans son propre miroir, à l'exclusion des autres. En vérité, cette connaissance précieuse reste assez peu commune. Elle obligerait à considérer — en dehors de la propagande, valable seulement, et encore, à court terme — tous les graves problèmes des relations culturelles, cette nécessité de trouver, de civilisation à civilisation, des langages acceptables qui respectent et favorisent des positions différentes, peu réductibles les unes aux autres.

La place de la France. — Hier, la France a été ce langage acceptable, elle le reste aujourd'hui encore. Elle a été l'« hellénisme moderne » (Jacques Berque) du monde musulman, hier. Elle a été l'éducatrice de toute l'Amérique latine — l'autre Amérique, si attachante, elle aussi. En Afrique, quoi qu'on dise, elle a été, elle reste une lumière efficace. En Europe, la seule lumière commune : un voyage en Pologne, ou en Roumanie, le prouve à l'excès ; un voyage à Moscou ou à Leningrad le prouve en raison. Nous pouvons encore être une nécessité du monde, si le monde veut vivre sans se détruire, se comprendre sans s'irriter. À très long terme, cet avenir reste notre chance, presque notre raison d'être. Même si des politiques aux yeux de myope soutiennent le contraire.

Permanence de l'unité et de la diversité à travers le monde

Et pourtant, tous les observateurs, tous les voyageurs, enthousiastes ou maussades, nous disent l'uniformisation grandissante du monde. Dépêchons-nous de voyager avant que la terre n'ait partout le même visage ! En apparence, il n'y a rien à répondre à ces arguments. Hier, le monde abondait en pittoresque, en nuances ; aujourd'hui toutes les villes, tous les peuples se ressemblent d'une certaine manière : Rio de Janeiro est envahi depuis plus de vingt ans par les gratte-ciel ; Moscou fait penser à Chicago ; partout des avions, des camions, des autos, des voies ferrées, des usines ; les costumes locaux disparaissent, les uns après les autres... Cependant, n'est-ce pas commettre, au-delà d'évidentes constatations, une série d'erreurs assez graves ? Le monde d'hier avait déjà ses uniformités ; la technique — et c'est elle dont on voit partout le visage et la marque — n'est assurément qu'un élément de la vie des hommes, et surtout, ne risquons-nous pas, une fois de plus, de confondre *la* et *les* civilisations ?

La terre ne cesse de se rétrécir et, plus que jamais, voilà les hommes « sous un même toit » (Toynbee), obligés de vivre ensemble, les uns sur les autres. À ces rapprochements, ils doivent de partager des biens, des outils, peut-être même certains préjugés communs. Le progrès technique a multiplié les moyens au service des hommes. Partout *la* civilisation offre ses services, ses stocks, ses marchandises diverses. Elle les offre sans toujours les donner. Si nous avions sous les yeux une carte des répartitions des grosses usines, des hauts fourneaux, des centrales électriques, demain des usines atomiques, ou encore une carte de la consommation dans le monde des produits modernes essentiels, nous n'aurions pas de peine à constater que ces richesses et que ces outils sont très inégalement répartis entre les différentes régions de la terre. Il y a, ici, les pays industrialisés, et là, les sous-développés qui essaient de changer leur sort avec plus ou moins d'efficacité. *La* civilisation ne se distribue pas également. Elle a répandu des possibilités, des promesses, elle suscite des convoitises, des ambitions. En vérité, une course s'est instaurée, elle aura ses vainqueurs, ses élèves moyens, ses perdants. En ouvrant l'éventail des possibilités humaines, le progrès a ainsi élargi la gamme des différences. Tout le peloton se regrouperait si le progrès faisait halte : ce n'est pas l'impression qu'il donne. Seules, en fait, les civilisations et les économies compétitives sont dans la course.

Bref, s'il y a, effectivement, une inflation de *la* civilisation, il serait puéril de la voir, au-delà de son triomphe, éliminant les civilisations diverses, ces vrais personnages, toujours en place et doués de longue vie. Ce sont eux qui, à propos de progrès, engagent la course, portent sur leurs épaules l'effort à accomplir, lui donnent, ou ne lui donnent pas un sens. Aucune civilisation ne dit *non* à l'ensemble de ces biens nouveaux, mais chacune lui donne une signification particulière. Les gratte-ciel de Moscou ne sont pas les buildings de Chicago. Les fourneaux de fortune et les hauts fourneaux de la Chine populaire ne sont pas, malgré des ressemblances, les hauts fourneaux de notre Lorraine ou ceux du Brésil de Minas Gerais ou de Volta Redonda. Il y a le contexte humain, social, politique, voire mystique. L'outil, c'est beaucoup, mais l'ouvrier, c'est beaucoup aussi, et l'ouvrage, et le cœur que l'on y met, ou que l'on n'y met pas. Il faudrait être aveugle pour ne pas sentir le poids de cette transformation massive du monde, mais ce n'est pas une transformation omniprésente et, là où elle s'accomplit, c'est sous des formes, avec une ampleur et une résonance humaine rarement semblables. Autant dire que la technique n'est pas tout, ce qu'un vieux pays comme la France sait, trop bien sans doute. Le triomphe de *la* civilisation au singulier, ce n'est pas le désastre des pluriels. Pluriels et singulier dialoguent, s'ajoutent et aussi se distinguent, parfois à l'œil nu, presque sans qu'il soit besoin d'être attentif. Sur les routes interminables et vides du Sud algérien, entre Laghouat et Ghardaïa, j'ai gardé le souvenir de ce chauffeur arabe qui, aux heures prescrites, bloquant son autocar, abandonnait ses passagers à leurs pensées et accomplissait, à quelques mètres d'eux, ses prières rituelles...

Ces images, et d'autres, ne valent pas comme une démonstration. Mais la vie est volontiers contradictoire : le monde est violemment poussé vers l'unité ; en même temps, il reste fondamentalement divisé. Ainsi en était-il hier déjà : unité et hétérogénéité cohabitaient vaille que vaille. Pour renverser le problème un instant, signalons cette unité de jadis que tant d'observateurs nient aussi catégoriquement qu'ils affirment l'unité d'aujourd'hui. Ils pensent qu'hier le monde était divisé contre lui-même par l'immensité et la difficulté des distances : montagnes, déserts, étendues océaniques, écharpes forestières constituaient autant de barrières réelles. Dans cet univers cloisonné, la civilisation était forcément diversité. Sans doute. Mais l'historien qui se retourne vers ces âges révolus, s'il étend ses regards au monde entier, n'en perçoit pas moins des ressemblances étonnantes, des rythmes très analogues à des milliers de lieues de distance. La Chine des Ming, si cruellement ouverte aux guerres d'Asie, est plus proche de la France des Valois, assurément, que la Chine de Mao Tsé-toung ne l'est de la France de la Ve République. N'oublions pas d'ailleurs que même à cette époque, les techniques voyagent. Les exemples seraient innombrables. Mais là n'est pas le grand ouvrier de l'uniformité. L'homme, en vérité, reste toujours prisonnier d'une limite, dont il ne s'évade guère. Cette limite, variable dans le temps, elle est sensiblement la même, d'un bout à l'autre de la terre, et c'est elle qui marque de son sceau uniforme toutes les expériences humaines, quelle que soit l'époque considérée. Au Moyen Âge, au XVIe siècle encore, la médiocrité des techniques, des outils, des machines, la rareté des animaux domestiques ramènent toute activité à l'homme lui-même, à ses forces, à son travail ; or, l'homme, lui aussi, partout, est rare, fragile, de vie chétive et courte. Toutes les activités, toutes les civilisations s'éploient ainsi dans un domaine étroit de possibilités. Ces contraintes enveloppent toute aventure, la restreignent à l'avance, lui donnent, en profondeur, un air de parenté à travers espace et temps, car le temps fut lent à déplacer ces bornes.

Justement, la révolution, le bouleversement essentiel du temps présent, c'est l'éclatement de ces « enveloppes » anciennes, de ces contraintes multiples. À ce bouleversement, rien n'échappe. C'est *la* nouvelle civilisation, et elle met à l'épreuve toutes les civilisations.

Les révolutions qui définissent le temps présent

Mais entendons-nous sur cette expression : le temps présent. Ne le jugeons pas, ce présent, à l'échelle de nos vies individuelles, comme ces tranches journalières, si minces, insignifiantes, translucides que représentent nos existences personnelles. À l'échelle des civilisations et même de toutes les constructions collectives, c'est d'autres mesures qu'il faut se servir, pour les comprendre ou les saisir. Le présent de la civilisation d'aujourd'hui est cette énorme masse de temps dont l'aube se marquerait avec le XVIIIe siècle et dont la nuit n'est pas encore proche. Vers 1750, le monde, avec ses multiples civilisations, s'est engagé dans une série de bouleversements, de catastrophes en chaîne (elles ne sont pas l'apanage de la seule civilisation occidentale). Nous y sommes encore, aujourd'hui.

Cette révolution, ces troubles répétés, repris, ce n'est pas seulement la révolution industrielle, c'est aussi une révolution scientifique (mais qui ne touche qu'aux sciences objectives, d'où un monde boiteux tant que les sciences de l'homme n'auront pas trouvé leur vrai chemin d'efficacité), une révolution biologique enfin, aux causes multiples, mais au résultat évident, toujours le même : une inondation humaine comme la planète n'en a jamais vu. Bientôt trois milliards d'humains : ils étaient à peine 300 millions en 1400.

Si l'on ose parler de mouvement de l'Histoire, ce sera, ou jamais, à propos de ces marées conjuguées, omniprésentes. La puissance matérielle de l'homme soulève le monde, soulève l'homme, l'arrache à lui-même, le pousse vers une vie inédite. Un historien habitué à une époque relativement proche — le XVIe siècle par exemple — a le sentiment, dès le XVIIIe, d'aborder une planète nouvelle. Justement, les voyages aériens de l'actualité nous ont habitués à l'idée fausse de limites infranchissables, que l'on franchit un beau jour : la limite de la vitesse du son, la limite d'un magnétisme terrestre qui envelopperait la Terre à 8 000 km de distance. De telles limites, peuplées de monstres, coupèrent hier, à la fin du XVe siècle, l'espace à conquérir de l'Atlantique... Or, tout se passe comme si l'humanité, sans s'en rendre compte toujours, avait franchi du XVIIIe siècle à nos jours une de ces zones difficiles, une de ces barrières qui d'ailleurs se dressent encore devant elle, dans telle ou telle partie du monde. Ceylan vient seulement de connaître, avec les merveilles de la médecine, la révolution biologique qui bouleverse le monde, en somme la prolongation miraculeusc de la vie. Mais la chute du taux de natalité, qui accompagne généralement cette révolution, n'a pas encore touché l'île, où ce taux reste très haut, naturel, à son maximum... Ce phénomène se retrouve dans maint pays, telle l'Algérie. Aujourd'hui seulement, la Chine connaît sa véritable entrée, massive, dans la vie industrielle. Notre propre pays s'y enfonce à corps perdu.

Est-il besoin de dire que ce temps nouveau rompt avec les vieux cycles et les traditionnelles habitudes de l'homme ? Si je m'élève si fortement contre les idées de Spengler ou de Toynbee, c'est qu'elles ramènent obstinément l'humanité à ses heures anciennes, périmées, au déjà vu. Pour accepter que les civilisations d'aujourd'hui répètent le cycle de celle des Incas, ou de telle autre, il faut avoir admis, au préalable, que ni la technique, ni l'économie, ni la démographie n'ont grand-chose à voir avec les civilisations.

En fait, l'homme change d'allure. La civilisation, les civilisations, toutes nos activités, les matérielles, les spirituelles, les intellectuelles, en sont affectées. Qui peut prévoir ce que seront demain le travail de l'homme et son étrange compagnon, le loisir de l'homme ? ce que sera sa religion, prise entre la tradition, l'idéologie, la raison ? Qui peut prévoir ce que deviendront, au-delà des formules actuelles, les explications de la science objective de demain, ou le visage que prendront les sciences humaines, dans l'enfance encore, aujourd'hui ?

Au-delà des civilisations

Dans le large présent encore en devenir, une énorme « diffusion » est donc à l'œuvre. Elle ne brouille pas seulement le jeu ancien et calme des civilisations les unes par rapport aux autres ; elle brouille le jeu de chacune par rapport à elle-même. Cette diffusion, nous l'appelons encore, dans notre orgueil d'Occidentaux, le rayonnement de notre civilisation sur le reste du monde. À peine peut-on excepter de ce rayonnement, à dire d'expert, les indigènes du centre de la Nouvelle-Guinée, ou ceux de l'Est himalayen. Mais cette diffusion en chaîne, si l'Occident en a été l'animateur, lui échappe désormais, de toute évidence. Ces révolutions existent maintenant en dehors de nous. Elles sont la vague qui grossit démesurément la civilisation de base du monde. Le temps présent, c'est avant tout cette inflation de la civilisation et, semble-t-il, la revanche, dont le terme ne s'aperçoit pas, du singulier sur le pluriel.

Semble-t-il. Car — je l'ai déjà dit — cette nouvelle contrainte ou cette nouvelle libération, en tout cas cette nouvelle source de conflits et cette nécessité d'adaptations, si elles frappent le monde tout entier, y provoquent des mouvements très divers. On imagine sans peine les bouleversements que la brusque irruption de la technique et de toutes les accélérations qu'elle entraîne peut faire naître dans le jeu interne de chaque civilisation, à l'intérieur de ses propres limites, matérielles ou spirituelles. Mais ce jeu n'est pas clair, il varie avec chaque civilisation et chacune, vis-à-vis de lui, sans le vouloir, du fait de réalités très anciennes et résistantes parce qu'elles sont sa structure même, chacune se trouve placée dans une position particulière. C'est du conflit — ou de l'accord entre attitudes anciennes et nécessités nouvelles que chaque peuple fait journellement son destin, son « actualité ».

Quelles civilisations apprivoiseront, domestiqueront, humaniseront la machine et aussi ces techniques sociales dont parlait Karl Mannheim dans le pronostic lucide et sage, un peu triste, qu'il risquait en 1943, ces techniques sociales que nécessite et provoque le gouvernement des masses mais qui, dangereusement, augmentent le pouvoir de l'homme sur l'homme ? Ces techniques seront-elles au service de minorités, de technocrates, ou au service de tous et donc de la liberté ? Une lutte féroce, aveugle, est engagée sous divers noms, selon divers fronts, entre les civilisations et la civilisation. Il s'agit de dompter, de canaliser celle-ci, de lui imposer un humanisme neuf. Dans cette lutte d'une ampleur nouvelle — il ne s'agit plus de remplacer d'un coup de pouce une aristocratie par une bourgeoisie, ou une bourgeoisie ancienne par une presque neuve, ou bien des peuples insupportables par un Empire sage et morose, ou bien une religion qui se défendra toujours par une idéologie universelle —, dans cette lutte sans précédent, bien des structures culturelles peuvent craquer, et toutes à la fois. Le trouble a gagné les grandes profondeurs et toutes les civilisations, les très vieilles ou plutôt les très glorieuses, avec pignon sur les grandes avenues de l'Histoire, les plus modestes également.

De ce point de vue, le spectacle actuel le plus excitant pour l'esprit est sans doute celui des cultures « en transit » de l'immense Afrique noire, entre le nouvel océan Atlantique, le vieil océan Indien, le très vieux Sahara et, vers le Sud, les masses primitives de la forêt équatoriale. Que ces civilisations soient des « cultures », au sens de P. Bagby, explique, au passage, que ni Spengler, ni Toynbee, ni Alfred Weber, ni Félix Sartiaux, ni Philip Bagby lui-même ne nous en aient parlé. Le monde des « vraies » civilisations a de ces exclusions... Cette Afrique noire a sans doute, pour tout ramener une fois de plus à la diffusion, raté ses rapports anciens avec l'Égypte et avec la Méditerranée. Vers l'océan Indien se dressent de hautes montagnes. Quant à l'Atlantique, il a été longtemps vide et il a fallu, après le XVe siècle, que l'immense Afrique basculât vers lui pour accueillir ses dons et ses méfaits. Mais aujourd'hui, il y a quelque chose de changé dans l'Afrique noire : c'est, tout à la fois, l'intrusion des machines, la mise en place d'enseignements, la poussée de vraies villes, une moisson d'efforts passés et présents, une occidentalisation qui a fait largement brèche, bien qu'elle n'ait certes pas pénétré jusqu'aux moelles : les ethnographes amoureux de l'Afrique noire, comme Marcel Griaule, le savent bien. Mais l'Afrique noire est devenue consciente d'elle-même, de sa conduite, de ses possibilités. Dans quelles conditions ce passage s'opère-t-il, au prix de quelles souffrances, avec quelles joies aussi, vous le sauriez en vous y rendant. Au fait, si j'avais à chercher une meilleure compréhension de ces difficiles évolutions culturelles, au lieu de prendre comme champ de bataille les derniers jours de Byzance, je partirais vers l'Afrique noire. Avec enthousiasme.

Vers un humanisme moderne. — En vérité, aurions-nous aujourd'hui besoin d'un nouveau, d'un troisième mot, en dehors de culture et de civilisation dont, les uns ou les autres, nous ne voulons plus faire une échelle des valeurs ? En ce milieu du XXe siècle, nous avons insidieusement besoin, comme le XVIIIe siècle à sa mi-course, d'un mot nouveau pour conjurer périls et catastrophes possibles, dire nos espoirs tenaces. Georges Friedmann, et il n'est pas le seul, nous propose celui d'humanisme moderne. L'homme, la civilisation, doivent surmonter la sommation de la machine, même de la machinerie — l'automation — qui risque de condamner l'homme aux loisirs forcés. Un humanisme, c'est une façon d'espérer, de vouloir que les hommes soient fraternels les uns à l'égard des autres et que les civilisations, chacune pour son compte, et toutes ensemble, se sauvent et nous sauvent. C'est accepter, c'est souhaiter que les portes du présent s'ouvrent largement sur l'avenir, au-delà des faillites, des déclins, des catastrophes que prédisent d'étranges prophètes (les prophètes relèvent tous de la littérature noire). Le présent ne saurait être cette ligne d'arrêt que tous les siècles, lourds d'éternelles tragédies, voient devant eux comme un obstacle, mais que l'espérance des hommes ne cesse, depuis qu'il y a des hommes, de franchir.

VIII

SUR UNE CONCEPTION DE L'HISTOIRE SOCIALE *

Je suis en retard pour parler du livre compliqué, alerte et ambigu d'Otto Brunner : *Neue Wege der Sozialgeschichte*[1], paru en 1956, mais qui vient seulement de parvenir aux *Annales*. Les historiens lecteurs de revues générales connaissaient d'ailleurs, pour les avoir lus et appréciés en leur temps, deux des dix articles réunis dans le présent volume : l'un, sur le problème même d'une histoire sociale de l'Europe, publié par l'*Historische Zeitschrift*[2] en 1954, l'autre dans le *Vierteljahrschrift für Sozial — und Wirtschaftsgeschichte* de la même année (sur la bourgeoisie d'Europe et de Russie)[3]. À eux seuls, ils posaient déjà certains problèmes que reprend ce livre, problèmes vastes, assez complexes, et qui finalement mettent en cause la méthodologie entière, voire le sens même des sciences historiques. C'est dire qu'il ne sera pas facile de présenter un résumé exact d'un ouvrage composé, malgré son unité en profondeur, de matériaux différents, d'une série de plaidoiries, neuf, et même dix, puisque le chapitre VI comprend à lui seul deux études sur les rapports de la bourgeoisie et de la noblesse à Vienne et en Basse-Autriche (au Moyen Âge). Imaginez des voyages avec des points de vue successifs et dont la succession même, trop rapide, ne

* *Annales E.S.C.*, n° 2, avril-juin 1959, Débats et combats, pp. 308-319. Repris dans *Écrits sur l'Histoire*, I, 1969.

se révèle à peu près logique qu'à la réflexion. La lecture n'est pas simplifiée par les nombreuses références rejetées, hélas, à la fin du volume : on se reporte à la note, on perd la page, puis on recommence. Tout ce va-et-vient s'accompagne, il est vrai, d'une assez grande joie de l'esprit.

Otto Brunner ne doit rien aux *Annales* et les données de son raisonnement ou de son expérience, ses points d'appui, sa conclusion ne sont pas les nôtres. D'où, à nos yeux, leur importance singulière. Mais il faut de notre part un gros effort pour comprendre et, ici ou là, saisir et percer les subtilités de son langage. Voilà en tout cas un historien qui dit à haute voix le bouleversement actuel de l'histoire et qui, fort de son métier et de l'aide des sciences voisines, essaie de dominer les temps inquiets qu'aborde notre spéculation. Comme il lui faut s'appuyer sur ses pairs, à son appel s'organise dès le départ le cortège presque complet des historiens allemands, ceux d'hier, ceux d'aujourd'hui. Même si Otto Brunner n'a pas leur entier acquiescement — et c'est plus que probable —, il se présente en leur compagnie, et c'est un attrait supplémentaire de son livre. Voici, pour nous, de vieux compagnons de lecture : Werner Sombart ; Max Weber ; Georg von Below qui, hier, compta parmi ses auditeurs le jeune Marc Bloch ; Meinecke, dont la pensée est restée injustement étrangère, ou peu s'en faut, à l'historiographie de chez nous ; Heinrich Mitteis, auteur d'admirables travaux sur les institutions médiévales ; Otto Hintze, à qui l'on ferait chez nous la grande place qu'il mérite si ses œuvres complètes n'avaient pas paru à la mauvaise heure, en 1941 et 1942 ; Th. Mayer, d'autres encore... Non moins nombreux, dans ces notes ou citations, les noms de nouveaux spécialistes d'histoire de la philosophie, de sociologues, d'économistes, d'historiens enfin : Gerhard Ritter, Werner Conze, Wilhelm Abel, Herbert Hassinger[4].

Otto Brunner nous offre ainsi avec libéralité, j'allais dire en supplément, un voyage à travers ces chemins anciens et nouveaux de l'historiographie allemande. Mais il n'en sera que plus difficile, finalement, de dégager le vrai visage de ce penseur trop agile, trop passionné, et que n'effraient ni une contradiction, ni un débat inachevé. Le lecteur, peu à peu, s'habitue il est vrai à ses procédés, à ses feintes, à ses raccourcis immenses, à ses explications souvent excellentes ; médiéviste, notre auteur est à la bonne jointure, la jointure même du destin de l'Occident. Mais l'occasion lui est toujours bonne d'aller en deçà ou au-delà des limites conventionnelles du Moyen Âge européen, soit vers l'Antiquité, soit vers la pleine modernité. De « Platon », dira-t-il, « jusqu'à Joachim de Flore et à Bossuet », ou tout aussi bien « d'Homère à Fénelon »... Mais avons-nous le droit, aux *Annales*, de nous plaindre de ces enjambées et de ne pas être indulgent à l'égard d'un historien qui parle de l'Europe sans s'attarder aux événements (« ce squelette de l'histoire », comme disait un de nos pédagogues à courte vue), sans s'attarder aux individus, ou alors en les présentant par rangs épais, par groupes, à titre de délégués d'ensembles sociaux ou culturels ? Nous le suivons, bien sûr... Mais nul à ce jeu ne sera, répétons-le, tout à fait sûr, au sortir de plaidoiries qu'il nous faut lire et relire une à une, de connaître la vraie pensée d'Otto Brunner, aux prises avec des problèmes qui ne sont pas exactement les nôtres, en proie à des souvenirs et à des expériences que nous n'avons pas partagés. Je ne suis pas, au demeurant, un lecteur si indifférent que je ne me sois arrêté, une ou deux fois, devant telle ou telle réflexion dont le prolongement nous conduirait tout droit jusqu'au temps présent. Mais je crois inutile de m'attarder à des interprétations de cet ordre, difficile et peut-être erronées. Inutile aussi de nous reporter, pour y voir plus clair (sauf telle référence que je citerai tout à l'heure), à l'œuvre dense et solide de notre auteur. Mon propos est de mettre en cause ce seul livre, intelligent et fin, qui vient nous rendre visite un peu tard, et de voir ce qu'il nous apporte sur le plan exclusif de la spéculation scientifique.

L'originalité occidentale (XIe-XVIIIe siècle) réduite en « modèle »

Son premier but est de nous proposer, si je ne m'abuse, et de nous faire accepter une histoire sociale, structurale et conservatrice, à l'opposé d'une histoire libérale, flexible, évolutionniste. Pratiquement nous est offert, dans les eaux de la *longue durée*, un certain *modèle particularisé* de l'*histoire sociale européenne*, du XIe au XVIIIe siècle. Ce modèle met en évidence des continuités, des immobilités, des structures. Il délaisse l'événement, sous-estime le conjoncturel, préfère le qualitatif au quantitatif et ne s'intéresse pas une seconde, et c'est dommage, à la pensée mathématisante d'Ernest Labrousse. L'entreprise (limitée au contexte médiéval) se situerait cependant sans trop de peine dans une histoire sociale telle que je la conçois, et qui a les allures et les dimensions d'une histoire globale.

Les substantifs et les adjectifs par quoi j'essaie de cerner ainsi la pensée d'Otto Brunner ne la définissent évidemment qu'à moitié et peuvent la trahir. Seuls les mots que j'ai soulignés au paragraphe précédent se retrouvent dans son argumentation avec le sens que nous leur donnons d'ordinaire. En fait il s'agit bien, j'y reviens dans un instant, de *modèle* social. Mais d'autres continuités, chemin faisant, s'ajoutent à l'argumentation. Otto Brunner signale volontiers les évidentes continuités intellectuelles, elles strient son livre de lignes qui n'en finissent pas de traverser le temps. Il cherche aussi, avec délectation, ce que le présent le plus original peut contenir de passé lointain ; ainsi quand il s'aperçoit que le très vieux concept médiéval d'âme et de corps (pas au sens d'organisme vivant que lui donnera la biologie moderne) est au centre de la pensée et du vocabulaire d'Oswald Spengler, ou quand il soupçonne les physiocrates ou Karl Marx lui-même de reprendre à leur compte telles ou telles idées de la vieille « *œconomie* » médiévale.

Mais c'est surtout la société qui est l'objet ici d'une « modélisation » sérieuse, dans le champ particulier de l'Occident, entre XIe et XVIIIe siècle. Mis à part les achèvements ici, les stagnations là, ou, ailleurs, les dépassements, voire les anomalies, la société occidentale présente partout les mêmes cadres, les mêmes pièces maîtresses : à savoir la ville, sa bourgeoisie, son artisanat, ses franchises ; les campagnes avec leurs paysans enracinés (il y a évidemment les autres qui courent l'aventure, mais ceux-ci n'empêchent pas l'existence de ceux-là, forts de leurs droits) et leurs seigneurs, ces derniers plus préoccupés, comme le paysan, de conduire leur « maison » que de songer au profit et à l'économie, au sens que lui donnera notre société moderne. Car l'économie, ce fut d'abord et à longueur de siècles, l'*œconomie*, le soin, le souci de la maison (la « Maison Rustique » comme diront encore, au XVIe siècle, Charles Estienne et Jean Liébaut) : soigner les domestiques ou les esclaves, éduquer les enfants, décider des cultures ; en général, se préoccuper assez peu du marché urbain et de sa « chrématistique ». Si les vieux livres d'*œconomie* n'ignorent pas le marché, celui-ci n'est pas au centre de l'économie de subsistance qu'ils décrivent. Leur horizon c'est la « maison », la « maison entière ». Ne nous étonnons pas, alors, s'ils comportent des conseils moraux, un résumé de médecine pratique, parfois un recueil de recettes de cuisine. Les historiens et économistes allemands ont depuis longtemps signalé cette riche *Hausvaterliteratur*[5].

Ces pièces maîtresses ont, dans le modèle, leur autonomie, leur couleur, leur sens particulier. Mais elles jouent harmonieusement les unes par rapport aux autres. Cristaux aux arêtes vives, mais à travers quoi circule une commune lumière.

Les compartiments communiquent entre eux : le

paysan gagne la ville (les villes même stationnaires, aux populations fragiles, ont un besoin constant d'hommes). Voilà le nouvel arrivé ou, demain, son fils devenu artisan, puis l'artisan peut un jour se faire marchand, le marchand se changer en seigneur. Car tout arrive, ou peut arriver : question de patience, de générations prudentes, de circonstances heureuses. Fils de paysans, tisserand campagnard, Hans Fugger, le fondateur de la grande famille, gagnait Augsbourg en 1367. Parfois, à rebours, des seigneurs aspirent à devenir bourgeois. N'affirmons pas que ces circuits soient d'un fort débit, mais tels quels ils peuvent suffire à détendre, voire à détruire certaines tensions, à maintenir des équilibres de longue durée. Pourtant ces équilibres sont menacés sans fin. Si les échanges s'accélèrent, les cristaux initiaux peuvent, à la longue, s'altérer. C'est ce que suggère l'exemple de Vienne (chap. VI), à quoi Otto Brunner consacre à mon avis les meilleures pages de son livre. Il est vrai que c'est un cas marginal, que le « modèle » flotte mal sur ces eaux particulières, qu'ici le Prince intervient tôt dans les échanges vivants. Il facilite les passages de la bourgeoisie vers une noblesse qui, peu à peu, perd ses vertus, ses racines et ses réalités terriennes. Dans les eaux, si l'on peut dire, de ces montées sociales, l'État en Autriche, ailleurs aussi, fait tourner sa propre roue. Et alors qu'au Moyen Âge, en Occident, la politique se diffuse dans le social et s'y perd (le seigneur est à la fois seigneur et propriétaire), progressivement, avec la poussée de l'État moderne, la distinction, la disjonction s'accomplissent : l'État d'un côté, la société économique de l'autre. Et le vieux modèle, ou si vous préférez l'Ancien Régime social s'effondre. À qui voudrait, à toute force, situer chronologiquement cet effondrement, la nuit du 4 août 1789 s'offre comme un terme spectaculaire : y sont abolis les droits féodaux, les communautés villageoises, les franchises urbaines... C'est façon de parler ; cependant, du même coup, la Révolution française prendra figure d'accusée. Et à côté d'elle, mêlée, non substituée à elle, la Révolution industrielle, cet autre personnage sombre.

Alors se clôt, en tout cas, une des grandes phases de l'histoire occidentale, et dont le départ se situerait sept siècles plus tôt, entre 1000 et 1100. À cette lointaine époque, l'Occident avait connu une montée de force, une poussée démographique de longue haleine (bientôt s'amorçaient la colonisation vers l'est de l'Elbe et, à partir de la France, une large émigration vers la péninsule Ibérique). Henri Pirenne voit, et beaucoup d'historiens à sa suite, le renouveau urbain qui va suivre comme une conséquence de la reprise générale des trafics. Cependant, il y a eu aussi montée générale des campagnes occidentales ; elles ont produit des nourritures plus abondantes et plus d'hommes que jadis — vivres et hommes sans quoi l'essor urbain, assurément stimulé par le commerce, n'eût pas été possible ; elles ont mis en place une paysannerie européenne relativement dense, capable, dans les pays du Nord, grâce à l'assolement triennal, de tirer une production accrue de ses champs. Entièrement pris dès lors par un travail rural intense, le paysan devient paysan à plein temps. Aux seigneurs donc d'assurer, de confisquer aussi, sa défense.

Prospérité rurale et prospérité urbaine se soutiennent dès le départ ; elles sont les bases de l'économie européenne, économie nouvelle assurément et appelée à durer. Au cours des siècles antérieurs, le trafic de marchands *ambulants* avait porté sur des matières précieuses, rares — les riches étoffes, les épices, les esclaves — ou de première nécessité, le sel, le blé. Seule comptait alors, ou presque, la clientèle des princes et des riches. Mais à partir du XIe siècle, la part des produits fabriqués grandit dans les trafics. L'Europe s'affirme exportatrice de textiles, la gloire des foires de Champagne, celle des trafics méditerranéens s'annoncent, puis s'affirment. Le marchand s'enracine. Les villes se multiplient, elles forment des archipels, des pyramides de villes, chaque groupe aboutissant à des villes, à des métropoles marchandes de rang supérieur. Tout cela en symbiose avec un monde seigneurial et paysan, base permanente, terre nourricière de ces réussites.

Ce schéma appellerait évidemment des retouches et des compléments. Otto Brunner ne s'en préoccupe pas outre mesure. Sa plaidoirie est longue, souvent reprise, mais ses conclusions toujours brèves, identiques. Elles visent au général. Elles se colorent seulement un peu quand il s'agit du second « pôle » de son modèle, les paysans, les seigneurs, la seigneurie, plus généralement cette *Adelswelt* à qui va sa secrète tendresse et dont il grossit volontiers le rôle et l'importance, qu'il montre sous le signe d'engagements réciproques, avec, à sa base, une paysannerie qui, au pire, dispose encore d'une certaine autonomie, d'une certaine liberté. Il place cette *Adelswelt* au centre d'une civilisation de très longue durée, étendue jusqu'aux physiocrates, une civilisation aristocratique, pénétrée jusqu'à la moelle par un esprit de vraie, d'effective liberté, une civilisation pas seulement violente ou grossière, mais fine, animée de vertus évidentes — les bibliothèques de la noblesse (en Autriche et ailleurs) sont là pour nous le prouver à partir du XVe siècle. C'est à cette civilisation que participe également la bourgeoisie des villes. Qui ne verrait, ici, un coup de pouce évident, presque un renversement... Mais plaider, c'est plaider.

Occident et Russie

Le lecteur devine que mon intention est de présenter, non pas de discuter ces raccourcis autoritaires, et de voir, plus que le bien-fondé de ces thèses, l'inspiration, la volonté du metteur en scène. Donc, acceptons ces larges explications étendues du XIe au XVIIIe siècle.

Ces siècles ont eu quelque chose de commun, assurément. J'aimerais mieux dire XIIIe-XVIIIe siècle, mais peu importe ! Qu'il y ait, de 1000 à 1800, une certaine unité, une certaine « horizontalité » du temps long, je le concéderais assez volontiers. Gino Luzzatto et Armando Sapori, l'un et l'autre, l'ont dit à leur façon, en affirmant la « modernité » des XIIIe et XIVe siècles. Armando Sapori, « homme » du XIIIe siècle, renonce à se laisser éblouir par les lumières de la Renaissance. Henri Hauser, « homme » du XVIe siècle, proclamait son évidente modernité, notamment vis-à-vis du XVIIIe. Mais ces jeux ne sont pas familiers à Otto Brunner, ni indispensables à sa thèse ou même à son mode d'argumentation. Son jeu à lui est à la fois plus compliqué, plus arbitraire et beaucoup plus large, j'allais écrire beaucoup plus dangereux. Il consiste en une dialectique assez particulière ; voir successivement dans les paysages d'histoire ce qui les unifie, puis ce qui les diversifie. C'est-à-dire qu'au gré de la démonstration le jeu de cartes est ouvert et montre alors toutes ses figures aux couleurs et valeurs différentes, ou bien les voilà toutes rassemblées, ne formant plus qu'un seul paquet dans la main du joueur. Otto Brunner, pour affirmer l'originalité globale de l'Occident, a dû replier un jeu aux cartes très nombreuses. Car son modèle vaut surtout pour les terres et les villes allemandes. Vaut-il pour les terres et les villes d'Italie ou d'Espagne ? Là et ailleurs, la coïncidence ne sera possible qu'avec quelques coups de pouce adroits. J'imagine à l'avance qu'Armando Sapori réagira sûrement contre cette image d'un Occident monotone, comme il a réagi, hier, devant la vue d'ensemble que Werner Sombart proposait de l'économie médiévale. Plus encore, quel historien acceptera cette horizontalité du temps long, à travers un Moyen Âge coupé de troubles, de crises économiques et sociales ? L'État moderne s'annonce avec le XVe et, plus encore, le XVIe siècle, et la rupture, l'éclatement « État-société » n'attend pas la Révolution française. De même l'économie de marché, dès avant le XVIIIe siècle finissant, a profondément pénétré la société occidentale. Il faudra toujours une certaine habileté pour surmonter, ou dissimuler ces obstacles.

L'habileté de notre collègue est de nous faire accepter, d'entrée de jeu, que sa simplification initiale est, en fait, la reconnaissance attentive d'une originalité foncière, unique, de l'Occident, puis, au-delà de cette affirmation, de transférer aussitôt la discussion hors de l'Occident pour nous démontrer, tambour battant, l'originalité de l'Europe par rapport à ce qui n'est pas l'Europe, par rapport à l'immense abstraction webérienne (de Max Weber bien sûr) — cette zone de la ville dite « orientale » et qui réunit dans ses mailles l'Islam, l'Inde et la Chine. Qui croira à l'unité de cette catégorie ? Ou que Max Weber ait vraiment poussé sa célèbre sociologie urbaine jusqu'au tréfonds des problèmes ?

Mais laissons ces critiques à demi formulées. Transportés à la marge orientale de l'Europe, lecteurs, nous sommes conviés à mesurer les différences entre système occidental et système russe (voire oriental). La démonstration dénie aussitôt ce que prétendent certains historiens, à savoir que l'Europe, ou si l'on veut l'Occident, recommence, réédite son destin sur la scène russe, avec des couleurs particulières, un certain retard, des gauchissements, dus aux intempéries de l'histoire, à l'immensité de la scène, à l'hostilité des forêts et des marécages, à la faible densité de peuplement. À quoi s'ajoute l'énorme cataclysme de la poussée mongole.

Contre certains historiens russes, mais s'appuyant sur d'autres, Otto Brunner soutient que, même avant ce cataclysme, il y a déjà retard et, plus encore, différence de nature entre structures sociales de l'un et l'autre monde. Novgorod n'est pas une ville fermée sur elle-même, à l'occidentale, mais une cité « antique » ouverte sur sa campagne, intégrée à la vie de cette dernière. Les villes russes, certes, sont considérables, riches d'hommes, mais peu nombreuses, éloignées les unes des autres : ainsi Kiev, ainsi Moscou. Elles ne s'appuient pas sur des pyramides ou des réseaux de petites villes, comme c'est le cas en Europe. En outre, elles n'ont pas su, ou pu, se réserver le monopole de la vie artisanale : à côté d'une industrie urbaine d'artisans misérables, une industrie paysanne se maintient vivace, polyvalente, hors du contrôle urbain. L'hiver russe libère pour de longs mois une main-d'œuvre surabondante dans les villages et il est impossible de lutter contre elle. Quant aux paysans, ils sont longtemps mal enracinés. Leurs cultures restent itinérantes ; elles s'organisent au détriment de la forêt, mais il ne s'agit pas, à l'occidentale, d'asservir une fois pour toutes cette glèbe neuve, d'y établir des sillons durables, d'en arracher les souches des arbres. Comme dans l'Amérique ouverte aux paysans d'Europe, le gaspillage de l'espace est la règle. Ajoutons que l'artisan, pas plus que le paysan, n'est entièrement libre de ses mouvements. Dernier trait : le commerce en Russie, jusqu'à Pierre le Grand, portera sur des produits naturels, le sel, les fourrures, le miel, sur des marchandises de luxe et sur des esclaves. Il est caravanier, itinérant. Ces traits archaïques achèvent le tableau d'ensemble. À l'inverse, l'Europe a ses paysans à demi libres, ses villes indépendantes ou presque indépendantes, son capitalisme commercial actif, en avance, avec ses marchands à demeure. Les villes occidentales, c'est l'industrie artisanale et le commerce hors du contrôle de l'État, autant d'îlots libres pour le capitalisme à courte ou à longue distance. C'est là, dans le sens de la vieille affirmation de Max Weber, une des originalités urbaines de l'Europe médiévale : ni la ville « antique », ni la ville « orientale » n'avaient connu cette scission, ou mieux cette distinction, entre villes et campagnes, industrie et agriculture — d'un mot, ce survoltage urbain.

Cette démonstration suffit-elle à éclairer cette « énigme russe » dont parlait encore récemment Gerhard Ritter[6] ? Ou le mystère de l'observateur allemand face à cet immense paysage ? Le lecteur répondra. Je me demande ce que donnerait, mené comme l'a fait Otto Brunner, un parallèle cette fois entre l'Europe et l'Amérique coloniale des Ibériques (du XVIe au XVIIIe siècle). Au Nouveau Monde, avec la fin du

XVe siècle, une Europe nouvelle tant bien que mal s'enracine, *recommence*. Et elle recommence par des *villes*. Ces villes précèdent les campagnes lentes à se construire (Rio de la Plata), ou s'appuient sur des paysanneries indiennes. Où qu'elles soient, ce sont des villes ouvertes sur la campagne, des villes « antiques » avec des formules antiques, dominées par de grands propriétaires ruraux — ainsi ces *homens bons* des conseils municipaux du Brésil ou ces grands *hacendados* des *cabildos* (échevinages) espagnols. Dans cet ensemble, deux ou trois villes modernes tout au plus, grandes villes à « la russe », très isolées, le Mexico des vice-rois, Recife pendant et après les Hollandais, Bahia avec ses marchands exportateurs de sucre, le Potosi. Ajoutez à ce tableau un commerce par caravanes muletières. Alors, est-ce l'Europe d'avant le XIe siècle ? Ou la Russie d'avant Pierre le Grand ?

Qu'est-ce que l'histoire sociale ?

Ces questions, ces demi-critiques ne mettent en cause, à vrai dire, que la moitié ou le tiers de ce livre nerveux. Otto Brunner n'a pas eu seulement l'intention de cerner l'originalité irréductible du Moyen Âge occidental, d'en chanter les vertus, d'en dire la grandeur, presque d'en affirmer le « miracle ». Si je ne me trompe, il entend s'appuyer sur les lumières de ce grand spectacle pour se retourner (avec encore plus d'habileté que de force ou de netteté) vers le temps présent — seconde opération d'envergure — et vers les structures du métier d'historien, troisième et dernière opération qui recouvre et dépasse les précédentes.

En réalité, le Moyen Âge occidental d'avant le XVIIIe siècle est séparé de nous par des obstacles divers. Historiens et hommes du XXe siècle, donc d'un âge à peu près coupé des lointaines racines de l'Europe par les mutations et discontinuités des XVIIIe et XIXe, comment pouvons-nous, de plain-pied, retrouver les réalités d'une histoire sociale de l'Europe entre XIe et XVIIIe siècle ? Les mots eux-mêmes, celui d'économie au premier chef, mais aussi celui de société, voire celui d'État, nous desservent. Nous voilà séparés en esprit de cet objet, de ce paysage lointain, par un rideau de fumées où tout se rassemble : les idéologies (qui naîtraient avec le XVIIIe siècle), ces idées chargées tout à la fois de vérités et d'illusions ; les explications anciennes ; l'effort même des nouvelles sciences sociales. Dans un chapitre, que je comprends mal, l'ayant cependant lu et relu, nous voilà mis en garde contre l'anachronisme, contre le danger évident d'un dialogue présent-passé, nous voilà placés en outre devant les lourdes responsabilités de l'histoire. Mais, en fait, n'est-ce pas, à la suite de Karl Mannheim, une chasse aux idéologies, puis aux sorcières et aux fumées à quoi nous sommes conviés ? Les idéologies sont-elles, ou non, en perte de vitesse ? C'est possible. Mais de part et d'autre de leur rideau, à quels jugements, à quels rapprochements s'abandonne l'auteur — nul lecteur étranger ne le saura à demi-mot. Qui juge-t-on, qui condamne-t-on, ou, si l'on préfère, qui devons-nous aimer ? Car cet éloge évident de l'Ancien Régime social, hors du profit et des tyrannies de l'État ou des déformations idéologiques, doit avoir un sens. Le *laudator temporis acti* n'est jamais sans arrière-pensées présentes.

Ces incertitudes ne laissent pas de compliquer à l'avance et d'affaiblir notre réponse à la question fondamentale que notre collègue se pose, au sujet du destin, de la raison d'être de l'histoire. Mais faisons comme si le chemin offert nous semblait sûr.

Dès le principe comme Henri Berr en 1900 au seuil de la *Revue de synthèse*, Otto Brunner essaie de s'élever au-dessus des compartiments des histoires particulières. On sait qu'ils sont nombreux : histoire du droit, histoire des institutions, histoire de la philosophie, histoire des idées, histoire des lettres, histoire des sciences, histoire de l'art, histoire religieuse, histoire de la vie quotidienne, histoire économique ; on sait aussi (*cf.* Heinrich Freyer) qu'ils ont leur rythme propre, leur souffle, leurs mesures chronologiques. Or ces secteurs particuliers doivent être dominés, disloqués. Ainsi l'empire de la *Kulturgeschichte* est hétéroclite, abusif. De même, bien que ce ne soit pas nettement dit, l'histoire économique, simple secteur, ne peut se gonfler aux dimensions de l'histoire entière, sans excès ou scandale.

Bref, l'histoire n'admet que deux plans généraux : le politique d'une part, le social de l'autre. Comme en géométrie descriptive, c'est sur l'un et sur l'autre plan qu'il faut projeter le corps entier de l'histoire. C'est moi, bien entendu, qui avance ces images discutables. Otto Brunner dira plus exactement que l'histoire sociale n'est pas pour lui une spécialité (*Fach*), un secteur particulier (*Sondergebiet*), « mais une façon de considérer un aspect de l'homme et des groupes humains dans leur vie commune, dans leur embrigadement social (*Vergesellschaftung*) ». Pour la politique, il réclamait tout jadis (1936) : « Toute problématique purement historique, écrivait-il alors, relève de l'histoire politique... De ce point de vue, toute histoire, au sens étroit du mot, est histoire politique [7]. » Il est aujourd'hui, sans que je lui en fasse grief — bien au contraire — d'un avis différent. L'histoire a toujours l'homme comme objet, dit-il en substance, mais il y a deux façons de le considérer : tout d'abord, dans le miroir d'une histoire sociale, « et alors seront poussées au premier plan la construction interne, la structure des liens sociaux » ; ou, seconde possibilité, dans le sens d'une histoire politique, d'une politique de signification aristotélicienne : à ce moment, il s'agira de saisir comme objet l'action politique, « l'autodétermination des hommes ». Je le répète : deux plans entre quoi tout se divise, ou peut se diviser. Impossible à l'historien de les confondre ou, ce qui revient au même, de les présenter conjointement.

Il serait important de suivre, de page en page, l'esquisse allusive d'une histoire ramenée au politique, que donne ce livre prompt à affirmer, jamais à contredire, et ainsi presque exempt de négations qui serviraient de points de repère : l'histoire de l'homme « animal politique », si je comprends bien, est un peu celle de ses mouvements, de ses actions, de son libre arbitre, et même parfois une *Machtpolitik*, donc elle tend assez souvent vers une histoire traditionnelle. Sur l'autre volet du diptyque, dans la mesure même où l'histoire sociale mobilise à son profit l'immobilité et la longue durée, la réalité sociale épaisse, lourde, résiste aux intempéries, aux crises, aux chocs ; elle est forte de sa lenteur, de son inertie puissante. Les poussées de l'histoire économique s'épuisent à remuer cette masse, à percer un plastron épais.

D'ailleurs au Moyen Âge, répétons-le, il n'y a que cette seule histoire, l'histoire sociale ; elle a tout mangé, tout assimilé, l'État se dissout entre ces corps divers dont nous avons parlé : villes, seigneuries, communautés villageoises. L'économie de marché peut bien avoir ses crises, et même ses convulsions, l'*œconomie* se replie sur elle-même. Elle est à l'abri de ces petits orages. Les siècles lui appartiennent. L'État et l'économie, c'est pour plus tard.

Je n'ai cherché, au long de cet article, qu'à éclairer pour moi-même et mes lecteurs français une pensée qui nous est peu familière. Entre historiens allemands et français, le contact a été si longtemps perdu qu'il suffit parfois d'un mot mal saisi, d'une affirmation trop vite lancée pour que la discussion perde tout son sens. Il y aurait sûrement avantage, pour les deux parties, à ce que s'ajoutent des pensées devenues à ce point étrangères l'une à l'autre. Je me suis donc interdit, autant que possible, l'attitude mentale du critique, laissant à Otto Brunner l'initiative de ce débat.

Au terme de cette confrontation, suis-je convaincu ? C'est une autre question. Je suis partagé entre une certaine sympathie et quelques réticences assez vives. En vérité, une histoire sociale de longue durée ne peut que me séduire, même si elle ne m'apparaît que comme une histoire sociale entre plusieurs autres, celle des lenteurs, des permanences, des inerties, des structures : au-delà de ces immobilités, il faudrait replacer la conjoncture sociale, qui n'est pas un mince personnage. Il n'y a rien à dire non plus, bien entendu, contre une histoire politique qui, « aristotélicienne » ou non, rejoint l'histoire traditionnelle du siècle dernier. Mais il y a tout à dire, me semble-t-il, contre l'autoritaire dichotomie d'Otto Brunner, cette dualité où il enferme l'histoire. Quelles que soient les raisons ou les arrière-pensées qui dictent son choix — elles restent incertaines pour un lecteur français —, je ne saurais y souscrire.

Au risque d'être taxé de libéralisme impénitent, je dirai au contraire que toutes les portes me paraissent bonnes pour franchir le seuil multiple de l'histoire. Aucun de nous ne saurait les connaître toutes, malheureusement. L'historien ouvre d'abord sur le passé celle qu'il connaît le mieux. Mais s'il cherche à voir aussi loin que possible, obligatoirement il frappera à une autre porte, puis à une autre... Chaque fois sera mis en cause un paysage nouveau ou légèrement différent, et il n'est pas d'historien digne de ce nom qui n'ait su en *juxtaposer* un certain nombre : paysages culturel et social, culturel et politique, social et économique, économiquc et politique, etc. Mais l'histoire les rassemble tous, elle est l'ensemble de ces voisinages, de ces mitoyennetés, de ces interactions infinies...

La géométrie à deux dimensions d'Otto Brunner ne saurait donc mc satisfaire. Pour moi, l'histoire ne peut se concevoir qu'à *n* dimensions. Cette générosité est indispensable : elle ne rejette pas sur des plans inférieurs, voire hors de l'espace explicatif, l'aperçu culturel ou la dialectique matérialiste, ou telle autre analyse ; elle définit à la base une histoire concrète, *pluri-dimensionnelle*, comme dirait Georges Gurvitch. Au-delà de cette multiplicité, évidemment, chacun reste libre — certains même se sentent obligés d'affirmer l'unité de l'histoire, sans quoi notre métier serait impensable, ou pour le moins perdrait certaines de ses ambitions les plus précieuses. La vie est multiple, elle est une aussi.

IX

ÉCONOMIE ET SOCIÉTÉ
RÉFLEXIONS D'UN HISTORIEN DE LA MODERNITÉ *

*Cette conférence, inédite en France, a été prononcée lors d'un colloque consacré à « Économie et Société dans la Grande-Grèce » qui s'est tenu à Tarente, du 8 au 14 octobre 1972. Le texte en a été publié en 1975 dans les Actes du XII*e *Colloque d'Études sur la Grande-Grèce.*

Monsieur le Ministre, Monsieur le Sindaco de Tarente, Messieurs les Présidents, Mesdames, Messieurs, mes chers collègues, mes chers amis, très cher Professeur Pugliese Carratelli, vous qui avez fait en italien la conférence que je vais malheureusement refaire en français (mais rassurez-vous, puisque la tâche est faite, je serai aussi bref que possible), une conspiration amicale m'a porté au poste d'honneur que j'occupe à titre provisoire. Naturellement j'en suis très confus, très reconnaissant aussi et, pour dire la vérité, très heureux. Dans une carrière déjà longue, j'ai eu l'honneur de parler devant beaucoup d'auditoires, mais jamais encore je n'ai eu le plaisir d'avoir comme auditeurs tant de spécialistes d'histoire ancienne. Un historien de la modernité appartient, hélas, à une autre patrie

* *Actes du Colloque...*, 1975, pp. 9-17.

que ceux de l'Antiquité. Mais, dans ma jeunesse, j'ai rêvé de me spécialiser en histoire ancienne, ayant subi le charme d'un merveilleux helléniste, professeur à la Sorbonne, Maurice Holleaux, auquel je garde d'ailleurs une grande dévotion. Puis j'ai changé de route. Pourtant, rien que d'y penser devant vous, j'ai le sentiment de revenir vers ma jeunesse.

Le malheur, c'est que les médailles ont toujours un revers.

Chers collègues, vous m'avez posé des problèmes difficiles dont malheureusement je ne présenterai pas la solution. Il était logique sans doute de me demander de vous présenter quelques remarques sur la société et l'économie puisque c'est le thème général du XIIe Colloque consacré à la Grande-Grèce, à la *Magna Graecia*. Mais tendre le fil d'un discours entre votre univers et la modernité n'est pas une opération facile. Si l'économie était une seule variable et la société, à son tour, une seule variable, il serait plus facile d'étudier leur corrélation. Le malheur, c'est que l'économie est un faisceau de variables et la société une accumulation d'éléments, quelquefois très disparates. Un de nos collègues parisiens, Jean Marczewski, qui étudie sur le plan de l'histoire quantitative le destin de la France au XVIIIe siècle, distingue, pour la seule économie, une vingtaine de variables et presque autant d'équations.

En l'occurrence, je pense que ce qui nous manque le plus, ce ne sont pas tant des clartés sur l'économie, que des clartés nécessaires, indispensables sur la société. Historiens (et moi tout le premier), nous parlons de la société sans savoir exactement ce qu'elle est, ce qu'elle peut être. Les sociologues devraient nous éclairer, ils oublient de le faire. Ils ne définissent pas la société. Alors, si l'on veut à tout prix une définition, il faut la fabriquer soi-même et c'est pourquoi vous avez entendu l'explication insistante de notre collègue de Rome. Je dirai, pour ma part, que la société c'est l'*ensemble des ensembles*. Traduire par *insieme degli insiemi*, ce n'est peut-être pas vous surprendre, car les mathématiques dites *nouvelles* sont en train de conquérir le monde et comme c'est le monde où entrent nos enfants et nos petits-enfants, nous avons tous à recommencer nos études de mathématiques. Alors vous avez sans doute vu l'un de ces enfants mettre une ficelle autour des objets qui sont sur une table et dire fièrement : « Voilà un ensemble ! »

Mais il y a des millions et des milliards d'ensembles. Quand je définis la société comme l'ensemble des ensembles, vous êtes en droit de me dire que ce n'est pas une définition bien claire, même si j'ajoute que j'entends par là tout ce que les hommes ont pu faire, ou penser, tout ce qui relève de leur activité personnelle ou collective. Nous sommes devant un empire sans frontières. La société ainsi conçue, c'est l'histoire globale, totalisante, et la sociologie, c'est le mot que les philosophes ont volé aux historiens, comme disait Lucien Febvre — le seul qui conviendrait à une histoire vraiment nouvelle.

Quant à l'économie, elle n'est pas cette immensité sans frontières. Elle est cependant un très vaste *sous-ensemble*, si ce *sous-ensemble*, par définition, n'est pas seul en place : il se situe à côté d'autres *sous-ensembles*, la culture, la hiérarchie sociale, l'État et la politique. Vous avez donc au moins quatre grands *sous-ensembles* qui réagissent les uns sur les autres, qui s'expliquent les uns par les autres. Tout vrai problème se divise ainsi en quatre, puis est à reconstituer dans l'*ensemble* obligatoire.

Lc point faible, ou plutôt malaisé à définir, c'est ce que j'appelle la hiérarchie sociale. D'autres disent : les relations sociales (expression vague), l'ordre social, ou la lutte des classes. Pour moi, la société est toujours décomposée en paliers, en étages et, tout en haut, il y a, au plus, quelques personnages placés immanquablement dans la pleine lumière de l'histoire. Ceux-là, nous les connaissons, nous ne pouvons manquer de les voir, mais ils nous cachent les autres, les nombreux. Ce petit groupe monopolise la richesse, le pouvoir, le prestige ; rarement discret, souvent paradant, il donne aux autres la comédie.

Ainsi en a-t-il été, je crois, à travers les longueurs de l'histoire, quelle que soit l'époque, quel que soit le lieu. Toute société est pour le moins brisée, ployée en deux : les opprimés et les oppresseurs, les gouvernés et les gouvernants, les privilégiés et les prolétaires... Cette division, plus ou moins masquée, se retrouve dans toute l'épaisseur sournoise du temps vécu. Elle joue vis-à-vis du pouvoir, de l'économie, de la culture, du système social pris dans sa masse (l'ensemble des ensembles) ; elle traverse les siècles. Claude Lefort, dans son beau livre : *Le Travail de l'œuvre : Machiavel* (1972), pense que Machiavel juge son temps et, au-delà, le temps même que nous vivons. Une certaine grande histoire traverse le temps révolu, triomphe de la « distanciation » (on aurait dit hier de l'anachronisme) et nous enveloppe encore. Albert Thibaudet, en 1914-1918, aura fait *La Guerre avec Thucydide*.

Il est plus facile, peut-être plus dangereux, de parler d'économie à travers les siècles. Plus facile parce que l'économie politique nous souffle son vocabulaire, en somme ses certitudes, et plus dangereux parce que ce vocabulaire peut nous égarer, nous jeter dans des erreurs innocentes, mais nombreuses. L'ambiguïté, c'est de choisir ici entre le durable et le changeant, le durable ne peut tout de même pas être le permanent, voire l'éternel. F. Dürrenhaus, géographe intrépide, pense, et je crois qu'il a raison, que le premier « lancement » d'un peuplement en détermine toute la suite : sur le pourtour européen de la Méditerranée, le choix très ancien entre une culture villageoise qui regarde vers le Nord, et une culture citadine qui regarde vers le Sud — ce choix très ancien perdure aujourd'hui. J'ai souvent, sans aller aussi loin, insisté sur le rôle de cassure toujours vivante qu'introduit la double frontière du Rhin et du Danube, que Rome a créée jadis. Mais tout ne change-t-il pas sous nos yeux ? Depuis une cinquantaine d'années, ou mieux une vingtaine d'années, le monde se métamorphose avec une telle rapidité, une telle violence que les spectacles que nous avons connus dans notre jeunesse sont des spectacles que notre âge avancé ne retrouve plus. Vous connaissez comme moi cette extraordinaire campagne de Florence, la plus belle campagne qui soit au monde, et multiséculaire. Or la voilà qui disparaît, qui s'efface sous nos yeux. La France, qui est un assemblage de campagnes, elles aussi merveilleuses à regarder, change de visage. Telle région, entre Lorraine et Champagne, que je connais bien pour y être né et y avoir vécu toute mon enfance, se sera maintenue telle que je la connaissais jusqu'en 1955. Elle s'est transformée alors d'un coup, l'herbe et le bois ont pris leur revanche sur les champs de blé et d'avoine.

Qu'est-ce à dire ? Que l'économie, cortège, faisceau de forces actives, déborde sauvagement sur l'ensemble de la réalité sociale, il y a explosion de l'économie. La technique, qui joue un grand rôle, court devant nous, elle conduit le bal. Hier, la société tenait tout en laisse, imposait à tout une limite humaine — un *humanisme*. Aujourd'hui, il n'en est plus ainsi. Le progrès, un certain progrès nous assaille, s'installe chez nous, que cela nous plaise ou non. Bien sûr une réaction se dessine sous la banderole de l'écologie, de la sauvegarde du milieu naturel, au vrai des conditions de la vie normale des hommes. Dans un siècle ou deux, quand on parlera de la fin du XXᵉ siècle, si l'on en parle, ce sera pour dire que les hommes ont alors cherché à créer, ou à recréer un certain *humanisme*.

Mais l'histoire est pleine de ces retours à l'homme, de ces saluts retrouvés de l'homme. Chaque fois l'*ensemble* social a repoussé une sorte d'expansion de la vie matérielle et de l'économie. C'est ce qu'André Piettre a montré dans un livre excellent, *Les Trois Âges de l'économie et de la civilisation occidentales* (1964) qui explique comment l'économie, depuis la Grèce antique, ne cesse de passer d'une position subordonnée à une position dominante, qu'il y a va et vient, excès puis remise en ordre, démesure puis humanisme... Les perspectives de l'histoire ancienne ne sont donc pas perdues en deçà de l'utilité présente. L'homme ne cesse de témoigner sur l'homme.

Peut-être avons-nous le droit de nous offrir un exemple plus convaincant encore, peut-être plus discutable, mais peu importe ! J'en prends le schéma au livre récent d'Edward Fox, traduit en français sous le titre provocant de *L'Autre France*. C'est la reprise, à propos de la France, des oppositions évidentes entre économies ouvertes sur la mer et économies situées à l'intérieur des terres. La France, aux yeux de l'historien américain, c'est avant tout un pays continental, pris dans la masse de ses terres épaisses ; c'est une série de « pays », de régions vivant trop volontiers sur elles-mêmes. Il y a, par contre, sur le pourtour de la France, un certain nombre de villes qui ont vécu de l'explosion de la mer et des facilités du transport maritime, et cette autre France ne ressemble guère à celle de l'intérieur. C'est une ville marchande comme Marseille, un port comme Bordeaux, un centre efficace comme Nantes, une ville extraordinaire comme Saint-Malo, ou Rouen, ou Dunkerque. Des mondes ouverts sur la vie extérieure, sur l'Atlantique, sur le commerce lointain, et où les choses ne se passent jamais comme dans le reste de la France. Au momcnt de la Révolution française, certaines de ces villes ont rêvé de mettre au point une sorte de monarchie parlementaire, sur le modèle de l'Angleterre. Les députés qui représentent ce mouvement, remarquez qu'on les appelle les Girondins, c'est-à-dire les gens autour de Bordeaux. Or, les Girondins, n'ont pas réussi, ils ont été rapidement isolés et la Révolution, par la suite l'Empire ont amené la fin, l'effondrement de cette *autre* France. Elle est morte économiquement au moment où le port de Marseille, où le port de Bordeaux se sont à moitié vidés de leurs bateaux, pendant les années terribles de la Révolution et de l'Empire, et les difficultés du Blocus continental. Napoléon a remodelé une France très ancienne, la France de l'intérieur, toujours prête à s'accommoder d'un gouvernement fort. Les Jacobins, qu'ont-ils fait ? Ils ont essayé de recréer une « monarchie » puissante, je veux dire une autorité sans réplique.

Voilà des considérations qui nous éloignent de l'histoire ancienne. Mais nous y revenons aussitôt. Car Edward Fox, pour s'expliquer cette France coupée en deux, a recouru aux comparaisons et, finalement, il a cherché à construire un *modèle*. Pour lui, le modèle par excellence de l'*autre France*, ouverte sur l'océan Atlantique et la Méditerranée, ce sont les villes de la Grèce lointaine. Ces villes ne se sont pas partagé l'espace grec selon les règles de la géographie, comme on le dit quelquefois, mais selon les règles de l'économie ; un certain nombre d'entre elles ont connu le miracle de l'expansion par les voies de la mer. Or cette expansion a amené, dans toutes les villes grecques, des transformations qui sont, je dirais, classiques. Tout d'abord le commerce à longue distance : qu'une ville comme Athènes, très tôt, se nourrisse avec le blé qui vient du Pont-Euxin, la démonstration n'est plus à faire. D'autre part, que l'expansion des villes grecques se fasse par les chemins ouverts de la mer et aboutisse à la colonisation — la chose la plus extraordinaire de l'histoire grecque —, cette colonisation n'amènera aucune rupture entre la ville et la colonie qui vient d'être fondée. Prenons, au contraire, une colonisation terrienne, comme la colonisation allemande des XIIe et XIIIe siècles, qui va constituer l'armature des pays slaves et notamment de la Pologne d'aujourd'hui : il y a rupture totale entre le colon qui s'en va à travers cet espace terrestre et le point d'origine. Tandis que les villes grecques conservent des liens et approfondissent leurs relations avec les villes nouvelles, fondées au-delà des mers.

À un moment donné, la monnaie fait son apparition

en Méditerranée. Et les villes grecques se servent de cette monnaie comme d'une arme, d'un moyen de domination, comme le fera plus tard, si longtemps et de façon parfois sauvage, l'Europe. À partir du XVIe siècle, celle-ci a bombardé le monde avec sa monnaie. On bombarde, ensuite on occupe le terrain. C'est une vieille tactique. Je n'ai pas besoin de préciser ces traits, ces réalités qui sont, plus encore que pour moi, présentes devant vos yeux. Il y a de toute évidence un modèle grec, avec les mille éléments qui le caractérisent et qui, les uns, font son originalité irréductible, les autres, rejoignent et éclairent d'autres expériences. Le modèle grec est-il si éloigné du modèle des villes de la Babylonie antique, de la Phénicie, ou du destin de Carthage et, si nous nous hâtons de traverser les siècles de Rome et du haut Moyen Âge, de l'expérience multiple des villes de l'Italie centrale et septentrionale : Pise, Florence, Gênes, Lucques — et plus encore Venise ? Toutes ces villes, qui sont la modernité en puissance, le capitalisme en puissance, le nationalisme, le colonialisme sont déjà dans le modèle grec. Laissez de côté les variations, les déviations, les beautés différentes, c'est bien la même expérience humaine, dans la mesure où toute expérience humaine, à une certaine profondeur, est un choix entre quelques solutions fondamentales, aujourd'hui comme hier.

Ai-je réussi à tendre un fil entre vos préoccupations et celles des modernistes, à provoquer vos adhésions sur tel ou tel point, ou vos réserves sur tel ou tel autre — je l'espère un peu. Il y aurait bien d'autres fils à tendre si la civilisation était en cause, la civilisation qui s'obstine à être hors du temps. J'avais aussi l'intention de vous parler, à la suite d'Edward Fox, de la naissance de l'Europe terrienne des Carolingiens. Mais l'heure presse et j'ai trop parlé. Et je risquerais, pour vous convaincre, de vous intéresser à un problème assez passionnant certes et de tourner le dos aux lumières, aux paysages, aux économies et aux sociétés de la Grande-Grèce.

TROISIÈME PARTIE

L'ÉLABORATION D'UNE ŒUVRE

Chacun des ouvrages de Fernand Braudel a vécu dans la pensée de l'auteur pendant des années avant même d'être rédigé, des années pendant lesquelles son fichier s'enrichissait progressivement de ses lectures, de ses recherches en archives. Et, comme il le disait lui-même, il essayait ses idées sur son public, en particulier celui du Collège de France.

Toutefois un certain nombre d'articles, de textes, de conférences, de participations témoignent presque automatiquement de ses préoccupations du moment.

On pourrait penser parfois qu'il s'agit de la publication anticipée de fragments de l'œuvre en cours mais on les recherchera en vain dans l'ouvrage définitif, ce qui s'explique sans peine si l'on a quelque familiarité avec la façon dont Braudel a toujours construit et écrit ses livres.

Du reclassement préalable de son fichier sortait un premier jet écrit à la main d'une seule coulée et sans ratures, simple façon de mettre pour lui-même au clair le déroulement de son exposé. Ce texte lui revenait dactylographié ; à partir de là, se succédaient plusieurs rédactions (coupures, raccords, déplacements, réécriture parfois de dizaines de feuillets). Transformations telles qu'elles expliquent pourquoi il ne conservait jamais ses manuscrits successifs où sans doute il se serait perdu lui-même.

À propos de pages déjà composées et considérées

comme définitives, il dit lui-même, se proposant de les reprendre à nouveau : « J'ai beaucoup écrit [là-dessus] au fur et à mesure du passage de mes idées. Faire un sort à ces nombreux repentirs, à ces recherches d'idées ou d'images. En grossir mon texte, premier soin, ensuite l'épurer et l'abréger au maximum. »

CHAPITRE I

L'AVANT-*MÉDITERRANÉE*

*De l'avant-*Méditerranée, *il ne reste presque plus rien. Paradoxalement, car aucun ouvrage n'aura été aussi inlassablement écrit et récrit, pensé et repensé dans l'isolement de cinq années de captivité. Les témoins de cette longue obsession, ce seraient les trois ou quatre versions successives, rédigées de 1941 à 1944 sur les nombreux « cahiers de classe » dont Lucien Febvre rappelle avec émotion dans son compte rendu de 1950 qu'il les a « reçus un à un pendant quatre mortelles années ».*

Pourtant, avant la parution de La Méditerranée, *en 1949, les* Annales *ont publié trois longs articles qui l'annonçaient : dans le premier numéro de 1946 : « De l'or du Soudan à l'argent d'Amérique » ; dans les deuxième et quatrième numéros de 1947 : « Misère et banditisme », puis : « Espagnols et Morisques au* XVIe *siècle ». L'intention évidente de Lucien Febvre, en l'occurrence, est de faire connaître une œuvre dont on ne sait guère quand elle verra le jour, tant les difficultés d'édition sont grandes au lendemain de la guerre. En fait Braudel devra non seulement publier à compte d'auteur, mais mobiliser ses amis à travers la France pour fournir à l'imprimeur le papier qui lui manque. Lucien Febvre veut d'une certaine façon faire un peu de publicité à un ouvrage et un auteur inconnus.*

Les deux articles de 1947, parus après la soutenance

de thèse (1er mars 1947), n'en sont en fait que des extraits, allégés par plusieurs coupures (et donc, selon nos normes, ils ne figurent pas ci-dessous).

Le long article « De l'or du Soudan à l'argent d'Amérique » se présente autrement. Et d'abord, il ne s'agit pas d'un simple extrait du livre ; si sa substance s'y retrouve intégralement, c'est sous une forme et un agencement très différents. Et il est plus que probable que Lucien Febvre l'a extrait directement de l'un des cahiers qu'il avait reçus. Car, d'une part, on ne peut guère imaginer que Braudel, dans les premiers mois suivant sa libération, ait pu s'occuper d'autre chose que de la mise au point du texte et des références de sa thèse, écrite de mémoire. D'autre part, parce que Lucien Febvre a choisi ce texte dans un but très particulier. Dans le premier semestre de 1946, rattrapant ses retards d'édition, il publie coup sur coup les deux numéros de 1945 des Annales *(intitulés « Hommages à Marc Bloch ») et le premier de 1946. Or les trois numéros offrent à côté de témoignages sur Marc Bloch et de quelques inédits posthumes, une série de contributions « sur des voies suivies par Marc Bloch ». C'est sous cette rubrique que paraît « L'or du Soudan » de Braudel, après un article d'André Piganiol sur « Le problème de l'or au* IVe *siècle » et avant un grand article de Maurice Lombard, en 1947, consacré à « L'or musulman du* VIIe *au* XIe *siècle ».*

C'est ainsi qu'ont échappé à la destruction quelques pages d'une rédaction ancienne, et que nous possédons deux versions, publiées à peu de temps d'intervalle, d'un chapitre de La Méditerranée. *Sur un thème, d'ailleurs, auquel Fernand Braudel restera toujours très attentif, car à ses yeux la grande expansion de l'Europe — méditerranéenne d'abord, puis nordique — en direction de l'Asie n'a pu se faire qu'en détournant à son profit une large partie de la circulation monétaire, or ou argent, du monde.*

Nous faisons précéder cet article du texte de la préface de la première édition de La Méditerranée *(1949).*

I

PRÉFACE DE *LA MÉDITERRANÉE* *

J'ai passionnément aimé la Méditerranée, sans doute parce que venu du Nord, comme tant d'autres, après tant d'autres. Je lui aurai consacré avec joie de longues années d'études — pour moi bien plus que toute ma jeunesse. En revanche, j'espère qu'un peu de cette joie et beaucoup de sa lumière éclaireront les pages de ce livre. L'idéal serait sans doute, comme les romanciers, de camper le personnage à notre gré, de ne jamais le perdre de vue, de rappeler sans cesse sa grande présence. Malheureusement ou heureusement, notre métier n'a pas les admirables souplesses du roman. Le lecteur qui voudra aborder ce livre comme je le souhaite fera donc bien d'apporter ses propres souvenirs, ses visions de la mer Intérieure et, à son tour, d'en colorer mon texte, de m'aider à recréer cette vaste présence, ce à quoi je me suis efforcé autant que je l'ai pu... Je pense que la mer, telle qu'on peut la voir et l'aimer, reste le plus grand document qui soit sur sa vie passée. Si je n'ai retenu que cette leçon de l'enseignement des géographes qui furent mes maîtres à la Sorbonne, je l'ai retenue avec une obstination qui donne son sens à toute mon entreprise.

On pensera qu'un exemple plus simple que la Méditerranée m'aurait sans doute mieux permis de marquer

---

* *La Méditerranée et le monde méditerranéen à l'époque de Philippe II*, Armand Colin, 1949, pp. IX-XV.

ces liens de l'histoire et de l'espace, d'autant qu'à l'échelle des hommes, la mer Intérieure du XVIe siècle est plus vaste encore qu'elle ne l'est aujourd'hui ; son personnage est complexe, encombrant, hors série. Il échappe à nos mesures et à nos catégories. De lui, inutile de vouloir écrire l'histoire simple : « Il est né le... » ; inutile de vouloir dire, à son propos, les choses bonnement, comme elles se sont passées... La Méditerranée n'est même pas *une* mer, c'est un « complexe de mers », et de mers encombrées d'îles, coupées de péninsules, entourées de côtes ramifiées. Sa vie est mêlée à la terre, sa poésie plus qu'à moitié rustique, ses marins sont à leurs heures paysans ; elle est la mer des oliviers et des vignes autant que celle des étroits bateaux à rames ou des navires ronds des marchands, et son histoire n'est pas plus à séparer du monde terrestre qui l'enveloppe que l'argile n'est à retirer des mains de l'artisan qui la modèle. *Lauso la mare e tente'n terro* (« Fais l'éloge de la mer et tiens-toi à terre »), dit un proverbe provençal.

Nous ne saurons donc pas sans peine quel personnage historique exact peut être la Méditerranée : il y faudra de la patience, beaucoup de démarches, sans doute quelques erreurs inévitables. Rien n'est plus net que la Méditerranée de l'océanographe, du géologue, ou même du géographe : ce sont là domaines reconnus, étiquetés, jalonnés. Mais la Méditerranée de l'histoire ? Cent avis autorisés nous mettent en garde : elle n'est pas ceci, elle n'est pas cela ; ellc n'est pas un monde qui se suffise à lui-même, elle n'est pas davantage un pré carré. Malheur à l'historien qui pense que cette question préjudicielle ne se pose pas, que la Méditerranée est un personnage à ne pas définir, car défini depuis longtemps, clair, reconnaissable immédiatement et qu'on saisit en découpant l'histoire générale selon le pointillé de ses contours géographiques. Car ces contours, que valent-ils pour nos enquêtes ?

Pourrait-on écrire l'histoire de la mer, ne fût-ce que pendant cinquante ans, en l'arrêtant d'un bout aux portes d'Hercule et, de l'autre, au couloir marin dont l'antique Ilion surveillait déjà les abords ? Ces problèmes de l'encadrement, les premiers à se poser, appellent tous les autres : délimiter, c'est définir, analyser, reconstruire et, en l'occurrence, choisir, voire adopter une philosophie de l'histoire.

Pour nous aider, nous avions bien une masse prodigieuse d'articles, de mémoires, de livres, de publications, d'enquêtes, les uns d'histoire pure, les autres, non moins intéressants, écrits par nos voisins, les ethnographes, les géographes, les botanistes, les géologues, les technologues... Il n'y a pas au monde d'espace mieux éclairé, mieux inventorié que celui de la mer Intérieure et des terres qu'elle illumine de son reflet. Mais faut-il le dire au risque de paraître ingrat à l'égard de nos devanciers, cette masse de publications écrase le chercheur comme une pluie de cendres. Trop de ces études parlent un langage d'hier, désuet à plus d'un titre. Ce qui les intéresse, ce n'est pas la vaste mer, mais tel minuscule carreau de sa mosaïque, non pas sa grande vie mouvementée, mais les gestes des princes et des riches, une poussière de faits divers sans commune mesure avec la puissante et lente histoire qui nous préoccupe. Trop de ces études sont à reprendre, à remettre à l'échelle de l'ensemble, à soulever pour leur redonner la vie.

Il n'y a pas, non plus, d'histoire possible de la mer sans la connaissance précise des vastes sources de ses archives. Ici la tâche semble au-dessus des forces d'un historien isolé. Il n'y a point d'État méditerranéen, au XVIe siècle, qui n'ait son chartrier généralement bien garni de documents échappés aux incendies, aux sièges, aux catastrophes de toute espèce que connut le monde méditerranéen. Or, pour inventorier et prospecter ces richesses insoupçonnées, ces mines du plus bel or historique, il faudrait non pas une vie, mais vingt vies, ou vingt chercheurs y consacrant chacun, et en même temps, leur vie propre. Peut-être un jour viendra-t-il où l'on ne travaillera plus sur les chantiers d'histoire avec nos méthodes de petits artisans... Ce jour-là, peut-être sera-t-il loisible de faire de l'histoire générale sur textes originaux et non pas sur livres de plus ou moins première main. Ai-je besoin de dire que je n'ai pas dépouillé tous les documents d'archives à ma portée, si ample qu'ait été mon effort ; que mon livre est construit sur une enquête forcément partielle ? Je sais, par avance, que ses conclusions seront reprises, discutées, remplacées par d'autres, et je le souhaite. Ainsi progresse et doit progresser l'histoire.

D'autre part, du fait de sa situation chronologique défavorisée, entre les derniers grands feux de la Renaissance et de la Réforme et cet âge dur, déjà replié que sera le XVIIe siècle, la Méditerranée de la seconde moitié du XVIe siècle est bien « un faux beau sujet », comme l'écrivait Lucien Febvre. Son intérêt, faut-il le signaler ? Il n'est pas sans utilité de savoir ce qu'est devenue la mer Intérieure au début de l'époque moderne, alors que le monde cesse d'être centré sur elle, de vivre pour elle et à son rythme. La décadence immédiate dont on a toujours parlé ne me paraît pas prouvée ; ou plutôt tout semble établir le contraire. Mais en dehors de ce drame, je crois que tous les problèmes que pose la Méditerranée sont d'une richesse humaine exceptionnelle, qu'ils intéressent par suite les historiens et les non-historiens. Je pense même qu'ils portent leurs lumières jusqu'au temps présent, qu'ils ne sont pas dépourvus de cette « utilité », au sens strict que Nietzsche exigeait de l'histoire elle-même.

Je ne m'étendrai pas sur l'attrait, les tentations qu'offrait un tel sujet. Ses faussetés, entendez ses difficultés, ses traîtrises, je les ai déjà énumérées. J'y ajouterai celle-ci : à savoir qu'aucun guide valable, parmi nos ouvrages d'histoire, ne m'offrait son secours. Une étude historique, centrée sur un espace liquide, a tous les charmes, elle a plus sûrement encore tous les dangers de la nouveauté.

Les plateaux de la balance étaient tous deux lourdement chargés, ai-je eu raison finalement de pencher du côté du risque, et, manquant de prudence, de penser que l'aventure valait la peine d'être courue ?

Mon excuse est l'histoire même de ce livre. Quand je l'entrepris, en 1923, ce fut sous la forme classique, certainement plus prudente, d'une étude consacrée à la politique méditerranéenne de Philippe II. Mes maîtres d'alors l'approuvaient fort. Ils la voyaient se rangeant dans les cadres de cette histoire diplomatique, assez indifférente aux conquêtes de la géographie, peu soucieuse (comme la diplomatie elle-même trop souvent) de l'économie et des problèmes sociaux ; assez méprisante à l'égard des faits de civilisation, des religions et aussi des lettres et des arts, ces grands témoins de toute histoire valable, et qui, calfeutrée dans son parti pris, s'interdisait tout regard au-delà des bureaux de chancellerie, sur la vraie vie, féconde et drue. Expliquer la politique du Roi Prudent, cela signifiait avant tout établir les responsabilités, dans l'élaboration de cette politique, du souverain et de ses conseillers, au gré des circonstances changeantes ; déterminer les grands rôles et les rôles mineurs, reconstituer la carte générale de la politique mondiale de l'Espagne dont la Méditerranée ne fut qu'un secteur et certes pas toujours privilégié.

Avec les années 1580, la force de l'Espagne était, en effet, rejetée d'un coup vers l'Atlantique. C'est là que, conscient ou non du danger, le vaste Empire de Philippe II devait faire front et défendre son existence menacée. Un puissant mouvement de bascule le poussait vers ses destinées océaniques. S'intéresser à ce jeu souterrain, à cette physique de la politique de l'Espagne et préférer ces recherches à l'étiquetage des responsabilités d'un Philippe II ou d'un don Juan d'Autriche, penser, en outre, que ces derniers, malgré leurs illusions, ont été souvent agis autant qu'acteurs, c'était déjà sortir des cadres traditionnels de l'histoire diplomatique ; se demander enfin si la Méditerranée n'avait pas eu, au-delà de ce jeu lointain et saccadé de l'Espagne (assez terne si l'on met à part le grand acte passionné de Lépante), son histoire propre, son destin, sa vie puissante et si cette vie ne méritait pas autre chose que le rôle d'une toile de fond pittoresque, c'était tomber en tentation devant l'immense sujet qui m'a finalement retenu.

Pouvais-je ne pas l'apercevoir ? Comment poursuivre, de dépôt en dépôt, le document d'archives révélateur, sans ouvrir les yeux sur cette vie diverse et animée ? Devant tant d'activités nourricières, comment ne pas se tourner vers cette histoire économique et sociale, révolutionnaire, qu'un petit groupe de travailleurs s'efforçait de promouvoir, en France, à une dignité qui ne lui était plus refusée ni en Allemagne, ni en Angleterre, ni aux États-Unis, ni même dans la Belgique toute proche ou en Pologne ? Saisir l'histoire de la Méditerranée dans sa masse complexe, c'était suivre leur conseil, se mettre à l'abri de leur expérience, aller à leur secours, militer pour une forme neuve d'histoire repensée, élaborée chez nous et qui mérite de franchir nos frontières ; désireuse aussi, car obligée de rompre avec elles, de briser les formes anciennes, avec plus ou moins de justice au demeurant, mais peu importe ! L'occasion était bonne, en se saisissant d'un personnage hors série, de profiter de sa masse, de ses exigences, de ses résistances et de ses pièges, de son élan aussi, pour essayer de bâtir l'histoire autrement que nos maîtres l'enseignaient.

Toute œuvre se sent révolutionnaire, se veut une conquête, s'efforce de l'être. La Méditerranée ne nous aurait-elle obligé qu'à sortir de nos habitudes qu'elle nous aurait déjà rendu service.

Ce livre se divise en trois parties, chacune étant en soi un essai d'explication d'ensemble.

La première met en cause une histoire quasi immobile, celle de l'homme dans ses rapports avec le milieu qui l'entoure ; une histoire lente à couler, à se transformer, faite souvent de retours insistants, de cycles sans cesse recommencés. Je n'ai pas voulu négliger cette histoire-là, presque hors du temps, au contact des choses inanimées, ni me contenter, à son sujet, de ces traditionnelles introductions géographiques à l'histoire, inutilement placées au seuil de tant de livres, avec leurs paysages minéraux, leurs labours et leurs fleurs qu'on montre rapidement et dont ensuite il n'est plus jamais question, comme si les fleurs ne revenaient pas avec chaque printemps, comme si les troupeaux s'arrêtaient dans leurs déplacements, comme si les navires n'avaient pas à voguer sur une mer réelle, qui change avec les saisons.

Au-dessus de cette histoire immobile se distingue une histoire lentement rythmée : on dirait volontiers si l'expression n'avait été détournée de son sens plein, une histoire *sociale*, celle des groupes et des groupements. Comment ces vagues de fond soulèvent-elles l'ensemble de la vie méditerranéenne, voilà ce que je me suis demandé dans la seconde partie de mon livre, en étudiant successivement les économies, les États, les sociétés, les civilisations, en essayant enfin, pour mieux éclairer ma conception de l'histoire, de montrer comment toutes ces forces de profondeur sont à l'œuvre pour le domaine complexe de la guerre. Car la guerre, nous le savons, n'est pas un pur domaine de responsabilités individuelles.

Troisième partie enfin, celle de l'histoire traditionnelle, si l'on veut de l'histoire à la dimension non de l'homme, mais de l'individu, l'histoire événementielle de Paul Lacombe et de François Simiand : une agitation de surface, les vagues que les marées soulèvent sur leur puissant mouvement. Une histoire à oscillations brèves, rapides, nerveuses. Ultra-sensible par définition, le moindre pas met en alerte tous ses instruments de mesure. Mais telle quelle, de toutes c'est la plus passionnante, la plus riche en humanité, la plus dangereuse aussi. Méfions-nous de cette histoire brûlante encore, telle que les contemporains l'ont sentie, décrite, vécue, au rythme de leur vie, brève comme la nôtre. Elle a la dimension de leurs colères, de leurs rêves et de leurs illusions. Au XVIe siècle, après la vraie Renaissance, viendra la Renaissance des pauvres, des humbles, acharnés à écrire, à se raconter, à parler des autres. Cette précieuse paperasse est assez déformante, elle envahit le temps perdu, y prend une place hors de vérité. C'est dans un monde bizarre, auquel manquerait une dimension, que se trouve transporté l'historien lecteur des papiers de Philippe II, comme assis en ses lieu et place ; un monde de vives passions assurément ; aveugle, comme tout monde vivant, comme le nôtre, insouciant des histoires de profondeur, de ces eaux vives sur lesquelles file notre barque comme le plus ivre des bateaux. Un monde dangereux, mais dont nous aurons conjuré les sortilèges et les maléfices en ayant, au préalable, fixé ces grands courants sous-jacents, souvent silencieux, et dont le sens ne se révèle que si l'on embrasse de larges périodes du temps. Les événements retentissants ne sont souvent que des instants, que des manifestations de ces larges destins et ne s'expliquent que par eux.

Ainsi sommes-nous arrivé à une décomposition de l'histoire en plans étagés. Ou, si l'on veut, à la distinction, dans le temps de l'histoire, d'un temps géographique, d'un temps social, d'un temps individuel. Ou si l'on préfère encore, à la décomposition de l'homme en un cortège de personnages. C'est peut-être ce que l'on me pardonnera le moins, même si j'affirme que les découpages traditionnels fractionnent, eux aussi, l'histoire vivante et foncièrement une, même si j'affirme, contre Ranke et Karl Brandi, que l'histoire-récit n'est pas une méthode ou la méthode objective par excellence, mais bien une philosophie de l'histoire elle aussi ; même si j'affirme, et si je montre, par la suite, que ces plans ne veulent être que des moyens d'exposition, que je ne me suis pas interdit chemin faisant d'aller de l'un à l'autre... Mais à quoi bon plaider ? Si l'on me reproche d'avoir mal assemblé les éléments de ce livre, j'espère qu'on trouvera les morceaux convenablement fabriqués, selon les bonnes règles de nos chantiers.

J'espère que l'on ne me reprochera pas mes trop larges ambitions, mon désir, mon besoin de voir grand. L'histoire n'est peut-être pas condamnée à n'étudier que des jardins clos de murs. Sinon ne faillirait-elle pas à l'une de ses tâches présentes, qui est aussi de répondre aux angoissants problèmes de l'heure, de se maintenir en liaison avec les sciences si jeunes, mais si impérialistes de l'homme ? Peut-il y avoir un humanisme actuel, en 1946, sans histoire ambitieuse, consciente de ses devoirs et de ses immenses pouvoirs ? « C'est la peur de la grande histoire qui a tué la grande histoire », écrivait Edmond Faral, en 1942. Puisse-t-elle revivre !

II

MONNAIES ET CIVILISATIONS. DE L'OR DU SOUDAN À L'ARGENT D'AMÉRIQUE. UN DRAME MÉDITERRANÉEN *

Au problème de l'or, tel qu'il se pose au Moyen Âge devant nos sociétés européennes, Marc Bloch a consacré ici même un de ses plus puissants articles. Il nous a semblé que nous ne saurions mieux honorer sa mémoire qu'en donnant aux *Annales* la primeur d'une étude sur un problème de grande circulation monétaire, l'un des plus vastes, sans doute, et des plus considérables par leurs conséquences, de tous ceux qui se sont posés devant l'Europe moderne. Un problème : c'est le langage de la recherche. Un drame, c'est celui de la vie.

I

On sait que, dans l'ensemble, le mécanisme du commerce général, en Méditerranée, au XVIe siècle, paraît être d'une assez grande simplicité. Vers l'est, la balance des comptes est toujours régulièrement déficitaire : voilà qui oriente tous les trafics. Le commerce général étant aux mains des Occidentaux, ceux-ci doivent exporter vers le Levant des quantités considé-

---

* *Annales*, janvier-mars 1946, pp. 9-22.

rables d'argent monnayé, et, donc, se les procurer sans arrêt. Gros problème, mais non point nouveau problème. Ainsi en a-t-il à peu près toujours été durant l'Antiquité et le Moyen Âge. On a même longtemps soutenu que l'Empire romain avait été épuisé, finalement, par cette hémorragie de métal précieux au bénéfice de l'Orient et de l'Extrême-Orient. Constamment, en tout cas, on s'est efforcé, pour limiter le déficit, de trouver des marchandises capables de se substituer à l'argent. Au lieu des métaux précieux, si rares toujours et si difficiles à se procurer, on vit ainsi les pays chrétiens du haut Moyen Âge exporter des esclaves sur les marchés d'Orient ; après quoi, et la Chrétienté devenue maîtresse de la mer, le développement de ses industries — de ses textiles notamment — lui fournit à point nommé une véritable monnaie supplémentaire dont elle fit largement usage.

C'était un des arts, un des secrets de Venise, au XVIe siècle encore, que de savoir, dans les bazars d'Alep ou du Caire, se procurer les épices, le poivre, la soie, le coton ou les cendres, si utiles à son commerce ou à ses industries, non point toujours contre argent comptant, mais fréquemment contre marchandises : étoffes, verroteries, miroirs. À quoi servaient les agents qu'entretenait à demeure la Sérénissime dans le Levant ? C'étaient eux qui vendaient, au hasard des occasions — qui donnaient *a baratto*, comme on disait —, les stocks de marchandises que les maisons mères de Venise leur confiaient. Ces pratiques étaient encore en usage au XVIIe siècle ; on les trouve assez bien décrites alors dans la correspondance des consuls vénitiens de Syrie. Mais un autre témoignage soulignera mieux la difficulté qu'éprouvait le commerce occidental à payer en argent comptant les précieux produits du Levant. Un papier ragusain de 1573 nous indique qu'à Alexandrie d'Égypte, l'intérêt de l'argent était si haut que les marchands juifs accordaient des prêts usuraires aux chrétiens en difficulté au taux de 36 % et de 48 % par an. Les colonies marchandes des chrétiens, en Orient, sont donc assez souvent en difficulté, de trésorerie. Ce sera un désastre, au sens strict du mot, pour les vieilles maisons vénitiennes de Syrie que la venue en masse, sur les marchés du Levant, avec le dernier tiers du siècle, des acheteurs français, puis anglais et « flamands » (entendez hollandais et zélandais), qui, tous, feront leurs achats contre argent comptant sans attendre l'occasion d'échanges favorables contre marchandises. Il s'ensuivra assez logiquement une hausse des prix et une crise brusque du commerce vénitien à l'ancienne mode.

Mais cet indispensable argent, il fallait bien le trouver quelque part. Les Français le tiraient d'Espagne ou d'Italie ; les Anglais, nous rapporte Hakluyt, l'obtenaient aussi d'Italie. Gênes, Livourne, Venise, dans la région médiane de la mer, sont ainsi, pour leurs propres marchands et pour ceux qui trafiquent dans leurs ports, des fournisseurs d'espèces monnayées. Les relevés de Raguse indiquent, durant tout le XVIe siècle, des retours d'argent en provenance de Venise. Petites fontaines, évidemment, par rapport à l'énorme source sévillane. Car, c'est elle qui, de loin, alimente la circulation méditerranéenne. Mais son rôle en Méditerranée, et c'est un des points que l'on voudrait établir, est, dans sa plénitude, beaucoup plus tardif que ne le laisserait à penser la chronologie des grandes découvertes. L'argent, le métal blanc d'Amérique, n'est pas arrivé tout de suite, par grandes masses, jusqu'aux pays de la mer Intéricure.

Avant le XVIe siècle, cette mer Intérieure, pour sa vie économique, avait eu accès à de multiples mines d'or et d'argent, souvent de peu d'importance au point de vue absolu, et, en général, incapables de prospérer un temps assez long. Telles certaines mines d'or des Alpes, de Sardaigne, de Crimée ou de Vieille-Serbie ; telles les mines d'argent de l'Erzgebirge ou du Tyrol, spécialement celles de Schwaz, qui sont, au XVe siècle, à l'origine directe de la puissance des Fugger et d'autres marchands-banquiers d'Augsbourg. Que l'activité des mines d'argent de l'Europe centrale ait été singulièrement stimulée, au XVe siècle, par la découverte, en 1451, de nouveaux procédés de fusion permettant de séparer les minerais d'argent des minerais de cuivre — le problème qui se pose ainsi demeure, malgré son intérêt, en marge de notre recherche.

Pour la Méditerranée, en effet, l'appoint régulier, nécessaire à ses dépenses ordinaires de l'Est, est venu d'ailleurs. Il est venu de l'or providentiel du Soudan. Seul, à ma connaissance, Jaime Cortezão en a signalé jusqu'à présent non pas tant l'importance, connue depuis toujours, mais la valeur en ce qui concerne le mécanisme général de la vie méditerranéenne ou, si l'on veut, la place dans le circuit général de cette vie méditerranéenne, jusques et y compris aux portes de sortie de l'Orient. Car il y a un lien — et cet article voudrait en établir la force et l'étroitesse —, il y a un lien qu'on n'a point aperçu, qu'on n'a point marqué suffisamment, entre le prestigieux commerce du Levant et les transports de poudre d'or du Soudan jusqu'aux villes et aux ports de l'Afrique du Nord. Ce fut une des chances de l'Occident latin, à partir des XIIe et XIIIe siècles, de se trouver maître, entre l'Afrique et le Levant, des routes de la mer, et de pouvoir, en raison même de cette maîtrise, forcer les portes, jusque-là verrouillées, de l'Afrique du Nord.

On sait que l'or en poudre du Soudan constitue depuis longtemps — sans doute depuis le Xe siècle —, avec et au même titre que les esclaves noirs, le gros élément du trafic transsaharien « remontant ». Ce que l'on ne voit pas toujours aussi bien, c'est que cet or, pendant des siècles, aura été une des armes décisives de l'Islam occidental, entendez de l'Espagne et de l'Afrique du Nord musulmane, aux destinées assez étroitement mêlées. Avec le Xe siècle, l'Andalousie urbaine et industrieuse s'installe sur la rive Sud du détroit de Gibraltar, à Ceuta. Elle entre ainsi en relations économiques plus suivies que jamais avec les pays maghrébins. Une vie nouvelle anime d'ailleurs la Petite Afrique, où se fondaient des villes comme Alger et Oran, où prospéraient des centres plus anciens comme Tunis et Bougie. Or, avec le Xe et le XIe siècle, il y a arrivée d'or, d'or soudanien, en Afrique et, par-delà l'Afrique, jusqu'en Espagne. La numismatique est là pour nous renseigner, et aussi l'histoire de ces royaumes musulmans d'Espagne, à la civilisation si brillante. On nous les montre, au-delà du Xe siècle, incapables de se défendre contre les durs États chrétiens du Nord, et préférant leur payer tribut plutôt que de subir les dévastations régulières de leurs raids de cavalerie. Mais, si l'on y regarde d'un peu près, n'est-ce pas là une solution de riches et de bien nantis ? En tout cas, cette richesse soudanienne, filtrée à travers les routes africaines, débouchait encore aux XIIe et XIIIe siècles sur ces pays de l'Islam occidental, unis par deux fois, tant bien que mal, dans ces grandes et éphémères constructions politiques des Almoravides et des Almohades. Les sources de l'époque almohade (en gros, des XIIe et XIIIe siècles) sont concordantes : elles signalent une richesse en métaux précieux, en beaux dinars d'or, exportés par les truchements successifs des marchands à travers le monde entier — et sans doute jusque vers le Levant. Car, au-delà de cette prospérité de l'Islam occidental, il y a, répétons-le, la vie générale de la Méditerranée.

C'est avec lc XIIIe siècle que le Maghreb commence à se morceler en autant d'États qu'il a de grandes villes marchandes. Fait beaucoup plus important, c'est alors que tous ces États s'ouvrent au commerce, chaque jour plus actif et plus indiscret, des marchands chrétiens. Car — c'est le grand événement de la vie du Maghreb, quoi qu'en pense l'histoire générale, et qui déborde largement par ses répercussions au-delà de ses limites — le Maghreb est, dès le XIIIe siècle, de façon évidente, la mine d'or sans quoi l'activité méditerranéenne, et notamment le riche et puissant commerce du Levant, serait stoppée ou pour le moins compromise. Ce rôle moteur, il le joue de façon plus décisive encore au XVe siècle. Alors se développe, dans les futurs États barbaresques, acharnée, soutenue, multiforme, une invasion chrétienne de marchands et aussi de mercenaires, car ces États — dont la grande histoire ne parle guère : ceux de Fez, du Maroc, mieux encore celui des Wahabites de Tlemcen, « la ville des marchands honnêtes », ou celui des Hafsides de Tunis — recrutaient des soldats dans les pays pauvres et peut-être déjà trop peuplés de la Chrétienté.

Pour les marchands, comme pour ces autres aventuriers, le but était toujours le même : accéder au précieux métal, soit en se louant — c'est le cas des mercenaires —, soit en échangeant les marchandises les plus diverses : tissus et autres, contre les monnaies ou la poudre d'or. À eux seuls, les traités commerciaux signés par les princes chrétiens avec les « rois » d'Afrique du Nord constituent tout un livre : le recueil classique de Mas-Latrie, publié en 1886, l'atteste : recueil très riche et cependant incomplet, comme les érudits s'en aperçoivent tous les jours. Sur cette vaste poussée, sur cette invasion à la fois catalane, marseillaise, génoise, vénitienne et même ragusaine, les archives d'Europe contiennent une masse de documents encore inédits. Dans ces villes marchandes, les chrétiens (sur le modèle de leurs colonies levantines) ont leurs quartiers avec de multiples privilèges et franchises, sans oublier, là comme ailleurs, leurs consulats. En 1573, quand don Juan d'Autriche s'installe à Tunis, ses soldats retrouvent dans la ville les citernes jadis construites par les Génois dans leur ancien fondouk.

Donc, toutes les marchandises que l'Europe pouvait fournir ou revendre affluaient dans les rues marchandes des villes nord-africaines. Il en résulta un large développement urbain du Nord-Afrique. Toutes ses villes firent craquer les anciens cadres politiques. Indépendantes, en fait, elles font souvent penser aux républiques italiennes du XIIIe siècle. C'est le cas d'Oran, de Tlemcen, de Tunis, de Tripoli ; ce fut, avant la catastrophe de 1415, le cas de Ceuta, cette grande ville. Mais, notons-le bien, ces villes grandissent alors sans commune mesure avec les pays qui les entourent. Elles sont un produit de l'économie mondiale, et c'est là leur fragilité secrète. Elles n'en sont pas moins pour l'instant rayonnantes. Comme on l'a dit, elles lient à l'histoire du Maghreb (ou plutôt à leur propre histoire), par-delà le Sahara, les lointains destins des villes et des royaumes de la grande boucle du Niger. Et elles sont liées à toute l'histoire de la Méditerranée. En Chrétienté, au bord de la mer, nul n'ignore leur existence. Leur réputation de richesse survivra même à leur prospérité. Quand les Espagnols enlevèrent Tripoli, en 1511, ils eurent le sentiment de saisir une ville de l'or et ne se détrompèrent qu'à la longue. Et, en 1573 encore — alors qu'aucune illusion sur place n'était possible —, don Juan d'Autriche, installé à Tunis et désireux d'y rester, s'imaginait (sans doute d'après de vieux documents hafsides) que la ville recevait chaque année de précieuses charges de poudre d'or de « Tivar ».

À cette date, il s'en fallait de beaucoup. Depuis les dernières décennies du XVe siècle, en effet, l'or du Soudan commence à ne plus parvenir, du moins en quantité aussi considérable, jusqu'aux villes de l'Afrique du Nord. C'est dire qu'au moment où s'épanouit la seconde génération des hommes de la Renaissance, la Méditerranée se voit brusquement privée d'une part importante de son ravitaillement en or. Et, donc, d'un élément moteur indispensable à sa vie économique. Du coup, la prospérité locale de l'Afrique du Nord s'effondre comme un château de cartes. Qui dira la brusque désolation de ses villes, cette misère si sensible, dès les premières années du XVIe siècle, qu'elle éclate même à travers les lignes d'un livre aussi terne que celui de Léon l'Africain ? Or, fait étrange, les historiens ne semblent avoir prêté aucune attention, jusqu'à présent, ni à cette crise générale de l'économie commerciale de la Méditerranée, ni même à cette crise locale de l'Afrique du Nord. Ernest Mercier, dans sa vieille et classique *Histoire*, parle bien de « féodalisation » du monde qu'il étudie, et ce mot mal choisi révèle sans doute que le malaise de l'Afrique du Nord, que l'effondrement des autorités constituées ne lui ont pas échappé. Mais la Méditerranée — qui nous l'a montrée, jusqu'à présent, en difficulté monétaire et commerciale ? Et surtout qui donc, ayant noté l'effet, a remonté jusqu'à la cause ? Qui donc s'est demandé ce qui pouvait bien s'être passé, au-delà du Maghreb, dans les profondeurs du continent noir ?

Ce qui s'est passé ? Rien. Rien qu'un tout petit fait insignifiant, dont personne n'a voulu voir, jusqu'à présent, les répercussions sur la vie profonde de la Méditerranée — et, donc, sur toute l'économie, sur toute l'histoire de l'Europe. Rien que ceci : en 1460, les découvreurs portugais atteignent les approches du golfe de Guinée — 1460, l'année même où mourut le grand promoteur : Henri le Navigateur. Dix ans plus tard, le golfe est reconnu jusqu'aux îles Fernando Po, à son extrémité orientale.

Les Portugais atteignent le golfe de Guinée. Et, sans doute, l'exploitation commerciale des arrière-pays ne commence-t-elle pas tout de suite. Cependant, dès 1482, San Jorge da Mina, factorcrie et forteresse à la fois, s'élève, et bientôt la Casa da Mina, centrale régulatrice du commerce de Guinée, fonctionnera. Par là s'amorce une véritable « capture » économique des trafics sahariens, une prise à revers et un détournement. Les Portugais se présentent sur la côte de la « Mine » avec des tissus, des *hambels*, les grosses et rustiques couvertures de l'Alentejo, et des bassins de cuivre fournis par le commerce anversois ; enfin, denrées plus précieuses encore, avec des chevaux et du blé marocains. Moyennant quoi, ils se procurent, en échange, des esclaves noirs et de la poudre d'or. Événement capital, événement de portée mondiale, les Portugais détournent à leur profit, sinon la totalité (Tlemcen, au temps des Turcs, frappera des pièces d'or jusqu'à la fin du XVIe siècle), du moins une grosse part du métal précieux produit par les orpailleurs soudanais. Ils y réussissent en poussant à travers les États et les tribus indigènes, entre le golfe et le bassin du Niger, des marchands à eux, agents politiques et aventuriers, découvreurs de routes et initiateurs de trafics, dont le rôle est immense : un siècle plus tard, une chronique des îles du Cap-Vert signalait encore le rôle de ces enfants perdus.

II

Voilà donc l'or soudanais dérouté vers l'Atlantique. Va-t-il, de là, prendre le chemin de l'Europe et de la Méditerranée ? Si oui, rien de changé, finalement, pour l'économie européenne, après les bouleversements initiaux de rigueur. Que l'or dont l'Europe a besoin dans le Levant lui parvienne par l'entremise des Maghrébins ou par celle des Portugais, peu lui chaut au total. Et l'histoire que nous reconstituons ne dépasse plus, en ce cas, les proportions de l'anecdote.

En fait, pendant quelques décennies, il en fut presque ainsi. L'or soudanais gagna Lisbonne — et, avec lui, d'autres produits d'importance, tirés eux aussi des côtes de Guinée : tel, pour ne parler que de lui, ce faux poivre, la *malaguette*, qui, par son plus bas prix, concurrença assez longtemps, sur la place d'Anvers, le vrai poivre « des îles ». Seulement, les navigateurs portugais ne cessaient pas pour autant de progresser vers le Sud. En 1488, ils doublaient le cap de Bonne-Espérance avec Barthélemy Diaz. En 1498, Vasco de Gama venait à Calicut, en reconnaissance ; en 1500, Álvarez Cabral y revenait en négociant ; en 1502-1503, le second voyage de Vasco de Gama s'accomplissait avec une grosse flotte marchande. Et, brusquement, tout un monde d'affaires et de transactions se révélait aux imaginations et aux convoitises portugaises.

Dès lors, le tableau changea. Au début, les navires arabes, chargés de poivre et d'épices, se laissaient bien capturer, sans bourse délier, par les Lusitaniens. Quand de telles surprises ne furent plus possibles, il fallut bien que ceux-ci se munissent d'argent pour acheter poivre, épices et perles des Indes. Cet argent, il était tout trouvé — cet or, plutôt, puisqu'il s'agit de l'or soudanais. Et voilà comment, au lieu d'animer le trafic méditerranéen, il prit la direction des pays nouveaux. Voilà comment il se trouva soustrait, dans une large mesure, par cette puissante dérivation vers l'Extrême-Orient, aux trafics anciens de la Méditerranée.

Bien entendu, le monde méditerranéen réagit contre cette crise. Ce fut là le rôle éminent des Génois. Quand il conviendra, plus tard, de lutter pour le poivre et les épices, la défense des positions anciennes sera faite par Venise et par les Soudans d'Égypte. Mais la première atteinte au monopole et aux équilibres de la Méditerranée est venue bien plus tôt de l'ouest — et à propos de l'or soudanais. C'est le mérite de Gênes, si mérite il y a, d'avoir, seule alors, cherché une solution antiportugaise. Ce sont les Génois, ne l'oublions pas, qui, en 1470, ont participé à la défense d'Arzila contre les Portugais ; surtout, ce sont les Génois qui, dès le milieu du XVe siècle, en se portant jusqu'à Sidjilmessa et au Touat, dans les profondeurs des routes transsahariennes, ont essayé de devancer les Portugais engagés sur les routes marines. Tout cela vainement, d'ailleurs. On n'évita point une crise générale de la prospérité méditerranéenne. Et comme tout se tient, comme l'or n'est pas seulement le moteur de l'économie, mais, par-delà, de toutes les activités sociales et de la civilisation elle-même — dans nos pays et suivant nos traditions et nos mentalités d'Occidentaux, s'entend —, cette crise entraîna bien d'autres conséquences que des conséquences proprement économiques. N'en indiquons, en passant, qu'une seule, minuscule.

Ce que compromit la disette de métal jaune, ce fut, en dernière analyse, l'éclat de la première Renaissance, inséparable de la santé et de la richesse des villes et des bourgeoisies, celles du grand commerce méditerranéen. Certes, la Méditerranée put alors se retourner vers une Europe en plein progrès technique, en pleine poussée d'activité minière. Mais dans quelle mesure ceci put-il compenser cela ? Et, également, en quoi les troubles économiques purent-ils aider à provoquer la vaste crise des guerres d'Italie ? Autant de questions que nul ne s'est posées. Qu'il faudrait qu'une histoire consciente de ses devoirs consente à se poser. En tout cas, c'est un fait, un fait hors de doute et qui semble rejoindre nos interprétations : un peu partout en Europe, et spécialement en Europe centrale, puis en Italie, on s'est préoccupé de frapper des monnaies d'argent. D'argent : ce substitut, cet *ersatz* de l'or.

Crise de l'or ; plus tard, crise des épices et du poivre : toutes deux auront porté des coups terribles, sinon définitifs, à l'économie méditerranéenne. Toutes deux, en dernière analyse, auront été surmontées. Il est bien vrai que les « galées » vénitiennes ne purent charger aucun sac de poivre ou d'épices, en 1504, sur les quais d'Alexandrie : même les marchands allemands, habitués du *Fondaco dei Tedeschi*, durent alors s'adresser, pour leurs achats, à Francfort et à Anvers. Mais la crise, très aiguë au début du siècle, fut de courte durée. Pourchassé, gêné, maltraité, le commerce arabe de l'océan Indien réussit à se maintenir quand même, et l'on revit sur les quais de Tripoli et d'Alexandrie, en quantité, le poivre et les épices. Impossibilité de fermer l'océan Indien aux navires arabes, en raison des facilités (non gratuites) laissées par les autorités portugaises à ce commerce ancien ? Ou bien qualité supérieure des marchandises ainsi transportées par les vieilles routes du Levant, le poivre qui se vendait à Venise n'ayant pas subi, au long d'un interminable voyage maritime, les lentes dégradations que devait subir la marchandise portugaise, achetée d'ailleurs, au point de départ, par des agents généralement moins experts que les marchands arabes ? Ajoutons aussi : politique de hauts prix pratiquée par les Portugais et les négociants, maîtres à Anvers du commerce du poivre : elle ne dut pas peu contribuer à sauver la situation compromise du commerce du Levant. Peu importe ici. L'essentiel pour nous, c'est qu'un commerce du Levant se soit maintenu à l'extrémité de la Méditerranée, et dans des conditions conformes à celles du passé : l'Est de la mer demeure une porte de sortie obligée pour les métaux précieux. Comment fut-ce possible ? Quand le monde méditerranéen réussit-il à surmonter la crise métallique dont il souffrait ?

On peut le dire à coup sûr : ce fut quand l'argent d'Amérique vint remplacer l'or soudanais déficient. Ce fut quand, en Espagne, à Séville, les Méditerranéens trouvèrent le métal blanc qui sauva leurs trafics. Mais le trouvèrent-ils tout de suite ?

III

Les premiers envois de métaux précieux, or et argent (car il y eut des envois d'or américain jusque vers 1550), parviennent en Espagne au début même du siècle. Mais ils ne prennent leur pleine importance qu'à partir de 1550 environ. Dès lors, les arrivées de métal blanc ne cessent d'augmenter, au cours du siècle, de façon quasiment régulière. Elles atteignent leur plafond de 1580 à 1640, durant la grande période impérialiste de l'histoire d'Espagne.

L'attirance de Séville — où fut établie, en 1513, la *Casa de la contratación* — fut tout de suite énorme. Parmi les marchands les plus actifs de la grande ville figurèrent, dès le début, des Italiens de toutes les cités marchandes de la péninsule, et principalement des

Génois. Il est donc à présumer que, très tôt, le métal blanc espagnol dut entrer, licitement ou non, dans le circuit européen. On ne saurait dire, évidemment, dans quelles proportions, ni au prix de quelles difficultés. Le mouvement des *Comuneros*, d'inspiration xénophobe, s'était élevé avec violence contre l'exportation de métal précieux au bénéfice de l'étranger. Les Cortes agirent toujours dans ce sens. Charles Quint n'eut garde d'aller, au moins jusque vers le milieu du siècle, contre ce fort mouvement de l'opinion publique en Castille. En outre, si les Génois (car c'est d'eux surtout qu'il s'agit) ont financé le développement de Séville vers le début du siècle, s'ils ont puissamment contribué au développement de la métropole du négoce américain, mis au point par un système de change, de prêt d'argent et de commerce à longue distance (par-dessus l'Océan) et, par suite, à longue durée — ils n'ont pas pour autant participé immédiatement aux prêts à la Couronne, seules opérations financières qui pussent permettre de tirer, en grande quantité, le métal précieux hors d'une Espagne terriblement cadenassée. En fait, les grands prêts génois à Charles Quint ne commencent guère qu'avec le milieu du siècle. Ils ne se substitueront aux prêts des Fugger et des autres banquiers de haute Allemagne que sous le règne de Philippe II, au-delà de la première banqueroute espagnole de 1557. Ajoutons aussi que ce n'est guère avant les années 1552 que le gouvernement de Charles Quint a laissé sortir d'Espagne de grosses sommes d'argent monnayé. Tout ceci laissant à penser qu'il y eut un certain retard dans les arrivages massifs de métal précieux en Méditerranée.

D'autant que l'argent espagnol, quand il sort à flots d'Espagne et qu'il nous est relativement facile d'en suivre les voyages européens, ne prend pas le chemin direct de la Méditerranée : jusqu'aux années 1560-1570, il suit, à sa sortie d'Espagne, le trajet maritime de Laredo ou d'un des ports voisins de la côte cantabre jusqu'à Anvers. Entre ces deux villes coule un fleuve d'argent d'une importance extrême pour la vie économique de l'Europe entière — encore qu'au-delà d'Anvers on ne puisse tracer avec sûreté les méandres multiples de son cours. Mais cette existence d'un maître courant de Laredo à Anvers est de capitale importance. Tous les contrats, tous les *asientos* conclus entre les marchands et le Roi Catholique fourniraient, si besoin en était, des indications sur cette importance. Régulièrement, les maîtres de l'Espagne livrent à Laredo des quantités d'argent en compensation d'avances qui leur sont faites sur les places du Nord, presque toujours à Anvers, ou quelques rares fois, et pour des sommes beaucoup moindres, sur des places telles que Milan ou Naples. Ainsi le prouveraient deux *asientos* de 1557, que l'on peut prendre comme exemples : ils furent conclus au lendemain de la première banqueroute de l'État espagnol, en mai 1558, entre Philippe II d'une part, et deux banquiers génois, Nicolò Grimaldi et Costantino Gentile, de l'autre. Nous savons aussi que les Fugger, fermiers en Espagne des mines de mercure d'Almadén, des mines d'argent de Guadalcanal et des territoires des Ordres (les *Maestrazgos*), trouvaient des facilités officieuses pour sortir de l'argent d'Espagne par le chemin du Portugal, grâce à l'intermédiaire de négociants juifs intéressés au commerce des Indes portugaises. Ceux-ci, particulièrement désireux d'obtenir du numéraire, offraient, en compensation, des lettres sur Anvers. Donc, à côté du grand courant officiel, imaginons par l'Atlantique un mouvement considérable d'argent et de capitaux de la péninsule Ibérique jusqu'à la grande plaque tournante d'Anvers.

Mais, à partir de 1568, la lutte économique et politique entre Philippe II et l'Angleterre dégénère en guerre maritime. Il était trop tentant, il était trop facile aux navires anglais, dans la Manche ou dans la mer du Nord, de se saisir au passage des gros navires ronds de Biscaye, des *zabras* qui transportaient vers le nord des laines espagnoles et, par masses de cinquante à deux cent mille ducats et davantage, le précieux métal blanc d'Amérique. On peut suivre au jour le jour, à l'aide des lettres des ambassadeurs espagnols à Londres ou de la correspondance détaillée du duc d'Albe aux Pays-Bas, les incidents de cette guerre, coupée de négociations et de menaces, et qui, finalement, malgré les désirs et les ordres formels de Philippe II, ne conduisit pas à la vraie guerre. Les zabres biscayennes n'en étaient pas moins très souvent arraisonnées, conduites dans les ports anglais et délestées de leurs précieuses cargaisons. Si l'État anglais, jusque-là emprunteur de capitaux sur la place d'Anvers, se décide, après remontrances, conseils et peut-être manœuvres de Thomas Gresham, son agent auprès des négociants anversois, à vivre du crédit de ses propres marchands, remarquons qu'il a pris, au préalable, ses précautions : l'argent des *naves* ne sera jamais rendu. D'ailleurs, cet abandon n'est-il pas un signe précurseur de la décadence d'Anvers ? La piraterie anglaise avait porté un coup décisif à la grande navigation biscayenne, qui décline de façon quasi complète, après l'échec de la tentative maritime de Pero Meléndez en septembre 1574. À Burgos, les papiers du Consulado indiquent un arrêt des affaires avec le dernier tiers du siècle. En arrière de Burgos, les foires de Medina del Campo perdent, au-delà de 1575 (qui est aussi l'année de la seconde banqueroute espagnole), toute signification internationale. Autant dire qu'alors se trouve menacée cette antenne tendue de l'Espagne aux Pays-Bas — toute cette large et puissante poussée de la Péninsule jusqu'aux mers du Nord, dont le rôle a été immense dans l'histoire de la grandeur de l'Espagne.

Un âge de la finance impériale espagnole est révolu — un âge aussi de l'économie du monde. Aussi bien, si le gouvernement anglais ne vient plus puiser à l'étonnante source qu'avait été jusque-là la Bourse anversoise ; s'il se limite, de-ci, de-là, à de petits emprunts ou à de maigres remises d'argent à Brême ou à Hambourg, c'est que, par son intervention et par l'extension de la guerre protestante sur les mers du Nord et sur toute l'étendue de l'Atlantique, des rives d'Europe aux rives d'Amérique, tout est compromis du système de circulation des métaux précieux. À leur traditionnel point d'arrivée, à Anvers, les jours de splendeur sont définitivement passés. Ce n'est pas une ville vivante, en pleine sève, c'est une ville à moitié ruinée que détruira le « sac » de 1576. De même, vers cette époque, s'arrête l'étonnante prospérité de Lyon, liée, comme nous l'indiquent les textes, non pas tant à la Méditerranée, mais au centre anversois dont, à bien des égards, elle fut un relais — liée aussi, certains documents l'affirment, au commerce clandestin de l'argent à travers les Pyrénées ou par l'intermédiaire de certains ports, comme Rouen.

Que cette crise ait eu des conséquences sur le plan impérial pour l'Espagne, le contraire surprendrait. Dès avant que la grande lutte ne soit engagée entre le monde protestant et l'Empire hispanique, ce dernier se voit en partie coupé des Pays-Bas, du moins en ce qui concerne la route océane. Impossible, dorénavant — mille témoignages le disent —, d'y faire passer de l'argent avec la facilité d'autrefois. Vers 1578, on recourt même au moyen désespéré de faire passer de Gênes aux Pays-Bas des hommes sûrs, portant, cousues dans leurs vêtements, les précieuses pièces de monnaie.

En 1575, au lendemain de la seconde banqueroute, le trajet est si peu sûr que, Philippe II disposant de trois à quatre millions de ducats en argent comptant dans la Péninsule, aucun marchand ne veut prendre à son compte le risque de les faire parvenir par mer jusqu'aux Pays-Bas, et un prêt obtenu des Fugger avec des transferts en direction de Lisbonne n'empêchera pas de se produire la catastrophe depuis longtemps entrevue : cette « bolchevisation » de l'armée espagnole des Pays-Bas, comme le dit Carlos Pereyra, son émiettement en « soviets », en républiques de soldats pillards, obligés et heureux de vivre aux dépens de l'habitant. Le coup reçu n'était-il pas de ceux dont on se relève difficilement ? En perdant la libre utilisation des chemins maritimes menant vers le nord, l'Espagne était privée d'un des grands atouts de la guerre pour les riches et puissants pays du sud, qui ne pouvait être et ne fut qu'une guerre pour la domination de l'Europe et du monde. Dès cette époque, l'Espagne fut condamnée à y mener une guerre tout spécialement coûteuse, tant il était devenu onéreux et difficile, pour elle, d'y transporter de l'argent ou d'y conduire des soldats.

En tout cas, et c'est l'intéressant pour notre recherche, la rupture de la route atlantique de l'argent espagnol en Europe allait mettre progressivement en valeur une autre route de distribution, une route supplétive, méditerranéenne celle-là, le plus souvent la route maritime de Barcelone à Gênes. Elle prend son ampleur avec les années 1570-1575.

Le rôle qu'avaient joué, au départ, les zabres biscayennes dans la distribution européenne du métal blanc, revint, dès lors, aux galères du Roi Catholique. Les convois de galères de la côte d'Espagne aux ports d'Italie emportent en « s'engoulfant » de lourdes caisses de monnaie frappées au coin d'Espagne. Voyages sans incident au demeurant, jamais troublés par les corsaires, pas toujours signalés d'ailleurs par les documents des séries politiques. On ne saurait donc dire avec certitude quand ces envois ont commencé. Il y faudrait de très longues et d'heureuses enquêtes. On ne saurait établir non plus, textes en main, le volume ou même la régularité — très probable — de ce trafic. Car l'argent, s'il entre en Espagne quasiment par la seule grande porte de Séville avec assez de discipline, n'a jamais connu, pour en sortir, une voie exclusive. Et il faut, ici plus que jamais, tenir compte des sorties secrètes, des cent chemins de la fraude. Mais un fait semble hors de contestation : ces envois, par voie méditerranéenne, deviennent visibles pour l'histoire au-delà des années 1570-1575. Jusque-là, à travers d'assez nombreux documents, on ne trouve mentionnés que de petits envois. Par exemple, en 1568, une remise d'argent au duc de Toscane, en paiement de la solde due par le Roi Catholique pour les galères toscanes qui lui sont louées : envoi difficile d'ailleurs, aboutissement de multiples démarches, preuve supplémentaire de la difficulté qu'il y avait, en ces années-là, à sortir de l'argent d'Espagne au vu et au su de tout le monde, en direction de la Méditerranée. Au-delà de 1570-1575, au contraire, les témoignages sur ce trafic se multiplient. Et il se trahit par ses conséquences mêmes, qui sont grandes.

Ou je me trompe fort, ou la substitution de la route Barcelone-Gênes à la route Laredo-Anvers est un des grands événements du siècle finissant. Tout le gros livre d'Ehrenberg, si touffu, si riche de petits faits, en somme si noyé dans « l'événementiel », comme disait Simiand, s'en trouve éclairé dans sa profondeur. Les catastrophes d'Anvers et de Lyon, le déclin énigmatique de Medina del Campo et de toutes ces villes liées au détour nordique ; de plus, la montée compensatrice des banquiers génois, la mise en place par eux, à partir de 1579, de la grande machinerie des foires de Besançon (celles-ci remontant plus haut dans le temps, mais qui, à partir de 1579, tout en conservant leur ancien nom, s'installent à Plaisance) ; tout ce bouleversement de la vie économique et de la richesse de l'Europe est lié au changement de la porte de sortie de l'argent espagnol. Ce qui revient à dire qu'il est important, maintenant qu'on sait, par les travaux d'Earl J. Hamilton, comment l'argent américain est entré dans la Péninsule, de préciser pour la grande histoire quand et par où il en est sorti. Ce qui revient à dire aussi qu'au-delà des opérations bancaires et de leurs écritures savantes, qui ne sont pas tout, l'essentiel a été peut-être la circulation réelle des métaux précieux. Vérité qu'on pourrait qualifier de banale si elle n'était souvent perdue de vue.

Et, sans doute, resterait à résoudre en lui-même le problème ainsi posé. Il est symptomatique de voir sinon se fermer, du moins se hérisser de difficultés les grandes routes de l'Océan au moment précis où la Méditerranée reprend ce qu'il n'est pas trop fort d'appeler une revanche. Et il est non moins symptomatique de voir l'Océan peu à peu gagné par les guerres religieuses — ces guerres, que de vieilles habitudes nous font situer uniquement sur le continent, aux Pays-Bas d'abord, puis en France — tandis qu'au même moment et en sens inverse, la Méditerranée passe de la guerre à la paix — puisque prend fin, à partir de 1574, le conflit qui oppose le Turc à l'Espagnol. Guerre sur l'Océan, paix en Méditerranée : on pense bien que les conséquences de ce double fait, et en particulier celles du retour de la Méditerranée à une vie pacifique, à un moment où l'argent d'Amérique afflue dans son économie, n'ont pas été négligeables. Par là s'est trouvée provoquée une hausse des prix plus générale et plus rapide que par le passé. Par là s'est préparé un retour général à la prospérité, à la force, à la santé des pays méditerranéens. Véhicule : la monnaie d'Espagne. Elle inonde, dès lors, tous les pays riverains du grand lac méditerranéen. Plus spécialement, l'écu d'or, créé par Charles Quint en 1537 (monnaie de compte parfois, mais le plus souvent monnaie réelle), et la pièce d'argent de huit (*de a ocho reales*). À Tunis, comme à Alger, comme en Turquie, c'est en monnaie d'Espagne que sont stipulés les montants des sommes à payer pour les rachats des captifs. De même, pour ne citer que quelques exemples typiques, en 1581, le 7 février, quand le gouvernement espagnol conclut avec le sultan une trêve de trois ans, par l'intermédiaire de Giovanni Margliani — le Mariglian des avis français —, les paiements pour les « présents » sont faits en bon argent d'Espagne, en écus « coing d'Aragon », précise une correspondance française. À Raguse, l'habitude n'est pas, chez les grands marchands, d'aller eux-mêmes dans le Levant : ils s'y font représenter par un fils, un associé, un facteur — qui, au départ, pour toute marchandise, n'emportent souvent avec eux qu'une bourse bien garnie. Or, le contenu de ces bourses fait parfois l'objet d'un inventaire détaillé, pièce à pièce, et certains de ces inventaires ont été transcrits sur les registres des *Diversa de Foris* au palais des Recteurs. Occasion pour nous de voir passer, avec la fin du siècle, mêlées à d'autres monnaies (ainsi, une fois aux *soltanini* d'Alep), les pièces espagnoles de huit. Dernier exemple : un rapport anglais de 1584 signalait les réaux d'Espagne comme la monnaie courante d'Alexandrie d'Égypte et la meilleure que l'on puisse y porter... Le fait est donc indéniable : toute la Méditerranée est alors tributaire de la monnaie espagnole.

Aussi bien, si l'activité des banquiers génois — le XVIe siècle est, dès lors, leur siècle et non plus celui des Fugger — a pu se maintenir, et de façon prospère, jusqu'au voisinage des années 1640, malgré les banqueroutes successives, et pour ainsi dire régulières, de l'État espagnol : 1596, 1607, 1627, 1647, ce n'est pas seulement, comme le dit Ehrenberg, par suite de leur habileté, de leurs « bonnes mains » distribuées de façon opportune, ou, comme le prétendaient leurs rivaux de l'Allemagne méridionale, parce qu'ils négocient beaucoup plus avec du papier qu'avec de l'argent comptant. Sans doute, le mot de « banqueroute » peut-il induire en erreur : il s'est beaucoup plus agi de conversions de dettes que de vraies banqueroutes. Pour se libérer d'engagements trop lourds, le gouvernement espagnol, chaque fois, a remboursé ses créanciers à court terme en *juros*, c'est-à-dire en rentes perpétuelles sur l'État, son grand bénéfice étant de faire accepter ces rentes au pair, alors que, sous Philippe II, elles étaient à peu près constamment dévaluées de 50 %. Payés avec de tels papiers, les Génois auraient dû être paralysés dans leurs affaires. Mais ils avaient la ressource de payer de la même monnaie leurs propres créanciers — et c'est un avantage auquel ils ne renoncèrent jamais. Dès 1575, les Génois d'Espagne profitaient même de leur situation pour arranger leurs affaires au détriment des Génois de Gênes. Reconnaissons-le pourtant : ces moyens n'auraient pas suffi. Ce qui sauve les banquiers génois dans leur périlleuse et spéculative industrie, ce n'est ni leur habileté, ni l'arbitrage qu'ils exercent par leurs foires sur le mouvement général des capitaux en Europe ; c'est qu'en processions régulières, malgré la course anglaise et hollandaise, les galions chargés d'argent, formés en longs convois, ne sont qu'exceptionnellement arrêtés dans leur traversée de l'Atlantique, et qu'ils arrivent jusqu'aux quais de Séville. Il y a de grosses alertes, des lenteurs invraisemblables, des difficultés sans nombre et des surprises. Mais la liaison se maintient. D'elle tout a dépendu.

Les magnifiques travaux d'Earl J. Hamilton ont établi que le métal blanc d'Amérique ne cesse de parvenir de façon massive en Espagne (ajoutons, pour notre part, au-delà de l'Espagne, en Méditerranée) qu'avec les années 1640-1650. Il est donc toujours possible aux banquiers génois de continuer leur jeu spéculatif. Jeu profitable, puisqu'il consiste, en tout et pour tout, à faire à travers l'Europe, pour le compte du Roi Catholique, les paiements qu'exige la politique universelle de l'Espagne ; et à les faire non sans bénéfice, avec toujours, en définitive, la perspective d'être remboursés en argent comptant. Seule la fin de l'arrivée des galions d'argent aura signifié la fin irrémédiable de Gênes. Et la non moins irrémédiable liquidation de ses foires internationales. Quel beau livre il y aurait à écrire, au delà du *Zeitalter der Fugger*, de Richard Ehrenberg, sur ce siècle qu'il a mal vu pour sa part, et qui fait suite à celui des Fugger, le siècle des grands banquiers génois, arbitres eux aussi, à leurs heures, des destinées du monde et ouvriers, s'il en fut, de la grande histoire ! Mais leur règne, la façon dont ils ramènent de Besançon à Poligny, puis à Chambéry, à Ivrée, à Asti et, finalement, à Plaisance, le siège de leurs foires et, avec lui, le centre financier du monde, tout ce glissement vers le sud et cette primauté, n'est-ce pas une revanche de la Méditerranée ? Et leur chute, n'est-ce pas sa chute ? La Méditerranée n'est-elle pas liée comme Gênes, et pour les mêmes raisons, à l'argent d'Amérique ?

Il est curieux, en tout cas, de remarquer que la décadence de la Méditerranée, signalée si tôt par des historiens de bonne foi (qui, souvent, n'ont qu'une excuse, celle de répéter leurs prédécesseurs), ne s'est pas vraiment manifestée avant le milieu du XVIIe siècle. C'est au voisinage de ce terme, marqué par les réalités de l'histoire des métaux précieux, qu'on peut parler d'une décadence de l'Espagne (songeons à la révolte de la Catalogne, en 1640, à la révolte plus grave encore, puisque définitive, du Portugal, cette même année 1640). De même peut-on dès lors parler d'une décadence de l'Italie, voire d'une décadence de l'Empire ottoman, monde, il est vrai, beaucoup plus fruste, plus proche de l'économie naturelle et, par suite, plus résistant que les pays compliqués et enrichis de l'ouest de la Méditerranée. On peut aussi parler d'une décadence du commerce du Levant. Les Hollandais, maîtres de l'océan Indien, en sont, nous dit-on, les ouvriers responsables. Sans doute. Mais le manque de métaux précieux ?

Décadence de la Méditerranée ? Oui. Mais, au-delà, plus qu'on ne le pense, décadence et gêne de l'Europe entière. Earl J. Hamilton pense que l'Amérique coloniale, en se peuplant, en s'équipant, a absorbé des quantités de plus en plus grandes de numéraire. Il pense également que les mines se sont peu à peu épuisées, que leur exploitation, voire le transport du métal se sont avérés, avec le temps, trop onéreux — la fraude et l'incurie gouvernementale y aidant —, enfin, qu'une partie du métal blanc américain a déserté peu à peu l'Atlantique et gagné le Pacifique par la flotte qui part du port « mexicain » d'Acapulco à destination de Manille, où viennent le chercher les jonques chinoises. Hypothèses, sans doute ; mais c'est un fait que les sources d'argent américain se sont taries — qu'en 1647, le gouvernement espagnol supprimait sa flotte de Barlovente à l'entrée de la mer des Antilles, la garde de cette mer devenant inutile. À distance, répétons-le, ce n'est pas seulement la Méditerranée qui se trouve condamnée à un destin moins brillant. C'est le reste de l'Europe. Au siècle des Génois (1550-1630) va succéder le siècle de Colbert, qui n'est pas un siècle de prospérité.

Celle-ci reviendra. Et, une fois de plus, en partie, grâce à l'Amérique. Longue histoire que l'on s'excuse d'aborder ainsi, d'un mot, à titre d'exemple analogue, et ne serait-ce qu'en souvenir de Marc Bloch lui-même, qui y fut attentif dans les dernières années de son enseignement. Dès la fin du règne de Louis XIV, n'avait-il pas signalé un retour à la prospérité ou, du moins, les prémices de ce retour ? Ne pouvons-nous pas y voir un nouveau don de l'Amérique à l'Europe : un don, non plus d'argent, cette fois, mais, à nouveau, d'or, l'or de Minas Gerais, tiré du cœur même, du cœur continental du Brésil ? De l'or : et l'on sait que sa puissance est démultipliée par rapport à celle de l'argent. De l'or : et c'est justement dans les dernières années du XVIIe siècle qu'il apparaît. Nous n'allons pas dire, bien sûr, que c'est lui, lui seul, qui a lancé le XVIIIe siècle. Mais nous dirons, une fois de plus, que les vicissitudes de la monnaie n'intéressent pas que la seule histoire économique. C'est l'histoire totale des sociétés et des civilisations qu'elles contribuent à éclairer puissamment. Elles ont valeur de signe. Elles ont valeur de cause.

Résumons : premières années du XVIe siècle : l'or du Soudan, déjà détourné par les Portugais de ses chemins directs vers la Méditerranée, se trouve lancé sur des voies nouvelles, en direction de l'océan Indien. Et, comme par hasard, la première Renaissance italienne s'étiole, périclite et pâlit.

Trente ans : et voici qu'affluent en Europe les

métaux d'Amérique, retransmis par Séville. Comme par hasard également, la puissance espagnole s'affirme et s'épanouit. Les Génois y travaillent, qui ont pris position dès l'origine, contre les Portugais, et, bientôt, supplantent les banquiers d'Augsbourg. Mais, d'ailleurs, si la Méditerranée bénéficie de l'argent espagnol, elle ne le reçoit pas toujours directement. La grande voie par où se répand la manne, c'est la voie océanique. La voie de Laredo à Anvers. Par là ne cessent de couler les flots d'un Pactole qui arrose à la fois la sécheresse d'Espagne et le gras pays des Flandres.

Jusqu'au jour où cette voie est coupée. Où Anvers, par suite, commence à se flétrir. Où Medina del Campo s'étiole. Où Lyon cesse d'être la ville triomphale des foires. Où l'Espagne se voit coupée des Flandres par mer. Mais où, par contre, la route maritime de Barcelone à Gênes prend sa vigueur. Où les pièces d'Espagne conquièrent la Méditerranée tout entière. Et prolongent sa prospérité jusqu'au milieu du XVIIe siècle... Jusqu'à l'heure où (peut-être drainé vers Manille, peut-être absorbé sur place par l'Amérique en progrès) le métal blanc cesse d'inonder la Méditerranée et, par elle, l'Europe. Déclin, décadence. Il n'y sera remédié, à la veille du XVIIIe siècle, que par un afflux nouveau de richesse monnayée. Par un afflux d'or : celui des mines brésiliennes. Des « Mines Générales ».

Ainsi se rythment les chapitres de l'histoire du monde. À la cadence des fabuleux métaux.

CHAPITRE II

AUTOUR DE LA CIVILISATION MATÉRIELLE ET DU CAPITALISME

*Les textes qui suivent sont directement liés à l'ouvrage sur le capitalisme * que Fernand Braudel, à son habitude, a mûri des années durant. Ils ne constituent pas cependant des extraits du livre publié en 1967 et 1979.*

---

* *Civilisation matérielle, Économie et Capitalisme (XVe-XVIIIe siècle)*, 3 volumes, Armand Colin, 1967 (tome I), 1979 (tomes I, II, III).

I

EXPANSION EUROPÉENNE ET CAPITALISME (1450-1650) *

Cet essai fait partie d'un volume intitulé Chapters in Western Civilization, *publié en 1961 par l'université new-yorkaise de Columbia à l'usage de ses étudiants. Le texte français est resté longtemps introuvable, l'auteur l'avait inutilement recherché pour répondre à des demandes de traduction. Mais récemment (1996), l'essentiel, un peu méconnaissable au premier abord parce que les deux premiers feuillets manquent, en a réapparu, au milieu de quelques doubles non répertoriés, lors du classement général des Archives de Fernand Braudel. On a bien entendu ajouté au texte reproduit ci-dessous la traduction des pages manquantes.*

Une édition en langue allemande, établie à partir du texte anglais, a été publiée dans les années soixante-dix avec l'autorisation de l'auteur.

Les années 1450-1650 ont été pour l'Europe une époque glorieuse, sous le signe d'une vive expansion, économique et démographique, et de la victoire de

---

* Article publié sous le titre « European Expansion and Capitalism : 1450-1650 », dans *Chapters in Western Civilization*, Université de Columbia, New York, 1961. Texte français inédit. Archives Fernand Braudel.

l'Europe dans l'organisation de la première économie à échelle mondiale — une économie qui, bien que fragile à ses débuts, s'est avérée capable de résister aux épreuves futures. Ce premier système économique qui, plus tard, devait se développer dans le capitalisme moderne — objet essentiel de cet essai — s'est mis en place face à des horizons nouveaux et élargis. Notre tâche sera de retracer aussi clairement que possible des destins compliqués, qui parfois s'influencent les uns les autres directement, mais qui, souvent, se développent indépendamment, côte à côte.

En se plaçant sur ce terrain souvent plus familier dans ses détails que dans ses traits d'ensemble, il sera bon de marquer d'entrée de jeu, avec clarté, combien les observations situées dans le long terme se distinguent des phénomènes de court terme, domaine des économistes. On ne peut pas plus les confondre que la rougeole et la peste bubonique, pour reprendre la formule imagée d'Ernst Wagemann.

En histoire, rien n'est plus vrai, et les grands historiens l'ont toujours su : un acteur, qu'il soit prince, monarque ou simple homme d'affaires, peut gagner dans le court terme pour perdre dans le long. Les victoires à la Pyrrhus sont proverbiales. L'historien n'est pas surpris si le tableau qu'il reconstruit change inévitablement, et du tout au tout, lorsqu'il veut le jauger par siècles entiers au lieu de compter le temps année par année et décennie par décennie. Ici aussi, l'échelle que nous adopterons déterminera tout. Si l'on considère les deux siècles qui s'étendent de 1450 à 1650 comme une seule entité, ainsi qu'on le tentera ci-dessous, une histoire de longue durée émerge, dont les effets se marquent lentement, mais puissamment. Les détails sont oblitérés quand on dessine les grandes lignes de l'évolution majeure. Si, au contraire, on s'intéresse seulement à la Renaissance, au sens traditionnel et étroit du mot, on devra immédiatement se concentrer sur des observations restreintes, en se plaçant peut-être aux côtés de Laurent le Magnifique (1448-1492), durant sa courte existence vécue presque entièrement à Florence — ville qui mérite de focaliser pleinement l'attention —, tout comme au théâtre, on utilise un projecteur pour mettre en relief un détail, un personnage, une couleur, ou un moment particulier dans le déroulement du spectacle.

Ces remarques serviront d'introduction à un plan simple, bien qu'un peu arbitraire. Nous considérerons d'abord l'ensemble de cet immense drame que j'ai fréquemment appelé le « long XVIe siècle », car en fait il couvre une période de deux cents ans : comment en établir le bilan ? Quels sont ses *trends* généraux ? Dans quelles directions vont-ils ? Ensuite, nous plaçant dans le court terme, nous étudierons son évolution et les différentes étapes repérables dans les diverses périodes que couvre l'ensemble.

En somme, il y a deux grands courants de développement que nous regarderons séparément, tout en les reliant autant que leur nature le permet, car ils se développent simultanément, se rapprochent l'un de l'autre et se mêlent en certains points de jonction. Si l'on veut suivre, à partir de ses nombreuses sources, l'histoire de la naissance du monde moderne, dont l'Europe a été l'acteur principal mais non unique, il faut nécessairement passer d'un niveau à l'autre et d'une scène à l'autre.

TRENDS SÉCULAIRES ET BILANS À LONG TERME

Notre attention ira d'abord à l'immense panorama du « long » XVIe siècle. Pour y reconnaître les lignes de partage des eaux et les vagues de fond, nous devrons nous orienter avec soin et en distinguer les réalités essentielles.

Navigation et unité du monde

La première remarque à faire est sans doute que le XVIe siècle a brusquement découvert l'immensité du monde, que l'espace où il s'insère est devenu beaucoup plus vaste qu'avant lui. Parlant de la glorieuse Europe du XIIIe siècle, nous aurions eu surtout à mettre en cause l'Europe elle-même, ses terres méditerranéennes et leurs multiples rivages, les pays du Proche-Orient et les routes, ou de terres ou d'eau, allant vers la Chine et l'océan Indien. Cette fois, le monde entier est notre espace, la scène théâtrale immense à mettre en cause. La modernité, c'est la première unité du monde, le globe terrestre saisi dans une aventure commune, si fragile que soit encore cette vie communautaire. Cette transformation révolutionnaire a été souvent expliquée. D'un monde cloisonné, nous voilà parvenu à un monde qui tend vers l'unité. Il y avait jusque-là plusieurs planètes, il n'en subsiste plus qu'une seule, qui les réunit toutes, ou du moins essaie de les réunir toutes. Comment cette transformation a-t-elle été possible, puis conduite ? Voilà la première grande question.

Si nous demandions la réponse aux histoires générales et aux manuels scolaires, elle serait à chercher aussitôt dans l'habituel chapitre consacré aux *grandes découvertes maritimes*. Christophe Colomb (1451-1506), Vasco de Gama (1469 ?-1524) et Magellan (1480-1521) en sont les héros nécessaires, Christophe Colomb étant, à juste titre, le plus célèbre des trois. Un jeune historien enthousiaste, Pierre Chaunu, taxait récemment la découverte de l'Amérique de plus grand événement de l'histoire des hommes, en attendant les prochains voyages interplanétaires. Sans doute a-t-il raison d'élever le ton et si l'histoire du Génois nous était à nouveau contée, chacun y prendrait un vif plaisir. Malgré sa brièveté, elle éclaire la masse entière de cette transformation révolutionnaire. Il est vrai, mais enfin les héros ne sont jamais seuls, il y a les autres hommes, sans qui leurs exploits ne seraient pas toujours possibles et ces exploits ne sont eux-mêmes que quelques repères dans une vaste histoire, lente toujours à se mettre en place. Les découvertes ont commencé bien avant le voyage de 1492 ; elles se poursuivent bien au-delà du périple de Magellan, et même du « long XVIe siècle ». L'homme a mis des siècles à découvrir et à inventorier la prison où il vit et dont il essaie, aujourd'hui, de franchir, enfin, les limites.

Cette longue histoire implique une longue observation. Il faut tout d'abord, et naturellement, essayer de fixer la situation dont on est tant bien que mal parti ; présenter à la fois l'Europe et les autres continents, c'est-à-dire l'ensemble des hommes, puisque l'aventure intéresse cet ensemble, et non la seule Europe.

À point nommé, un document, simple, très parlant, nous viendra en aide : il permet de faire rapidement le point avant les bouleversements que vont entraîner les Grandes Découvertes. Il s'agit d'une carte du monde vers 1500 (date grossière), dressée par l'anthropologue américain W. Gordon Hewes [1]. Acceptons ses simplifications et ses décisions : à l'en croire, l'ensemble des hommes se partage entre 76 personnages collectifs — civilisations ou cultures [2] —, chacun ayant son logement. D'où les 76 petites cases qui morcellent les terres émergées, s'adjoignant parfois de vastes espaces maritimes supplémentaires. Dans ce décompte, l'Europe figure pour trois personnages de la catégorie *civilisation* : la civilisation dite méditerranéenne ; l'occidentale et nordique ; l'orientale, c'est-à-dire essentiellement la civilisation grecque. Ce simple énoncé nous indique que notre cartographe n'est pas attentif aux unités politiques, mais aux unités culturelles. Sinon, il aurait parlé, autour de la Méditerranée orientale, non pas de civilisation grecque et de civilisation musulmane, mais bien de l'Empire turc qui en a subjugué d'immenses territoires, s'étant installé à Constantinople en 1453.

Par « civilisations », entendez des sociétés développées, avec des réseaux urbains importants, des agricultures évoluées et de fortes densités de population (Europe occidentale, plus de 20 habitants au km^2 ; Chine, un peu moins de 20), les cultures disposant seulement de populations très clairsemées, au niveau de vie souvent élémentaire. Cependant celles-ci l'emportent sur celles-là. Dans notre décompte, elles sont 59 contre 17 et occupent la majorité de l'espace terrestre avec leurs peuples vivant de la cueillette, de la pêche, de la chasse, de l'élevage, voire d'une agriculture intermittente. Les civilisations, au contraire, sont resserrées sur des territoires exigus, exigus bien entendu si on les juge aux dimensions du globe. Mais il est bien évident que ce sont elles les gros personnages de l'histoire des hommes... Ne disposent-elles pas du nombre, outil à quoi rien ne résiste ? Sur leurs territoires étroits, depuis le Japon jusqu'aux civilisations précolombiennes, se situent les villes, les zones surpeuplées, la majorité des hommes, les techniques, les industries les plus avancées. Vérité du XVIe, mais vérité encore du XXe siècle : aujourd'hui (1961) sur les 3 milliards d'êtres que compte l'humanité, 2 100 millions vivent dans des zones de fort peuplement (plus de 190 habitants/km^2), mais exiguës, 11 millions de km^2 sur les 150 millions que mesurent les terres émergées. Les terres très peuplées au XVIe siècle doivent occuper un espace assez voisin, 10 millions de km^2 peut-être.

Mais peuplée, ou à peine occupée, la terre des hommes, alors, a partout ses propriétaires. Pour une humanité qui compte, vers 1500, *en gros*, 300 millions d'êtres (soit le dixième de la population mondiale actuelle), pas un territoire que l'homme (quelle que soit l'appartenance de cet homme) ne connaisse déjà. Alors n'employons pas trop vite le mot magique de *découverte*. La terre entière est connue bien avant 1500. La très rapide et magnifique découverte des pistes et rivières de l'Amérique du Sud par les métis de Portugais et d'Indiens, les « Mamelucos » de la petite ville de São Paulo, à la fin du XVIe et au début du XVIIe siècle, vaut comme un exemple : c'est, en fait, la reconnaissance par ces demi-Européens de rivières, de pistes et de chemins familiers aux Indiens depuis longtemps — non pas une découverte donc, au plus une redécouverte. Alors le mot *découvertes* serait-il inexact ? Oui et non. En fait, ce ne sont pas les terres qu'a découvertes ou redécouvertes l'aventure européenne, mais bien les interminables chemins d'eau salée de l'océan Atlantique (lui surtout) ; puis, au-delà, de l'océan Indien, ce dernier déjà connu et bien connu des navigateurs arabes ; enfin les routes des mers d'Extrême-Orient utilisées depuis longtemps par les jonques chinoises ou japonaises et, au-delà, les immenses chemins du Pacifique — de la mer du Sud.

L'Europe a triomphé sur les chemins liquides du globe qu'elle a reliés les uns aux autres, créant à son profit l'unité maritime du monde.

Mais pourquoi elle, et non pas telle autre civilisation, ou même telle culture ? Ne pensons pas, a priori, que les cultures ne soient pas dans la compétition pour ces courses marines. Il suffit de penser aux aventures éblouissantes à travers l'océan Pacifique des navigations polynésiennes, dans l'immense triangle que bornent les Hawaii, la Nouvelle-Zélande et l'île de Pâques. Mais l'exception confirme la règle. En fait, deux civilisations seulement auraient pu disputer à l'Europe la victoire qu'elle allait remporter, l'Islam et la Chine.

L'Islam a été sans doute handicapé par ses anciennes réussites. Économiquement parlant, il est, depuis des siècles, la puissance dominante du Vieux Monde (Europe, Asie, Afrique), tenant les routes, les pistes caravanières et les chemins d'eau (mer Rouge, golfe Persique, océan Indien) entre Europe et Extrême-Orient, et en tirant largement profit. Il est l'intermédiaire obligatoire, installé dans son multiple et profitable commerce. Pourquoi aller au-delà ? Quant à la Chine, elle est engagée dans un réseau serré de relations maritimes à courte distance, de Canton ou d'Amoy jusqu'à l'Insulinde et à Malacca. Cependant, au début du XVe siècle, de 1409 à 1424, après le triomphe de la révolution nationale des Ming (1368), elle avait connu une expansion maritime, vive, insolite. Des flottes de grosses jonques, surchargées de soldats, touchèrent Ceylan et y établirent le protectorat chinois, puis gagnèrent le golfe Persique, la mer Rouge, Aden, la côte africaine. Mais tout s'arrête brutalement, avec la nécessité, pour les Ming, de porter leur effort vers le Nord et les déserts de Mongolie, d'où recommence, dangereuse, la poussée des nomades. C'est contre eux que Pékin est restauré comme capitale de la Chine au prix de gigantesques corvées (1421).

Étrange épisode, à vrai dire, et peu clair. Avec un peu d'imagination, l'historien verrait les jonques chinoises doubler le cap de Bonne-Espérance. Mais l'histoire s'est écrite autrement et ne saurait se récrire.

Au bénéfice de l'Europe, il y a donc eu ces inactions d'autrui. Il y a eu aussi des mérites indéniables, des exploits, toute une série de pré-découvertes. Ne parlons pas des réussites des Vikings, ou de l'aventure obscure des frères Vivaldi (1291). Très tôt, dès la fin du XIIIe siècle, des liaisons régulières ont été établies par des voies entièrement maritimes entre le Nord européen et les pays de la Méditerranée. Ces derniers, qui en avaient pris l'initiative, ont tiré les premiers bénéfices de l'entreprise. Les galères marchandes de Gênes qui arrivent à Bruges, en 1295, ne sont pas les premiers navires qui aient joint les eaux bleues du Sud aux eaux grises du Nord. Mais, en établissant une liaison *régulière*, elles ferment un âge et en ouvrent un autre. C'est la fin d'une ère de liaisons continentales dominantes dont le règne des foires de Champagne avait été le signe visible et vivant, avec les bêtes de bât et les voitures qui joignaient les réseaux de navigation du Nord et du Midi. Sans supprimer ces liaisons anciennes, toujours importantes, la mer leur ajoute désormais les services des galères et des navires de commerce. Il y a ainsi afflux de forces vives à la périphérie de la péninsule européenne face à l'Océan novateur — car une liaison entièrement maritime entre Venise, Raguse, Gênes, Marseille ou Barcelone d'une part et, de l'autre, la Manche et la mer du Nord, cela suppose des concentrations d'hommes, des mises en jeu de capitaux, des volumes importants d'échanges ; cela suppose aussi une organisation, la formation de marins, des escales sur ce long parcours (ainsi à Séville plus encore à Lisbonne), le choix et l'équipement de points d'arrivée, Southampton, Londres, Bruges... Toute une division des tâches est nécessaire aussi pour que fonctionnent et s'accroissent de tels échanges. Un capitalisme jeune, vigilant, a favorisé ces liaisons, capitalisme marchand, de circulation, pourrait-on dire. Il vit de toutes les opérations à quoi donnent lieu les envois de vins, de sel, de produits précieux (poivre, épices, soieries), du sud vers le nord, et, en revanche, de l'arrivée de navires chargés de laines, de draps, voire de blé, du Nord. Toute cette transformation a été lente, progressive. Il a fallu beaucoup de temps, d'efforts, d'exemples donnés, puis suivis, avant que du vin de Malvoisie récolté en Crète ou à Chypre arrivât ainsi, en droiture, jusqu'en Angleterre !

Ces échanges marchands n'allaient pas seuls. Des hommes ont suivi : et c'est l'arrivée des Italiens sur toutes les places du Nord. Pareillement, les biens culturels, les techniques se sont échangés dans les deux sens. Les robustes bateaux du Nord ont servi de modèles à ceux du Sud, cependant que les bateaux de la Méditerranée trouvaient, eux aussi, des imitations dans les chantiers du Nord. La coque, la *Kogge*, navire du Nord aux solides membrures, bravera ainsi bientôt les tourmentes hivernales de la Méditerranée, jusque-là vide de bateaux dès le retour de chaque hiver. La caravelle, léger esquif aux immenses voiles, est fille du Sud, mais née à la jonction des navigations nordiques et méditerranéennes. Et c'est ce léger esquif qui a été l'outil des découvertes maritimes, tant de Christophe Colomb que de Vasco de Gama...

Sans doute le système des vents, tant sur l'Atlantique que dans le Pacifique, paraît à l'avance simplifier le problème sur ces vastes aires océaniques. Il dessine des circuits plus ou moins parfaits : un vent vous emporte, un autre automatiquement vous ramène. Christophe Colomb trouve l'alizé Nord à la hauteur des Canaries ; il le conduit, sans histoire, jusqu'aux Antilles. Les vents du nord-est le ramènent ensuite par le chemin même du Gulf Stream, de la pointe de la Floride à Terre-Neuve, puis aux Açores et à la côte de la péninsule Ibérique... Rien de plus simple, de plus logique. Encore faut-il atteindre, au moment voulu, le vent voulu ; donc traverser des zones de vents hostiles, couper tel vent, remonter tel autre. Rien n'eût été possible sans la généralisation du gouvernail d'étambot, l'étambot étant cette partie arrière de la carène au contact des surfaces concave et convexe de la coque. Le gouvernail d'étambot, manœuvré de l'intérieur du navire, est dans l'axe même de celui-ci. Il remplace avantageusement, malgré tout ce que l'on a écrit à ce sujet, les gouvernails latéraux, il permet, en particulier, de tirer des bordées et de naviguer contre le vent. Sans doute issu des mers septentrionales, il s'est peu à peu répandu à partir du XIIIe siècle dans toute la circulation maritime entre nord et sud de l'Europe. Il a permis, au même titre que « la pierre d'aimant » depuis longtemps connue, les vastes essaimages de navires au XVe siècle. Mais ceux-ci, au demeurant, n'auraient pas été possibles sans ces siècles d'apprentissage sur les mers dures et raboteuses du Nord et les dangers terribles de l'Atlantique.

La gloire, la chance de l'Europe, ce furent donc ses navires, ce furent leurs voyages, ces milliers et milliers de sillages, tracés puis effacés, sur les sept mers du monde. Ses navires, et donc ses villes maritimes, tôt poussées, comme Venise ou Gênes ; vite grandies, comme Lübeck ou Bruges ; chacune étant un monde moderne en miniature, sous le signe de l'argent (de l'économie monétaire), du nationalisme local, de la raison d'État, d'égoïsmes, de férocités multiples aussi.

Cependant, à la même époque, il y a des villes, de très grandes villes, ailleurs ; des marins ailleurs, des navires ailleurs... Mais, c'est un fait, l'Europe l'a emporté.

*

Le grand vaincu de ces découvertes aura été l'Islam, l'Islam marchand des caravanes désertiques et des voyages maritimes entre mer Rouge ou golfe Persique, Inde et Chine. Ce que n'avaient pu faire les Croisades (elles s'achèvent, si l'on veut, avec la reprise de Saint-Jean-d'Acre par l'Islam en 1291), ni la Reconquista espagnole (elle se termine à peu près par la prise de Grenade en 1492), les découvertes portugaises l'accomplissent. L'Islam a pourtant saisi, avec Constantinople (1453), le cœur de l'Empire byzantin dont les Turcs possédaient déjà auparavant le corps presque entier. Mais le fin réseau des voyages portugais a emprisonné dans ses mailles immenses le géant turc et le filet tiendra. La Chrétienté triomphe lorsqu'elle arrive directement jusqu'aux Indes (1498), jusqu'à Malacca (1511), jusqu'en Chine (1517), au Japon (1542).

N'imaginons pas pourtant que ces géants lointains d'Extrême-Orient aient été, du coup, bouleversés, intéressés, ou subjugués. À peine le corps immense de l'Inde ou le corps immense de la Chine se sont-ils aperçus de l'arrivée de ces nouveaux venus, de ces nouveaux Barbares. La lointaine Europe ne peut rien leur apporter de supérieur à ce que connaît leur propre civilisation et de l'exploit accompli, ils ne sauraient prendre aussitôt la mesure exacte.

Pour l'Europe, par contre, cet exploit est retentissant, extraordinaire. Le poivre, les épices fabuleuses dont le Moyen Âge avait tant désiré la possession, les voilà à portée de main, multipliées, à meilleur marché que la veille, et avec elles, d'autres richesses, la soie, la porcelaine, l'or, la laque de Chine, bientôt l'argent, le cuivre du Japon, les multiples drogues, les perles, les pierres précieuses... Sans doute, mais l'Europe, si elle se passe désormais de l'intermédiaire musulman, n'obtiendra ces marchandises que contre d'autres marchandises, des draps de laine, du cuivre, de l'argent, surtout de l'argent. Ces échanges ne se font même pas sur un pied d'égalité : le marchand d'Europe est l'inférieur. Pour le Japon, la Chine, l'Inde, il n'a nullement figure de vainqueur. Ce que l'Europe a vaincu, c'est la distance, l'immense étendue d'eau salée, non pas encore les hommes, non pas les grandes civilisations cohérentes et fortes d'Extrême-Orient.

Ces rapports ne se renverseront à l'avantage de l'Occident que lors de l'occupation du Bengale par lord Clive vers 1764 et, plus encore, avec le XIXe siècle et la guerre décisive de l'Opium (1839-1841). Le Sardar Panikkar[3], si souvent injuste à l'égard de l'Europe, a raison sur ce point. L'Europe au début a esquissé (non pas réalisé) un blocus maritime de l'Asie, il vaudrait mieux dire, pour ne pas forcer les termes, une surveillance des trafics maritimes du *country trade*, comme disent les Anglais, du commerce d'Inde en Inde comme disent les Français, ledit commerce allant jusqu'à la Chine et au lointain Japon. Et c'est beaucoup, mais rien de plus sur le plan matériel. En tout cas, pendant toute la période qui nous intéresse ici, répétons-le : l'Europe ne domine pas l'Extrême-Orient. Si au temps de Vasco de Gama, d'Álvarez Cabral, d'Albuquerque, les Portugais ont pillé, un instant, les navires musulmans, ces premiers succès trop faciles n'ont eu qu'un temps. L'Asie n'a pas livré ses trésors, elle les a échangés. L'Occident les a donc payés, et souvent fort cher. Il lui a fallu aliéner, au profit de l'Extrême-Orient une part notable des « trésors » que l'Amérique, elle, allait lui procurer, non sans mal.

Le Nouveau Monde et l'Afrique noire, ce sont, au XVe et au XVIe siècle, deux continents à moitié vides.

L'Afrique noire est plus peuplée sans doute que l'Amérique, mais, malgré les beautés des bronzes du Bénin, l'or du Bambuk ou encore l'or du Monomotapa, elle n'offre aucune civilisation comparable à celle des Aztèques ou des Incas. Pourtant, par un apparent paradoxe, c'est l'Afrique noire qui résistera aux incursions des Européens, comme elle avait résisté, durant les siècles précédents, aux entreprises de l'Islam, si vigoureux dans la boucle du Niger ou si insistant sur la côte de l'océan Indien. Elle a résisté par son inertie même, ses communications difficiles, ses maladies endémiques auxquelles succombe le Blanc, sa passivité, sa docilité à fournir ces deux marchandises, signes à elles seules de sa civilisation encore peu évoluée : l'or en poudre et les esclaves. La traite négrière (tôt en place, dès avant le milieu du XVIe siècle) devient vite une nécessité de la colonisation du Nouveau Monde.

Celui-ci s'est ouvert sans défense aux Blancs, aux quelques soldats de Cortés comme aux quelques aventuriers qui suivent Pizarre. La conquête, rapide, sanglante, fructueuse aussi, s'est organisée d'elle-même. Ni les Aztèques, ni les Incas ne se sont défendus. La guerre sans merci, à l'européenne a surpris les grandes civilisations amérindiennes, ces beaux jardins sans défenses. La violence de l'Europe, plus encore que ses armes (les chevaux, les chiens, les armes à feu, celles-ci peu utilisées par le vainqueur), a eu raison de peuples patients livrés d'un seul coup à l'envahisseur. Ailleurs, il est vrai, le conquérant est tombé dans le vide : de minuscules peuplades indiennes ont fui sagement devant lui.

Par ailleurs, le choc des deux mondes, l'irruption de maladies nouvelles, les conditions de travail, le pullulement des troupeaux que l'homme blanc avait amenés d'Europe et qui vont se multiplier à l'état sauvage, détruisant les cultures — tout ce drame multiple explique sans doute aussi le rapide effondrement de la population amérindienne. Moins de douze millions d'êtres humains, quand commence le XVIe siècle, et ce chiffre s'abaissera encore par la suite. Pour combler ces vides, l'Europe et l'Afrique ne disposaient, chez elles, que de contingents médiocres. De 1492 à 1650, l'immigration a peut-être porté sur 150 000 Blancs et 200 à 250 000 Noirs. Ces chiffres ne sont évidemment pas certains, il s'en faut, mais, vraisemblables, ils disent en tout cas assez bien l'insuffisance des moyens du Vieux Monde. La double greffe humaine a été lente à se mettre en place, puis à se développer. Notez que si l'Europe, pour cette tâche, a fait appel à l'Afrique, c'est qu'elle a besoin d'une main-d'œuvre docile, pour laquelle elle réinvente alors, ou peu s'en faut, l'esclavage, mais c'est aussi que l'Indien souvent se dérobe devant elle et qu'elle n'est pas elle-même suffisamment peuplée pour que des essaimages y soient prêts au moindre signal.

Nul doute pourtant que, de 1460 à 1650, la population ait augmenté en Europe, passant peut-être de 60 à 80 ou 90 ou 100 millions d'êtres humains. Mais c'est une population paysanne, fortement enracinée, peu mobile, acharnée à produire le pain quotidien dans la mesure même où cette tâche devient chaque jour plus difficile et donc essentielle. Le pain, c'est l'obsession de la vie, l'incertitude majeure des années que nous mettons en cause. Il faut à chaque homme chaque année, pour survivre, un hectolitre et demi de grain (blé, maïs, seigle, ou orge), soit en 1650, en gros 150 millions d'hectolitres. Or le commerce des grains à longue distance ne joue guère que sur le centième ou les deux centièmes de ce total. C'est dire qu'en cas de mauvaise récolte, la compensation sera souvent, sinon toujours, insuffisante. La cherté des grains s'accompagnant de montées folles de la mortalité, on comprendra que ce jeu profond, dramatique, jamais interrompu attache l'Europe à ses tâches quotidiennes, l'immobilise, lui laisse à peine les mains libres, face à l'immense fortune qui lui échoit.

La population du monde en hausse

De 1450 à 1650, l'Europe n'est pas seule à développer ses effectifs humains et c'est la seconde remarque générale qui s'impose à nous : la population du monde, semble-t-il, a augmenté dans son ensemble. Force nous est cependant d'admettre, si les travaux de l'université de Berkeley[4] sont exacts, une forte diminution de la population américaine, devant les horreurs inédites de la conquête blanche et ses conséquences. Mais cette diminution reste un cas particulier. Partout ailleurs, la population se sera maintenue ou plutôt aura augmenté. On est sans renseignements sur l'Afrique noire, mais la traite négrière laisse supposer, à elle seule, une augmentation du peuplement. C'est après tout une forme d'émigration, la preuve d'un surplus humain où d'ailleurs il sera plus largement puisé encore par la suite.

Il n'est pas prouvé non plus, mais il est possible que la population de l'Inde ait grandi. En Chine, les recensements officiels indiqueraient une très lente montée de 1368 au début du XVIIe siècle ; alors un reflux interviendrait avec les catastrophes qui se multiplient après la prise de Pékin par les Mandchous, en 1644, et qui prennent vite des allures de fléau. Rien à dire sur le Japon. Pour l'Islam, si l'exemple turc est valable à plus grande échelle encore que le vaste Empire des Osmanlis, il y a eu croissance. Les recensements turcs étudiés par Ömer Lutfi Barkan et ses élèves indiquent en effet une montée démographique sans reflux, ni repentirs. Au centre de cette montée, Istanbul, avec ses 700 000 habitants dès le XVIe siècle, est de loin la plus grande ville européenne, Paris comptant alors au plus 300 000 habitants, Naples 200 000, Londres 100 000.

En Occident, nous sommes sûrs d'une puissante montée démographique, sans doute amorcée dès 1450. Elle ne s'arrêtera, ou ne se ralentira, dans l'ensemble de l'Europe, qu'avec le milieu du XVIIe siècle. Seules l'Espagne et sans doute l'Italie, peut-être même l'ensemble des pays chrétiens au bord de la mer Intérieure, auront connu un arrêt ou un ralentissement plus précoce, dès la fin du XVIe siècle ou au début du XVIIe. En tout cas, c'est cette vérité démographique, replacée entre ses dates extrêmes, qui nous a incité à étendre, au point de le doubler, les limites du « long XVIe siècle », qui en vérité représente une seule étape biologique de l'Europe. De l'Europe seulement, ou de l'ensemble du monde ? Ernst Wagemann se plaisait à affirmer que toute montée démographique tendait automatiquement à s'étendre aux limites du monde. Dans le même sens, Max Weber a signalé l'étrange simultanéité, aux XVIIIe et XIXe siècles, de la montée des populations européenne et chinoise, simultanéité que les recensements chinois semblent, en gros, confirmer pour le XVIe siècle. Mais nous sommes trop imparfaitement renseignés pour conclure, à coup sûr, que la montée démographique a été une réalité valable pour le monde entier.

Si cette explication générale était retenue, il faudrait l'expliquer à son tour et, alors, sûrement, mettre en cause les variations générales du climat terrestre. Avant même le siècle de Louis XIV (1638-1715), le monde entier a connu, au dire des spécialistes (au premier rang desquels le docteur I. Schove), un refroidissement accentué, ce que l'on a appelé le *petit âge glaciaire*. Celui-ci peut avoir eu ses responsabilités dans le recul démographique qui se manifeste, un peu plus tôt, un peu plus tard, aux alentours des années 1650, en Europe aussi bien qu'en Chine. Ces considérations hasardeuses ont au moins un avantage : elles nous empêcheront de considérer que seule l'Europe est alors en cause, au XVIe siècle, et que sa montée démographique s'explique en elle-même, les économistes diraient par les seuls facteurs endogènes, lesquels à leur tour expliqueraient, sans plus, tel ou tel trait de sa prééminence... Il semble, au contraire, que sur ce point le cas de l'Europe ne soit qu'un cas entre plusieurs autres.

Reste donc, à coup sûr, que l'Europe a été au XVIe siècle la proie d'une longue, d'une puissante montée des hommes. Nous en avons mille preuves indirectes et quelques indices francs, ceux-ci irréfutables. Preuves indirectes : ces émigrations vers le Nouveau Monde, si légères soient-elles ; ces courants de colonisation intérieurs avec l'extension évidente des terres labourables, aussi bien dans la Prusse orientale que dans la Nouvelle-Castille (où le blé et le seigle, au temps de Philippe II, gagnent si souvent sur les pâturages), avec aussi le recul des forêts, particulièrement net durant la seconde moitié du XVe siècle ; ou ces courants liés de migration et de colonisation que les frères Eugen et Alexander Kulischer ont mis en lumière pour l'Est européen, *lato sensu*. À partir des terres moscovites, une colonisation paysanne pérenne descend le cours de la Volga, du Dniepr et du Dniestr, ou gagne la Sibérie, fixant, très tôt à l'avance, les grandes lignes de la poussée de la population russe. Pour combler les vides autour de Moscou, des paysans s'installent, venant, cette fois, des pays Baltes ou de Pologne. Et lorsque derechef des vides se creusent, au XVIIe siècle par exemple, ils attirent jusqu'aux pauvres Brandebourgeois qu'appauvrissent alors les ravages incessants des guerres.

Mais les guerres elles-mêmes, mangeuses d'hommes, ne signalent-elles pas, par leur multiplication, cette montée générale des êtres humains en Europe ? Il est indéniable que les effectifs des armées ne cessent partout de croître. À Lépante, le 7 octobre 1571, sur les flottes chrétiennes et turques, il n'y a pas loin, au total, de 100 000 hommes, soit la population, femmes et enfants compris, de la Londres d'Elizabeth.

À cette montée des hommes, on rattachera aussi sans hésiter la montée des États territoriaux ; celle-ci est impensable sans celle-là. C'est la masse des « officiers », nous dirions aujourd'hui des fonctionnaires, qui réduit les peuples à l'obéissance, les soumet à l'ordre et à l'impôt. Et c'est le nombre des sujets qui fait la force du prince, comme le rappelleront si souvent les écrivains économistes du XVIe ou du XVIIe siècle.

Telles sont les preuves indirectes les plus voyantes. Il en est d'autres, plus discrètes, localisées, plus précises : l'ampleur des constructions urbaines, la multiplication des artisans des corps de métiers, le développement des faubourgs des cités, le déplacement et l'élargissement des enceintes urbaines. Toutes les villes ont grandi et, sans doute, leur part relative dans la population globale de l'Europe aura augmenté. Il s'ensuit un élan, un dynamisme accentué, car les villes sont les moteurs de la modernité. Les campagnes suivent en Europe, depuis longtemps apprivoisées, exploitées, domestiquées au vrai par les villes. C'est au XVIe siècle que, sur de vastes espaces, une industrie campagnarde (que n'entravent ni ne protègent des règlements corporatifs) se met largement en place. Cette présence des métiers dans les villages n'est pas chose nouvelle ; la nouveauté, c'est que ces métiers soient maintenant de plus en plus au service, aux ordres de la ville proche, pris dans les réseaux larges d'une économie capitaliste.

Autant de faits significatifs, auxquels, évidemment, on préférerait encore le langage simple et évident des chiffres. Or les chiffres que nous possédons jusqu'à présent, en matière de démographie, sont épars, discontinus, insuffisants. Cependant ils permettent des interpolations et des calculs raisonnables d'ensemble. Il y a fort longtemps, l'historien K. Julius Beloch s'est employé à les mener à bien et ses calculs nous semblent toujours valables. L'Europe qu'il met en cause est une petite Europe dont la Pologne est, vers l'est, la marche frontière. Vers 1300, il en évalue la population à 55 millions. Vers 1600, ses additions le conduisent au chiffre de 76,5.

Ceci dit, ou mieux rappelé, il nous faut imaginer, entre 1300 et 1650, quelques complications supplémentaires. Entre 1350 et 1450, en effet, l'Europe a connu une décrue démographique catastrophique, à la suite de la Peste Noire. Les conséquences de ces mortalités épidémiques en chaîne se répercuteront assez longtemps, comme il est naturel. Un énorme reflux biologique impose donc ses contraintes jusqu'au milieu du XVe siècle qui est le point le plus bas de la courbe, donc très au-dessous du niveau des 55 millions. C'est à partir de cette déficience que le flux du XVIe siècle, du long XVIe siècle, doit se jauger. Entre 1450 et 1650, disons, sans craindre d'exagérer, que la population de l'Europe aura en gros doublé. Telle a été assurément l'une des formes du retour à la vie, à la santé, à l'exubérance de cette masse relativement restreinte d'hommes (je veux dire relativement à nos yeux d'hommes du XXe siècle), mais dont il suffit de dire, pour en jauger l'importance à l'époque, qu'elle représente, alors comme aujourd'hui, à peu près l'équivalent de la masse chinoise contemporaine (de 60 à 70 millions d'êtres). La Renaissance, mot prestigieux, multiple, c'est aussi, pendant deux ou trois générations, quelques millions d'hommes en surplus.

Surplus, montées démographiques, bien sûr, il s'agit là d'une richesse, pour le prince comme pour l'économie du pays. Tout progrès, nous dirions dans notre jargon d'aujourd'hui toute croissance, dépend du nombre des hommes, et plus strictement encore à cette époque où la technique est misérable, le bois la source d'énergie habituelle, les animaux domestiques peu nombreux et liés aux conditions médiocres de l'agriculture du Vieux Monde, les moulins à eau et les moulins à vent étant les seuls moteurs, à vrai dirc dérisoires. Plus dérisoire encore, sans doute, est le moteur humain (1/30e de cheval-vapeur), mais c'est le seul qui se présente avec le poids du nombre. Tout progrès, au XIIIe siècle comme au XVIe et au XVIIIe encore, tout progrès se paie par un lourd surcroît de travail humain. Que les ingénieuses machines élévatrices, les pompes, les martinets, les soufflets de forge, les hauts fourneaux (ceux-ci font leur apparition avec le génial XVe siècle), que les belles gravures du *De re metallica* (1551) de Georg Agricola ne nous fassent pas illusion. Les machines sont alors de brillantes exceptions et exigent elles-mêmes la main et le travail de l'homme.

Cependant, ayant affirmé la primauté de l'homme et du travail de ses bras, soyons attentifs à ne pas considérer sa multiplication au XVIe siècle sous le seul signe du progrès, ou, plutôt, précisons que progrès économique ne veut pas dire, automatiquement, progrès social, bien qu'à long terme, il signifie une augmentation probable du niveau de vie général. Dans l'immédiat donc, le nombre croissant des hommes au XVIe siècle, s'il a été un facteur évident de croissance, n'a pas toujours joué dans le sens de leur bonheur.

Tout d'abord, dès que l'homme se multiplie outre mesure sur le marché du travail, il se déprécie, entre impitoyablement en concurrence avec lui-même. Son salaire, son niveau de vie s'en ressentent immédiatement. En Europe, tous les salaires *réels* entre 1450 et 1650 sont à la baisse et cette baisse de longue durée se poursuivra jusqu'au XVIIe siècle. Alors une stabilisation se précise avec une légère amélioration, mais à un très bas niveau. Ainsi, en même temps que l'homme s'est multiplié, sa vie est devenue plus dure. C'est la rançon de progrès économiques évidents. Beaucoup d'hommes, au-delà des années 1530, plus encore au-delà de 1560, ne trouvent plus aisément place sur le marché du travail et la guerre ne les embauche pas tous. Lucien Febvre aura souvent parlé des « tristes hommes d'après 1560 » : leur tristesse ne vient pas seulement d'eux-mêmes, mais des circonstances inhumaines qui pèsent sur eux. 1530, 1560, ces dates ne sont que des jalons probables, approximatifs, mais au voisinage de ces années-là, un virage est pris et le voyage des hommes change partout de couleur.

Ainsi telle réflexion de Charles Quint au siège de Metz (1552) que nous rapporte un homme digne de foi, Ambroise Paré (mais celui-ci n'a ni vu ni entendu l'empereur), a quelques chances d'être un racontar de soldats. Le propos n'en est pas moins caractéristique d'un âge nouveau. Écoutons-le : « L'empereur demande quelles gens c'étoient qui se mourroient, et si c'étoient gentilshommes et hommes de remarque ; lui fut fait réponse que c'étoient tous pauvres soldats. Alors dit qu'il n'y avait point de danger qu'ils mourussent, les comparant aux chenilles, sauterelles et hannetons qui mangent les bourgeons et autres biens de la terre et que, s'ils étoient des gens de bien, ils ne seroient pas en son camp pour six livres par mois... » Le propos est douteux, répétons-le, mais un passage s'opère d'une époque plus ou moins heureuse ou supportable, à des temps qui vont s'assombrir très vite. En Allemagne, secouée par une montée précoce des prix, par les mille remous de la Réforme et d'une guerre sociale courte mais profonde (celle des Paysans en 1525), aux prises aussi avec un capitalisme bâtisseur de monopoles, le virage semble se produire plus tôt qu'ailleurs. Mais peu à peu tout s'assombrit dans la vie de l'Occident.

Les démographes (Alfred Sauvy) le disent et il faut les croire : si le progrès technique ne bouleverse pas les conditions de vie — et au XVIe siècle, le progrès technique ne déplace guère les structures anciennes —, toute progression démographique, bénéfique à ses débuts, se transforme en une réalité maléfique. Les hommes, mais il faut les nourrir ; or le travail des nouveaux venus n'est pas compétitif. De même, les nouvelles terres, dans un pays de vieux labours comme en Europe, ne sont presque jamais de bonnes terres. La vie des hommes trouve là une limite rigide. À nos yeux d'historiens, là où des mesures sont possibles, des rendements marginaux décroissants se marquent avec évidence ; ainsi en Prusse orientale, ainsi en Pologne... La rentabilité de l'agriculture s'en trouve réduite.

Au fur et à mesure que le siècle s'avance, tout va de mal en pis. Gouberville écrit dans son *Journal*, en 1560 : « Du temps de mon père, on avait tous les jours de la viande, les mets étaient abondants, on engouffrait le vin comme si c'eût été de l'eau. Mais aujourd'hui tout a bien changé ; tout est coûteux... la nourriture des paysans les plus à leur aise est bien inférieure à celle des serviteurs d'autrefois. » C'est bien à tort que les historiens ont négligé hier ces documents de contemporains. Le multiple visage des pauvres, des mendiants, des brigands, des bandits de grand chemin, s'y présente obstinément à nos yeux.

Voici, à travers l'Italie entière, un banditisme actif, depuis la Sicile, qui n'en a pas le privilège, jusqu'à Milan ou Venise. Partout s'exercent ses ravages, et de préférence aux jointures des États, les petits princes recueillant trop souvent, pour les utiliser, les bandits du voisin, à charge de revanche bien entendu. Le fléau ne cesse de croître avec la misère grandissante des pauvres.

De même en Espagne. Pas une ville qui ne possède, au début du XVIIe siècle, sa *gente de hampa*, ou comme l'on dit encore ses *hampones*, pauvres hères, *pícaros* (le français moderne traduirait par clochards). Ces hommes qu'ont peints Murillo, Zurbarán, Velásquez, travaillent peu, se nourrissent de soupes que distribuent les couvents ou les hôpitaux. Un larcin ne leur fait pas peur. Ils mendient à longueur de vie, tel l'aveugle, ce premier maître de Lazarillo de Tormes. Ils vont d'une ville à l'autre, sans changer de mode de vie. Parmi eux, quelques transfuges d'une aristocratie à qui il ne déplaît pas de s'encanailler mais qui, elle aussi, est parfois poussée, travaillée par sa pauvreté. Dans chaque ville, ces pauvres ont leurs rendez-vous, leurs repaires, leurs cours des miracles.

Parfois, ils prennent la route par troupes entières, affolant les villes sages qui ferment leurs portes sur leur passage. Et toujours, une fois ou l'autre, ils aboutissent à Séville, au faubourg de Triana sur la rive droite du Guadalquivir, ou au petit port de San Lucar de Barrameda, rendez-vous de tous les mauvais garçons de la Péninsule et lieu d'élection des trafics interlopes, le tout avec la bénédiction non désintéressée des ducs de Medina Sidonia de qui relève la petite ville. Filles publiques, truands, alguazils, tous sont de connivence pour délester un *perulero* — entendez un riche, retour d'Amérique, comme on dira à Londres, au XIXe siècle, un *nabab* d'un riche, retour des Indes — ou entôler un « Breton », c'est-à-dire un homme du Nord, un de ces marins ou marchands si nombreux à passer à l'époque de la *vendeja* et des achats de vins nouveaux.

Toutes ces images, que nous rendent familières les romans picaresques ou le pittoresque *Rinconete y Cortadillo* de Cervantes, ne sont pas pure littérature : elles portent témoignage sur une misère sociale dont tout indique qu'elle est le triste apanage du « long XVIe siècle » à son penchant.

L'essor économique de l'Europe, dans son mouvement séculaire

Cette misère sociale, nous l'avons dit, n'en coïncide pas moins avec une forte expansion économique. Distinguons donc les deux faces de la médaille pour ne considérer maintenant, de 1450 à 1650, que l'expansion évidente de ce petit et faux continent qu'est l'Europe. Nous parlerons surtout de lui, parce que, en vérité, nous ignorons presque tout des autres.

L'Europe s'est, avec le XVe siècle, et plus encore le XVIe, installée au centre d'une vaste et fragile économie mondiale. Son rôle, qui va peu à peu se préciser, est en gros assez simple. Elle est, de toutes les économies, la plus pénétrée par les signes et réalités monétaires, monnaies sonnantes et trébuchantes, billets, cédules, titres d'emprunts, lettres de change... Cela dès avant les Grandes Découvertes. L'Inde au contraire est encore à moitié engagée dans une économie de monnaies primitives, la Chine aux trois quarts, l'Afrique noire entièrement, elle qui ne connaît que des monnaies primitives, coquillages, barres de sel ou de fer, poids d'or. L'Amérique avec la conquête blanche naît tant bien que mal à l'économie monétaire, très lentement, très imparfaitement en vérité. Elle va sous l'impulsion de ses maîtres produire, livrer de grosses quantités d'or, puis au-delà de 1554 d'argent, mais elle ne conservera pas grand-chose de ses trésors. C'est que l'Europe a besoin de ces métaux précieux produits à bon marché par une main-d'œuvre servile. Elle en a d'autant plus besoin que ses propres mines, au rendement trop onéreux, vont ralentir leur activité, qu'il lui faut du métal jaune et du métal blanc, pour ses propres échanges intérieurs, et de plus en plus de métal blanc à exporter vers le Levant, l'océan Indien et la Chine, pour des échanges qui lui semblent avantageux. L'argent, en Europe dès le XVe siècle et dans le Nouveau Monde dès 1554, depuis la mise au point du procédé de l'amalgame au mercure, a l'avantage d'être produit de façon déjà industrielle, tandis que l'or reste le produit artisanal des orpailleurs. D'où quelques conséquences simples.

En Europe, au-delà de 1550, l'or se fait relativement rare, l'argent, par contre, devient abondant, si bien qu'un gramme d'or qui valait, vers 1500, 10,5 grammes d'argent, en vaut 11,1 grammes vers 1550, 11,8 vers 1600, 14,3 vers 1650[5]. Cependant cet argent abondant en Europe reste relativement rare en Inde et en Chine. Dans ce dernier pays, le rapport des deux métaux est encore de 1 à 6 vers 1600. Voilà une raison supplémentaire pour que l'argent extrait ou des mines de Nouvelle-Espagne (Zacatecas, San Luis, Santa Barbara) ou du Potosi au Pérou, prenne souvent le chemin de l'Asie, sous forme de *reales de a ocho*, les pièces de huit. Les autres raisons, anciennes ou nouvelles, sont le goût du poivre, des épices, des soies, bientôt de la porcelaine... Un interminable cheminement de lingots, de pièces, de marchandises se noue ainsi autour du monde. Au-delà de 1565, un service annuel lie, par la *Nao de China*, Acapulco, port de la Nouvelle-Espagne sur le Pacifique, à Manille aux

Philippines, rendez-vous des jonques de la côte méridionale de la Chine. Ces trafics lient ensemble les deux extrémités du fil et entourent la terre entière.

Ces longs échanges ne sont évidemment possibles que grâce au métal blanc, au travail forcé des Indiens qui le produisent — grâce à l'autorité vigilante, bien que blousée sans fin, du Roi Catholique et de ses représentants.

Que, victimes de nombreux avatars, de la règle des rendements décroissants et du reflux de la masse indienne, les mines américaines, entre 1600 et 1610, livrent de moins en moins de métal blanc, cette catastrophe aux multiples causes se répercutera au long des liens fragiles de l'économie internationale, comme le feu suit le cordon de la dynamite. L'explosion commencera à Séville qui, depuis 1503, avait le monopole des relations avec le Nouveau Monde. Les autres explosions suivront, avec un retard plus ou moins accentué, mais se produiront partout. Ce sera le reflux de la croissance du XVIe siècle, lequel se marquera par un reflux des prix.

*

À partir de 1470-1475, et au plus tard de 1500, les prix, en effet, avaient été soulevés en Europe par une vague puissante. Il s'agit là d'une marée, d'un *trend* séculaire, d'un mouvement qui durera, selon les lieux, au moins de 1500 à 1600, au plus de 1475 à 1650.

Il importe de voir dans cet essor des prix le signe même de l'essor économique de l'Europc et peut-être, à la rigueur, des économies lointaines qui sont liées à elle. L'expliquer en lui-même, par contre, n'est pas chose aisée. Le lecteur devrait au moins disposer d'une certaine familiarité avec les règles générales de l'économie politique. Cependant l'essentiel, en ce débat, se réduit peut-être à la constatation suivante, avant tout négative : ne pas accepter cette montée des prix en Europe, cette « révolution » des prix du XVIe siècle, comme déterminée, sans plus, par l'arrivée des métaux précieux d'Amérique. Y croire serait s'enfermer dans une vieille explication, celle de la théorie quantitative de la monnaie, qui n'est certes pas inexacte, mais très *partiellement* exacte. Tout d'abord les prix ont monté dès avant les grands arrivages américains, puis leur montée a été beaucoup plus forte que celle qu'on attendrait du jeu des stocks monétaires en présence, tels au moins qu'on peut les imaginer d'après des calculs très approximatifs. Il semble donc que d'autres facteurs soient en jeu, la population, les dévaluations monétaires, l'élan même de la vie économique. En effet, le sablier des explications habituelles peut et doit aussi se renverser. On soutient que la montée des arrivages des trésors d'Amérique a déterminé l'essor des prix et de la vie économique. Renversons : l'essor économique a lui aussi créé la montée des prix et provoqué, augmenté les arrivages métalliques du Nouveau Monde. Dans le jargon des économistes, nous dirions, avec les réserves d'usage : toute croissance économique crée sa monnaie, métallique, scripturale, voire plus tard fiduciaire...

Quoi qu'il en soit, le mouvement séculaire des prix, admirable enregistrement de la vie économique à très long terme, est significatif quant aux structures mêmes des sociétés et des économies. Quand il se renverse, c'est qu'un peu plus tôt, un peu plus tard, des usures, des déformations *structurales* sont proches. D'où l'intérêt des deux dates de 1600 et 1650, dates grossières. En 1600, le virage est pris pour l'Espagne, l'Italie, la France méridionale ; il ne se produira qu'en 1650 seulement dans les pays nordiques et notamment les Pays-Bas où Amsterdam va affirmer sa prépondérance à l'échelle du monde. Expliquer ce décalage, ces reflux précoces au sud, tardifs au nord, nous entraînerait dans une controverse intéressante mais que nous pouvons seulement signaler ici.

*

Autant qu'une réalité, le mouvement séculaire des prix est un signe, une mesure. Il s'accompagne d'autres mouvements. Ceux-ci se situent par rapport à lui. Nous avons déjà signalé les arrivées de métaux précieux, la montée démographique de l'Europe entière, nous pourrions signaler aussi la dépréciation des monnaies de compte, l'extension des trafics de l'économie mondiale, les comptabilités des trafics, les comptabilités financières des États, les courbes de production agricole ou industrielle. En gros, tous ces mouvements sont à la hausse. Quand il s'agit de trafics, la coïncidence du mouvement des prix et celle des volumes ou quantités transportées — la coïncidence est d'une assez grande exactitude, du moins pour les chiffres que nous connaissons et qui concernent soit les contrôles douaniers des Danois sur le Sund (entre Baltique et mer du Nord, ou entre mer du Nord et Baltique), soit les trafics entre Séville et l'Amérique, dans les deux sens. L'indice général des prix dressé pour l'Andalousie par Earl J. Hamilton et les courbes du trafic sévillan, établies par Huguette et Pierre Chaunu, révèlent les mêmes phases et les mêmes fluctuations.

Une démonstration du même ordre est faite en ce qui concerne les budgets des États. Sans doute les connaissons-nous mal, mais avec une approximation suffisante pour affirmer que, de toute évidence, ils ont suivi la montée des prix. La vague qui entraîne la cherté de toutes choses n'a pas amoindri l'impôt aux formes multiples. Même le budget apparent du roi de France, mangé à l'avance par les gens de finance, suit la progression du coût de la vie, malgré les longs désordres des guerres dites de Religion, entre 1563 et 1598. L'énorme Empire espagnol, de Charles Quint à Philippe II, Philippe III et Philippe IV, entre 1516 et 1660, a vu se gonfler sans fin le mouvement de ses recettes et non moins de ses dépenses. À ce jeu, seuls les États épais, riches d'espaces, d'hommes, de pécunes, ont pu suivre le train endiablé de la révolution des prix. Ce sont les États étroits et archaïques, villes ou seigneuries, qui ont succombé lors de cette inflation qui n'a pas laissé en repos les corps politiques.

Pour les productions agricoles et industrielles, nous ne serons pas aussi catégoriques. La documentation ne le permet pas. La production agricole monte, sans doute, avec le *trend* séculaire et descend avec lui. Sans doute. Mais cette vérification ne porte que sur deux exemples : les emblavures et rendements des *Vorwerke Domänen* de Prusse orientale, l'accélération ou le ralentissement du dessèchement des polders, dans les Pays-Bas. Ce sont là de bons sondages, mais des sondages. On serait pourtant tenté d'y accorder quelque crédit car le mouvement général des prix, avant la Révolution industrielle, reste dominé par le prix du blé et des céréales panifiables. La civilisation de l'Europe est celle de mangeurs de pain.

Pour les productions industrielles, nous sommes également mal renseignés. Nous ne possédons que trois courbes longues : celle des sayetteries (étoffes légères de laine) de Hondschoote, petite ville de la Flandre maritime ; celle des sayetteries et autres textiles de Leyde ; celle des draps de haute laine de Venise. Si le cas de Leyde n'échappait pas à la règle des deux autres, nous pourrions conclure sans crainte, mais ce dernier cas est compliqué. Écartons l'exemple de Leyde. Les choses semblent se passer comme si la production industrielle, à la hausse comme à la baisse, allait toujours plus vite que les prix et, notons-le, comme si ses montées commençaient toujours longtemps après l'essor des prix et ses baisses dès le moindre signe de faiblesse des prix. Bref, tout nous indique que les quantités industrielles, tout comme les prix industriels, ont un comportement particulier. Mais ici, faute de documents et plus encore de recherches heureuses, le problème est seulement posé.

Les rythmes du capitalisme

Un dernier problème se pose à qui veut, dans son ensemble, examiner le XVIe siècle européen, si puissant et expansionniste : comment et pourquoi a-t-il été le berceau de ce que l'on a, depuis, baptisé du nom « capitalisme » ?

Comme chacun définit le mot *capitalisme* à sa guise (d'où quelques inconvénients et bien des obscurités), quelques historiens (ainsi Lucien Febvre, Herbert Heaton, Heinrich Bechtel) ont proposé, hier, de bannir le mot. Mais celui-ci, chassé par la porte, ne risque-t-il pas, à l'instant même, de rentrer par la fenêtre ? Il s'agit d'un mot compliqué, riche de querelles, par surcroît d'un mot fabriqué pour les besoins de la cause vers les années 1900. (Il apparaît alors et s'impose dans les milieux socialistes allemands.) Aussi bien, le rejeter vers le passé, c'est courir le risque d'anachronismes, tout comme avec les mots *industrie* ou *fonctionnaires*, appliqués à ce même passé.

Mais le chasser ne nous libérerait, en vérité, ni des querelles dont il hérite sans les avoir toutes créées, ni de celles qu'il soulève et qui ne lui appartiennent pas entièrement en propre. Donc acceptons le mot sans enthousiasme mais sans hypocrisie. Il sera précieux si nous le surveillons de près.

Première démarche : partir des grand marchands. Il n'y a pas de capitalisme sans capitalistes. Celui-là, dans sa généralité, nous le connaissons mal et nous en discutons, mais ceux-ci, nous pouvons les voir, les interroger, les écouter, essayer de nous mettre à leur place, jeu dans lequel l'historien est tout de même passé maître. Nous voici donc à notre gré aux côtés des Médicis, de Francesco Datini à Prato (mort en 1410), des Capponi à Florence, d'Andrea Barbarigo (1418-1449) à Venise... Poussons même la curiosité jusqu'à rendre visite à Jacob Fugger et à son comptable, Matthieu Schwarz, dans la Chambre d'or de la maison des Fugger à Augsbourg. Nous pouvons tout aussi bien nous placer aux côtés de Simón Ruiz (1525-1596), un marchand de Medina del Campo dont nous avons conservé la correspondance (peut-être 100 000 lettres), ou examiner à Anvers, à notre gré, soit les papiers de la firme des Della Faille, soit ceux des Van Immerseel... Cette liste est évidemment très écourtée, car l'érudition des historiens nous a livré, durant ces dernières années, des milliers de lettres marchandes du XVIe siècle. Nous n'avons plus, aujourd'hui, que l'embarras du choix.

Naturellement, nous ne qualifierons de capitalistes que les plus riches de ces marchands. Lucas Rem, cet agent des Welser à Lisbonne, dont nous connaissons les multiples voyages (grâce à son *Tagebuch* succinct) et les gains (ceux-ci furent rapides et substantiels), Lucas Rem n'est qu'un comparse. Interrogeons-le au besoin, puis négligeons-le. Un capitaliste ne peut être, à première vue, qu'un personnage d'une certaine taille, d'une certaine carrure, résistant aux secousses brusques de la conjoncture (entendez du court terme). Il n'a rien de commun avec ces nombreux spéculateurs qui montent un jour en chandelle, pour retomber dès le lendemain. Nous nous installerons donc, d'entrée de jeu, dans la réussite capitaliste. Première précaution, peut-être indispensable.

Seconde démarche : connaître tous les tableaux du jeu capitaliste. Les grands marchands jouent généralement sur de multiples tableaux ; ils sont tout à la fois marchands de laine, de blé, de draps, à l'occasion acheteurs ou vendeurs de tapisseries flamandes, de diamants, de pierres précieuses. Tour à tour, ils sont prêteurs, emprunteurs d'argent, preneurs ou tireurs de lettres de change. Ils s'occupent volontiers des princes, leur avancent de l'argent, mais leur arrachent en échange des concessions, leur achetant aussi fréquemment des titres de noblesse. Pas un vrai marchand, de haute lignée, qui ne finisse sinon prince à la tête d'un État, comme les Médicis, au moins seigneur de nombreuses terres, et même prince de Salerne, comme ce

Nicolò Grimaldi qui fut un des grands prêteurs de Philippe II. À tout cela rien d'étonnant : cette polyvalence était déjà vraie, bien avant le XVIe siècle. Elle continue d'être la règle. Pas de spécialisation à l'étage des grands marchands.

Bref, rien de neuf dans cette diversité des activités. Peut-être faudrait-il cependant distinguer deux cas extrêmes : le marchand florentin, qui joue souvent « à la verticale », comme nous dirions aujourd'hui, s'occupant de l'importation de la laine, puis du travail de celle-ci, de la revente ou de l'exportation des draps. Un bout de la chaîne représente par exemple la possession de tel lavoir de laine en Vieille-Castille, l'autre bout des draps entassés dans un magasin d'Alexandrie en Égypte, et qui seront vendus, un jour ou l'autre, par un correspondant contre argent comptant ou *a baratto*, par troc contre d'autres marchandises, ce qui, on le voit, entraîne le marchand dans un autre circuit, ici celui des produits du Levant... Second cas extrême : le marchand de Lisbonne, strictement marchand, jouant sur les dénivellations de prix des marchandises « royales », c'est-à-dire de haute qualité et de grand revenu : poivre, épices, cochenille — ou parfois sur celle des marchandises communes, mais ne se hasardant guère dans le commerce de l'argent et le jeu des lettres de change.

Entre ces cas extrêmes, des cas mêlés, mitoyens, qui sont la majorité et donc la règle. Ajoutons-y un portrait nouveau, celui du grand marchand génois qui, peu à peu, va abandonner le jeu multiple de la marchandise pour le commerce exclusif de l'argent et du crédit. Mais nous aurons l'occasion de reparler bientôt de lui.

Le jeu à longue distance

Quelle que soit la diversité du jeu, remarquons qu'il s'agit ordinairement de jeu à longue distance. Les historiens allemands parlent avec raison des *Fernhändler* et de la *Fernhandel*. Tous nos capitalistes d'envergure sont des marchands qui jouent au loin, sans fin, sur des différences importantes de niveau, niveau de prix ou niveau de changes. Il leur faut, en ces terres lointaines, des hommes de confiance, pour ne pas dire des complices, en tout cas des correspondants sûrs, des répondants. À cet effet, les parents sont irremplaçables ; ici le père ; là, égrenés au long des escales, des fils ou des frères, ou des neveux ; tous agents, soit itinérants, soit fixés une fois pour toutes.

N'imaginons pas ces facteurs ou correspondants au travers de nos images actuelles : le lien entre le patron, chef de maison, et ses agents relève plutôt des liens de seigneur à vassal. Rien ne le montrerait mieux s'il le fallait que tel petit incident entre Simón Ruiz et son agent à Séville, Geronimo de Valladolid ; la querelle très vive se termine par l'humiliation de l'un et le pardon de l'autre.

Ce jeu de confiances, de collaborations, lui aussi, est très vieux, aussi vieux, sans doute, que le métier de marchand, du moins le marchand sédentaire, tel qu'il se dessine et s'affirme en Europe dès le milieu du XIIe siècle. Ainsi en va-t-il partout où des marchands capitalistes nous sont connus, aussi bien chez les Arméniens que le XVIIe siècle disperse de la Chine à l'Inde, à la Perse, à la Turquie, à la Russie, à Venise, à Amsterdam, voire aux Philippines où leurs noms encombrent les documents —, aussi bien chez les Banyans de l'Inde que chez les marchands chinois originaires du Chan Si et du Chen Si qui émergent dans le commerce du sel au XVIIIe siècle (on peut les identifier et suivre leur fortune), ou que chez les marchands italiens et hollandais que nous connaissons d'assez près.

On peut même dire que toute poussée capitaliste, en cette première époque du capitalisme, présuppose une diaspora de marchands : ainsi les marchands italiens du XIe au XVIIe siècle, à travers l'Europe et le Proche-Orient ; ainsi les marchands hollandais avec les premières années du XVIIe siècle, en France, à Francfort et à Leipzig (où l'arrivée de ces calvinistes n'alla pas sans heurt). Au vrai, si l'Allemagne du Sud, au temps des Fugger et des Welser, des Hochstätter, des Paumgartner, des Imhof, n'assied pas sa suprématie, en ce siècle que l'on dit pourtant être celui des Fugger, c'est que leur fortune collective n'a guère duré que les 30 ou 40 premières années du XVIe siècle. Aussi bien n'auront-ils guère eu le temps de se répandre en dehors de quelques places anciennes, à Venise, à Lisbonne ; pas le temps de coloniser les places, d'établir entre elles de vastes réseaux. Si curieuse soit-elle, la longue et active présence de Kron, l'agent des Fugger, à Goa, n'est qu'une exception... Donc diaspora et colonisation marchande, ce sont là des traits anciens du capitalisme marchand et que le XVIe siècle n'a pas créés.

Les droits du calcul

Autre trait permanent et sans surprise, la culture technique et intellectuelle du marchand, son art de l'information, son souci de la nouvelle. Culture technique : c'est ainsi la comptabilité en partie double, qui remonte au siècle précédent, et dont Venise et toutes les villes italiennes, mais Venise surtout, a été l'école. Jacob Fugger, à 17 ans, plus tard Matthieu Schwarz, son comptable, y ont fait leurs classes. Technique encore, ces manuels de marchands, dont le tardif *Negociante* de Giovanni Domenico Peri, au XVIIe siècle, est un modèle achevé. Technique encore, l'art d'écrire ces lettres nettes, brèves, substantielles où Simón Ruiz et bien d'autres sont passés maîtres. Dire clairement ce que l'on veut dire ; ensuite le répéter inlassablement ; doubler, tripler ses lettres dans l'éventualité de pertes ou de retards : pas un marchand qui ne se plie à cette discipline de fer, ajoutant régulièrement les nouvelles qui peuvent intéresser en général les affaires de ce bas monde et son interlocuteur en particulier, plus, rituellement ou presque, le cours du change sur la place. Le tout, à charge de revanche bien entendu.

C'est qu'il s'agit d'un jeu éminemment rationnel, sous le signe de la prévision, du calcul des bénéfices, des marges d'incertitude. Le capitalisme est aussi un esprit : gagner, préserver son argent, sauvegarder ses liquidités... Tout cela, qui n'est pas nouveau, s'affirme, se précise, se retrouve partout : des Banyans un voyageur écrit en 1638 : « Il n'y en a point qui sçachent mieux écrire et calculer qu'eux... »

L'évolution du capitalisme

Ces traits vigoureux, anciens ne doivent pas nous cacher une évolution importante. Tout d'abord, à travers l'Europe entière, la masse monétaire, celle des pièces sonnantes et trébuchantes, a beaucoup augmenté avec le XVIe siècle. La Castille, dit-on, a gagné l'Amérique à la loterie. En vérité, l'Europe et l'Asie ont, en même temps qu'elle, touché le gros lot. Il s'en est suivi une « largesse [6] » inconnue, des fortunes inédites, une vitesse accrue de circulation des monnaies. Celles-ci « cascadent » à plus vive allure que jadis, pour reprendre l'expression d'un écrivain du XVIIIe siècle, le Portugais Pinto. C'est l'occasion ou jamais de penser au schéma keynésien de l'épargne et de l'investissement. Celui-ci n'est possible que grâce à celle-là ; or, si l'un accélère la croissance, l'autre la freine. Le métal jaune du Nouveau Monde et surtout le blanc, c'est la possibilité pour l'Europe de vivre au-dessus de ses moyens, d'investir au-delà des limites de son épargne. Un immense coup de fouet stimule alors ses échanges.

Mais justement, les vieilles méthodes familiales vont-elles suffire, face à cette situation nouvelle ? Les Fugger pouvaient s'en contenter, déléguant leurs pouvoirs à des facteurs qui tous, hommes de confiance, furent souvent des agents remarquables. Ainsi firent encore les Welser, ou, longtemps, les Affaitati, ces marchands internationaux issus de Crémone. Mais la nécessité se fit bientôt jour de vastes consortiums, ainsi ceux qu'à l'échelle internationale suscita le monopole portugais du poivre. Force fut aux marchands de s'associer, de se prêter service, d'associer ainsi des firmes locales aux succursales des grandes firmes, comme les Affaitati à Lisbonne. Au lieu de l'antique association : patron et facteur — familial ou non —, on voit de plus en plus l'association de marchands égaux, se rendant réciproquement les services de commissionnaires ou correspondants. Simón Ruiz, dans la dernière partie de sa vie, est un courtier, une boîte aux lettres. Ses liaisons avec les Bonvisi à Lyon, avec Baltasar Suarez à Florence, ou avec les Ximenes à Lisbonne lui permettent de prélever des commissions substantielles car répétées, et, en même temps, de faire circuler au mieux ses lettres de change ou, parfois, ses marchandises. On ne trouvera rien d'étonnant à ce que, vers la fin du siècle et au début du XVIIe, apparaissent les grandes banques à garantie urbaine (Banco di Rialto à Venise, le nouveau Banco di San Giorgio à Gênes, la Banque d'Amsterdam, la Banque de Hambourg) et aussi, naturellement, les compagnies anglaises des « marchands aventuriers », associant les capitaux d'actionnaires pour le commerce du Levant, ou de la Moscovie, ou des Indes, compagnies que laisse d'ailleurs loin derrière elle la Compagnie néerlandaise des Indes orientales. Tout se passe comme si, à la veille du renversement de la tendance séculaire, entendez à la veille de difficultés nouvelles, il y avait concentration, association des entreprises.

Entre-temps, d'ailleurs, bien d'autres changements auront surgi. Ainsi se dessine un vaste retour capitaliste à la terre, rituel sans doute, lui aussi, dans la vie des marchands, depuis qu'il y a des marchands, mais alors particulièrement important. Un capitalisme agricole, si l'on peut dire : il ne cesse de se mettre en place dans toute l'Europe, de préférence autour des villes. À Venise, ce retour au-delà des années 1590 s'affirme spectaculaire. De même autour de Barcelone. De même autour de Florence. Des fortunes marchandes s'immobilisent ainsi, se sclérosent ou mieux se mettent en sommeil, mais se sauvent aussi en partie. Nulle statistique ne nous dira quelle a été l'ampleur du processus, vieux processus en vérité, puisque déjà dans l'Italie de la Renaissance, au climat économique maussade, Laurent le Magnifique, vers les dernières années de sa vie, aura beaucoup investi en terres. Et la terre n'est-ce pas le signe et le prétexte des vanités sociales ?

Le second processus, c'est la mobilisation, chaque jour accrue, des fortunes et des moyens des marchands au profit d'États gloutons. Bien entendu, le processus ne date pas du dernier ni même du premier XVIe siècle. L'exemple de Jacques Cœur (1395 ?-1456), enrichi et ruiné par Charles VII, est là pour nous le redire. C'est un fait que l'État, à mesure qu'il grandit, a besoin des hommes d'affaires. Il leur confie la perception de ses impôts, la gestion de ses deniers ; ils sont ses prêteurs, ses profiteurs, ses victimes. En Angleterre, en France, en Espagne, partout où l'observation est possible, la collusion s'affirme entre princes et marchands. Comment ceux-ci ne s'imposeraient-ils pas à ceux-là et réciproquement ? En France, des dynasties de financiers se détectent dès avant le règne de Louis XI, financiers français que les Italiens supplanteront, à l'occasion des guerres dites d'Italie. En Espagne, le juif médiéval cède la place au marchand étranger, et dès les dernières années de Charles Quint, sûrement après la banqueroute de 1557, le règne des banquiers génois commence. Leur « siècle » durera au moins jusqu'à la banqueroute espagnole de 1627. Alors ils seront progressivement supplantés ou remplacés un instant par les marranes portugais, les nouveaux chrétiens de Lisbonne, supporters de la politique fracassante et inutile du comte-duc Olivares.

Le mécanisme des avances des marchands génois nous est aujourd'hui bien connu, chiffres en mains. Il est possible de suivre dans le détail de leurs clauses les vastes *asientos*, ces contrats que signe l'État espagnol avec un marchand, de plus en plus d'ailleurs *des* marchands solidaires, ce qui est un signe des temps. Contre de l'argent à recevoir, particulièrement à Séville, mais qui sera perçu lentement, irrégulièrement, avec de fréquents retards, le rôle des *asentistas* est d'assurer le paiement régulier des troupes qui combattent aux Pays-Bas pour le Roi Catholique. C'est en or très souvent qu'il faut payer les soldats. Les Génois transportent le métal blanc qu'ils reçoivent de Barcelone ou de Valence jusqu'à Gênes, par galères, puis ils le cèdent contre des lettres de change payables en or sur Anvers, qu'ils peuvent se procurer surtout à Florence, à Venise ou sur les grandes foires de Plaisance qu'ils contrôlent sans conteste.

Ces *asientos*, chaque année, portent sur plusieurs millions d'écus. On devine quelle circulation de monnaies et de lettres de change signifient de tels transferts. Le bénéfice des hommes d'affaires est souvent minime, au-dessous de 5 %, mais la masse engagée compense la faible dénivellation. Et d'ailleurs, en marge des contrats, un certain jeu sur les *juros* dont il serait utile de chercher quelques exemples précis, devait augmenter ces bénéfices.

D'autre part, les *hombres de negocios*, comme on les appelle en Espagne, ne mettent pas en jeu leur propre argent seulement ; ils y associent celui de petits et moyens prêteurs qui font ainsi valoir leurs capitaux (et cela aussi est une vérité à l'échelle de l'Europe). Il s'ensuit, en Castille et hors de Castille, un immense pompage de liquidités au bénéfice du Roi Catholique comme des autres princes, d'autant que se multiplient partout les rentes d'État (ainsi les *juros* en Espagne, ainsi les *giuri* en Italie, ainsi les rentes sur l'Hôtel de Ville en France). Bref, le commerce de l'argent, du prêt à intérêt, tend à se généraliser.

Prêter son argent et en tirer un loyer, sauf quand il s'agit directement du roi (lequel dans un article particulier des contrats d'*asiento* prend sur lui la faute), est alors une opération que condamne l'Église, mais le prêter sous forme de lettres de change qui vont et reviennent, avec généralement un bénéfice, mais aussi une possibilité de perte, est licite, le risque justifiant le loyer de l'argent. Le gonflement des lettres de change, à la fin du XVIe siècle, est ainsi un masque qui ne cache rien, mais qui permet au marchand de vivre de son argent prêté, sans mauvaise conscience.

Bref, une partie notable des liquidités, en Europe, est mobilisée par les États mangeurs de pécunes, toujours écrasés par des dépenses grandissantes. Mais, en fait, n'est-ce pas, au bénéfice d'un argent politique, un appauvrissement de l'argent marchand à investir dans des entreprises capables de stimuler l'activité générale de l'Europe et, au-delà, de cette économie mondiale qui gravite autour d'elle ?

Peut-être, mais aussi les capitaux ne manqueraient-ils pas, progressivement, de placements constructifs ? Dans l'industrie, dont les techniques restent si élémentaires et les rendements faibles, placer son argent n'est pas de tout repos. Le marchand a, en face de lui, les corps de métiers, ainsi à Venise l'*Arte della lana*, ou l'*Arte della seta*. Ce sont souvent encore des forces importantes, respectables, des freins sociaux efficaces à l'exploitation capitaliste du travail. La production de l'*Arte della lana*, si prospère à Venise au sommet de l'inflation des prix, de part et d'autre des années 1600-1610, décline ensuite pour des raisons de conjoncture mais aussi, semble-t-il, pour des raisons sociales. N'est-ce pas que l'*Arte*, comme tous les métiers urbains, a défendu ses privilèges et ses salaires, et du coup se trouve efficacement concurrencé par l'industrie du Nord européen, industrie campagnarde, hors des défenses urbaines, plus souple devant les exigences du marchand et se contentant de peu ?

Mais même dans cette industrie neuve et libre, le capitalisme ne hasarde pas d'immenses possibilités. Il faudrait notamment aux produits textiles un plus large marché, aux métiers des moyens techniques qui leur manquent encore. Un capitalisme industriel n'existe encore qu'à l'état d'ébauche. Il ne sera promu à sa pleine efficience qu'avec le XVIIIe et mieux encore le XIXe siècle.

Jeunesse, maturité, décrépitude

Résumons-nous : capitaliste, en ces premiers temps du capitalisme, signifie, à notre avis, marchand et marchand au loin. Capitalisme signifie l'emploi judicieux de sommes ou métalliques, ou représentées par des instruments de crédit, dont la triomphante lettre de change, dans des opérations multiples qui vont de la marchandise à la « finance ».

Au cours des deux siècles qui nous intéressent plus précisément, une évolution se dessine dont les étapes sont plus ou moins précoces, selon les diverses économies européennes.

Durant le XVIe siècle, à l'heure des opérations faciles et du « capitalisme heureux », d'énormes bénéfices sont réalisés (à Lisbonne par exemple de l'ordre de 100 %). Le loyer avoué de l'argent est souvent de 15 % pour les prêts à l'État. Encore faudrait-il voir comment ces opérations se soldent réellement et disposer, à cet effet, d'une série d'études minutieuses qui n'ont pas été faites jusqu'ici. En 1557 encore, il est vrai en période de crise aiguë, l'argent se prête à Anvers à 57 %.

Le second XVIe siècle, au-delà d'années grises (1540-1560), voit se précipiter l'arrivée des métaux précieux d'Amérique. Il vivra non plus sous le signe de l'or, mais sous celui du métal blanc. Cet argent abondant suscite une montée capitaliste évidente, il amène aussi une baisse du taux *officiel* de l'argent, en gros de 10 à 15 par rapport à l'or en Espagne. Plus encore, les prix s'élèvent, les marges bénéficiaires se restreignent, les faillites retentissantes se multiplient et seuls résistent à ces temps qui progressivement s'aggravent les grandes firmes, les familles puissantes de marchands, les groupes qui savent s'entendre, comme les grands marchands génois. C'est le temps, dirions-nous, des marchands que la banque et le crédit intéressent plus que la marchandise. L'opposition est nette à Gênes, entre les *nobili vecchi*, qui s'occupent, dirions-nous un peu vite, de finance, et les *nobili novi* qui s'occupent de marchandises et d'industrie. La vanité sociale s'en mêlant, des troubles déchirent la ville de Gênes en 1575 et 1576. En vérité la querelle est très symptomatique.

Alors commence le règne d'un capitalisme supérieur lié à l'État, aux monnaies ou pseudo-monnaies de papier, au crédit, toutes pratiques dont Gênes sera la capitale incontestée. Mais son destin ne va pas sans épreuves, le capitalisme y est secoué jusque dans ses fondements par les banqueroutes massives et répétées de l'État espagnol : 1575, 1596, 1607, 1627, 1647. Sans doute les grands banquiers échappent-ils à ces coups directs : ils transigent avec l'État banqueroutier, répercutent leurs pertes sur leurs clients et sur autrui. Mais le système est frappé en profondeur, à sa racine. La preuve, si besoin était, nous en serait fournie par les créations bancaires de sécurité urbaine, à Naples, à Florence, à Venise et, notons-le, à Gênes même. Mieux encore par la correspondance de Simón Ruiz, ce capitaliste de rang modeste, plutôt courtier, nous l'avons dit, mais placé à la lisière des bonnes et grandes affaires. Or, dès avant 1590, Simón ne réussit plus à faire fructifier son argent par les habituels aller et retour de ses lettres de change. Le voilà qui reprend le commerce des marchandises, laines, cochenille, qu'il avait abandonné, en fait, depuis sa promotion à la « finance », en 1576. C'est bien là un signe des temps que ce retour au commerce des marchandises qui s'opère, en gros, à la jointure des deux siècles (le XVIe et le XVIIe), aussi bien à Augsbourg, où grâce à une étude précise d'Hermann Aubin nous connaissons les affaires fructueuses d'un marchand bergamasque, Bartolomeo Viatis, qu'en

Méditerranée où une curieuse poussée se marque, vers 1600, au bénéfice des gros marchands portugais, détenteurs de poivre, les Ximenes entre autres, qui créent alors des succursales à Pise, à Florence, à Venise, pour le plus grand déplaisir des marchands locaux.

En vérité le retour à la marchandise n'indiquerait-il pas la fin d'un cycle capitaliste, inauguré par la marchandise sur les quais de Lisbonne dès le retour des premières flottes portugaises au début du siècle et qui s'achève par la finance, avec les vastes *asientos* des marchands génois ? Les Fugger, si fortement engagés dans les entreprises minières du Tyrol et de Hongrie et dans les commerces à longue distance à Anvers comme à Lisbonne, sont le type même du premier capitalisme, direct, favorisé par des taux élevés de bénéfices sur les marchandises mêmes ; les Génois, manieurs de papier, spéculateurs, sont le type même du second capitalisme, compliqué, intelligent, sinon toujours honnête.

Au terme de ce cycle, la brusque montée d'Amsterdam est la remise en place et en cause d'un capitalisme marchand au sens étroit du mot. Le second doublement du cap de Bonne-Espérance en 1595 par les navires du Hollandais Cornelius Houtman redonne ses chances au commerce des marchandises, depuis le Pacifique et l'océan Indien jusqu'à l'Europe. À des transports plus efficaces que ceux des Ibériques va correspondre un nouvel âge d'or de la marchandise, avec de grosses marges bénéficiaires, d'autant que les marchands sont groupés et qu'en fait les plus riches s'imposent dans ces associations privilégiées, dans les Pays-Bas comme en Angleterre.

Mais à Amsterdam, il eût été étrange que le capitalisme ainsi rajeuni n'ait pas bientôt vieilli, comme en Méditerranée. Un capitalisme compliqué, spéculateur, détaché de la marchandise y fait très vite son apparition, puis s'épanouit, ronge tout, emporte tout. La Bourse d'Amsterdam connaît, dès avant la fin du XVIIe siècle, toutes les roueries et ficelles des Bourses actuelles. Joseph de la Vega nous l'indique dans son livre d'un accent si moderne, cette *Confusión de Confusiones* (1688) où tous ces jeux sont exposés avec clarté.

Mais un instant encore, et nous verrions ce capitalisme d'Amsterdam en panne de placements utiles, comme jadis le capitalisme des pays méditerranéens, et comme lui se jetant alors à corps perdu dans les avances aux divers princes et États de la Chrétienté : fonds anglais, emprunts du Roi Très Chrétien, avances aux Danois, aux Russes eux-mêmes et à l'Espagne catholique...

Peut-être convient-il de préciser, pour les jeunes gens à qui s'adresse ce livre, qu'il ne s'agit là que de considérations toutes personnelles de l'auteur de ce chapitre et qu'il serait à coup sûr inopportun de les figer dans un modèle très ferme d'explications. Il nous semble pourtant que l'évolution du capitalisme se saisit mieux encore à travers les occasions qui se sont offertes — ou non — aux hommes d'affaires qu'à travers celles qu'ils ont su ou voulu créer. Bref, que l'histoire du capitalisme est une histoire de structures et celle-ci n'est-elle pas encore à faire ? En tout cas, rétrospectivement, le processus hollandais nous aide à comprendre l'évolution que nous venons d'examiner, entre 1500 et 1650, dans ses phases capitalistes de jeunesse, de maturité et peut-être de décrépitude, si l'on admet, comme il se doit, que la vieillesse des uns peut côtoyer la jeunesse des autres.

CRISES ET CATASTROPHES DE 1450 À 1650

Sous ce titre, nous abordons le second train de nos explications. Laissant les bilans à long terme, il va nous falloir mesurer le XVIe siècle avec des unités de temps plus restreintes, le voir, l'apercevoir à court terme, le décomposer en épisodes. Déjà, au cours des explications qui précèdent, nous avons signalé certaines de ses étapes. Le difficile, c'est qu'il faut voir ces étapes diverses à la fois en elles-mêmes et par rapport à celles qui les précèdent ou qui les suivent. Elles font la chaîne, se tiennent si l'on peut dire par la main, se contredisent ou se ressemblent, mais s'expliquent l'une par l'autre.

La Renaissance à Florence

Ainsi, cette Renaissance classique, à son penchant, à Florence, sous le mécénat de Laurent le Magnifique (1469-1492). S'arrêter à cet exemple, c'est jouer évidemment la difficulté, car rien n'est simple dans cet épisode si souvent étudié, déformé, en vérité, par tant d'écrans et de travaux successifs[7]. Les historiens aux prises avec les problèmes de la vie des artistes et des humanistes à Florence, peuvent et doivent hésiter. N'y a-t-il pas eu, au-delà de la gloire de Laurent (et même de sa légende), une sorte de repli de Florence, pendant la vingtaine d'années de son mécénat ? N'a-t-on pas, dans l'entourage du Magnifique, plus discuté, pensé, joui de la vie que construit, comme aux temps de Piero et de Cosme ? L'art toscan, plus qu'à Florence même, n'a-t-il pas fleuri alors à travers l'Italie, grâce à la dispersion, souvent voulue, des artistes de la ville merveilleuse ?

Si l'on se tourne vers la vie matérielle de Florence, en ces dernières années de sa splendeur, d'autres discussions surgissent entre historiens que l'on ne saurait trancher, car le corps de Florence a moins retenu l'attention que son esprit ou son cœur. Nous ne disposons pas, à son endroit, de sondages précis ou de courbes de prix. Il nous est possible sans doute, de saisir la vie des grands négociants, de cette trentaine de *banchi grossi* dont la firme marchande des Médicis est l'échantillon le plus important, le mieux connu aussi. Or la banque des Médicis, son réseau d'affaires liées et de succursales, connaît, avec le XVe siècle finissant, des difficultés multiples. Laurent est un mauvais homme d'affaires, son chef d'état-major Francesco Sassetti s'abandonne, lui aussi, à la douceur de vivre. Il y a, en outre, une crise des monnaies d'or et, au-delà, du crédit. Les filiales des Médicis sont liquidées les unes après les autres, à Venise avant 1470, à Londres en 1478, à Bruges cette même année ; sauvée de justesse en 1488, la succursale de Lyon disparaît en 1494 dans la banqueroute générale qui frappe les filiales de Naples, de Rome et la banque même de Florence, avec l'arrivée de Charles VIII. À Florence même, une détérioration des monnaies d'argent a certainement eu, pour la vie économique locale entre 1473 et 1500 [8], les effets d'une inflation, frappant artisans et petites gens, avantageant les gros négociants, mais ceux-ci, sur le plan international des paiements en or, avaient bien des difficultés de leur côté, certaines dramatiques.

Nous n'avons pas une documentation suffisante pour porter un jugement très circonstancié. Mais on n'échappe pas à l'impression que la débâcle des Médicis est à inscrire dans une vaste crise du capitalisme. Ce capitalisme qui s'en va, c'est un capitalisme compliqué, vieilli, déformé par le jeu toujours dangereux de prêts inconsidérés aux États. La crise de la succursale de Bruges, en 1478, vient autant que des hardiesses et témérités du « governor », Tomaso Portinari, de la mort de Charles le Téméraire (1477) et de l'effondrement de l'État bourguignon. Oui, un capitalisme vieilli, ce qui nous oblige à ne pas considérer le capitalisme jeune que mettent en place les premières années du XVIe siècle, comme le premier capitalisme du monde occidental.

Comme toujours, avec les flux et reflux des grands mouvements séculaires, bien des questions de *structure* se posent alors. L'Italie, en cette année 1492 où meurt Laurent, où brûlent la gloire intellectuelle et la joie de vivre de Florence, c'est un monde à l'abri, pareil à cette Europe des années 1919-1939, enfoncée dans les illusions de sa force et de sa primauté, mais pas plus assurée que cette Europe-là de son lendemain. Les grands États en gestation, l'Espagne des Rois Catholiques, l'Angleterre des Tudors, la France de Charles VII et de Louis XI, sortent à peine des difficultés économiques d'un XVe siècle maussade et violent. L'ordre nouveau n'en finit pas de grandir, contre les barons de la guerre des Deux-Roses, contre les seigneurs de la Ligue du Bien Public, contre les seigneurs laïques ou ecclésiastiques d'Espagne... En face de ces querelles sanglantes, les luttes italiennes ne sont que tournois élégants, oppositions entre partis pour le pouvoir, pareilles, mon Dieu, aux luttes âpres mais mesquines des partis français, sous la IIIe ou la IVe République. Contre les secousses dangereuses, l'Italie pratique un équilibre savant, comme le sera l'équilibre européen dès avant le XVIIIe siècle. La *balance of power* y est un instrument subtil, de Florence à Gênes, de Venise à Rome et à Naples. Pas de crises de subsistances, non plus, dans cette Italie que Guicciardini nous dit, en 1494, cultivée par ses paysans jusqu'au sommet des montagnes. C'est aussi l'Italie qui voit mûrir, malgré les inévitables coups de vent, l'État-ville qui a fait sa gloire.

Ce que les hommes de ce temps, même lucides, ne voient pas, ce que découvrira tard un Machiavel, c'est le drame depuis longtemps menaçant de l'État nouveau, géant en herbe, ogre innocent encore, mais insatiable, et à qui l'avenir est déjà promis. La prise de Grenade (1492), autant que le succès d'une croisade, est la mort d'un État trop petit pour survivre, en dépit de sa richesse. La leçon de la débâcle de Charles le Téméraire, en 1477, est moins claire, mais non moins pertinente : l'État flamand-bourguignon n'était ni assez gros, ni assez unifié pour résister aux temps nouveaux et au royaume de France.

Peut-être est-ce par une obscure prescience que Venise s'est acharnée, au début du XVe siècle, à conquérir ses territoires de Terre Ferme, tandis qu'au même moment Florence cherchait à soumettre la Toscane, en s'étendant jusqu'à Livourne, Pise et la mer, et en tentant de mettre la main sur Sienne ? En tout cas, cette ambition d'agrandissement territorial était la condition nécessaire pour que survive la grandeur de certains États urbains. Mais les beaux esprits de l'Académie platonicienne de Florence semblent n'avoir jamais soupçonné l'affreux destin qui les attendait et qui devint réalité avec la descente des barbares, l'arrivée en Italie des Français, en octobre 1494.

Après 1540 : l'argent d'Amérique inonde l'Europe

Observée ainsi de plus près, cette fin du XVe siècle ouvre immédiatement une perspective d'ensemble plus claire sur le long XVIe siècle. Nous ne pouvons plus le voir comme absolument neuf. Les siècles antérieurs ont eu leur prospérité matérielle, leurs périodes d'expansion, leurs régressions et leurs systèmes capitalistes relativement sophistiqués. Armando Sapori, avec de solides arguments à l'appui de ses affirmations, voudrait même nous persuader que le XIIIe siècle a été la vraie Renaissance, ou, à tout le moins, la première.

La vérité, en la matière, c'est que l'apport du XVIe siècle — en dehors de ses conquêtes géographiques, indéniablement neuves — ne repose pas sur des créations originales, sans précédent, dans le domaine de la politique ou de l'économie, ou encore moins du progrès technique. Ce qu'il a apporté, c'est plutôt un vif essor des activités, une exubérance de vie qui se traduit dans les exploits des grands États et des Empires, l'espagnol, le portugais, le turc, et l'Empire du Grand Moghol. Encore faut-il distinguer les phases de croissance.

La première partie du XVIe siècle, de 1500 à 1550, avance à pas lent, mesuré. Les importations massives de métaux précieux du Nouveau Monde (environ

180 tonnes d'or et 16 000 d'argent de 1503 à 1650) n'ont pas encore fait sentir leurs effets. Des deux métaux précieux, l'or est le plus abondant, ou, si vous préférez, le moins rare. Il est relativement peu cher en *termes d'argent*, et le métal blanc est le plus recherché des deux. Jusqu'aux années 1530-1540, il vient essentiellement des mines de l'Europe centrale, assurant la primauté des marchands d'Augsbourg qui les contrôlent et à qui revient la gloire de ce qu'on a appelé le « Siècle des Fugger ».

Après les années 1540-1560, la situation se renverse. L'Amérique expédie de telles quantités d'argent que sa valeur se déprécie par rapport à l'or, devenu relativement plus rare. L'économie européenne, qui jusque-là avait fonctionné à l'or, change de combustible et commence à fonctionner à l'argent. Ce renversement du milieu du XVIe siècle, tel que l'analyse le beau livre de Frank Spooner, est sans aucun doute à l'origine de ruptures considérables, dans la vie quotidienne comme dans les bases structurelles de l'économie européenne. À Anvers, débouché de la production des mines allemandes qu'allait ruiner l'afflux d'argent américain, ce sont les Génois qui, les premiers, comprennent ce renversement et l'incorporent dans le modèle de leurs spéculations financières. Jusque-là, l'essentiel avait été de se rendre maître du métal blanc, ce à quoi Augsbourg et les Fugger excellaient. Désormais, il devient nécessaire de détenir une réserve d'or pour toute transaction délicate. Au point que, en 1587, lorsqu'on apprend qu'un gros transfert d'or s'est fait sur l'ordre du roi d'Espagne, toute l'Europe s'inquiète : ce geste signifie-t-il que le monarque va frapper un grand coup d'un moment à l'autre ? Ou bien qu'il a momentanément perdu l'esprit ?

Ce grand réajustement monétaire a sa petite histoire amusante. Avant le milieu du siècle, les transports d'espèces se faisaient généralement par porteur, car un messager de confiance pouvait emporter 5 000 ducats d'or cousus dans ses vêtements. Par la suite, de tels envois deviennent l'exception car l'argent est devenu le métal monétaire usuel et il est beaucoup plus encombrant que l'or. Un mulet pouvait porter un poids d'argent correspondant à environ 4 000 ducats. C'est la base de calcul que retient cet ambassadeur vénitien qui, en mai 1585, à Saragosse, voit passer un de ces précieux chargements d'argent en route pour Barcelone : 4 000 ducats par animal, donc 80 mules égalent 320 000 ducats.

Les pièces de huit et les lingots d'argent s'embarquent sur les rapides galères génoises : généralement, elles voyagent en convois qui sont de véritables flottes d'argent, et elles se font de plus en plus nombreuses après 1579, sur le trajet Barcelone-Gênes. Désormais l'Espagne est le grand pourvoyeur de métal blanc pour l'Europe et le reste du monde. Et puisque, pour gagner la Manche et la mer du Nord, il ne vient plus des profondeurs de l'Europe centrale, mais des routes commerciales de l'Atlantique, la position de l'Allemagne s'affaiblit, particulièrement celle de ses glorieuses villes intérieures. Et l'Europe se trouve du coup ouverte à l'intrusion des Hollandais.

Une dernière conséquence du flot d'argent déversé sur l'Europe, c'est l'inflation, expérience que l'économie européenne connaîtra, beaucoup plus tard, face au déferlement des pièces de cuivre et de la monnaie-papier. Au XVIe siècle, c'est la marée montante de l'argent qui a tout balayé, les prix comme les salaires, déchaînant ainsi la formidable inflation du second XVIe siècle.

La crise européenne du milieu du XVIe siècle

La présence d'une telle masse d'argent dans son économie a permis à l'Europe de traverser une crise économique sérieuse qui dura plus de dix ans. Elle a sévi presque partout à travers le continent, plus longue ici, plus brève là, et d'une intensité variable selon les lieux. On peut placer le centre du cyclone dans les milieux du négoce de Séville ; on soupçonne ses effets en France entre 1536 et 1564 ; ils éclatent en Angleterre de 1540 à 1560 ; et nous en apercevons les contours un peu vagues en Allemagne et en Italie, mais la documentation n'autorise là aucune conclusion nette.

En tout cas, rien n'est plus clair que la « grande récession » (le mot est de Pierre Chaunu) à Séville, au milieu du siècle. La crise débute en 1551, elle s'effacera en 1568, son point le plus bas se marquant avec netteté en 1554. Cette année-là, si nous ne tenons pas compte de vingt bateaux chargés de produits agricoles partis des Canaries pour les Amériques, trois navires seulement ont gagné le Nouveau Monde à partir de Séville. C'est le signe manifeste de la débâcle de la *Carrera de Indias*, la grande organisation étatique du commerce transatlantique, confrontée à une catastrophe sans précédent. (On ne retrouvera une situation comparable qu'avec les désastres des années noires en série qui débutent vers 1640.) L'interruption des activités, un renversement brutal de la progression apparemment sans faille du commerce entre Séville et l'Amérique, sont évidentes en ce milieu du XVIe siècle. Ce réalignement ne peut certainement pas s'expliquer par les seuls événements militaires et politiques de ces années-là, ou par les derniers conflits entre les Valois et les Habsbourg, adversaires épuisés qui répugnent à abandonner leurs querelles et seront incapables de se résoudre à une paix raisonnable avant le mois d'avril 1559, au traité du Cateau-Cambrésis.

En gros, cette période de récession, qui se prolongera bien au-delà de 1559, correspond aux difficultés intérieures de l'Espagne. Les historiens ont souvent signalé le marasme des finances publiques et les nombreux signes de désobéissance au roi, et même à l'Église. En même temps, la montée des prix, qui avait atteint un sommet en Espagne en 1552, s'interrompt dans les quatre années qui suivent. En Andalousie et en Nouvelle-Castille, on peut même observer cette évolution plus tôt, dès 1549.

Ce sont là autant d'indications de la crise à Séville. Le commerce a été très long à s'y rétablir et quand enfin la ville se retrouve sur pied, c'est dans un tout autre contexte, car, de l'autre côté de l'Atlantique, la première série des conquêtes européennes a pris fin. Elles avaient été fructueuses et leurs bénéfices inouïs avaient créé, outre-mer, une riche classe de conquistadores qui pouvaient s'offrir le luxe de faire venir les produits de leur lointaine Méditerranée, huile d'olive, vin, farine de blé. Mais les survivants de cette génération avaient dû prendre leur retraite et, lorsqu'ils écrivaient, c'était pour se plaindre des temps nouveaux. Désormais l'Amérique européenne s'adaptait de plus en plus aux nourritures indigènes, maïs et manioc. Ici ou là, des vignes apparaissaient en Nouvelle-Espagne, autour de Lima et même au long des rues de ce qui deviendra Santiago du Chili. Et donc, désormais, plutôt que des produits alimentaires, ce sont des articles manufacturés que réclame la clientèle d'Amérique, en particulier des textiles, mais aussi des couteaux, des ciseaux, des haches et autres outils. Et plutôt que les villes industrielles espagnoles — comme Cordoue, Tolède, Ségovie et Barcelone —, c'est le nord de l'Europe qui fournit maintenant ces cargaisons limitées d'articles coûteux, lesquelles, à leur tour, ont leur répercussion sur les exportations du port de Séville dont le volume et la valeur évoluent en sens opposé : le volume décroît, la valeur croît. Signe de ces changements, les arrivées plus fréquentes que dans le passé de bateaux du Nord, chargés de produits du Nord : hourques flamandes, barques bretonnes et navires anglais s'entassent côte à côte dans les ports espagnols de San Lucar de Barrameda, Puerto de Santa María, Cadix, et sur les rives du Guadalquivir, en aval de Séville. Et tous ces bateaux s'affairent à remplir les cales des énormes bâtiments de la Carrera.

En France, ces réajustements du commerce espagnol

et des prix ont des répercussions qu'il est difficile d'évaluer avec précision, mais qui probablement ont fait leur apparition entre 1536 et 1564, dates approximatives — trente années qui ont vu succéder, à une période difficile, des temps plus difficiles encore. En Angleterre, les effets de la crise espagnole deviennent manifestes de 1540 à 1560 (et à nouveau en 1569-1570). En Allemagne, ils se montrent vers 1535-1540, dix bonnes années après la guerre des Paysans (1525) et se prolongent jusqu'à la paix d'Augsbourg, en 1555. En Italie, le réajustement est achevé au moment du traité du Cateau-Cambrésis.

Tous ces désordres ont-ils eu pour origine l'Espagne et les mines américaines ? Nous pouvons le croire. Dans une farandole d'enfants qui courent en se tenant par la main, le dernier de la bande a toutes les chances d'être secoué et projeté dans toutes les directions, s'il veut suivre les autres. Est-ce pour cette raison que la crise anglaise a été la plus grave et la plus nette de toutes ? Pour cette raison aussi que la chronologie de ces crises n'est pas la même à travers l'Europe, une Europe qui, du fait de communications archaïques et lentes, était beaucoup plus vaste et diverse qu'aujourd'hui ? Quoi qu'il en soit, la crise du milieu du XVIe siècle a coupé ce siècle en deux morceaux. L'inflation d'argent d'après 1560 a été précédée par des années dramatiques, par une récession aux multiples aspects, porteuse d'événements pénibles qui ont eux-mêmes joué leur rôle dans les crises ultérieures.

En France, de 1536 à 1564 environ, les années brillantes du début du règne de François Ier ont engendré les années moroses de Henri II et les temps lugubres de ses successeurs. La France a été exclue de la course pour le titre impérial : en 1529, le traité de Cambray a mis un terme à tous ses rêves de domination de l'Europe. Les périls intérieurs menacent ensuite sa paix : après 1534, le protestantisme s'organise sur tout le territoire et prend conscience de sa force pendant ces dures années. En 1562, quand éclatent les guerres de

Religion, l'économie est à la veille de la reprise. Tout bien considéré, donc, la période 1536-1564 a apporté un recul des guerres extérieures et la lente préparation d'une explosion intérieure. On est tenté de conclure que la guerre, intérieure ou extérieure, ne peut se développer que dans le sillage d'un fléchissement de la vie économique.

En Angleterre, ces sombres années ont été également une succession de drames. Énumérons : la dévaluation de la livre sterling, le « dumping » des textiles destinés à l'exportation, la fermeture de routes commerciales, en particulier celles que les navires anglais avaient sillonnées en Méditerranée, jusqu'à Chypre où ils trouvaient même la protection d'un consul britannique. Ils ne réapparaîtront dans la mer Intérieure que vingt ans plus tard, en 1573. Si l'on cherche en Angleterre l'explication de ce marasme, on ne peut négliger les soulèvements politiques et religieux, dus en partie à la politique de ses souverains : Henri VIII dont les besoins personnels fondent l'Église anglicane ; Édouard VI et ses conseillers, calvinistes ou procalvinistes ; Marie Tudor, la catholique ; enfin Elizabeth Ire, deuxième souveraine anglicane. Mais dans la succession des brusques changements économiques, ne mettons pas seulement en cause les passions politiques ou les calculs de maîtres despotiques, ou de monarques prudents tels qu'Elizabeth Ire, car l'Angleterre a fait, à sa façon, l'expérience de la transformation profonde et générale de la vie européenne.

Ni l'Italie ni l'Allemagne n'ont échappé à la grande crise. En Allemagne, elle s'installe avec le déclin des mines d'argent d'Europe centrale, entre 1530 et 1540. Mais choisir, comme date terminale de la crise, 1555, l'année de la paix d'Augsbourg, c'est se laisser influencer par le poids d'une date importante de l'histoire politique, alors qu'il n'est pas du tout sûr qu'elle coïncide avec celle du changement des réalités économiques. L'incertitude est la même dans le cas de l'Italie. La tentation est grande d'accepter les coupures bien connues de l'histoire politique. En 1530, Florence assiégée est emportée par les forces impériales et 1559, c'est la signature de la paix du Cateau-Cambrésis, que suivra, quelques années plus tard, un boom de l'investissement. Il est clair qu'on ne peut se fier aveuglément à ces dates, italiennes ou allemandes, comme encadrement de la crise économique. Mais, tout compte fait, il reste indéniable que le continent européen, en son entier, a longuement ressenti les répercussions des freinages ou des bouleversements de sa vie économique. Ce n'est pas avant 1560 que l'abondance de l'argent a pu être créatrice de nouvelles possibilités.

Nous savons que cet âge de l'argent n'a pas duré longtemps : en gros, de 1560 à 1600 ou 1620. Suivant les régions, les facilités offertes par le métal blanc ont servi des buts différents. À partir de conditions analogues, les circonstances locales et des structures économiques différentes s'obstinent de façon déconcertante à produire des résultats différents. En France, explosion de la guerre civile : les historiens ont découvert que ces guerres en chaîne n'ont pas empêché la montée des affaires, la fortune des habiles, le développement des villes marchandes, Lyon, Marseille, Rouen... Aux Pays-Bas, révolte des provinces du Nord, victoire du protestantisme, essor économique sans précédent. En Allemagne, lente montée de prospérité : des richesses s'accumulent que gaspillera la guerre de Trente Ans. En Italie, c'est l'âge des dernières splendeurs et illusions. En Espagne, « l'âge d'or », mais ce sont les spécialistes de la littérature qui l'ont ainsi baptisé : l'historien économiste, lui, voit cet âge d'or plus précoce, assurément, mais beaucoup plus tôt menacé.

Le troisième XVIe *siècle*

De la crise qui suivra, faut-il dire : le troisième XVIe siècle, ou le premier XVIIe ? Les mots importent moins que la réalité qu'ils signalent et qu'on peut indifféremment rattacher à ce qui la précède, ou à ce qui la suit. En fait, la marée montante du XVIe siècle a reflué en deux temps, une première fois vers 1600, la seconde vers 1650 (disons plutôt entre 1640 et 1660). Qu'on ne se scandalise pas de cette chronologie imprécise ! Les retournements profonds ne se font ni en un seul jour, ni en une seule fois. Partout où l'observation est précise, ce ne sont que freinages, reprises, freinages encore, avant la descente franche, appelée à durer jusqu'au prochain essor, celui du XVIIIe siècle. Et surtout, d'un pays à l'autre de l'Europe, la crise se présente avec des visages et à des moments différents.

Le premier reflux, celui de 1600-1610, se marque fortement en Espagne et, avec un léger décalage peut-être, en Italie. Le second est surtout celui des pays nordiques : Baltique, Pays-Bas, Angleterre. La France semble avoir participé à ces deux chronologies, après un freinage, vers 1590-1600, qui n'arrête tout de même pas une ascension qui se poursuivra, très faiblement, pendant les premières décennies du XVIIe siècle. Avec, peut-être, des différences assez sensibles d'évolution entre la France méridionale et la France nordique. Mais, là encore, il faudrait d'autres recherches pour arriver à des conclusions fermes. La seule chose certaine, c'est l'hétérogénéité foncière de l'Europe d'alors, qui ne se présente pas comme *une* économie, mais comme un complexe d'économies, mal soudées encore malgré les liens que tissent, entre elles, les métaux précieux, les instruments de crédit et les échanges.

Réalités d'Europe, réalités aussi du Nouveau Monde. Sans aucun doute, la fin de l'essor du XVIe siècle est à mettre au compte du ralentissement des mines d'argent d'Amérique et, par suite, des envois de métal blanc vers l'Europe, au-delà de 1601 (calcul d'Earl J. Hamilton) ou de 1610 (calcul de Pierre Chaunu). Ce ralentissement des mines américaines est à inscrire dans le cadre explicatif de la loi des rendements décroissants — du reflux aussi de la population indienne du Nouveau Monde, qui se précise et s'aggrave avec le XVIIe siècle.

Ne pensons pas, cependant, que la conjoncture américaine, au XVIIe siècle, soit plus simple que celle de l'Europe. Le renversement s'y fait par mouvements successifs : la Nouvelle-Espagne vers 1600, le Pérou vers 1620, le Brésil, soutenu par la prospérité particulière du sucre, vers 1640 ou 1650. Au-delà du milieu du XVIIe siècle, tout se passe, en exagérant quelque peu, comme si l'Amérique était abandonnée par l'Europe, livrée à son destin nouveau, autonome, mi-européen, mi-indigène, obligée de tout tirer d'elle-même ou presque, en ce siècle qui, selon la trop belle formule de Germán Arciniegas, serait le « Moyen Âge américain ».

Remarquons qu'il est pour le moins curieux que les tremblements de terre de l'économie européenne fassent ainsi écho à des tremblements de terre économiques du Nouveau Monde. En vérité, ces synchronismes des XVIe et XVIIe siècles font le tour du monde, une certaine conjoncture s'étend à la planète entière, répercute ses coups jusqu'à l'Inde, à la Chine et au Japon. En Extrême-Orient, il semble bien qu'il y ait eu aussi dislocation, détérioration des échanges économiques. Pour l'Inde, par exemple, à défaut de dates précises que nous ne possédons pas, on peut signaler une lente détérioration de sa superficielle économie monétaire dont les mailles avaient mal saisi, mais saisi tout de même, la vie primitive encore mais puissante du Bengale. Pour un historien, Vitorino Magalhães Godinho, cette détérioration se situe au XVIIe siècle. Au Japon et en Chine, nous disposons de signes beaucoup plus précis. Le Japon se ferme au commerce européen, mis à part le trafic réduit des Hollandais, en 1640. Quant à la Chine des Ming, sa catastrophe finale se situe en 1644, année qui voit l'occupation sans combat, mais non sans conséquences meurtrières, de Pékin par les Mandchous. Ceux-ci, mêlés aux Mongols, sont des « Barbares », sans doute « sinisés » par un long contact avec la culture des Ming, mais des Barbares tout de même, au même titre que les Mongols du XIIIe siècle. La réduction de la Chine à l'ordre nouveau s'opérera lentement, au milieu de luttes difficiles et sanglantes. Canton ne sera emporté qu'en 1650, Amoy — où, un instant, fonctionnera une factorerie anglaise — en 1681, Formose en 1683 seulement. Alors la *pax sinica* étendra partout ses bienfaits et permettra une large reprise.

Toutes ces dates rapprochées les unes des autres posent un vaste problème, à l'échelle même du monde. Y a-t-il eu, pour le monde entier, une double conjoncture séculaire au XVIIe siècle, une partie basculant avant l'autre vers les années difficiles ? D'un côté, Séville, l'Amérique et la Méditerranée ; de l'autre, Amsterdam, la Baltique, la mer du Nord, la Manche, un certain Atlantique, l'océan Indien, la Chine et le Japon ? Est-il besoin de dire qu'il s'agit là surtout d'une hypothèse ?

Mais elle fait l'intérêt du livre neuf de Pierre Chaunu sur les Philippines, du XVIe au XVIIIe siècle [9]. Ce petit livre se préoccupe de ranger l'archipel lointain dans le cadre conjoncturel qui lui convient. Les Philippines seraient-elles la clef du problème que nous recherchons, par quoi se trouveraient soudées les deux conjonctures que nous distinguons, ou plutôt croyons deviner ? Dans ses intentions, l'auteur est bien d'accord avec nous : les Philippines lui semblent un maillon de la première économie-monde qu'ait connue l'histoire. C'est en 1565 que l'archipel a été atteint à partir d'Acapulco par l'Espagnol Legazpi et baptisé du nom de Philippe II. Depuis lors, une liaison maritime régulière s'est maintenue entre la Nouvelle-Espagne et Manille. Chaque année, un énorme navire s'achemine lentement d'Amérique aux Philippines et, non moins régulièrement, s'y rencontre avec des jonques chinoises, échangeant les pièces de huit ou les lingots d'argent contre l'or, la soie et les porcelaines de Chine. Or, les documents conservés permettent justement de mesurer les trafics à Acalpuco et à Manille, d'après les caisses de comptabilité de ces deux villes. C'est un cas heureux, comme il en est peu pour la recherche historique.

En fait, l'activité des Philippines ne commence guère à trouver son rythme avant 1581, quand l'union des couronnes d'Espagne et de Portugal met fin aux tensions hispano-portugaises en Extrême-Orient, ou du moins y apporte de gros apaisements. Sans doute, à cause de leur essor tardif, les Philippines ne portent pas un témoignage irrécusable sur l'ensemble du second XVIe siècle, de cette « seconde phase longue de l'expansion du XVIe siècle ». Mais le témoignage est parfait, par contre, sur le XVIIe siècle. Pierre Chaunu, ses calculs faits, distingue trois périodes de récession aux Philippines : 1611-1615 ; 1616-1620 ; 1631-1635. C'est la deuxième qui lui paraît décisive. Mais c'est après 1640 qu'il n'y a vraiment « plus un seul indice dont l'évolution ne soit celle d'une catastrophique... décroissance ».

On le voit, ces chiffres prudents ne permettent pas de conclusions péremptoires. Mais il semble, en tout cas, que l'archipel ne suit pas la conjoncture sévillane. Comme il est naturel. Car ce qui ressort le mieux de l'examen du cas des Philippines, c'est l'esquisse d'une conjoncture mondiale, conjoncture très imparfaite sans doute, en un monde qui n'a pas les moyens de s'unir fortement, mais assez solide pourtant puisqu'elle résistera et survivra au choc de la récession du XVIIe siècle.

C'est un fait que les liens qu'avait tissés l'euphorie commerciale du XVIe siècle vont alors se détendre, ils ne se rompront pas cependant. C'est un fait aussi que l'établissement de ces liens avait coûté fort cher : Pierre Chaunu pense que la présence espagnole aux Philippines a coûté au roi d'Espagne 15 à 20 % de la masse totale de ses trésors d'Amérique. Si l'on y ajoute les fuites pérennes de métal précieux par le chemin de la Méditerranée et celles qu'entraîne le nouveau commerce de l'Atlantique par le cap de Bonne-Espérance, on peut dire que l'économie européenne a payé la nouvelle unité économique du monde, et à bon prix. Mais elle n'a cessé de recevoir des contreparties dont le calcul exact reste difficile. Nul doute, en tout cas, que pendant les premières décennies du XVIIe siècle, cet effort pour tenir uni le monde, vaille que vaille, a touché le plafond des possibilités du temps. Une période de repos suivra, avec ses pannes d'argent, ses astuces dans le domaine du crédit, ses guerres inexpiables qui se terminent par une dure discrimination entre vainqueurs et vaincus, et non par ces paix blanches qu'avait connues le XVIe siècle dans son essor. Mais cette pause ne signifie pas abandon. La grande aventure de l'Europe en direction du monde ne s'est pas arrêtée : elle s'est à peine suspendue, avant les grands mouvements du XVIIIe siècle.

CONCLUSION

Vie unitaire du monde amorcée, puis arrêtée, suspendue, pour le moins ralentie, avant de reprendre à vive allure pour atteindre ce qui sera un jour le vrai monde moderne, c'est à cette hauteur et selon les dimensions d'une histoire à l'échelle du monde que l'on voudrait reprendre rapidement les affirmations et conclusions de ce long chapitre.

D'abord pour redire, une fois de plus, la fragilité de cette première unité du monde, de cette unité exclusivement maritime. Un navire, cent navires ne peuvent changer l'histoire en profondeur de vastes continents ; y ouvrir des lucarnes et des fenêtres, oui sans doute, mais ce n'est pas la même chose, surtout dans l'immédiat. D'autre part, ces vastes expéditions maritimes, à des mois et à des années de distance, avec de nombreux échecs, d'innombrables naufrages, des pertes d'hommes et de capitaux, l'Europe s'épuise à les organiser sans fin, à s'efforcer de les maintenir et de les recommencer. Elles impliquent, relativement, d'aussi vastes mobilisations de forces qu'aujourd'hui l'envoi de missiles interplanétaires... D'ailleurs, autant que l'espace et les techniques, les hommes, les sanglantes rivalités de leurs groupes forment autant d'obstacles qui s'ajoutent aux autres. Il n'y a pas un capitalisme, mais des capitalismes européens, ayant chacun sa zone, ses circuits, nous l'avons dit. De même, de par le monde, des capitalismes se relaient sans se pénétrer vraiment, ni s'épauler : les Italiens cèdent ici aux marchands juifs, issus du Portugal et souvent maîtres des trafics à partir d'Alexandrie ou du Caire, là aux Arméniens qui, à leur tour, s'effacent devant les Banyans des Indes, ou les marchands mores, ou les marchands chinois... Nous sommes en présence de capitalismes enracinés, peu perméables les uns aux autres, et chacun bien incapable encore de faire à lui seul le tour de la terre.

Toutes ces contraintes s'ajoutent les unes aux autres pour dessiner les limites d'une économie considérée dans son fragile ensemble, comme dans ses imparfaites composantes. Le lecteur doit s'imaginer une planète fort différente de l'actuelle et cependant habitée par des hommes dont les problèmes, en profondeur, sont parfois les mêmes, mais non les solutions, non les moyens dont ils disposent pour les résoudre. Chaque fois que l'économie progresse, c'est au prix d'efforts de l'homme sur l'homme, qui atteignent assez rapidement leur limite, infranchissable. Alors sont freinées, d'un coup, les vitesses acquises ; alors se défait et tourne en débâcle ce qui était succès et marche en avant. La retraite du XVIIe siècle est une de ces débâcles du premier capitalisme. Pourtant, direz-vous, le XVIIIe siècle, au-delà de 1750, emportera tout et ne sera pas suivi d'un de ces puissants coups d'arrêt de jadis (celui de 1650-1750 ou celui de 1350-1450). Mais c'est qu'il débouchera sur un brusque recul de ce qui limitait jusque-là, et très étroitement, l'effort des hommes, il débouchera sur cette révolution industrielle en cascade dont nous ne sommes pas encore sortis.

L'immense importance de cette cassure, peut-être est-il difficile à de jeunes étudiants, nos contemporains, de l'imaginer. Puis-je recourir, pour les y aider, à un commentaire d'un économiste belge, Fernand Baud'huin ? Il venait d'écouter, en 1959, une conférence de M. Medi, président de l'Euratom, évoquant les merveilles à venir, les soleils artificiels qui supprimeraient les nuits, les services d'une énergie inépuisable à la disposition de l'homme, de ses besoins et de ses caprices. Pensant à une répétition prochaine, grâce à l'atome, de la Révolution qui, hier, fut l'œuvre de la vapeur, F. Baud'huin écrivait : « Si, en 1750, à l'aube de la machine industrielle, le président d'une *Eurvapeur* avait annoncé la transformation en vue, il aurait évidemment stupéfié ses auditeurs. Au lieu de la force manuelle ou animale, au lieu de la puissance des moulins à vent ou à eau, il aurait évoqué des “machines à feu”, pouvant produire de l'énergie en quantité illimitée. Il aurait dit que les bateaux à voiles allaient être remplacés par des machines à vapeur, que même les travaux publics n'emploieraient plus qu'une main-d'œuvre spécialisée, remplaçant les terrassiers. Il aurait probablement produit la même impression que M. Medi lorsqu'il annonce des découvertes appelées à révolutionner le monde et la production. »

Cette transposition ne veut pas seulement être amusante : elle a l'avantage de nous rappeler que le premier capitalisme s'est passé, au vrai, de toutes les ressources et possibilités de l'énergie domestiquée et que c'est en fonction de cette limitation essentielle qu'il nous faut constamment juger la valeur de ses réalisations, c'est-à-dire les raisons de ses succès et de ses échecs.

II

COMMERCE ET PUISSANCE MARITIME AU DÉBUT DES TEMPS MODERNES *

Ce texte, inédit en français, était destiné à la Funk Universität, pour un programme d'enseignement radiodiffusé.

Sur les débuts de l'âge moderne — en gros le XVIe siècle, à condition d'en dépasser les limites arithmétiques, à la fois vers l'amont et vers l'aval, et de mettre en cause un « long XVIe siècle » allant de 1450 à 1650 — les explications d'ensemble des historiens ont beaucoup changé au cours de ces vingt ou trente dernières années : les recherches se sont multipliées ; les points de vue se sont transformés et peu à peu l'accent a été mis, plus fortement qu'hier, sur les réalités économiques et sociales des débuts de la modernité. Si l'on esquisse aujourd'hui un croquis d'ensemble de cette première modernité, qu'il soit bien entendu que le croquis reste discutable, qu'il appelle encore évidemment des recherches nouvelles et donc des modifications. Mais ainsi procèdent toujours la recherche et l'explication historiques. D'ailleurs, certaines lignes sont d'ores et déjà, me semble-t-il, hors de discussion.

* Manuscrit inédit, 1966. Archives Fernand Braudel.

I

Les grandes découvertes maritimes — l'Amérique en 1492, le périple de Vasco de Gama en 1498, le tour du monde de Magellan et de Del Cano en 1519-1522 —, ces immenses novations, n'ont cependant pas transformé du jour au lendemain les habitudes et les circuits commerciaux du monde. C'est là une première constatation décisive. L'univers économique, tel qu'il pouvait s'apercevoir de Venise dans les dernières années du XVe siècle, survit à l'épreuve. Disons que la Méditerranée demeure ainsi la Méditerranée, c'est-à-dire un espace économique privilégié, avec ses constellations de villes marchandes et de civilisations brillantes. En Europe, pas de spectacles plus éclatants, même quand s'achève le XVIe siècle, que la Venise de Titien ou du Tintoret ou la Florence de Galilée. Cette survie de la Méditerranée mérite assurément notre attention, mais on pourrait parler tout aussi bien de la survie des activités anciennes de l'océan Indien et des mers bordières du Pacifique, jusqu'à la Chine et au Japon, ou, pour revenir à l'Europe, de l'activité croissante du vieux commerce de la Baltique : la Hanse y participera encore largement, même quand les vaisseaux et les marchands hollandais lui auront ravi la première place.

Cette constatation générale importante, évidente, s'explique d'elle-même. En réalité, toutes les liaisons, tous les échanges antérieurs aux grandes découvertes continuent sur leur propre élan, et même ils se renforcent, augmentent alors en volume. Cela pour deux ou trois raisons à la fois.

La première, c'est que le moteur du « long » XVIe siècle est, avant tout, une montée démographique, semble-t-il omniprésente, en tout cas évidente à travers les différents pays d'Europe — montée qui, on le sait, était appelée à jouer un rôle essentiel. Le nombre des hommes a augmenté à la fois en Allemagne, en Pologne, en Italie, en France, en Angleterre, aux Pays-

Bas, en Espagne. C'est, par exemple, l'une des raisons, et peut-être la plus importante, qui suscitent l'essor minier précoce de l'Europe centrale. En Allemagne, sûrement, le mouvement de hausse des prix, signe d'un certain essor, est antérieur à la découverte de l'Amérique. Donc, plus d'hommes : cette montée démographique accélère tous les échanges, en augmente les volumes.

Deuxième raison : l'Amérique découverte ne s'exploite pas du jour au lendemain. Jusque vers 1550, date approximative, elle livre à l'Europe et à l'économie mondiale de petites quantités d'or, de *métal jaune*. C'est au-delà du milieu du siècle que commence le cycle de l'argent américain, du *métal blanc* surabondant. Cet argent des mines du Mexique (de la Nouvelle-Espagne), puis surtout du Potosi, au Pérou, *inonde*, comme l'on dit, l'économie européenne et les économies qui en dépendent. Séville, port d'arrivée des métaux précieux, les redistribue très largement en Espagne et hors d'Espagne.

D'où une troisième raison, assez claire. Le métal blanc d'Amérique est à la disposition, un peu plus tôt, un peu plus tard, de *toutes* les économies vivantes : il suffit qu'elles en paient le prix nécessaire, offrent en échange leurs services, ou leurs produits, à des prix compétitifs. Alors le métal blanc arrive jusqu'à elles, poussé vers elles par une sorte de circulation sanguine, comme naturelle.

Ainsi l'unité maritime du monde a été lente à produire ses effets, elle a laissé subsister à travers tous les continents et toutes les mers, à travers le monde entier, les forces anciennes qui ont profité des courants nouveaux. Rien de plus naturel. Mais nous le verrons mieux sur un exemple précis, compliqué aussi, celui de la Méditerranée.

L'exemple est d'autant plus éclairant que l'on a soutenu hier, à son propos, une thèse toute différente. Les historiens répétaient, en effet, que la découverte de l'Amérique et, plus encore, le périple de Vasco de

Gama, c'est-à-dire la liaison maritime directe entre l'Europe et les Indes par le cap de Bonne-Espérance, avaient entraîné la décadence rapide des trafics méditerranéens. Or, telle ou telle crise mise à part, *il n'en a rien été*. Sur le coup, il y a bien eu, avec le début du XVIe siècle, une panne du ravitaillement vénitien en poivre et en épices, en Syrie comme en Égypte. Pendant le temps que dure cette panne, Lisbonne devient, au détriment de Venise, le centre de redistribution du poivre et des épices. L'Europe nordique et une partie des pays méditerranéens deviennent ses clients. Mais la situation se renverse, vers 1553-1554 : poivre et épices reprennent le chemin de la mer Rouge et des caravanes, en direction de la Méditerranée. Il y a alors une revanche de Venise, qui durera au moins jusqu'au début du XVIIe siècle et qui la classe souvent à la même hauteur que Lisbonne. En même temps d'ailleurs, l'usage des épices et du poivre a sûrement gagné du terrain, perdu son caractère de produit de très grand luxe, si bien que les deux ravitaillements, par l'Océan et par la Méditerranée, profitent de cette consommation augmentée de l'Europe.

En outre, tout n'est-il pas, pour ces trafics qui vont de l'Insulinde et de l'Inde jusqu'à l'Europe, une question d'argent, de « pièces sonnantes et trébuchantes » ? En effet, poivre et épices s'échangent avant tout contre des pièces blanches, aussi bien par les routes du Levant que par l'interminable navigation du cap de Bonne-Espérance. Or justement, la Méditerranée reçoit sa part des trésors d'Amérique, et, au-delà de 1550, plus encore de 1570, la voilà privilégiée outre mesure dans la redistribution du métal blanc américain. Celui-ci fait la grandeur politique vertigineuse de l'Espagne et maintient les splendeurs évidentes de la Méditerranée, jusqu'à la fin du XVIe siècle et même au-delà.

II

L'argent d'Amérique se présente, en soi, comme un immense problème. Il crée, avons-nous dit, la grandeur de l'Espagne. Non pas de l'Espagne de Charles Quint dont l'Empire est, à ses débuts, autant que sur l'Espagne, appuyé sur l'Italie, sur l'Allemagne, sur les Pays-Bas. Mais bien de l'Espagne de Philippe II. Ainsi le veut la chronologie des mines américaines, la mise en place du travail des Indiens et la diffusion, sans doute à partir de l'Allemagne, du procédé de l'amalgame, de 1554 à 1572. L'utilisation du mercure *lance* alors la production de l'argent. D'où, sur les quais de Séville, un afflux qui crée la force et recrée la nature même de l'Empire de Philippe II, empire espagnol et plus encore mondial, maritime. Alors que celui de Charles Quint avait été enfoncé dans l'épaisseur de l'Europe, continental si l'on peut dire.

Maritime, l'Empire de Philippe II verra logiquement tout son destin dépendre de ses flottes, celles qui assurent le transport du métal blanc de l'Amérique à Séville, celles qui gardent le carrefour des Antilles contre les corsaires de tout poil, celles qui protègent les côtes de la Péninsule, celles qui courent inlassablement par les routes de la Méditerranée occidentale, dc l'Espagne à l'Italie. Logiquement, les grandes heures impériales seront marquées par les luttes sur la mer, à travers les immensités salées.

Ainsi la fausse guerre avec l'Angleterre, de 1568 à 1573, bien qu'elle n'ait pas sa place dans nos explications ordinaires. Philippe II a commis la faute, en 1567, d'envoyer aux Pays-Bas l'armée formidable du duc d'Albe, sans lui avoir assuré une couverture maritime. C'est donc un jeu facile pour les Anglais de saisir, dans la Manche ou dans la mer du Nord, les navires marchands, surtout biscayens, qui portent aux Pays-Bas les laines, l'huile, les soldats et plus encore l'argent du gouvernement, monnayé ou en lingots, sans compter le numéraire qui sort d'Espagne de façon clandestine. C'est une guerre non déclarée, « couverte » disait-on au XVIIe siècle, froide dirions-nous aujourd'hui, et qui tourne court avec les accords de Nimègue, en 1573. Mais cette guerre a cependant coupé les liaisons faciles entre l'Espagne et les Pays-Bas.

Or, aux Pays-Bas révoltés dès 1566, soulevés à partir de 1572, l'Espagne doit entretenir une armée de mercenaires, et payer ceux-ci. Les envois d'argent et d'or, ne pouvant plus se faire avec sécurité par la route océanique, vont s'effectuer par un détour : d'Espagne en Italie, ordinairement de Barcelone à Gênes, à bord des galères ; puis de Gênes aux Pays-Bas par les routes des Alpes et par le Rhin. Souvent les lettres de change des marchands-banquiers génois, devenus les grands prêteurs de Philippe II, épargnent ces transferts pondéreux, au moins de Gênes à Anvers. Mais le résultat est clair : la Méditerranée est devenue l'une des grandes routes de l'*argent politique* de l'Espagne. L'Italie sera comme inondée de métal blanc jusqu'au début du XVIIe siècle, en proie comme l'on disait à la *larghezza*, à la largesse du numéraire. Voilà qui nous explique la bonne santé apparente et souvent réelle de la Méditerranée, alors nullement en décadence. Même, Venise est, vers 1600, la ville sans doute la plus riche en argent comptant de toute la Méditerranée. Quant à Gênes, ses banquiers dominent l'Espagne et le monde par les grandes foires de change, sorte de *clearing* international, qui fonctionnent à Plaisance à partir de 1579, sous le vieux nom inexact, mais toujours vivant, de « foires de Besançon »...

Ces images et d'autres disent la grandeur impériale de l'Espagne, une grandeur aux dimensions de la terre, étendue de l'Espagne à l'Amérique et aux Philippines (l'Espagne s'y est installée en 1565 et les îles ont été ainsi baptisées en l'honneur de Philippe II). Mais une grandeur soumise aux hasards et aux incertitudes des luttes maritimes. L'Espagne, avec ses galères, ses naves, ses galions, est alors une énorme puissance maritime, la première du monde. Certes, elle a à moitié perdu la fausse guerre de 1568-1573 contre l'Angleterre, mais cette lutte feutrée, indirecte, et qui n'a pas frappé les imaginations, n'a porté aucun coup mortel, d'un côté ni de l'autre. L'Espagne a d'ailleurs maintenu sa prise aux Pays-Bas et recréé une route impériale pour ses troupes et ses envois d'argent. Demi-échec, ou demi-succès comme l'on voudra. En Méditerranée, par contre, l'Espagne avait remporté un succès, un triomphe, obligeant les Turcs en 1565 à lever le siège de Malte, écrasant la flotte du sultan à Lépante dans le golfe de Corinthe, le 7 octobre 1571. Dès lors la Méditerranée, si l'on excepte la course barbaresque dont il ne faut pas exagérer l'importance, est devenue une mer de circulation facile. Ainsi, aucune des nombreuses galères qui ont transporté de si grosses sommes d'argent entre Barcelone et Gênes, n'a été prise par les corsaires, une seule a fait naufrage, à notre connaissance, et l'assurance maritime, si sûre était la route, n'était alors que de un pour cent *ad valorem*.

Succès aussi, et énorme, la conquête en 1580 du Portugal par l'armée de Philippe II que commande le très vieux duc d'Albe et qu'appuie la flotte espagnole dans l'estuaire du Tage, devant Lisbonne. L'Empire espagnol se trouve agrandi sans mesure, intéressé dès lors aux Indes orientales comme aux Indes occidentales, à la Chine et au Japon comme à l'Amérique. La conquête du nouveau territoire a été très facile, parce que, économiquement, l'Empire portugais s'appuyait déjà fortement sur l'Espagne. Dès avant la conquête, il ne vivait que de l'argent américain, nécessaire à ses paiements en direction de l'Inde, puisque, répétons-le, poivre et épices, à Ceylan, sur la côte de Malabar, à Sumatra ou aux Moluques, s'achètent contre argent comptant. En outre, l'Empire portugais, immense, manque d'épaisseur. C'est une plante parasite, un empire à la phénicienne. Il lui faut la protection massive de l'Espagne, l'appui de sa force militaire. La flotte du marquis de Santa Cruz, en 1582, mettra ainsi en déroute l'escadre de Filippo Strozzi, envoyée par

Catherine de Médicis pour se saisir des Açores, archipel qui est l'une des clefs de l'Atlantique. Inférieur en nombre, le marquis n'en triomphera pas moins des Français et pendra les prisonniers, traités comme des pirates, aux vergues de ses navires. Or, tenir les Açores, c'était s'assurer de l'Atlantique, posséder là, avec ces îles, une sorte de flotte immobile, imprenable en vérité, comme on le verra dans l'avenir.

Cependant, quelques années seulement après l'occupation du Portugal, de l'entrée de la Manche aux sables des bas-fonds de la côte flamande, sur la mer du Nord, se déroulait le drame de l'*Invincible Armada*, 31 juillet-12 août 1588. Inutile de raconter l'épisode, et le retour, par le nord de l'Écosse et l'Irlande, des navires rescapés des bas-fonds, des brûlots et de la houle. Aucun doute, c'est là un immense désastre. Philippe II dira cependant avec raison qu'il n'avait pas envoyé sa flotte contre les vents et contre la mer, *contra los vientos y la mar*, mais contre les hommes. Soit, mais ne faut-il pas avoir, quand on navigue et que l'on se bat, le vent et la mer pour soi ? À qui la faute ? N'en discutons pas trop, ce n'est pas notre vrai sujet.

L'important, c'est de situer l'événement à sa juste place. A-t-il marqué, comme on le disait hier entre historiens, la fin de la grandeur hispanique, qui ne devait pas se relever de ce coup de poignard mortel ? Non catégoriquement, disent les historiens d'aujourd'hui, mieux au courant des réalités impériales de l'Espagne. Tout d'abord, la puissance maritime ibérique n'a pas été annihilée. Bien sûr les côtes de l'Espagne et de son Empire seront souvent insultées par les corsaires et les marins d'Elizabeth. Ainsi, en 1596, Cadix sera enlevé, un instant, et pillé par les Anglais. Mais la blessure, si profonde qu'elle ait été, devait guérir par la suite. Tant que l'Espagne restait riche, affluaient vers elle contre argent les madriers, les planches, même les navires tout équipés du Nord, et les Hanséates restaient à son service. Contre argent accouraient aussi des hommes, ces hommes que l'on peut lever partout, même hors de la

Péninsule, pour équiper les navires : Ragusains, Italiens, Grecs, Anglais même...

Surtout, l'Atlantique est immense. Nulle puissance alors ne peut le dominer. Les Anglais tiennent bien la Manche, canal étroit, comme les Espagnols le détroit de Gibraltar. Mais le vaste Océan n'est à personne, un navire le conquiert dans son mouvement pour le perdre aussitôt qu'il avance. Quand les Anglais poussent leurs navires chaque printemps jusqu'aux Açores ou aux Canaries, il n'y a personne devant eux ; quand les galions espagnols donnent un coup de balai à la fin de l'été, de Gibraltar aux côtes de Biscaye, il n'y a plus personne devant eux et les flottes de la *Carrera de Indias* se perdent littéralement dans cette immensité océanique, ramenant leurs trésors sans encombre, jusqu'en 1628. Cette année-là, les Hollandais, non les Anglais, s'en empareront. Mais le terme fatal est encore lointain. Jusque-là, les flottes ont traversé l'Atlantique « comme si la main de Dieu les guidait », et de plus en plus riches, jusqu'au retournement économique des années 1610-1620. D'ailleurs, deux fois encore, en 1597 et en 1601, une flotte espagnole essaiera de frapper l'Angleterre, en vain d'ailleurs, le mauvais temps triomphera d'elle, comme en 1588. Cependant, l'Espagnol entretenait la guerre d'Irlande, si coûteuse pour l'Angleterre, et qui obligera celle-ci, parmi d'autres raisons pressantes, à signer la paix avec l'Espagne, en 1604.

Tous ces arguments ont leur poids. Je crois que le désastre de l'*Invincible Armada* n'a pas frappé la puissance espagnole à mort. D'ailleurs, et c'est le dernier problème que nous allons aborder, de cette prétendue décadence et défaite de l'Espagne, ce n'est pas l'Anglais qui tire les profits, mais bien le Hollandais, selon un résultat parfaitement naturel. Mais il faut s'en expliquer assez longuement.

III

Nous disons la Hollande, il vaudrait mieux dire les Pays-Bas révoltés, ou Amsterdam, car tout va se résumer bientôt dans la fortune de cette ville prodigieuse. Mais c'est une fortune tardive, brusque, qui ne s'épanouira qu'au-delà de 1580, ou mieux de 1600, et qui est peu compréhensible à première vue.

Les Provinces du Nord ont un sol pauvre, misérable, le blé y manque, l'élevage ne suffira pas au ravitaillement quand s'accentuera la montée urbaine. En face du pauvre peuple des campagnes, des villes pauvres elles aussi : en 1610 encore, un Vénitien voit Amsterdam comme la Venise de jadis, économe et modeste. De tout temps, il a fallu demander à la mer le supplément d'une économie naturellement déficiente. D'où le rôle important des pêcheurs, des transporteurs. Justement, au XVIe siècle, il leur arrive une double aventure.

D'abord, ils deviennent peu à peu les grands transporteurs entre la mer du Nord et l'Espagne, portant jusqu'à Séville et à ses avant-postes le bois, le goudron, le blé (ou plutôt le seigle) du Nord. Ce faisant, ils se substituent aux navires de Biscaye qu'ils avaient surclassés dès les années 1550. Surclassés, c'est peut-être trop dire. La Biscaye est une admirable région de marins. Mais ceux-ci et leurs excellents galions sont enrôlés dans la *Carrera de Indias*. Cette navigation qui prime tout les enlève ainsi à leurs anciens itinéraires, dès avant la fausse guerre avec l'Angleterre. Bref, les navires de Hollande et de Zélande sont devenus prioritaires, des Pays-Bas aux ports d'Espagne où, naturellement, ils apportent en même temps que les matières premières tous les produits industriels du Nord, les toiles, les draps, les tapisseries, les multiples articles de quincaillerie, et la plus grosse partie de ces produits prennent ensuite le chemin des « Indes », c'est-à-dire de l'Amérique. En échange, le métal blanc, de façon licite ou non, gagne le Nord, d'autant que la balance commerciale de l'Espagne est déficitaire vis-à-vis de la France, de l'Angleterre et des Pays-Bas à la fois — et les petits navires du Nord rapportent également à Anvers, plus tard à Amsterdam, tous les produits de la Péninsule, vin, huile, sel, tonneaux de thon... C'est pour la Hollande un gros succès, très *profitable*.

Seconde aventure : j'imagine que ce succès méridional a lancé la navigation hollandaise en direction de la Baltique, l'a avantagée contre les Hanséates moins bien ravitaillés en métal blanc, car mal liés, en ce milieu du siècle, avec la Péninsule qui est devenue le château d'eau d'où se répand le métal blanc du Nouveau Monde.

Ainsi, au profit des Hollandais, une liaison indispensable, à double sens, se tend entre l'Espagne et le Nouveau Monde d'un côté, de l'autre la Baltique, grenier inépuisable de vivres et de matières premières. À ces avantages s'ajoute le poids de la production industrielle du Nord qui trouve un débouché automatique dans le ravitaillement de l'Amérique, indispensable aux retours vers l'Europe des métaux précieux. Car ceux-ci ne sont pas fournis gratuitement, contrairement à ce que disent des idéalistes mal informés. Finalement, la navigation hollandaise s'inscrit dans une économie mondiale complexe, dont tous les éléments sont liés les uns aux autres.

Mais alors, qu'un élément fondamental change, se modifie, qu'une liaison essentielle se rompe, et des conséquences se présentent d'elles-mêmes. Ainsi, dans les années 1566, 1567, 1568, les Pays-Bas s'insurgent. Philippe II répond par la force et assume les frais énormes de cette politique belliqueuse. Comme je l'ai dit, de Barcelone à Gênes et à Anvers, une nouvelle route impériale de l'argent se met en place. L'opération n'est possible qu'avec l'aide des banquiers génois et l'autorisation donnée pratiquement à ceux-ci, par le Roi Catholique, d'exporter l'argent américain hors d'Espagne, à leur guise. Les digues sont ouvertes.

Or, jusque-là, elles avaient été étroitement fermées et ces mêmes banquiers s'intéressaient aux affaires marchandes de la Péninsule, exportaient des marchandises espagnoles ou venues en Espagne (ainsi les laines, la cochenille) qu'ils revendaient à Anvers parce que c'était pour eux la seule façon d'y exporter — en marchandises — les sommes nécessaires aux opérations financières engagées au nom du Roi Catholique. Notamment, ils finançaient, et depuis longtemps, les trafics entre Séville et l'Amérique, qui demandaient l'apport de gros capitaux. Car expédier des toiles ou des draps en Amérique, c'était attendre obligatoirement, pour être payé, des retours plus ou moins rapides. Au moins deux ou trois ans, parfois davantage.

Mais quand les prêteurs génois obtiennent, au-delà des années 1566-1568, la permission pure et simple d'exporter la monnaie, ou les lingots d'Espagne, ils abandonnent ces tâches commerciales anciennes, un peu lentes, pour se consacrer à leur seul rôle de banquiers. Ils ont mieux à faire désormais. Alors, qui financera le trafic américain, qui comblera ce vide soudain, définitif ? Justement les marchands du Nord qui, tenant à écouler leurs marchandises, en feront l'avance. Le marchand sévillan les recevra sans les payer et ne remboursera le prêteur qu'au retour. Du coup, il cesse d'être un vrai marchand pour ne plus être qu'un *commissionnaire*, un peu rentier, un peu parasite, ce qui achève de donner à Séville son étrange atmosphère de ville corrompue où rien ne se passe comme ailleurs, où les « officiers », entendez les fonctionnaires, y compris les *algaciles*, sont volontiers prévaricateurs, le tout se dégradant finalement jusqu'aux bas-fonds des *picaros*, tels qu'ils s'évoquent dans une nouvelle de Cervantes, *Rinconete y Cortadillo*.

Résumons-nous : Séville a pourri du dedans. Elle a été alors conquise par les Hollandais sans que retentisse le canon et c'est une prise qui, à la différence de la prise violente de Cadix par les Anglais en 1596, dont nous avons parlé, aura eu des conséquences durables. L'économie sévillane a été conquise du dedans, par les marchands du Nord qui sont souvent les sujets révoltés du roi et qui, en principe, n'ont pas le droit de commercer légalement avec l'Espagne.

Bien sûr, cette conquête insidieuse pouvait être combattue. Elle le fut maladroitement, brutalement, durant les dix dernières années du règne de Philippe II. Des enquêtes policières furent conduites, généralement sans résultat. Les ducs de Medina Sidonia eux-mêmes, à San Lucar de Barrameda, leur fief, étaient les premiers à favoriser la contrebande de l'argent, aux portes de Séville. D'innombrables prête-noms camouflaient à peine l'activité des Flamands dans la ville. Contre les autorités officielles, la conspiration du silence fut la règle. Qui n'était intéressé au jeu ? Le gouvernement espagnol pouvait bien procéder à des saisies, à des réquisitions de navires hollandais ; il pouvait leur interdire les ports de la Péninsule. Et il le fit. Mais au camouflage des personnes s'ajoute alors le camouflage profitable des navires et des marchandises. Et d'ailleurs, l'Espagne, dans sa vie de tous les jours, ne pouvait se passer du blé, du bois ou des étoffes du Nord, ni l'État espagnol lui-même du million ou des deux millions d'écus que lui rapportait le trafic du Nord. Alors ?

Ce n'est pas la première fois que l'histoire aura ainsi affronté des « ennemis complémentaires ». La Hollande, parasite de l'Espagne, lui est indispensable et réciproquement. Et finalement, en 1595, les Hollandais avec Houtman réussissent à doubler le cap de Bonne-Espérance, à gagner l'Insulinde et à en revenir (1597). C'est un exploit. Une mauvaise toile du musée de la ville d'Amsterdam présente ce retour des bateaux victorieux. Quel événement ! Les Hollandais, après avoir dévoré l'Espagne, vont s'essayer à manger le monde. En se passant cette fois d'intermédiaires.

IV

Pour achever ce croquis d'ensemble rapide, il faudrait s'arrêter un instant dans cette Insulinde que les

Hollandais atteignent avec la fin du siècle, puis voir comment les Portugais, eux d'abord, et les Espagnols se sont installés en bordure de l'océan Indien et du Pacifique. Mais ce serait la matière de tout un nouvel entretien. Il faudrait également arriver jusqu'au milieu du XVIIe siècle pour voir se ralentir le flux des métaux précieux d'Amérique, en chercher les causes et en marquer les conséquences. Et ce serait encore s'engager dans un nouveau débat. Mais notre croquis tel qu'il est, centré sur l'Europe et dépassant à peine les premières années du XVIIe siècle, porte en lui-même ses leçons.

La puissance maritime, en ces siècles de *capitalisme marchand*, suppose une maîtrise de l'espace et l'exploitation de trafics essentiels. La grandeur de Venise, au XVe siècle, ce sont les *galere da mercato* qu'équipe l'État pour les louer aux marchands, et c'est l'exploitation du commerce du Levant, au sens le plus large, du fond de la mer Noire, des côtes d'Égypte et de Syrie, jusqu'à Bruges et à Londres. La grandeur de l'Espagne, puis de l'Espagne augmentée du Portugal, ce sont les galions de la *Carrera de Indias*, porteurs d'argent, et les caraques portugaises, énormes corps flottants de 1 500 à 2 000 tonnes, chargés de voyageurs, d'épices, de bois, de pierres précieuses... Et la grandeur de la Hollande, ce seront les flûtes aux flancs renflés, aux équipages réduits au minimum, une conquête de l'espace infini des mers, déjà la préfiguration de la fortune anglaise.

Disons 1) qu'il faut manger le monde pour le dominer ; 2) que seules les routes infinies de la mer autorisent les premiers rôles. Vérité d'hier, bien sûr, du premier capitalisme préludant à la vie de l'Occident moderne. Car aujourd'hui toutes les routes, maritimes, continentales, aériennes, entrent en ligne de compte et surtout les invisibles fils des investissements en capitaux à l'échelle internationale. Ce qui complique infiniment le problème.

III

À PROPOS DES ORIGINES SOCIALES DU CAPITALISME *

Écrit pour les Mélanges en l'honneur d'Émile James, *cet article examine la question des origines européennes du capitalisme dans le cadre cette fois des sociétés au sens large, favorables les unes, hostiles les autres, aux constructions capitalistes.*

Au gré des recherches, des accumulations de connaissances, des expériences que nous vivons, il n'y a pas un seul grand problème qui ne se repose devant nous avec insistance et en termes nouveaux. En fait, c'est l'actualité elle-même qui les repose, et comme celle-ci change au galop, nos réponses varient avec elle. Les grands problèmes ne cessent ainsi de vivre, de revivre, de se transformer. Ce qui ne veut pas dire que nous puissions, en les reformulant, les résoudre mieux qu'hier. L'inachèvement reste une évidence de la science moderne.

Les origines, les premiers essors du capitalisme sont l'un de ces problèmes-là, trop discutés, en vérité, pour ne pas être désespérés, trop importants (puisqu'ils viennent jusqu'à nous) pour que leur discussion, si ris-

---

* Contribution aux *Mélanges en l'honneur d'Émile James*, 1972.

quée, ou fastidieuse, ou obscurcie à plaisir qu'elle soit, ne nous attire pas obligatoirement.

Je suppose, puisque cet article est destiné à marquer ma vieille amitié à l'égard de mon collègue Émile James, qu'il s'adresse à des économistes et à des historiens avertis ; par suite que je n'ai pas à définir ou essayer de définir les termes du débat : le *capital* en soi, les *capitalistes*, le ou les *capitalismes*, sans oublier ce que l'on appelle couramment le *précapitalisme*. D'ailleurs, dans les trop rapides considérations qui vont suivre, j'ai beaucoup plus l'intention de suggérer que de démontrer. Et je n'aborderai pas le cœur du problème. « Nous autres économistes, disait Max Weber, nous avons l'habitude d'une certaine pédanterie à laquelle je voudrais rester fidèle, nous commençons toujours par examiner les conditions extérieures d'un problème. » Conseil discutable, pour bien des raisons, mais je le prendrai aujourd'hui à la lettre, pour ne voir que les structures et conjonctures exogènes, que les « externalités », c'est-à-dire *la société* au sens le plus large.

La société, au sens le plus large, ce sont toutes les sociétés du passé, du présent et — si la chose était possible scientifiquement — celles de demain. Et en tout état de cause, pas seulement les sociétés d'Europe. Les sciences humaines, aujourd'hui, doivent avoir la dimension du monde. C'est une de leurs nouveautés nécessaires. Au total, voilà donc un champ démesuré, mais nul ne nous en impose l'étude systématique.

*

Par précaution, avant d'aller plus loin, je retiens qu'il serait vain, à la recherche du capitalisme, d'adopter, une fois pour toutes, un *terminus a quo*, à partir duquel le monstre, si monstre il y a, serait repérable. À l'avance, je trouve donc inutile de discuter les positions classiques ou de Theodor Mommsen, ou de Michael Rostovtzef, ou de Henri Pirenne, pour citer des noms d'exceptionnelle importance. « Le capitalisme est plus ancien qu'il n'y paraît », remarquait Henri Pirenne. Pour Oliver C. Cox — *Foundations of Capitalism*, 1959 (que nous ne sommes pas obligés de croire) — le capitalisme serait une invention de la société vénitienne, entre XIe et XIIe siècle. Même si vous refusez, à remonter beaucoup plus haut, de voir des capitalistes, changeurs, banquiers et marchands authentiques, au temps d'Hammourabi, vous accepterez sans hésiter par contre (et j'y insiste) que le *capital* existe dans toute société, pourvu qu'elle soit assez nombreuse, assez diversifiée, assez travaillée par la division du travail, avec un excès d'activité économique face aux autres activités qui l'animent. Toutefois vous n'accepterez pas, du coup, que l'utilisation de ce capital bouleverse toujours en son entier l'ensemble social considéré, y fasse la loi, y crée les conditions mêmes du « mode de production capitaliste ». On connaît l'amusante et forte position de Jean Lhomme qui ne veut retenir que le « capitalisme sans adjectif », ce capitalisme qui, dans l'Occident du XIXe siècle, se présente comme un système socio-économique dominant.

Toutefois, et Jean Lhomme en est d'accord, ce capitalisme dominant ne naît pas en un seul jour. Il admet un passé, une histoire antérieure et il est acceptable de penser que, dans certaines sociétés restreintes à faible rayon, par exemple Venise ou Gênes aux XIIe ou XIIIe siècles, nous avons déjà, dans des circonstances très particulières, un capitalisme sans adjectif, soit un ordre social complet à inscrire à son actif. Ces capitalismes successifs, esquissés les uns, accomplis les autres, à replacer tous dans le cadre de sociétés fort diverses, sont à la fois différents et analogues. Les analogies se marquent au prix de comparaisons répétées et attentives et d'une mise à l'écart systématique des aberrances.

*

Donc, *toutes* les sociétés, si l'on veut bien m'en croire, épargnent, accumulent, se trouvent devant des demandes de capital, d'un « produit déjà produit ». Mais il est vrai aussi que certaines de ces sociétés favorisent le capital, poussent à son utilisation, ménagent sa mise en place ; que d'autres, au contraire, lui manifesteront ou de l'hostilité, ou une indifférence autrement dangereuse. Les différences, les décalages sont la règle au premier stade de l'observation. Henri Pirenne a parlé des *Étapes sociales du capitalisme* et sa brève brochure reste aujourd'hui encore, à plus d'un demi-siècle de distance, le fleuron d'une œuvre magnifique. On pourrait parler, dans le même sens, d'*étapes géographiques* du capitalisme. Ce n'est pas toute l'Europe des XIe et XIIe siècles, mais quelques villes italiennes, plus quelques villes des Pays-Bas, qui sont les premières mises au pas. L'Europe avait été ramenée préalablement au plan zéro de l'histoire, dès avant le Xe siècle. La reprise se fit au bénéfice non des États, ces lourdes formations, mais des villes en général, en particulier de celles qui, ayant poussé plus vite que d'autres, furent bientôt maîtresses de leurs actions. Microcosmes à vrai dire étranges pour l'économiste ! Venise, à l'époque où elle inventerait soi-disant le capitalisme, n'a pour ainsi dire pas de secteur primaire nourricier : les quelques jardins travaillés dans le sable par les tâcherons venus du Frioul, près de Chioggia ou d'ailleurs, sont dérisoires. L'extraction du sel est déjà une industrie. Voilà donc des univers en porte à faux, poussés de force vers le dehors ; il faut vivre ; bientôt pour vivre il faudra vaincre. Et comme toute grandeur de ce genre implique des victimes, les villes italiennes se saisissent de la mer Intérieure, détériorent Byzance, lacèrent, blessent profondément les pays d'Islam, exploitent l'Europe arriérée. Impérialisme, déjà ; colonialisme, déjà !

Avec le XVIe siècle finissant et le XVIIe, le Nord européen et d'abord Amsterdam, plus tard Londres (encore des villes) se substituent à la Méditerranée, à la suite d'une crise relativement courte. Un pays fruste, plus robuste pensera-t-on — le Nord protestant — a eu raison d'un vieux pays riche et trop riche — le Midi catholique — par un mouvement assez naturel de bascule. Toute société donnée s'use à se trouver au sommet des échanges. Quoi de plus délétère qu'un succès trop longtemps répété ! L'Italie capitaliste a eu, en somme, le sort de Byzance.

Et je crois qu'il est inutile de mettre ici, en première ligne d'explication, le protestantisme, comme l'ont fait Max Weber et Ernst Troeltsch. Pour avoir raison en ce débat recommencé sans cesse, il faudrait montrer jusqu'au XVIe siècle l'activité des hommes d'affaires d'Italie ou d'Espagne, ou de haute Allemagne, capitalistes avant la lettre, et cependant catholiques. Il faudrait, plus encore, montrer que l'Europe protestante est la partie de notre continent que Rome a ou mal atteinte (l'Angleterre), ou pas atteinte (toute l'Europe au-delà du double *limes* du Rhin et du Danube, étrange limite culturelle si l'on y veut bien songer, entre Rome et la Réforme) et que cette Europe protestante était, par rapport à l'autre, dans une situation inférieure, « coloniale » si l'on veut. Puis il faudrait reprendre mot à mot Max Weber, apprendre à le « lire », lui aussi.

*

Ces remarques rapides se restreignent au seul domaine de l'Europe. À la recherche du capitalisme, Max Weber (cependant si sensible au monde en son entier), Werner Sombart (lui, par contre, délibérément) se cantonnent dans l'étroite Europe. Le capitalisme y a trouvé le théâtre de ses exploits et de ses réussites, jusqu'au XXe siècle.

Or nous pensons qu'il faut, malgré ces évidences, sortir du cercle. Toute histoire s'établit à base de comparaisons. S'il existait une autre planète habitée par des hommes et connue de nous, nous aurions, en rapprochant des destins si bien séparés, des lumières dont notre recherche ne dispose pas. Il n'y a à comparer que des sociétés, des économies, des civilisations dispersées dans le temps et dans l'espace, à l'intérieur de la vaste mais unique expérience des hommes de notre terre. Encore faut-il que, dans ses nuances, ses divergences, ses contrastes, cette expérience commune soit mise en cause : « un homme est un homme », disait-on hier, et cela reste vrai en profondeur... Voilà qui entraîne quelques conséquences.

Un terme de comparaison se présente aussitôt à nous : le Japon. N'a-t-il pas, comme l'Europe, traversé une longue expérience « féodale », pour ensuite, comme l'Europe (mais à son image, volontairement choisie comme modèle, cette fois), réussir un capitalisme sans adjectif ? Je dis « féodal », bien que le mot me semble inadéquat, je dirais même « féodalisme », bien que ce mot-là, tel qu'on l'utilise, me semble, comme à Marc Bloch, à Lucien Febvre et à Georges Lefebvre, haïssable. Est féodal ce qui relève du fief, du *feodum*, et qui met en cause les rapports, au dernier étage de la pyramide sociale, des seigneurs entre eux. Mais enfin, il nous faut bien entre historiens un mot de passe, pour situer et abréger les discussions. Disons qu'une expérience féodale, un féodalisme se notent au Japon comme en Europe et, au terme de l'expérience, plus ou moins tôt, en raison de facteurs plus ou moins endogènes, un capitalisme surgit, s'étend, triomphe.

Au Japon, une très longue crise, comme au ralenti, a détérioré l'État, le *Bakufu* de Kyōto, et du XIe au XVIe siècle, le territoire de l'archipel s'est décomposé en principautés, en duchés d'Aquitaine, de Bourgogne ou de Bavière. Des familles princières, celles des *daïmios*, comme on dira plus tard, règnent sur des multitudes de vassaux. Le *shogunat*, institution qui évoque, si l'on veut, la mairie du Palais des temps mérovingiens, se met en place, contre l'anarchie féodale et aussi contre l'autorité endormie de l'empereur, le *tennō* qui continue à résider à Kyōto. Finalement, un *shogun*, Ieyasu, impose son autorité et fonde, en 1603, la dynastie shogunale des Tokugawa, appelée à « régner » jusqu'à la révolution de Meiji (1868). Sa victoire est celle des fantassins, des armes à feu venues d'Europe (les arquebuses surtout, car l'artillerie japonaise fait plus de bruit que de mal). Finalement, les *daïmios* ont dû se soumettre. Ils restent en place, mais dès lors sont tenus en laisse, épiés par un gouvernement agile, appuyé sur une armée solide, disposant de grandes routes avec des relais. Les ordres courent. Les *daïmios* sont, en outre, obligés de passer une année sur deux à Yedo (Tōkyō), la capitale nouvelle et excentrique du *shogun*, et d'y rester en résidence surveillée. C'est l'obligation de la *sankin*. Quand ils repartent, ils y laissent femmes et enfants comme otages. Un parent du *tennō* réside à Yedo et lui aussi y sert d'otage. Par comparaison, l'esclavage doré de la noblesse française au Louvre et à Versailles semblera sous le signe d'une liberté singulière. Qu'on en juge ! En 1632, Ieyasu devenait *shogun* à la mort de son père. Comme de juste, le nouveau souverain convoque les *daïmios*. Il est alors un tout jeune homme. Pourra-t-il les tenir en main ? Arrivés au palais, les grands seigneurs s'avancent comme à l'accoutumée ; les voilà dans la dernière antichambre. Ils attendent ; le froid vif les surprend ; aucune nourriture ne leur est offerte ; le silence, la nuit s'abattent sur eux. Soudain, les écrans tirés, le *shogun* apparaît à la lueur des flambeaux et parle en maître : « Tous les *daïmios* et même les plus grands, je prétends les traiter comme mes sujets. S'il en est parmi vous à qui cette soumission déplaise, qu'ils partent, qu'ils regagnent leurs fiefs et se préparent à la guerre : entre eux et moi, les armes décideront. » C'est ce même *shogun* qui, en 1638, quelques années plus tard, fermera le Japon au commerce étranger, sauf pour quelques vaisseaux hollandais et jonques chinoises.

Ainsi, le Japon « féodal » n'est plus qu'un décor. La classe princière des *daïmios*, comme les noblesses d'Europe, est une classe « en faillite », en liquidation lente. Le Japon, à partir de 1638 refermé sur lui-même, mais riche en mines d'argent et de cuivre, développe, sur son marché intérieur, une vive économie monétaire et celle-ci, comme il était prévisible, se révèle corrosive à tous les étages de la société. Les *daïmios*, condamnés à vivre à Yedo de façon prodigue, à y dépenser de grosses sommes d'argent, commercialisent leurs récoltes et redevances en riz, et s'endettent à qui mieux mieux. Les marchands qui assurent alors la fortune brusque de la ville d'Ōsaka leur offrent des services bientôt indispensables. Une « bourgeoisie » montre son visage, crée son propre genre de vie et ses plaisirs. Il y a là un spectacle — les plaisirs et scandales d'Ōsaka mis à part — qui évoque l'Europe.

La bourgeoisie qui, ici comme ailleurs, selon la formule ironique, « ne cesse de monter », se heurte à la barrière de la classe dominante. La haute société japonaise, malgré les adoptions de fils ou de filles de marchands, résiste, maintient ses privilèges, ne loge pas l'ennemi chez elle. On pourra donc soutenir que le Japon reste « féodal », malgré la poussée de la vie marchande et de l'économie monétaire qui en assure le progrès. En 1868, la transformation économique sera d'ailleurs, en premier lieu, l'œuvre de *samouraïs*, ces petits nobles au service des *daïmios*, presque toujours déclassés et qui, malheureux, se précipitent au service de l'État nouveau. Est-ce le signe d'une rupture, d'une étape nouvelle ? Oui et non. La chance des grandes familles marchandes reste intacte car c'est à elles que l'État confiera *plus tard* les entreprises industrielles qu'il a créées avec l'aide des *samouraïs*. Ces familles sont ainsi les ouvrières de la seconde heure. Ce sont de fortes familles marchandes, issues de lignées vigoureuses, au courant depuis longtemps des méthodes, de la pratique et de l'esprit capitalistes. Les milliers de livres de comptes de la firme Makai Genzaemon d'Hino (dans l'actuelle province de Shija), conservés à partir de 1746, prouvent que la vie marchande n'existait pas seulement dans le « point central » d'Ōsaka. Et, petite surprise, au moins pour les admirateurs de

Werner Sombart et de la comptabilité en partie double, celle-ci est bel et bien présente au rendez-vous.

Ces familles qui assurent la vraie transition du capitalisme marchand au capitalisme industriel ont donc eu la partie facile. Faut-il s'en étonner ? Les historiens (très rares) et les économistes plus nombreux qui voient le capitalisme sous le signe du génie novateur de l'entrepreneur n'ont pas toujours raison. Le capitalisme précoce des villes de la Hanse ou des villes d'Italie aura saisi une navigation qu'il n'avait pas créée. Le capitalisme préindustriel sera extorsion à l'égard des corps de métiers. Le capitalisme d'Augsbourg, dès la fin du XVe siècle, saisit en Bohême ou dans les Alpes les mines de cuivre ou d'argent qu'avait ranimées le travail libre d'équipes artisanales. Et l'on avance assez souvent que la place de Londres, en 1830, s'est saisie avec un gros retard de la révolution industrielle anglaise qu'elle n'avait pas mise en place.

Bref, si l'on accepte que la comparaison a un sens entre féodalités japonaise et occidentale, entre processus capitaliste du commerce à l'industrie dans ces deux régions du monde, quelles conclusions s'imposent ? Même légères (et décevantes), elles auront leur poids.

En gros, le capitalisme, dans toute société où il triomphe, est une escalade du pouvoir, et le pouvoir acquis exige, comporte une réduction de la société à un ordre, à une discipline, à une exploitation que la succession monotone des jours rendra normale. « Il se forme une classe de plus en plus nombreuse de travailleurs qui, grâce à l'éducation, la tradition, l'habitude, subissent les exigences du régime aussi spontanément que le changement des saisons » (P.P. Rey).

*

En Occident, l'escalade a été lente, marquée de réussites partielles, en Hollande au début du XVIIe siècle, en Angleterre lors de « la glorieuse révolution » de 1688. Ailleurs, dans l'épaisseur de la classe dominante, la bourgeoisie s'englue, se perd ou, comme je l'ai écrit dans un moment d'humeur, elle « trahit ».

Mais c'est là un des deux côtés seulement de l'opération menée à bonne fin. L'autre, c'est la soumission, la réduction à l'obéissance de la main-d'œuvre, du prolétariat. Faut-il avancer, sans preuves décisives, à vrai dire, qu'une « société à ordres » est une permanente, une efficace discipline sociale ? Que, même quand cette société est très détériorée, des gestes, des mentalités de jadis y subsistent ? Une récente discussion s'est engagée pour savoir si la France, en 1789, est ou non féodale. Non, faut-il répondre sans hésiter avec l'historienne soviétique A. Lublinskaïa. Non : le capitalisme est déjà en place. Oui, cependant, parce qu'une société est toujours remplie d'ombres anciennes, de mythes, de combats inutiles, de fantasmes : elle vit *aussi* en retard. Voyez de quelle façon désinvolte et odieuse, en 1789, Bachois de Villefort, lieutenant criminel au Châtelet de Paris, traite l'accusé, quand celui-ci est un pauvre diable. Et réfléchissez à l'atroce législation relative aux domestiques : un larcin, c'est la potence ! Au Japon, dans les villes, une justice stricte, immédiate, brutale, sanglante, n'hésite jamais. Sans doute, penserez-vous, y a-t-il eu, au Japon comme en Occident, d'innombrables émeutes et révoltes des campagnes. Ces mêmes paysans japonais qui s'agenouillent dans leurs champs au passage d'un *daïmio* suivi de son escorte nombreuse, sont capables de s'abandonner à de violentes fureurs. Les « fureurs paysannes » encombrent l'histoire entière du monde. Mais le capitalisme s'est construit avec des hommes nus, dépouillés de tout, entre campagnes et villes. C'est ce monde des pauvres, des misérables, des sans-travail, des vagabonds qui s'offre à nos regards. Et ce monde de déshérités existe bien avant l'industrialisation. Ainsi le problème s'esquisse, se pose, mais ne se résout pas aussitôt à notre gré.

*

Certaines sociétés sont évidemment allergiques au capitalisme. Ainsi dans l'Occident même. Mais laissons ces régions-là pour ne songer qu'aux autres continents.

Ces sociétés rétives — la Chine des Ming ou des Mandchous, l'Inde du Grand Moghol, l'Islam des Turcs Osmanlis — se présentent cependant *toutes* comme des sociétés plus « ouvertes » que celles d'Occident. J'entends par « ouvertes » des sociétés où la mobilité sociale à la verticale, la rénovation nécessaire de la classe dominante, connaît une certaine vitesse, étant bien entendu que ces vitesses, sauf exceptions, ne sont jamais comparables à l'éclair ou au galop du cheval. Étant bien entendu aussi qu'*en gros* la mobilité sociale, à la verticale, s'accentue toujours et partout avec la montée ou l'accélération de la vie économique. Ceci dit, voyons nos preuves, à propos de l'*infériorité relative* de l'Europe sur ce point, une infériorité qui peut surprendre.

En Chine, croyons-en le père jésuite du Halde, observateur de qualité et qui a laissé un livre admirable sur la Chine (1735). Il note que ce pays lointain n'a pas de noblesse héréditaire, « aussi [y] voit-on tous les jours... des élévations de fortune non moins surprenantes que celles qui se font quelquefois en Italie pour les ecclésiastiques, où des gens de la plus basse extraction peuvent aspirer à la première dignité du monde chrétien... » Il y a là de quoi s'étonner. Imagine-t-on ce que donnerait, dans la France de Louis XIV ou du cardinal de Fleury, le règne d'une noblesse de robe, maîtresse incontestée, mais à titre viager s'entend ? C'est exactement en Chine la position de la classe des mandarins.

L'étude précise d'un historien, Ping Ti Ho (1959), arrive à point nommé pour apporter une statistique, une au moins en un débat qui en demanderait beaucoup d'autres. Le recrutement des mandarins chinois est assez bien connu et un calcul qui réduit suffisamment aléas et erreurs possibles aboutit à des conclusions valables et qui abondent dans notre sens. Si 100 représente la masse des nouveaux mandarins, le pourcentage des lettrés issus de milieux modestes est le suivant : de 1371 à 1610, 47,6 % ; de 1652 à 1703, 39 % ; de 1822 à 1868, 37,6 % ; de 1871 à 1904, 35,3 %. Or, à titre de comparaison, les pourcentages des entrées à l'Université de Cambridge d'étudiants issus de familles modestes sont, à partir du milieu du XVIIIe siècle : de 1752 à 1799, 12 % ; de 1800 à 1849, 13 % ; de 1850 à 1899, 13 % ; de 1937 à 1938, 22 %. Difficilement comparables, ces deux séries sont tout de même suggestives.

Ce qui reste révélateur, surprenant même, c'est le pourcentage élevé des fils qui ne sont pas « de famille » parmi les mandarins, leur large accès à la puissance, à l'éclat de cette classe d'intellectuels au service de l'État. En fait, ils surveillent tout, participent au bénéfice des affaires, en contrôlent et en limitent la mise en place, plus encore l'extension. Les principes valent sans doute ce qu'ils valent, mais il est important que l'égalité devant l'impôt soit l'un de ces principes. Quand on connaît, en Europe, particulièrement en Angleterre ou en France, la fructueuse spéculation sur les terres proches des villes pour la culture des primeurs et des fruits, on appréciera que l'impôt sur les terres en Chine soit d'autant plus lourd que leur distance est plus courte par rapport à la ville.

Dans un régime d'étroite surveillance, aucune ville chinoise ne peut échapper à la tutelle de l'État omniprésent, jouer le rôle d'Ōsaka, encore moins celui d'une république marchande d'Occident. Les poussées capitalistes, ainsi autour de 1600 dans l'industrie de la soie, ou dans les mines de charbon au nord de Pékin, furent sans lendemain. Le prestige des mandarins est tel que les familles marchandes poussent leurs fils vers ces positions enviables et brillantes. La littérature le dit à sa façon : si le mandarin est pour elle un personnage cynique et despote, le marchand est « fourbe et rusé ». Tel marchand du Vietnam sinisé du Nord, Trinh, parti vers le sud, « tombe amoureux d'une jeune fille. Après les ébats amoureux, celle-ci compose des vers très poétiques, pour célébrer leur union. Hélas, notre marchand n'y comprend goutte ! » Bien sûr. « Trinh n'est qu'un commerçant illettré. »

Dans l'Inde du Grand Moghol, il suffira d'écouter François Bernier, ce docteur en médecine de la faculté de Montpellier, contemporain de Colbert, dont les propos s'éclairent à la lumière de quelques articles brillants des jeunes historiens indiens d'aujourd'hui. Bernier a longuement séjourné dans les Indes et, grâce à lui, la société de Delhi se reconstitue devant nos yeux. C'est essentiellement une société militaire ; ses seigneurs, *rajahs* et *omerahs*, sont des mercenaires : le Grand Moghol les nomme ; le cas échéant, il les dénomme. Pour lui, le problème est d'assurer sa sécurité, face à des dangers qui surgissent de partout, à l'intérieur comme aux frontières de l'Empire : au nord-ouest et à l'ouest, les montagnards afghans et du Bélouchistan, plus encore l'Empire perse chiite (le Grand Moghol, quant à lui, est un musulman sunnite) ; à l'est, l'inquiet et inquiétant Bengale, jamais soumis ; au sud, les royaumes de Golconde et de Visapour, ces réduits hindouistes du Dekkan qui s'acharnent à sauvegarder leur indépendance. Enfin, partout, des principautés radjpoutes, vaguement tributaires, sont une source de soucis constants. Contre ces ennemis, il faut des armées différentes : les *rajahs* qui servent à Delhi ou les *rajahs* tributaires fournissent la seule armée (car non musulmane) à opposer aux Perses ; les Perses, si nombreux dans l'armée moghole, peuvent servir à merveille contre les princes du Sud.

Cette armée, dans ses cadres supérieurs, ne constitue certes pas une noblesse d'épée, à l'européenne. « Il ne faut pas penser, explique patiemment François Bernier, que les *omerahs* ou seigneurs de la cour du Moghol, soient des fils de famille comme en France. » Une « famille » exige la durée, l'hérédité des biens, des charges, des titres. Ces officiers brillants vivent au jour le jour de pensions, de soldes, d'une terre paysanne qu'on vient de leur donner, comme le Turc donne à ses cavaliers un *timar*, un *sipahinik* — un *bénéfice*, dirions-nous. Dans l'Inde, le bénéfice, c'est le *jah-ghir*, que le seigneur exploite sans vergogne : on vient de le lui donner, on le lui reprendra peut-être le lendemain. L'*omerah* vient-il à mourir, ses biens, ses revenus, même s'il est pauvre, retournent au Moghol. Celui-ci possède ainsi presque toute la terre de son Empire. La noblesse ne peut donc y pousser de fortes racines. « Toutes les terres du royaume étant en propre à lui (le Grand Moghol), il s'ensuit qu'il n'y a ni duchés, ni marquisats, ni aucune famille riche en fonds de terre et qui subsiste de ses revenus et patrimoines. » Pas de terres, alors pas de noms de famille comme en Occident, à partir des savoureuses dénominations géographiques des villages ou des régions : « Ils ne portent que des noms dignes de guerriers : lanceur de tonnerre, lanceur de foudre, briseur de rang, le seigneur fidèle, le parfait, le savant, et ainsi des autres... » Au sommet fragile de la société moghole, que trouve-t-on ? Des aventuriers, des étrangers de toutes nations, « gens de néant, quelques-uns esclaves, la plupart sans instruction ». Les hommes à visage blanc, censés « mongols », sont plus favorisés que les autres. Leurs fils, s'ils ont par malheur la peau foncée comme les Indiens, feront fortune plus difficilement qu'eux. Au total, une étrange société, sans attaches, irréelle, aérienne. Par un paradoxe qui n'en est peut-être pas un, après tout, il faudra attendre la domination anglaise et ses bévues pour que s'installe, au profit des anciens percepteurs d'impôts, les *zamindars*, une grande propriété à l'occidentale, qui n'existait pas au préalable.

L'Islam, et c'est là un trait permanent, n'a pas conçu la propriété selon les normes du droit romain et ce petit fait a entraîné d'immenses conséquences. En Perse, pendant ces siècles de lente et douteuse modernité, les *khans*, pas plus que les *omerahs* de l'Inde voisine, ne jouissent de droits héréditaires sur leurs charges. Ils ne transmettent rien. De même, sans s'en préoccuper un seul instant, le sultan d'Istanbul change d'aristocratie — le cadre où sa vie s'écoule — comme de chemise. Le recrutement des janissaires établit, au cœur de la société ottomane, une étrange, une puissante mobilité sociale à la verticale.

Le drame, si les historiens turcs et balkaniques d'aujourd'hui ont raison dans leurs dernières recherches, c'est que l'aristocratie des courtisans, dès la fin du XVIe siècle, essaie de créer à son profit des propriétés véritables, avec des terres de bonification ou des villages de paysans que l'on essaie de grouper sous une autorité qui ne changerait plus et serait transmissible. La décadence des *timars* (sorte de bénéfices), la poussée d'une économie à prédominance agricole, les troubles politiques insistants favorisent ces tentatives, surtout dans les régions balkaniques où l'Empire turc s'est étendu aux dépens de la Chrétienté. Au dire d'un historien, Nicolaï Todorov, « cette lutte [pour la rente foncière] aurait pris fin avec la victoire complète de la couche supérieure de la classe dominante ottomane qui occupait toutes les hautes fonctions administratives dans l'État ». Mais cette victoire ne s'affirme qu'au cours du XVIIe siècle. C'est un succès tardif.

*

Ces remarques ne sont évidemment qu'une partie du débat sur les origines *sociales* du capitalisme. La société en soi, que nul ne définit, et pour cause sans doute, c'est en vérité « l'ensemble des ensembles », des réalités et des observations qui préoccupent toutes les sciences de l'homme, y compris celles qui se constitueront demain... Dans ce sens global, la société, c'est aussi bien la réalité économique elle-même que toutes les autres réalités adjacentes. Par exemple, c'est l'État, c'est la culture (pour ne pas dire la civilisation), c'est la psychologie sociale...

Dans un cadre plus large que ce bref article, il faudrait donc mettre en cause l'État, les différents États du monde entier qui ne sont, après tout, que des formes de l'ordre social dont l'équilibre est à maintenir coûte que coûte. Beaucoup d'historiens, d'ailleurs, voient dans l'État l'acteur principal capable ou de promouvoir, ou d'arrêter l'éventuel essor du capitalisme. Il y a capitalisme à Venise, au XIIe siècle, parce que les marchands patriciens sont les maîtres du gouvernement. En Angleterre, en 1688, les hommes d'affaires accèdent au gouvernement, comme la « bourgeoisie » en France y accédera après la révolution de Juillet 1830. Lamartine le dira en 1846 : « Voilà le triomphe de juillet : les boutiquiers tiennent comptoir dans le gouvernement. »

Tout comme l'État, la culture contribue au maintien de l'ordre social en place. Il serait donc licite et même nécessaire de faire un sort aux réactions culturelles à l'égard de l'esprit de lucre et du capitalisme. La culture, c'est toujours une voix du temps jadis, c'est le Père morigénant le Fils. Or le présent bafoue le passé, tente de s'en évader, le tourne. Encore faut-il, pour y réussir, du temps. Une révolution culturelle ne réussit jamais du jour au lendemain. La Renaissance, la Réforme, c'est bien plus qu'un ou deux printemps de l'histoire.

On peut imaginer un tel débat conduit à travers le monde entier. Finalement, revenant vers l'Europe, il faudrait se demander si l'État, si la culture, en ces espaces particuliers, ont été plus qu'ailleurs complices du capitalisme, au vrai des nouveautés qu'il apporte. Et surtout, si les sociétés au sens étroit (entendez les hiérarchies sociales), barricadées, défendues, prolongées par l'imitation jusqu'au rez-de-chaussée de la population, si ces « ordres », longtemps maintenus, n'ont pas ménagé des réservoirs étanches où la richesse *s'accumule* comme le miel dans les ruches d'abeilles. Familles qui durent, égoïstes, villes qui durent, préoccupées d'elles seules, États exploités par l'argent souverain des marchands, offices tenus une fois pour toutes comme un pré, une maison, une vigne, un moulin, un droit personnel. On s'obstine à savoir ce que dure, en moyenne, au temps de la navigation à voile, une coque de bois (peut-être vingt-cinq ans), mais combien davantage durent ces familles tenaces, lentes à percer, à émerger, et qui retiennent et augmentent en grandissant la richesse acquise ! Certaines de ces familles périclitent, il est vrai, mais les survivantes, à Venise, à Gênes, à Florence, où tout à ce propos peut se compter, n'en valent que davantage ; elles s'enrichissent de l'abandon et du malheur de quelques autres.

L'Occident aurait eu ainsi, pour sa croissance et son développement, pour sa marche vers le capitalisme et la puissance, de meilleures circonstances, de meilleurs outils que les autres sociétés et que les autres continents. Ce n'est là qu'une thèse, mais vraisemblable. En tout cas, le vaste monde n'a pas été ce témoin sans intérêt, a priori hors jeu, que l'historiographie d'hier a signalé. Si les jonques chinoises avaient, au début du XVe siècle — et les premières —, doublé le cap de Bonne-Espérance (ce qui fut à leur portée), l'histoire du monde qu'il est vain de refaire après coup aurait pu autrement s'écrire. Mais on pourrait soutenir que le dépassement n'a pas eu lieu parce que les empereurs Ming n'avaient pas, comme plus tard le roi de Lisbonne, le souci vif du commerce et du lucre.

IV

L'EXPANSION EUROPÉENNE ET LA LONGUE DURÉE *

Cette conférence a été prononcée, à l'invitation du professeur Henri Wesseling, dans son Centre pour l'Histoire de l'Expansion Européenne, à Leyde, en 1975. Braudel est alors plongé dans la rédaction du troisième volume de Civilisation matérielle..., *dans la définition des économies-mondes et des hiérarchies mondiales dont ces pages sont l'écho direct.*

Si j'avais eu à choisir un titre pour cette conférence, j'aurais parlé du *partage du monde*. C'est le titre que portera le troisième et dernier volume, que je dois publier cette année, de mon ouvrage *Civilisation matérielle et capitalisme*. [En fait, ce volume paraîtra en 1979 seulement, sous le titre *Le Temps du monde*.] Le partage du monde, c'est la vocation profonde de l'Europe. Sa vocation structurelle : elle a passé son temps à partager le monde de telle façon que, in extremis, il n'y a plus rien eu pour les autres. Ce partage ne fait pas un honneur extraordinaire à l'Europe, mais celle-ci a été saisie dans un processus qui l'a dépassée, un processus de hiérarchisation économique et de partage

* Manuscrit inédit en français, 1975. Archives Fernand Braudel.

du monde, si bien que je plaiderais volontiers en sa faveur les circonstances atténuantes.

Vous avez avec un petit peu d'humour, cher professeur Wesseling, glissé dans le titre de ma conférence les mots *longue durée*. Je suis sûr que chaque fois que l'on veut me mettre, non pas en position difficile, mais en position amusante, on parle de la longue durée. Mais la longue durée, c'est la possibilité de chausser des bottes de sept lieues. J'ai donc le droit de traverser un siècle en quelques secondes et d'étendre considérablement mon champ opérationnel dans la mesure même où les longs siècles ne me font pas peur.

Aussi bien, vous le verrez, je laisserai de côté assez vite l'Europe pour parler du monde et, avant tout, de l'expansion, ce mot si confus et si trouble, malgré les apparences, que, dans les papiers que vous avez distribués, vous avez été obligés de le définir à deux ou trois reprises — définitions dont vous n'êtes pas satisfaits puisque, au-delà de l'expansion, vous avez à signaler ses contraires, les *réactions*, expansion et réaction, dites-vous, et même vous avez employé le mot de *pénétration* à la place d'expansion. Donc voilà un mot lourd de sens, plein de difficultés, sur lequel je m'expliquerai assez longuement.

*

L'expansion de l'Europe, au sens courant du mot, n'est pas un sujet difficile. Et dans la mesure où l'on veut en marquer simplement les grandes articulations, vous accepteriez sans trop de difficultés que l'expansion européenne, dans ce qu'elle a eu d'important, ait commencé en 1492 avec la découverte de l'Amérique, ou en 1497, quand Vasco de Gama double le cap de Bonne-Espérance. C'est une simplification, bien sûr : l'Europe avant 1492 est déjà un ensemble, et cet espace cohérent a réussi à repousser assez loin sa frontière au détriment du peuple slave en direction de l'est. Ce monde européen a réussi aussi à maîtriser la navigation de la mer Baltique, de la mer du Nord, de la Manche, à pousser cette navigation par l'océan Atlantique et les mers les plus raboteuses qui soient au monde, jusqu'à Gibraltar et à la Méditerranée. Certes, avant 1492, l'Europe ne s'est pas emparée de l'ensemble du monde méditerranéen. Les Croisades n'y ont pas réussi, elles ont même échoué en tant que conquêtes terrestres en 1291, lors de la reprise par les musulmans de Saint-Jean-d'Acre. La Terre sainte a disparu des possessions de l'Europe, mais l'ensemble de l'espace liquide de la Méditerranée, la Méditerranée surface de transport, est resté sous la domination du monde méditerranéen.

Bref, on peut dire, ces réserves faites, que l'expansion européenne commence en 1492 ou 1497. Ce qui est alors proposé à l'Europe, c'est un choix d'une extrême gravité : ou utiliser la découverte de Christophe Colomb et jouer l'Amérique, ou bien exploiter au maximum la découverte de la liaison maritime continue par le cap de Bonne-Espérance, et mettre l'Asie en coupe réglée. L'Europe a été obligée tantôt d'aller d'un côté, tantôt de l'autre. À court terme, en 1497, ou plutôt 1498, l'exploitation bénéfique est celle de l'Asie, parce que, en Asie, tout est déjà en place. Il suffit d'exploiter, de parasiter même quelquefois, de se saisir de navires appartenant soit aux musulmans, soit aux gens du Gujarat... Il y a eu une période de prédation à travers l'océan Indien. Tandis que du côté de l'Amérique il a fallu tout construire ou reconstruire. Il ne faut pas parler trop tôt de l'arrivée de l'or et de l'argent en provenance du continent américain. Le Nouveau Monde n'a apporté une masse considérable de métal blanc qu'au-delà de 1550. Il a donc fallu construire l'Amérique, ce qui a été l'œuvre de l'Europe *à long terme*. Que le long terme ait été finalement plus payant que le court terme, j'en suis persuadé. N'empêche qu'il a fallu tout construire : les plantations, les exploitations minières, les orpaillages, le peuplement de cet énorme espace, mais l'Europe a eu la chance prodigieuse de recommencer à l'aise. Ailleurs, elle a toujours été en face de sociétés indigènes. Tandis qu'en Amérique leur réaction a été extrêmement faible. L'Europe américaine commence par des villes, vraies villes antiques, comme Sparte ou comme Thèbes, de toutes petites villes avec des familles antiques, patriarcales. Par la suite se présenteront des phénomènes bien connus des spécialistes du Moyen Âge : ainsi des zones pionnières, même dans l'Amérique d'aujourd'hui — je ne parle pas des États-Unis, mais de certaines régions de l'Amérique hispano-portugaise. On retrouve tout aussi bien une atmosphère de Pré-Réforme. Si vous voulez comprendre *de visu* la Pré-Réforme, voyez comment se présentent les questions religieuses à l'intérieur du Brésil d'aujourd'hui. Je sais bien que le fait de parler de recommencement de l'Europe laisse place à certaines bonnes plaisanteries. J'ai eu, dans ma jeunesse, comme collègue, un professeur américain, Van Norden Shaw, journaliste et historien, qui s'amusait à mes dépens en disant : « Votre Moyen Âge américain comporte des automobiles Ford. » Après tout, un Moyen Âge est-il impossible avec des automobiles Ford ?

Mais, sans vouloir aller trop loin dans cette explication rétrospective, il est évident que l'Europe n'a pris force et vigueur que dans la mesure où l'Amérique, en croissant, a fini par l'appuyer de toute sa puissance. L'Amérique a été le moyen, pour l'Europe, de saisir le monde d'une façon beaucoup plus brutale et solide que si elle avait été limitée à ses propres forces. Soit le cas des métaux précieux : tout d'abord un petit peu d'or au début du XVIe siècle, puis du métal blanc, beaucoup de métal blanc aux XVIe et XVIIe siècles, et à la fin du XVIIe siècle, à partir de 1680, l'orpaillage brésilien en même temps que se produit le renouveau des mines d'argent du Potosi et, plus encore, de la Nouvelle-Espagne. Or, ces métaux précieux, l'Europe ne les garde pas pour elle, elle les envoie en direction de l'Asie, et pas par doses homéopathiques. Nous savons aujourd'hui, d'après les historiens de l'Inde, que s'y produit une montée des prix avec une vingtaine d'années de décalage par rapport à l'Europe, c'est-à-dire dans les années 1590, 1610, 1620. Nous savons aussi que l'arrivée du métal blanc a eu des conséquences considérables en Chine. De la production minière du Nouveau Monde, le tiers au moins — c'est une somme considérable — est allé en Chine. Ce qui représente des phénomènes considérables de transfert.

Les historiens de l'économie prétendent que l'Europe a eu, des siècles durant, une balance déficitaire en direction de l'Extrême-Orient, et que cette balance déficitaire a créé une sorte d'hémorragie, cause permanente et profonde de faiblesse. Or je pense au contraire que la force de l'Europe lui a permis, en quelque sorte, de bombarder le reste du monde avec ses monnaies et ses métaux précieux, et de forcer ainsi les portes de marchés qui, autrement, se seraient peut-être fermées devant elle. C'est là une preuve de puissance et il serait difficile de soutenir le contraire sur le plan de l'histoire mondiale.

Si bien que toutes les dominations européennes s'annoncent, s'inscrivent à l'avance sur le plan de l'Amérique. Ainsi quand vous essayez de présenter le bilan difficile du Siècle d'Or de la Hollande et que vous êtes un historien non néerlandais — c'est-à-dire quand vous avez en dehors de votre connaissance directe les trois quarts ou les neuf dixièmes du dossier —, si vous acceptez mon point de vue, la première décadence, le premier accroc se situent en 1654, quand les Hollandais abandonnent le Nord-Est brésilien. Ils auraient pu y rester, parce qu'il n'y avait presque personne en face d'eux, sauf de grands seigneurs, des marchands portugais, des esclaves et des métis. Ils auraient pu rester en place. Et, dix ans plus tard, en 1664, notez l'abandon de la Nouvelle-Amsterdam par les Hollandais au bénéfice des Anglais, un cadeau extraordinaire. La position de New York, c'est tout de même une position clé.

Je dirais la même chose à propos de la France. La

France n'a pas perdu sa compétition contre l'Angleterre, pendant les guerres de la Révolution et de l'Empire, mais plus tôt, en 1762, quand son gouvernement, avec une légèreté ordinaire, a abandonné le Canada ; or nous aurions pu le défendre, le garder, le récupérer. L'intelligence de la politique française a consisté à préférer les îles à sucre, Saint-Domingue, la Martinique, la Guadeloupe, au Canada. Avouez que c'était un mauvais calcul à long terme.

*

Je pourrais aisément continuer, compléter un schéma à peine esquissé et que vous êtes capables de compléter de vous-mêmes. Mais le jeu en vaut-il la chandelle ? Après tout, ce n'est pas une histoire, un récit de l'expansion européenne qui est mon problème, mais l'esquisse d'un modèle d'ensemble qui, au-delà de l'Europe, saisisse si possible l'expansion en soi.

*

Mesdames, Messieurs, vous aviez le sentiment qu'en utilisant la longue durée pour faire des pas précipités, j'avais fini vite ma conférence. Eh bien, vous vous trompez ! ma conférence commence maintenant. Son but : dépasser l'histoire obsédante, abusive de l'Europe. L'Europe, ou plus exactement la Grèce antique, a inventé le métier d'historien. Mais la Grèce antique, c'est déjà l'Europe. Celle-ci s'est servie de l'invention à son bénéfice. Elle apparaît ainsi en pleine lumière, toujours prête à plaider en sa propre faveur, elle encombre l'histoire du monde.

Une tentative pour expliquer l'expansion en soi, c'est une tentative de *modélisation*. Je vais donc essayer de fabriquer un modèle, une sorte de cage dans laquelle j'enfermerai le mot expansion. Je n'y réussirai peut-être qu'à moitié, ou au tiers. Mais peu importe ! J'ai derrière moi un tableau ; acceptez que je trace un cercle et que ce cercle soit l'espace en question. C'est un espace qui possède ses limites, sa frontière ou, si vous êtes mathématicien, son *enveloppe*, capable de se déformer. Cette enveloppe, de toute évidence, est quelque chose d'important. Vous supposerez aussi que cet espace est cohérent : s'il est formé de morceaux, ce sont des morceaux dépendants les uns des autres. Il n'y a pas d'espace un sans une certaine hiérarchie, puisque les espaces particuliers dépendent les uns des autres, qu'ils s'emboîtent, qu'ils aboutissent à une sorte de centre. Le centre est lui aussi extrêmement important. Cet espace, ce pourrait être la Méditerranée. Beaucoup d'historiens, de géographes, d'économistes allemands disent ainsi : « *Das Mittelmeer ist eine Welt für sich* » (un monde en soi). Ils disent encore : « *Das Mittelmeer ist ein Welttheater* » (un théâtre du monde). Ou, et c'est le mot que j'aime : « *Das Mittelmeer ist eine Weltwirtschaft.* » Si vous traduisez par *World Economy*, si vous traduisez par économie mondiale, ça ne marche pas : l'économie mondiale, c'est l'économie de toute la sphère, du globe entier. La seule traduction que j'aie proposée, c'est « économie-monde ». La Méditerranée est une *Weltwirtschaft*, c'est-à-dire qu'elle constitue une économie, étant un monde à elle seule, une partie de la surface du globe. C'est de cette notion de *Weltwirtschaft* que je partirai.

Vous remarquerez, au passage, que je n'ai pas tout à fait raison, que *Weltwirtschaft*, c'est un espace économique, alors que l'*expansion* est aussi politique, culturelle, et pas seulement économique.

Mais une expansion politique ne dure pas très longtemps, une expansion culturelle souvent n'occupe que quelques printemps, quelques décennies. La France du XVIIIe siècle a rayonné sur l'ensemble de l'Europe, mais cet éclat n'a pas duré tellement longtemps. Pour mille raisons, un rayonnement économique est, à mon avis, beaucoup plus important. J'invoque à mon appui le livre, que vous connaissez ou que vous aurez bientôt avantage à connaître, d'Immanuel Wallerstein, un anthropologue qui a brusquement décidé de faire de l'histoire et l'a faite de façon géniale. Il vient de publier son livre, *A Modern World-System*, en 1974. Ce livre me doit beaucoup, mais il m'a apporté énormément. Or, Wallerstein a la conviction qu'à partir du XVIe siècle, dans ses expansions successives, l'économie va beaucoup plus vite dans ses agrandissements que la politique ou que la culture. Il y a une avance à l'allumage, au bénéfice de l'économie. Donc j'ai peut-être le droit de prendre entre ces mouvements celui qui est le plus rapide, et de mettre l'accent sur lui, et de parler de *Weltwirtschaft* en laissant de côté les autres problèmes. Et je crois que le processus se retrouve assez souvent. Soit l'Empire romain, c'est une unité politique. Mais si vous pensez à l'Empire romain en tant que *Weltwirtschaft*, vous êtes obligés d'aller chercher la soie en Chine, les épices et le poivre dans l'Inde. Il y a une dimension plus considérable pour l'économie que pour la politique. La Chine, la Chine classique, déborde au point de vue économique et au point de vue culturel sur le Japon, les Philippines, l'Insulinde, le nord du Vietnam, le Yunnan, le Tibet, le Setchouan, la Mandchourie, la Mongolie. Il y a une énorme enveloppe économique de la Chine, et ne croyez pas que cela ne lui profite pas. Ce qui paraît très important pour la Chine : avoir du bois, de la poudre d'or, de l'argent, du cuivre, elle trouve ces biens et d'autres dans le monde colonial qui l'entoure. Elle trouve même ce pour quoi elle a une certaine passion : les pieds salés d'ours viennent du Tibet, les nids d'hirondelles de l'Insulinde. De même l'Inde, avant l'arrivée de Vasco de Gama, est une grande puissance qui déborde ses propres limites. L'océan Indien est une *Weltwirtschaft*, dont le centre est occupé par l'Inde. Et nous pourrions même mettre en cause l'Islam durant les siècles de sa grandeur.

Nos économies-mondes sont donc des économies avec des frontières, un centre, une hiérarchisation d'espaces particuliers. Voulez-vous que j'essaie d'expliquer ce langage, car c'est un langage ? Si je mets l'accent sur la frontière, sur l'enveloppe, et que je prenne deux exemples — les historiens, au lieu de donner des démonstrations, donnent des exemples, ce qui est une façon de biaiser avec les difficultés —, je crois, qu'en 1583, un monde comme la Moscovie, la Russie primitive, cesse d'être touché fortement par l'économie européenne. Il y a bien la fenêtre d'Arkhangelsk, mais la fenêtre de Narva sur la Baltique vient de se fermer, et l'économie russe est une économie-monde à elle seule, centrée sur Moscou, c'est-à-dire sur un cœur terrestre, un mauvais cœur : les bons cœurs sont maritimes. Entre l'économie européenne, qui va jusqu'à la Pologne, et l'économie russe qui lui succède en allant vers l'est, s'établit une contradiction prodigieuse : en Pologne, il y a la montée de la noblesse, qui exploite ses paysans, faisant le trafic du bois et des céréales en direction de la Baltique et, de l'autre côté, l'État russe qui fait fortune et tient fermement aussi bien ses boyards que ses paysans. Vérité en Pologne, erreur en Moscovie.

Second point : si vous considérez, à la fin du XVIe siècle, l'économie-monde qui recouvre l'Europe comme un énorme chapeau, vous n'irez pas au-delà du cap de Bonne-Espérance. Le cap de Bonne-Espérance, c'est une limite. L'Europe a pu lancer au-delà, vers l'Asie, ses navires, ses trafiquants, ses maîtres, etc. Mais l'océan Indien ne fait pas partie de l'économie-monde européenne. Celle-ci ne dépasse pas la pointe sud de l'Afrique qui, elle, fait partie de son espace. De même, et je n'ai pas besoin d'insister, l'énorme masse de l'Amérique fait partie de l'économie-monde européenne.

Si j'essaie maintenant d'en venir à l'importance du centre d'une économie-monde, je suis accablé d'exemples, d'ailleurs tous concordants.

Avant la fin du XVIIIe siècle, les centres des économies-mondes sont des villes, des économies urbaines, des corps étroits ; même Venise, dans sa splendeur des XIVe et XVe siècles, tient dans le creux de la main. Entre l'économie urbaine qui est au centre, et l'énormité de l'économie-monde, il y a un vif contraste. Au XVIIIe siècle, la suprématie passe d'Amsterdam à Londres, mais derrière Londres vous avez alors un *marché national*. De même quand le centre passe de Londres à New York. Vous aviez derrière Londres un marché national ; derrière New York, vous avez un continent. La base du centrage de l'économie contemporaine est infiniment plus large qu'autrefois.

Donc, jadis, des villes, la plus curieuse, et que vous connaissez, c'est Amsterdam. Amsterdam, que vous n'avez pas toujours considérée sous cet angle-là, c'est la dernière des États-villes, car Venise n'est pas la dernière, bien qu'il soit romantique de dire de Venise que jusqu'en 1797, au moment où arrive l'affreux Bonaparte, c'est une fière cité-État. En fait, alors, elle n'est qu'une puissance locale qui ne domine plus rien, tandis qu'Amsterdam a dominé pendant longtemps l'ensemble du monde, soit une prouesse fantastique. Je ne dis pas qu'Amsterdam tienne dans le creux de la main, mais enfin, à deux mains nous la tiendrions.

La première ville au centre d'une économie-monde européenne a été une ville artificielle : ce sont les foires de Champagne et de Brie, Troyes, Bar-sur-Aube, Provins, Lagny, qui ont été pendant tout le XIIIe siècle le centre du monde européen. Un centre du monde très puissant, d'autant que, en arrière des foires de Champagne et de Brie, se trouve la ville de Paris. Et Paris a profité de leur éclat. Certes, il est étonnant que les historiens français n'aient jamais incorporé — parce que l'économie sans doute ne les intéressait pas — les foires de Champagne à la grandeur même de la France de Saint Louis. En fait, si Paris est si étonnant avec son université, avec la révolution aristotélicienne, avec la poussée de sa monarchie, c'est parce qu'il y a les foires de Champagne juste à côté. Paris est devenu, en arrière des foires, une place de commerce qu'elle ne sera plus au XVe siècle. Voyez comme tout est curieux : c'est la seule fois, dans l'histoire de France, que le centre du monde a été chez nous. Ensuite nous avons essayé de saisir, d'apprivoiser le centre du monde, je ne sais combien de fois, et à chaque fois sans y réussir. Pas même avec Louis XIV, pas même avec Napoléon. Mais que je vous cite un détail : un des grands historiens de l'humanisme, Giuseppe Toffanin, a publié, il y a une quarantaine d'années, un livre intitulé *Il Secolo senza Roma* (*Le Siècle sans Rome*), c'est le XIIIe siècle. Ne vous y trompez pas, c'est le siècle des foires de Champagne, le siècle où le centre intellectuel, au lieu d'être à Rome, se trouve bizarrement à Paris.

Dès la fin du XIIIe siècle, au début du XIVe, les foires de Champagne ne comptent plus, le centre du monde s'est déplacé en direction du sud, de la Méditerranée, et pendant longtemps il y aura une lutte violente entre deux villes pour savoir laquelle des deux l'emportera : une ville que vous aimez sans doute, Venise, une ville que vous aimez moins, mais vous avez tort, Gênes. Gênes est infiniment plus moderne, plus violente, plus extraordinaire que Venise. Or Gênes est sur le point de gagner. Les Génois réussissent à s'installer à Chioggia en 1378 : ils tiennent alors le lion de saint Marc à la gorge. Ils vont gagner. Mais tout se renverse. Le courage des villes a quelque chose d'extraordinaire. Elles ont inventé le patriotisme. Toute la masse vénitienne se précipite sur Chioggia, selon la rumeur, on aurait fondu dans la ville un certain nombre de bombardes, si bien que la poudre à canon aurait sauvé Venise en 1378. Quoi qu'il en soit, à la paix qui va suivre en 1381, Venise est victorieuse. Sa rivale passe au second plan et, pendant plus d'un siècle, Venise va être le centre du monde, jusqu'aux environs de 1500. À cette date, il y a eu les grandes découvertes maritimes. En quelques années Lisbonne, qui prend son essor devrait devenir le centre du monde, mais rien ne se fait, car le centre du monde remonte alors vers le nord-est. La ville d'Anvers va réussir à dominer le monde : ce que Charles Quint, le voulant, ne réussira pas, elle le réussit sans y penser. Avouez que c'est assez comique, ici, de comparer au passage l'expansion économique et l'expansion politique.

Donc Anvers est devenu le centre du monde, sans l'avoir trop mérité, même sans l'avoir cherché. Anvers a été bâti du dehors. C'est le poivre qui a été le moteur. Le grand marché de consommation du poivre c'est en effet le nord de l'Europe, non pas la Méditerranée. Nous avons en Méditerranée l'habitude depuis trop longtemps d'utiliser le poivre, nous en sommes rassasiés. Sur dix consommateurs de poivre en Europe, il y en a neuf dans le Nord, c'est-à-dire dans les Pays-Bas, en Allemagne, dans les pays scandinaves, en Pologne, là où le poivre et les épices aujourd'hui encore jouent leur rôle. Voilà une des raisons pour lesquelles Anvers est devenu le centre du monde. Mais sa royauté ne dure pas. C'est la royauté de la fève. Il y a eu des crises répétées à Anvers. En 1557, 1558, 1559, le centre du monde revient brusquement en Méditerranée, au bénéfice de Gênes. C'est un détail que vous ne connaissez peut-être pas. Tout le monde a lu le vieux livre magnifique de Richard Ehrenberg, *Das Zeitalter der Fugger*, (*Le Siècle des Fugger*). Mais le siècle des Fugger, c'est le siècle d'Anvers. Les Fugger, gros marchands d'Augsbourg, sont en quelque sorte des rois d'Anvers. Or, à partir de 1557, commence ce que Felipe Ruiz Martin, un historien espagnol d'aujourd'hui, appelle *El Siglo de los Genoveses* (*Le Siècle des Génois*). Et le siècle des Génois est un siècle compliqué, fondé sur le crédit, le papier et les grandes foires de Plaisance. Leur siècle durera jusqu'en 1627. Alors il y a deux centres en Europe : Amsterdam, dont la croissance et l'émergence ont commencé vers 1580-1590, et, loin vers le sud, la ville de Gênes. Dans quelles conditions Gênes a-t-elle perdu ses primautés, ce serait une longue conférence à vous faire, d'autant plus qu'une découverte récente a été faite par Franco Borlandi. On ne trouvait pas de lettre de banquiers génois. Il a mis la main sur 240 registres et des milliers de lettres, si bien que nous serons obligés de recommencer nos études et nos explications en ce qui concerne la fortune de Gênes.

La fortune d'Amsterdam, qui commence avec le début du XVIIe siècle, s'établit à partir de la marchandise, à partir du plan zéro de la vie économique, et elle dure. C'est seulement au XVIIIe siècle qu'Amsterdam voit se dresser en face d'elle une ville rivale : Londres.

J'ai soutenu (ceci pour vous amuser au passage) que si Louis XIV s'était emparé d'Amsterdam en 1672 (il aurait pu s'en emparer), la France ne serait pas devenue la maîtresse du monde. Londres aurait affirmé sa puissance cent ans plus tôt : le centre du monde serait passé de l'autre côté de la mer.

*

J'en arrive maintenant au cœur de la démonstration. Le cœur, c'est la hiérarchisation de l'espace économique dans toute économie-monde. J'ai dessiné un cercle tout à l'heure. Supposez que je dessine trois cercles concentriques : un cœur, une zone médiane, une zone marginale. Soit un cœur avec deux couronnes successives. Au cœur de la zone centrale, vous rencontrez tout ce qu'il peut y avoir de mieux, de plus vif dans la vie économique du moment : le crédit, les banques, l'or (l'or qui s'en va vers le centre, tandis que l'argent s'en va vers les zones moyennes). Si vous allez vers le centre, vous y trouvez tous les avantages, les opérations fructueuses, l'industrie naissante. Vous y trouverez la réussite capitaliste, même, le cas échéant, la révolution industrielle, la révolution intellectuelle, la révolution scientifique et aussi la liberté. La liberté qui, elle, ne court pas le monde. Cette liberté que nous aimons, qui est la liberté occidentale par excellence, elle est à Amsterdam, à Londres. Voltaire s'est réfugié à Londres comme avant lui Descartes s'était réfugié à Amsterdam, les seuls endroits du monde où l'on pouvait être libre.

Si vous passez au contraire dans les zones médianes,

la France, l'Italie, même l'Espagne, vous y notez une vie économique moins vive, une agriculture qui reste dans certains liens seigneuriaux ou féodaux, une industrie qui bouge mal, un capitalisme, quand il est présent, en contradiction avec le reste de la société. Mais quand vous arrivez aux marges elles-mêmes, la surprise est totale. Vous allez vers l'est, vous y trouvez le servage, une industrie très en arrière de la main, une liberté inexistante. Et quand vous allez vers la marge de l'ouest, vers l'Amérique, vous retrouvez l'esclavage. Si vous acceptez ce schéma, cette matrice de la *Weltwirtschaft*, il en résulte une vision du monde assez neuve, voire révolutionnaire.

Nous sommes, qu'on le veuille ou non, pénétrés par la problématique marxiste. Nous avons tous subi le choc de cette pensée marxiste, qui est une pensée linéaire (on aurait dit, il y a cinq ou six ans, une pensée diachronique), selon laquelle on voit se succéder esclavage, féodalisme, capitalisme. Au contraire, si vous avez une vue synchronique du monde, vous voyez que l'esclavagisme, le féodalisme, le capitalisme coexistent. Qu'il y a là un phénomène de hiérarchisation et que ce phénomène est la matrice à la fois du capitalisme et du non-capitalisme.

*

Quand le monde change, les conséquences s'en font sentir à des distances fabuleuses. Ne croyez pas qu'aujourd'hui ou hier des phénomènes de ce genre soient passés inaperçus. En 1929, quand New York devient la capitale économique du monde, le monde entier en subit les contrecoups. Tout remue en même temps. Un historien italien, Alberto Grohmann, prétend que, lors de la fin des foires de Champagne, processus certes très ancien, on voit brusquement la situation se modifier dans le royaume de Naples : y surgissent alors je ne sais combien de foires supplétives. Lors du passage de la primauté de Gênes à celle d'Amsterdam, des changements se marquent aussi à l'échelle du monde. De même, quand l'Angleterre devient le cœur du monde, ou quand elle cède cette place vers 1929 à New York. Décentrage et recentrage du monde deviennent des problèmes capitaux.

Or, chaque fois qu'il y a changement de centre, le monde se trouve dans une période conjoncturelle à la baisse, donc mauvaise. Une des manies des historiens français, c'est de sacrifier à la conjoncture, une conjoncture des prix, des salaires. Si vous acceptez cette corrélation, la fin des foires de Champagne correspond à la récession du début du XIVe siècle ; quand Venise a le dernier mot contre Gênes, on se trouve à l'heure de la régression qui coupe en deux le XIVe siècle ; quand Amsterdam prend sa place dominante, vous n'ignorez pas que 1590 est déjà au début d'une retombée ; de même quand Gênes était devenue maîtresse momentanée de la fortune de l'Empire espagnol en 1557, le siècle est coupé en deux comme par un coup de hache — la France heureuse de François Ier s'efface devant la France triste de Henri II. N'oubliez pas que 1929 ouvre une période de crise aiguë alors que le passage s'accomplit de Londres à New York. Alors, quelle peut être l'explication ? Au vrai, quand il y a une période active de l'économie, mon Dieu, il y a place pour deux, ou pour plusieurs, il peut y avoir à la fois Gênes et Venise. Il y a de la richesse pour tout le monde. Au contraire, quand la difficulté s'installe, il n'y a plus place que pour un.

Donc je tombe sur une remarque de bon sens. Mais cette remarque de bon sens a sa valeur. On vous dit quelquefois : « Oh, il vient d'enfoncer une porte ouverte ! », mais les portes ouvertes, c'est tout de même bien utile, plus utile que les portes fermées. Et peu importe une vérité banale si cette vérité a son importance. Nous sommes donc en présence d'une porte ouverte, d'une vérité banale. Mais voilà qui nous permettra de nous livrer à un petit jeu de pronostic, de prévision, un jeu futuriste.

Nous sommes en 1975 devant un tournant du monde. De toute évidence, rien ne va très bien. Est-ce 1929 ? La répétition n'est pas sûre. Mais enfin, nous sommes devant un repli de la vie économique. Or, si ce que j'ai avancé est exact, il y a quelques chances pour que cette régression soit marquée par des novations dans le centrage du monde. Ou le monde se recentre à nouveau sur New York, ce qui est possible, ce qui me paraît la solution la plus vraisemblable, ou il se recentre ailleurs. Il y a trois candidats possibles : les États-Unis, qui peuvent maintenir leur *leadership*. Ce n'est pas parce qu'ils dévaluent leur dollar qu'ils ne font pas de bonnes affaires. Je ne crois pas que la dévaluation du dollar soit voulue, mais enfin tant pis pour ceux qui n'ont pas les reins solides. Il y a l'U.R.S.S., mais je la crois très en retard au point de vue technologique. Il y a enfin l'Europe. Si l'Europe devenait le centre du monde (ce serait tout de même amusant pour les historiens, pour les Européens ce serait une contre-épreuve), non, le centre ne serait pas Amsterdam, mais Rotterdam (ce ne serait pas Leyde, mais Leyde, en arrière, pourrait profiter énormément).

Vous voyez bien que poser le problème n'a pas l'air d'être raisonnable. L'Europe représente tout de même sur le plan de la vie économique la première puissance commerciale du monde. Elle possède les éléments d'une grandeur possible. Mais il y faudrait une volonté qui, elle, n'existe pas — et aussi accepter la lutte. On ne peut devenir le centre du monde sans lutter. Vous savez de quelle façon tout de même, durant la quatrième guerre anglo-hollandaise, les Anglais ont frappé la Hollande, avec une brutalité inouïe : il faut frapper pour être le plus fort. Vous-même, devant cette tâche simplement esquissée, vous avez un petit moment de recul. Vous n'avez pas envie de dominer le monde, pas envie que Rotterdam recommence la carrière glorieuse d'Amsterdam, mais c'est un problème qui se pose, un problème important et c'est sur cette importance et les doutes qui l'entourent que je terminerai ma conférence.

V

LES VILLES-MONDES APRÈS 1784 *

Ce texte, écrit en 1978, sur les villes-mondes est un fragment inédit du troisième tome, Le Temps du Monde, *retiré de l'ouvrage au dernier moment pour en alléger le texte. En 1981, ces quelques pages ont pris place dans les* Mélanges en l'honneur de H. Kellenbenz.

Ces quelques pages, en hommage à Hermann Kellenbenz, devaient figurer dans mon livre de prochaine publication — *Le Temps du Monde* XVe-XVIIIe *siècle* — que j'ai dû alléger. Elles faisaient suite aux chapitres que j'ai consacrés pour cette vaste période aux économies-mondes selon les définitions d'Immanuel Wallerstein. Ces économies-mondes — que sont, on le sait, des fractions du monde — se sont assez tôt construites sur une Europe conquérante. Elles aboutirent régulièrement à des centres urbains, à des supervilles, peut-on dire des villes-mondes : Venise, Anvers, Gênes, Amsterdam, Londres ? Je crois qu'après 1784, année de la paix avec l'Angleterre qui clôt, pour les Provinces-Unies, une guerre désastreuse, la suprématie d'Amsterdam est définitivement abattue au bénéfice de Londres. Mais alors n'est-on pas passé définitivement des éco-

* Contribution aux *Mélanges en l'honneur de Kellenbenz*, 1981. Texte envoyé par l'auteur en 1979. Archives Fernand Braudel.

nomies urbaines jusque-là prépondérantes à la domination des économies nationales ? Ce que je me demande aussi dans les considérations qui suivent, c'est le destin des villes-mondes, une fois dépassée leur grandeur.

On pourrait même, pour compliquer les termes du problème, rappeler que les supervilles d'Europe avaient toutes tendu à créer autour d'elles, à leur botte, des esquisses de marchés nationaux, d'économies nationales : la Terre Ferme de Venise — quel bel exemple ! Les Pays-Bas « banlieue »[1] d'Anvers, quelle preuve supplémentaire ! Gênes a lutté pour saisir ses rivières du Levant et du Ponant, aveugler Savone et tenir, vers le nord, les débouchés à travers l'Apennin de la riche Lombardie qu'elle dispute à Venise[2]. De même, Amsterdam a pesé de tout son poids sur le corps trop étroit des Provinces-Unies. Toutefois, avec les marchés nationaux modernes, il y a eu changement d'échelle. Un seuil, des seuils ont été franchis ; des transformations esquissées depuis longtemps deviennent possibles et se réalisent comme d'elles-mêmes ; la production se gonfle ; la vie économique se transforme dans ses équilibres profonds, elle s'apprête à accoucher ni plus ni moins que de la Révolution industrielle. La tâche de dominer, cette fois, le monde entier est devenue terriblement plus lourde : une ville seule ne peut suffire à la tâche.

Donc des temps nouveaux, des ordres nouveaux, des espaces nouveaux. Ce qui ne veut pas dire, au contraire, que les villes, les dominantes et les dominées, aient cessé de compter sur le plan élargi des échanges. Aucun espace national n'existe qui ne soit un tissu, un réseau sous-jacent de villes, mais l'État national les a prises en main. Il pèse sur elles à coup sûr. Cependant, là où cette tutelle fait défaut, les villes ne se développent plus comme au cœur des États. Londres va cumuler deux fonctions : elle est le centre du monde, elle est la capitale des îles Britanniques. Si Gênes, qui continue à vivre non sans éclat, ne s'épanouit pas, c'est que l'unité italienne se fait attendre. Si

Hambourg ne grandit pas davantage, c'est que l'Allemagne reste à faire. Si Anvers et Venise sont en demi-sommeil, c'est que les Pays-Bas méridionaux (la Belgique) emprisonnent la première de ces villes et que la Terre Ferme, plus les possessions coloniales, sont pour la ville de saint Marc un espace devenu dérisoire. C'est l'espace, autant et plus que le patriciat, qui a trahi la ville.

Il y a aussi des capitales qui, situées au cœur de grands États, mais au centre d'espaces continentaux, ratent les destins mondiaux de l'économie ou pour le moins les épousent mal : Paris, Madrid, Berlin, Vienne. Tant il est vrai qu'on ne peut dominer le monde sans s'ouvrir sur la mer.

Amsterdam, pour son compte, n'a pas divorcé d'avec la mer. En 1784, cependant, le centre du monde l'a désertée sans tambour ni trompette. Et l'on sait les malheurs qui vont fondre sur elle, au-delà des troubles de la « révolution batave », avec la conquête française, en 1795 : la République batave, le royaume de Hollande, 1806, puis l'annexion pure et simple à l'Empire français, 1810. Soit un long intermède. Une mise entre parenthèses. Et cependant, pour l'historien à l'affût de l'histoire entière du monde, quel spectacle instructif que celui de la grande ville en apparence, mais en apparence seulement, coupée du vaste univers et de la richesse ! La comtesse de Boigne, dont les *Mémoires*[3] sont un délice, rentrait en France, en septembre 1804, laissant derrière elle l'Angleterre qu'elle devait toujours aimer. Embarquée à Gravesend sur un petit voilier chargé d'huile de poisson, elle parvenait à la Brielle quatre jours plus tard et gagnait Amsterdam. Là elle s'informe auprès d'un banquier, inquiète d'avoir laissé ses intérêts en Angleterre. Comment procéder, s'il y avait interruption entre l'île et le continent ? « Ne vous tourmentez pas, madame, c'est impossible, lui répond l'homme d'affaires : on pourra essayer de comprimer le commerce de la Hollande avec l'Angleterre, mais ce ne pourra être que pour bien peu de jours, il reprendra son cours comme l'eau reprend son niveau et cela ne durera jamais une semaine[4]. »

Et c'est vrai : la République batave est en relations constantes avec l'Angleterre et cela au vu et au su de tout le monde. La correspondance des consuls français à Amsterdam ne laisse rien ignorer de pratiques qui ne sont même pas cousues de fil blanc. Les statistiques, les « listes » des navires sont truquées selon un code que chacun connaît. Londres est ainsi le Grand Emden[5]. « Cela vient du Grand Emden ? — Oui, monsieur », répond le capitaine du navire, qui a amené en Hollande la comtesse de Boigne, au douanier qui l'interroge et qui réplique aussitôt : « C'est bon[6]. » Et c'est ainsi que le charbon de terre, que les draps, les produits coloniaux, le sucre arrivent d'Angleterre à Amsterdam qui continue à faire le « facteur » entre l'île et le continent. « J'ai choisi pour venir ici [à la Haye], écrit un des consuls français, la partie de la frontière sur laquelle j'étais informé qu'il se faisait le plus de contrebande. J'ai vu la route qui conduit d'Anvers à Berg op Zoom couverte de petites voitures que j'ai su recéler depuis une somme considérable de marchandises anglaises, tandis qu'elles paraissaient chargées de bois, de paille et autres objets semblables[7]. » La mer, en principe, est fermée du fait des hostilités, mais « on arme dans ce moment[8] à Amsterdam deux gros bâtiments pour l'Inde. On annonce qu'il va partir incessamment un convoi pour la Méditerranée ». Pourquoi pas puisqu'en 1801, « il est entré dans le port d'Amsterdam par la mer 2 371 bâtiments[9] » ?

Faut-il s'en étonner, il y a toujours des spéculateurs à Amsterdam. Ils jouent à la Bourse sur les emprunts « bataves », même sur les inscriptions à faire, en France, sur le livre de la dette publique. Qu'en Ventôse an X la République batave lance, chez elle, un emprunt de 30 millions de florins, les souscriptions qui paraissent avantageuses aux prêteurs « ont excédé de beaucoup, à ce qu'on assure, le montant de l'emprunt[10]... ».

L'empressement des capitalistes[11]... « a occasionné à Amsterdam une rareté d'argent presque sans exemple[12] »... Et comme la vie économique est parfois cocasse, au même instant, « Amsterdam a reçu de fortes demandes de grains de la France ; on parle de cinq mille lasts[13] ; de sorte qu'il pourra bien retourner en France les bleds qui en sont sortis il y a six mois[14] », à moins que l'on ne détourne les navires chargés de blé dans la Baltique et destinés au Portugal[15].

La vie poursuit ainsi son petit train à Amsterdam en dépit des circonstances hostiles. Des firmes marchandes y jouissent encore d'un tel crédit que leur papier est escompté à 1 %[16]. En avril 1807 (la République batave a cédé l'année précédente la place au royaume de Hollande), un nouvel emprunt hollandais est « rempli » sans difficulté[17] et, signe heureux, « plusieurs maisons vendent des fonds anglais pour les placer dans cet emprunt ». République ou royaume, ou portion du territoire français, la Hollande reste ouverte ainsi sur la mer du Nord et tout particulièrement en direction de l'Angleterre : en un mot « il est plus facile [à partir d'Amsterdam] de faire le voyage de l'Angleterre que celui d'Anvers[18] ». Dans le petit port de Katwyk qui est, alors, le rendez-vous de la fraude anglaise, « à quatre lieues de La Haye et à huit d'Amsterdam », « les navires neutres se succèdent et parmi eux des américains[19] ». Toujours active, la contrebande se joue des défenses ; si nécessaire, elle change ses moyens, déménage, recommence et ne cesse de grandir alors que les mesures se multiplient contre elle. « Jamais la contrebande, explique une lettre du 31 janvier 1810[20], ne s'est faite en Hollande avec autant d'activité que de ce moment-ci, les Anglais ont fait de Flessingue un second Heligoland... Des bateaux chargés de bœufs, de moutons, de toutes sortes de bétail et de comestibles alimentent journellement l'Isle de Walcheren. »

Finalement, ce que nous appelons le Blocus continental n'a fait que renchérir les denrées coloniales et, à ce jeu, « plusieurs négociants de cette place doublèrent, triplèrent même leurs capitaux[21] ». Amsterdam, comme un arbre toujours en plein rapport, continue à offrir, plus ou moins abondants, plus ou moins succulents selon les saisons, les mêmes fruits que par le passé. Et quand l'Europe sort du cauchemar napoléonien, en 1815 ou 1816[22], le port d'Amsterdam reprend ses activités anciennes. Le blé arrive de la Baltique, il s'expédie vers le Portugal, l'Espagne, le midi de la France, l'Italie ; les relations se renouent avec les colonies hollandaises ; un film repasse devant nos yeux que nous connaissions déjà.

Peut-on généraliser à partir du cas exemplaire d'Amsterdam ? La règle semble vouloir, en effet, qu'une ville, lorsque dans le passé elle a joué un rôle dominant, conserve longtemps sa force une fois acquise, qu'elle en hérite en somme, comme si la richesse était, chez elle, une maladie endémique, une valeur de longue durée. Sans doute, toute ville quelque peu vivante et, à ce titre, accumulatrice de capitaux (fourmi non pas cigale) tend-elle à retenir chez elle argent, moyens de production et de coercition. Mais, pour les villes-mondes, le phénomène a une autre ampleur, une tout autre durée. Amsterdam reste ainsi un point brûlant, aujourd'hui encore, du capitalisme mondial ; Gênes continue à être la ville la plus étonnante de l'Italie ; Anvers tient toujours un grand rôle international ; Londres, en 1979, très amoindrie, a encore une banque aux dimensions du monde.

Seule Venise, si brillante jadis, aura déclaré forfait. Elle se présente à nos yeux comme l'exception qui, examinée de près, expliquerait sans doute, elle aussi, la règle. Le problème, en soi passionnant, reste cependant à découvrir encore de A jusqu'à Z. Car la démission de Venise, la cassure de son destin capitaliste, pour le moins sa mise en sourdine, n'ont pas été la seule conséquence de causes ou d'accidents économiques qui, cependant, ont joué leur rôle. La responsabilité s'étend au-delà de ce cercle essentiel. La continuité capitaliste, en fait, ce n'est pas seulement la continuité de la richesse, des capitaux, c'est aussi la volonté de certains groupes, l'entêtement de classes dominantes à maintenir, même si ce n'est plus au même rang, leur appartenance à ce qu'on pourrait appeler la société capitaliste du monde.

Il faut donc qu'il y ait eu, à Venise, une série de ruptures, de changements de cap, de mutations des mentalités. De préférence à la mer, ses patriciens, dès avant le XVIe siècle et de plus en plus, ont choisi les campagnes, les exploitations terriennes, d'ailleurs admirablement gérées par eux. Ils ont ainsi remonté le cours du temps, retardé, une fois pour toutes, leurs horloges. Derrière eux, à cause d'eux aussi — il faut bien vivre — Venise a été envahie par l'industrie des loisirs, elle est devenue, dès avant le XVIIIe siècle, le centre des festivités de l'Europe, l'arbitre de la musique, la reine des théâtres ; elle a alors inventé, pour elle et pour autrui, la joie, le bonheur de vivre. Le siècle de Tiepolo et de Goldoni nous éblouit encore. Et cette industrie de luxe est toujours en place, pour notre joie, non pour la grandeur matérielle de la ville de saint Marc qui n'est plus aujourd'hui qu'un très beau décor.

Ainsi Venise a-t-elle désappris les règles du métier capitaliste. Elle aurait pu, au XIXe siècle, accueillir l'industrie nouvelle, se mettre à la table du nouveau festin, comme tant d'autres villes. La fortune dont elle n'a pas voulu a fait grossir en bordure de sa lagune, en face d'elle, la ville industrielle de Mestre, sorte de chancre florissant. Or, elle aurait pu fabriquer elle-même et dominer Mestre, sa banlieue en somme ; elle aurait pu loger dans son port ou dans un autre port, voisin du sien, l'espace ne lui manquant pas, la fortune de Trieste ou même celle de Gênes. Elle aurait pu... Mais les ressorts nécessaires à une réussite matérielle n'ont pas joué en sa faveur. Venise a regardé faire, non pas fait l'unité italienne — cette aubaine. Au contraire, Gênes, sa rivale de toujours, a saisi l'occasion au vol : du coup, la vie moderne l'a envahie, l'a suffoquée et continue d'exploser dans son espace encombré, un espace « futuriste » où les maisons champignonnent, se pressent absurdement les unes contre les autres, et où les autoroutes s'insinuent, aériennes, vaille que vaille, autour de l'étroit corps urbain comme les bras menaçants de pieuvres[23].

Égoïstement, les amoureux de Venise se réjouiront de la survie tranquille de la ville merveilleuse. Sur un plan, elle a perdu. Sur un autre, elle a gagné et nous avec elle.

CHAPITRE III

L'HISTOIRE DE FRANCE INACHEVÉE

I

COLIGNY ET SON TEMPS *

C'était du temps où Fernand Braudel, revenant du Collège de France, disait : « Je viens, pour m'amuser, de faire deux ou trois cours d'histoire purement événementielle sur la France, il faut bien avouer que c'est ce qui passionne le plus. »

C'est sans doute dans le même esprit qu'ayant accepté de participer au Colloque consacré, en 1972, à l'amiral de Coligny, il présenta cette conférence dont ses auditeurs se dirent surpris.

Un historien voit toujours le passé au travers d'une conception générale du monde, compliquée ou simple, cohérente ou non, originale ou non. C'est comme une vitre, déformante parfois, entre le temps révolu et nous. Autant dire qu'historiens, nous sommes victimes de certains de nos choix. Personnellement, je me suis surtout préoccupé d'histoire économique et sociale, de

* Intervention au Colloque « L'amiral de Coligny et son temps », Paris, 1972, *Actes* du Colloque, publiés en 1974, pp. 21-29.

destins collectifs. Me voilà bien mal qualifié pour vous parler de Gaspard de Coligny auquel cette conférence est consacrée. Vais-je lui rendre justice ? Ou, comme je le crains, vous décevoir ?

Face à tout personnage, à tout destin individuel, l'histoire, quelle qu'elle soit, trouve d'évidentes limites. N'allons-nous pas croire notre personnage plus libre, donc plus responsable qu'il n'a été ? N'allons-nous pas, parlant de lui, trop parler de nous, de notre temps, même à notre insu ? Érasme vu par Marcel Bataillon ressemble tout de même à Marcel Bataillon. Depuis plus de quarante ans, j'ai vécu en compagnie de Philippe II. Je crois avoir été sage en me maintenant à l'écart d'un homme d'abord difficile. Mais, de plus en plus, j'ai tendance à l'excuser, ayant, sans doute, la prétention de le comprendre à force de le voir revivre...

Encore si nous avions, sur l'amiral, des documents nouveaux, des lumières inédites ? Mais ce n'est pas le cas. Quant à l'essentiel, Michelet en sait presque autant que nous ; autant que J.-H. Mariéjol ; autant que Lucien Romier. La difficulté majeure n'est pas dans la constitution ou la lecture du dossier, mais dans la plaidoirie. À chaque commémoration de sa mort, Coligny revient vers nous avec insistance. Et sa mort nous tourmente, nous tourmentera toujours. Comme si, Français d'aujourd'hui et de demain, nous étions coupables à jamais, responsables à jamais.

Dernier retour, dernière mise en demeure, 1872. Actuelle visite, 1972. Et le problème reste le même, sans bouger d'un pouce. Autant que d'histoire, il s'agit de morale, d'une méditation douloureuse sur notre propre pays, sur nous-mêmes. Et il est bien, et il est juste qu'il en soit ainsi.

J'admets donc sans trop de peine que le livre du comte Jules Delaborde, hagiographique sans remords, paru en 1878-1882, puisse être lu encore avec plaisir — et avec profit — en raison de l'ampleur de sa documentation et de ses réponses. Plus encore, j'accepte que Michelet voie le drame de nos *Guerres de Religion* aux côtés mêmes, comme par-dessus l'épaule de Coligny, comme si toute l'histoire de notre pays tournait alors autour de lui, de son courage, de ses désespoirs mortels, de sa volonté inutile. Sans doute, pour échapper à tant d'ignominie active, à tant de sang versé, est-il nécessaire de chercher un refuge, au moins la compagnie d'un homme que l'on puisse à la fois aimer et respecter. D'ailleurs il serait aisé de citer d'autres exemples de dialogues pareillement électifs : refuges utiles pour des historiens trop sensibles.

Toutefois, je ne voudrais pas céder à un tel mouvement, si naturel fût-il. Et qui me tente. Je discutais, un soir, à propos de Péguy, avec Jean Guéhenno. Il me disait qu'il acceptait, qu'il comprenait mieux la guerre civile, puisqu'il en saisissait, en vivait les motifs, que la guerre étrangère. J'avais pris la position inverse. Je déteste bien entendu, comme Jean Guéhenno lui-même, et l'une et l'autre guerre. Mais je déteste la guerre civile plus encore que l'autre. À la suite d'une éducation, bonne ou mauvaise, mais subie jusqu'au tréfonds de moi-même, et qui m'avait préparé, avant 1939, à accepter la guerre étrangère, du jour où elle présenta son affreux visage.

Vous voyez que je suis comme préparé à une compréhension facile, spontanée de Coligny. La guerre civile brise la France. La guerre extérieure en ressoude les morceaux, en maintient la cohésion. Je suis en faveur, spontanément, de Coligny, de sa politique de salut public qu'il propose à son roi, le jeune Charles IX, dès son arrivée à la cour, à Blois, le 12 septembre 1571 ; unir les Français, catholiques et protestants, contre l'Espagnol, l'ennemi héréditaire — l'ennemi héréditaire sans qui, d'ailleurs, aucune nation ne saurait vivre.

Mais laissons ces acquiescements. L'histoire qui, au cours de ces vingt, trente ou quarante dernières années, a beaucoup changé, et qui ne cesse de changer, ne se prête pas à ces confusions qui nous tentent. Il faut rendre, essayer de rendre Gaspard de Coligny à son temps qui l'explique et qu'il explique. Essayer de le situer parmi les autres hommes, ce sera l'expliquer, commencer à le comprendre. Aller au-delà ne serait pas toujours raisonnable.

L'amiral de Coligny a vécu dans deux France successives, aussi différentes l'une de l'autre que le jour et la nuit. Au vrai, plus qu'aucune scène politique du monde, pour le moins de l'Europe, la France connaît des changements brusques et complets : avant et après juin 1940 ; avant et après 1871 ; avant et après 1815... Avant et après cette césure, qui peut sembler dérisoire, du traité du Cateau-Cambrésis (2-3 avril 1559).

Le pays change, aussi vite qu'un décor de théâtre. Le sol se dérobe sous vos pieds. Vous n'allez plus vivre, vous n'allez plus penser comme la veille.

Coligny, né en 1519, a vécu jusqu'en 1559 dans une France pour lui sans surprise, engagée, pour être elle-même, pour achever de se construire, dans une lutte à la vie à la mort contre l'énorme Empire des Habsbourg, capable de l'étouffer dans les replis de ses possessions. L'année même de la naissance de Coligny, Charles d'Espagne était devenu empereur du Saint-Empire romain germanique. La France est encerclée et l'Europe (ou si l'on préfère la Chrétienté) est menacée dans ses libertés et ses équilibres. La passion de nos rois va faire de ce long combat une lutte sans merci. Disons tout de même que, dans cette ardente rivalité, la France n'est pas désavantagée à tous les points de vue. Elle est au cœur des possessions qui l'entourent et l'entourent mal. Le chemin des Pays-Bas lui est fermé, mais la porte de l'Italie lui est ouverte à nouveau depuis l'occupation, en 1536, de la Savoie et du Piémont. Et surtout la France des Valois, selon les vitesses du temps, est un territoire immense. Ni en 1544, ni en 1557, l'ennemi ne pourra pousser jusqu'à Paris. La guerre, en fait, est condamnée à être périphérique, inefficace, omniprésente, irritante. Finalement, au milieu de périls surestimés, mais réels, la France monarchique trouve sa justification. De même la vie active, qui commence pour Coligny, en 1542, par une campagne vers Luxembourg au cours de laquelle il reçoit la première de ses nombreuses blessures.

Coligny, qui a choisi la carrière des armes, se trouve dans la tradition déjà presque séculaire de sa famille. Aux environs de 1460, son aïeul, Jean III de Coligny enracine sa famille à Châtillon-sur-Loing. Cette famille était originaire de la Bresse, de cet étroit pays entre Coligny, Pont-d'Ain et le Revermont (c'est-à-dire le rebord du Jura). De Coligny, aujourd'hui encore un gros bourg et que je connais bien pour l'avoir souvent traversé en compagnie de Lucien Febvre, tirez une ligne jusqu'à Châtillon-sur-Loing, au vrai jusqu'au cœur de la France, c'est comme si vous traciez l'axe dès lors fixé du destin des Coligny, quittant les marches de l'Est, s'arrachant à un passé « féodal », s'échappant du voisinage et du contrôle de la Savoie, pour se placer dans l'orbite et au service du roi de France. Le père de l'amiral, Gaspard de Coligny, maréchal de France, a épousé Louise de Montmorency, la sœur du tout-puissant connétable, un des maîtres du gouvernement sous les règnes de François Ier et de Henri II.

Doué, ayant bientôt d'éclatants mérites et services, poussé en avant par la main trop vigoureuse de son oncle, Anne de Montmorency, Gaspard de Coligny allait recevoir toute une série d'honneurs. En 1547, il a vingt-huit ans quand il devient colonel général de l'infanterie française ; en 1551, il est gouverneur de Paris et de l'Île-de-France, il a trente-trois ans ; le 11 novembre 1552, à trente-quatre ans, il est amiral de France et prête serment devant le Parlement de Paris, le 12 janvier 1553. Le 27 juin 1555, le voilà gouverneur de la Picardie. Cette dernière tâche, si lourde, sera l'une des plus importantes, peut-être des plus révélatrices de sa carrière. La Somme avec ses lignes d'eau, ses marécages, ses villes fortes étroites, c'est la frontière du Royaume, sa frontière menacée, dans la mesure où, à courte distance, elle couvre Paris. Nos ennemis, depuis 1544 au moins, savent que c'est là qu'il y a chance de surprendre la défense française, ouverte selon un vaste éventail de la Manche jusqu'au-delà des Alpes.

Coligny aura sans fin visité, remis en état ou en alerte, ces guettes et sentinelles de la vallée de la Somme. Il est d'ailleurs l'homme de ces tâches silencieuses, utiles, sans éclat : s'occuper du ravitaillement, rétablir la discipline, cela avait été l'une de ses préoccupations et c'est ainsi qu'il avait été le responsable de l'ordonnance de Blois (20 mars 1551), sorte de « code militaire ».

Énergique, méticuleux, patient, Coligny est toujours prompt à se dévouer. L'occasion lui en est fournie inopinément. En août 1557, l'armée espagnole des Pays-Bas sous le commandement de Philibert de Savoie se porte brusquement sur Saint-Quentin. Coligny, dans la nuit du 3 au 4 août, se jette dans la place avec quelques troupes. Mais qui ne connaît la suite : la place est investie, l'armée de secours commandée par le connétable de Montmorency est écrasée devant la ville (10 août 1557). L'amiral résistera dans la place jusqu'au 17 août, fixant ainsi l'ennemi pendant deux semaines pathétiques, malgré la faiblesse de ses forces et une population hostile qui se refuse à servir utilement. Pour lui, voilà l'amertume de la défaite et de l'emprisonnement. Son frère d'Andelot, après la reddition de la ville, s'est évadé à travers les marécages « avec de l'eau jusqu'à la gorge », au risque de se noyer. Mais il connaissait, pour en avoir fait l'épreuve, les duretés de la captivité entre les mains des Espagnols.

En cette année 1557, ce n'est pas seulement le destin de Coligny qui change, mais celui de la France entière... Tout est compromis en cet été 1557, si rien n'est perdu.

François de Guise, en 1558, enlèvera Calais. L'adversaire est aussi las que nous-mêmes. Les grosses machineries politiques souffrent autant si ce n'est plus que les moyennes, l'Espagne plus que la France. Il eût été certainement possible d'obtenir d'assez bonnes conditions, voire le *statu quo*, comme lors de la trêve de Vaucelles (5 juin 1556). Le traité du Cateau-Cambrésis (2-3 avril 1559) n'en paraît que plus absurde. La France aura alors liquidé d'un seul coup sa grandeur extérieure. En échange de quelques places restituées sur la ligne de la Somme, en échange de la cession, en principe pour huit ans, de Calais recouvré, elle abandonnait la Bresse, le Bugey, la Savoie, le Piémont. C'était renoncer à l'Italie comme on renonce à un paradis. Et le royaume de France était démantelé. Or il en est ainsi par la faute de Henri II. Le roi, inquiet de la montée de l'hérésie, veut retourner toutes ses forces contre le péril intérieur. De Philippe II et de Henri II, du Très-Chrétien et du Catholique, le plus catholique c'est alors le roi de France, comme le dit Lucien Romier.

D'un coup, toute la France change. Ce qui s'éloigne, pour parler comme La Noue, c'est « le temps de Henri le Bien-Aimé », « le temps de la dernière beauté et splendeur de la France ». Comprenons ces langages, ces images qui s'en vont.

Mais enfin cette France monarchique dont Coligny vient d'être (et restera) le serviteur passionné, ce n'est pas le clan vorace des Montmorency, ce n'est pas l'amiral qui l'ont construite. Par ses vraies racines, cette France, qui coud ensemble les différents morceaux de son étoffe, remonte à Charles VII, à Louis XI, sans doute plus haut encore. Dévoué au prince, pris corps et âme dans cette immense et longue entreprise à recommencer sans fin, Coligny a été, à son poste de péril et d'honneur, un de ces nombreux soldats du roi et seigneurs de France, qui passent l'hiver dans leurs châteaux et leurs familles, et à chaque printemps, ou peu s'en faut, rejoignent les armées. À ces aller et retour, ils usent, ils dépensent leurs vies.

Pas davantage, l'amiral n'est le responsable de cette France nouvelle qui s'affirme après 1559, se précise au grand jour, la France de la Réforme et bientôt de nos guerres de Religion.

La Réforme est une révolution qui vient de loin, de plus loin qu'on ne le pense d'ordinaire ; elle commence avant même l'action de ses héros, avant Luther, avant Calvin, dès 1450. Le milieu du XVe siècle voit, en Occident, un retour à la vie pacifique, et partout les eaux religieuses bouillonnent, grossissent. Ces temps dits de la Pré-Réforme sont des « temps inquiets », comme les appelait Lucien Febvre. Toute la Chrétienté sacrifie à un printemps qui la tourmente. Longtemps, la Réforme se cherche, plus tard elle se formulera, elle se définira. Mais longtemps elle n'aura pas eu un visage précis, ni cette ligne nette selon laquelle il faudra, il sera possible de choisir.

Nous vivons probablement aujourd'hui une révolution culturelle, venue de loin elle aussi, et qui se signale par des faits divers ou des épisodes que nous jugeons les uns après les autres, sans les relier ensemble, parfois sans trop nous y arrêter. Sommes-nous pour ? Sommes-nous contre ? On nous dirait *pour* quoi, *contre* quoi ?

Coligny se trouve à l'avance entouré par la Réforme, du fait de sa mère, de sa première femme Charlotte de Laval, de son frère d'Andelot. La captivité l'éclaire sur lui-même. « Dieu, comme dira Calvin, lui aura parlé à l'oreille », mais il était prêt à l'accueillir depuis bien des années sans doute.

En fait, aux environs de l'année 1534 — l'année des Placards — la France entière est atteinte par la Réforme. Alors pas une ville, pas un bourg, et sans doute pas une personne qui n'auront été touchés, alertés, côtoyés par l'immense mouvement. Tous n'ont pas pris aussitôt conscience du drame qui se prépare, bientôt explosera.

La carte de la pénétration de la Réforme en France a été dressée, il y a plus de vingt ans, par un élève de

Lucien Febvre. Cette carte est encore inédite (sans doute est-elle même irrémédiablement perdue). Elle signale des propagations plus ou moins rapides selon les régions, certaines hostiles, la Picardie, la Champagne, la Bourgogne et, en avant de ce rempart, autre rempart hostile, la Lorraine ; d'autres ouvertes, accueillantes. Le trait le plus curieux, et le dernier que je signalerai, c'est ce rôle de transit joué par la vallée de la Seine, comme si elle avait été pour tout le Royaume la grande porte d'entrée et de diffusion.

Évidemment, rien ne nous dit ce qui se serait passé si, très tôt, dans sa lutte contre l'Espagne, François Ier avait choisi la Réforme. Ne la choisissant pas, ne pouvant peut-être pas la choisir, il laissa la politique royale dans une ambiguïté congénitale dont elle ne devait plus sortir, elle était catholique au-dedans du royaume et, au-dehors, luttait contre le catholicisme militant dont l'Espagne était le champion intéressé. Bien sûr les protestants du temps de François Ier et de Henri II ont abordé, sans trop le connaître à l'avance, leur avenir. Ce ne sont pas des révolutionnaires lucides, comme les compagnons de Lénine qui firent la révolution de 1917. Ce que réclamaient les protestants de la première heure, ce n'était pas le pouvoir, mais la liberté de conscience, le bonheur de croire à leur guise. Ils n'auront de réclamations sur le plan politique que tardivement, avec Coligny. Trop tard, sans doute.

Refaire l'histoire, c'est pratiquer l'*uchronie* : ce n'est pas peine perdue, mais cela ne change rien à ce qui s'est accompli — de façon irréversible. L'une des faiblesses du parti protestant, n'est-ce pas d'avoir eu à sa tête des princes du sang, préoccupés d'eux-mêmes avant tout, l'affreux Antoine de Bourbon, l'inconséquent prince de Condé ? Coligny n'est devenu le chef du parti protestant qu'après la mort dramatique de ce dernier, le prince de Condé, sur le champ de bataille de Jarnac, le 13 mars 1569. Héritage, promotion décevante. Au lendemain bientôt du désastre de Moncontour (3 octobre 1569), l'armée protestante n'existe plus. L'amiral, blessé, en conduit les débris vers le sud. Cette troisième guerre de Religion va se poursuivre au milieu de péripéties atroces, grandioses : en vérité que d'exactions, de massacres, de pendaisons, de villes prises et mises à sac ! C'est le voyage au bout de la nuit.

Enfin, après l'édit de pacification de Saint-Germain du 8 août 1570, Coligny se retire chez lui, d'abord à Châtillon-sur-Loing, puis à La Rochelle, où il rejoint ses parents. Et il y reste longtemps. Il n'apparaît à la cour de Blois que le 12 septembre 1571, après plus d'une année d'éloignement. Et quand il arrive à la cour, c'est sollicité par le roi, et même par Catherine de Médicis.

Sa politique, ses projets triomphent, enthousiasment le jeune roi : tous les Français réunis se porteront contre l'Espagne. Charles IX écrit à du Ferrier, son représentant à Venise, que « le principal fait que j'espérais de sa dite venue [la venue de l'amiral] commence déjà à bourgeonner ». Une sorte de printemps marque l'entente entre le roi et Coligny. Le 13 décembre 1571, de Châtillon, où il passe quelques jours de repos, Coligny écrit au roi : « Je préférerai toujours le public et le service de Votre Majesté à mon particulier. »

La politique que préconise l'amiral, la réconciliation des Français contre l'Espagnol, est une politique raisonnable, à portée de main. Le 1er avril 1572, les Gueux de la mer ont pris Brielle dans l'île de Voorn, à l'embouchure de la Meuse. Le 19 avril, était conclue la ligue franco-anglaise. Les 24 et 29 mai, Ludovic de Nassau, le frère du prince d'Orange, s'emparait de Mons et de Valenciennes. L'incendie était allumé. Mais la politique de Coligny soulevait des oppositions multiples. L'armée du duc d'Albe, campée aux Pays-Bas, la plus redoutable par sa puissance de feu de toutes les armées d'Europe, si elle ne peut rien contre les victoires des Gueux (elle est en somme sans couverture maritime), peut beaucoup contre des adversaires terrestres. Le duc reprend aussitôt Valenciennes, il assiège Mons, il détruit, le 17 juin, le secours français conduit par Genlis, pour délivrer les assiégés. Mais ceux-ci résistèrent jusqu'au 19 septembre, presque un mois après la Saint-Barthélemy.

Ces événements, y compris le désastre de Genlis, n'étaient pas catastrophiques. Ils compliquèrent la tâche de l'amiral, mais celui-ci pouvait agir, se défendre. Il nous semble que nous l'entendons parler alors, présenter sa défense, exposer ses rêves : « Employer la nation belliqueuse sur les terres d'autrui », « la guerre se fait avec le fer et non avec de l'or », « les Français ne tremblent plus au son des tambours comme autresfoys, ils y dansent... », « ceux qui empeschent la guerre contre l'Espagne ont « une croix rouge dans le ventre (la Croix d'Espagne) ». Il voit monter l'orage. Voici un de ses mots, comme tous les mots historiques, discutable. Peu avant sa mort, Coligny de répéter : « ... Je me fie en mon Roi et en sa parole. Autrement ça ne serait point vivre que de vivre en telles alarmes. Il vaut mieux mourir un brave coup que de vivre cent ans en paix. » Et il ne cherche pas à se mettre à l'abri.

Nous n'en finissons pas d'expliquer, d'arpenter nos problèmes. Expliquer, peut-être pour ne pas avoir à juger. Je voudrais en effet m'en abstenir, autant que possible, à l'égard des acteurs tragiques du 24 août 1572, au cœur d'un été maudit. Même les Guise, héros implacables que saoule le vin de la vengeance. Même Catherine de Médicis — et pourtant ! Mais quand la Florentine se déplace, toute la machine monarchique oscille. Seule elle eût cédé. Sûrement Charles IX. Comment juger ces haines structurées, ces engrenages maléfiques de la politique et de la peur ?

Sans hésiter, j'innocenterais, pour sa part, Philippe II en son lointain Escorial. Je sais bien que c'est contredire Michelet, qu'aucun dossier n'est péremptoire. Mais l'essentiel du dossier espagnol était hier dans la série K de nos Archives nationales. Les documents ont été restitués à l'Espagne, mais nous en avons conservé un microfilm parfait. Que les sceptiques aillent le lire !

Pour finir, j'accuserais volontiers ces années qui ont suivi 1559, années de conjoncture économique maussade jusqu'au voisinage de 1575. Toujours mauvais conseiller, le marasme économique a joué son rôle.

Enfin, je crois que la charnière de l'histoire du monde, ce n'est pas la nuit sanglante, c'est l'année 1580, quand s'engage, avec la conquête espagnole du Portugal, la lutte pour la suprématie de l'Océan... L'Océan succédant à la Méditerranée !

Ayant pris nos distances, un paysage se dessine où l'homme risque de disparaître. Alors relisons Michelet. Et dans ce vaste paysage, Coligny reprend sa place habituelle et ne cesse de grandir : « Son sang, dit Michelet, n'a pas été versé en vain » : sa fin atroce oblige les Français à revenir tous les cent ans sur sa personne, sur sa vie, sur son existence exemplaire.

II

EN FRANCE, LE REFUS DE LA RÉFORME *

Ce texte correspond à l'époque où la pensée de Fernand Braudel est tournée vers la France. Ces réflexions sur le protestantisme français, dont on trouve un écho dans la Grammaire des civilisations, *avaient leur place naturelle dans le chapitre qu'il devait consacrer à la civilisation dans* L'Identité de la France.

Un chapitre dont nous avons des fragments écrits en septembre 1985, à la veille de sa mort, et que nous avons finalement décidé de publier, bien qu'il s'agisse d'ébauches de premier jet (cf. infra, *pp. 591-607).*

Cette brève étude est une plaidoirie inhabituelle, avec ses avantages — ceux d'un point de vue nouveau — et ses inconvénients : car une plaidoirie ouvre un débat, et ne prétend pas le clore. N'est-elle pas, trop volontiers, unilatérale ?

Avant de m'y engager, il me semble utile de prendre quelques précautions et de spécifier la problématique qui sera choisie. Toutes les réalités et le processus du fait « religieux », se situant au cœur du domaine culturel, se soumettent à l'avance aux règles simplificatrices d'un univers particulier (les civilisations et les

---

* Contribution inédite en français, aux *Mélanges Trevor Roper*, 1981. Archives Fernand Braudel.

cultures), suffisamment original pour avoir sinon ses *lois* — ce serait trop beau —, au moins ses *règles tendancielles*. En fait, civilisations et cultures vivent, comme l'ensemble de l'histoire vécue, sur le temps court et sur le temps long, voire très long. Je chercherai, laissant de côté le temps court, toujours mis en cause, à privilégier, dans les pages qui suivent, *la longue durée*. Elle nous condamnera à dépasser ou à écarter les événements, les épisodes, les circonstances, les moments pathétiques dont je me détache, au demeurant, sans plaisir.

Les droits de la longue durée vont de soi : la Réforme ne commence pas, si important qu'il soit, avec l'affichage, à Wittenberg, le 31 octobre 1517, à la veille de la Toussaint, des propositions de Luther sur les portes de la *Schlosskirche*. Elle ne se termine pas davantage, à l'heure française, avec la promulgation (1598) ou la Révocation (1685) de l'édit de Nantes. Avant 1517 ont coulé les puissantes et nombreuses années de la *Pré-Réforme*, expression que je n'aime guère d'ailleurs ; la *Pré-Réforme* n'est-elle pas infidèle à son propre nom puisqu'elle aboutit à la fois à la Réforme protestante et à la Contre-Réforme catholique ? Dans un livre qu'il n'a pas eu le temps d'écrire, Lucien Febvre se proposait de parler, au lieu de *Pré-Réforme*, des *Temps inquiets*, dont il fixait les débuts alertes vers 1450. J'ai beaucoup utilisé, beaucoup aimé cette expression. Mais l'inquiétude, l'angoisse ont-elles vraiment exercé des droits majeurs sur cette seconde moitié du XVe siècle, alors que l'Occident, après les remous, crises et désastres de la guerre de Cent Ans, connaît un essor prolongé, une vraie renaissance biologique, un indéniable plaisir de vivre, comme submergé par une montée printanière, universelle, d'eaux religieuses ? En fait, la Réforme est déjà là, en puissance, en élaboration, plus d'un demi-siècle avant Luther. Et si l'on ne considère que la France, dira-t-on que le destin de la Réforme s'y est joué en 1598 ? Ou en 1685 ? Ou bien en 1735, quand est libéré le dernier galérien condamné en raison de son protestantisme ? Ou encore en 1787, quand Louis XVI accorde un état civil aux protestants qui, jusque-là, n'en possédaient point ? Ou même en 1980, alors que l'on estime à deux millions de fidèles les effectifs du protestantisme français ?

Dans le temps court, les civilisations, dont l'appétit est sans limite, ne cessent, ou peu s'en faut, d'accepter tous les « biens », en pièces détachées, que leurs voisines proposent ou qui passent à leur portée ; dans le temps long, il y a généralement adaptation : les acceptations définitives et les refus catégoriques sont rares, voire rarissimes. Et, chaque fois, accepter ou refuser de façon massive, c'est, pour une culture, se définir jusqu'en son tréfonds. La Gaule conquise a accepté Rome, elle en a été transformée pour les siècles à venir ; la France moderne, quant à elle, a refusé la Réforme, elle s'est du coup définie, affirmée. Oui, mais pour quelles raisons ? Dans quelles circonstances ?

Puisqu'un tel refus vient des profondeurs, nous n'arriverons à l'établir qu'en écartant l'habituelle histoire des surfaces brillantes — soit après une longue opération. Mais peut-être, en choisissant nos coupes, nos sondages, pourrons-nous avancer avec une relative rapidité. D'autant que l'*uchronie* (le mot et la chose ont été inventés par Charles Rémusat, en 1876) nous offre ses services et ses facilités. C'est sans doute une mauvaise habitude que de refaire ainsi l'histoire à l'inverse du cours qui a été le sien, de changer le sens des événements majeurs pour supputer ce qui, dans ce cas-là, aurait pu survenir. Mais le jeu, pour être illusoire, n'est pas inutile : à sa façon, c'est une pesée des événements, des épisodes, des acteurs qui se sont crus, ou qu'on a crus responsables du devenir entier de l'histoire. Auraient-ils pu, ou non, être différents ?

Ainsi l'explosion de Wittenberg, le 31 octobre 1517, malgré sa force, n'enclenche le vaste processus de la

Réforme que dans la mesure où le pape Léon X condamne le moine augustinien. Ce n'est pas trop rêver que de penser qu'il aurait pu chercher avec lui un compromis : la tradition de l'Église n'y est pas hostile, elle est elle-même travaillée par un perpétuel besoin d'aggiornamento, une insistante *reformatio ecclesiae* qui ne cesse de se renouveler. À ce besoin de nouveauté, d'accommodement, d'imagination créatrice, l'Église peut dire non, ou oui. Elle a bien dit oui à saint François d'Assise et aux ordres mendiants. Les historiens d'aujourd'hui, qui ont dépassé les passions de jadis, reconnaissent que « les frères ennemis étaient parfois, dans leurs attitudes, leurs méthodes et même leurs doctrines plus près les uns des autres qu'ils ne l'imaginaient eux-mêmes... » (Jean Delumeau). Si la révolte protestante a déchiré « le manteau sans couture de l'Église », elle n'a pas mis en doute le royaume du Christ, du Dieu fait homme : l'essentiel du message chrétien n'a-t-il pas été ainsi sauvegardé ? D'ailleurs, la vraie rupture de Luther avec Rome ne se produit guère qu'en 1520, après de nombreuses tractations. Dès lors les jeux sont faits : en avril 1521, au *Reichstag* de Worms, Luther comparaît devant Charles Quint, alors un jeune homme. Mais ce jeune homme est déjà, et sera toujours par la suite, un prince de la tradition, respectueux de ce qui a été fait et pensé avant lui. Comment aurait-il pu se laisser séduire par la nouveauté dramatique, par un certain avenir déjà reconnaissable ?

En France, l'heure de vérité tardera davantage. Dans son premier choc révolutionnaire, la Réforme reste extérieure aux frontières françaises et pénètre lentement le vaste royaume. Ce n'est qu'aux alentours des années 1534-1535, longtemps après l'éclat de Wittenberg, que la France a été touchée dans sa totalité par les idées nouvelles, une cartographie attentive l'établit sans conteste : les idées luthériennes ont cheminé dans leurs déplacements selon les grands axes de la circulation française, avant tout la Seine et le sillon rhodanien, car, vers l'est, la Picardie, la Champagne, la Lorraine pas encore française, la Bourgogne forment un énorme écran hostile, traditionnel, difficile à franchir. Le protestantisme aurait-il été amené, en France, par les routes de la mer du Nord et de la Manche, prenant à revers la zone protectrice des provinces de l'Est ? En tout cas, entre 1534 et 1535, il n'y a pas une ville, pas un bourg, pas un chemin de France où le protestantisme n'ait déjà marqué son passage. Certes, tout n'a pas été conquis, mais tout a été touché, éclairé.

Cependant, en ces années-là, les deux camps ne se détachent pas encore avec précision. Dans l'immense royaume, où la vie ancienne va son train ordinaire, où l'inertie est une puissance dominante, chacun se trouve encore dans une lumière ambiguë, le *Zwielicht* de la langue allemande, le français dit *le demi-jour* ou, plus prosaïquement, *entre chien et loup*. Toute la société consciente est tentée, attentive et hésitante. François Ier que nous voyons volontiers dans la trop belle lumière de la Renaissance est l'exemple vivant et, d'une certaine façon, redoutable de cette hésitation, de cette incertitude. Il y a bien auprès de lui sa sœur, l'adorable, l'admirable Marguerite des Marguerites, depuis 1526 en contact avec les humanistes et les réformateurs. Autour d'elle, des projets, des « nouvelletez », des portes, des chemins ouverts... C'est donc un drame en soi, quand elle est, en 1527, mariée au roi de Navarre et du coup exilée de la cour, privée, au vrai, du meilleur de son influence. Mais le roi n'est pas libre d'agir, ni son cœur, ni son esprit ne sont sans partage du côté de la nouveauté. Libéré de sa prison espagnole, en 1526, il a laissé derrière lui ses deux fils qui sont les otages de l'ennemi. Il ne sera rassuré, libre de ce côté-là, qu'après la paix des Dames (1529). Et, de toute façon, comment pourrait-il aller de l'avant, laisser sans l'écouter un vieux conseiller « réactionnaire », comme le chancelier Duprat (qui meurt en 1535), négliger l'hostilité venimeuse et alerte de la Sorbonne, aller contre l'appareil monarchique, oublier que le Concordat de 1516 lui a livré l'Église de France, qui, par un juste retour des choses, a fait du Roi Très Chrétien le prisonnier ou le quasi-prisonnier de la haute Église ?

Toutefois, le protestantisme à cette époque n'a pas pris encore le visage implacable de Calvin qui ne sera le maître assuré de Genève qu'après 1538. Vers 1530, de multiples figures rassurantes sont même connues : celle généreuse de Zwingli ; celle « aimable et pieuse » de Melanchthon... Plus encore, en 1532, Henri VIII d'Angleterre offre à François Ier une alliance « protestante en somme », destinée à venir en aide, en Allemagne, aux princes réformés de Smalkalde. Entre « gauche et droite », ce sont les mots de Michelet, François Ier hésite, flotte, ne s'engage pas... Peut-être parce que choisir la Réforme ou sembler la choisir, ce serait aussitôt perdre l'Italie, l'avoir contre soi ? Renoncer à des projets, à des rêves, à des « fumées », mais les fumées comptent. « Le vulgaire, note un contemporain, ne comprend pas les raisons de la conduite du roi. Il est certain, pour moi, qu'il n'est pas mal disposé pour l'Évangile. S'il le dissimule, c'est qu'il ne peut faire autrement à cause du clergé de son royaume. Attendez seulement qu'il ait obtenu les parties de l'Italie qu'il désire et vous verrez ce qu'il restera de son amitié avec le pape et les papistes. » Ce contemporain a-t-il raison ? François Ier a-t-il, à ce point, comme ses prédécesseurs, les yeux fixés sur l'Italie ? C'est possible, mais l'idée fixe de sa vie, c'est la lutte contre l'empereur, contre *Cesare* comme disent les ambassadeurs des villes d'Italie. Or mettons-nous sur le plan facile de l'*uchronie*, quel acte aux longues conséquences et atteignant directement l'empereur qu'un ralliement, ou une concession à l'égard de la Réforme ! S'il était possible de recommencer l'histoire vécue, comme dans un laboratoire on recommence, à son gré, l'expérience accomplie, quel beau sujet de méditation qu'une France qui tournerait sans guerre, presque à l'amiable, selon le caprice du roi, au protestantisme ! La volte-face accomplie, l'histoire de France eût été bouleversée et, avec elle, l'histoire entière de l'Europe.

Toutefois, je doute que la monarchie ait été, avant et pendant nos guerres de Religion, l'arbitre, le maître du jeu. Même en ces années que je considère, somme toute, comme faciles, il eût fallu au roi une volonté qui lui manquait pour empêcher la machine répressive de se mettre en marche. L'engrenage tourne de lui-même. Dans la nuit du 17 au 18 octobre 1534, des placards sont affichés à Paris, à Orléans, à Blois, et à Amboise, où se trouve François Ier, sur la porte même de sa chambre. Des placards d'une extrême violence, on y dénonce « la pompeuse et orgueilleuse messe papale », tout « le temps [qu'on] occupe en sonneries, déguisements et telles manières de sorcelleries ». Peut-on croire, continue le texte incendiaire, à la transsubstantiation, comme si Jésus-Christ était « sous les accidents du pain et du vin, caché et enveloppé... » ? Voilà, dès avant Calvin, l'entrée en scène de la violence... Comment l'ondoyante politique de François Ier n'en serait-elle pas infléchie, contrariée, voire tuée dans l'œuf, alors que la violence traverse l'Europe chrétienne, et trouve son sommet dans l'apocalypse des troubles anabaptistes, à Münster (1534-1535) ?

Après les Placards, la répression s'engage, les bûchers s'allument, les protestants menacés prennent leurs précautions, quittent le royaume. Parmi ces fugitifs, Marot, déjà arrêté en 1521 et en 1532, s'enfuit à la cour de Navarre, puis à Ferrare où il rencontre Calvin, fugitif lui aussi.

Tout est-il joué ? Non, en 1535, l'édition latine de l'*Institution chrétienne* de Calvin, publiée à Bâle, est précédée d'une dédicace au roi de France.

Mais en 1562 commencera le drame des longues guerres de Religion. Si j'avais le talent de Claude Manceron et l'art qu'il possède pour « croiser » les biographies des personnages contemporains, je ferais un premier *flash* : François Ier participant, à la suite des Placards, à la procession expiatoire à Paris de janvier 1535 ; puis un second *flash* : Calvin et Marot se rencontrent à Ferrare... Mais je m'arrête. On imagine, en effet, ce que pourrait être, sur la longueur chronologique nécessaire, une telle histoire, en images vives, disposées en longue série, qui iraient jusqu'à Henri IV, Louis XIII, Louis XIV et même Louis XVI... Ce sont ces histoires qui nous sont régulièrement contées, le conteur change, mais le récit reste le fil conducteur. Je ne dis pas que ces histoires-là, ces micro-observations soient sans importance. Elles nous apprennent, chemin faisant, beaucoup de choses ; elles tiennent compte de faits nouveaux, de précisions jusque-là inédites. Mais les grandes questions que pose le destin de la Réforme en France sont mal posées, ou insuffisamment développées, parfois insoupçonnées. Derrière la politique du roi, que se passe-t-il ?

Nul ne croit plus à la valeur de la thèse rapide d'Engels pour qui la Réforme aurait été un peu une « révolution bourgeoise », entendez de seconde zone, et en quelque sorte la conséquence, au-delà de 1450 et de 1500, de la mise en place des nouvelles structures du capitalisme. Cette explication a été facilement contredite, mais cela ne veut pas dire que l'histoire sociale et l'histoire économique n'aient pas participé au destin multiforme de la Réforme.

Pour la France, la longue période de nos guerres de Religion (1562-1598) a coïncidé, en gros, avec une certaine bonne santé de notre économie, grâce à quoi la France a pu nourrir ces guerres incessantes, supporter leurs destructions et leurs dépenses évidentes. La France a été, comme l'Allemagne de la guerre de Trente Ans, le rendez-vous des mercenaires de l'Europe, principalement des Cantons Suisses et de l'Allemagne. La paix d'Augsbourg, en 1555, sorte d'édit de Nantes avant la lettre, a rétabli le calme à l'intérieur des pays allemands ; tandis que, sur la lointaine frontière de Hongrie, la trêve conclue en 1568 et renouvelée par la suite n'a laissé subsister qu'une guerre sporadique ; les hostilités n'y recommenceront qu'en 1593 pour se terminer en 1606... Ces dates sont importantes : elles expliquent l'abondance des mercenaires allemands désœuvrés qui, acheminés régulièrement par la Lorraine et la Champagne, participent sans fin aux guerres françaises. Jusqu'en 1593 au moins, car il y a alors d'une part retournement de la conjoncture économique — les mauvaises années surgissent — et d'autre part recrutement difficile des soldats en Allemagne. Donc des faits importants. Sûrement plus importants que le rôle prêté aux subsides espagnols. Je l'ai dit et le répète sans doute inutilement : la Saint-Barthélemy (24 août 1572) n'est pas due aux intrigues de l'ennemi du Sud. De même plus tard, les ligueurs — nous avons le relevé des maigres subsides espagnols — ne se sont pas vendus à l'Espagne, ils se sont livrés à leurs propres passions. Cette explication qu'établissent les documents de Simancas et qui, après tout, devrait satisfaire un orgueil rétrospectif des Français, ne réussit pas à atteindre ou à convaincre la troupe des historiens traditionnels !

Autre aspect de la conjoncture européenne, le plus important sans doute, les répercussions du traité du Cateau-Cambrésis par lequel, en 1559, Henri II a abandonné les conquêtes italiennes pour retourner ses efforts contre les réformés du royaume. À cette époque, comme le dit un historien, Lucien Romier, le vrai « roi catholique », ce n'est pas Philippe II, le roi d'Espagne, mais le roi de France. L'abandon de l'Italie a suscité des réclamations plus que vives parmi les troupes françaises et les chefs qui le condamnent en Piémont. Évidemment, en 1559, la royauté française n'est plus dans sa position ancienne d'hésitation, au-dessus de la mêlée. Avec Henri II, elle a pris parti. Mais l'important, c'est, avec le retour à la paix, la démobilisation de la noblesse au service des armées du roi. Pour elle la règle avait été : passer l'hiver sur ses terres en France et la belle saison à guerroyer en Italie. Cette démobilisation entraîne une crise sociale assez grave pour que la petite noblesse, en chômage dirions-nous, démobilisée, fournisse ses cadres militaires à la révolte protestante.

Quant à la bourgeoisie, s'il est difficile de croire à sa montée révolutionnaire qui aurait soulevé le premier essor capitaliste, il est certain qu'au début du XVIe siècle, le bas clergé a accueilli assez largement les idées nouvelles, comme le bas clergé, en 1789, accueillera la Révolution en gestation. À la fin du siècle, par contre, le même bas clergé se déclare contre la Réforme, ainsi à Paris, de 1588 à 1594, où le dernier livre très vivant d'Arlette Lebigre raconte ce que fut *la Révolution des curés* : une révolution féroce, déchaînée contre le roi et contre les huguenots.

Plus significative encore est l'attitude de la très brillante élite intellectuelle — au vrai ni noblesse, ni bourgeoisie — qui avait dominé la France socialement, politiquement, tout au long du XVIe siècle, qui avait professé dans tous les domaines une tolérance et un scepticisme éclairés, à la Montaigne, renouvelant de fond en comble les systèmes d'éducation, en écartant l'Église au profit de maîtres laïcs. Ces hommes que décrit le livre récent de George Huppert (*Les Bourgeois gentilshommes*, 1977) sont les fils, les héritiers des courants humanistes. Tous ont été des sympathisants de la réforme évangélique. Et pourtant, dans leur immense majorité, ils se sont écartés du protestantisme à mesure que celui-ci s'identifiait avec la guerre civile, la destruction de l'État et de l'Église en tant qu'institution, c'est-à-dire de l'indispensable ordre public. Accusés d'opportunisme par Calvin, dénoncés par les jésuites comme de faux catholiques, ce sont eux qui forment les rangs actifs de ceux que l'on appellera les Politiques : ils contribueront à la fin de la guerre religieuse, luttant contre ces troupes *« of psalm-singing shop-clerks who were prepared to kill and burn in the name of the Lord »*, comme l'écrit G. Huppert. Ils n'en resteront pas moins fidèles à leur idéal, en marge de la réaction qui va s'étaler avec le Grand Siècle et se trouveront, volontairement ou non, écartés du pouvoir.

Bref, en marge, au-dessous des événements, de grandes forces sociales ont été à l'œuvre. Elles ont nourri nos guerres de Religion. Elles ont travaillé aussi à leur extinction et finalement à l'échec, en France, de la Réforme.

Mais pourquoi la France, finalement, ses intellectuels y compris, a-t-elle refusé le protestantisme ? Le problème est évidemment à reprendre dans son ensemble.

Un mouvement séculaire de retour à la foi religieuse a investi l'Europe entière et l'a dégagée de ses indifférences ou ignorances, vers le milieu du XVe siècle. C'est un mouvement présent partout et sans doute à tous les étages de la société. J'imagine même que la montée de la « superstition » populaire qui aboutira au déchaînement de la sorcellerie, relève du même mouvement d'ensemble. La France, rendez-vous, carrefour de l'Europe, participe pleinement à cette énorme transformation. Paris a été indéniablement l'une des capitales de l'humanisme et la France a eu des latinistes, des hellénisants, des hébraïsants qui ont découvert des terres promises — Rome, la Grèce, la Judée —, ce qui revient à mettre, au cœur d'une civilisation chrétienne, une civilisation païenne qui, quoi qu'on dise, contraste avec elle ; au christianisme tel que l'ont construit les siècles et les Pères de l'Église, s'oppose alors un christianisme ramené à ses sources évangéliques puisque, le revivre, c'est se placer dans l'ombre, dans l'exemple vivant du Christ. Si la Réforme n'avait pas éclaté brutalement en Allemagne, une « réforme » différente, moins violente, se serait probablement formulée en France. Rien ne nous empêche, un instant, d'imaginer les conséquences, les suites de l'évangélisme de Lefebvre d'Étaples (1455-1536). Mais la formulation bruyante de la Réforme reviendra à l'Allemagne, entraînée dans sa masse presque entière, jusqu'aux

Pays-Bas d'Érasme, jusqu'aux Cantons Suisses de Zwingli... La France n'occupe qu'une position seconde ; et si elle est touchée et même bouleversée, elle n'est pas conquise, ce qui s'appellerait conquise.

Peut-être est-elle défendue par son immensité même, son inertie, la lourdeur qui l'insère dans ses habitudes traditionnelles. En tout cas, dès la première de nos guerres de Religion, de 1562 à 1563, il est évident que si les huguenots sont en France une minorité étoffée, active, ils restent une minorité. Le nombre leur fait défaut. Dans sa majorité, la population reste fidèle à Rome, à la religion ancienne. Il est caractéristique que les protestants ne réussissent ni à prendre Paris ni à s'emparer de la personne du roi. Le dernier mot est resté à la majorité catholique du pays, comme toutes les majorités lente à se mobiliser, à s'abandonner à sa force. Je pense que ces « nombreux » ont décidé du sort des interminables hostilités. C'est dire que sans nier leur rôle, je suis enclin à minimiser l'action des chefs catholiques les plus résolus, aussi bien les hommes du premier « triumvirat » — François de Guise, Montmorency, le maréchal de Saint-André — que les Guise eux-mêmes pris dans leur ensemble. « Les Guise, écrivait Lucien Romier, admirable historien au demeurant, sont l'orgueil même, avec de l'intelligence, du savoir-faire et une croyance passionnée au bon droit de l'Église *qui leur devra, pour une part, le salut du catholicisme en France.* »

Les derniers mots que je souligne ne me paraissent pas tout à fait convaincants. Les causes qui se gagnent ne le sont-elles pas souvent parce que gagnées d'avance ? C'est la majorité catholique du pays qui soutient ces acteurs éclatants, convaincus, dramatiques, car ils évoluent sur le devant le plus éclairé de la scène. L'assassinat du duc de Guise, à Blois, le 23 décembre 1588, sur l'ordre de Henri III (c'est donc une exécution, le roi étant la source de toute justice) éclate à travers la France entière, parce que la victime est la vedette de l'actualité de cette année tragique. Un mémorialiste obscur de Bar-sur-Seine, en Champagne, s'épouvante devant l'explosion des querelles politiques autant que religieuses qui enflamment alors la France entière. « Dez lors, écrit-il, se bandèrent le filz contre le père, les frères, oncles et nepveux... Ce mal fut si contagieux qu'il s'estendit jusques aux femmes, que la mère contre la fille et les propres sœurs s'en faisoient la guerre et quelques foys s'en haper [happaient] aux cheveux... »

Ce texte ne justifie pas tout à lui seul, mais il signale le rôle des nombreux. Ce sont eux qui infléchissent le cours de l'histoire. Le salut de l'Église est le fait du Paris ligueur, du Paris des barricades, de ses prêcheurs passionnés... Il est vrai que le Paris de la Ligue semble perdre, fait figure de vaincu. Quand Henri IV entre dans la capitale, le 22 mars 1594, les ligueurs trop compromis quittent la place, vers le nord, en compagnie des soldats espagnols, par la porte Saint-Denis. Des exilés que nous retrouvons à volonté, d'après les documents espagnols, à Bruxelles et dans les autres villes des Pays-Bas. Et pourtant, ils ont, d'une certaine façon, gagné. Car l'essentiel, c'était la cause catholique : or elle triomphe. Henri IV le huguenot a dû se convertir. « Paris vaut bien une messe », il aurait dû dire : « La France vaut bien une messe. » Car cette messe, les Français, les plus nombreux, la lui ont imposée. Le catholicisme triomphe aussi avec la poussée de ferveur sans pareille qui va marquer, en France, la première moitié du XVIIe siècle, du « Grand Siècle ».

Par la suite, la vigilance de la monarchie française ne se démentira plus un instant. La prise de La Rochelle (1628) et la paix d'Alais (1629) ont définitivement écarté les craintes de l'État à l'égard des protestants, soupçonnés, à l'abri de leurs « places de sûreté », de vouloir se « cantonner », comme les Provinces-Unies dans les Pays-Bas. Finalement, la France, comme l'Espagne de Philippe II chassant ses Morisques (1610-1614), a chassé ses protestants, en 1685, par la Révocation de l'édit de Nantes. Innocentons, à l'extrême rigueur, le monarque : Louis XIV a pu croire de bonne foi aux conversions massives de ses sujets protestants, mais accusons, au passage, la France catholique, la France majoritaire qui, elle, n'avait pas désarmé. Il est évidemment révélateur que le gouvernement monarchique ait coulé, après la Révocation, des années relativement tranquilles alors que les vingt premières du règne de Louis XIV avaient été, à l'intérieur, assez houleuses. Le pays a été reconnaissant au gouvernement de cette mesure d'intolérance qui nous irrite et n'a pas fini, rétrospectivement, de nous irriter, nous les historiens et les hommes d'aujourd'hui.

Mais cette volonté française de ne pas sortir du cadre du catholicisme romain se pose, à son tour, comme un problème, voire le problème des problèmes... Et un problème qui n'est pas seulement celui de la « situation » de la France. La catholicité qui émerge des conflits des XVIe et XVIIe siècles, ce n'est pas seulement la France mais aussi l'Italie, l'Allemagne du Sud, l'Allemagne rhénane, le Portugal, l'Espagne. Si l'on cartographie ces indications sans ambiguïté, on s'aperçoit que le vieil Occident, pour ne pas dire la vieille Europe, est dans son ensemble restée fidèle à Rome. En gros, sur le continent européen, les limites de la catholicité sont le Rhin et le Danube. Ne vous y trompez pas, ce sont les anciennes limites de l'Empire romain. Ainsi mettrons-nous en cause ce que l'on peut appeler une fantastique accumulation d'histoire, une colossale télé-histoire. Il y a eu, au bénéfice de ce qui sera bien plus tard la catholicité européenne, une priorité culturelle et matérielle, la construction précoce d'un univers cohérent, par rapport auquel la nouvelle Europe, au-delà du Rhin et du Danube s'est trouvée infériorisée, subordonnée, et par rapport à Rome, dans une situation qui a quelque chose de colonial. La Réforme, c'est tout à la fois la rupture avec l'Église romaine et la rupture avec l'Europe dominante du Sud : un pays neuf se substitue, à la tête de « l'économie-monde » européenne, à un pays ancien longtemps privilégié. Le centre de ce monde économique, longtemps situé à Venise, se déplace à Anvers au début du XVIe siècle puis, après quelques hésitations, s'enracine à Amsterdam à la fin de ce siècle. Il y a retournement de la fortune de l'Europe...

À ce propos, comme je l'ai souvent exposé, je ne crois pas à l'explication tourneboulée de Max Weber : rien de plus naturel que ce passage du pouvoir, d'un pays anciennement riche, à un pays nouvellement riche, le capitalisme du Nord reprendra pour l'essentiel les pratiques et les outils du capitalisme méditerranéen qui, le premier, avait ouvert la route : le protestantisme n'a pas inventé le capitalisme ; le Nord est un successeur, non pas un franc créateur.

Mais revenons à la France. Placée à la jointure des deux Europes, elle en a toujours tiré une certaine ambiguïté. Pourtant, ayant été des siècles durant prise dans le réseau très ancien de la romanité, elle y est restée logée. Peut-être lui était-il impossible d'en sortir vraiment.

Le hasard m'a fait vivre, à deux reprises, en 1925 et en 1940-1942, à Mayence, sur cette ligne du Rhin que la Contre-Réforme occupe en force, avec les jésuites, dès la fin du XVIe siècle. Les témoins de cette reconquête sont les églises du Baroque avec leurs coupoles et leurs accolades. Construites avec beaucoup de retard, souvent au XVIIIe siècle, portent-elles témoignage, comme je le pense, comme je l'ai pensé hier, sur les inerties et les fidélités religieuses de la France lointaine ? Elles sont, elles furent une protection.

III

LA TROISIÈME PARTIE DE *L'IDENTITÉ DE LA FRANCE* :

LA FRANCE DANS SA PLUS HAUTE ET SA PLUS BRILLANTE HISTOIRE

L'Identité de la France, *publication posthume de 1986, est, on le sait, un ouvrage inachevé. L'auteur en annonçait l'architecture dans sa préface :* « L'Identité de la France *se divise en quatre grandes parties : I. Espace et Histoire (sous le signe de la géographie) ; II. Les Hommes et les Choses, (démographie et économie politique) ; III. État, Culture, Société (où sont mises à contribution la politologie, l'étude des cultures, la sociologie) ; IV. La France hors de la France, qui dépasse le témoignage habituel de l'histoire des relations internationales et sert de conclusion à l'ensemble de l'ouvrage. »*

De ces quatre parties, seules les deux premières ont pu être achevées par l'auteur. Pendant l'été 1985 qui a précédé sa mort (le 27 novembre), il s'est encore attardé à leur mise au point finale, reprenant en particulier, à l'occasion d'un ouvrage inédit dont les auteurs venaient de lui communiquer le manuscrit, toute une partie du dernier chapitre, à propos de la finance au XVIe *siècle. Quant à la suite de l'ouvrage, sachant que ses vacances de travail ne dépasseraient pas le mois de septembre, il l'avait reportée à l'hiver et n'avait emporté dans sa maison d'été qu'une caisse de livres, laissant à Paris ses fichiers, d'ailleurs encore mal classés. Pourtant, comme à son habitude, il commença à rédiger de mémoire un premier jet, coupé de nombreux blancs, façon de réfléchir et de tester ses idées pour lui-même, ou plus simplement de se distraire. Après quoi, comme à l'ordinaire, il aurait repris son fichier, et le texte initial, bourré jusqu'à le faire éclater de notes et d'exemples, puis drastiquement réduit, aurait été transformé de fond en comble.*

Les pages ci-dessous ne sont donc que quelques fragments, à l'état d'ébauche, de cette troisième partie dont, à quelques feuillets manuscrits près, n'a été conservée que la dactylographie ; celle-ci a été renvoyée à l'auteur de Paris, au mois de septembre, par morceaux non suivis, tantôt d'un chapitre, tantôt d'un autre. Une bonne moitié de ces pages ont été relues et sommairement corrigées (ou plutôt raccourcies) d'un crayon rapide et parfois peu lisible (et, dans ce cas, plus trace de manuscrit). D'autres, certainement non relues, ne portent aucune correction (les mots laissés en blanc par la secrétaire ne sont pas rétablis), et la dactylographie en est souvent incertaine (comme le confirme la confrontation avec le texte de la main de l'auteur, parfois alors conservé). Cet état du manuscrit a posé plusieurs problèmes. Entre autres celui des citations, le plus souvent incomplètes. Le nom de l'auteur n'est pas forcément suivi de celui de l'ouvrage, et ce dernier peut manquer alors qu'est donnée la référence de la page ! Nous avons choisi de simplifier et d'uniformiser en supprimant systématiquement les quelques références de pagination, en conservant seulement le nom de l'auteur et, éventuellement, celui de l'ouvrage.

Les fragments que nous publions représentent quelques passages seulement — la première section — du chapitre sur l'État et deux longues sections (sur trois) du chapitre sur la civilisation ; rien sur les deux derniers chapitres annoncés par l'auteur dans sa courte introduction. Rien non plus sur « la France hors de France », annoncée ici comme le quatrième et dernier chapitre du volume alors que l'introduction générale prévoyait de lui réserver un tome à lui seul.

J'insiste sur le fait qu'il ne s'agit pas même d'un brouillon au sens ordinaire du mot, plutôt d'idées, d'ébauches de plan, jetées sur le papier en toute liberté, sans souci de style ni même parfois de cohérence. Qu'on l'imagine à travers cette « méthode » d'écriture qu'il conseillait à un de ses élèves dont il suivait paternellement les recherches : « Tu devrais maintenant te consacrer uniquement à la rédaction de ton livre, l'écrire vite une première fois sans chercher à être complet, pour faire le tour de ton domaine... Laisser courir ta plume, te fier à ta mémoire pour le premier jet... Ensuite tu reprendras avec tes fiches, tes repentirs et quelques sondages supplémentaires conduits à bon escient dans les archives » (lettre du 19 novembre 1969). Et, aux objections de son interlocuteur qui parle d'interprétations encore difficiles qui ont interrompu sa première écriture : « Tu ne dois pas rechercher dans cette première rédaction la perfection, le problème... est de traverser le terrain de bout en bout. Donc tu écris, tu écris, tu écris ! Tu ne cherches pas à être intelligent, tu ne cherches pas à être complet, tu ne cherches pas à être brillant ! » (22 juin 1970).

C'est dans cet esprit que furent rédigées les pages qui suivent, écrites par l'auteur pour son seul usage. J'y insiste car j'ai au vrai beaucoup hésité à suivre le conseil de les publier, ayant le sentiment, ou la certitude, de trahir l'auteur. (Paule Braudel.)

LA FRANCE DANS SA PLUS HAUTE ET SA PLUS BRILLANTE HISTOIRE

INTRODUCTION

CH. I : L'ÉTAT SERA-T-IL OMNIPOTENT ?

I. PERMANENCES, RÉGULARITÉS, RÉPÉTITIONS
Remonter jusqu'aux sociétés primitives
Max Weber a raison
La loi ou les règles de la permanence
Énigmes, facéties du nombre restreint
La société civile et la société politique

II. L'ÉTAT : BASES ET MOYENS
Le pouvoir : son étrangeté

III. L'ÉTAT ET L'UNITÉ DE LA FRANCE *

CH. II. LA CIVILISATION ENTRE LE SINGULIER ET LE MULTIPLE

I. LE BAS ET LE HAUT
Il faut « historiser » la culture dite populaire
La sorcellerie
La langue française conquiert la France
*Rabelais ou le rire carnavalesque du peuple**

II. LES PHÉNOMÈNES DE LONG SOUFFLE
Premier volet : les acceptations. La Gaule accepte le blé : le cas est-il significatif ? — La Gaule accepte Rome
Deuxième volet : les refus. La France n'en finit pas de rejeter la Réforme
Troisième volet : les tergiversations depuis le style flamboyant, l'humanisme et la Renaissance jusqu'au Baroque et au Classicisme
Quatrième et dernier volet : miracle ou régularité banale, les rayonnements et les dominations de la culture française

---

* Les paragraphes composés en italique n'ont pas été rédigés.

913

ENIGMES, FACÉTIES DU NOMBRE RESTREINT. Comme tout le [illegible]
monde, je veux bien m'extasier sur le prodigieux appareil de la France d'Ancien Régime. Elle
tenait l'ensemble du royaume avec 100.000 fonctionnaires en plus 100.000 officiers aux
rôles divers, [illegible]. La Ferme Générale comptait alors 20.000 employés,
selon les uns, 50.000 d'après les autres. Même si ce dernier chiffre est un record,
[illegible] avec cette armée trop peu [illegible] l'ensemble du pays. [illegible]
et là, [illegible] : entre 1720 et 1730 la maréchaussée par laquelle
le Régent fait régner l'ordre dans le royaume compte 30 compagnies et au total 3 288
[illegible], [illegible] soldats. [illegible]
territoire, [illegible] difficile, [illegible] de la maréchaussée [illegible]
[illegible] ...
sur un [illegible] de [illegible] et de voleurs – [illegible] que voleurs
[illegible] : [illegible]
[illegible], [illegible], [illegible], [illegible],
[illegible] maréchaussée [illegible], [illegible] compter. [illegible]
[illegible] d'un royaume [illegible]
[illegible]. Mais [illegible] trop [illegible] ? [illegible]
sur l'obéissance [illegible]. Comme dit Claude MANCERON [p. 121] : « le pouvoir
absolu du souverain ne tient que par le consensus de l'obéissance ». Pour Bertrand
de Jouvenel, l'État jouit d'un ascendant [illegible], [illegible] de la pensée [illegible]
[p. 37] et Blandine Barret-Kriegel avance une excellente formule : « la philosophie
du pouvoir serait une philosophie de la servitude ». Resterait à définir, si possible,
cette servitude, [illegible] social, biologique [illegible] comme il [illegible].
[illegible], [illegible]. Mais il est de règle, [illegible] d'alors
[illegible]. L'État vit de la confiscation, à son profit, de la violence sociale, cette violence,
[illegible], il en use [illegible]. [illegible] pour autant par la peur ?
Oui, mais non pas exclusivement. La justice royale est à l'image de la justice du temps,
[illegible], par quelques [illegible], par quelques supplices, par [illegible]
[illegible] par l'exemple. A ces yeux, une [illegible] – le supplice de la roue depuis 1534.
[illegible] – [illegible], [illegible], [illegible] avec la [illegible]
[illegible]. Mais cette [illegible] de l'époque. [illegible]
[illegible] – [illegible] pays [illegible], [illegible] »

INTRODUCTION

Les quatre voyages que propose ce troisième volume de *L'Identité de la France* concernent l'État, la culture, la société et l'histoire de notre pays dans ses rapports avec le reste du monde. Ce dernier voyage étant le plus long, le plus difficile, le plus brillant, le plus tumultueux des quatre.

Dans les pages de ce volume, j'ai la certitude que le lecteur se trouvera plus à son aise que dans les explications des précédents, qu'il aura, cette fois, le sentiment réconfortant de se retrouver en terrain connu, d'aborder vraiment l'histoire de France à laquelle il est le plus habitué.

Mais ce qui lui est proposé, c'est au vrai le ciel, les hauteurs de l'histoire de France plus que ses paysages au ras du sol, le spectacle de ses gloires, non de la vie au jour le jour des Français, spectateurs, acteurs, victimes aussi.

N'empêche que cette histoire est celle que nous aimons, qui nous console : elle n'a cessé, au fur et à mesure que je la vivais, de prendre de l'altitude, de jaillir hors des pages que j'écrivais. Résignons-nous. D'autant que nous y trouvons notre satisfaction. Et qu'il nous faudra bien, par honnêteté, Charles Seignobos eût dit par « sincérité », faire leur place cependant, chemin faisant, aux histoires sous-jacentes. Voir les Français ordinaires, vous ou moi, plus beaucoup d'autres.

Chapitre I

L'ÉTAT SERA-T-IL OMNIPOTENT ?

C'est une gageure que de parler, en bref, comme je vais le faire, de l'État chez nous, en France, du jour où il est discernable jusqu'aux temps que la France vit aujourd'hui, et nous avec elle. Une gageure, une quasi-impossibilité. Nous sommes écrasés — il n'y a pas d'autre mot — par l'épaisseur d'une documentation inédite et par les richesses d'une littérature volumineuse, attentive à ces problèmes depuis toujours et, depuis toujours, d'une très haute qualité. Par la lourde masse des connaissances accumulées, par le prodigieux ensemble de faits bien établis, d'explications correctes, mais aussi par ses violentes divergences, ses passions impitoyables, cette histoire acquise, comme à portée de main, défie toute synthèse de bonne volonté.

Nos difficultés — et je m'en réjouis tout de même — ne font que signaler à l'avance l'importance exceptionnelle de l'enjeu. Pas moins, au dire de beaucoup d'historiens, que le destin majeur de notre pays.

En vérité, quel État au monde a été plus ou autant que le nôtre, concentration de forces, de tensions excessives, centre d'actions répétées, d'obstinations, de courage, de clairvoyance, et aussi d'aveuglement ? Dans quel pays, l'État se confond-il, comme dans le nôtre, avec la Nation elle-même ? Pour nous, l'État, c'est le père, le protecteur, Dieu lui-même : il a fabriqué la France, il lui a donné son espace, ses frontières, sa langue, orgueil entre tous nos orgueils. Il se dresse à tous les croisements, expression tout aussi bien de la permanence que du changement, condition et utilisation de la hiérarchie sociale. Et le voilà de plus en plus, aujourd'hui, mêlé à la vie économique, à l'élaboration multiple de la vie culturelle. Il nous entoure, nous emprisonne, nous dépossède de nous-mêmes et du changement. Un pas de plus, nous sommes engloutis par lui.

Par surcroît, je ne crois pas que le politique se distingue, sans plus, du social. Je crois moins encore qu'il ne soit qu'un reflet de la vie économique ou de la société en train de se faire, de se refaire ou de vivre au ralenti.

En vérité, trop de problèmes sont à aborder. Trop de mots à utiliser, à maîtriser, dont le sens varie et nous échappe comme si leur rôle était de nous égarer. Le mot *État* lui-même n'est pas clair — est-ce un mythe, un emblème (Georges Duchêne), une idée, une entité, une abstraction « dévorante » ? : « Personne n'a jamais vu l'État » (Georges Burdeau, *L'État*). Est-ce, comme j'essaierai de le montrer, une *superstructure ?* Vous aurez à penser tout autant à propos de la signification du mot *pouvoir*, le plus étrange de tous (il fit ou refit fortune en 1968). Le mot *gouvernement* est à restreindre, il ne dépasse guère l'épisode — Georges Burdeau écrit : l'État « dure quand les gouvernements passent ». Nous dirons sans plus « le gouvernement de Vichy », le gouvernement du Front populaire, le gouvernement de la droite, etc. Il s'agit, à chaque fois, d'une incarnation passagère de l'État, d'une occupation dans le temps de la « scène du pouvoir ». Cette scène n'étant souvent que l'apparence du pouvoir. À cette liste, ajoutez : *institutions, bureaucratie* (pour ce terme, il ne suffit pas d'en dire les défauts et l'exécration que l'on peut nourrir à son sujet). À retenir aussi puissance, régime politique, capacité, légitimité, légalité, loi, commandement, absolutisme, despotisme, totalitarisme, démocratie, république, etc. (Fossaert).

Faire aussi sa place à l'autorité. Pour André Malraux (*La Lutte avec l'ange*), « l'autorité, c'est bien, mais le pouvoir, c'est mieux ». Le pouvoir, n'est-ce pas une sorte d'électricité qui, connectée comme il convient, met ou remet en mouvement les rouages de l'État ? Est-ce tout l'État ? Je n'en suis pas sûr.

Chaque fois, la difficulté sera de rapprocher, de confronter les mots. Et si vous ouvrez la porte aux adjectifs, vous recommencerez le jeu. Casamayor prétend qu'une définition n'est valable qu'avec deux mots au moins...

La seule façon *décente* de s'en sortir, c'est après tout de se confier à l'observation de longue durée. Elle simplifie le spectacle. Elle choisit. Elle privilégie ce qui dure. Sans doute écarte-t-elle avec trop de facilité les hommes, les événements, les épisodes et ne retient de l'histoire traditionnelle que les noms et les scènes qui correspondent aux destins profonds que nous essayons de mettre en lumière. Notre chemin nous obligera à dévaluer, à majorer, à découvrir, l'enjeu en vaut la peine. Et les théories — les explications — auxquelles j'aboutirai, même discutables, auront leur valeur. « Le besoin d'une théorie naît, dit Claude Hermann, de ce que les faits ne parlent pas. » Ou du moins ne parlent pas assez.

I

Permanences, régularités, répétitions

Aucune société n'existe sans ordre, sans hiérarchie, d'un côté des privilégiés en petit nombre, de l'autre des foules et des foules de non-privilégiés. On peut tout aussi bien dire qu'il n'y a pas de société sans État, sans autorité de l'homme sur l'homme, puisqu'une hiérarchie est commandement, ordre, État virtuel. Je ne suis pas le premier à mettre en avant ces constatations.

Les affirmations conformes à la mienne sont, d'ordinaire, plus prudentes, plus nuancées que ma façon de dire : il suffit d'un mot oublié, d'une réserve au détour d'une phrase... Jean Meyer (*Le Poids de l'État*) reconnaît qu'« au point de départ, toute société est plus ou moins autorégulatrice », mais le mot État n'est pas prononcé. Pour Bertrand de Jouvenel : « La suite des gouvernements d'une même société, au cours des siècles, peut être regardée comme un seul gouvernement qui subsiste toujours et s'enrichit continuellement. Ainsi le Pouvoir est-il moins un objet de la connaissance logique que de la connaissance historique. »

Finalement, rien ne nous dit que l'*unicité* des gouvernements qui ont duré des siècles remonte, en ce qui concerne la France, au-delà du XIIIe siècle qui a marqué le « nœud » de l'histoire de France et, non moins, pour H. Mitteis (*Staat*), la naissance des États modernes « dont la France et l'Angleterre ont été les étoiles de première grandeur ». Pour une fois, Pierre Chaunu n'est pas aussi catégorique que je le désirerais. Mais il reconnaît qu'aujourd'hui « l'histoire structurelle [c'est-à-dire de longue durée] de l'État appartient aux ambitions légitimes », et il reconnaît aussi, en passant, que le XIIIe siècle n'est pas, dans la remontée de l'histoire, la limite à ne pas dépasser. « Nous appliquons le mot État, dit-il, par extension rétrospective logique, à un ensemble de faits qui précèdent l'État moderne, dont l'État moderne est pétri encore, avec qui il est solidaire. »

Remonter jusqu'aux sociétés primitives

Bien entendu, nombreux sont les auteurs qui, à un instant ou à un autre, vont chercher exemples, arguments, comparaisons jusque dans les « grands États néolithiques, l'Assyrie, l'Égypte ancienne »

(J.-Cl. Barreau). Pour Proudhon, « en Orient, comme en Grèce, ce qui frappe l'attention de l'économiste, c'est la tendance invariable de la société à se constituer d'abord comme corps politique... avant de se développer au-dedans comme foyer de production et de consommation ». J'aime cette réflexion d'autant qu'elle nous met en garde contre toute réduction du politique à l'économique. À mon avis, Gramsci n'a pas raison de dire : « La politique est toujours en retard sur l'économie. » En fait, il y alternance, décalage dans un sens, puis dans l'autre. Pierre Chaunu avance même, incidemment, qu'il y a une conjoncture du *corps* de l'État et qui, à première vue, ne coïncide pas avec les rythmes de la conjoncture économique.

Mais laissons ces problèmes passionnants, nos lanternes ne les éclairent pas à suffisance. Et revenons à mon affirmation selon laquelle il y a toujours eu un État, comme il y a toujours eu, dans l'histoire des hommes, une monnaie, un crédit, un capital, voire un capitalisme...

Pour l'Europe et pour la France, s'il y avait un sondage chez les historiens et les juristes, ils diraient qu'il n'y a pas d'État digne de ce nom, appuyé sur une société un peu large, avant le XIIIe siècle. Cependant un historien de nous dire que les « monarchies » s'esquissent dès le XIIe siècle (J.-P. Poly) dans ce qui sera la France méridionale ; un autre que l'État naît en France et en Europe au XIVe siècle (Jean-Philippe Genet). Donc, la limite du XIIIe siècle s'évoque, par excès ou par défaut. Or, cette limite-là, je la franchis sans la moindre hésitation.

Avant cette période clef existent des formes étatiques que d'autres même ont précédées. La fleur est, avant de naître, incluse dans la tige, comme dit Blandine Barret-Kriegel. Aussi bien, à parler franchement, je ne trouve pas ridicules les assertions de Posada (cité par Georges Burdeau, qui s'en gausse) qui voyait un État chez « les Papous, les Alfourous et les naturels de l'île Dalrymple », parce qu'il existe chez eux « un ordre de relations humaines ». Relations humaines, plutôt hiérarchie, tout à la fois dans la famille, la tribu, le village autonome. C'est beaucoup dire, j'en conviens.

Mais ne faut-il pas remonter toute chaîne jusqu'au premier maillon, et la famille, que l'on néglige absolument en ces domaines, risque d'être le premier maillon. J'ai souvent cité, mais ce ne sont pas là des arguments qui emportent la conviction, les étonnements de navigateurs portugais au temps des grandes découvertes maritimes : les uns découvrent sur les rives du Sahara atlantique des Bédouins qui n'ont pas de *rois* — quel scandale ! — et les autres rencontrent dans l'île chinoise d'Hainan des villageois qui vivent entre eux — quel autre scandale ! Mais Bédouins d'Afrique, villageois de Chine ont cependant leurs chefs, leurs règles, ils se divisent entre dominants et dominés. À travers l'Europe et dans le territoire qui sera la France, des familles ou des pseudo-familles vivent longtemps de façon autarcique. En Corse, leurs vendettas semblent suicidaires aux observateurs étrangers à l'île. Mais enfin, ce sont des groupes structurés où l'homme s'impose à l'homme.

Toutefois, les anthropologues ne l'entendent pas toujours de cette oreille-là. Ils nient *souvent* toute possibilité, toute trace d'État, de hiérarchie à l'intérieur des sociétés primitives. C'est le cas de Pierre Clastres [1934-1977] dans ses *Recherches d'anthropologie politique*, publiées en 1980, après sa mort : « Les sociétés primitives, dit-il, n'ont pas d'État parce qu'elles le refusent, parce qu'elles refusent la division du corps social en dominants et dominés. » Mais n'est-ce pas se contredire que d'affirmer par la suite : « La chefferie n'est dans la société primitive que le lieu supposé, apparent, du pouvoir. Quel en est le lieu réel ? C'est le corps social lui-même qui le détient et l'exerce comme unité indivisée. Ce pouvoir... anime un seul projet : maintenir dans l'indivision l'être de la société, empêcher que l'inégalité entre les hommes installe la division dans la société... » On voit la contradiction : la société primitive n'a pas d'État, parce qu'elle veut l'exclure. Comme la division est chez elle une menace et que cette division, c'est l'État virtuel, la société primitive n'est pas privée d'État puisqu'il la menace. Même s'il n'est qu'une ombre, un germe d'État est en elle. Quand Bougainville aborde, en 1768, à Tahiti, il est, aussitôt, dans l'admiration : « L'absence d'État, de travail, de propriété, de contrainte, l'abondance de la nature, la beauté des hommes et des femmes, la liberté des mœurs et la bonté primitive [lui] montrent l'exactitude des théories de Rousseau... » Mais Bougainville « aurait pu mal tomber, à Hawaii à quelques milliers de kilomètres au nord, siège d'un État des plus despotiques qui soit (Wittfogel). Les Hawaiiens étaient les Incas ou les Aztèques du Pacifique alors que les Tahitiens en étaient les Guayakis ou les Tupinambas » (Alain Guillerm).

Hawaii, c'est la démonstration après tout que des sociétés primitives peuvent s'intégrer dans un État. Et c'est ce qu'explique, en termes généraux, Norbert Elias (*Le Monde*, 18 janvier 1981), sociologue féru d'histoire : « ... Partout où les hommes vivent ensemble [et ils ne peuvent vivre qu'ensemble, comme on sait], même dans les temps les plus reculés, des contraintes acquises se mettent en place par le simple fait de leur vie en commun. L'aptitude à intérioriser des contraintes est constitutive de la nature humaine. Par le simple fait de vivre ensemble, des êtres humains se contraignent mutuellement. » C'est de ces contraintes que l'État finit par sortir, sorte de nécessité biologique. Le fruit, sans doute, d'une animalité sociale. La peur n'est pas seule en jeu. À choisir un guide, je me confierais volontiers à Jean William Lapierre — *Vivre sans État* (1977) — qui voit les sociétés primitives sortant d'une animalité sociale que les progrès des groupes humains — le langage, la division du travail — ont transformée en ce couple commandement/obéissance, où je vois la racine même de l'État.

Max Weber a raison

Dans cette perspective longue, voire trop longue, la thèse de Max Weber (rebattue sans doute) se comprend mieux que d'habitude. L'État s'est créé parce qu'il a confisqué, dans un groupement délimité, la violence, le droit de vie et de mort, mettant fin du coup, ou essayant de mettre fin, aux querelles sanglantes de toute société inorganisée. Or ce qui s'est passé dans toute société n'a cessé de se reproduire dans les sociétés de plus en plus grande envergure. Il y a eu, de mise en ordre en mise en ordre, de confiscation en confiscation de la violence, une succession, une continuité, une répétition. J.G. Frazer (*Lecture on the Early History of Kingship*, 1905) le constate : « Telle est la continuité du développement humain que les institutions essentielles de notre société ont, pour la plupart, sinon toutes, de profondes racines dans l'état sauvage et nous ont été transmises, avec des modifications plutôt d'apparence que de fond. » Proudhon dit la même chose en bref : « Sans gouvernement, la société tombe au-dessous de l'état sauvage. »

Justice d'abord. C'est ainsi que le premier État capétien, comme le met en pleine lumière l'exemple de Saint Louis, est par excellence un État de justice, ce que restera l'État monarchique jusqu'à la fin de l'Ancien Régime. Ainsi en ira-t-il, même plus tard, avec la République. En 1982, deux enquêteurs en Gévaudan (Élisabeth Claverie, Pierre Lamaison) signalent : « Un villageois nous confie, la mort dans l'âme, faisant allusion à la disparition de la vengeance privée : "Maintenant, la justice [de l'État français] a tous les droits." »

Nous sommes, ainsi, replacés dans la longue durée. Peut-être faudrait-il prolonger la réflexion de Max Weber et constater, avec une certaine tristesse, que la violence extirpée ou tenue en laisse dans une société donnée, se déplace et réapparaît vers ses marges, qu'elle campe à ses frontières, que le dehors est une sorte d'exutoire, pour la tribu indienne d'Amérique comme pour l'État moderne, soit une aventure essentielle de l'Europe. Vous ne maintiendrez le calme au-dedans qu'à condition de maintenir la guerre au-dehors. Ainsi les guerres d'Italie — on dit d'elles qu'elles furent des fumées et des gloires inutiles pour la France (1494-1559) — ont tout de même assuré, d'une certaine façon, l'étonnante paix intérieure du royaume de France, au temps de François Ier et de Henri II, même si, sous ce dernier, le temps se gâte déjà.

En fait, la paix en Italie, après le traité du Cateau-Cambrésis (avril 1559), déchaîne les guerres de Religion qui ne demandaient sans doute qu'à éclater au grand jour. Au même instant, il y a eu démobilisation de la petite noblesse, abandon d'une guerre qui l'occupait, la faisait vivre au fil de chaque été, la ramenant dans un pays plus qu'agréable. Pas de demi-soldes alors. Le drame de la conjuration d'Amboise (mars 1560) est un drame de la démobilisation. La petite et bientôt la grande noblesse passent au service de la Réforme et le pays va brûler du feu de ses luttes intestines, pendant plus d'un tiers du siècle (1562-1598).

Les lois ou les règles de la permanence

Je pourrais tout aussi bien dire les lois de l'héritage, de la succession, de la continuité. Le mot de *lois* est excessif, c'est vrai. Mais, de temps à autre, il faut parler un peu plus fort, au-dessus du raisonnable. En fait le raisonnable nous recommande quelques prudences, s'il nous conseille et nous permet quelques risques.

Les réserves d'abord. Ne prétendons pas trop vite, malgré le mot d'un très grand historien, Lucien Febvre, que « l'État n'est jamais donné, [qu'] il est toujours forgé ». Je pense, au contraire, que l'État s'hérite sans fin. Au nouvel occupant de l'aménager à son goût, s'il le désire, surtout s'il en a les moyens ; le forger, c'est beaucoup trop dire. Et ce serait trop beau. Louis XIV n'a pas créé la monarchie absolue, il en a hérité. François Oppenheim peut écrire dans *Le Monde* (27 juillet 1985) : « En 1981, la gauche n'a fait que reprendre le gouvernement, ce vieux fonds de commerce et de le repeindre aux couleurs du socialisme. » Du coup, je ne veux pas prétendre que l'État soit toujours le même. Dans sa structure profonde oui, à la rigueur, dans ses mises en forme, non : il ne cesse, à travers notre histoire, de s'agrandir par couches successives — ce qui est une fois donné reste en place. « L'Ancien Régime, dit Guy Richard, ne supprimait jamais rien, il se contente de superposer à des institutions inadaptées, de nouvelles institutions plus conformes aux besoins de l'État. » Donc conserver. D'ailleurs souvent demeurent les mêmes tâches, s'imposent les mêmes solutions. Que de fois ne nous a-t-on pas dit, comme si l'on découvrait l'Amérique, que le colbertisme a existé bien avant Colbert. Comment donc ! « Louis XI [deux siècles plus tôt] pratiqua le colbertisme avant la lettre » (R. Gandilhon). Ces gestes, ces actes répétés peuplent l'histoire politique de la France, la remplissent à ras bord. Nous n'avons que l'embarras du choix.

Même avant l'âge du baroque, l'État — le Prince ou le Roi — vit de l'ostentation, il se montre pour séduire, voire pour fasciner. Cet astrologue du Roi Soleil, Primo Visconti, ose dire que Louis XIV est « un roi de théâtre ». Mais le Roi Soleil est condamné à faire ce métier-là. Et le même métier a été le partage de ses prédécesseurs. Catherine de Médicis, au cœur désespérant de nos guerres de Religion, a organisé à travers le royaume le long, l'interminable voyage du jeune Charles IX (1564-1566). Montrer le roi, l'éclat de la cour qui se déplace, non sans mal, derrière lui. C'est au cours de ce voyage que s'intercale, comme une étape hors programme mais plus dramatique que les autres, l'entrevue à Bayonne avec la jeune reine d'Espagne, sœur de Charles IX, et le duc d'Albe (juin-juillet 1565). Le général de Gaulle parlait de prendre des bains de foule. N'est-ce pas à la fois une formule nouvelle et une vieille pratique ? D'ailleurs, pourquoi n'y aurait-il pas des répétitions, des reprises ?

En tout cas, le train du pouvoir, du gouvernement, de l'État, se prend en marche. On y trouve une place préparée à l'avance. Trop souvent, le hasard nous a conduit à la bonne gare, au bon moment.

Les rapprochements sont donc la règle, ils nous accablent. Ce ne sont pas toujours les plus fructueux qui nous sont offerts. Y a-t-il, ou non, intérêt, comme le fait Georges Roux, à comparer le 4 septembre 1870, qui met fin au Second Empire, à l'arrivée au pouvoir du général de Gaulle en mai 1958, qui met fin à la fragile et moribonde IVe République ? Je suis moins passionné encore par cet article d'un historien américain, Benjamin Martin, « Law and Order in France », qui essaie de mettre en face l'une de l'autre la tentative législative d'Aristide Briand, en 1912, et le code de répression criminelle, dû en 1980 à Alain Peyrefitte. Ces petites questions, ces petites comparaisons peuvent amuser. Nous instruire, c'est une autre question.

J'aime mieux, à titre d'exemples, retenir deux perspectives longues, l'une qui concerne l'administration, pour ne pas dire les institutions, pour ne pas mettre en avant l'expression péjorative de bureaucratie ; la seconde que je place sous le signe provisoire d'une typologie des révolutions.

Je ne mets pas en cause la bureaucratie pour en dire du mal, ou expliquer pourquoi elle est, aujourd'hui, l'objet d'une exécration excessive. D'ailleurs, bureaucratie est un mot récent employé pour la première fois, en 1745, par Vincent de Gournay. L'univers des fonctionnaires — autrefois des « officiers » — est la partie immergée de l'iceberg étatique, son corps neutre dirai-je volontiers, bien que l'expression soit discutable. Peu importe le mot, la bureaucratie est aussi vieille que l'État. Le scribe égyptien en est le symbole. D'ailleurs, qui gouvernerait sans son aide ? Vous donnez des ordres, bien, mais ces ordres doivent courir, arriver au but. Si la monarchie est itinérante des Mérovingiens aux Valois, c'est qu'il faut porter ces ordres à qui de droit. Bertrand de Jouvenel, qui veut définir l'obéissance à l'État, écrit spontanément : « Nous obéissons au percepteur, au gendarme, à l'adjudant... » Ainsi, l'État utile, secourable, protecteur, c'est l'administration, l'État froid, contre lequel chacun de nous, plus d'une fois dans sa vie, s'est trouvé face à face, désarmé, bafoué le cas échéant, même quand le bon droit, ô scandale, se trouve de notre côté.

Or, les gouvernements passent, mais la bureaucratie reste en place. À un solliciteur qui prétend avoir été à Gand, aux côtés de Louis XVIII qui s'était sauvé après le retour de Napoléon de l'île d'Elbe, « Dites-moi franchement, lui répond Talleyrand, si vous y aviez été ou si seulement vous en étiez revenu, car, voyez-vous, j'y étais, nous y étions 7 à 800, et, à ma connaissance, il en est revenu 50 000... » (Dominique Bagge). Or, qui, pourrait-on dire symboliquement, au gré des circonstances, ne sera pas revenu de Gand ? Les « fonctionnaires » auraient le droit de figurer en longues listes dans le *Dictionnaire des girouettes* qui paraît en 1815. Mais ont-ils tellement besoin de prendre tant de précautions ? Louis XVIII « se voulant prudent [et étant prudent] conserve avec une dangereuse sagesse, nous dit Bagge, l'administration de l'empereur ». Celle-ci « n'a fait que changer de maître ». En vérité, le roi prudent ne pouvait agir autrement. Il y a là un phénomène de masse contre lequel aucun gouvernement nouveau ne peut rien. J'imagine, sans méchanceté rétrospective, qu'il y a eu, en France, après 1945, beaucoup plus de résistants que parmi les années sombres de l'Occupation et que des juges ont jugé au temps de Vichy comme sous la IVe ou la Ve République. L'administration participe à la continuité de l'État, ce qui ne va pas sans avantage, de grands commis restent en place — ils peuvent accomplir leur œuvre. Songez à Vauban. Songez à Ferdinand Buisson qui a fabriqué l'école laïque sous la IIIe République. Songez à Jean Monnet, étrange personnage qui a forgé le Marché commun. Compétence, honnêteté d'une administration actuelle, mais hier soucieuse aussi d'une certaine qualité. Cette qualité serait-elle fille de l'Ancien Régime, comme le suggère Jacob Van Klaveren ? Les Provinces-Unies, au XVIIIe siècle, n'ont-elles pas envisagé, pour mettre fin à la corruption de leur administration, d'y introduire la vénalité des charges comme en France ?

Dans cette perspective du continu, puis-je introduire la Révolution, en vérité un scandale, une discontinuité ? Mais des définitions, des mises en garde s'imposent.

En 1848, devant le déroulement de la Révolution surgie en février, qu'il suit de près, Tocqueville peut écrire : « Et voici la Révolution française qui recommence », ou plus clairement encore il dit : « ... notre révolution, car il n'y en a qu'une seule, révolution toujours la même, à travers des fortunes et des passions diverses. » Entre les trois Révolutions, 1789, 1830, 1848, qu'il met en cause — les deux dernières qu'il a vécues —, l'unité, la répétition lui semble s'imposer. Cette position simplificatrice du déjà vécu est une tentation. Mais il ne faut pas y céder. Je crois notamment que par son ampleur, ses drames, ses racines et ses prolongements, la Révolution française, comme le dit J.-Cl. Barreau, est « la seule vraie Révolution qui soit jamais advenue dans l'histoire ». D'ailleurs « nous vivons encore [aujourd'hui, que cela nous plaise ou non] selon le droit, la conception de l'État, l'éthique de cette culture-là... » Et même dans tel village — de la Bretagne il est vrai — une enquête sociologique actuelle établit, sans conteste possible, que la Révolution française ne s'est installée qu'avec un bon siècle de retard, aux alentours de 1889. Je soupçonne donc le très royaliste François de Montlosier, dans son livre *De la monarchie française*, en 1814, de ne pas être sans arrière-pensée quand il déclare : « Je voudrais bien que l'on voulût bien écrire à la porte des châteaux, des palais, des églises : il y a eu la Révolution. » Et j'ajoute irrévérencieusement : ensuite que l'on n'en parle plus.

Mais la Révolution française par son ampleur, sa puissance, rend toute typologie difficile, impossible. Elle propulse son nom, l'impose, le valorise. Il n'y a de Révolution qu'en elle ou dans ses conséquences. Par suite ce mot sacré de Révolution convient, sans plus, à la Fronde, à nos guerres de Religion, voire aux drames sociaux gigantesques de la guerre de Cent Ans — et plus près de nous à la Commune de Paris en 1871 et, ce qui semblera ridicule à beaucoup, à la courte révolution de mai et juin 1968. En quoi ces actes, ces suites d'actes, se ressemblent-ils ?

Toute révolution s'annonce avec un long prélude culturel. La grande Révolution, « les écrivains du XVIIIe siècle, philosophes, légistes, économistes l'avaient préparée » (Lavergne). De même toute révolution commence par une inflation verbale — chacun se met à parler, à écrire, à crier —, or en mai-juin 1968, nous avons eu tout à la fois le prélude culturel et l'inflation verbale. De cette effervescence, j'affirme qu'il y a eu une suite : cause ou plutôt « indicateur », la révolution des étudiants ouvre la porte à une transformation de nos mœurs, la « pilule » n'en est pas la cause unique. Mais, bavardage pour bavardage, avouez que les mazarinades qui accompagnent la Fronde sont presque une musique populaire — si abondante que la recherche historique ne la maîtrise pas encore. Pour les guerres de Religion que de voix, de vociférations, d'écrits incendiaires ! Je ne dirai pas la même chose au sujet de la crise du féodalisme qui se déroule avec les sombres années de la guerre de Cent Ans. Nous heurtons-nous, face à ce drame prolongé qui nous semble muet par comparaison, à un obstacle infranchissable ? En d'autres termes, bousculer le sens du mot Révolution et faire entrer tous ces processus dans une seule catégorie, dans une seule typologie éventuelle, serait-ce une folie ou, qui pis est, une erreur ? Plaidons, mais la cause n'est pas gagnée d'avance.

Tout d'abord ces crises de durées, de motivations différentes, ces déviances ont des traits communs : elles mobilisent chaque fois, longuement, brutalement, tout l'éventail du social, du culturel au politique, à l'économique ; elles sont des états violents qui peuvent durer, dit-on, mais qui se remplacent, qui détruisent à l'aveugle, comme les cyclones qui en ce moment même (août 1985) dévastent les côtes de la Floride. Mais à la différence des cyclones dévastateurs, ils construisent : « Les révolutions liquident la faiblesse et accouchent la force », écrit Bertrand de Jouvenel. « La Révolution est la seule solution de rechange, dans le cas d'une nécessaire et impossible évolution » (Georges Gusdorf, *La Révolution galiléenne*). Je ne voudrais pas, en acceptant ce dernier mot d'un philosophe, justifier la Révolution en soi, au vrai je ne désire ni justifier, ni juger, ni condamner, comme il est de bon ton de le faire.

Mais je reviens à l'obstacle contre lequel je bute : il faut trouver de toute évidence un autre mot que Révolution ; le tragique et le dramatique y perdront, c'est sûr, que l'histoire traditionnelle a accumulés sur ce mot violent, déplaisant, explosif, péremptoire. Or les mots que je peux proposer sont médiocres, pâles, incolores, presque ridicules, « scientifiques » je n'en suis pas sûr : déviations, déséquilibres, renversements, discontinuités... Et, ce qui pis est, aucun n'englobe la totalité des significations qu'il s'agit de rassembler. Dirons-nous, faute de mieux, *crise ?* Mais ce mot implique par excellence l'événement court, le drame, l'épisode. Finalement l'expression de *mutation longue* me conviendrait. On dirait, en gros bien sûr, que les mutations politiques jadis très lentes, poursuivies comme au ralenti, se sont précipitées avec les siècles proches de nous : cent ans au moins pour la crise du féodalisme, trente-six ans pour les guerres de Religion, trois ans pour la Fronde, dix ans pour la Révolution française, quelques journées pour les Trois Glorieuses de 1830, deux ans à peine pour la Révolution profonde de 1848, quelques mois pour la Commune, quelques semaines pour 1968. Ces révolutions brèves ou longues, les brèves surtout en fin de liste, débouchent-elles à l'improviste ? Cela semble exact pour les quatre dernières. Alors je ne résiste pas au plaisir de signaler un petit mot du comte de Salvandy à la comtesse de Boigne, le 22 février 1848 : « Je reçus à onze heures du soir un billet de Monsieur Salvandy qui contenait uniquement ces mots : "Je voulais aller vous rassurer moi-même, Madame, il est déjà tard, et je suis encore retenu au Conseil. Soyez tranquille, tout est prévu, tout est prévenu ; il n'y a pas ombre de souci à prendre..." »

En fin de compte, je crois qu'une remarque de Michel Foucault peut éclairer la route où je m'engage : toute civilisation, écrit-il en substance, hérite d'elle-même au gré des générations successives. Aussi bien n'accepte-t-elle pas tout l'héritage offert, elle fait un choix et laisse certains bagages derrière soi en bordure de route. J'ajoute qu'un tel choix se fait de lui-même, non pas trop souvent à la suite de choix réfléchis, sélectifs, imposés avec discernement. Mais l'État est avec ses nombreux appareils un élément, ou mieux un ensemble d'éléments, installé au milieu d'une civilisation, lié assez logiquement à ses processus. L'État a des vues déterminées par lui ou par le contexte socio-économique qui le porte.

Je ne crois pas ainsi que la féodalité — étonnant théâtre opérationnel où s'explique en profondeur le destin français — ait été un « phénomène naturel, résultat de forces comparables à des forces géologiques », comme l'affirme Joseph Calmette, mais la conséquence d'un effondrement de l'État, ou mieux de l'Empire carolingien. Pas de féodalité, a-t-on même dit, sans la chute préalable d'un empire et cet empire, comme j'ai essayé de le dire déjà, succombe à la crise d'une régression économique multiséculaire. La poussée de la féodalité s'est faite dans le vide que l'État carolingien a laissé derrière lui. Une poussée nécessaire, dirons-nous, qui a laissé derrière elle des bagages inutiles, l'Empire, la romanité, la séparation ancienne Barbares et non-Barbares. L'État n'a pas disparu : en 987, la royauté si fragile d'Hugues Capet est tout de même l'unité sauvegardée, face à la diversité du royaume. Elle est une clef de voûte de la société. Mais pour le roi, pas question alors de souveraineté mais de suzeraineté — une ombre. En gros la société a pris des vacances, de longues vacances vis-à-vis de l'État. Elle s'est organisée à sa guise comme une poussée végétale — je retrouve la nature que je n'acceptais pas, il y a un instant, chez Joseph Calmette. À ce jeu le local l'a emporté sur le régional et le régional, avec plus d'éclat encore, sur le national. J'imagine que, dans ces cadres étroits, les sociétés locales ont pu développer les protections, les usages et les libertés du droit coutumier. Le vasselage après tout a été un contrat, entre personnes inégales certes, mais qui sont liées entre elles. Et l'hommage n'est pas humiliant. Et les seigneurs ne sont pas tous des « vautours ». Le château est une menace et une protection.

Mais ce petit monde rural, quand revient au XIe siècle la conjoncture favorable, laisse les villes se développer d'elles-mêmes. Il n'y a pas d'État pour les subjuguer, les domestiquer, en faire le siège d'un gouvernement bureaucratique. Bref, la France et l'Europe féodales auront vécu dans le cadre du « droit sans l'État » — c'est le titre du très beau livre de Laurent Cohen-Tanugi. Beaucoup de Français pensent aujourd'hui que moins d'État donnerait à notre société plus d'élan, plus de force. La féodalité a connu cette force, ne serait-ce que l'éclat de sa civilisation au XIIIe siècle, ne serait-ce que la prodigieuse poussée des Croisades. Mais la nouvelle crise qui s'annonce avec le milieu du XIVe siècle ne se terminera qu'avec le retour en force de l'État, avec Charles VII et Louis XI... Nous ne sommes pas obligés de les aimer. Jenö Szücs a sans doute raison de prétendre que l'Europe a été beaucoup plus fille de la féodalité que fille de l'Antiquité gréco-romaine. Hippolyte Taine a plus sûrement encore raison quand il soutient que, de son temps, en 1876 (date des *Origines*), « la vieille racine féodale dure et végète toujours ». La féodalité ou plus de liberté sociale : c'est ce que l'on se répète à propos du Japon et de la Chine, celle-ci un empire bureaucratique comme Rome, celui-là qui verra chez lui pousser une féodalité drue qui met l'État en sommeil. Or le Japon, comme l'Europe, s'ouvrira au capitalisme comme si — explication que j'ai, après quelques autres, esquissée seulement — le capitalisme exigeait une société suffisamment libre par rapport à l'État.

Depuis la lointaine crise du féodalisme, les révolutions comme l'histoire s'accélèrent. Cela veut dire aussi que la réaction lui emboîte le pas, le retour à l'ordre est toujours au rendez-vous. Les guerres de Religion se terminent par la restauration monarchique au bénéfice de Henri IV. La Fronde, contemporaine des révolutions anglaises, est le prélude de la monarchie triomphante de Louis XIV. La révolution de 1830 est escamotée à peine réalisée. 1848, c'est la fin de la monarchie, même pas un an plus tard c'est la réaction de juin 1848, l'élection de Louis Napoléon Bonaparte en décembre 1848 — et la suite. La Commune de Paris inaugure le début de la IIIe République sous le signe dominant de la bourgeoisie. Mai 1968 entraîne les élections réactionnaires du 30 juin. Tant que l'État vivra, et il n'y a pas de raison qu'il cesse de vivre, malgré les prévisions et les souhaits de Frédéric Engels, libre à nous d'en dire du mal. Mais ce n'est pas forcément le cheval perdant. Cet ennemi de Vauban, Le Pottier de la Hestroy, en ennemi qu'il est, de dire en 1716 : « Toutes les nouveautez, quelque bon succez qu'on s'en puisse promettre, sont toujours périlleuses dans un État. »

Énigmes, facéties du nombre restreint

Comme tout le monde, je veux bien m'extasier sur la prouesse répétée de la France d'Ancien Régime : en fin de course, elle tient l'immense royaume avec 100 000 fonctionnaires au plus, 100 000 « officiers » aux titres divers, certains absurdes et inutiles. La Ferme générale compte alors 20 000 employés, selon ses dires, 50 000 disent ses détracteurs. Même à ce dernier niveau c'est un record, car il s'agit pour elle, avec cette troupe détestée, de rançonner l'immense pays. Plus encore et là, nous sommes dans l'extase : entre 1720 et 1730, la maréchaussée par laquelle la royauté fait régner l'ordre dans le royaume compte 30 compagnies et au total 3 288 individus, recrutés parmi les anciens soldats. Ajoutez qu'ils sont mal répartis dans le territoire, confrontés avec des tâches difficiles ; les archives de la maréchaussée, conservées encore aujourd'hui dans les sacs où s'expédiaient les documents et comptes rendus, sont un interminable roman du jeu des gendarmes et des voleurs — plutôt que voleurs disons délinquants : souvent, quand il s'agit d'arrêter tel ou tel individu, surtout un jour de fête et de boisson, l'opération tourne mal, les cavaliers sont renversés, les détenus libérés, mais la maréchaussée est tenace, elle revient par temps calme et se saisit des coupables.

Ces réussites, ce calme relatif d'un royaume cependant bruyant de nature, surprennent donc les historiens. Mais ne sont-ils pas trop bon public ? Tout d'abord sujets et plus tard citoyens ont l'obéissance dans le sang. Comme dit Claude Manceron : « Le pouvoir absolu du souverain ne tient que par la contagion de l'obéissance. » Pour Bertrand de Jouvenel, l'État jouit d'un « ascendant irraisonné, non justifiable de la pensée logique ». Et Blandine Barret-Kriegel avance une excellente formule : « La philosophie du pouvoir serait une philosophie de la servitude. » Resterait à définir, si possible, cette servitude, à mon avis un réflexe social, biologique auquel nul homme n'échappe. Alors tout est expliqué, comme je le pense. Mais il est de règle, chez les historiens, d'aller plus loin. L'État vit de la confiscation, à son profit, de la violence sociale ; cette violence, le droit de vie et de mort, il en use gaillardement. Règne-t-il pour autant par la peur ? Oui, mais pas exclusivement. La justice royale est à l'image de la justice du temps, expéditive quand elle veut, par quelques pendaisons, par quelque supplice public, prêcher par l'exemple. À nos yeux, quelle cruauté, le supplice de la roue depuis 1534, inauguré contre les protestants, les membres disjoints, tenaillés, brûlés au fer rouge avant la mise à mort ! Mais cette cruauté se noie dans la cruauté de l'époque. Il y a aussi les dragonnades qui arrivent en pays camisard, « comme une inondation de rivière » (André Chamson). Il y a les expéditions punitives : comme dit l'intendant de Montpellier, Basville, le bourreau des Cévennes protestantes, cruel par devoir sans doute, « il n'y a point de paroisse qui n'ait été bien nettoyée ». Il y a l'armée, toujours en mouvement, allant vers ses quartiers d'hiver ou en sortant. Pas une ville, ainsi Orléans, qui ne soit muselée par l'arrivée d'un régiment de cavalerie. Car dans ce tableau des prouesses, oublier la force en réserve des troupes royales serait une erreur. Voyez un coup massif comme le siège et la prise de La Rochelle en 1628, ou la guerre impitoyable menée contre les Camisards en 1702-1705, ou la répression horrible de la guerre de Vendée au début de la Révolution française...

J'aime mieux pour me sortir de ces horreurs penser à un détail que je trouve amusant. Samuel Crozat, le grand marchand financier que vous connaissez, a sûrement un caractère de chien. Il est tenu de payer « le rachat de l'entretien des lanternes et le nettoyement pour sa maison place Louis Le Grand [à Paris], ce qu'il n'avoit point fait jusques à maintenant malgré toutes les démarches d'honnêteté que j'avois [un dénommé Rolland] fait pour l'y obliger... Par le moyen d'une garnison effective de deux huissiers je l'ay obligé depuis peu de jours à payer » (A.N., G7 434, 3 mars 1707).

Mais comme le lecteur le devine, je n'ai pas encore dit l'essentiel : l'État ancien tient le coup parce que, comme tout État moderne, il peut compter sur l'appui d'une classe sociale, ou mieux d'une partie de la société, le clergé et plus encore la noblesse. Le clergé se charge d'une certaine surveillance sociale, de l'enseignement, des malades et des pauvres. La noblesse, il n'est agréable ni de gouverner avec elle, ni de gouverner sans elle. On dit trop souvent que le roi l'a désarmée, emprisonnée dans la cour et le système des pensions. Mais la réciprocité des perspectives joue à plein, la royauté elle aussi est prise au piège où elle a enfermé la noblesse.

Donc étonnons-nous, sans nous abandonner entièrement à la surprise, devant l'économie du nombre qui caractériserait le système monarchique qui si longtemps a été, en France, l'expression vivante de l'État. Mais si l'on parle de « règle », de « loi » du nombre — exactement du *petit nombre* —, c'est une autre perspective qu'il convient de mettre en lumière. Une règle qui vaille de l'Ancien Régime à nos jours. J'en ai déjà parlé à propos de l'économie et du capitalisme ; en ce domaine la *centralisation* joue son rôle, comment a fortiori ne le jouerait-elle pas quand il s'agit de l'État et de ses divers avatars ? Cette centralisation du politique nous conduit à des constatations que chacun connaît à l'avance, ce qui ne veut pas dire qu'elles soient sans importance. Mais que le pouvoir soit, en règle générale, entre quelques mains, sous le contrôle au plus de quelques familles, princes du sang ou non, n'est pas pour nous sembler une vérité à découvrir. J'essaierai tout de même, dans cette opération perdue d'avance, de vous surprendre, pour mieux poser les problèmes qui m'intéressent et qui, je crois, s'imposent à notre attention. À cette fin j'utiliserai des exemples en France et hors de France. J'espère ainsi éclairer ma lanterne.

Le mestre de camp Pillet, fait prisonnier par les Anglais au Portugal, en 1807, passe sept années sur les pontons ou en demi-liberté, jusqu'à sa libération en 1814. Il a parlé intelligemment de l'Angleterre qu'il a observée à loisir. Sa remarque la plus inattendue est la suivante : le gouvernement de l'Angleterre est aux mains de dix familles au plus, elles ont le pouvoir que les ministres exercent en apparence, à commencer par le duc de Wellington qui est un homme de petite origine. Quelles sont ces familles ? Il ne le dit malheureusement pas. Nous voilà au début d'un roman noir dont le mot de la fin nous est dérobé...

Vous penserez que le cas anglais, non éclairé par surcroît, n'est ni en lui-même pour l'Angleterre, ni a fortiori pour l'Hexagone, décisif. C'est vrai. Alors voici deux exemples, pris au cœur indéniable de l'histoire de France. Le vrai pouvoir, au temps de François Ier et de Henri II, est comme piégé, telle une balle que se renverraient deux adversaires, entre les Guise, princes étrangers venus de Lorraine, et les Montmorency, parvenus qui ont oublié leur ascension. Leurs querelles, si l'on en croit l'admirable livre de Lucien Romier — *Les Origines politiques des guerres de Religion* —, sont à l'origine de la formidable tourmente qui désolera la France pendant plus d'un tiers de siècle.

Second exemple, voici, sous la plume d'un remarquable connaisseur des XVIIe et XVIIIe siècles, Claude-Frédéric Lévy, ces quelques lignes plus que troublantes : « Dans les dernières années du règne de Louis XIV, avance-t-il, le pouvoir effectif n'était exercé ni par le monarque déclinant ni par sa dévote compagne ; il était aux mains de deux familles ministérielles, les Colbert et les Phélipeaux. » Je ne crois pas que l'infiltration du « clan » Colbert dans les allées du pouvoir date de la fin du règne de Louis XIV, mais c'est une autre question. J'ai déjà mis en cause, dans un chapitre précédent, Nicolas Desmarets, sieur de Maillebois (1648-1721), neveu de Colbert, contrôleur général des finances de 1708 à 1715, et qui semble bien avoir fait obstacle à la création d'une Banque de France, si l'on peut dire, au début de la guerre d'Espagne (1702-1713/1714). A-t-il voulu défendre contre les « banquiers » les privilèges menacés de la Ferme générale ? Si l'hypothèse de Claude-Frédéric Lévy est juste, le renvoi sans phrase de Nicolas Desmarets au lendemain de la mort de Louis XIV s'avère être bien autre chose qu'un événement individuel. Une nouvelle équipe, comme nous le savons, a pris le pouvoir avec le régent Philippe d'Orléans.

En tout cas, nous voilà lancés à la recherche des vrais gouvernements, des vrais pouvoirs et nous nous apercevons que les privilégiés et les maîtres apparents sont peu nombreux, liés les uns aux autres. Et pas seulement au sommet du gouvernement. Ainsi, dans l'importantissime Ferme générale — 40 personnes d'ordinaire, une soixantaine de 1756 à 1780 — qui, de toute évidence, est un « État dans l'État ». Étrange État, « en raison des alliances qui unissent entre eux les fermiers généraux, alliances si nombreuses qu'il n'est pas exclu qu'une confrontation systématique des généalogies n'aboutisse à les réunir tous dans deux ou trois, voire une seule famille » (Chaussinand-Nogaret). Les familles, un chiendent de l'histoire générale de la France.

On arriverait à des conclusions analogues en considérant le gouvernement des villes et les vraies dominations des diverses provinces. Autant de rendez-vous restreints au haut de la société. Une vingtaine de familles auront, des siècles durant, tenu le consulat et l'échevinage de Marseille. Une dizaine dominent Grenoble, la ville, son Parlement et le Dauphiné par surcroît. Même nombre restreint, même resserrement du pouvoir à Lille, mais les renouvellements y semblent plus fréquents, tous les vingt ans. La Franche-Comté, pas encore française et pas vraiment espagnole au temps de Charles Quint et de Philippe II, est sous la dépendance de la famille Granvelle. Voyez le palais Granvelle à Besançon. Mais dès le Xe siècle — qui peut dire mieux ! —, « l'un des traits caractéristiques de l'histoire de la Provence et de l'Italie à cette époque est l'emprise brutale sur ces régimes d'un ensemble de familles alliées et de leurs clientèles. Ces familles franques viennent de Bourgogne et leurs contemporains brossent un portrait peu flatteur de ceux qu'ils appellent les Bourguignons... » (J.-P. Poly).

Donc à volonté nous sommes, au haut de la société, aux derniers étages de l'État. Je répète : ce n'est pas là une découverte. Mais le fait n'est pas sans conséquence. La pyramide de la société et la pyramide de l'État — les deux volumes coïncident — se terminent par une pointe. Et c'est là l'important, la pointe est fragile. L'État est de longue durée dans son corps, dans sa masse, dans les idées, les traditions, les théories, les habitudes qui le fondent. Mais il est fragile à son sommet. Un gouvernement remplace l'autre : les superstructures sont variables. Voyez avec quelle facilité Hugues Capet se substitue en août 987 au Carolingien Lothaire... Voyez comment à Paris, à la fin du règne de Charles VI, Armagnacs, Bourguignons, Anglais se substituent. Tous les coups d'État ne sont pas faciles, au temps de la Terreur on y jouait sa tête. Mais au temps du Directoire, c'est presque monnaie courante. Bonaparte assiste au coup d'État de Brumaire autant et plus qu'il ne l'organise. En 1812, alors que l'empereur est à Moscou, le général Malet, avec quelques partisans, s'empare presque du pouvoir à Paris. En mai 1958, le général de Gaulle saisit le pouvoir sans que le coup d'État, si coup d'État il y a, soit visible. Un arbre tombe, mais un arbre le remplace. J'aime ce mot d'Aubrey : « Les gouvernements peuvent tomber — il n'y a pas d'autre solution : un nouveau César franchit un nouveau Rubicon. » Ce qui, la veille, semblait impossible, indésirable, s'installe dans la quiétude et l'assentiment. L'ordre se rétablit. Il est sacro-saint.

Tout cela facile, trop facile. Toutefois, pousser la porte ne suffit pas. Il faut que le nouveau venu s'adapte à l'avance à la place qu'il convoite. Marx a raison de dire, à propos de la Commune, en 1871, que la classe ouvrière « ne peut pas se contenter de prendre telle qu'elle est la machine de l'État et de la faire tourner pour [son] propre compte ». Mais l'exception confirme la règle. L'État est sacro-saint. Il ne supporte pas la chaise vide. Ou du moins les assujettis réclament qu'il tourne. Maurice Duverger se sent obligé d'écrire : « Les gouvernements les plus oppresseurs, les plus injustes, remplissent quelques fonctions d'intérêt général, au moins dans des domaines techniques : ne serait-ce qu'en réglant la circulation automobile, en faisant fonctionner les P.T.T., en assurant l'évacuation des ordures ménagères... » C'est retrouver de façon plaisante la règle d'Engels sur les *intérêts communs* qui « sont le sous-produit *civilisé* de la domination politique ».

La société civile et la société politique

L'État coiffe la société. Il est de celle-ci, si l'on veut une formule plus noble, une clef de voûte. Mais j'aime mieux dire, parce que l'expression est plus juste, que c'est une superstructure. Voilà qui le range dans une catégorie supérieure, moins étoffée que la catégorie dominée, disant à l'avance ses caractères. En principe plus changeant que la société sous-jacente, mais par la masse de celle-ci, qui s'incorpore à lui, condamné à durer, pour le moins à se répéter. Il y a dualité, c'est-à-dire ambiguïté et contradiction.

Ambiguïté, Blandine Barret-Kriegel, en conclusion d'un livre brillant, pense qu'en Europe, ou mieux, en Occident, l'État aboutit à l'État de droit qui respecte, tente de respecter la liberté de l'homme, donne à celui-ci plus qu'une chance. Voilà qui est bien dit, mais de ce quasi-miracle, est-ce la société, est-ce l'État qui a le mérite ? Dès avant Hegel, la distinction — à mon avis ce qu'il y a de plus utile, de plus percutant pour une étude profonde et vraisemblable de l'État — a été faite entre la société civile, la société soumise ou réduite à l'obéissance ou résignée à l'obéissance, et la société politique, celle des maîtres et des moyens d'encadrement et de coercition. Faut-il croire l'historien hongrois Jenö Szücs, dans son livre *Les Trois Europes*, quand il dit que la séparation entre les deux sociétés — la rupture des ruptures pour les problèmes qui nous occupent — se produit au XIIIe siècle, avec l'épanouissement de la féodalité, avant tout une société que l'État a laissé dériver pour la plus grande satisfaction des historiens spectateurs ? Car la féodalité est, je le répète, le banc d'épreuve de nos recherches. C'est d'ensemble qu'il faut la saisir pour la mettre en position et comprendre le sens de son long, de son interminable message. Il y a évidemment des précédents, ne serait-ce que la cité grecque, elle aussi, à sa façon, un extraordinaire banc d'épreuve. Il y a aussi des exemples opposés — au moins la Chine : les Empires qui s'y succèdent, comme ailleurs les gouvernements, saisissent la masse chinoise, les villes ceintes de murailles, gardées au temps des Mandchous par des garnisons attentives, divisées en rues, avec leurs chaînes, leur juge. Nul ne peut dire mieux.

Mais enfin que l'État écrase, étouffe, ou laisse vivre la société civile, celle-ci est toujours en place. Dans la France actuelle et dans nombre de pays développés, l'État mobilise la moitié ou peu s'en faut, et parfois plus de la moitié du revenu brut. Mais la société civile reste vivante sous ce traitement féroce. Vivante dans la mesure où l'activité économique, la production permet de nourrir à la fois l'État Léviathan, ou l'État Gargantua, et la société sur laquelle il pèse de tout son poids. Bien entendu, ce serait trop simple de voir dans cet écrasement de la société, dans la perversion de l'État, les seuls responsabilités de ce dernier. Croyez-vous par exemple que l'État-Providence se soit bâti de lui-même et que la société n'y ait pas mis la main ? La société, l'opinion publique, les contre-pouvoirs qu'elle possède ne donnent pas, en France, au moment où j'écris ces lignes, la preuve d'une vivacité de riposte ; faire basculer dans un sens, puis dans l'autre le mouvement du suffrage universel n'y suffira pas. Alain Touraine pense comme moi (*Le Monde*, 4 septembre 1985) : « Nous ne pouvons pas rejeter notre État parce qu'il défend au total la démocratie, mais que signifie celle-ci si l'opinion publique n'est pas vivante, si des groupes d'intérêts et des courants d'idées ne se forment pas, auxquels ensuite peut être donnée une expression politique ? C'est ce renouvellement par le bas de la vie politique qui ne s'opère pas en France ou qui se heurte à plus de difficultés que dans les pays voisins, ce qui menace gravement la vitalité de notre société et donc sa capacité d'innovation et de modernisation. »

Je pense que ce texte, hors les arrière-pensées politiques qu'il peut mettre en jeu, éclaire notre problème, à travers les multiples, les interminables expériences que livre le passé de notre pays : cette série de conflits, de tensions, ce lieu privilégié d'événements et pour nous d'éclaircissements, voire d'explications rétrospectives au long de ce qui est une frontière, un champ étroit de bataille. Il y a là profusion, effervescence. Vous pouvez prendre à témoin n'importe quelle période de notre histoire, le drame, le pseudodrame, la révolution, la contre-révolution s'y logent. En 1484, les états généraux se réunissent à Tours ; en 1614, ils se réunissent à Paris, pour la dernière fois avant 1789. Entre ces deux dates, 1484, 1614, c'est-à-dire pendant cent trente ans, il n'y a pas une année où des tensions ne se lèvent entre société politique et société civile, pour l'organisation du pouvoir. Entre 1562 et 1598, au cœur de cet espace séculaire, se situent nos guerres de Religion, notre ligne de séparation s'embrase alors. Mais, au-delà des incidents, des livres et des libelles, des tentatives, des processus, c'est le même problème qui se pose : l'État centralisateur, bureaucratique qui oppresse l'opinion publique va-t-il régresser ? En 1484, à Tours, les états généraux proposent l'élection du roi par eux au cas où la dynastie s'éteindrait, ou son éventuelle déposition en cas de tyrannie dûment reconnue. Ils demandent aussi (mais c'était là une ritournelle) le respect des lois fondamentales du royaume, le droit de paix et de guerre, le droit de conclure des alliances, le consentement, la levée et l'administration des impôts, plus « un droit effectif d'intervention dans le choix des membres du Conseil et le contrôle de son activité et, par-dessus tout, au bénéfice des dits états généraux, une indiscutable capacité législative, c'est-à-dire la possibilité de transformer en lois, sans attendre la vérification des parlements ni l'avis du Conseil, les propositions qui, dans les Cahiers, avaient obtenu le consentement unanime des trois ordres — Clergé, Noblesse, Tiers État. Soit au total une candidature au leadership national... » (Eugenio Di Rienzo, *Studi storici*). Ce sont des prétentions analogues qui seront exprimées, en vain d'ailleurs, aux états généraux de 1614, soit une limitation de l'autorité royale, un déplacement de la frontière État-société, au bénéfice de cette dernière.

Il s'agit donc comme je l'annonçais, d'une tension continue, qui varie sans doute, mais se renouvelle et se poursuit, et d'ailleurs bien au-delà de 1614. Durant les guerres de Religion, il s'agira de tentatives violentes, indéniablement révolutionnaires, d'une telle audace que l'historien croit entendre, deux siècles à l'avance, les cris, les protestations de la Révolution française. Il n'y a pas eu seulement dans ces affrontements, les huguenots, la première Ligue 1576, la seconde Ligue 1585, mais aussi le peuple des villes, et spécialement le peuple de Paris (qui est devenu un jeu dans les mains des Guise à partir de la journée des Barricades et qui chasse Henri III de sa capitale), mais aussi une passion populaire, authentique, véhémente. Vous lisez, dans le *Dialogue du Maheustre et du Manant* (1593), ces mots terribles où se trouvent marquées au fer rouge la noblesse fidèle au roi et la noblesse philomonarchique qui cherchent à « s'accommoder les uns les autres de la sueur et du sang du pauvre peuple, qui n'a eu morceau de pain qu'il ne l'ait acheté au quadruple, passant par les mains de cette sangsue de noblesse... ».

Je donne, vite, ces détails incomplets pour me permettre de formuler une conclusion qui me semble avoir son importance. Nous disons après beaucoup d'autres : *la* société civile. C'est façon de parler. Il y a *des* sociétés civiles et pour parler le langage de Lévi-Strauss, de plus en plus froides à mesure que l'on pénètre dans la profondeur de la société. Sur la frontière vivante qui divise l'autorité de l'obéissance, c'est la société d'ordres de Roland Mousnier qui s'installe, campe, combat. Qui combat pour elle-même et, sans le savoir toujours, pour la masse des hommes qui vivent au-dessous d'elle. Si les guerres de Religion ont droit de passer, avec armes, bagages et prétentions, dans la catégorie des révolutions, il me semble qu'il faut dire qu'elles se manifestent, au sommet, par une guerre des privilégiés, clergé, noblesse, tiers état, que la force de la royauté vient de l'étroitesse des bandes armées de ses adversaires, jamais ou presque jamais plus de dix mille hommes, de sa position d'arbitre : elle n'a même pas besoin de créer la zizanie entre les ordres, elle y est spontanée, destructrice...

Voilà qui fait l'intérêt, au gré des circonstances, d'une situation qui s'ouvre comme un gouffre et permet de saisir le populaire, comme dans le drame des Seize à Paris dont l'historiographie, au service de la royauté, ne dira que du bien. Querelles de classes, je veux bien, au sommet de la société, non pas lutte des classes. La lutte des classes réclamera des masses plus importantes, non pas des épisodes mais des tensions. Il faudra attendre la Révolution française, qui n'est pas seulement la brisure d'une forme ancienne du pouvoir, mais l'intervention du quatrième état des villes et de la masse paysanne. Cette fois l'attaque massive a dépassé la ligne de partage, fortifiée, défendue et peu franchissable jusque-là.

II

L'ÉTAT : BASES ET MOYENS

La question : qu'est-ce que l'État ? est rarement posée. Ou mieux, on y répond rarement, en laissant à penser qu'elle est inutile, ce que je ne pense pas. En vérité, ce n'est pas une question, mais une série de questions, on n'en finit pas de les bien poser et souvent on y répond imparfaitement. L'État, c'est, en effet, un « ensemble », la somme des éléments de A jusqu'à Z, diraient les mathématiciens, que l'on rencontre en l'abordant minutieusement. Ou, si vous voulez, c'est une somme de réponses. Donc une tâche qui nous dépasse par son ampleur : l'État directement ou indirectement, c'est toute l'histoire de France. Il me semble donc que l'on a le droit et même le devoir de choisir entre ces questions trop nombreuses qui se succèdent et qui se joignent, plus encore se recouvrent. J'ai choisi trois questions seulement, en raison de leur importance, et non moins de leur autonomie apparente.

Première question : qu'est-ce que le pouvoir ? — bien entendu vu de préférence dans le cadre de l'histoire française, bien que des comparaisons à son sujet, comme au sujet des autres questions, s'imposent.

Deuxième question : qu'est-ce que l'appareillage de l'État ? — je veux dire ses moyens, ses institutions, sa puissance de coercition, les services qu'il rend, ou plus clairement la façon dont il s'installe dans les différents secteurs de la société, se faisant ermite et changeant de costume et d'allure pour mieux s'installer dans ce qui est, après tout, le logis des autres.

Troisième et dernière question : quel est le poids global de l'État ? — ou plutôt, pourquoi et comment, en France comme dans tous les pays et nations du monde, ne cesse-t-il de grossir son volume, d'augmenter son poids ? Ce qui reviendra, pour moi, à paraphraser le très beau livre (1985) de Jean Meyer — *Le Poids de l'État* — d'autant que l'État en question est notre État, celui de la France.

C'est évident : ces questions laissent entre elles des vides. J'essaierai de combler ceux qui seraient scandaleux dans le dernier et très long paragraphe de ce chapitre : « L'État et l'unité de la France. » Je crois cependant que mes réponses diront l'essentiel d'une prise de contact difficile, importante, avec un sujet d'une immensité décourageante.

Le pouvoir : son étrangeté

Nul ne définit le pouvoir politique, énorme, fantastique force de l'histoire. Parce que le pouvoir est l'étrangeté même. Qu'il se poursuit sous nos yeux avec ses attributs anciens, qui ne s'usent pas jusqu'à la corde, et avec ses attributs nouveaux qui se logent toujours à l'aise dans un univers conservateur et ouvert tout à la fois. La faute en retombe sur nous, les historiens, ou, ce qui ne revient pas tout à fait au même, sur l'Histoire. Celle-ci ne saisit pas le pouvoir à sa naissance, à son jaillissement. Peut-être n'a-t-il pas de date de naissance ? Pour les historiens, malades du tourment que leur apporte une recherche obstinée des origines, c'est un scandale. Le pouvoir est toujours face à notre observation : il traverse toute l'histoire des hommes, il caractérise cette histoire. Pénétrer une origine qui nous échappe, ce serait comprendre la donnée la plus profonde des sociétés humaines. Le dernier mot d'une science qui nous échappe. Donc pas de certitudes, des hypothèses. Ici, les autres « sciences » de l'homme nous prêtent main-forte. Mais même avec elles, notre réponse ne sera pas, ne peut pas être percutante.

[*Le manuscrit s'interrompt là, c'est-à-dire qu'il ne correspond qu'au premier tiers du chapitre sur l'État. Le troisième paragraphe du chapitre devait reprendre le problème selon le fil chronologique de l'histoire de France (*cf. *p. 555-556).*]

Chapitre II

LA CIVILISATION ENTRE LE SINGULIER ET LE MULTIPLE *

Débarrassons-nous, au seuil du plus complexe des débats, de tous les problèmes mineurs. Comme disait Alain, balayons devant notre porte. Soigneusement. Ensuite nous essaierons... [*laissé en blanc par l'auteur*].

J'ai l'habitude, bonne ou mauvaise — évidemment je la crois bonne —, de confondre les deux mots, civilisation et culture, et le cas échéant de les employer l'un pour l'autre ; ce qui revient à refuser leur querelle toujours ouverte : l'esprit d'un côté, la matière de l'autre — la collectivité d'un côté, l'individu de l'autre. En fait, je n'ai pas l'intention de retourner le sablier selon les auteurs que j'écoute, ou les langues utilisées. La langue française est franchement hésitante. Pour l'anthropologie anglo-saxonne, *civilisation* est le terme supérieur, *culture* s'applique au ras du sol ; l'habitude allemande est inverse : *culture*, c'est le haut, *civilisation*, la réalité banale — mon livre, *Civilisation matérielle*, traduit en allemand, s'est intitulé sans hésitation

* Dans ce chapitre, plusieurs passages et paragraphes barrés ou marqués en marge comme « à supprimer », parfois utiles à l'intelligence du texte, ont été conservés (ils sont imprimés en italique). Dans l'esprit de l'auteur, ils étaient sans doute moins destinés à disparaître qu'à retrouver, dans une architecture définitive, une autre place afin de ne pas alourdir le texte.

Geschichte der Zivilisation, sans adjectif. Le mot *culture* n'a-t-il pas été utilisé par les Allemands contre le mot français, insistant, *civilisation* ? Déclasser celui-ci n'a pas été une nécessité purement intellectuelle.

J'ai donc fait l'addition de tout ce que désignent ces deux mots, y ajoutant (pour utiliser le précieux adjectif) les biens culturels : le tout est un seul univers complexe, sans frontières précises. Ai-je besoin de le dire, ce n'est pas une tâche facile que de manipuler la masse entière de la civilisation française, mais telle est bien ma prétention imprudente. Cet impérialisme et cette démesure ont leurs avantages. Quelques précautions préalables déblaieront le terrain. À savoir :

— Que la civilisation et la culture pénètrent la société entière et sont, d'une certaine façon, l'histoire française en son entier (toutes les histoires de notre civilisation sont, sans plus, des histoires de France). *Qu'elles soient partie prenante dans tous les spectacles, crises ou réussites de notre passé, cette universelle présence m'apparaît comme un recouvrement, une coexistence, des alibis, voire l'occasion de consolations*. En 1945, Georges Lefebvre me disait : « La France a tout perdu, mais il lui reste la civilisation », en entendant par là une excellence. Je ne suis pas sûr de la pertinence d'une pareille remarque ; trop souvent, d'un seul coup, on gagne tout ou presque tout, de même on perd tout ou presque tout.

— Que toute civilisation se décompose en couches successives, se divise selon l'articulation des autres réalités sociales sur lesquelles elle s'appuie : *la Mort, que les historiens étudient aujourd'hui comme le test culturel par excellence, n'est certes pas la même dans un village et dans une ville ; et comment, pauvre, pourrait-on mourir comme un riche ? En fait, il y a plutôt des Morts que la Mort ; plutôt des civilisations que la civilisation, des cultures que la culture. Éternel dilemme : le danger, c'est de ne pas rechercher la totalité du spectacle, de ne voir que les surfaces supérieures, leurs feux visibles, fascinants.*

— Que toute civilisation, étant espace, se caractérise et s'explique par son étendue et par la façon dont elle organise, différencie, hiérarchise, surtout centralise cet espace : le druidisme, répandu surtout dans la Gaule du Nord, se centralisait peut-être dans l'île de Man, en mer d'Irlande, ou plus sûrement chez les Carnutes autour de Chartres ; Rome et ses abord immédiats au Moyen Âge ont été par excellence la Ville Éternelle, une ville sainte de l'Occident chrétien : la civilisation et l'histoire religieuse de l'Europe y aboutissent, *puis en repartent. Il y a ainsi, religieusement parlant, comme pour les économies-mondes, des zones centrales, des régions moyennes, des zones périphériques où, évidemment, l'évangélisation se précipite d'elle-même, soit de vraies zones « religieusement » sous-développées où le succès obtenu, les circonstances aidant, s'opèrent, par la suite, des déchristianisations sensationnelles, à la verticale. Si bien que telles ou telles sociétés humaines sont à reprendre en main — ainsi la Corse au* XVI*e* *siècle, et tant de régions montagneuses, dans les Alpes notamment, ou la Bretagne entière que l'Église a reconquise à partir du* XVII*e* *siècle... ; ce qui vaut pour la religion, réalité la plus lourde de l'univers culturel, se répète tout autant pour l'expansion des formes et habitudes de vivre, aussi bien en ce qui touche aux quintessences de l'art ou de la littérature ou de la pensée politique, que pour les recettes savantes de la cuisine ou les apprêts de la table...*

— Que toute civilisation est fixité, pesanteur, durée — et, en même temps, contrairement à ce que l'on pourrait penser a priori, elle est mouvement, voyage, légèreté, brièveté. Ce mouvement continuel est fait des incessants voyages de *biens culturels* — en entendant sous ce nom des biens matériels (un outil, une plante, une machine, une recette de cuisine) et des biens spirituels (une forme d'art, un raisonnement philosophique, une expression clef comme la *raison d'État*, ou le mot même civilisation qui ne sera pas courant, en France, avant le XVIIIe siècle). Ces biens voyagent, s'échangent ; les civilisations donnent, reçoivent. L'Europe, et la France avec elle, n'a pas conservé pour elle seule les supériorités de sa technique, de sa science, de son intelligence. En fait, elle n'a pu les conserver comme un avare son trésor ; en raison de sa nature, toute civilisation offre ses biens, accepte tous les biens des autres qui lui parviennent, parfois, de voyages interminables : le papier, la soie, la boussole, l'imprimerie, la poudre à canon sortis de Chine ; de l'Inde, les chiffres dits arabes ; ou d'un Islam hostile mais prodigue obligatoirement de ses biens propres et des biens reçus d'autrui : la canne à sucre, l'aubergine, le cotonnier, la mathématique grecque, les œuvres d'Aristote qui, transmises, provoquent à Paris, en France et dans toute l'Europe, une première révolution « moderniste », au XIIIe siècle. *Toutefois, si l'acceptation est la règle — la Gaule acceptant Rome avec facilité, mais pourquoi ? acceptant le christianisme, mais pourquoi ? les Barbares du Ve siècle « barbarisant l'Empire romain », et se noyant dans sa culture, mais pourquoi ? — il y a des refus sensationnels. Au XVe siècle, la Grèce orthodoxe n'acceptait pas ce qui, à ses yeux, aurait été trahison ou suicide, l'union avec l'Église latine — et préférait le Turc au Latin. Malgré de longues tergiversations, il y aura le refus de la France et des autres pays demeurés fidèles à Rome d'accepter la Réforme. Ou l'Algérie et l'entière Afrique du Nord, hier, refusant la France ; ou l'Espagne chassant ses Morisques en 1610-1614, refusant ainsi l'Islam clandestin, installé chez elle depuis plus de sept siècles.*

Donc mobilité, donc fixité. Fixité ainsi des frontières culturelles entre orthodoxie, catholicité et Islam (des cassures pour l'éternité ?). À longueur de siècles, s'accumule une sorte de dépôt sédimentaire dans les eaux les plus profondes, comme si les cultures lentes à s'installer, à triompher, à se détériorer, déposaient au fond d'elles-mêmes ces sables, ces graviers, ces couches dont est tapissé le fond des mers. Émile-Félix Gautier, esprit génial s'il en fut, prétendait que la conquête par l'Islam de l'Afrique du Nord (650-690) et de l'Espagne, en 711, avait été facilitée, télécommandée, par la présence (longtemps à l'avance) de Carthage et de l'Orient dans l'Afrique Mineure et dans l'Ibérie. Au temps de saint Augustin, autour d'Hippone que le Vandale assiège et va emporter, en 420, les paysans parlent encore le punique. Les civilisations du temps jadis n'en finissent pas de nous éclairer, de vivre en nous, même à nos dépens.

I

Le bas et le haut

La civilisation, en France comme ailleurs, ne se déroule pas sur un seul plan : il y a le haut, il y a le bas ; un rez-de-chaussée et un premier étage, si l'on se contente d'une mise au point sommaire. En fait, il y a des dizaines de plans successifs et des centaines de secteurs. Aussi bien la diversité foncière de la France éclate à son aise dans ses cultures multicolores.

L'urgent, c'est, évidemment, de commencer par le bas, pour l'excellente raison que les livres d'histoire n'en parlent presque jamais, ou si peu, ou si mal. Par les historiens, le plus souvent, ne sont pris en compte que les éclats du plan supérieur. Alors courir vers ce qui n'est pas étudié d'ordinaire part d'une juste appréciation. Mais est-ce tellement facile de parler du rez-de-chaussée ? En fait, il ne peut y avoir de culture seconde que parce qu'il y a une culture supérieure : le haut et le bas, c'est un dialogue, des échanges, des luttes à la verticale. Si l'on veut saisir cette réalité, on ne saurait briser pareille coexistence. C'est des deux qu'il faut, qu'on le souhaite ou non, parler. Alexander Rüstow, sociologue épris d'histoire, pense qu'il y a une

« loi », dite par lui « de la pyramide culturelle », en entendant par là une hiérarchisation, une division normale, inévitable du volume même de la culture. En fait s'opère une constante division des tâches, à la suite d'éclatements réguliers de l'univers culturel qui porte au pavois des privilégiés, et laisse bien au-dessous d'eux un vaste rez-de-chaussée. Autant dire : le haut et le bas.

La constatation est importante. Comme il s'agit d'une permanence, d'une structure (qui ne peut être que *sociale*), il y a aujourd'hui, il y aura demain encore, au moins deux cultures : la populaire qui ne s'est donc pas éteinte, comme on le soutient, au voisinage de l'année 1914, et qui continue de vivre, si elle se nourrit d'autres nourritures que jadis, et la culture de l'élite qui occupe abusivement tout l'horizon de l'histoire.

Soit, il faut croire à cette *dualité* permanente, pour reprendre une expression de Mihaïl Bahtin. Alors, pourquoi ne pas évoquer Don Quichotte, son idéalisme aberrant et, au-dessous de lui, Sancho Pança avec son appétit, ses abondants besoins naturels ? Ou si l'on veut encore une image étrangère à la France, mais parlante, trop précieuse, et très connue : Machiavel vient de passer la journée avec les paysans de son village, habillé comme eux, parlant, jouant avec eux ; il entre dans sa bibliothèque, mais ayant troqué auparavant ses vêtements grossiers contre un costume d'apparat... Deux étages, deux univers — et le conseil de ne les séparer à aucun prix : ils vivent ensemble, s'expliquent l'un par l'autre.

Il faut « historiser » la culture dite populaire

Les historiens ne sont experts ni dans la recherche rétrospective de la culture populaire, ni dans le maniement difficile des réalités complexes du folklore. Cette incompétence vient d'une non-formation sur le terrain, d'un manque de contact suivi avec les savants qualifiés et avec la pratique des écomusées — ceux-ci viennent seulement d'apparaître. « La culture des masses, écrit carrément Robert Muchembled, est une invention récente », ce qui est tout à la fois juste et légèrement inexact : le mot folklore appelé à la fortune que l'on sait date tout de même de 1846 (lancé par l'Anglais Thoms ; pour la France, le livre essentiel d'Arnold Van Gennep, *Les Rites de passage*, date de 1909). Mais la réflexion est exacte, sans restriction aucune, si l'on se tourne vers les historiens : ils sont terriblement en retard. Combler ce retard demandera des années.

L'énorme majorité des connaissances collectées ont le défaut irrémédiable d'être actuelles, récentes : les folkloristes ont établi le bilan de la culture dite populaire vers 1900-1914. Comme tous les spécialistes des sciences de l'homme, ils ont travaillé sur le vivant, ce qui se voit, s'entend, se touche du doigt. Et comme il s'agissait d'une culture orale, éminemment périssable, ils se sont hâtés de donner de cette culture une irremplaçable vue *synchronique*. Voilà qui a été fait et bien fait. De ce travail, se dégagent des règles, des classifications, et forcément des problématiques. En outre, si vous acceptez que les exemples étrangers — « coloniaux » et américains par exemple — aient leur valeur comparative, la problématique peut se nourrir d'innombrables expériences vécues. J'ai vu et entendu, en 1937, à Bahia, au Brésil, d'étonnants orchestres de musiciens aveugles. En 1947, toujours au Brésil, à Ubatuba, au voisinage de Santos sur l'Atlantique, j'ai entendu avec délices un chanteur local, improvisant sur son *violão* une chanson qui célébrait *a chegada da luz*, l'arrivée de la lumière électrique dans une bourgade *alors* misérable. J'ai bien peur — mais le Brésil est immense — que l'effort héroïque et conquérant de l'école primaire y tarisse, comme ailleurs, un folklore encore étonnamment vivant.

Aux historiens il reste à dégager et à inventer, dans le déroulement même du passé, le destin difficile à saisir de la culture populaire. À la suite des spécialistes, il est possible de rassembler une documentation historique clairsemée, non pas médiocre, et sûrement indispensable. Car le gros problème, c'est (comme les historiens ont repris, à leur compte, la problématique actualisée des économistes) de replacer ce vaste problème dans le déroulement du temps, de l'*historiser* en entendant par ce verbe, que je crée au passage, de le remettre dans le flux explicatif de l'histoire. C'est la tâche que s'est assignée Robert Muchembled, dans un ouvrage qui est bien plus qu'un essai, une œuvre pionnière.

Tout est à replacer dans le temps long puisque la matière en cause a tendance à stagner et à se répéter, bien plus que la culture savante où le caprice et la mutation se logent plus aisément. Les outils de la vie matérielle n'ont-ils pas ainsi des origines lointaines, ceux-mêmes dont je me sers à l'intérieur de ma maison : le marteau, la scie, les tenailles, la serpe, la hache, la faucille (dont je ne me sers pas, il est vrai), la faux dont je n'ose me servir... Très anciens aussi, ces moteurs qu'André G. Haudricourt qualifie de « moteurs humains » : la manivelle, le levier, le tour qui remontent au moins à l'Antiquité classique et, sans doute, au-delà. Quant aux plantes cultivées : à l'échelle de notre histoire, le blé a sept millénaires, de même bien d'autres céréales, sauf le seigle tard venu ; la pomme de terre a deux cents ans, le maïs trois cents...

Pourquoi énumérer ces objets de la vie matérielle ? Sans doute parce que tous les biens — les matériels et les autres — sont au rendez-vous de la culture populaire. Ils lui donnent son premier volume ou sa base. Les biens spirituels — croyances, superstitions, modes de vie — sont, et plus encore, à mettre en vedette. À l'instar des biens matériels, les spirituels ont la vie dure, ils voguent inlassablement sur la longue durée. Et n'est-il pas logique qu'il en soit ainsi ? La culture populaire ne cesse d'hériter des civilisations anciennes, elle est prolongation. La religion des druides a répandu des croyances à la vie future, à la résurrection dans les pays du Couchant au-delà de l'Atlantique. Le spectacle des sacrifices humains a été longuement offert. « Ce fut un progrès quand les dieux se contentèrent des criminels ou, à leur défaut, des prisonniers de guerre. Les modes de supplice étaient variés. Le plus usité était le supplice par le feu, l'holocauste, consacré spécialement au dieu du soleil et consommé aux environs du solstice d'été. Qui le croirait ? ajoute Gustave Bloch, ce sacrifice est resté en honneur jusqu'à notre époque, à cela près que, par une méthode de substitution bien connue, les animaux ont pris la place des hommes. C'était l'usage en beaucoup d'endroits de jeter dans les feux de la Saint-Jean des paniers contenant des chats, des chiens, des renards, des loups... » Mais voici en 1573, à Paris, la mention de cent sols octroyés par la municipalité à un Lucas Pommereux « pour avoir fourni tous les chats qu'il fallait audit feu, comme de coutume », plus l'année précédente « un renard pour donner plaisir à Sa Majesté » qui assistait à la fête. Celle-ci se déroulait traditionnellement en place de Grève (Anne Lombard-Jourdan).

Sans doute la culture populaire ne vit-elle pas seulement de ce qui l'a précédée ou de ce qui tombe vers elle de la culture supérieure des élites : elle a ses nécessités et, du coup, ses structures. Dans une France longtemps éparpillée, divisée par la distance, les villages, même les villes, les pays, même les provinces ont vécu sur eux-mêmes, il a fallu régler les problèmes qui, sur place sous-tendent toute existence humaine. Robert Muchembled « majore », à la suite d'historiens peut-être trop raisonnables, la lutte que chaque homme non privilégié, dans la France de jadis et d'hier, a dû mener contre la nature hostile, le ciel exigeant, l'angoisse aux mille visages. J'ai peur seulement que l'historien, terriblement privilégié par rapport aux normes d'hier, ne mesure à son aune angoisses, tristesses, frayeurs d'hier, qu'il les exagère dans un excès de bonne conscience. Comment pleurer, aujourd'hui, sur la brièveté de la vie au temps de Du Guesclin et de Charles V, alors que pour les contemporains, cette brièveté est la norme ?

N'empêche que la culture populaire ne doive tout faire par elle-même : fabriquer une sagesse des nations, entretenir une résignation face à l'inconstance des saisons, à la maladie, à la mort, fixer les us et coutumes, maintenir leur observance vis-à-vis de la naissance, du mariage, de la sépulture, vis-à-vis des fêtes qui sont évasion, accès à un univers différent, explosion ; régler le calendrier des travaux, dresser des écrans, transmettre des leçons...

Oui, mais comment est-il possible à l'historien d'historiser, de planter ses repères ? Car, sans repères, même approximatifs, il n'y a pas, il ne peut y avoir d'explication historique.

La sorcellerie

Pour de telles explications, la sorcellerie offre un bon terrain. Elle enveloppe, traverse, caractérise la culture populaire, et elle se reflète, quitte à projeter hors d'elle-même une image fausse, dans le miroir de la culture d'en haut qui l'examine, ne la comprend pas et, un beau jour, s'acharne à la faire disparaître. Entre le haut et le bas, l'incompréhension et la coexistence ne sont-elles pas la règle ? La culture supérieure enregistre imparfaitement la réalité populaire, mais elle l'enregistre, l'historise.

Il est certain que la sorcellerie est aussi vieille que le monde. Toutes les sociétés, même les actuelles, s'ouvrent sur le surnaturel. Et la sorcellerie, mise en cause de forces anormales, exceptionnelles, se disperse dans le social qui la tolère, la favorise souvent.

Ici, comme souvent, entre le haut et le bas, la distinction tarde à se préciser. Charles Seignobos aimait à dire, pour surprendre et faire sourire ses auditeurs : « L'amour ? Une invention du XIIIe siècle. » Alors, en effet, toute la poésie du sacré, au plan supérieur de la culture, se laïcise au bénéfice de la tendresse, et c'est une image d'un évident intérêt. De même longtemps le bien et le mal, le bénéfique et le maléfique, voire Dieu et le Diable, ne se sont pas distingués de façon manichéenne. Alors, imitons Charles Seignobos : le Diable a été inventé, dirons-nous, à la fin du XVe siècle, et si l'on voulait retenir une date faussement précise, ce serait celle, par exemple, du *Marteau des sorcières*, publié à Strasbourg en 1486, et qui représente la femme comme le « visage visible du maléfique ». Car ce sont les femmes, en grosse majorité, comme l'avait déjà remarqué Michelet dans son admirable ouvrage, *La Sorcière*, qui sont les agents obstinés de la sorcellerie.

Mais là n'est pas notre premier problème. En cette fin du XVe siècle, ce qu'il faut mettre en lumière, c'est l'effort de la civilisation savante, et même simplement de la civilisation urbaine, pour se séparer de la culture populaire et la pourchasser en la définissant à dessein, pour l'accabler, comme une Église diabolique.

La culture populaire, en fait peu structurée (du moins je le crois), est accessible à tous les apports extérieurs — bons ou mauvais — et en particulier à ce que lui apporte ou lui impose la civilisation haute qui la surplombe souvent. Cette culture populaire, cependant, n'est pas, sans plus, selon l'heureuse formule de Jean Delumeau, un « christianisme folklorisé », mais plutôt (et ce renversement des termes, que je prends à mon compte, a sa valeur) un « folklore christianisé », recouvert par l'Église d'un vernis plus ou moins épais. Ce qui laisse à penser que la civilisation populaire est une civilisation en elle-même, issue, pour l'essentiel, des profondeurs du temps, obligatoirement modelée sur les nécessités d'une vie élémentaire, ramenée à des solutions habituelles. Pour préserver les récoltes, les animaux, les maisons, lutter contre la maladie, les attaques, la mort, des précautions s'imposent qui sont des actes hautement religieux. « Pour éviter... l'invasion de la maison par des carquemares [les cauchemars, les sorcières], il est nécessaire de faire la soupe et de la laisser bouillir en la retirant du feu, car les sorcières craignent par-dessus tout *un pot qui bout jus du feu* [hors du feu] » (Muchembled). Pour se défendre des sorciers et sorcières, le gestuel chrétien apporte aussi son aide : s'endormir les bras en croix, « mettre aux quatre coins du lit quatre petites croix faites de huit fétus cueillis la nuit de la Saint-Jean ». Le folklore débouche plus d'une fois sur les pratiques chrétiennes, l'eau bénite, les pèlerinages... Surgissent des signes prémonitoires favorables ou défavorables (favorable le hennissement du cheval, défavorable le hurlement du chien), contre le loup qui peut la suivre, la femme menacée laissera traîner sa ceinture à terre derrière elle en disant : « Garde-toi, loup, que la main de Dieu ne te fière [blesse]. » Et ainsi de suite. La « superstition » de jadis se présente comme une nébuleuse de préceptes, de recettes, de tabous à observer... Et j'ai l'impression que la sorcellerie est la structure la plus solide de toute la culture populaire.

En tout cas, c'est elle qui équilibre l'univers des classes populaires dans « leurs espaces cloisonnés ». Comme il s'agit essentiellement de villages, et que chaque village a son sorcier, ou plutôt sa sorcière, celle-ci, sur place, ayant plutôt le monopole des actions maléfiques, jette des sorts, fait périr les bêtes, compromet les récoltes, provoque les maladies ; par surcroît elle conduit la mort par la main. Heureusement le village ou le groupe de villages voisins offre le recours de leurs sorcières (les extérieures) qui, sollicitées, brisent les maléfices, tissés sur place, de leurs collègues en sorcellerie, dénouent les sorts... En somme, ceci compense, équilibre cela. Et assurément depuis longtemps. Non que ce soit un équilibre parfait, que le mal et le bien se compensent, mais il y a essai de compensation. Contre le maléfique, une ligne de défense se dessine. C'est ce que nous dit encore pour aujourd'hui Jeanne Favret-Saada dans son enquête à travers les pays bocagers de l'Ouest.

Alors, pourquoi cette sorcellerie, équilibrée et équilibrante, est-elle attaquée par la société supérieure, l'Église et l'État, à partir de la seconde moitié du XVe siècle — à supposer que ce demi-siècle représente, comme beaucoup d'historiens le pensent, le tournant décisif ? Il y a eu, en effet, ce qui ne simplifie rien, des procès en sorcellerie bien avant *Le Marteau des sorcières*. Un siècle et demi plus tôt, « Anne-Marie Georgel, de Toulouse, raconte aux Inquisiteurs, en 1335, qu'un mardi matin, comme elle était seule à laver le linge de sa famille, au-dessus de la ville..., elle vit venir à elle, par-dessus l'eau, un homme d'une taille gigantesque, fort noir de peau, dont les yeux ardents semblaient deux charbons allumés, et qui était vêtu de peaux de bêtes. Ce monstre lui demanda si elle voulait se donner à lui... » Ne nous demandons pas, à quoi bon ?, s'il y a eu dans ce cas et dans tant d'autres analogues, hallucination, ou intervention des juges, la torture aidant, pour pousser l'accusée à dire ce qu'ils attendaient d'elle. Et revenons à la question primordiale : pourquoi tout change-t-il aux alentours du *Marteau des sorcières* ?

Nous n'avons à avancer que des réponses vraisemblables, non pas sûres. En fait, la sagesse consiste à cumuler les réponses, ce qui au moins reviendra à mieux poser la question.

Première réponse, si vous expliquez la culture par la culture, vous penserez qu'il a pu y avoir, à partir de 1450, au ras du sol, montée de la religiosité populaire et, au milieu de ce flux, montée concomitante de la sorcellerie : la culture populaire aurait pu s'exalter en même temps que la vie religieuse à l'étage au-dessus. À cette première explication, rien d'impossible. Dans l'Espagne du XVIe siècle, ne voit-on pas les musulmans clandestins — les Morisques convertis en apparence au christianisme — être pris dans le flot religieux qui porte, en même temps, sainte Thérèse d'Avila et saint Jean de la Croix ? Mais vous pourriez imaginer aussi que le flux religieux général a aiguisé les conflits entre cultures.

Enfin des transferts, des excitations venus du dehors ne sont pas exclus. La zone sorcellante par excellence, en Europe, ce n'est pas la France, mais l'Allemagne prolongée jusqu'aux Alpes. J'ai noté hier, à la suite d'un érudit trop tôt disparu, Jean Lacroix Novarro, l'arrivée en Espagne des *salteadores*, des jeteurs de sort venus du nord des Pyrénées. Si bien qu'à la suite d'un livre étonnant d'Ortega y Gasset, j'ai parlé, hier, sans hésiter, de l'entrée du Diable en Espagne vers 1600.

Ce qui commencerait entre XVe et XVIe siècle, plus ou moins tôt selon les régions et notre documentation, ce serait une lutte religieuse à la verticale. En haut, protestants et catholiques mènent le combat que l'on sait ; au-dessous de ces combattants classiques, une autre guerre religieuse se déroule, silencieuse mais elle aussi sanglante, en pays protestant comme en pays catholique. Ainsi aucune pitié, aucune tolérance.

L'explication politique et sociale — économique aussi — n'est pas à rejeter. Mais quand peut-elle entrer en jeu ? L'État poussant la société, poussé par elle, abritée derrière le bouclier de la civilisation savante, se serait décidé (mais au XVIIe siècle seulement) à réduire à l'obéissance le pays tout entier, les villes, les villages, les classes supérieures, non moins les classes populaires. Robert Muchembled a écrit des pages magnifiques à la Michel Foucault sur la triple alliance offensive du roi, de l'Église et de la société ralliée au régime monarchique. Je suis d'accord avec lui : il y aurait, dans un régime autoritaire, relayé par la complicité active de l'Église et de la société privilégiée, une lutte contre les esprits, voire les corps de la culture villageoise. L'autorité renforcée du père de famille ajoute un cran supplémentaire à cette construction d'un ordre moral avant la lettre, mille fois plus efficace d'ailleurs que l'ordre moral plus tard du duc de Broglie. Une culture villageoise assez libre, assez laxiste quand à la morale et à la pratique sexuelle, est ainsi mise au pas, contenue, une morale docile au bas-ventre, rabelaisienne au sens large du mot, et qui explose encore dans la littérature du XVIe siècle : la France, du coup, s'est rechristianisée une fois de plus.

Toute la France, oui, en ce qui concerne une christianisation nouvelle. Mais une sorcellerie étendue à toute la France, poursuivie dans toute la France — il faut en douter, puisque la géographie des procès met en cause, par excellence, les Pays-Bas, la Lorraine, la Franche-Comté, la Savoie, le Dauphiné, la Provence, toutes régions périphériques et, qui plus est, où l'autorité royale s'établira tard ; y poursuivre les sorcières, c'est y enfoncer l'autorité monarchique, comme on enfonce un clou dans une planche de bois pas trop dure.

Le plus étonnant, en ultime analyse, c'est que la chasse aux sorcières cesse, en gros, avec les années 1680, à la suite peut-être d'un certain rétablissement du rythme de la vie économique ? Une telle concordance n'étant pas sûre, d'autant qu'au sujet de ce rétablissement économique, la discussion reste ouverte entre historiens, en faire une cause, c'est aller vite en besogne. Si l'on en croit Robert Mandrou, les juges auraient renoncé à poursuivre la sorcellerie, la raison aurait eu le dernier mot contre les certitudes anciennes. La raison, soit le fil du rasoir, sur lequel il est difficile de s'avancer. Ce changement de mentalité des juges a eu son rôle mais il se rattache à toute une série de causes agissantes. Lesquelles ? Il faudrait s'en préoccuper.

N'y a-t-il pas une contre-explication, un pont à jeter entre deux *événements longs* : d'une part, la disparition de la sorcellerie, du moins la fin contre elle d'une lutte séculaire — et le règlement brutal (Révocation de l'édit de Nantes, 1685) du rejet de la Réforme, soit la conclusion, ou presque, du protestantisme ? La coïncidence dans le temps, approximative, n'est pas une preuve, au plus une présomption. Mais elle a, *indirectement*, l'appui de la thèse secondaire de Lucien Febvre qui porte sur l'Inquisition et l'hérésie protestante, en

Franche-Comté, au XVIe siècle. Sa conclusion est curieuse, voire stimulante. L'hérésie protestante, après l'édit de Nantes (1598), se trouve hors jeu. Les Inquisiteurs seraient-ils dès lors sans clients, sans gibier, en chômage ? Alors ils découvriraient et prendraient en chasse les sorciers et les sorcières. Ainsi une relation se marquerait entre ces deux querelles, l'une qui se termine, l'autre qui commence ou recommence. Or, avec les années 1680, la question protestante revient à l'ordre du jour, du coup la sorcellerie passerait à l'arrière-plan.

Toutes ces explications, construites sur des hypothèses, sont des bases peu solides. L'ébauche d'un explicatif romanesque qui cédera demain devant des études positives. Après tout, c'est le sort de la recherche. En outre, essayer d'expliquer, c'est cerner le problème, le poser en termes plus clairs que la veille. Et nos tentatives nous mettent sûrement de plain-pied avec trois vérités d'importance :

1) Si l'on est attentif à cet étagement des réalités culturelles, on ne verra plus l'histoire religieuse de la France, sa christianisation, ses rechristianisations successives, avec les mêmes yeux et certitudes qu'hier.

2) Tout essai de civilisation supérieure — et la christianisation en est une — se heurte à l'inertie ordinaire des masses populaires. La démonstration en a été fournie souvent par Marcel Bataillon qui avait, devant les yeux, le cas typique des Espagnols gagnant le Nouveau Monde, au départ des chrétiens, imparfaits sans doute mais des chrétiens, à l'arrivée des incroyants, par simple effet de pesantcur, unc pcsanteur qui ramène les croyants au sol, au rez-de-chaussée, par une sorte de loi du moindre effort.

3) Et c'est de cette explication qu'il faut partir pour une dernière constatation. Tout se passe, aux yeux des spécialistes, comme si la culture populaire, de transmission orale, s'était éteinte sous nos yeux, soit vers 1914, soit vers 1930. Je ne crois pas qu'il en soit ainsi. Si une culture populaire entièrement orale ne se main-

tient pas intacte, en 1980, une sagesse faite de préceptes populaires se maintient et qui n'est pas toute la culture des *media*, le discours des radios, de la télévision, de la propagande acharnée des journaux... Il s'en faut d'ailleurs que la culture populaire se maintienne, aujourd'hui, au niveau de l'écriture et de la lecture. C'est un haut niveau auquel tous ne restent pas accrochés. Une enquête sur les centaines de milliers de lettres prélevées par la censure militaire de 1914 à 1918 réserverait à ce sujet des surprises. J'ai eu connaissance, en 1939-1940, des lettres qu'envoyaient et recevaient des hommes de ma batterie, j'ai même été sans plaisir l'écrivain public des plus maladroits, et j'ai longuement, dans les intervalles de la ligne Maginot, entendu leurs confidences. Un folklore étrange de la guerre de 1914-1918 vivait, achevait de brûler en eux, qui n'avait rien à voir avec les images glorieuses de l'histoire officielle. Par la suite, je me suis fait raconter, par mon ordonnance, à loisir, l'histoire de France qu'il avait apprise à l'école primaire et qui, dans sa mémoire, se mêlait à l'histoire récente de notre pays... Étrange récit dont je n'ai malheureusement retenu que des bribes.

Bref, il y a toujours une culture populaire faite d'emprunts, de leçons, de traditions vivantes. Elle existe, résiste à l'effort monstrueux de l'éducation nationale. On ne satellise pas tous les esprits. Et il est peut-être fatal ou nécessaire ou même heureux qu'il en soit ainsi.

La langue française conquiert la France

La sorcellerie, oserons-nous le dire, est pour notre repérage un thème privilégié, dans la mesure où elle nous a placés à mi-chemin entre les juges, en haut, et les accusés de sorcellerie, en bas. C'est une position médiane analogue qu'offre la conquête de la France par un parler de la langue d'oïl — celui de l'Île-de-France : avec ce vainqueur, nous sommes en haut de la société, avec les parlers, dialectes et patois qui succombent devant lui, nous sommes au ras du sol — il y a confrontation. Tout est en place pour notre observation.

La langue française que nous parlons les uns et les autres est issue d'un parler vulgaire développé entre Loire et Somme, de part et d'autre de la vallée moyenne de la Seine. Il lui a fallu, pour établir sa suprématie, se débarrasser du latin qui était pour tous les parlers de France une enveloppe supérieure. Il lui a fallu ensuite s'imposer aux autres parlers du royaume, non certes par ses vertus (clarté ou avantages particuliers), mais du fait qu'elle était langue du roi et de ses serviteurs. Le « français » a été présent, dès le départ, dans les bagages de la conquête monarchique de l'espace où la France a trouvé peu à peu son assiette. C'est une très longue histoire : langue populaire dans l'espace où elle naît, elle devient, avec la mise à l'écart du latin, langue supérieure avec les privilèges que cette réussite amène avec elle. Enfin, à la conquête des parlers de France, elle travaille la zone supérieure des cultures et parlers locaux, et peu à peu, là où les circonstances la favorisent, elle s'implante, pousse ses racines, disloque peu à peu les parlers locaux. Quel admirable processus, en soi, de la longue durée ! Il se repère très tôt, dès avant l'avènement des Capétiens et, à la veille de la Révolution, en 1789, la France linguistique est encore un immense champ de bataille. En 1914, dans mon village entre Champagne et Lorraine, les vieilles gens parlaient le français, mais le patois leur revenait entre eux, et surtout, par exemple, pour les bonnes histoires. La lutte, en ce domaine de pénétration facile pour le français — Champagne et lisières de la Lorraine —, n'était pas encore tout à fait réglée, malgré l'école publique...

Face à cet énorme domaine, le premier soin est de déblayer le terrain. Alors parlons très vite du latin. Il est, à la fin de la Gaule romaine, le langage d'une aristocratie étroite et tout se serait écroulé de cette primauté fragile (ou pour le moins tout se serait vite détérioré) si l'Église n'avait apporté son aide. Avec les invasions germaniques et les siècles mérovingiens de vie plus active qu'on ne l'aura cru longtemps, le latin perd du terrain, la « renaissance carolingienne » le rétablit à point nommé mais toujours au sommet de la société, donc un peu à l'écart. La langue populaire, du latin très déformé, mélangé d'emprunts aux Barbares germaniques, transformée dans sa syntaxe et plus encore dans sa prononciation — la langue romane — a ses exigences grandissantes : comment communiquer, ordonner, capter les esprits sans utiliser la bonne transmission ? L'écho est retentissant, dans nos oreilles, du *Serment de Strasbourg* (14 février 842) : pour être entendus de leurs troupes respectives, Louis le Germanique et Charles le Chauve — l'un et l'autre fils de Louis le Débonnaire, et qui se sont alliés l'année précédente contre Lothaire, leur frère aîné — prononcent leur serment, le premier en roman, le second en tudesque, et les textes conservés de ces serments sont les premiers documents sur les langues française et allemande. Il est évident qu'il a bien fallu, dès avant l'échange de telles promesses, parler aux hommes des armées et des classes populaires en leur langage.

Plus tard s'accomplit la naissance dans notre pays d'une littérature en langue française — les chansons de geste, et la plus admirable au XIe siècle, la *Chanson de Roland*, s'adressent à des chevaliers, à des seigneurs mais aussi au vaste public des pèlerinages et des foires. Là encore, la nécessité d'être entendu joue son rôle.

Le latin reste cependant la langue de l'Église, des chancelleries naissantes, des hommes savants — et comme les habitudes ont la vie tenace, le latin se maintient longtemps sur les registres officiels, en France comme ailleurs. Dans toute l'Europe, les langues vulgaires forcent ces portes du pouvoir et de la mémoire, au XVIe siècle. À Venise, en tournant les pages des séries *Senato Mar* et *Senato Terra*, l'historien franchit la frontière entre le latin et le « vénitien », entre passé et avenir, et la porte ouverte ne se refermera plus. En France, le même processus joue à la même date : l'ordonnance de Villers-Cotterets (10 août 1539), « l'ordonnance Guilhelmine » (car préparée par le chancelier Guillaume Poyet), interdisait l'usage du latin dans tous les actes judiciaires et notariés et prescrivait celui du « langage maternel françois », c'est-à-dire des idiomes particuliers (Henri Peyre). Mais aussi vite que possible, laissons le latin à son destin (car il a encore devant lui un assez beau destin : révisé, remis en ordre par les humanistes, il maintient son filet sur l'enseignement des écoles et des collèges jusqu'à hier, jusqu'à nous), laissons le latin et reprenons le problème de la langue française — notre problème.

Notre problème ? La façon dont un parler français s'est imposé aux autres, pourquoi les a-t-il surclassés (le méritant ou non), pourquoi surtout y a-t-il eu, vivaces comme du chiendent, des parlers provinciaux et même une langue vivace, la langue d'oc (éventail ouvert de civilisation), qui s'est adjugé la moitié de la France et, quoi qu'on dise, la tient aujourd'hui encore ? C'est le passionnant, l'interminable problème de l'un et du multiple, *que l'on ne pourra pas résoudre, scientifiquement, à notre satisfaction parce que la documentation est insuffisante et qu'il y a, quand elle existe, entre la langue écrite et la langue parlée, un fossé que nous ne pouvons rétrospectivement combler*. Et si l'on aperçoit assez bien comment l'étendue de la Gaule romaine a été transgressée par les invasions et la langue germanique en bordure du Rhin, occupée, colonisée, en Armorique, par le parler breton, ou défendue sur un étroit territoire par le parler basque, on voit moins bien comment et pourquoi une Gaule, relativement unie linguistiquement, s'est transformée en une France partagée entre des parlers différents. Sans doute l'unité linguistique de la Gaule romaine ne nous est pas garantie, ayant été soumise à des romanisations d'intensité différente, parfois au voisinage du médiocre (dans certaines régions alpines), ajoutées à des civilisations sous-jacentes elles-mêmes diverses en profondeur, et qui, par la suite, ont correspondu à des parlers romans différents, par la syntaxe ou par l'accent.

La diversité linguistique de la France féodale, résumée dans ses grandes lignes par le carton de la page 000 [carte évidemment absente], peut être considérée comme la conséquence de divisions lointaines, aggravées sous l'impact de ces forces de désorganisation que la féodalité entraîne avec elle : effacement de l'autorité centrale, repli sur la vie locale, ralentissement des liaisons interrégionales... L'expliquer de la sorte, ce n'est saisir qu'une ligne très générale.

Le plus curieux, c'est que ces divisions se groupent en deux ensembles : langue d'oïl, et langue d'oc, avec la division supplémentaire, mais nécessaire pour nos classements, du franco-provençal qui s'étend sur le sud du Jura, la Savoie et une partie de la Bourgogne « ducale ». D'une de ces cases à l'autre, dès que la distance s'exagère, la compréhension devient difficile — même à une date tardive. À la veille de la Révolution, les Savoyards immigrés à Paris, ramoneurs ou coursiers, porteurs de paquets ou de lettres, parlent « une langue incompréhensible aux Parisiens » (Manceron). Par contre, le patois picard, qui approche et même pénètre Paris, est compris dans la capitale et même à la cour : voyez l'épisode picard dans la pièce de Molière, jouée à Chambord le 17 septembre 1669, *Monsieur de Pourceaugnac* (Paul Gayrard). Le trait majeur de cette carte des parlers, c'est évidemment la ligne de partage des langues d'oïl et d'oc, lesquelles se partagent deux familles nettement opposées. Un double problème est préoccupant : comment cette division, cette coupure s'est-elle mise en place ? comment a-t-elle duré et même, d'une certaine façon, survécu aux victoires de la langue d'oïl, après la guerre cruelle des Albigeois ?

L'explication possible, non pas certaine, de cette coupure en deux est assez simple, et Robert Lafont l'expose avec clarté. Mais faut-il l'en croire les yeux fermés ? Tout laisse à penser, en premier lieu, que la Gaule romaine n'a pas été uniforme. Un contraste a existé plus que sûrement entre la Narbonnaise — la Gaule du Sud, saisie par Rome entre 125 et 120 avant le Christ — et le reste de la Gaule conquis par César un demi-siècle plus tard. Les invasions barbares aux IVe et Ve siècles créent de nouvelles différences. Alors que la *Gallia Barbara* est traversée par les peuples germaniques, puis saisie par les Francs, la *Gallia Romana*, celle du Sud, est occupée par les Wisigoths qui sont des Barbares sages, christianisés et romanisés, qui protègent la civilisation antique en détruisant simplement le lourd appareil de l'État romain (Lafont). Évidemment, les peuples anciens, celtiques et pré-celtiques, ont joué leur rôle, favorisé ou préparé ou imposé des différences ethniques. En outre, le nord de la Gaule, continuation des immenses plaines de l'Europe nordique, est ouvert aux incessantes invasions en provenance de l'est. Même inférieurs à la masse des habitants en place, ces envahisseurs ont pu changer la langue, ajouter à son vocabulaire, déplacer les accents... Le Sud, au contraire, est comme protégé par les rebords septentrionaux du Massif central, du seuil du Poitou à la vallée de la Saône. En outre, la *Gallia Romana* est appuyée à la chaîne des Pyrénées, aux fortes populations : l'Occitanie, comme on dit aujourd'hui, a eu cette longue chaîne comme sa colonne vertébrale et, par-dessus ces éminences, elle s'est jointe à l'Aragon méridional. Longtemps, « il n'y a pas eu de Pyrénées ». Et si la langue d'oc s'est maintenue, c'est qu'elle a été longtemps encadrée par une civilisation supérieure — dont la poésie des troubadours est l'expression, la fleur et en quelque sorte la preuve : une civilisation étendue de l'Atlantique à la Méditerranée, du Limousin à la Garonne et à l'Èbre... Une civilisation qui a été, à partir du XIIIe siècle, malmenée, condamnée à de continuelles déchirures. Elle a reculé vis-à-vis des contraintes et des séductions du Nord — le Nord, c'est le pouvoir, les honneurs, les carrières — ; face aux faiblesses des élites, trop disposées à trahir ; à la faiblesse aussi des villes.

Ce qui a manqué à la civilisation d'oc, est-ce une armature suffisante de villes, voire une très grande ville ? En Italie, les cités vivaces ont été les boucliers, les écrans protecteurs des régionalismes culturels. En Espagne, rien ne serait possible, en Catalogne, sans l'énorme poids de Barcelone ; dans le pays Basque, sans l'énorme dynamisme de Bilbao. Alors parlons de l'insuffisance de Toulouse, de Montpellier — non pas de Lyon ou de Bordeaux qui sont villes en marge.

Tout finalement revient à accuser Paris : l'arrogance de la capitale, son complexe de supériorité, l'unicité de son éclat culturel, sa prétention à être le centre « monocéphale », le « lieu de délices et paradis » du monde (P. Gayrard), son « regard de tout-puissant surplomb » ont infériorisé les provinces, leur ont donné le sentiment de leur retard, de leur manque de manières, de leur ennui culturel. Qu'ils fassent des efforts, qu'ils connaissent « par cœur les remarques de Vaugelas... », c'est bien, mais sont-ils pour autant sortis de la « rouille » de leur langage, de la musique étrange de leur accent ? Vers 1670, quand un voyageur venant du nord atteignait le sud de l'actuel département de la Haute-Vienne, il pénétrait dans les pays de langue d'oc, alors il en était « réduit à parler par signes ». Bien sûr, les ambitieux, tous ceux qui veulent franchir des frontières sociales, courent vers la capitale insatiable. Le mot de Balzac est vrai : « Tout coq à plumes éclatantes s'envole à Paris. »

Mais enfin, mises bout à bout, toutes ces fascinations et captures n'ont pas bouleversé de fond en comble la structure des parlers. En 1789, il y a peut-être, sur une trentaine, deux millions de Français parlant le français, les autres « patoisent », restent dans la « moisissure de leur parler », le mot est de Mme de Sévigné (P. Gayrard). Et l'*Encyclopédie* de définir le patois : « langage anonyme tel qu'il se parle dans presque toutes les provinces... On ne parle la langue que dans la Capitale ».

Alors, pour que se développe et réussisse l'unité linguistique sans faille, il faudra « une politique de la langue » qui ne commence guère qu'avec la Révolution française ; il faudra les étonnants brassages des armées révolutionnaires et impériales ; puis, pour couronner le tout, l'école publique relancée par les réformes de Jules Ferry...

Faut-il s'en réjouir ? Bien des richesses ont été gaspillées, brûlées en pure perte, par ce triomphe uniformisateur. En outre, accuser les hommes, les politiques suivies, les accidents répétés de l'histoire, ne saurait suffire. Il faut faire un effort d'imagination, constater que les mêmes unifications linguistiques ont surgi dans tous les pays modernisés du monde. La France patoisant à son aise, condamnée hier à l'être encore, était *humainement parlant* beaucoup plus vaste qu'elle ne l'est aujourd'hui. Toutes les régions de la France se sont télescopées avec l'accélération invraisemblable des transports, avec les échanges multiples de populations, avec l'action d'un État centralisateur et qui n'échappe pas, ayant les moyens de le faire, au désir de tout réunir dans ses mains, dût le pays en être malade, ou même en crever.

Rabelais ou le rire carnavalesque du peuple

[*Ce paragraphe n'a pas été rédigé*.]

II

Les phénomènes de long souffle

Dans les pages qui vont suivre, je m'efforcerai de voir l'ensemble culturel (le haut plus le bas). Je n'y réussirai pas de façon constante. Mais si l'on retient comme exemplaires, au plan des échanges, les processus et phénomènes de long souffle, nous aurons quelque chance de mettre obligatoirement *tout* en cause, bien que la culture supérieure soit bien plus visible que l'autre, étant plus changeante, et qu'elle cache trop souvent celle-ci à nos yeux.

Les échanges de long souffle dont il va s'agir peuvent se classer en quatre rubriques essentielles : les *acceptations* profondes des biens qui viennent de l'extérieur ; les *refus* catégoriques, rarissimes, il est vrai, des dons offerts par autrui et offerts avec insistance : la France, ne l'oublions pas, est, hier, au cœur de l'Europe, aujourd'hui au cœur du monde, si bien que le monde et l'Europe ne cessent d'entrer chez elle... ; les *tergiversations* longues, ces hésitations dans un sens puis dans l'autre, dont la France (si je ne me trompe) n'est jamais la seule responsable ; enfin les *expansions* continues et renouvelées, dominatrices (sans que la cause ou les causes en soient exactement perçues) et qui placent la France culturellement au-dessus de ses voisins, comme si cette lumière qui lui est personnelle représentait une sorte de revanche de ses déboires ou demi-succès dans les domaines de la politique ou de l'économie.

Soit quatre perspectives, qu'il faut évidemment assortir d'exemples, elles éclairent l'énorme problème, une vaste histoire culturelle dont j'essaie de déterminer le volume et les articulations. L'ordre dans lequel ces perspectives seront abordées n'est pas, à mon avis, important, puisque ces vues successives reprennent toutes, en profondeur, la problématique que pose, au vrai, l'étude de n'importe quelle culture. La française se soumet à la règle.

Premier volet : les acceptations

Je ne crois pas que l'*acceptation* catégorique, et sans réticence, sans remords consécutif, soit moins révélatrice, au total, que le *refus* rarissime d'une civilisation à l'égard des emprunts extérieurs. Je sais bien que c'est là l'opinion de Marcel Mauss dont j'ai souvent suivi la leçon. Mais j'ai changé d'avis. La réciprocité des perpectives me conseillait, à l'avance, de mettre dans un plateau de la balance l'acceptation et dans l'autre le refus. Il est vrai que, dans le premier cas, la civilisation qui accepte, s'abandonne, se transforme, est transformée, se trahit, se suicide, que dans l'autre cas, elle s'affirme, elle reste elle-même. Qui ne préférerait la survie au suicide ?

La Gaule accepte *le blé : le cas est-il significatif ?*

Au début de l'histoire perceptible de la Gaule, au VIe millénaire avant le Christ, se situe, décisive, appelée à traverser les siècles, la révolution agricole venue du Proche-Orient par de très longs chemins et d'interminables délais — deux ou trois mille ans. Est-ce une *acceptation ?* Est-ce une naissance ? Il s'est agi en gros de l'adoption, à la suite de siècles d'efforts et de diffusion, de la culture des céréales panifiables. La Gaule primitive est peu à peu incluse dans la tenace civilisation du blé, et bientôt du pain. La voilà prisonnière : tout s'organise autour, à partir de ce choix. La France ne s'est pas encore, aujourd'hui, dégagée de ce choix perdu dans la nuit des temps, bien que, pour nous, le pain ne soit plus le roi pesant et exigeant de jadis.

Ainsi, le blé a été et reste le premier personnage de notre histoire. Dès que nous apercevons la Gaule ancienne, le blé aussitôt se présente à nous, n'a-t-il pas tous les droits à cette priorité ? Si l'on essaie, à la veille de la conquête romaine (58 avant J.-C.), de dresser le bilan des « forces vives de la Gaule chevelue » — *Gallia Comata*, par opposition à la Narbonnaise, *Gallia Togata*, conquise et pacifiée quant à elle par Rome entre 125 et 100 avant J.-C. —, l'observation nous porte au milieu de forêts « susceptibles de défrichements ultérieurs et ouvertes à toutes les formes de l'industrie humaine, depuis les lisières où se dressaient les ruchers, jusqu'aux sous-bois d'ajoncs et de bruyères, jonchés de glands et de faines où paissaient d'innombrables troupeaux de porcs ; depuis les clairières où fumaient les fourneaux des charbonniers et les taillis où se couraient, à la lance, au javelot, à l'arc, toutes sortes de gibiers, jusqu'aux futaies où se débitaient, sous la hache des bûcherons, les mâts des navires et les rondins des maisons... ». Mais il faudrait des pages et des pages pour dresser la liste des richesses, paysages, métiers, campagnes et villes de la Gaule chevelue. Toutefois son très grand spectacle, ce qui ne peut nous étonner, ce sont ses terres à blé, « tantôt cloisonnées de haies dans l'Ouest et la vallée rhénane, tantôt, comme autour de la Seine, dévalant par de longues bandes unies que diversifiait seulement la différence des cultures, selon qu'elles étaient exploitées par des familles isolées ou par des communautés de villages, toujours avec d'ingénieuses méthodes et des outils perfectionnés, comme les charrues montées sur roues ou ces moissonneuses dont chacune abattait la besogne de plusieurs faucilles » (Jérôme Carcopino). Au total, une agriculture plus développée que l'italienne à la même époque. Mais le blé que les peuples gaulois livrent aux légions de César, ou le blé des magasins d'Avaricum (Bourges) dont César s'empare quand il force la ville, devant l'armée impuissante de Vercingétorix (52 avant J.-C.), le blé n'a-t-il pas trahi la cause de l'indépendance gauloise ? Sans lui, faute de ravitaillement, les légions n'auraient pu traverser le pays à conquérir et s'y incruster à leur aise.

Ceci posé, sommes-nous, du Néolithique à César, et

au-delà, en présence d'un cas typique d'acceptation ? Dans un tel processus, il y a celui qui donne, il y a celui qui reçoit. Or la Gaule qui intériorise la révolution agricole, nous la devinons à peine au seuil du Néolithique, peut-être 50 000 personnes. Alors existe-t-elle ? Sur cette poignée d'hommes, le nombre premier des élus a été faible ; ils vont grossir plus vite que les autres, les surclasser, les détruire. N'est-ce pas là une construction presque *ex* nihilo ?

La Gaule accepte Rome

Il n'en va pas de même avec la romanisation de la Gaule — merveilleux et indiscutable exemple. Sur cet énorme processus, les discussions, vives hier, se sont apaisées. Les historiens sont d'accord et la vulgate passe de l'un à l'autre comme lettre à la poste : vers 57 avant J.-C., la Gaule indépendante, divisée contre elle-même, est devant un choix inexorable : ou être conquise par les Germains d'Arioviste, ou l'être par les légions romaines. Celles-ci auraient été le moindre mal.

Alors faut-il souffler sur des cendres et ranimer les querelles d'hier en remontant jusqu'aux propos passionnés de Camille Jullian et de Ferdinand Lot ? Camille Jullian pensait que la Gaule indépendante, traversée par les marchands grecs à la recherche de l'étain et de l'ambre, commençait d'elle-même à se civiliser grâce à ces contacts précieux pour elle. Pour Ferdinand Lot, sa façon de voir (1947) est-elle, ou non, sous l'impression de la seconde guerre mondiale qui vient de s'achever, mais qui reste combien vivante dans son esprit ? Cependant, j'ai peine à croire à une explication circonstancielle. Écoutons-le : « La défaite d'Alésia (52 avant J.-C.), affirme-t-il, est la plus grande catastrophe de notre histoire. C'est beaucoup plus qu'une défaite, c'est la mort d'une âme [j'aimerais mieux dire d'une *culture*] remplacée dans le même corps par une autre âme ou, si c'est la même âme, c'est une âme vidée de tout souvenir, une âme dont la mémoire est abolie, au point que d'un long passé de souffrance, mais aussi de gloire, rien ne subsiste dans la conscience. D'autres fois, d'autres usages, et ce qui est pis que tout, une autre langue vont la remplir. »

Ferdinand Lot est un historien trop averti, trop revenu personnellement des mythes nationalistes de toute nature, pour céder en écrivant ces mots à un patriotisme vraiment hors de saison. Simplement, il est persuadé de l'ampleur d'une tragédie — la conquête de la Gaule — que d'autres historiens, hier, à commencer par Gustave Bloch, voyaient comme « naturelle ». « La Gaule, dit ce dernier, fut soumise par une armée qui ne comprit jamais plus que onze légions, c'est-à-dire qui ne dépassa pas, avec les corps auxiliaires, un maximum de soixante-dix mille hommes et resta le plus souvent au-dessous de ce chiffre. Elle succomba en huit années, ou plus exactement en cinq campagnes, car il est juste de déduire celles qui furent dirigées contre les Helvètes, les Germains, les Bretons. La courte durée [relative] de cette guerre a étonné les anciens. Ils ont opposé cette conquête à celle de l'Espagne qui ne demanda pas moins de deux cents ans... » Donc une conquête rapide, une chirurgie indolore ! Alors nous aurions tort de nous apitoyer, ce qui au demeurant n'est pas notre vocation, sur ces pillages, ces massacres, ces troupeaux d'hommes, de femmes et d'enfants vendus comme esclaves... Vercingétorix, en groupant les forces de la résistance gauloise, a, en somme, simplifié la tâche de César, un seul coup aura suffi pour la briser. Or rien ne nous dit que le bilan sanglant de la conquête n'a pas saigné à blanc la Gaule indépendante. De cinq millions d'habitants qu'elle possédait, à quel niveau a-t-elle été ramenée : trois ou quatre millions, cinq ou six habitants au km^2 ? (A. Rambaud).

Cette réduction peut être la véritable explication de la soumission qui va suivre. Soumission conséquente, mais que, rétrospectivement, on peut regretter. Comme le dit encore Ferdinand Lot : « La pire calamité qui puisse frapper un peuple n'est-elle pas la perte de mémoire ? » Car il y a eu perte de la mémoire, des gestes, des aventures héroïques et mythiques. Ernst Curtius lui aussi soulève le problème : « ... Sans doute des tribus celtes ont-elles parcouru presque toute l'Europe au cours des Vᵉ, IVᵉ, IIIᵉ siècles avant notre ère ; elles ont même poussé leurs avant-gardes jusqu'en Asie Mineure. Mais les Gaulois n'ont gardé aucun souvenir de ces expéditions lointaines. Nous ne retrouvons aucune trace de cette épopée primitive dans l'héritage spirituel que les Français ont recueilli de leurs ancêtres gaulois — rien qui soit comparable aux épopées germaniques, dans le souffle desquelles revivent les migrations des peuples. » Pour l'incomparable essayiste, la France est déjà un peuple enraciné, indifférent, « sourd aux appels mystérieux de l'horizon ». Et de rappeler le mot de François Mauriac : « Cybèle a plus d'adorateurs en France que le Christ. » Mais la bonne explication, c'est bien celle de Ferdinand Lot, la coupure tragique de la guerre des Gaules : un peuple coupé de ses racines, par une *acceptation* totale, déconcertante, envahi par « la monotonie de la culture romaine », par la « prose » d'une civilisation évoluée, déjà bien au-delà du stade de sa jeunesse. « Une forme de culture a été étouffée avant d'éclore... La disparition d'une très simple espèce florale afflige le botaniste à bon droit », alors une civilisation, une culture de moins dans le florilège de l'Europe, n'est-ce pas une lacune grave, en ce carrefour où la France est située par nature ? C'est ce que disait, il y a déjà longtemps (1885), Alfred Rambaud dans son excellente *Histoire de la civilisation française* : « Ce fut un grand malheur pour nous [Français], et aussi pour l'humanité tout entière, que cette civilisation [gauloise], incomplète assurément, mais si curieuse et si originale, ait été détruite. La conquête de César nous a imposé la civilisation latine et il n'a pas été permis à nos ancêtres de montrer ce qu'ils auraient pu produire par leur génie propre, en s'inspirant des progrès accomplis par leurs voisins. »

L'histoire ne peut être refaite. Rome s'est installée chez nous et nous l'avons acceptée sans réticence. En fait, elle nous a distingués de la Germanie proche, celle-ci reste barbare, primitive, la Gaule se « civilisant », l'écart grandit, et l'écart, c'est l'incompréhension, le décalage, la différence qui ne se comblent pas, la tragédie à venir de l'Europe : le Rhin est le fleuve le plus sanglant du continent.

« On n'ose insister, écrit cependant Ferdinand Lot, de peur d'être maltraité par les historiens qui estiment que ces regrets ne sont qu'un vain bavardage. » Cette chanson de la Celtique héroïque, courant le monde, les idées secrètes des druides coupant le gui avec leurs faucilles d'or, sacrifiant des victimes humaines au dieu du soleil, ces bardes qui chantaient au cours des festins et dont la voix ne nous parvient plus (Ernst Curtius) — en fait tout est perdu au fond de la mer, sous l'eau trouble et épaisse de l'acceptation. Saluons, une fois de plus, Michelet qui s'est préoccupé, en 1871, de retrouver ces voix perdues dans l'Irlande et le pays de Galles où l'âme celte a survécu. Alors ai-je eu tort ? Ai-je eu raison de signaler le gouffre où tant de choses ont disparu, et que le temps n'a pas été seul à dévorer ?

Mais alors pourquoi s'accomplit l'acceptation majeure de notre histoire ? Et pourquoi vient-elle jusqu'à nous, comme nous parvient encore la lumière d'étoiles mortes depuis longtemps ? C'est ouvrir la porte à tout un cortège de réponses : il y a eu les miracles d'une occupation romaine sans densité, donc assez diluée, la Gaule n'a pas été submergée par ses vainqueurs ; sa société à l'avance un peu « médiévale » — les aristocrates et leurs esclaves, ceux-ci devenant libres mais restant (si l'on peut dire) dépendants — ne s'est guère modifiée et les riches ont « collaboré » à qui mieux mieux ; Rome finalement n'a donné qu'un encadrement politique et administratif, villes et campagnes gauloises ont été abandonnées à elles-mêmes. La paix romaine, qui n'a pas été un mythe, a provoqué la montée des échanges, la construction des routes, l'épanouissement des villes. La présence de la force romaine sur le Rhin — souvent une force gauloise — a été une garantie dont le bienfait a toujours été vivement ressenti. C'est un atout supplémentaire en faveur de la romanisation. Quand, au IVe siècle, viendront les heures tragiques des invasions barbares, la Gaule participera, dix fois pour une, à la défense de la frontière et avec quel élan !

Il y a eu aussi, au jour le jour, la participation gauloise à la vie de Rome, à sa vie matérielle comme à sa culture — ses dieux peuplent la Gaule, chassent les dieux locaux, sa langue devient la langue de l'élite, d'autant plus que le celtique est un langage indo-européen, proche malgré tout du latin. Supposons que l'Algérie, en 1830, ait parlé un dialecte provençal, nous eussions été plus à l'aise pour organiser et tenir son destin. Il y a eu enfin l'armée romaine ; la conversion au christianisme ; et, au bénéfice de l'ordre et de la raison, le droit romain.

Dès la conquête même, les Gaulois ont servi dans l'armée de César, Vercingétorix y a fait son apprentissage. Et César, à qui n'avaient pas manqué les concours gaulois, les obtient facilement encore quand il s'agit de « marcher à la conquête de Rome et du monde. Le Sud-Ouest, le Centre envoya ses fantassins, ses archers, le Nord, sa cavalerie. De ces corps et de quelques-uns d'entre eux, il forma plus tard cette légion des Alouettes dont le nom rappelait un oiseau cher à la nation celtique. Les vieux Romains s'indignaient et l'accusaient de mener les vaincus d'Alésia à une nouvelle bataille de l'Allia » (Gustave Bloch).

Le christianisme est venu en Gaule d'Orient, mais ce détail reste épisodique. Là comme dans tout l'Occident, l'Église s'est coulée dans le cadre romain, elle a renforcé, consolidé Rome une fois de plus dans le destin de notre pays. Nulle surprise si l'idée romaine est « un des facteurs essentiels de [notre] formation, sa présence toujours active dans le subconscient de la nation » (Curtius). Après l'édit de Caracalla (212), tous les sujets de l'Empire, tous les Gaulois sont des citoyens romains. Quelle leçon et que les colonisateurs du XXe siècle ont tous oubliée ! Nous dirions en notre langage d'aujourd'hui qu'après l'édit de 212, il n'y a plus eu de colonisés. Des Algériens, hier, la France eût-elle pu faire des citoyens français à part entière ? Alors comprenons, quand la Gaule romaine s'effondre, ce que disent les Gaulois, enfants innocents de la situation dans laquelle ils se trouvent. « Bordeaux est ma patrie, dit le poète Ausonne, mais Rome est au-dessus de toutes les patries ; j'aime Bordeaux, j'ai un culte pour Rome. » Je préfère encore, dans sa force, l'attitude de cet autre poète de chez nous, Rutilius, qui quitte Rome pour regagner sa Gaule natale au Ve siècle : « "Les terres de Gaule appellent leur enfant", dit-il. Mais au moment de quitter Rome, il "colle mille fois ses lèvres" aux portes de la Ville Éternelle, et il adresse un hymne ardent et grave à la Reine magnifique du Monde » (Albert Bayet).

Mais avons-nous, Français, quitté Rome ? La civilisation gallo-romaine, entée sur l'arbre de la celtitude, parvient, d'avatars en avatars et en continuité, jusqu'à nous et s'épanouit en chacun de nous, nous manœuvre encore. Au départ, le lancement a été puissant : cinq siècles de domination romaine, de coexistence avec Rome, ce n'est pas rien. Si la France était restée en Afrique du Nord jusqu'en 2230, bien des choses auraient sûrement, nécessairement, changé. Mais l'histoire est dorénavant sous le signe de l'accélération. Les Romains ont eu le temps de définir, de délimiter, de pénétrer la Gaule, de travailler à son unité. Tout cela au ralenti : « *Six cents ans après la conquête, les évêques se plaindront encore [en parlant latin] de ne pouvoir se faire comprendre des paysans* (Lucien Romier). *Mais* notre pays s'est acharné à rester ou à redevenir « latin » ; le christianisme a entretenu la flamme ; le droit romain a été ravivé par nos légistes, ils opéreront au XVIe siècle une véritable révolution politique — ils fondent ni plus ni moins que la monarchie absolue. Songez aussi aux humanistes de la Renaissance, ils réintroduisent avec passion l'Antiquité — vive saint Socrate — dans la civilisation de leur temps. Et nous avons été victimes, ou bénéficiaires, depuis quatre siècles de l'enseignement classique — le grec, le latin —, que seule a déplacé la révolution de l'enseignement primaire, de l'enseignement scientifique de base, qui monte sous nos yeux les degrés de la hiérarchie scolaire. Faut-il s'en réjouir ? Se résigner ? Les gens âgés regrettent.

Deuxième volet : les refus.
La France n'en finit pas de rejeter la Réforme

La France s'est débattue des siècles durant face à face avec la Réforme, hydre dont on ne peut couper toutes les têtes, masse de problèmes sans solution. Elle l'a acceptée sans trop le savoir dès le principe, puis s'en est peu à peu détachée, non sans peine, à la suite de débats, de controverses, de contradictions, de luttes féroces. La tension ne s'est résolue, et encore, qu'avec la Révocation de l'édit de Nantes (1685). Soit un siècle et demi, ou peu s'en faut, après la mort de Luther (1547), plus d'un siècle après la mort de Calvin (1564).

Selon Lucien Febvre, la France entière n'aurait été touchée, je ne dis pas gagnée par la Réforme, qu'aux environs de l'année 1535 — j'y reviens dans un instant. Il s'agit alors de toutes les classes de la société et de toute l'étendue d'une France diverse, mais ouverte sur le dehors, accessible aux « nouvelletez » et si je ne me trompe pas, qui arrivera au bord éventuel d'une « acceptation ». *1535-1685, cette fois, le siècle et demi est l'exacte mesure. Mais peut-il y avoir, en ces domaines d'une telle fluidité, une exacte mesure temporelle ? Si vous acceptez, cette vue que le jansénisme est présent dans l'esprit de Calvin, si vous êtes attentif à la vie des protestants sujets de Louis XVI que le roi sort des difficultés où les emprisonnait leur manque d'état civil, vous atteignez sans effort les dernières années de l'Ancien Régime. Et si la France protestante telle qu'elle a survécu et au vrai prospéré durant ces deux derniers siècles est, comme je le pense — en tant que minorité vivante et agissante —, digne du plus haut intérêt, notre vue ira de François Ier au temps actuel.* Nous voilà donc face à un vaste panorama d'histoire, c'est la durée, l'information, la problématique qui nous manquent le moins.

Mais sur cet énorme dossier, avons-nous une chance sur cent ou sur mille de dégager sans équivoque la nature du refus qu'apporte finalement la France — mais quelle France ? — à l'insistante Réforme protestante ? La France, n'est-ce pas, quand tout commence, le roi François Ier, si brillant que la Renaissance semble l'envelopper de sa lumière, la Renaissance sœur de la Réforme ? Et n'est-ce pas encore le roi, Louis XIV bien ou mal conseillé, qui révoque l'édit de Nantes, et Louis XVI qui accorde par l'édit de 1787 un état civil aux non-catholiques ? Plutôt que comme une « révolution bourgeoise », à l'instar de Marx et d'Engels qui n'ont pas tout à fait tort, je vois, en me plaçant à l'heure des résultats et des conclusions, la Réforme sous le signe de l'État : c'est lui qui décide. Mais l'État dans une société en place n'est que l'interprète, le jouet, l'exécuteur des volontés qui l'entourent.

Au début de la Réforme, l'État a eu deux occasions sensationnelles, fugitives, de jouer son rôle et de déterminer le destin de l'Église, de l'Europe et par surcroît de la France. Le 19 avril 1521, à Worms, devant la Diète et en présence de Charles Quint, Luther refuse de se rétracter : « Révoquer quoi que ce soit, je ne puis, je ne le veux. » L'important, et Karl Brandi a raison de le dire, c'est la réponse du jeune empereur, écrite de sa main, négative : « Vous savez, déclarait-il, que je descends des empereurs très chrétiens qui ont régné sur la noble nation germanique, des Rois Catholiques d'Espagne, des archiducs d'Autriche, des ducs de

Bourgogne qui, tous, jusqu'à la mort, ont été les plus fidèles de l'Église romaine... » Pouvait-il ne pas laisser parler les morts, laisser se dresser contre lui la papauté, aller à contre-courant ? Nous lui prêtons donc gratuitement cette possibilité à laquelle il n'a sans doute pas songé, durant sa nuit de méditation du 18 au 19 avril... S'il s'était décidé dans l'autre sens, pour une solution du compromis, tout aurait pu changer...

Je mets cet incident en lumière parce que je désire en rapprocher le choix qu'a dû faire François Ier, une bonne dizaine d'années plus tard. En 1521, le choix était encore possible : le protestantisme diffus se mêle sans trop de danger encore aux pensées des fidèles les plus sincères de l'Église. L'aube est indécise, entre chien et loup. Au-delà de 1526, la sœur du roi, Marguerite de Valois, n'est-elle pas en liaison avec les humanistes, les intellectuels que la Réforme touche profondément ? N'y a-t-il pas eu des projets de Marguerite ? Mais, en 1527, elle épouse, sur ordre, le roi de Navarre et pratiquement la voilà chassée de la cour. François Ier hésite, dans la mesure où ses enfants sont encore des otages, prisonniers de Charles Quint en Espagne. La paix des Dames, en 1529, a supprimé cet obstacle. « Notez, écrit Michelet, que le roi de France est libre, parfaitement libre [de son choix]. Le côté du protestantisme qui épouvanta la France par sa sombre austérité, Calvin et Genève, ne sont pas encore. » De multiples figures rassurantes sont connues, celle généreuse de Zwingli, celle « aimable et pieuse » de Melanchthon. En octobre 1532, Henri VIII d'Angleterre offre au roi une alliance « protestante en somme », pour venir en aide, en Allemagne, aux princes réformés de Smalkalde. Entre « gauche » et « droite », ce sont les mots de Michelet, qui se disputent la confiance fuyante du roi, François Ier hésite, ne s'engage pas, n'a-t-il pas les yeux fixés, rivés sur l'Italie ? Choisir la Réforme, c'est perdre aussitôt les rêves, les projets qu'elle inspire. « Le vulgaire, dit un témoin important, ne comprend pas les raisons de la conduite du roi. Il est certain pour moi qu'il n'est pas mal disposé pour l'Évangile. S'il le dissimule, c'est qu'il ne peut faire autrement, à cause du clergé de son royaume. Attendez seulement qu'il ait obtenu les parties de l'Italie qu'il désire et vous verrez ce qu'il restera de son amitié avec le pape et les papistes » (Mariéjol, *in :* Lavisse). Rien n'est joué, auriez-vous envie de dire, mais tout n'est peut-être plus jouable. La ronde infernale des arrestations, des condamnations, des supplices est commencée. Les juges impitoyables se mobilisent, se remuent, s'encouragent. La Sorbonne que François Ier déteste est en alerte.

C'est sur ces entrefaites, dans la nuit du 17 au 18 octobre 1534, que des placards étaient affichés à Paris, à Orléans, à Blois, à Amboise où se trouvait François Ier, à la porte même de sa chambre, placards d'une violence inouïe contre la « pompeuse et orgueilleuse messe papale » : « Le temps, dit le pamphlet, en est occupé en sonneries, hurlements, chatteries, vaines cérémonies, luminaires, encensements, déguisements et telles manières de sorcelleries ». Plus encore, peut-on croire à la transsubstantiation, comme si Jésus-Christ était « sous les accidents du pain et du vin caché et enveloppé... » ? C'était ainsi l'entrée en scène, notez-le avant Calvin, de la violence, du désir de rompre à tout prix la politique mitoyenne du roi, lequel est effrayé par ces audaces, d'autant que l'Europe chrétienne résonne alors des violences inouïes des anabaptistes à Münster. Aussitôt la répression s'engage, les bûchers s'allument. Et le roi suit. Pouvait-il agir autrement ? Il participe à la procession expiatoire à Paris, le 21 janvier 1535. Il peut bien, dans son discours, recommander la prudence, mais au-delà du roi l'appareil monarchique est déjà engagé dans la répression. « Comme Clément Marot, Calvin jugea utile de fuir le royaume dont il sortit dans les premières semaines de 1535 » en direction de Bâle. Si j'avais le talent de Claude Manceron, je ferais un flash sur cette fuite : elle vaut comme un repère...

Le lecteur ne se trompera pas au fil de mes explications. Je ne cherche pas, à contre-courant, à refaire l'histoire à l'envers et à l'encontre de son développement réel. Je n'essaie pas davantage de juger, de donner tort aux conseillers « réactionnaires » du roi, comme le vieux chancelier Duprat, ou de suggérer que la bonne politique française eût été un ralliement à la Réforme. Je dis seulement qu'un tel ralliement avant 1534 eût été possible, à l'extrême rigueur, mais, ce que je cherche, c'est de voir en quoi le refus mal assuré du roi s'enfonce, ou non, dans l'épaisseur d'un refus qui dépasse, par sa masse, la décision hésitante du souverain. Je cherche à éclairer ce refus (car il y a eu refus) dans l'espoir qu'il ait bien été, comme je le pense, ce que Marcel Mauss nous en a dit. Car s'il a raison, nous devons à force d'observation patiente rejoindre ces profondeurs de la culture française, d'autant que le « religieux » se situe au cœur du culturel, qu'il en est la masse la plus précieuse, le minerai le plus riche. Notre tâche ne sera pas facile. Malgré tant d'études, l'ensemble du problème n'est pas retenu par l'historiographie comme un ensemble, comme une globalité. Or en dehors d'un tel point de vue, le problème dont je poursuis la solution se résout en fumée.

L'Europe, dans les mailles du filet de l'Église chrétienne, ne cesse de s'accommoder à un piège qu'elle aime, tout de même, au point de n'en concevoir pas d'autre. Elle ne rêve certes pas d'en sortir ; après des siècles d'habitude, de ferveur, de croyance, sortir de l'Église serait sortir de son être. Seulement, à partir du milieu du XVe siècle, commence ce que Lucien Febvre ne voulait plus appeler la Pré-Réforme mais les *Temps inquiets*, inquiets partout, de Riga à Cantorbéry, de Leyde à Rome ou à Naples, de l'Espagne à la Scandinavie. Cette Pré-Réforme aux multiples allures, partout à la fois, est fille d'une étonnante et vigoureuse poussée de vie. Plus que ses inquiétudes, ou ses angoisses (comme le fait Jean Delumeau), c'est une certaine joie de vivre qu'il faut mettre en lumière et en accusation bienveillante. Des eaux vives. Alors tout travaille à la Réforme : l'Église, la société, les États, les économies, voire la montée des prix. Tout y a contribué, même la piété catholique dont la Réforme fut aussi « l'aboutissement ». Tout y a contribué, parce que, à travers la Chrétienté, la religion est une enveloppe qui recouvre, embellit, relie tout. La vie change, l'enveloppe change forcément. Et tout mouvement est religieux, culturel. L'Europe chrétienne est sans cesse traversée de rivières vives, souvent détournées, mais les sources ne sont jamais taries ; d'un perpétuel besoin d'*aggiornamento* souvent déçu, mais qui explose avec Luther, avec Calvin et des milliers d'autres. Tous y participent : ceux qui disent non, ceux qui disent oui, ceux qui disent oui et non, ceux qui se jettent dans la querelle et s'y perdent, les sages comme les violents, les révolutionnaires repentis et les révolutionnaires novices.

La France est au croisement de ces violences, de ces exigences. Elle a ses humanistes, latinistes, hellénisants et hébraïsants qui découvrent les Terres promises — Rome, la Grèce, la Judée — en remontant le temps. Position « rétro », dirait-on aujourd'hui, dangereuse, explosive : c'est mettre au cœur d'une civilisation chrétienne, une civilisation païenne qui en est la négation et fait surface ; c'est aussi opposer au christianisme tel que l'ont construit les siècles et les Pères de l'Église, un christianisme primitif et préférentiel, puisque le revivre, c'est se placer dans l'ombre même du Christ. Tout cela, je le répète, dangereux, mais c'est le rôle de la société, le rôle de l'histoire d'absorber, d'endiguer les courants dangereux. Il est évident que la France participe à l'inquiétude et à la ferveur religieuses de l'Europe, qu'elle est prise dans ce que nous appelons — le terme est si commode — une Pré-Réforme, que toutes les cloisons de la société sont ouvertes sur les idées et sentiments nouveaux circulant à travers l'Europe. Le clergé, plus que les autres, accueille, sans toujours en prendre l'exacte mesure, le tourment d'une époque qui reprend, un à un, avec une passion grandissante, tous les problèmes de sa culture. Mais bientôt c'est par la violence que la Réforme s'annonce, prend corps, surgit dans la conscience de l'Europe.

Dans cette éclosion bruyante, ce n'est pas la France qui mène le jeu, mais l'Allemagne prise dans sa masse entière, jusqu'aux Pays-Bas d'Érasme, jusqu'aux Cantons Suisses de Zwingli. Ainsi un monde décalé, en arrière de la main par rapport à ce que j'appellerais la vieille Europe — l'Italie, l'Espagne où la fidélité à Rome va s'affirmer et la France, carrefour et zone de la confluence et de l'hésitation. L'Allemagne est un pays plus religieux que le reste du continent. Voyez ce que dit, à la veille de ces ruptures, le cardinal d'Aragon... [*laissé en blanc*]. L'épicentre de la révolte ouverte contre Rome, c'est Wittenberg, en Saxe, où Luther, la veille de la Toussaint 1517, affichait sur les portes de la Schlosskirche ses 95 propositions, essentiellement dirigées contre les Indulgences qui, contre argent, assuraient aux morts le passage du Purgatoire au Paradis. Wittenberg n'est pas parmi les villes brillantes d'Allemagne qui, comme Nuremberg, rayonnent sur le monde entier, ou, comme Augsbourg la dorée, conduisent vers l'Italie... Wittenberg relève de l'Allemagne de l'Est, de l'Allemagne des mines, sauvage et violente. Mais si passionnant que soit ce problème — la responsabilité d'une Allemagne aussi particulière —, l'intéressant, pour nous, c'est que la Réforme, préparée par des controverses et des pensées qui ont voyagé, des années durant, à travers l'Europe entière, ait éclaté dans sa forme virulente au-delà de l'espace français.

Cette Réforme, conduite à ses conclusions premières, se présente donc à la France comme venant de l'extérieur. Celle-ci, prise dans son ensemble, est dans la position qui retient notre attention : elle peut accepter, elle peut refuser, étant bien précisé qu'il ne s'agit pas là d'un problème individuel, mais collectif, et que la séparation entre le oui et le non ne peut être, au début du moins, ni rapide ni très catégorique. Les problèmes, eux aussi, exigent du temps pour être clairement compris, et ne le sont pas toujours avec netteté. Songez, dans votre propre vie, à votre attitude vis-à-vis des idéologies qui ont traversé l'Europe de 1919 à 1945. Au milieu de ces querelles, religieuses à plus d'un titre, quand avez-vous compris les enjeux, quand avez-vous et pourquoi avez-vous pris parti, ou êtes-vous resté, volontairement ou non, hors du coup ?

C'est le mérite de Lucien Febvre d'avoir noté ces hésitations, ces ambiguïtés du choix. Son autre mérite, avoir fait dresser les cartes de la propagation du protestantisme à travers l'espace français du premier XVIe siècle. Il en ressort d'importantes conclusions, mais ces leçons sont... [*laissé en blanc*]. Enfin, question de date ; c'est vers 1535, donc une vingtaine d'années après la révolte première de Luther, que la France entière a été touchée, vraiment touchée, par le protestantisme, donc avant que Calvin ne triomphe à Genève (1540), quatre ans après la publication de l'*Institution chrétienne* (1536) dédiée à François Ier. La propagande forte, intelligente, attentive de Genève aura rencontré un terrain ensemencé déjà sur toute son étendue. Le plus curieux, mais le mot est-il juste, c'est la façon dont l'idée protestante a circulé, s'est *implantée*. Le mot est-il juste ? En fait n'est-il pas banal que le cheminement se soit accompli par les grandes routes du trafic ? Marchandises, biens matériels, voitures, navires et barques se mêlent à la subtile marchandise. Cependant n'y a-t-il pas à tenir compte d'une perméabilité moindre à travers la Picardie, la Champagne, la Bourgogne, la Lorraine qui n'est pas encore française ? À l'actif de cette dernière, n'oublions pas que les Lorrains ont massacré les paysans allemands révoltés à Saverne en 1526 ! Picardie, Champagne, Bourgogne, Lorraine, c'est le plastron qui a protégé la France catholique face aux terres germaniques. Faut-il ajouter :

— qu'elles n'ont pas par la suite empêché les fondations d'églises protestantes, c'est par le massacre des protestants de la petite communauté de Wassy, en Champagne, qu'a commencé la guerre civile (le dimanche 1er mars 1562) ;

— que Jean Calvin, né en 1509 à Noyon, est picard ;

— que les lansquenets levés en Allemagne et sans lesquels la guerre civile, en France, n'aurait pas duré avec les rebondissements et l'exubérance que l'on sait, traversent régulièrement la Lorraine et la Champagne pour rejoindre les théâtres d'opérations, aussi bien en faveur des protestants que des catholiques. Sur leur passage les campagnes se vident de leurs paysans et des biens qu'ils réussissent à emporter pour se réfugier derrière les murs des villes. Le « plastron » que j'évoque est donc souvent bel et bien troué.

Les éléments premiers de notre problème sont ainsi en place. Répétons qu'il s'agit pour nous d'un *refus* au sens de Marcel Mauss, on dirait peut-être aujourd'hui d'un *rejet*.

Le *refus* est assumé par le roi de France, avec les ambiguïtés qui soulignent, au passage, le caractère mal trempé de François Ier. Mais avec Henri II (1547-1559), le refus se précise, s'affirme, devient entêtement farouche. Les protestants ont été frappés par les terribles édits de... et, en 1559, si Henri II signe la paix du Cateau-Cambrésis (1er-3 avril 1559) qui liquide (ou peu s'en faut) la présence de la France en Italie, c'est pour beaucoup de raisons, mais avant tout pour se retourner vers les affaires intérieures et réprimer, coûte que coûte, l'hérésie. Selon le mot de Lucien Romier, merveilleux historien de la France du XVIe siècle, le roi « Catholique », le vrai, c'est Henri II, non pas Philippe II. Que ce faux roi catholique, plus vrai que le vrai, soit blessé à mort, le 10 août 1559, complique la tâche gouvernementale, mais avec François II, les Guise, oncles de Marie Stuart, deviennent les maîtres du Royaume. Avec eux, pas d'hésitation sur le chemin à suivre : les péripéties de la conjuration d'Amboise le prouvent.

Mais, sur notre chemin, il ne convient pas de nous en tenir aux responsabilités, aux refus des souverains, à cette mise en mouvement de la répression. Ce qui nous était promis par l'affirmation de Mauss, c'était la mise en cause de la civilisation elle-même qui refuse et ainsi se révèle. Le roi, ou la personne en qui s'incarne le pouvoir, ce n'est pas la civilisation du pays tout entier. Les historiens qui, à ce propos, n'ont guère changé depuis Michelet, traduisent le problème uniquement en termes politiques, comme si le langage de la politique était indépendant des autres langages et tensions de la société. Le problème, tout le problème, ne se débat pas entre Duprat et Marguerite de Navarre, ou plus tard entre les Guise et les Châtillon. Ces personnages sur le pavois ne sont que les délégués, au plus haut niveau, des masses qui se partagent le pays et s'apprêtent (rancunes, coups, ambitions frustrées se mêlant) à s'en remettre à la guerre civile. *Car le processus en cours change d'étage et de nature avec les années qui passent : la première phase, celle de la répression judiciaire qui n'a fait que s'aggraver après l'épisode tonitruant des Placards, s'achève en 1559 pour de multiples raisons qui vont déplacer le choix à faire.* En 1559, en effet, la situation se complique :

— avec la paix, il y a démobilisation de l'armée, la petite noblesse se trouve sans emploi ; en passant à la Réforme en nombre, elle lui apporte les cadres militaires qui seuls permettront la guerre civile ;

— avec la paix, elle encore, il y a démobilisation à l'échelle de l'Europe, sensible surtout dans la vaste région où se recrutent les soldats mercenaires, c'est-à-dire les Cantons Suisses et l'Allemagne. D'autant que celle-ci, après les guerres religieuses qui l'ont déchirée, connaît grâce à la paix d'Augsbourg, 25 septembre 1555 (sorte d'édit de Nantes avant la lettre), la fin de ses troubles civils. Le marché des lansquenets est donc libre pour d'éventuelles aventures, sans quoi les pays fournisseurs de mercenaires ne sauraient vivre. Il leur faut trouver qui les paie, les nourrisse. Trente années durant, de 1562 à 1595, la France les prendra en charge. Et, s'il en a été ainsi, c'est que la France reste un pays relativement riche, où l'on peut dévorer encore à belles dents tant que la conjoncture générale sera favorable et elle le sera jusqu'en 1595. La guerre civile prend ainsi des allures d'une activité industrielle. Ce ne sont pas les pays misérables, mais les opulents qui l'abritent en Europe, elle va donc de l'un à l'autre. La guerre cesse en Allemagne en 1555, mais ces feux mal éteints se rallument bientôt dans les Cantons Suisses, dans les Pays-Bas, et sur la vaste scène privilégiée de la France : le feu passe d'une maison à la maison voisine. La guerre est d'une certaine façon un cadeau empoisonné de l'Europe à la France. D'ailleurs, quand elle s'éteint en France (1598), elle s'est déjà relogée sur la frontière du Danube, contre le Turc, dans une Allemagne fort remplumée depuis 1555 et où le soldat et les pilleries vont trouver leur logement. En 1618, l'Allemagne elle-même entre dans ce que nous appelons la guerre de Trente Ans — et quelle guerre ! En 1648, elle s'éteignait curieusement avec le retournement de la tendance.

En somme, la guerre civile que nous, Français, du temps des Guise, des Coligny et de Catherine de Médicis, nous avions préparée par nos querelles et nos acharnements mortels et nos intolérances absolues, l'étranger nous aide à l'allumer et à l'entretenir chez nous. Pour Elizabeth d'Angleterre, pour Philippe II d'Espagne, l'effacement, la disparition de la France sur l'échiquier européen ont été une incroyable aubaine.

Dans la multitude des événements et des responsabilités (choisir, c'est juger), faut-il mettre trop en lumière le rôle du prince de Condé, l'homme au cœur de la conjuration d'Amboise que la mort de François II (5 décembre 1560), signal de la chute des Guise, avait sauvé du dernier supplice ? En 1562, l'année de Wassy, le prince « ténébreux » « commet la faute irréparable : il se déclare en révolte armée, occupe Orléans, demande du secours à l'étranger et rompt ainsi avec l'autorité royale » (Lucien Romier).

Je ne donne ces explications rapides que pour revenir à mon propos : la Réforme vient de prendre sa seconde forme, celle de la guerre civile. Cette guerre nous la fabriquons et on la fabrique aussi pour nous. Elle traverse comme une boule de feu le destin de la France. La France va-t-elle l'accepter, la refuser, la rejeter ? Ce qui était querelle idéologique au temps de Marguerite de Navarre est devenu guerre civile, guerre pour le pouvoir, mais la guerre porte en elle le même dilemme : ou acceptation ou refus de la Réforme. Catherine de Médicis et le chancelier Michel de L'Hospital ont bien, avant la *guerre ouverte*, essayé de concilier l'inconciliable au colloque de Poissy (septembre-octobre 1561), de rééditer la tentative allemande de la Confession d'Augsbourg, réconcilier protestants et catholiques, ce qui nous semble à nous, hommes de 1980, très raisonnable, juste, acceptable : les uns et les autres ne sont-ils pas du royaume du Christ ? Mais ce qui eût été possible à la rigueur en 1534 — et je n'en suis pas sûr — est totalement impossible en 1561. La guerre est virtuellement en place, rien ne l'aurait arrêtée. Et la décision, à la différence de 1534, ne dépend plus du gouvernement royal : Charles IX a neuf ans en 1562, le pouvoir est entre les mains de sa mère, Catherine de Médicis, dont il n'est question ni de faire le procès, ni d'écrire l'éloge : « Catherine de Médicis va tenter la seule politique possible : la conciliation » (Jacques Madaule), se maintenir entre les deux camps, en position si possible d'arbitre, sauver la Couronne. D'où sa détermination de 1564 à 1566 d'entreprendre le tour du Royaume, non pas, comme on l'a dit trop vite, pour montrer le Royaume aux yeux de l'enfant-roi, mais pour montrer le roi à ses sujets, réchauffer leur cœur et préserver la religion monarchique dont l'unité française tire sa raison d'être. Cette politique d'attente et de conciliation était la seule possible pour une royauté affaiblie terriblement, préoccupée de durer, non de trancher.

Il est vrai que Catherine de Médicis n'a jamais franchi le pas qui la séparait des protestants. Il était trop tard pour le franchir. Elle ne s'est pas ralliée, non plus, au clan des catholiques intransigeants. Si bien que le conflit s'est lentement résolu en dehors d'elle. La première guerre civile, 1562-1563, a démontré ce que la suite des événements a confirmé, à savoir que les protestants sont une minorité étoffée, mais une minorité. Et la réponse négative à la Réforme vient finalement de la majorité catholique du pays, lente à se mobiliser, à prendre conscience du danger et de sa propre force. Ce qui sauve la France catholique, ce sont les catholiques exaltés, le « triumvirat » (François de Guise, Anne de Montmorency, le maréchal de Saint-André) — et encore et surtout les Guise : « Les Guise sont l'orgueil même, avec de l'intelligence, du savoir-faire et une croyance passionnée au bon droit de l'Église qui leur devra, pour une grande part, le salut du catholicisme en France » (Romier). Ceux qui sauvent le catholicisme, ce sont aussi ces prêtres ligueurs de l'époque de Henri III et de Henri IV, ces prêcheurs passionnés : l'Église ouverte à la Réforme du temps de Lefebvre d'Étaples, est devenue l'Église batailleuse, violente, réactionnaire du siècle finissant. Le salut de l'Église, c'est le Paris ligueur, le Paris des barricades. Dans la perspective longue de l'histoire, ils gagnent plus encore que les « Politiques » qui veulent la fin de la guerre et atteindront ce but éminemment raisonnable et souhaitable. Mais à long terme, la Ligue a gagné, sinon avec ses hommes, du moins pour l'essentiel de leur programme. Car l'essentiel, c'est la fidélité à Rome. Car l'essentiel, c'est l'abjuration de Henri IV : « Paris vaut bien une messe » — il vaudrait mieux qu'il ait dit : « La France vaut bien une messe. »

Quand Henri IV entre dans Paris, des soldats espagnols, suivis par les ligueurs trop compromis, s'échappent vers le nord par la porte Saint-Denis. Des vaincus.

Des exilés. Nous les retrouverons achevant leur vie aux Pays-Bas, à Bruxelles, considérés par les Espagnols comme de très honnêtes gens. Vous vous répéterez, bien sûr, le mot de Henri IV aux ligueurs : « Vous avez de l'Espagnol dans le ventre. » Or il faut s'inscrire en faux contre cette accusation ancienne et commode. L'Espagne, occupée ailleurs par une politique démesurée, n'a pas payé, ou soudoyé, la Ligue, telle subvention aux Guise a été dérisoire. Les faits sont là. Ces Français-là ont collaboré pour le salut de l'Église avec l'Espagne, sans avoir été achetés par celle-ci. Je ne plaide pas en leur faveur, je considère pareille tâche hors de mon rôle. Si je laissais parler mes passions, je serais en faveur de l'amiral de Coligny, tout comme Michelet. Réconcilier les Français, un beau programme en ces sombres années soixante-dix, c'est-à-dire ramener la France avant 1559, lui redonner le sens de la grandeur, frapper l'Espagnol en direction des Pays-Bas en feu que le duc d'Albe tient provisoirement sous sa botte. Un programme d'union sacrée. Acceptons qu'il puisse faire peur à Catherine de Médicis la très prudente. Acceptons aussi qu'il puisse irriter les catholiques qui, après Jarnac et Moncontour, savent qu'ils ont pour eux l'énorme majorité du pays. La Saint-Barthélemy (24 août 1572) est d'ailleurs leur œuvre, non celle de l'Espagne, où la nouvelle du massacre fut une surprise et une joie, non la réussite d'une machination préparée longuement à l'avance, dès l'entrevue de Bayonne (... 1565) entre Catherine et sa fille, l'adorable Isabel, la Reina de la Paz, accompagnée du duc d'Albe.

Comme toujours, une histoire de longue durée survole, si elle n'efface pas, les événements, mais elle donne son vrai sens à leur langage brouillé. Protestant converti, mais protestant glorieux aux yeux de ses anciens coreligionnaires, Henri IV a pu, avec l'édit de Nantes et la paix de Vervins, rétablir la paix au-dedans et au-dehors de la France. Mais la France religieuse avait choisi pour lui. Et d'ailleurs, sans le retournement de la conjoncture (1595), sans le déchaînement de la guerre entre l'Empire et les Turcs qui aspire vers l'est l'univers mobile des mercenaires et des aventuriers d'Allemagne, aurait-il pu réussir de cette façon heureuse, rapide et élégante, comme si la France et sa personne étaient brusquement éclairées par un coup de soleil printanier ?

Avec l'édit de Nantes qui garantit les libertés de la France protestante (avec entre autres les privilèges des villes de sûreté), la Réforme entre dans sa troisième phase, appelons-la, en exagérant à peine, la période de l'État dans l'État, avec la crainte sérieuse qu'a eue toujours le gouvernement monarchique de voir les protestants « se cantonner » en une portion du territoire français, comme avaient réussi à le faire les provinces du nord des Pays-Bas. Cet État dans l'État sera abattu par Richelieu après la prise de La Rochelle en 1628, et l'édit d'Alès (1629) : celui-ci laisse subsister une France protestante qui ne devait pas susciter l'inquiétude, puisque c'est une France démantelée, paisible. « Le petit troupeau », comme dira Mazarin, ne se remue guère s'il continue à manger de mauvaises herbes.

Les historiens ont donc de la peine à comprendre, plus d'un demi-siècle après la réduction de La Rochelle, que surgisse la Révocation de l'édit de Nantes et le vaste exode des protestants réfractaires. La querelle contre la Réforme se termine alors, en France, comme la querelle de l'Espagne contre l'Islam : celle-ci a expulsé les Morisques au début du siècle (1610-1614), celle-là les Réformés qui n'acceptent pas la conversion à la fin du siècle (1685). Innocentons, à la rigueur, le monarque : Louis XIV a sans doute cru de bonne foi aux conversions massives ; il n'y avait plus de protestants. N'innocentons pas trop l'Europe, et surtout accusons la France catholique qui, elle, n'a pas désarmé. Il est pour le moins révélateur que le gouvernement monarchique ait coulé après la Révocation des années tranquilles, alors que les vingt premières années du règne de Louis XIV avaient été houleuses. Le pays a été reconnaissant au gouvernement de cette mesure d'intolérance qui nous irrite et n'a pas fini de nous irriter rétrospectivement — nous, les historiens.

Avant de conclure ce paragraphe, trois ou quatre remarques compléteront ce qu'il a eu de trop rapide et d'imparfait :

— la règle de Marcel Mauss nous a conduits vers un nouvel éclairage, mais nous n'avons pas su répondre aux questions qu'il soulevait. Nous avons réussi seulement à mettre au clair la responsabilité du catholicisme majoritaire. Mais pourquoi le catholicisme est-il resté majoritaire ? Parce que, depuis le Concordat de 1516, le roi disposant en fait de la nomination des évêques et des abbés, n'a pas besoin de passer à la Réforme pour disposer des biens du clergé. Que la France est restée profondément paysanne, pas assez fournie en villes marchandes. Toutes ces affirmations sont en partie exactes. Mais une seule réponse semble à la hauteur de la question : l'Europe de la Réforme est une Europe seconde qui n'a pas subi l'influence directe de Rome (sauf l'Angleterre, mais Rome n'y a pas poussé de profondes racines). La France victime de la capitulation d'Alésia ? Ferdinand Lot ne nous a pas soufflé cette réponse. Je me demande si elle l'aurait, ou non, séduit ;

— la constatation s'impose de la longueur de tous les processus et débats culturels, surtout religieux : ils n'en finissent pas de dérouler leurs anneaux. D'ailleurs, je ne crois pas que la question protestante se trouve réglée en 1685, lors de la Révocation de l'édit de Nantes. Il faut attendre le XVIIIe siècle et les idéologies des Lumières qui sont, pour parler le langage d'Otto Brunner, les fumées qui masquent la fin de l'Ancien Régime de l'Europe entière et nous gênent pour juger sainement de sa réalité. Les idéologies ? Des religions sans la présence du Dieu Vivant ou du Dieu Caché. Si, en 1787, Louis XVI accorde aux non-catholiques un statut d'état civil qui les tire d'une sorte de situation de ghetto, c'est au « progrès » des Lumières qu'il faut en attribuer le mérite. Il a donc fallu beaucoup attendre et encore attendre. Saluons les Lumières, saluons même les idéologies qui ont mauvaise réputation. Mais elles sont des armes, elles servent à abattre l'héritage encombrant que le passé ne cesse de proposer et, sans vergogne, d'imposer au temps présent. L'humanisme renaissant n'a-t-il pas été, lui aussi, une idéologie, un moyen de faire exploser l'héritage « gothique » ? De faire peau neuve ?

Troisième volet : les tergiversations depuis le style flamboyant, l'humanisme et la Renaissance jusqu'au Baroque et au Classicisme

Les *tergiversations* sont des « indicateurs », d'un maniement malaisé comme il fallait s'y attendre. En fait, des hésitations, des concordances, des refus momentanés, des reprises, des choix inattendus, et nul ne peut nous garantir que la cause soit à chercher au-dedans, ou au-dehors, ou à la fois au-dedans et au-dehors. Rien ne nous garantit qu'un ordre se dégagera au long de cet itinéraire qui va du style gothique flamboyant et de l'humanisme jusqu'au Baroque et au Classicisme. Qu'il soit bien entendu qu'il n'est pas question présentement pour moi d'étudier de près, et en eux-mêmes, ces épisodes ultraconnus de l'histoire de l'Europe, mais de les considérer comme des repères.

Malheureusement, ces repères ne se présentent pas comme une séquence parfaite. Le style gothique flamboyant fleurit encore en France et de façon drue au XVIe siècle ; l'humanisme, en gros l'attention portée aux hommes, aux mœurs, à l'art et aux lettres de l'Antiquité, a traversé tout le Moyen Âge, pour devenir une passion exclusive évidente quand Pétrarque arrive pour la première fois à Avignon, la ville pontificale qui rayonne alors sur la France et l'Occident, même après le retour de Grégoire XI à Rome en 1377. Mais qui ne sait aussi que l'humanisme conquérant de Pétrarque, de Boccace, de Lefebvre d'Étaples, de Guillaume Budé, d'Érasme a encore des siècles à vivre, qu'il a devant lui un interminable avenir ? Évidemment, les années s'accumulant sur lui, il ne ressemblera plus exactement à la révolution initiale qui l'avait soulevé au-dessus de lui-même. Mais essayez d'expliquer à un jeune lycéen, même à un étudiant débutant d'histoire, ce qu'a été l'humanisme militant des XIVe et XVe siècles, y réussiriez-vous ? Cette course aux manuscrits depuis Byzance jusqu'en France, cette passion, cette joie délirante de la découverte, bien sûr, elle tombe sous le sens. Pas de difficulté non plus à comprendre que cet humanisme nouveau soit différent d'un humanisme qui chemine depuis des siècles à travers la culture de l'Occident, un humanisme qui avait d'ailleurs varié pour s'appuyer depuis le XIIIe siècle sur la pensée impériale d'Aristote. « Aristote et la Scolastique avaient fixé l'attention des hommes du XIIIe siècle sur la nature et la science », celle-ci étant la connaissance que nous avons de la nature (Étienne Gilson). Or, Aristote est écarté par les humanistes et, avec lui, la philosophie et l'ancienne présence de la pensée grecque. La rhétorique prend la première place, avec Cicéron, *orator noster*. L'homme se distingue des animaux du simple fait qu'il parle, le *langage* est donc l'essentiel. « Si l'homme est essentiellement un animal parlant, un "locuteur", celui qui parle mieux est le plus homme. » L'éloquence est l'art qu'il faut maîtriser (Gilson).

Mais ces remarques sont loin de suffire. Tout d'abord cet humanisme qui rejoint Rome est un humanisme passionné, torturé, qui parle, peut-on dire, à l'octave supérieur. Comme tout humanisme, il valorise l'homme, entendez l'homme antique, ou le Romain du Siècle d'Auguste, ou le disciple de Platon. Le problème, c'est d'imiter ce modèle, de vivre comme lui, d'écrire comme lui et, le cas échéant, de le surpasser. Platon sera, après Cicéron, une seconde passion. Mais presque aussitôt, la passion se déchaîne, parmi les hébraïsants, en faveur de l'Église primitive. Quelle étrange mode rétro, va vous dire votre jeune auditeur... Eh oui, imaginez, pour tenir compte de ces transpositions portant sur plus d'un millénaire et demi, que, vers l'an 3480, des hommes se passionnent à tel point pour notre époque ensevelie alors sous la cendre et l'oubli de plus de quinze siècles. Ce serait là une étrange fiction. Et pourtant, l'humanisme, c'est cela. L'homme est poussé au centre du monde, alors, que Dieu lui cède la place... C'est une idéologie, une ferveur, un processus religieux, mais où Dieu a été mis à part. Et une idéologie, c'est toujours un moyen efficace, ou non, utilisé avec succès, ou non, pour démolir l'ordre en place dont on ne veut pas hériter et où la vie nouvelle cherche à ouvrir ses brèches.

Cet ordre ancien, c'est à la fois le gothique flamboyant, la scolastique qui règne dans les universités, les contraintes que l'Église fait peser sur l'homme, son esprit, son corps, son besoin de liberté... Non pas que le flamboyant avec ses façades compliquées, ses intérieurs d'une simplicité grandiose, ses sculptures détachées de l'emprisonnement architectural, soient haïssables... Pourquoi le seraient-elles ? J'aime Saint-Germain-l'Auxerrois qui, à cette époque lointaine, n'est pas encore éclaboussée du sang de la Saint-Barthélemy, j'aime autant Saint-Étienne-du-Mont et les cinq ou six églises flamboyantes qui s'achèvent à Paris alors que sonnent, dans nos manuels, les heures de la Renaissance. J'aime, par-dessus tout, comme Lucien Febvre, les statues rudes, dramatiques de Claus Sluter autour du *Puits de Moïse*, dans la chartreuse de Champmol, achevées vers 1400. Et ces œuvres, loin de là, ne sont pas une ligne de défense, un rempart contre l'humanisme qui circule à l'aise à travers la France douloureuse de Jean le Bon, de Charles V et même de Charles VI. La dispute existe même pour savoir si la France cultive aussi bien, si ce n'est mieux, les lettres classiques que l'Italie... Et pour mettre tout le monde d'accord, le plus grand des humanistes, le prince des princes, c'est Érasme de Rotterdam. Les humanistes se rencontrent, se mêlent, circulent inlassablement à travers l'Europe à la recherche d'une place dans un collège, dans une université (mais elles sont tenues par leurs adversaires), dans la cour accueillante d'un prince, ou au service d'un imprimeur qui a besoin d'auteurs, de correcteurs, de conseilleurs. Érasme lui-même, à Bâle, vit auprès de l'atelier de Froben. En 1472, Guillaume Fichet ne dira-t-il pas que l'imprimerie est un « cheval de Troie » ? (F. Simone). Donc il y a bien une ville forte que l'on assiège, dont il faut forcer la résistance. Alors à bas la scolastique, même le nominalisme qui, après tout, était, lui aussi, révolutionnaire à sa façon.

Si l'Europe, l'Allemagne, les Pays-Bas, la France, l'Italie, l'Angleterre sont à l'unisson de la révolution humaniste, c'est que l'Europe au XVe siècle est peut-être, plus qu'au siècle précédent, sur un plan d'égalité de niveau. Le siècle gothique — avant tout le siècle français —, le flamboyant le prolonge et, paradoxalement, la suprématie culturelle de la France se maintient : le siècle de Paris — le Trecento — déborde largement ses limites sur le siècle suivant, malgré la guerre anglaise. Peut-être voyons-nous cette interminable guerre de façon trop dramatique ? La régression qui l'accompagne, comme si souvent, a déchargé les épaules des paysans et des pauvres, jamais le populaire n'aura tant mangé que durant la seconde moitié du XVe siècle. Plus encore, une France se substitue à l'ancienne : alors que le royaume de Charles VII se reconstitue au milieu des efforts que l'on connaît, les Valois de Bourgogne maintiennent « la » duché et les Pays-Bas à l'abri de la guerre : à Dijon, en compagnie de Claus Sluter, c'est ce privilège que l'on a devant les yeux. Peut-être aussi que la civilisation supérieure n'est qu'une fine pellicule... Il suffit d'un roi à tendances humanistes, comme Charles V, créateur de la bibliothèque du Louvre, ou d'un mécène comme le duc de Berry — celui des *Riches Heures* — pour qu'une flamme soit visible, éblouissante... En tout cas, l'Europe du XVᵉ siècle n'est pas bien centrée sur la France, même reconstituée, ni même sur l'État bourguignon... Chacun fait un peu ce qu'il veut : l'Italie en proie à ce que nous appelons la Renaissance, l'Espagne des Rois Catholiques développant l'art « isabellin », abritant l'art *mudéjar*, le Portugal cultivant, créant l'art manuélin, l'Angleterre son « gothique perpendiculaire »... En somme, l'Europe est en liberté, tout y circule mieux, il n'y a pas de vrai chef-d'orchestre.

Peut-être que sur le plan de la culture se fait sentir, avec un retard plus ou moins long, le déplacement du centre des richesses vers la Méditerranée qui a été, avec les marasmes du Moyen Âge finissant, « la zone à l'abri » par excellence. L'Italie surclasse les Pays-Bas, lance son industrie, l'Arte della Lana à Florence connaît ses grandes heures et, à partir de 1383, Venise, au lendemain de la guerre dramatique de Chioggia, est devenue le centre des fortunes de l'Europe et de la mer Intérieure. La primauté matérielle a précédé la primauté culturelle, mais le retard se comble, les splendeurs de Florence et de l'Italie entière s'accusent, s'aperçoivent au loin, rayonnent : la Renaissance commence à projeter ses lumières. Toutefois, nous ne pouvons pas dire quand elle commence sans soulever les discussions nécessaires mais interminables. Si l'on voulait saisir ses premières étincelles, on parlerait volontiers de Giotto ou des admirables peintres siennois ; de même, si l'on voulait élargir et dérouter la discussion, on irait jusque dans la Byzance « délivrée » des Paléologues (1265-1453) où l'Antiquité a fait sa première et tumultueuse rentrée. Oserions-nous parler de la prise de Constantinople par les Turcs (1453) et de l'arrivée en Italie (en fait dès le concile de Florence de 1438) des intellectuels grecs qui vont enseigner à Venise et à Florence ? À soutenir cette thèse, nous aurions contre nous la réprobation quasi unanime des spécialistes. Mais ont-ils raison ?

Pour être sage, disons simplement que la Renaissance est sûrement devant nos yeux quand Filippo Brunelleschi lance sur la cathédrale de Santa Maria del Fiore la coupole légère qui l'achève, à une hauteur qui stupéfie les contemporains, sans l'appui d'aucune colonne — cette coupole qui flotte au-dessus de l'horizon, à nos yeux toujours émouvant, de Florence. Commencée en 1418, elle s'achève en 1466. Michel-Ange demandait à être enterré là où il lui serait possible de voir le chef-d'œuvre de Brunelleschi.

Mais la Renaissance dans son allure initiale, sa sobriété, sa simplicité, ses règles, ne dure qu'un instant, un siècle au plus et encore ! De Florence, elle glisse vers Rome, la ville haut-parleur dont elle avait peut-être besoin et qui la diffuse à travers l'Italie, parfois rétive (en 1509, l'année d'Agnadel, Venise est encore toute gothique), et à travers toute l'Europe. Bientôt, la passion, une sorte de romantisme avant la lettre, s'introduit chez elle, la transforme, et la mutation se fait durant la phase dite du *maniérisme* ; un instant de plus et s'ouvrent les fleuves, les mers agitées du Baroque. Celui-ci s'inaugure-t-il avec la *Pietà* de Michel-Ange ? En tout cas, il se met en place avec une puissance extraordinaire, comme si l'Italie allait brûler, pour lui, ses dernières énergies, ses dernières richesses qui trouvent mal à s'employer dans la mesure où elle est progressivement mise hors des grands jeux des échanges, et cela à partir des années 1620-1630-1650. Car elle a longtemps résisté, longtemps fait beau visage.

Nous n'avons que l'embarras du choix pour contempler la floraison du Baroque et tenter de l'aimer : certes, il faudrait être romantique soi-même — et encore — pour se laisser prendre au beau piège, à ses affirmations véhémentes, aux couleurs merveilleuses des intérieurs d'églises, des cieux qui les prolongent et promettent le paradis au-delà du battement d'ailes des anges... Un enthousiaste éventuel hésiterait entre Saint-Pierre-de-Rome — en misant sur le grandiose — et l'étonnante place Navone, à Rome, où se dresse

Sant'Agnese qu'ont construite, de 1652 à 1673, Carlo Rainaldi et l'extraordinaire Francesco Borromini (1599-1667). J'aimerais aussi m'arrêter, un instant, devant la *Salute* de Venise, que la ville de saint Marc a construite en action de grâce, en l'honneur de la Vierge, après la terrible épreuve de la peste de 1637...

Ces bornes milliaires, ces spectacles exceptionnels nous situent au milieu du XVIIe siècle, au moment où le Baroque atteint le sommet de sa somptuosité, prolongeant la primauté de l'art italien...

Mais il est temps de revenir en France et de traverser les trois siècles mis en cause : le XVe, le XVIe, le XVIIe. Spectacles, images y sont toujours à part, en retrait, plus à l'heure de la France qu'à l'heure de l'Europe et même de la somptueuse Italie. C'est ce qui me justifie d'avoir employé l'expression commode, mais à première vue un peu déconcertante, de *tergiversations*. Pourtant comment mieux dire ?

Reprenons le problème point par point. L'humanisme, nous l'avons dit, est chez lui en France. Mais justement, *chez lui*, il prend des couleurs et directions particulières. Je ne pense pas trop, à la suite des sous-entendus de Guillaume Budé, que les latinistes français soient meilleurs que les Italiens, que Lorenzo Valla ou le Poggio aient commis des erreurs à relever, ou que les humanistes de chez nous fassent de meilleures éditions de textes que leurs homologues d'au-delà des Alpes. La grosse différence entre l'humanisme français et l'humanisme italien, c'est qu'il prend chez nous une teinte morale et se reporte avec prédilection aux temps de l'Église primitive, qu'il se dirige ainsi, sans trop le savoir à l'avance, comme l'humanisme allemand ou anglais, vers la Réforme. C'est Lefebvre d'Étaples qui écrit : « Pourquoi ne pourrions-nous pas désirer que notre époque retournât à la splendeur de l'Église primitive ? » (Simone). Aussi bien, si le printemps de la Renaissance donne l'impression d'un âge d'or, cet âge à Rome est paganisant et l'Église, avec Alexandre VI, Jules II, Léon X, suit le mouvement, la splendeur des temps nouveaux ; elle se montre aveugle, je dirais presque tolérante, s'il n'y avait le bûcher de Savonarole (1498), « le petit Luther », comme dit Stendhal, qui n'a pas trouvé grâce devant la papauté, étant sans doute trop proche d'elle pour lui échapper. Mais n'est-ce pas, en Italie même, Savonarole qui gagne puisque, sur ces festivités païennes de l'esprit et de la chair, tombe bientôt la double nuit de la Réforme et de la Contre-Réforme ? Je parle de nuit en songeant à l'athéisme des Pomponazzi et des Padouans, étincelle qui ne brillera pas longtemps. Et si la France a remis à sa dimension et à son goût le premier humanisme, elle n'a pas accueilli la Renaissance avec la même ferveur.

Mais peut-être dans cette ligne précieuse, le temps, condition indispensable, lui a-t-il manqué ? On a beau dire et répéter le contraire, les guerres d'Italie, commencées en 1494, poursuivies jusqu'en 1559, ont favorisé la pénétration en France des arts (y compris l'art de vivre) de la Renaissance italienne. On nous dit que les compagnons de Charles VIII n'ont rien vu lors de la longue promenade du Mont-Genèvre à Naples, que ce sont des témoins incapables de voir. Nous ne sommes pas obligés de croire ces censeurs rétrospectifs, car la noblesse — et même la haute noblesse —, les représentants du clergé français se sont habitués à un autre genre de vie, et comme dit Lavedan, « l'art dépend de ses clients ». Les clients ont contribué à acclimater chez nous l'art d'au-delà des monts. Parmi ces clients, le roi lui-même. François Ier, le vainqueur de Marignan, qui parle aussi volontiers l'italien que le français, et qui a été le plus grand introducteur de la peinture, de la sculpture et de l'architecture en France. C'est une opération de grand style ainsi que la création, par François Ier, de l'École de Fontainebleau avec l'arrivée du Primatice, du Rosso, de Serlio et, après la mort du Primatice (1570), de Nicolò dell'Abbate. Avec eux, arrivent en France « les plus récents exploits de Raphaël et de Michel-Ange » (Lavedan). Dans les domaines de l'architecture et de la sculpture, les résistances nationales sont cependant vives. La tradition continue à fleurir, l'art nouveau se glisse au milieu des œuvres de cette tradition : voyez au château de Blois, sur la même cour, le contraste de l'escalier Louis XII et de l'escalier François Ier, édifiés à une vingtaine d'années de distance.

Alors, peut-on soutenir, avec une pointe de nationalisme, que nos sculpteurs et architectes, nouvelle manière, sont plus romains ou grecs qu'italiens ? Il est vrai qu'avec les grands noms du premier XVIe siècle, avec les architectes Pierre Lescot, Philibert Delorme, Jean Bullant, et des sculpteurs comme Jean Goujon (vers 1510-vers 1567), Germain Pilon (1535-1590), un art *classique* s'ébauche sous le signe d'une évidente simplicité. Mais, à côté de ces sculpteurs « classiques », d'admirables artistes, un « ancien », le breton Michel Colombe (1430-1512), leur contemporain le lorrain Ligier Richier (1500-1567) restent fidèles à la sculpture réaliste du siècle précédent. Preuve, s'il en était besoin, que la France reste réticente et diverse. Et qu'il est risqué de la présenter, à ce moment comme à d'autres, d'une seule coulée... Les uns diront un peu vite que le style classique (j'aimerais mieux dire la tradition classique) se dessine avec le règne de Henri II (1547-1559), ou, s'arrêtant à cette cassure de la politique internationale que fut le traité du Cateau-Cambrésis (1559), que « la France n'ira pas plus loin. Les trente dernières années du siècle (1562-1598), occupées par les guerres civiles et la menace étrangère que fait peser l'Espagne appuyée sur la Flandre, ne comptent plus dans l'histoire de l'art. Celle-ci s'interrompt et ne reprend que sous Henri IV. La France est comme coupée de l'Italie. Elle l'est beaucoup moins des Flandres dont l'influence n'a jamais disparu et souvent, c'est la Flandre qui nous transmettra les leçons de l'Italie » (Lavedan).

La paix revenue (1598), la France reprend souffle, le style Louis XIII, c'est-à-dire, comme le répétait volontiers Émile Bourgeois, le style Henri IV, est très ouvert sur les Flandres, la nouvelle place des Vosges en est la preuve palpable. Mais la France va être confrontée à nouveau avec l'Italie, une Italie différente où le Baroque est tout à la fois exubérance, liberté laissée à l'imagination des artistes, absence de règles contraignantes. Est-il étonnant que la France résiste ou *tergiverse* une fois de plus vis-à-vis des modèles étrangers qui l'assaillent ? Tout d'abord, pendant les guerres de Religion, elle a mal suivi le mouvement artistique de l'Europe et n'a pas accompagné les démarches qui ont mené l'Italie jusqu'au Baroque. Plus encore, elle reste fidèle à la tradition d'ordre, de symétrie du système architectural de *sa* Renaissance. Elle accueillera et n'accueillera pas les cadeaux du Midi tumultueux qui se presse à ses portes. Elle va rester ou mieux devenir classique. De nombreux ouvrages théoriques l'établissent. Ainsi Colbert, alors qu'il s'agit d'achever le Louvre, fait bien appel à l'Italie. Bernin est choisi de préférence à Candiari, à Rainaldi, à Pierre de Cortone. Il vient à Paris, est accueilli avec des « honneurs quasi royaux » (1665). Son plan est même accepté. Puis, l'Italien retourné à Rome, le plan est laissé de côté.

Je suis bien sûr que Victor-L. Tapié a raison, ce n'est pas l'échec de ce voyage qui fonde en France le classicisme : comment un événement, même faisant beaucoup de bruit, aurait-il pu déterminer cette évolution qui ne pouvait s'improviser ? Je ne crois pas davantage que le mérite ou la faute, je veux dire la responsabilité, en revienne au nationalisme cartésien, voire à Molière ou à Boileau (Lavedan). J'accepterais volontiers de grossir le rôle de Poussin qui sera le vrai maître, la première perfection de la peinture classique française [Galienne Francastel], mais n'accepterais pas le jugement catégorique de Lavedan : « Il y a eu lutte [en France] entre tendance baroque et tendance classique. Après une longe péripétie, la seconde finira par l'emporter. *C'est parce qu'elle aura su éliminer le Baroque*

que la France à son tour deviendra, au XVIIIe *siècle, la maîtresse de l'Europe.* »

C'est la dernière phrase (les italiques sont de moi), que je conteste. Pour une fois, Henri Lavedan me pardonnera de n'être pas en accord avec lui. L'opposition dépasse son cas particulier. L'historien généraliste que je suis ne peut pas expliquer l'histoire culturelle par la seule histoire culturelle. La culture, malgré ce que disent les spécialistes et particulièrement les admirables spécialistes de l'histoire de l'art, s'appuie sur le corps entier d'une société, d'une nation, d'un État. Elle est sans fin sous la dépendance des circonstances nationales et internationales qui la portent et, le cas échéant, la déforment. Je ne nie pas, pour autant, le travail de la culture sur la culture, un travail de soi sur soi, pour reprendre la formule de Michelet. Mais ce travail de soi sur soi n'est pas tout. La domination des autres cultures n'est pas seulement une question de mérite. Dans ses écrits, Michel-Ange soutient qu'il y a de son temps une seule peinture, l'italienne. Tout Michel-Ange qu'il soit, il se trompe. L'unicité apparente de la peinture digne de ce nom à partir de Florence et de Rome s'explique en grande partie par la primauté *générale* de l'Italie que j'ai déjà essayé d'expliquer. Je reviens, dès le paragraphe suivant, sur ce vaste problème du *centrage* de la culture. Mais je le mets en cause dès maintenant : si la France classique est portée au pavois avec le second XVIIe siècle, avec le Siècle de Louis XIV, ce n'est pas parce que chez elle, comme dans un champ clos, le classicisme français a vaincu le baroque italien, mais parce que les *circonstances*, les règles habituelles de la prépondérance ont joué pour elle, comme elles ne cessent de jouer à travers l'histoire et le monde. Pourquoi jouent-elles ? Excellente question : j'y reviens dans un instant. Mais acceptez qu'elles ont joué. Alors, même si la France politique responsable — Colbert, Perrault, le roi — s'était laissé subjuguer par le Bernin, si le Louvre avait affiché son baroque proliférant, la France eût accédé au premier rôle culturel en Europe. Elle eût diffusé autre chose.

Quatrième et dernier volet : miracle ou régularité banale, les rayonnements et les dominations de la culture française

Le dernier problème qui se présente à nous est évidemment d'une portée immense ; il se formule ainsi : la civilisation occidentale est-elle condamnée, comme je le pense, à un centrage qui l'équilibre ou la rééquilibre et permette le jeu de ses diverses fonctions, qui ménage en somme sa santé et réponde, d'une façon ou d'une autre, à une structure obligatoire ? La culture aurait alors, spatialement parlant, les mêmes lois fort simples que l'économie ou la politique. Je l'ai avancé assez souvent. Mais je ne l'ai pas démontré. Et je n'y réussirai sans doute pas à ma satisfaction en partant, cette fois, du magnifique — peut-on dire du trop magnifique exemple de la France ?

La culture française, au plus haut niveau, était-elle faite — ou non — pour occuper en Europe et dans le monde, non pas une des premières places — ce qui déjà poserait un problème —, mais pour occuper, des siècles durant, la première, aux XIIe, XIIIe et XIVe siècles et jusqu'au XVe avec le relais puissant de l'État bourguignon ? Et, plus encore, être sans égale, des années soixante du siècle de Louis XIV jusqu'à la seconde guerre mondiale de 1939-1945 ? Nous avons là deux expériences longues et qui se répètent. Laissons le premier rayonnement — art roman, chanson de geste, art gothique, gothique flamboyant —, je l'ai déjà évoqué et, dans une certaine mesure, expliqué. Ne retenons que le second. Il s'annonce avec le début du règne personnel de Louis XIV (1661) et traverse les siècles suivants de Louis XV et de Louis XVI, puis les eaux agitées de la Révolution française, il dépasse l'Empire et enfin, à bonne allure, parvient presque jusqu'à nous. En 1939, cette royauté existait encore.

Allons-nous, en la mettant en exergue, être victime d'une autosatisfaction dont les dangers sont plus qu'évidents et qui, je le répète, est formellement hors de mes intentions ?

Aussi bien, si l'on accepte cette constante multiséculaire, invraisemblable au premier abord — la France, certes, n'est pas toutes les cultures du monde, mais elle est leur confluence privilégiée, leur mélange, elle les répercute, à l'occasion, à travers le monde — il est hors de discussion que cette prééminence, méritée ou non, irritante ou admirée, est le trait majeur de notre histoire, par quoi elle prend un sens et du coup s'explique. Malgré tout, malgré cette évidence, une telle affirmation n'est pas courante. Aussi ai-je la naïveté de penser que de l'avoir formulée, justifierait, sans plus, le présent ouvrage dans sa totalité. Et s'il en est vraiment ainsi, c'est-à-dire si le rôle culturel de la France relève d'une vocation mondiale et si, par surcroît, ce rôle est le trait dominant de notre passé, au moins dans une longue partie de son déroulement moderne, il faut que cette double singularité s'explique, puisse s'expliquer. La chose est difficile. Car à ce régime, à ce privilège renouvelé, la France et les Français se sont habitués, puis partant de ce point de vue, ils ont cru qu'étaient ainsi récompensés leurs vertus et leurs talents exceptionnels. Le pas a été franchi très tôt, la vanité nationale y trouvant son compte. À ses auditeurs de la Sorbonne (1813), François Guizot peut dire tranquillement : « ... La France a donc cet honneur, Messieurs, que sa civilisation reproduit, plus fidèlement qu'une autre, le type général, l'idée fondamentale de la civilisation. C'est la plus complète, la plus vraie, la plus civilisée pour ainsi dire. Voilà qui lui a valu le premier rang dans l'opinion désintéressée de l'Europe. »

Qui tiendrait aujourd'hui un pareil discours ? Cette prééminence de la France d'ailleurs n'a pas dépassé la seconde guerre mondiale, elle s'efface, si l'on veut prendre une date dramatique — et cependant décisive — avec la prise de Paris le 14 juin 1940. En Amérique latine, la plus belle caisse de résonance, le plus bel amplificateur de notre gloire culturelle, l'annonce de la prise de la capitale française a précipité des foules énormes dans les églises... Or cette fois, nous ne nous sommes pas relevés des coups du sort. Et pourtant, si j'ai raison dans les explications qui sous-tendent le présent discours, le rayonnement culturel français avait résisté à de lourds désastres de notre histoire, 1815, 1870... Si 1940-1945 a eu un effet contraire, dévastateur, comment maintenir notre ligne d'appréciation ?

J'ai personnellement à Cracovie, en 1956, retrouvé la lumière de cette ancienne primauté, des visages baignés de pleurs d'auditeurs émus d'entendre à nouveau une conférence en français, occasion de se remémorer la France d'hier et la douceur d'y vivre. À Moscou, en 1958, faisant une conférence à l'Académie des Sciences, comment dire mon émotion de voir que le premier mot drôle était aussitôt compris, souligné d'applaudissements ? Et, comme rien ne se passe de façon trop uniforme, l'Europe de l'Est, au sens le plus large, est la seule région du monde qui nous entende et attende encore. Et par un paradoxe émouvant, la seule région qui nous accompagne avec fidélité, c'est l'ancienne France d'outre-mer, avant tout l'Afrique du Nord et l'Afrique noire. Si notre langue résonne encore dans les réunions internationales, c'est grâce aux universitaires, aux intellectuels, aux hommes politiques du continent africain. Se rend-on compte toujours de ce que nous leur devons ?

Par contre, l'Amérique latine, hier si proche de nous, si fraternelle au point d'être si souvent plus française que la France, s'éloigne de nous. Elle est devenue nationaliste et s'enferme dans ses langues, le portugais et l'espagnol. Les États-Unis ont jeté sur elle le réseau de leurs affaires et de l'anglais, langue impériale que rien n'arrête. L'aristocratie qui, hier, nous soutenait a disparu ou presque, au bénéfice de nouveaux riches... Qui, en 1937, remplissait un théâtre de ses auditeurs, en 1949 ne comptait autour de lui qu'une poignée d'amis. Ainsi va le monde...

Si j'y insiste, ce n'est pas par goût de la critique ou de la lucidité à tout prix, mais bien que, dans la perspective où je m'engage, cette rupture d'une primauté qui ne me fait aucun plaisir en elle-même, est décisive par son enseignement : l'historien ou n'importe quel observateur ne comprend les grandes évolutions que quand elles s'achèvent ou qu'elles se renversent. L'histoire implacable casse après 1945, d'un même mouvement, l'Empire britannique, établi sur les sept mers du monde, et l'empire culturel de la France, et scelle, en même temps, le déclin de l'Europe, signalé depuis longtemps par quelques rares observateurs lucides. Car l'entre-deux-guerres, 1919-1939, a été l'époque des écrans de fumée, des faux paysages, des illusions.

Ce qu'il nous faut donc prendre dans nos explications, c'est la longue permanence d'une primauté française, les raisons de cette permanence, et s'interroger pour savoir si son repli explique le long passé antérieur, en lui-même, avouons-le encore une fois, paradoxal.

Je crois tout d'abord que la montée de la France avec les années 1660, qui en signalent au demeurant la précocité, cadre assez bien avec des explications que j'ai souvent présentées. En 1660, il y a un bon demi-siècle que l'Europe s'est déprise de la primauté méditerranéenne, qui avait été restaurée un instant, comme en filigrane, par le jeu des marchands-banquiers génois. Mais leur royauté, le « Siècle des Génois » (1555-1627), c'est le siècle et la royauté du crédit, du papier, des jeux sophistiqués des foires de Plaisance au service de l'impérialisme espagnol. Le Siècle des Génois n'est même pas terminé que la primauté économique à la base — celle des navigations, des marchandises — est acquise au bénéfice d'Amsterdam. Qu'il y ait eu un délai de grâce pour la royauté culturelle de l'Italie, c'est selon la règle : l'esprit ne précède pas, mais suit la marchandise et d'ailleurs ne la rejoint pas d'ordinaire. Pour quelles raisons ? À vous de l'imaginer, l'historien constate cette divergence : au XIIIe siècle, le centre du monde est à Troyes et dans les villes de foires voisines, le centre de la civilisation est à Paris, la distance est brève, mais il y a décalage. Le centre du monde, à la fin du XIVe siècle, est à Venise mais l'esprit se loge à Florence et à Rome. Quand le centre de la richesse de l'Europe (et du monde qui dépend de l'Europe) se situe, autour de 1600, à Amsterdam, le centre culturel de l'Occident déménage d'Italie et s'installe à Paris, avec le retard de rigueur. Assurément, le Roi Soleil a tenu et tiendra son rôle — une France tenue en main, c'est un argument, un atout de poids —, mais la primauté française qui se dessine et se précise, c'est un cadeau de l'Europe, qui vient de pivoter sur elle-même, de basculer vers le Nord. Elle a délesté le Sud, et c'est ce mouvement de bascule qui porte la France au-dessus d'elle-même.

Si j'ai raison dans cette inhabituelle — et peut-être dangereuse — explication, la règle aperçue, une fois de plus, c'est donc la double nécessité, pour le centrage culturel de l'Occident, d'être distinct du centre matériel, première condition, et cependant proche de ce centre, de l'euphorie qu'il dégage autour de lui, seconde condition. Si l'explication est exacte, elle n'est pas, à elle seule, la bonne réponse, mais elle vaut, d'une certaine façon, jusqu'à 1939. Paris, en effet, est resté, de Louis XIV au président Albert Lebrun, au voisinage du centre de l'économie européenne, que ce centre ait été jusqu'au XVIIIe siècle à Amsterdam, puis à partir des dernières années de ce siècle et jusqu'à la seconde guerre mondiale, à Londres, l'Europe du Nord continuant de peser plus lourd que l'Europe méridionale, et Paris restant, selon ma théorie, bien situé pour tenir son rôle. Avec le glissement du centre du « monde libre » vers New York, aux environs de 1929, l'Europe s'est trouvée désaxée, amoindrie, « secondarisée » ou, à la rigueur, « marginalisée », elle n'a plus fait le poids par rapport aux monstrueux États-Unis. Alors Paris en a subi les contrecoups, lents à se comptabiliser, il est vrai, mais se comptabilisant. L'Atlantique est une tout autre coupure que la Manche, Paris (si mon explication continue à être valable) est trop loin du nouveau centre du monde...

Il est bien certain que New York, malgré les beautés formelles, les prétentions et l'activité spirituelle de Manhattan, n'est pas devenue la capitale intellectuelle du monde libre. Cette espérance a été déçue au lendemain de la seconde guerre mondiale. Est-ce parce que l'anglais — j'ose à peine l'écrire — est ressenti aussi comme une langue impériale et non pas seulement comme une langue de culture ? En Occident, il n'y a qu'une autre langue impériale — l'espagnol. Les langues de culture, le français, l'italien, l'allemand, n'ont pas été simplifiées, éclaircies par la nécessité du commandement — elles sont compliquées, déroutantes pour l'étranger (ce n'est pas le latin, langue impériale, mais quelque chose comme le grec). Encore faut-il que ces langues de culture aient leurs centres de diffusion : l'Italie n'a que trop de villes pilotes ; le monde germanique a perdu Vienne et aussi Prague, et aussi Berlin. Paris est la seule ville aujourd'hui à diffuser et à offrir ses outils culturels. Elle est même, ce dont l'innocent gouvernement français ne se rend pas compte, le seul rendez-vous intellectuel de l'Europe... Mais quels que soient les services que Paris rende ou impose encore, le centre intellectuel du monde n'est pas dans ses murs, ses salles de théâtre ou de musique, ou ses galeries d'art. L'époque du Bateau-Lavoir, les gloires de Montmartre et de Montparnasse, les délicieux bords du Loing, Barbizon dans la forêt de Fontainebleau, ce sont de merveilleux souvenirs, mais loin derrière nous.

Ni Paris, ni New York. Alors, pas de centre, pas de centrage, soit une époque d'indécision qui se prolonge, une époque de crise latente, d'une remise en ordre qui ne s'achève pas, qui risque de ne pas s'achever. Et la civilisation est en proie à une mutation sans précédent. Étienne Gilson nous assure que passer au XVe siècle de la Scolastique à la Rhétorique, d'Aristote à Cicéron, avait été une grande révolution. Que dire du temps présent ? En France, la littérature a perdu son sceptre. Les brillantes littératures italienne et américaine, d'Hemingway à Buzzati, sont des littératures d'hier et elles s'éteignent d'elles-mêmes. La littérature russe est, elle aussi, une plante ancienne. À la place de la littérature toute-puissante, la philosophie — le présent siècle en France est celui de Jean-Paul Sartre. Mais lui aussi n'est-il pas dépassé ? La première place est peu à peu gagnée par le cortège des sciences de l'homme, un humanisme nouveau, agressif, puissant... Je sais bien qu'historiens, sociologues, géographes, économistes, anthropologues, etc., n'écrivent pas pour le grand public, que les livres d'Albert Camus continuent à se vendre à 200 000 exemplaires par an sur le marché français, si étroit quand il s'agit des travaux constructifs de l'interscience humaine. De même, le théâtre cède la place à la télévision, au cinéma. De même la science, sous les formes de la fiction et de la vulgarisation, prend une place grandissante. La culture, ce n'est donc plus le même ensemble qu'hier. Il y a hésitation, doute, repli devant le nouvel univers culturel qui nous encercle, nous assaille...

Je ne sais pas si ces considérations m'aideront, ou non, à revenir sur le cas si curieux de la France d'hier. Si j'ai eu raison de mélanger, une fois de plus, hier et aujourd'hui, il faut que la permanence de la primauté française, non seulement se soit développée dans un cadre préparé à l'avance et qui la favorisait, mais selon un langage, une structure des discours qui longtemps n'aura pas varié. Ce que Paris, hier, a offert, a vu passer dans ses mains, ce sont des valeurs littéraires au sens large, des valeurs artistiques, des arts de vivre (le costume, la mode, l'ameublement, la cuisine, l'échantillon des vins et des fromages, la « bouffe » du XIXe siècle, les repas de luxe du XXe...). C'est l'habit de couleur, l'habit français gagnant au XVIIe siècle l'Europe et même l'Espagne. Ce n'est pas qu'il soit plus beau que l'habit sombre à collerette des Espagnols, c'est que dominer le monde occidental, c'est lui imposer son goût... Ce n'est pas que Descartes surpasse les autres philosophes et les autres savants — Galilée est plus novateur que lui, Newton le dépassera — mais la France l'a pris en compte. Ce n'est pas qu'Anatole France — voyez avec J.-J. Brousson comment il accomplit son voyage de Paris à Buenos Aires — soit le prince des écrivains de son temps, ou qu'André Gide mérite ce titre et ce classement un peu plus tard, c'est qu'ils sont pris en charge par les flux qui s'irradient à partir de Paris. Leur attribuer trop de mérite serait peu raisonnable, leur dénier tout mérite une injustice évidente, mais je les prends comme témoins, comme « indicateurs ». Qui, parmi les lecteurs d'aujourd'hui, mettrait Henri Bergson, ou Rodin à la hauteur où, jeunes étudiants, vers les années vingt de ce siècle, nous les placions ?

J'ai pensé aussi, et je crois que c'est indiscutable : la France profite de sa situation de carrefour. Si l'Europe est un théâtre, la France en occupe la scène, s'y prélasse, profite sans vergogne et même avec innocence de ce privilège exorbitant. J'aime ce mot amusant d'Alexandra Lublinskaïa, professeur d'histoire de France à Leningrad, spécialiste de très haut vol, me disant à propos du « putsch » des généraux français à Alger en mai 1958 : « L'histoire de France est sans fin intéressante. Chez vous, il se passe toujours quelque chose. » N'est-ce pas parce que, dans ce théâtre de l'Europe, nous avons le monopole de la scène ? Et parce que l'Europe est notre complice amusée et intéressée. Paris diffuse, attire, monopolise. L'arrivée à Paris, la surprise, le sacre de la ville sont des opérations nécessaires. Voyez le « salon » de Gertrude Stein, avant 1939, il a été la racine de la littérature américaine qui vient de nous éblouir. Cet isolé, Henry Miller, serait-il pensable s'il n'avait mangé le pain boulangé à

Paris et bu le beaujolais nouveau chez le bistrot au coin de sa rue ? Ou voyez comme la peinture dite française a dépendu de l'arrivée à Paris de Picasso né à Málaga, de Modigliani né à Livourne, de Chagall né à Vitebsk, et j'en passe. Bien sûr, il y a ceux qui aiment Paris, qui chantent ses louanges et ceux que la Ville lumière met hors d'eux, exaspèrent. Mais dire du mal de Paris, c'est encore apporter de l'eau à son moulin.

En fait, les biens culturels ne cessent de voyager et ne voyagent pas seuls, les hommes les accompagnent, les précèdent, parfois les laissent en place et replantent leurs boutures. Cette circulation intéresse la civilisation mobile par excellence, celle des hautes sphères, des sophistications. Dans la mesure où ces biens circulent, *doivent* circuler, il y a des routes, des croisements, des haltes, des bouclages, des centrages nécessaires. Paris a vécu longtemps de ces nécessités, elle est elle-même, plus les autres. Sa responsabilité est grande, non pas totale. La ville transmet ce qu'elle a créé : l'impressionnisme des années 1870 fut diffusé par elle jusqu'en Russie. Elle a introduit le comtisme au Brésil et en Amérique latine. Mais elle transmet aussi bien les créations des autres, l'hégélianisme, la phénoménologie...

Aujourd'hui, quelque chose, bien sûr, va mal dans le vaste monde, une chose entre beaucoup d'autres : il n'y a plus cette concentration juste ou injuste des lumières, des arts de vivre, des évasions possibles de l'esprit, des échanges continus sans quoi ne s'accomplit pas, ou s'accomplit mal, le rayonnement intellectuel qui a fait l'Europe d'hier.

III

AGENTS ET ALÉAS : LA PRODUCTION INDUSTRIELLE

[*De cette troisième section du chapitre qui concerne non plus la civilisation dans ses structures de longue durée, mais les changements et les retournements de la vie culturelle au fil des générations, Fernand Braudel n'a rédigé qu'une introduction et noté, sur des feuilles volantes, en les accompagnant de quelques lignes, les titres des paragraphes prévus : 1. Les groupuscules sont rois (2 pages) ; 2. Cultures et société (note de 6 lignes) ; 3. Y a-t-il des conjonctures culturelles ? (note d'une demi-page). Enfin, sans précision aucune, deux pages séparées qui sont intitulées « France, christianisme et Chrétienté », se présentent comme une conclusion possible, je ne dis pas probable, du chapitre.*]

Littéralement, nous avons fait le tour des questions relatives à la civilisation française comme on fait le tour d'une maison. Mais, à peine avons-nous remarqué qu'elle comportait deux étages — le haut et le bas, termes qui prouvent pour pareille description mon manque d'imagination, et pourtant comment dire mieux ? À peine avons-nous montré aussi comment on sortait de la maison et comment on y entrait, comment la porte risquait (mais ce n'est pas la règle) d'être cadenassée, ou, et ce n'est pas davantage la règle, de ne pas être plus fermée que la porte d'un moulin. Puis nous avons signalé, toujours sans nous en expliquer à suffisance, la réputation universelle de cette auberge de l'esprit. Nous l'avons placée au centre le plus lumineux de l'histoire de France, et au centre même de la civilisation d'Occident.

Dans ces conditions, que nous reste-t-il à faire ? On répondrait volontiers tout ou presque tout. Car cette maison de la culture française dont je n'ai abordé l'histoire qu'avec le dessein d'en distinguer des expériences, grâce auxquelles dégager des règles possibles, des caractères d'ensemble — cette maison est un outil de production d'où sort sinon toute la culture (qui est en grosse partie du déjà construit), sûrement l'entière culture qui se rénove, se met au goût du jour et innove. Alors si je cherche l'essentiel qui manque au tableau que j'ai essayé de tracer, il doit s'agir de circonscrire les conditions de cette production, ses mécanismes, ses facteurs sociaux, économiques ou politiques, ses agents — pas d'art sans artistes ; pas de pièces de théâtre, pas de romans, pas d'œuvres dans le vaste domaine des sciences de l'homme, sans agents. Alors, ces agents, d'où viennent-ils, obligatoirement ou non ? Où la société les place-t-elle ? Comment, en ces secteurs, pour parler le langage de Pierre Bourdieu, se reproduisent-ils ? Surtout sont-ils toujours logés à même enseigne ? Et pour finir, mais y réussirons-nous, y a-t-il des conjonctures culturelles sous la dépendance de la culture seule, un mouvement à droite, un mouvement à gauche, ou vers le haut ou vers le bas ? La mode, jamais frivole, peut-elle faire des siennes dans cette maison éminemment sérieuse ?

Les groupuscules sont rois

Il est entendu que, dressant cet inventaire, je reste limité aux artistes — peintres, sculpteurs, graveurs, aquafortistes, architectes — et aux hommes de lettres, de la philosophie à la littérature et même aux sciences humaines. Je laisse de côté la science, la technologie, l'art de vivre et, pour ce dernier secteur, la multitude des métiers qu'il implique. Donc un champ d'observation à la fois immense et cependant restreint. Nous pouvons encore facilement nous y perdre. Alors supposons que nous l'ayons, manuels classiques en main, parcouru dans tous les sens, en reprenant dix fois pour une observations, pointages et calculs. Commençons par les lettres et supposons que j'ai assimilé comme un très bon élève tous les manuels.

Si l'on fait les additions, siècle après siècle, région après région, qui ne sera étonné des résultats ? Chaque fois, la flamme de la culture française a été soutenue par quelques mains seulement. Les cartes de ces relevés parlent d'elles-mêmes. Bien sûr elles doivent être critiquées. Nos cartons retiennent [*nombre laissé en blanc*] noms pour le XVIe siècle français, ce sont les noms des auteurs qui ont surnagé, des vainqueurs d'une course que la postérité et nous-mêmes avons organisée. Alors pour un vainqueur dix, cent, mille coureurs se sont perdus, ou nous les avons perdus, rejetés dans la nuit. Or, même en faisant intervenir ces multiplicateurs, nos chiffres restent ridiculement faibles.

Ce premier essai de statistique nous surprend mais nous met, je crois, sur la bonne voie : les souvenirs n'accourent-ils pas en longue séquence qui mettent en vedette ces milieux étroits qui, chaque fois, à chaque époque, ont déterminé le cours de notre littérature — elle surtout — et même de notre art ? Pour la littérature, le premier groupe n'est-il pas celui ultra-connu de la Pléiade — le premier groupe à être reconnaissable et que nous pouvons nous représenter avec une relative exactitude ? Ils sont sept au total : Ronsard, Du Bellay, Dorat, Antoine de Baïf, Rémi Belleau, Jodelle et Pontus de Thiard. Tout d'abord ils s'appellent *la Brigade*, puis, à l'imitation des sept poètes d'Alexandrie au temps de Ptolémée, ils s'intitulent *la Pléiade*, du nom d'une constellation (vers 1549).

Au siècle suivant, vous connaissez : « Enfin Malherbe vint... » Or Malherbe, c'est au total très peu de personnes. « Il étoit, écrit Tallemant des Réaux, mal meublé et logeoit d'ordinaire en chambre garnie [à l'auberge de l'Image Notre Dame, située rue des Petits-Champs], où il n'avoit que sept ou huit chaises de paille et comme il estoit fort visité de tous ceux qui aimoient les belles-lettres, quand les chaises estoient toutes occupées, il fermoit la porte par dedans et si quelqu'un heurtoit il luy crioit : "Attendez, il n'y a plus de chaises", disant qu'il valoit mieux ne pas les recevoir que de les laisser debout... »

Dès que l'on a fixé l'attention sur ces groupes minuscules, une longue histoire répétitive se découvre à nos yeux. Chacun de ces groupuscules répète, à sa façon, la même vérité, à savoir que ces sociétés restreintes ont joué un rôle sans proportion avec leur nombre. Justement, n'est-ce pas là une vérité d'ordre général, et valable dans tous les domaines ? Ces minorités sont, à la fois, le sel, le levain de la société et sûrement le levain de la vie intellectuelle et artistique. Une poignée d'esprits dirigent, semblent dominer l'évolution, en elle-même si complexe, cela aussi vrai à l'époque de Ronsard qu'à l'époque de Richelieu, ou à l'époque du docteur Quesnay et des physiocrates. C'est vrai encore, presque sous nos yeux, avec les cubistes, les fauvistes, les surréalistes, comme cela avait été la règle avec le groupe, serré autour de Manet, des impressionnistes au voisinage des tristes années 1870.

En fait, l'avantage n'appartient-il pas, obligatoirement, à tout groupe suffisamment cohérent, qui multiplie et intensifie son action face à une masse qui, en raison de son vaste poids, de sa dispersion, ne peut vivre que sous le signe de l'inertie et des répétitions subies, non pas voulues ou même discernées ?

Chacun de ces groupes aboutit à un meneur de jeu, alors tant vaudra le groupe, tant vaudra le meneur, et réciproquement. J'ai été très impressionné par l'admiration portée hier à Diderot par Ernst Curtius, lui qui croit que, d'une grande période à une autre grande période, il y a des hommes clefs, bornes milliaires gigantesques, qui résument autant le passé qu'ils annoncent l'avenir, Dante, Shakespeare, Goethe... Ce choix hors de l'espace historique français est-il juste ou non ? Peu importe ! Si Goethe ne s'était pas imposé à Curtius, Diderot aurait eu la chance d'obtenir de lui, rétrospectivement, bien plus qu'un prix Nobel. Ce qu'a été Diderot ? peut-être le caissier qui a distribué les idées autour de lui à ceux qui se trouvaient en panne ou immobilisés dans leurs hésitations. Alban, physicien collaborateur de Joliot-Curie, me disait que Paul Langevin (1872-1946), physicien de qualité internationale, avait été le « caissier » des physiciens de son temps, l'homme toujours prodigue de conseils et d'idées. Et c'est le rôle très exactement qu'a tenu Lucien Febvre (1878-1956) pour les historiens, ses collègues, amis ou élèves.

Le jeu nécessaire serait donc, chaque fois que l'on est en présence d'un meneur de jeu, de chercher le groupe qui l'a entouré, soutenu et favorisé et, à l'inverse, le groupe étant dûment reconnu, de savoir quel en a été l'animateur : on disait dans le salon de la marquise de Rambouillet que l'ingénieux Voiture était « l'âme du *rond* », entendez du cercle, de la société... Pierre de Ronsard ne laissait à personne le soin de reconnaître sa prééminence sur ses amis de la Pléiade : « Vous êtes mes sujets, et je suis votre roi », affirmait-il en un alexandrin catégorique.

J'avoue, tout compte fait, qu'au lieu d'examiner les différentes et trop nombreuses cartes relevant les groupes, salons, cercles, comités de rédaction de revues..., j'aimerais choisir quelques cartes seulement pour leur couleur, leur valeur particulière, qui permettraient, à elles seules, d'ouvrir à peu près convenablement l'éventail. Car tous ces groupes se ressemblent, se retrouvent à tous les âges de la vie culturelle si diversifiée de la France. Mon choix discutable portera sur la « ruelle » de la marquise de Rambouillet ; les amis de Mersenne, ce qui est une bonne occasion de voir Descartes de près, mais en quelque sorte du dehors ; le docteur Quesnay et ses physiocrates ; les impressionnistes autour d'Édouard Manet ; enfin, exemple qui fera sourire les historiens mais paraîtra aberrant ou abusif aux autres, j'irai au 12 rue Sainte-Anne voir, entre les deux guerres, le petit groupe de la

Revue de synthèse avec, en son centre, son créateur, Henri Berr. J'aurais pu aussi bien mettre en lumière la *Nouvelle Revue française* qui a été, de 1919 à 1939, le cœur de la littérature, alors éblouissante, de la France. J'aurai pu même faire sa place à l'Académie française, créée par Richelieu, en 1634, et qui a été et reste une force active et redoutable. Mais les autres groupes ont eu l'avantage, à mes yeux, d'être libres, de ne pas dépendre de l'État et, dernier avantage et qui compte, de ne pas avoir été « immortels ».

Rue Saint-Thomas-du-Louvre

C'est dans cette rue, perpendiculaire à la Seine, non loin du Louvre et de Saint-Germain-l'Auxerrois, que se dresse l'hôtel de Rambouillet, où se situe le premier salon, peut-on dire, de notre histoire, le premier en tout cas qui soit célèbre et mérite de l'être à bien des titres. La marquise de Rambouillet, Catherine de Vivonne (1588-1665), fille du marquis de Vivonne, ambassadeur de France à Rome, mariée à Charles d'Angennes, marquis de Rambouillet, auquel elle donna sept enfants, présentée à la cour de Henri IV, comme de juste, s'en éloigne ne pouvant en supporter le langage (c'est une cour gasconnante) et la licence des mœurs qui y règne. Son hôtel, construit, aménagé par elle, est son refuge. Elle va, de 1610 à 1660, ou mieux à 1648, y recevoir la meilleure société et les beaux esprits de la ville. C'est une école d'élégance, de raffinement, de courtoisie, de préciosité aussi. La galanterie et l'esprit y préservent leurs droits.

[*La suite de ce paragraphe manque ainsi que tous les paragraphes annoncés à la page précédente (groupe de Mersenne, etc.)*.]

....

Cultures et société

La culture, ou plutôt et dans son sens le plus étroit, la production culturelle, a été longtemps un secteur dépendant. L'écrivain, l'artiste, ont dépendu du mécène, la plupart du temps, du prince, ou de l'Église, ou de la classe dominante, et dès qu'elles apparaissent, des universités, mais les universités n'ont pas pris en charge les arts, au sens où nous entendons le mot, dans l'éventail de leurs enseignements. Même aujourd'hui.

....

Y a-t-il des conjonctures culturelles ?

Les progrès de l'histoire économique nous ont montré que la société est traversée par des mouvements ondulatoires, grossièrement périodiques. Il y a une sorte de respiration économique du monde. Aucune région, aucun groupe humain n'y échappe. Il vit, il faut qu'il respire. Il respire, c'est qu'il vit. Cette vérité — cette conquête scientifique — se situe-t-elle dans la seule histoire économique ? Ou vaut-elle pour tous les autres secteurs de la vie sociale ? Si nous avions tout mesuré — ce qui dans l'état de nos connaissances n'est pas possible —, nous pourrions nous prononcer sur le caractère conjoncturel de l'histoire des civilisations. En tout cas, nous sommes sûrs qu'elles bougent, oscillent, se transforment. Mais à quel rythme, selon quelles longueurs d'ondes, et surtout sont-elles mobiles par elles-mêmes ou entraînées par des mouvements extérieurs ?

Je crois tout d'abord que la culture de la France, comme celle de tout autre pays d'Europe et du monde, change par un travail de soi sur soi. En ce débat, plus ouvert hier qu'aujourd'hui, c'est à [*en blanc*] et à Eugenio d'Ors que je voudrais donner raison.

....

France, christianisme et Chrétienté

[*Rappelons qu'il s'agit d'une page volante, non située dans le manuscrit sinon par sa première phrase.*]

Il est assez logique de terminer ce chapitre par le plus long des longs itinéraires, l'interminable histoire du christianisme se soumettant la France, avant même qu'elle ait existé en tant que France, et la maintenant dans les réseaux où elle reste aujourd'hui encore enveloppée, malgré ses réticences ou ce qu'elle a pris ou prend pour des libérations. Nous sommes ainsi en présence d'une histoire interminable qui, ne s'achevant pas, peut-être même ne pouvant pas s'achever, nous prive d'une contre-épreuve qui ne nous a pas manqué dans d'autres domaines. Impossible cette fois d'écrire le mot *fin*, comme à la dernière ligne d'un roman, cette dernière ligne qui, manquant, laisse forcément l'explication ou la trame incomplète. J'imagine qu'une fin non formulée, ou qu'une continuité qui n'en finit pas de se succéder à elle-même et qui est une belle exemplarité de la longue durée, pose plus d'un problème. L'homme n'est-il pas, en vérité, et le Français comme les autres, condamné à être un animal religieux, quoi qu'il fasse, et la société, quoi qu'elle en pense, n'est-elle pas obligée de l'être pareillement ? Ne serait-ce que pour *être* ?

Ainsi, une immense histoire, quelque chose comme un paysage de haute mer ; la première impression est d'uniformité, de répétition ; avec Alphonse Dupront, comment ne pas être frappé par « la remarquable stabilité de la vie religieuse et de ses formes », du XVe au XVIIIe siècle ? Ou ne pas constater, comme René Rémond, au XVIIIe et au XIXe siècle, que rien n'est plus stable que « les croyances et les institutions religieuses ? Elles résistent non seulement aux assauts des adversaires, mais à l'épreuve du temps ». Première impression : ces deux historiens n'indiquent la stabilité qu'en ce qui concerne les croyances, les institutions, les pratiques à la base, l'architecture des dogmes. De bout en bout de notre histoire, le christianisme a été la religion de Dieu fait homme, et l'Église est l'Église, les pratiques religieuses restent aujourd'hui, en profondeur, conformes aux normes anciennes. Mais une société *ecclésiastique* double une société *civile*, comme la société politique ou la société économique double ce qui n'est pas politique, ou ce qui n'est pas économique... Le religieux et le civil se distinguent mal, se mêlent, s'opposent, luttent.

Dans cette perspective, le mouvement reprend ses droits : cette coexistence du *religieux* et du *social* ne cesse de varier, parfois avec violence, et parfois de façon imperceptible. La mer immense n'est-elle pas pleine de mouvements de surface et, non moins, de profondeur ? Or c'est en profondeur que les spécialistes de l'histoire de l'Église regardent avec le plus d'insistance.

Autre complication nécessaire, c'est au-delà de la France que leurs regards doivent se porter. La Chrétienté est le domaine du christianisme, la France y est incluse, en est un fragment, si bien que cette Chrétienté étant centrée sur Rome, la France reçoit une partie de sa vie et de sa lumière religieuses comme un bien extérieur. Ce bien, elle l'accepte avec plus ou moins de bonne grâce ou d'enthousiasme. Parfois de mauvaise humeur. Ernst Curtius s'étonne que la France, qui se considère cependant comme « la fille aînée de l'Église », soit si souvent réticente à l'égard de Rome. Et même, si on l'en croyait, elle se prendrait volontiers pour Rome elle-même. Ce point de vue est discutable en vérité. N'y a-t-il pas eu, entre Rome et les diverses chrétientés d'Europe, des conflits ? La France s'engage dans une série de querelles mais analogues, *mutatis mutandis*, à celles que Rome connaîtra en Germanie, en Angleterre, en Italie, même en Espagne. Et puis-je dire, avant tout, que ces histoires hautes, clinquantes, passionnantes en elles-mêmes, ne sont pas, à mes yeux, face au trop vaste spectacle qu'il nous faut saisir, l'essentiel ? L'essentiel, c'est bel et bien la façon dont *la* ou *les* sociétés ecclésiastiques se développent dans la ou plutôt les sociétés civiles. Selon des processus relevant le plus souvent d'une *histoire à la verticale*.

Oui, de bout en bout, le problème a été de savoir comment la ou les sociétés françaises sont conquises, tenues, emprisonnées, disciplinées par l'Église. Il s'est agi d'un dressage, d'un enseignement, d'une fascination, d'une réussite multiséculaire, coupée de reflux, d'échecs, de drames, de difficultés évidentes à tenir ce qu'on tient et qui vous supporte : il y a fallu des efforts, des exploits.

Je crois, à tous les points de vue, l'histoire de France coupée en deux par le processus fantastique des catastrophes en chaîne qui débutent avant 1350 et commencent à s'effacer seulement à partir de 1450, durant ce siècle fait de deux moitiés de siècles successifs et qui, par excellence, est la cassure des cassures. Au-delà, nous nous enfonçons dans les régularités systémiques de la France moderne qui s'achemine, tôt reconnaissable, vers nous. En deçà, c'est un autre univers, où les problèmes ont une allure, une exemplarité différentes. Si l'on se permettait une formule commode, on jurerait que, pour comprendre la France, « il faut la regarder au fond d'elle-même », c'est-à-dire en deçà de la ligne de 1350.

NOTES

L'HISTOIRE, MESURE DU MONDE (pp. 19-114)

1. « Ma formation d'historien », *in : Journal of Modern History*, décembre 1972, publié dans *Écrits sur l'histoire*, II, Arthaud, 1990.
2. Cet avant-propos, écrit de la main d'un des camarades de captivité de Braudel, est rédigé dans la perspective de l'édition projetée qui ne sera jamais réalisée.
3. Quatre des sept chapitres annoncées, ainsi que les notes bibliographiques ne se trouvent pas dans les pages du cahier que nous publions. Il n'y a pas lieu de penser qu'ils ont été rédigés par ailleurs.
4. La rédaction de ce texte, qui date de 1944, anticipe sur « l'après-guerre ».
5. Seule la première partie a été rédigée.
6. F. Braudel a lu le *Rabelais* de Lucien Febvre sur le jeu d'épreuves que l'auteur lui avait envoyé à Lübeck le 4 novembre 1942 (reçu le 22 novembre et relié dans la bibliothèque du camp).
7. « Structures » : expression relevée dans le livre de Gaston Roupnel, *Histoire et destin*, 1943, dont F. Braudel fit à Lübeck le compte rendu pour les *Annales*.
8. Sur l'histoire événementielle, voir *supra*, p. 21, la présentation de ce texte.
9. Aldous Huxley, *Le Meilleur des mondes*.
10. Discours publié en français sous le titre *Considérations sur l'histoire universelle*, 1905.
11. Compte rendu de Marc Bloch, *Les Caractères originaux de l'histoire rurale française*, 1931, *Revue historique*, 1932, p. 191.
12. *Guide de l'étudiant en géographie*, 1942.
13. « Colonisation, peuplement et plantation du cacao dans le sud de Bahia », *Annales de géographie*, 1937.

14. Prénom de l'auteur dont le nom a été laissé en blanc dans le manuscrit.
15. Voir *supra* : présentation et p. 67.
16. Une annotation bibliographique, difficilement lisible, indique R. Daude ou Dande.
17. De très nombreux blancs rendent la fin du paragraphe illisible. Nous l'avons reconstituée grâce à l'ouvrage de Ferdinand Fried, *Wende der Weltwirtschaft*, 1940, cité par Fernand Braudel.
18. Lübeck, où se trouvait le camp de prisonniers, est proche de la Weser.
19. Ces mesures ne figurent pas sur le cahier où des blancs ont été ménagés. Nous donnons celles que Fernand Braudel aurait pu indiquer étant donné les ouvrages scientifiques dont il pouvait alors disposer.
20. *Il Clima sulle Alpi ha mutato in età storica ?*, 1937.
21. *Histoire d'un voyage fait en la terre du Brésil*, 1561.
22. Fernand Braudel, pendant les deux ou trois premières années de son enseignement en Algérie (1923-1932), a fait l'expérience des pistes du Sahara, sillonné au cours de nombreux voyages, y compris à dos de chameau.
23. Le cahier s'interrompt là, à mi-parcours du projet annoncé dans l'introduction.

POUR UNE ÉCONOMIE HISTORIQUE (pp. 117-127)

1. Ne serait-ce que de grammaire, ne vaudrait-il pas mieux dire : *conjoncturel* et *structurel* ?
2. Pour suivre ici les travaux en cours d'un jeune économiste, M. François Desaunay, assistant à l'École des Hautes Études.

LA LONGUE DURÉE (pp. 191-230)

1. *Anthropologie structurale*, Paris, Plon, 1958, *passim* et notamment p. 329.
2. Jean-Paul Sartre, « Questions de méthode », *Les Temps modernes*, 1957, n°s 139 et 140.
3. « L'Europe en 1500 », « le Monde en 1880 », « l'Allemagne à la veille de la Réforme »...
4. Louis Halphen, *Introduction à l'Histoire*, Paris, P.U.F., 1946, p. 50.
5. Cf. sa « Théorie générale du progrès économique », Cahiers de l'I.S.E.A., 1957.

6. *Esquisse du mouvement des prix et des revenus en France au* XVIII*e siècle*, 2 vol., Paris, Dalloz, 1933.
7. Mise au point chez René Clemens, *Prolégomènes d'une théorie de la structure économique*, Paris, Domat Montchrestien, 1952 ; — voir aussi Johann Akerman, « Cycle et structure », *Revue économique*, 1952, n° 1.
8. Ernst Robert Curtius, *Europaïsche Literatur und lateinisches Mittelalter*, Berne, 1948 ; traduction française : *La Littérature européenne et le Moyen Âge latin*, Paris, P.U.F., 1956.
9. Paris, Albin Michel, 1943, 2e éd. 1946.
10. *Le Mythe des Croisades. Essai de sociologie religieuse*, à paraître.
11. Pierre Francastel, *Peinture et Société. Naissance et destruction d'un espace plastique, de la Renaissance au cubisme*, Lyon, Audin, 1951.
12. Autres arguments : je mettrais volontiers en cause les puissants articles qui tous plaident dans le même sens, d'Otto Brunner sur l'histoire sociale de l'Europe, *Historische Zeitschrift*, t. 177, n° 3 ; — de R. Bultmann, *Idem*, t. 176, n° 1, sur l'humanisme ; — de Georges Lefebvre, *Annales historiques de la Révolution française*, 1949, n° 114 et de F. Hartung, *Historische Zeitschrift*, t. 180, n° 1, sur le despotisme éclairé...
13. René Courtin, *La Civilisation économique du Brésil*, Paris, Librairie de Médicis, 1941.
14. À l'heure française. En Espagne, le reflux démographique se marque dès la fin du XVIe siècle.
15. Claude Lévi-Strauss, *L'Anthropologie structurale, op. cit.*, p. 31.
16. « Diogène couché », *Les Temps modernes*, n° 195, p. 17.
17. *Le Temps de l'histoire*, Paris, Plon, 1954, notamment pp. 298 et suiv.
18. P. Chombart de Lauwe, *Paris et l'agglomération parisienne*, Paris, P.U.F., 1952, t. I, p. 106.
19. Suzanne Frère et Charles Bettelheim, *Une ville française moyenne, Auxerre en 1950*, Paris, Armand Colin, Cahiers des Sciences politiques, n° 17, 1951.
20. Pierre Clément et Nelly Xydias, *Vienne-sur-le-Rhône. Sociologie d'une cité française*, Paris, Armand Colin, Cahiers des Sciences politiques, n° 71, 1955.
21. Voir le Colloque sur les Structures, VIe Section de l'École pratique des hautes études, résumé dactylographié, 1958.
22. Cité par Claude Lévi-Strauss, *Anthropologie structurale, op. cit.*, pp. 30-31.
23. Il serait tentant de faire une place aux « modèles » des économistes qui, en vérité, ont commandé notre imitation.
24. *La Méditerranée et le monde méditerranéen à l'époque de Philippe II*, Paris, Armand Colin, 1949, pp. 264 et suiv.

25. Fernand Braudel et Frank Spooner, *Les Métaux monétaires et l'économie du XVIe siècle. Rapports au Congrès international de Rome*, 1955, vol. IV, pp. 233-264.
26. Alexandre Chabert, *Structure économique et théorie monétaire*, Paris, Armand Colin, Publ. du Centre d'Études économiques, 1956.
27. Sigmund Diamond, *The Reputation of the American Businessman*, Cambridge (Massachusetts), 1955.
28. Voir spécialement Claude Lévi-Strauss, *Bulletin international des Sciences sociales*, UNESCO, VI, n° 4, et plus généralement tout ce numéro d'un grand intérêt, intitulé *Les mathématiques et les sciences sociales*.
29. *The Theory of Games and economic Behaviour*, Princeton, 1944. Cf. le compte rendu brillant de Jean Fourastié, *Critique*, oct. 1951, n° 51.
30. Toutes les remarques qui suivent sont extraites de son dernier ouvrage, *L'Anthropologie structurale, op. cit.*.
31. *Ibid.*, p. 326.
32. *Ibid.*, p. 39.
33. *Les Structures élémentaires de la parenté*, Paris, P.U.F., 1949. Voir *Anthropologie structurale*, pp. 47-62.
34. *Anthropologie...*, pp. 42-43.
35. Je dis bien mathématiques qualitatives, selon la stratégie des jeux. Sur les modèles classiques et tels que les élaborent les économistes, une discussion différente serait à engager.
36. *Histoire et Destin*, Paris, Bernard Grasset, 1943, *passim*, notamment p. 169.
37. *Revue de synthèse historique*, 1900, p. 32.
38. Ernest Labrousse, *La Crise de l'économie française à la veille de la Révolution française*, Paris, P.U.F., 1944, Introduction.
39. Paris, P.U.F., 2e éd., 1950.
40. Gilles Granger, *Événement et Structure dans les Sciences de l'Homme*, Cahiers de l'Institut de Science économique appliquée, Série M, n° 1, pp. 41-42.
41. Voir mon article, trop polémique sans doute, « Georges Gurvitch et la discontinuité du Social », *Annales*, 1953, 3, pp. 347-361.
42. Cf. Georges Gurvitch, *Déterminismes sociaux et Liberté humaine*, Paris, P.U.F., pp. 38-40 et *passim*.
43. Jean-Paul Sartre, « Fragment d'un livre à paraître sur le Tintoret », *Les Temps modernes*, nov. 1957, et article cité précédemment.
44. Otto Berkelbach, Van Der Sprenkel, « Population Statistics of Ming China », *B.S.O.A.S.*, 1953 ; — Marianne Rieger, « Zur Finanz-und Agrargeschichte der Ming-Dynastie 1368-1643 », *Sinica*, 1932.

45. P. Vidal de la Blache, *Revue de synthèse historique*, 1903, p. 239.

HISTOIRE ET SOCIOLOGIE (pp. 231-253)

1. La célèbre controverse est cependant engagée aussi à propos du livre de Paul Lacombe, *De l'histoire considérée comme science*, Paris, 1894. L'article de François Simiand, « Méthode historique et science sociale », *Revue de synthèse historique*, 1903, pp. 1-22 et pp. 129-157, porte, en effet, en sous-titre, *Étude critique d'après les ouvrages récents de M. Lacombe et de M. Seignobos*. Mais l'ouvrage de Paul Lacombe n'est pratiquement pas mis en cause.
2. Xénopol, in *Revue de synthèse historique*, 1900, p. 135, n° 2.
3. « La science de l'histoire d'après M. Xénopol », *Revue de synthèse historique*, 1900, p. 32.
4. « Continuité et discontinuité en histoire et en sociologie », *Annales E.S.C.*, 1957, pp. 73-84.
5. Y ajouter, Charles Seignobos, *La Méthode historique appliquée aux sciences sociales*, Paris, 1901.
6. « Histoire et sociologie », *Revue de synthèse historique*, 1903, pp. 121-140.
7. Paris, 1948, 2e éd. La première édition est de 1938.
8. *Apologie pour l'histoire ou métier d'historien*, 1re éd., 1949, Paris (3e éd., 1959). Sur ce beau livre voir la note pénétrante de J. Stengers, « Marc Bloch et l'Histoire », *Annales E.S.C.*, 1953, pp. 329-337.
9. Paris, 1953.
10. *Introduction à l'histoire*, Paris, 1946.
11. *Le Temps de l'histoire*, Paris, 1954.
12. *Histoire, science du concret*, Paris, 1946.
13. « Qu'est-ce que l'histoire ? », *Revue de métaphysique et de morale*, 1955, pp. 225-247.
14. *De la connaissance historique*, 1954. À compléter par les beaux bulletins que donne Marrou sur l'historiographie, dans la *Revue historique*, 1953, pp. 256-270 ; 1957, pp. 270-289.
15. Art. cit.
16. Voir ci-dessus art. cit., note 3.
17. Art. cit., p. 18.
18. Voyez combien paraîtra sage et comme d'un autre âge, l'article de Jean Meuvret, « Histoire et sociologie », *Revue historique*, 1938.
19. *Anthropologie structurale*, Paris, 1958, p. 17.
20. Dans quelques lignes d'introduction à l'article de G. Gurvithc,

« Continuité et discontinuité en histoire et sociologie », *Annales E.S.C.*, 1957, p. 73.
21. *Op. cit.*, Paris, 1958.
22. Préface à Huguette et Pierre Chaunu, *Séville et l'Atlantique*, t. I, Paris, 1959, p. XI : « Et puis, structures ? Mot à la mode, je le sais ; il s'étale même, parfois dans les *Annales*, un peu trop à mon goût. »
23. Colloque de l'École des hautes études, VIe Section, sur les structures, résumé dactylographié, 1958.
24. Art. cit., p. 2.
25. *La Crise de l'économie française à la veille de la Révolution*, Paris, 1944.
26. F. Braudel, « Histoire et sciences sociales ; la longue durée », *Annales E.S.C.*, 1958, 4. Voir ci-dessus.
27. Le lecteur remarquera que les quatre pages qui suivent reproduisent un passage de l'article sur la longue durée (voir ci-dessus), publié la même année dans les *Annales*. Le supprimer d'un côté ou de l'autre serait rompre l'unité d'un raisonnement.
28. *Histoire et destin*, Paris, 1943, *passim*.
29. Voir ci-dessus, note 3.
30. 2e éd., 1950.
31. Gilles Granger, « Événement et structure dans les sciences de l'homme », *Cahiers de l'Institut de Science économique appliquée*, Série M, n° 1, pp. 41-42.
32. Cf. Georges Gurvitch, *Déterminismes sociaux et liberté humaine*, Paris, 1955, pp. 38-40 et *passim*.

HISTOIRE DES CIVILISATIONS (pp. 254-313)

* Les références qui correspondent aux appels de notes ont été rédigées sommairement. La bibliographie ci-dessous fournit, au nom de chaque auteur cité, les références complètes.
1. Joseph Chappey, p. 370.
2. Philip Bagby, p. 160.
3. Citation prise à Armand Cuvillier, II, p. 670.
4. Wilhelm Mommsen, cité par Chappey, p. 444.
5. Georges Duby et Robert Mandrou.
6. À partir de la culture : celle-ci, dans un groupe donné est ce qui se transmet, hors de l'hérédité biologique, par l'hérédité sociale — le « modèle » de comportements sociaux, le « complexe » de modes de vie caractéristiques. À ce sujet, le point de vue d'un philosophe, Pietro Rossi, « Cultura e civiltà come modelli descrittivi », in *Rivista di Filosofia*, juillet 1957.
7. Otto Brunner, p. 186.
8. Otto Brunner, p. 17.

9. H. Freyer, *Weltgeschichte Europas*, II, p. 723.
10. « Le Coq et l'Arlequin », in *Le Rappel à l'ordre*, Paris, 1926, 7e éd., p. 17.
11. Ayant eu à expliquer le nouveau programme d'histoire pour les classes terminales, dont il avait été un des artisans, Fernand Braudel choisit de traiter, en 1963, le cadre des civilisations. Paru aux éditions Belin sous le titre *Le Monde actuel*, ce texte a été réédité sous le titre *Grammaire des civilisations*, aux éditions Arthaud.

Bibliographie

Rafael Altamira y Crevea, *Proceso histórico de la historiografía humana*, Mexico, 1948.

Philip Bagby, *Culture and History*, Londres, 1958.

Henri Berr, Interventions dans les discussions de la *Première Semaine Internationale de Synthèse*, Paris, La Renaissance du Livre, 1930, notamment pp. 57-59, 75-76.

Otto Brunner, *Neue Wege der Sozialgeschichte*, Göttingen, 1956.

Henri Brunschwig, *La Crise de l'État prussien à la fin du* XVIIIe *siècle et la genèse de la mentalité romantique*, Paris 1947.

Jacob Burckhardt, *Die Kultur der Renaissance*, Bâle, 1860.

Joseph Chappey, *Histoire de la Civilisation en Occident. Introduction. I. La Crise de l'histoire et la mort de l'idée de civilisations*, Paris, 1958.

Shepard Bancroft Clough, *Grandeur et décadence des civilisations*, Paris, Payot, 1954.

René Courtin, *La Civilisation économique du Brésil*, Paris, 1942.

Armand Cuvillier, *Manuel de sociologie*, Paris, 1954, 2 vol.

Lucien Febvre, « Civilisation : évolution d'un mot et d'un groupe d'idées », *Première Semaine Internationale de Synthèse*, 2e fascicule, *Civilisation, le mot, l'idée*, Paris, La Renaissance du Livre, 1930.

Lucien Febvre, *Combats pour l'histoire*, Paris, 1953.

Georges Friedmann, *Humanisme du travail et humanités*, Paris, 1950.

Émile-Félix Gautier, *Les Siècles obscurs du Maghreb*, Paris, 1927.

Émile-Félix Gautier, *Mœurs et coutumes des Musulmans*, Paris, 1931.

Pierre Gourou, « Civilisations et malchance géographique », *Annales E.S.C.*, 1949, pp. 445 *sq*.

François Guizot, *Cours d'histoire moderne. Histoire générale de la civilisation en Europe depuis la chute de l'Empire romain jusqu'à la Révolution française. Histoire de la civilisation en*

France depuis la chute de l'Empire romain jusqu'en 1789, Paris, 1829-1832, 6 vol.

Georges Gurvitch, *Traité de sociologie*, tome I, Paris, 1958.

Georges Gurvitch, *La Vocation actuelle de la sociologie*, tome I, Paris, 1958 ; tome II à paraître.

Georges Gurvitch, *Déterminismes sociaux et liberté humaine*, Paris, 1955.

Herder (Johann Gottfried von), *Ideen zur Philosophie der Geschichte der Menscheit*, 1784-1791.

Huizinga (Johan), *Herbst des Mittelalters*, Leipzig, 1928 (Traduction française : *Le Déclin du Moyen Âge*, Paris, 1932).

Huizinga (Johan), *À l'aube de la paix...*

Gustav Klemm, *Allgemeine Kulturgeschichte der Menscheit*, Leipzig, 1843-1852.

A.L. Kroeber et Clyde Kluchorn, *Culture, a critical Review of Concepts et Definitions*, Cambridge, Mass., 1952.

Alexander et Enger Kulishner, *Kriegs und Wanderzüge. Weltgeschichte als Völkerbewegung*, Berlin, 1932.

Claude Lévi-Strauss, « Diogène couché », *Les Temps modernes*, n° 195.

Karl Mannheim, *Diagnosis of our time*, Londres, 1943 (Traduction espagnole : *Diagnóstico de nuestro tiempo*, Mexico, 1946).

Gehrard Masur, « Arnold Toynbees Philosophie der Geschichte », *Historische Zeitschrift*, 1952, pp. 269-286.

Marcel Mauss, « Les civilisations : Éléments et formes », *Première Semaine Internationale de Synthèse*, Paris, La Renaissance du Livre, 1930, pp. 81 *sq*.

Alfredo Niceforo, « La civilisation. Le problème des valeurs. Une échelle objective des valeurs est-elle concevable ? », *Première Semaine Internationale de Synthèse*, Paris, La Renaissance du Livre, 1930, pp. 113 *sq*.

Pitrim A. Sorokin, *Social and Cultural Dynamics*, New York, 1937-1941.

Pitrim A. Sorokin, *Society, Culture and Personality*, New York, 1947.

Oswald Spengler, *Der Untergang des Abendlandes*, Munich, 1918-1922 (Traduction française : *Le Déclin de l'Occident*, Paris, 1931, 2 vol.).

Arnold Toynbee, *Civilization on trial*, Londres, 1948 (Traduction française : *La Civilisation à l'épreuve*, Paris, 1951).

Arnold Toynbee, *A Study of History*, Londres, 1934-1954, 10 vol. (Traduction française abrégée : *L'Histoire, un essai d'interprétation*, Paris, 1951, 15e éd.).

Edward Burnett Tylor, *Primitive Culture*, Londres, 1871.

Georg Weber, *Allgemeine Weltgeschichte*, Leipzig, 1887-1888, 2e éd.

Georg Weber, *Lehrbuch der Weltgeschichte*, Leipzig, 1846, 1re éd. ;

1888, 20e éd. ; a été traduit en espagnol par Sanz del Rio, 1853-1856.

SUR UNE CONCEPTION DE L'HISTOIRE SOCIALE (pp. 314-330)

1. *Neue Wege der Sozialgeschichte. Vorträge und Aufsätze*, Göttingen, Vandenhoeck u. Ruprecht, 1956, 256 p.
2. Tome 177, 1954, pp. 469 et suiv.
3. Tome 40, 1954, pp. 1 et suiv.
4. Elle est de Heinrich Freyer cette citation (dans le sens même de la pensée de Max Weber) qui m'enchante au passage, pour deux ou trois raisons : « L'époque des Lumières [l'*Aufklärung*], écrit-il, n'est pas seulement ce phénomène historique à portée limitée que nous désignons communément par cette expression, mais l'une des tendances de fond, pour un peu, dirions-nous, le *trend* de l'histoire européenne par excellence... »
5. Cf. Gertrud Schröder-Lembke, « Die Hausvaterliteratur als agrargeschichtliche Quelle », *Z.f. Agrargeschichte und Agrarsoziologie*, 1953.
6. *Lebendige Vergangenheit*, Munich, Oldenbourg, 1958, « Das Ratsel Russland », pp. 213 et suiv.
7. Otto Brunner, « Zum Problem der Sozial — und Wirtschaftsgeschichte », in *Zeitschrift für Nationalökonomie*, VII, 1936, p. 677.

EXPANSION EUROPÉENNE ET CAPITALISME (pp. 377-436)

1. *A Conspectus of the world's cultures in 1 500*, University of Colorado Studies, *Series in Anthropology*, septembre 1954.
2. À propos de ces deux mots, une longue discussion serait nécessaire. Que le lecteur accepte un instant que civilisations et cultures désignent des sociétés ou groupes de sociétés à des étages différents de leur développement : les civilisations, très évoluées avec des réseaux urbains serrés, les cultures, sans réseaux urbains ou avec des réseaux à peine esquissés.
3. *Histoire de l'Inde*, 1947.
4. Ceux de Woodrow Borah et de Sherbune F. Cook.
5. Ces chiffres sont des moyennes décennales calculées pour l'ensemble de l'Europe.
6. « Largesse », dans le langage des marchands, veut dire abon-

dance ou des marchandises ou du comptant ou des lettres de change. La situation opposée, c'est l'« étroitesse ».

7. André Chastel, *Art et humanisme à Florence au temps de Laurent le Magnifique*, Paris, 1959.
8. Carlo Maria Cipolla, *Studi di storia della moneta*, 1948, I, p. 99.
9. Pierre Chaunu, *Les Philippines et le Pacifique des Ibériques (XVIe, XVIIe, XVIIIe siècles)*.

LES VILLES-MONDES APRÈS 1784 (pp. 484-491)

1. Selon le mot d'Henri Pirenne.
2. F. Braudel, *La Méditerranée et le monde méditerranéen à l'époque de Philippe II*, 1966, I, pp. 310-311.
3. Comtesse de Boigne, *Mémoires*, 1971, I, p. 144.
4. *Ibid.*, p. 145.
5. *Ibid.*, p. 144.
6. *Ibid.*, p. 144.
7. A.E. Correspondance Consulaire, Amsterdam 5, 238, 2 Brumaire an X (24 octobre 1801).
8. *Ibid.*, Amsterdam 5, 242 v°, 6 Brumaire an X (28 octobre 1801).
9. *Ibid.*, 28 Nivôse an X (18 janvier 1802).
10. *Ibid.*, 252.
11. À noter le mot au passage.
12. *Ibid.*, 252.
13. Poids de 2 tonneaux de mer ou 20 quintaux (de l'allemand *last*, poids).
14. *Ibid.*
15. *Ibid.*
16. *Ibid.*, 21.
17. *Ibid.*, Amsterdam 6, 124.
18. *Ibid.*, Amsterdam 6, 137 *sq.*, 27 août 1807.
19. *Ibid.*
20. A.E. Correspondance Politique, Rotterdam 63, 20 et 21.
21. A.E. Correspondance Consulaire, Amsterdam 7, 13 *sq.*, 7 février 1810.
22. *Ibid.*, Amsterdam 7, 205, 4 mai 1816.
23. Je n'ai pas utilisé, pour ces quelques pages, l'excellent article de Guy Antonetti, « Les relations franco-bataves et l'échec de l'emprunt français de l'an VIII », in *Revue d'histoire économique et sociale*, 1975, n° 1.

INDEX DES NOMS DE PERSONNES

TABLE DES MATIÈRES

DEUXIÈME PARTIE :
VERS LA PLUS GRANDE HISTOIRE

TROISIÈME PARTIE :
L'ÉLABORATION D'UNE ŒUVRE

Du même auteur :

Aux éditions Armand Colin

La Méditerranée et le monde méditerranéen à l'époque de Philippe II, 1949 ; 2e éd. 1964.

Navires et marchandises à l'entrée du port de Livourne (1547-1611), avec Ruggiero Romano, 1951.

Civilisation matérielle et capitalisme (xve-xviiie siècle), t. I, 1967.

Civilisation matérielle, économie et capitalisme, 3 volumes, 1979.

Aux éditions Belin

Le Monde actuel, en coll. avec S. Baille et R. Philippe, 1963.

Aux éditions Flammarion

Écrits sur l'Histoire, 1969.

Aux éditions Arthaud

Venise, photographies de Folco Quilici, 1984.
La Dynamique du capitalisme, 1985.
L'Identité de la France, 3 volumes, 1986.
Discours de réception à l'Académie française, 1986.
Une leçon d'histoire, Colloque de Châteauvallon, 1986.
Grammaire des civilisations, 1987.
Le Modèle italien, 1989.
Écrits sur l'Histoire, tome II, 1990.

Dossiers Documentaires Meusiens

Les Trois Premières Années de la Révolution à Bar-le-Duc, D.E.S. de 1922, éd. 1989.

Aux éditions de Fallois

les écrits de fernand braudel :
Tome I — Autour de la Méditerranée
Tome II — Les Ambitions de l'Histoire
Tome III — L'Histoire au quotidien (à paraître)
Les Mémoires de la Méditerranée. Préhistoire et Antiquité (à paraître)

L'HISTOIRE DANS LA SÉRIE « RÉFÉRENCES »

■ Histoire générale

ANDRÉ BURGUIÈRE,
CHRISTIANE KLAPISCH-ZUBER,
MARTINE SEGALEN,
FRANÇOISE ZONABEND *(sous la direction de)*,
Histoire de la famille (3 vol.)

GEORGES DUBY, ROBERT MANDROU,
JEAN-FRANÇOIS SIRINELLI *(avec la participation de)*,
Histoire de la civilisation française (2 vol.)

JEAN FAVIER
Les Grandes Découvertes
d'Alexandre à Magellan

Histoire de France
JEAN FAVIER *(sous la direction de)*,

Tome 1. *Les Origines (avant l'an mil)*
par KARL FERDINAND WERNER

Tome 2. *Le Temps des principautés (de l'an mil à 1515)*
par JEAN FAVIER

Tome 3. *La France moderne (de 1515 à 1789)*
par JEAN MEYER

Tome 4. *Les Révolutions (de 1789 à 1851)*
par JEAN TULARD

Tome 5. *La France des patriotes (de 1851 à 1918)*
par FRANÇOIS CARON

Tome 6. *Notre siècle (de 1918 à 1991)*
par RENÉ RÉMOND

■ Histoire de l'antiquité

PHILLIPE BRUNET
La Naissance de la littérature dans la Grèce ancienne

PAUL DEMONT, ANNE LEBEAU
Introduction au théâtre grec antique

MICHÈLE DUCOS
Rome et le droit

NICOLAS GRIMAL
Histoire de l'Égypte ancienne

PIERRE GRIMAL
L'Empire romain

PIERRE LÉVÊQUE
Introduction aux premières religions : bêtes, dieux et hommes

L'Aventure grecque

Empires et barbaries, IIIe s. av. J.-C. -Ier s. ap. J.-C.

CARLOS LÉVY
Les Philosophies hellénistiques

JEAN SALEM
L'Atomisme antique : Démocrite, Épicure, Lucrèce

■ Histoire médiévale, moderne et contemporaine

FRANÇOIS BLUCHE
L'Ancien Régime. Institutions et société

FERNAND BRAUDEL
Civilisation matérielle, économie et capitalisme (XVe-XVIIIe siècle) (3 vol.)

La Méditerranée et le monde méditerranéen à l'époque de Philippe II (3 vol.)

Autour de la Méditerranée

JEAN-DENIS BREDIN
Bernard Lazare, le premier des dreyfusards

ERIC CAHM
L'Affaire Dreyfus. Histoire, politique et société

JEAN DELUMEAU
L'Aveu et le pardon.
Les difficultés de la confession, (XIIIe-XVIIIe siècle)

MARC FERRO
Naissance et effondrement du régime communiste en Russie

PIERRE GOUBERT
Mazarin
Le Siècle de Louis XIV

OLIVIER GUYOTJEANNIN
Les Sources de l'histoire médiévale

PAUL HAZARD
La Crise de la conscience européenne, 1680-1715

ANNE-MARIE LE GLOANNEC
La République fédérale d'Allemagne

HERBERT LOTTMAN
L'Épuration, 1943-1953

JEAN-FRANÇOIS SOLNON
La Cour de France

JEAN TULARD
Napoléon. Le pouvoir, la nation, la légende

CATHERINE VINCENT
Introduction à l'histoire de l'Occident médiéval

EUGEN WEBER
Une histoire de l'Europe (2 vol.)

THIERRY WANEGFFELEN
L'Édit de Nantes
Une histoire européenne de la tolérance (XVIe-XXe siècle)

Composition réalisée par NORD COMPO

IMPRIMÉ EN FRANCE PAR BRODARD ET TAUPIN
La Flèche (Sarthe).
LIBRAIRIE GÉNÉRALE FRANÇAISE - 43, quai de Grenelle - 75015 Paris
ISBN : 2 - 253 - 90462 - 7

42/0462/4